ZHIYE JINENG PEIXUN JIANDING JIAOCAI

■ 职业技能培训鉴定教材 ■

铣工

XI GONG

（中级）

主　编　张凤姜

编　者　周玉山　马　平　王春霞

　　　　姚继蔚　于福海　勾东海

主　审　贺臣杰

中国劳动社会保障出版社

图书在版编目(CIP)数据

铣工：中级/人力资源和社会保障部教材办公室组织编写. —北京：中国劳动社会保障出版社，2010

职业技能培训鉴定教材

ISBN 978-7-5045-8425-0

Ⅰ.①铣…　Ⅱ.①人…　Ⅲ.①铣削-职业技能鉴定-教材　Ⅳ.①TG54

中国版本图书馆 CIP 数据核字(2010)第 170580 号

中国劳动社会保障出版社出版发行

(北京市惠新东街 1 号　邮政编码：100029)

出 版 人：张梦欣

*

北京北苑印刷有限责任公司印刷装订　新华书店经销

787 毫米×1092 毫米　16 开本　23.25 印张　503 千字

2010 年 8 月第 1 版　　2010 年 8 月第 1 次印刷

定价：43.00 元

读者服务部电话：010-64929211/64921644/84643933

发行部电话：010-64961894

出版社网址：http://www.class.com.cn

如有印装差错，请与本社联系调换：010-80497374

内容简介

本教材由人力资源和社会保障部教材办公室组织编写。教材以《国家职业标准·铣工》为依据，紧紧围绕“以企业需求为导向，以职业能力为核心”的编写理念，力求突出职业技能培训特色，满足职业技能培训与鉴定考核的需要。

本教材详细介绍了中级铣工要求掌握的最新实用知识和技术。全书分为三个模块单元，主要内容包括：工艺准备、工件加工、精度检验与误差分析。每一单元后安排了单元测试题及答案，书末提供了理论知识和操作技能考核试卷，供读者巩固、检验学习效果时参考使用。

本教材是中级铣工职业技能培训与鉴定考核用书，也可供相关人员参加在职培训、岗位培训使用。

前　　言

1994年以来，原劳动和社会保障部职业技能鉴定中心、教材办公室和中国劳动社会保障出版社组织有关方面专家，依据《中华人民共和国职业技能鉴定规范》，编写出版了职业技能鉴定教材及其配套的职业技能鉴定指导200余种，作为考前培训的权威性教材，受到全国各级培训、鉴定机构的欢迎，有力地推动了职业技能鉴定工作的开展。

原劳动保障部从2000年开始陆续制定并颁布了国家职业标准。同时，社会经济、技术不断发展，企业对劳动力素质提出了更高的要求。为了适应新形势，为各级培训、鉴定部门和广大受培训者提供优质服务，教材办公室组织有关专家、技术人员和职业培训教学管理人员、教师，依据国家职业标准和企业对各类技能人才的需求，研发了职业技能培训鉴定教材。

新编写的教材具有以下主要特点：

在编写原则上，突出以职业能力为核心。教材编写贯穿“以职业标准为依据，以企业需求为导向，以职业能力为核心”的理念，依据国家职业标准，结合企业实际，反映岗位需求，突出新知识、新技术、新工艺、新方法，注重职业能力培养。凡是职业岗位工作中要求掌握的知识和技能，均作详细介绍。

在使用功能上，注重服务于培训和鉴定。根据职业发展的实际情况和培训需求，教材力求体现职业培训的规律，反映职业技能鉴定考核的基本要求，满足培训对象参加各级各类鉴定考试的需要。

在编写模式上，采用分级模块化编写。纵向上，教材按照国家职业资格等级单独成册，各等级合理衔接、步步提升，为技能人才培养搭建科学的阶梯型培训架构。横向上，教材按照职业功能分模块展开，安排足量、适用的内容，贴近生产实际，贴近培训对象需要，贴近市场需求。

在内容安排上，增强教材的可读性。为便于培训、鉴定部门在有限的时间内把最重要的知识和技能传授给培训对象，同时也便于培训对象迅速抓住重点，提高学习效率，在教材中精心设置了“培训目标”等栏目，以提示应该达到的目标，需要掌握的重点、难点和有关的扩展知识。另外，每个学习单元后安排了单元测试题，每个级别的教材都提供了理论知识和操作技能考核试卷，方便培训对象及时巩固、检验学习效果，并对本职业鉴定考核形式有初步的了解。

本书在编写过程中得到天津市职业技能培训研究室的大力支持和热情帮助，在此一并致以诚挚的谢意。

编写教材有相当的难度，是一项探索性工作。由于时间仓促，不足之处在所难免，恳切希望各使用单位和个人对教材提出宝贵意见，以便修订时加以完善。

人力资源和社会保障部教材办公室

目录

第1单元 工艺准备/1—107

第一节 读图与绘图/2

一、齿轮零件图

二、凸轮零件图

三、离合器零件图

四、零件图上的技术要求

五、识读装配图的方法和步骤

第二节 制定加工工艺/18

一、工艺过程及其组成

二、典型铣削加工零件的工艺过程卡

三、铣削加工顺序的制定

第三节 工件的定位与夹紧/28

一、工件在夹具中的定位

二、工件的装夹

三、铣床专用夹具的典型结构与使用方法

四、组合夹具简介

第四节 刀具准备/51

一、刀具材料

二、铣刀的几何参数

三、铣刀的选择

四、铣刀的合理安装

第五节 设备的调整、维护与保养/73

一、X6132 型卧式万能升降台铣床的结构及传动原理

二、常用铣床的调整方法

三、常用铣床故障的分析和排除

四、铣床型号的构成和编制方法

单元测试题/101

单元测试题答案/106

第2单元　工件的加工/109—310

第一节　平面和连接面的加工/110

一、平面铣削的工艺特点

二、铣削平面的操作要点

三、垂直面的铣削方法

第二节　台阶、沟槽和键槽的加工/119

一、台阶、直角沟槽零件的铣削

二、在卧式铣床上铣角度凸台和双凸台

三、键槽的铣削

第三节　万能分度头及其应用/130

一、万能分度头

二、用简单分度法铣削角度面

三、用差动分度法刻线

四、用直线移距分度法在平面上刻线

第四节　花键轴的加工/144

一、花键连接概述

二、外花键的铣削

三、矩形花键的检测

四、在卧式铣床上采用单刀铣削法加工花键轴

第五节　在铣床上钻孔、铰孔和镗孔/156

一、零件图上对孔的技术要求

二、在铣床上钻孔

三、在铣床上铰孔

四、在铣床上镗孔

五、在铣床上镗削椭圆孔

第六节　直齿轮、斜齿轮和直齿条的加工/180

一、渐开线齿轮的基本概念

二、直齿圆柱齿轮的铣削

三、斜齿圆柱齿轮的铣削

四、齿条的铣削

第七节　锥齿轮的加工/205

一、直齿锥齿轮的加工特点

二、铣削直齿锥齿轮的实例

第八节　牙嵌式离合器的加工/221

一、牙嵌式离合器的技术要求

二、矩形齿牙嵌离合器的铣削方法
三、铣削矩形齿牙嵌离合器的实例
四、尖齿离合器的铣削
五、梯形齿离合器的铣削方法
六、锯齿形齿离合器的铣削方法
第九节 成形面、螺旋面与凸轮的加工/245
一、直线成形面的铣削方法
二、在 X5032 型立式铣床上用立铣刀铣削成形面的实例
三、螺旋槽的铣削方法
四、等速凸轮的铣削方法
第十节 刀具齿槽的加工/280
一、刀具齿槽的种类
二、铣削刀具齿槽的工艺要求
三、铣削刀具齿槽的加工要点
四、圆柱面直齿刀具齿槽的铣削
五、直齿刀具端面齿槽的铣削
六、在卧式万能铣床上铣削直齿铰刀
七、在卧式铣床上铣削三面刃铣刀的齿槽
单元测试题/298
单元测试题答案/307

第 3 单元 精度检验与误差分析/311—348
第一节 测量技术基础/312
一、测量技术的含义
二、计量器具
第二节 零件的检验与误差分析/324
一、平面、台阶、沟槽等零件的检验
二、特殊型面的检验及误差分析
三、误差分析
单元测试题/344
单元测试题答案/348

理论知识考核试卷/349
理论知识考核试卷答案/354
操作技能考核试卷/356
参考文献/361

第1单元

工艺准备

□ 第一节　读图与绘图 /2
□ 第二节　制定加工工艺 /18
□ 第三节　工件的定位与夹紧 /28
□ 第四节　刀具准备 /51
□ 第五节　设备的调整、维护与保养 /73

第一节 读图与绘图

- 掌握齿轮参数、结构、轮齿规定画法及零件图的绘制特点
- 掌握等速凸轮零件图、离合器零件图的读图方法
- 能读懂分度头尾座装配图

一、齿轮零件图

齿轮零件的齿形结构由国家标准统一规定其尺寸（如齿轮的模数等），为减少绘图工作量，对于多次重复出现的结构要素（如齿轮上的轮齿等），在机械制图标准中给出了简化画法的规定，即特殊表示法。其他结构按真实投影或按基本表示法的规定绘制。为完善特殊表示法的表达效果，国家标准还规定了这些标准结构要素的标记及其标注方法，以便明确对这些结构的具体要求。

1．圆柱齿轮的规定画法

齿轮的轮齿已经标准化，并采用专用刀具加工齿形轮廓。所以，一般在视图中不画轮齿的齿形，而按国家标准规定的画法绘制。

（1）单个圆柱直齿轮的画法。单个圆柱直齿轮的规定画法如图1—1所示。

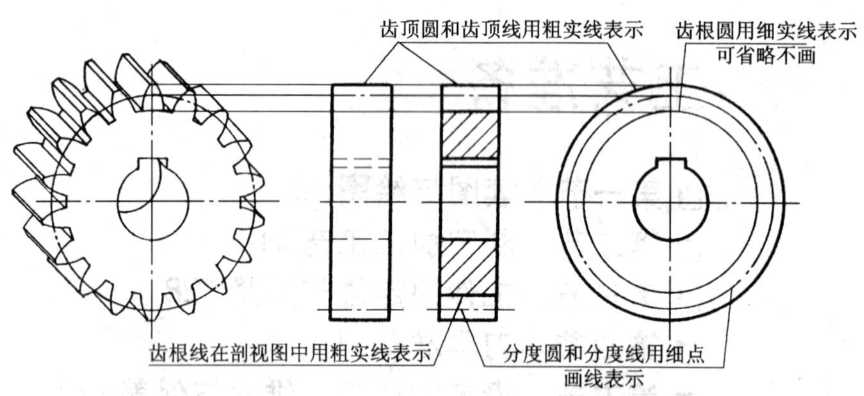

图1—1 单个圆柱直齿轮的规定画法

齿顶圆和齿顶线用粗实线表示；分度圆和分度线用细点画线表示；齿根圆和齿根线用细实线绘制（也可省略不画）。在剖视图中，齿根线用粗实线绘制；当剖切平面通过齿轮的轴线时，轮齿一律按不剖处理。

（2）圆柱齿轮零件图。在圆柱齿轮零件的视图中，通常用一个带剖视的主视图和一个投影为圆的左视图表示齿轮的结构及形状，对于简单的齿轮，其左视图也可只画出轴孔和键槽的局部视图。在图样上除注出尺寸（规定不注齿根圆直径尺寸）和技术要求外，还要在图样的右上角注出齿轮的模数、齿数等基本参数，如图1—2所示为直齿圆柱齿轮零件图。

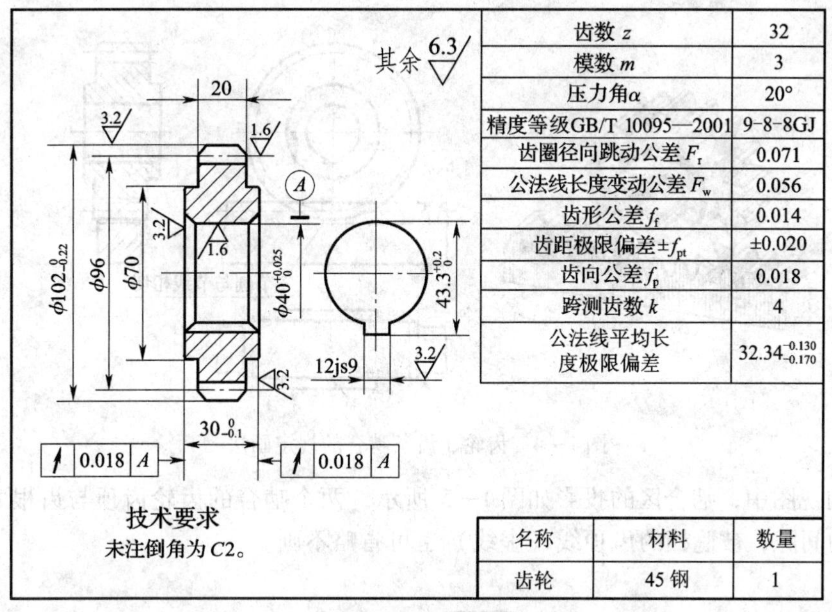

齿数 z	32
模数 m	3
压力角α	20°
精度等级GB/T 10095—2001	9-8-8GJ
齿圈径向跳动公差 F_r	0.071
公法线长度变动公差 F_w	0.056
齿形公差 f_f	0.014
齿距极限偏差$\pm f_{pt}$	±0.020
齿向公差 f_p	0.018
跨测齿数 k	4
公法线平均长度极限偏差	$32.34_{-0.170}^{-0.130}$

名称	材料	数量
齿轮	45 钢	1

图 1—2　直齿圆柱齿轮零件图

（3）圆柱齿轮的啮合画法。一对标准齿轮啮合时，两齿轮的模数和压力角必须相等，且两分度圆相切，这时分度圆称为节圆。由此可知两齿轮的中心距 $a=\frac{d_1+d_2}{2}=\frac{m(z_1+z_2)}{2}$。

圆柱齿轮啮合的规定画法如图 1—3 所示。在投影为圆的视图中，两齿轮的节圆相切，啮合区内的齿顶圆均用粗实线画出（见图 1—3a，b）或省略不画（见图 1—3c）。

在剖视图中，两齿轮啮合区内的节线重合，并将一个齿轮的轮齿用粗实线绘制，另一个齿轮的轮齿被遮挡的部分用虚线绘制，如图 1—3a 所示；也可省略不画。

在平行于齿轮轴线的视图中，将啮合区内的节线画成粗实线。若是斜齿或人字齿时，可用三条与齿线方向一致的细实线表示，直齿则不需表示，如图 1—3d 所示。

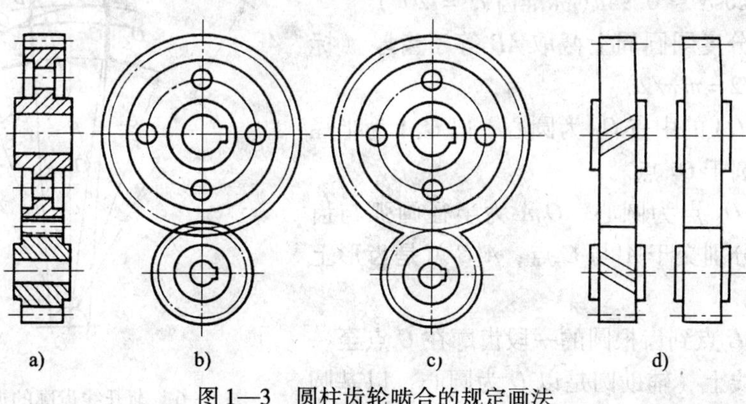

图 1—3　圆柱齿轮啮合的规定画法

齿轮、齿条啮合的规定画法如图 1—4 所示。

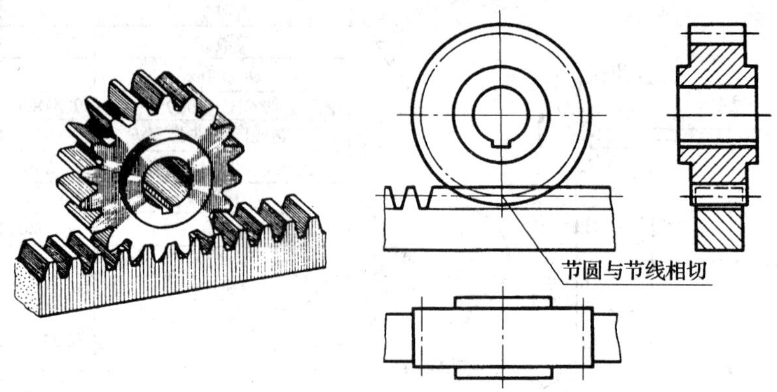

图 1—4　齿轮、齿条啮合的规定画法

在剖视图中，啮合区的投影如图 1—5 所示，两个啮合的齿轮齿顶与齿根之间应有 0.25m 的间隙，被遮挡的齿顶线（虚线）也可省略不画。

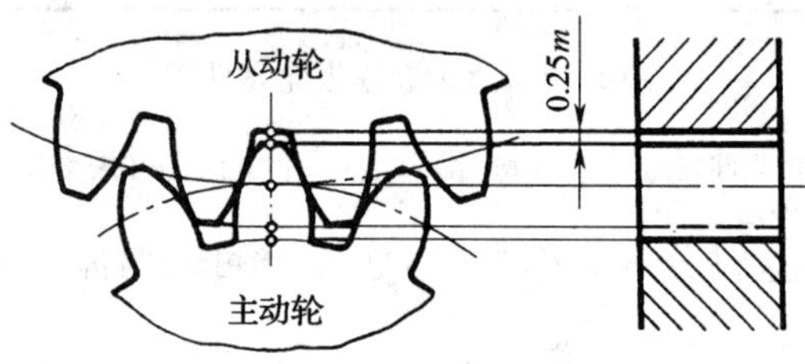

图 1—5　两个齿轮啮合的间隙

2. 渐开线齿形的近似画法

当铸造齿轮时，因需要根据齿形制造木模，所以在其工作图上应画出齿形。如图 1—6 所示为渐开线齿廓的近似画法。其画图步骤如下：

（1）以直径 d_a，d_f 和 d 分别画三个圆，再画一个基圆。基圆直径按下式计算：

$$d_b = d\cos\alpha \approx 0.94d(\text{标准齿 } \alpha = 20°)$$

（2）在分度圆圆周上截取 AB 等于齿厚（标准齿厚 $s = p/2 = m\pi/2$）。

（3）取 OA 的中点 O_1 为圆心，以 O_1A 为半径作圆弧交基圆于 O_2 点。

（4）以 O_2 点为圆心，O_2A 为半径画弧与齿顶圆和基圆分别交于 A' 与 C 点，$A'C$ 就是齿形上的一段齿廓。

（5）由 C 点到齿根圆的一段齿廓在 C 点至一辅助圆的切线上（辅助圆是以 O 为圆心，以基圆

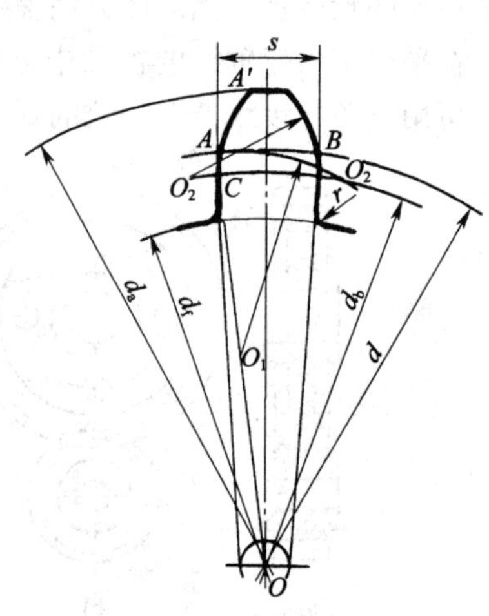

图 1—6　渐开线齿廓的近似画法

与分度圆的半径差为半径所作的圆）。

依此法画出对称的部分，即完成全图。

3. 直齿圆柱齿轮的测绘

根据齿轮实物，通过测量和计算，确定主要参数并画出齿轮工作图的过程称为齿轮的测绘。

标准齿轮的压力角 $\alpha=20°$，无须测量。

齿轮的模数可按齿顶圆直径 d_a 的计算公式导出，即 $m=\frac{d_a}{z+2}$。齿数 z 可以先数出，在测得齿顶圆直径 d_a 后，即可计算出齿轮的模数。

测量齿顶圆直径时，如齿数为偶数，可直接测出；如齿数为奇数，可采用间接测量的方法（见图1—7），即测量内孔直径 D 和内孔壁到齿顶的距离 K，通过下式计算后得到：

$$d_a=D+2K$$

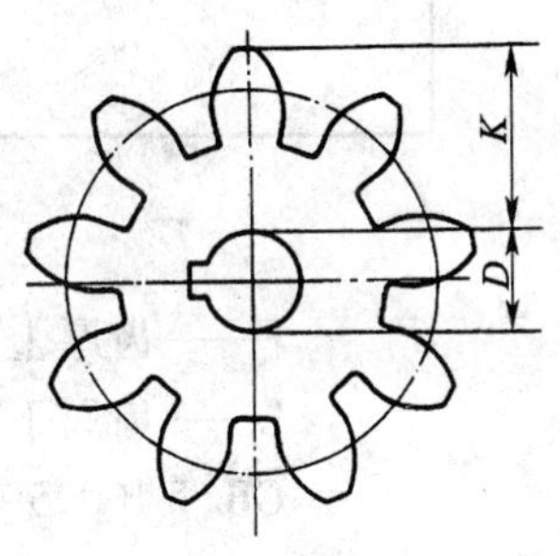

图1—7　奇数齿齿轮的测量方法

模数计算出来后，还必须核对，取相近的标准模数。根据标准模数，再计算出齿轮的各基本尺寸。齿轮的其他尺寸可按实物测量。

例1　有一直齿圆柱齿轮，通过测量得知 $d_a=49$ mm，数出齿数 $z=18$，试绘制齿轮的工作图。

（1）求模数 m

$$m=\frac{d_a}{z+2}=\frac{49}{18+2}=2.45\ \text{mm}$$

与标准模数表核对，在表的第一系列中与2.45最接近的标准模数为2.5 mm，故取 $m=2.5$ mm。

（2）齿轮各部分尺寸的计算

$$h_a=m=2.5\ \text{mm}$$

$$h_f=1.25m=1.25\times2.5=3.125\ \text{mm}$$

$$h=h_a+h_f=2.5+3.125=5.625\ \text{mm}$$

$$d=mz=2.5\times18=45\ \text{mm}$$

$$d_a=d+2h_a=m(z+2)=2.5\times(18+2)=50\ \text{mm}$$

$$d_f=d-2h_f=m(z-2.5)=2.5\times(18-2.5)=38.75\ \text{mm}$$

（3）测量和确定齿轮其他部分的尺寸。如齿轮宽度（$b=16$ mm），轮孔尺寸（$D=20$ mm），键槽尺寸（宽6 mm，槽顶至孔底22.8 mm）等。

（4）绘制齿轮工作图，如图1—8所示。

4. 圆柱齿轮的标注

解读标记　7FL　GB/T 10095—2001 的含义

7——第Ⅰ，Ⅱ，Ⅲ公差组的等级，此处三个公差组均为7级；

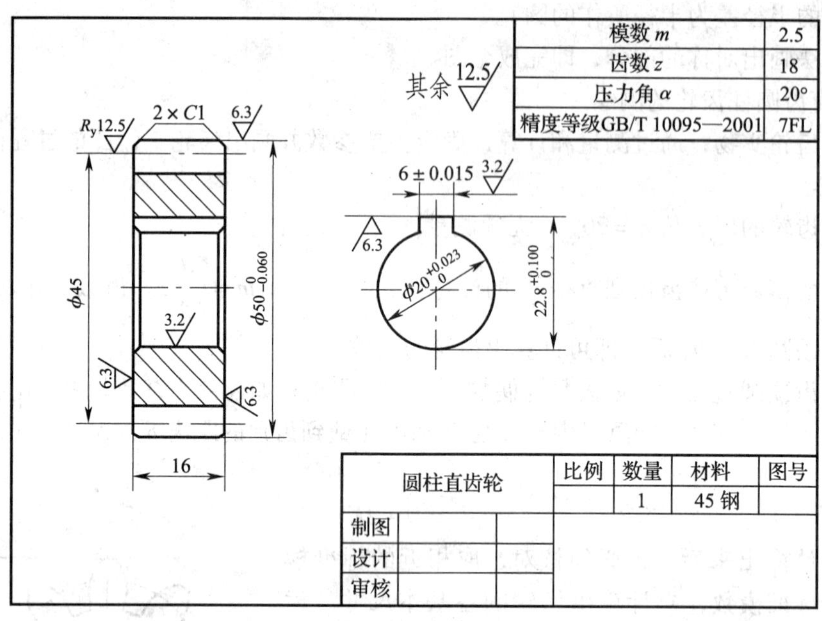

图 1—8　齿轮工作图

F——齿厚上偏差；

L——齿厚下偏差；

GB/T 10095—2001——国家标准编号。

若齿轮的三个公差组均为 6 级，其齿厚上偏差为 -0.320 mm，齿厚下偏差为 -0.410 mm，其标记为 $6^{-0.320}_{-0.410}$ GB/T 10095—2001。

二、凸轮零件图

1. 凸轮机构的组成及应用

凸轮机构是由凸轮、从动件、机架及辅助装置等所组成的高副机构，其运动简图如图 1—9 所示。当凸轮连续转动时，通过其轮廓曲线与从动件之间的高副接触，推动从动件按预定的规律进行往复运动。

凸轮机构广泛应用于自动化机械中，它的作用是将凸轮的连续转动转变为从动件的往复运动或摆动。如图 1—10 所示为某车床的变速操纵机构，当扳动手柄 1 时，凸轮 8 随之转动，带动摆杆 2 和 7 左右摆动，从而使拨叉 3 和 6 推动齿轮 4 和 5 在外花键上运动，致使不同的齿轮啮合或脱开，从而改变转速。

如图 1—11 所示为作为内燃机配气机构的盘形凸轮机构。凸轮 1 等速回转时，使气阀 4 产生一定规律的往复运动。如图 1—12 所示为用于自动进料的圆柱凸轮机构。当空间凸轮 2 转动时，通过凹槽中的滚子使推杆 1 往复运动，凸轮每旋转一周，推杆即送出一块坯料。

与平面连杆机构相比，凸轮机构结构简单、紧凑，工作可靠，设计方便。但由于凸轮轮廓与从动件为点接触或线接触，容易磨损，故通常用于传力不大的控制机构中。

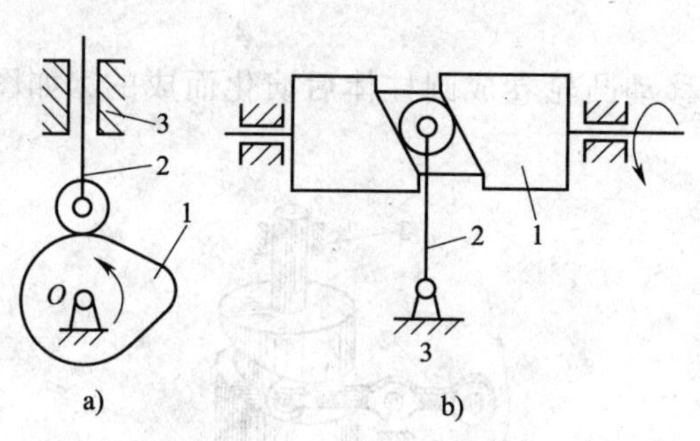

图 1—9 凸轮机构的运动简图

a）平面凸轮机构 b）空间凸轮机构

1—凸轮 2—从动件 3—机架

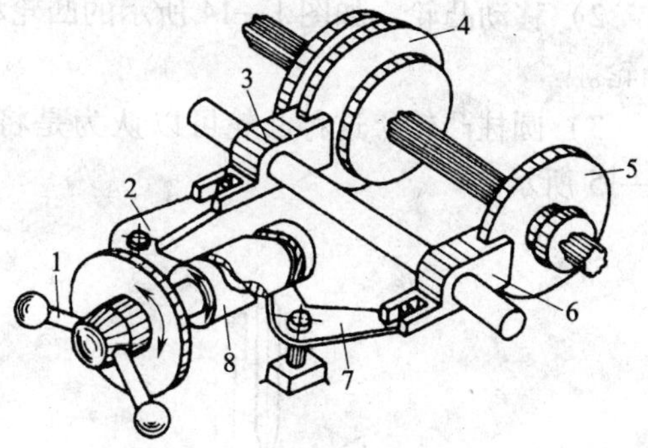

图 1—10 车床的变速操纵机构

1—手柄 2，7—摆杆 3，6—拨叉

4—三联齿轮 5—双联齿轮 8—凸轮

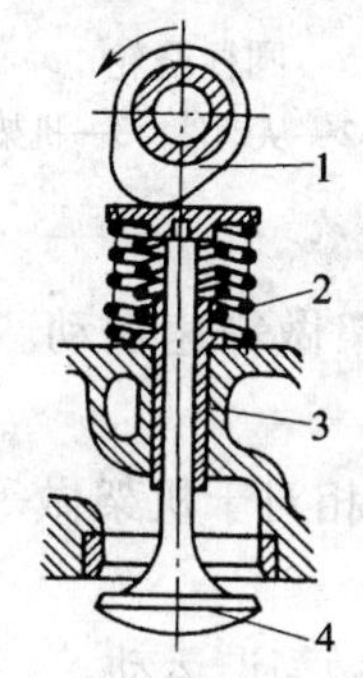

图 1—11 盘形凸轮机构

1—凸轮 2—弹簧

3—机架 4—气阀

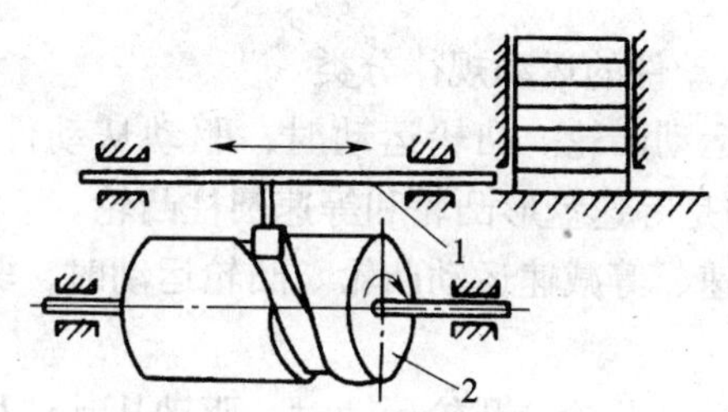

图 1—12 圆柱凸轮机构

1—推杆 2—空间凸轮

2. 凸轮的分类

（1）按凸轮的形状分类

1）盘形凸轮。这种凸轮是一个绕固定轴线转动并具有变化半径的盘形零件，如图 1—13 所示为等速盘形凸轮。它是凸轮的最基本形式。

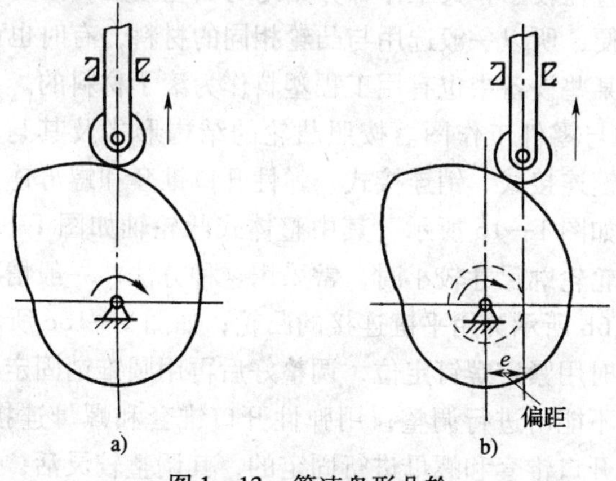

图 1—13 等速盘形凸轮

a）对心直动盘形凸轮 b）偏置直动盘形凸轮

2）移动凸轮。如图 1—14 所示的凸轮相对于机架做直线运动，这种凸轮称为移动凸轮。

3）圆柱凸轮。这种凸轮可以认为是将移动凸轮卷成圆柱体后演化而成的，如图 1—15 所示。

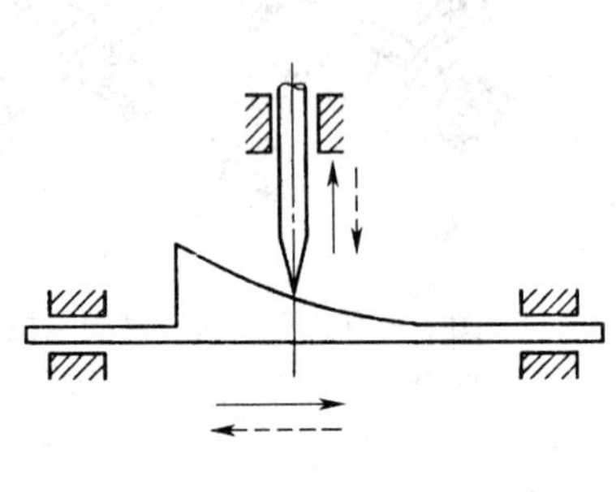

图 1—14　移动凸轮

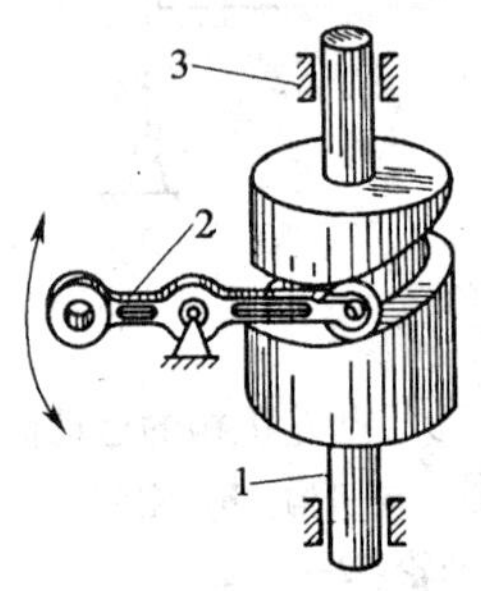

图 1—15　圆柱凸轮
1—圆柱凸轮　2—从动件　3—机架

（2）按从动件的运动规律分类

1）等速运动凸轮。凸轮运动时，驱动从动件相对于机架做等速运动。实际生产中，最常见的是等速盘形凸轮和等速圆柱凸轮。

2）等加速、等减速运动凸轮。凸轮运动时，驱动从动件相对于机架做等加速、等减速运动。

3）简谐运动凸轮。凸轮运动时，驱动从动件相对于机架做简谐运动。

4）摆线运动凸轮。凸轮运动时，驱动从动件相对于机架做摆线运动。

3. 凸轮的材料、结构和零件工作图

（1）凸轮的材料。凸轮机构工作时，凸轮工作面与从动件之间为点接触或线接触，因接触面积小，容易磨损；同时，凸轮机构中从动件运动速度的变化往往还伴有冲击载荷的作用。因此，要求凸轮和滚子的材料应有较高的硬度、耐磨性和冲击韧度。

凸轮机构中滚子直径较小，其工作部分始终与凸轮接触，故更易磨损，但滚子较凸轮易于制造，更换方便，所以一般选用与凸轮相同的材料，有时也可直接选用标准滚动轴承作为滚子使用，某些设备中也有用工程塑料作为滚子材料的。

（2）凸轮的结构与零件工作图。按照凸轮的结构形式及其与轴的固定方式不同，凸轮可分为整体式、键连接式、销连接式、弹性开口锥套和螺母连接式等。

凸轮的结构形式如图 1—16 所示，其中整体式凸轮轴如图 1—16a 所示，它将凸轮和轴做成一体，当凸轮轮廓尺寸较小时，常采用这种方法；一般情况下，凸轮常做成套装式结构，如图 1—16b 所示为用平键连接的凸轮；如图 1—16c 所示为用圆锥销连接的凸轮，在其初期调整时用紧定螺钉定位，调整好后再用圆锥销固定；用平键和圆锥销连接凸轮时，装好后均不能再进行调整；用弹性开口锥套和螺母连接的凸轮如图 1—16d 所示，它是利用弹性开口锥套和螺母进行固定的，其调整较灵活，适用于传递力矩不大的场合。

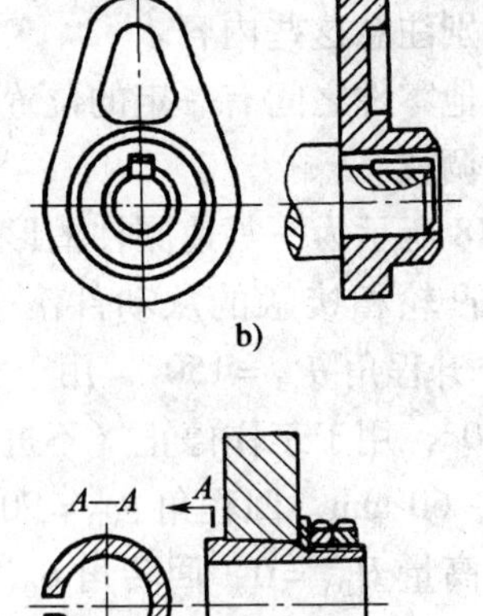

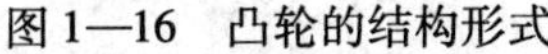

图 1—16　凸轮的结构形式

a）整体式凸轮轴　b）用平键连接　c）用圆锥销连接　d）用弹性开口锥套和螺母连接

凸轮零件图如图 1—17 所示，在图上标有凸轮的尺寸公差、形位公差、表面粗糙度、材料及热处理等内容。

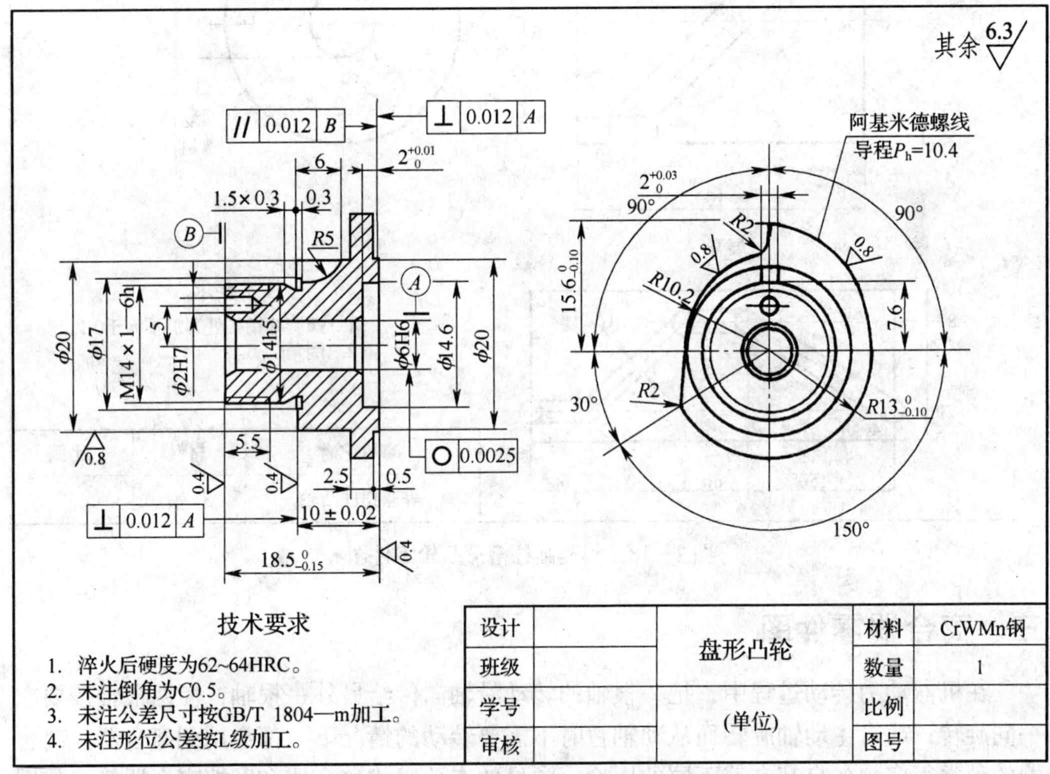

图 1—17　凸轮零件图

凸轮的加工精度主要指凸轮工作轮廓面的径向公差、表面粗糙度和基准孔偏差等，在加工时应特别注意这些内容。

凸轮与其他零件之间有一定的位置要求，装配时应根据设计要求，在凸轮上划出标记线，以便于调整。

如图 1—18 所示为一等速圆柱槽形凸轮零件图，该凸轮由四段工作曲线组成，槽宽为 16 mm，与凸轮相接触的从动件滚子直径 $d=16$ mm。在工作曲线 AB 段，升高量 $H_{AB}=60$ mm，升程角 $\theta_{AB}=150°$，用于实现工作进给；BC 段为环形槽，升高量 $H_{BC}=0$，回转角 $\theta_{BC}=60°$，用于工作停止（不进给）；CD 段为回程段，使从动件回到初始位置，升高量 $H_{CD}=-60$ mm，回程角 $\theta_{CD}=90°$，用于实现快速退出；DA 段与 BC 段相同，都是环形槽，升高量 $H_{DA}=0$，回转角 $\theta_{DA}=60°$，为停止段。四段槽形曲线的衔接处要求接刀痕不大于 0.1 mm。基准内孔精度等级为 IT7 级，外圆柱面轴线对基准内孔轴线的同轴度公差为 $\phi0.02$ mm，材料为 45 钢。

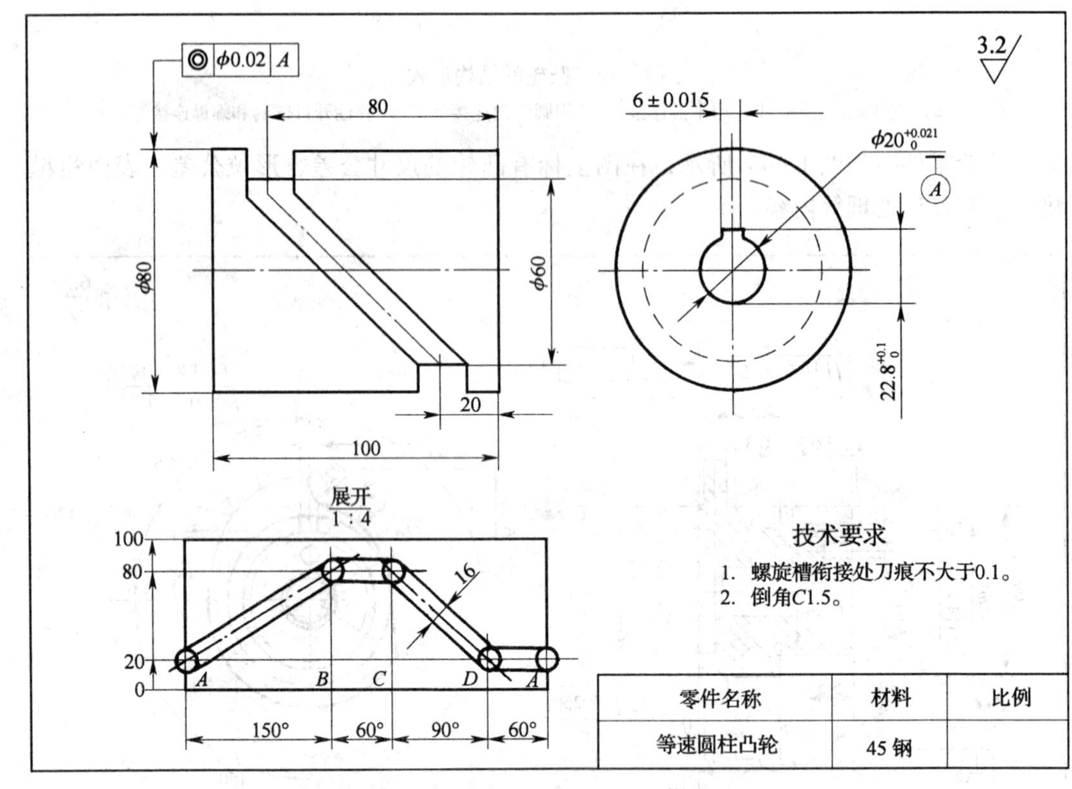

零件名称	材料	比例
等速圆柱凸轮	45 钢	

图 1—18　等速圆柱槽形凸轮零件图

三、离合器零件图

在机器动力传动过程中，把一根轴的转动沿轴向传给另外一根轴，使两根轴按要求一同旋转；或者主动轴旋转而从动轴暂时不需要转动的情况下，都会用到离合器。离合器的种类很多，各自都有着不同的用途，常见的有牙嵌式离合器和摩擦离合器等，如图 1—19 所示。

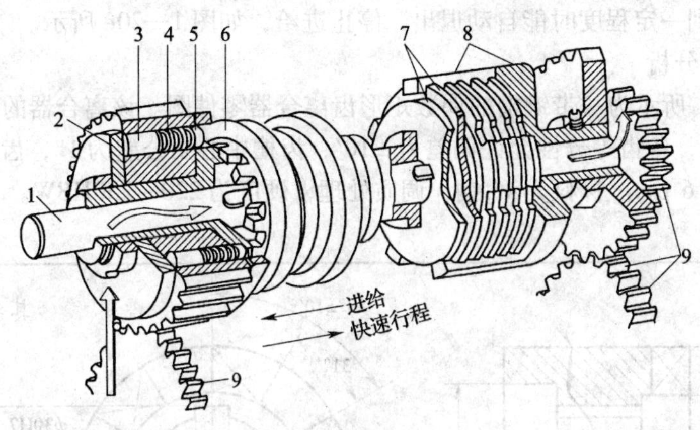

图 1—19　常见的离合器

1—轴　2—圆盘　3—安全离合器　4—弹簧　5—钢球

6—牙嵌式离合器　7—圆盘离合器　8—摩擦离合器　9—齿轮

其中结构最简单的是牙嵌式离合器，牙嵌式离合器的齿形有各种不同的形状，这些离合器的齿槽一般都在铣床上加工。

1. 牙嵌式离合器的种类和应用

牙嵌式离合器又称为齿式离合器。根据其齿形不同，可分为以下几种：

（1）矩形齿离合器。这种离合器在一般齿轮箱及各种机器中较为常用，如图 1—20a 所示。它具有制造容易、能承受较大载荷的优点，但在啮合时需停车进行，故用于不经常离合的场合。

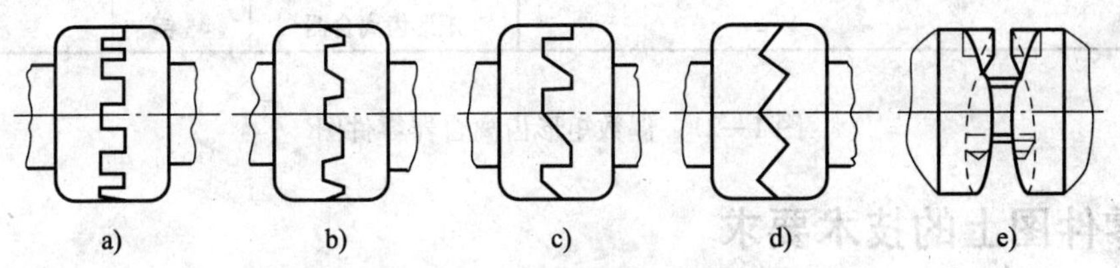

图 1—20　牙嵌式离合器的齿形

a）矩形齿　b）梯形齿　c）锯齿形齿　d）尖齿　e）螺旋齿

（2）梯形齿离合器。这种离合器啮合时比较方便，它能在较低的转速下进行啮合，也能承受一定的载荷，且当载荷过载时能自动脱开，起到安全保险作用。它具有制造容易的优点，是常用的一种离合器，如图 1—20b 所示。

（3）锯齿形齿离合器。这种离合器一般用于单方向传动，当反方向旋转时能自动脱开，如图 1—20c 所示。当被动轴转速超过主动轴转速时，它也能自动脱开，以起到保险作用。如手摇发动机进行发动时就需使用锯齿形齿离合器。

（4）尖齿离合器。如图 1—20d 所示，其用途与梯形齿离合器相似。但它的齿数较多，特点是能将两个连接件的位置做较小角度的调整，常用于自动机构中。它的制造精度要求较高。

（5）螺旋齿离合器。其用途与锯齿形齿离合器相似，一般用于手动或自动进给手柄上。当进给到一定程度时能自动退出，停止进给，如图 1—20e 所示。

2. 零件图分析

如图 1—21 所示为一带键槽的偶数矩形齿离合器零件图。该离合器的齿数 $z=6$，齿槽深度为 8 mm，各齿等分性允许偏差为 ±10′，齿槽中心角公差为 1°，齿侧面的表面粗糙度 R_a 值为 1.6 μm。材料为 45 钢，调质处理，硬度为 220 ~ 250HBW。

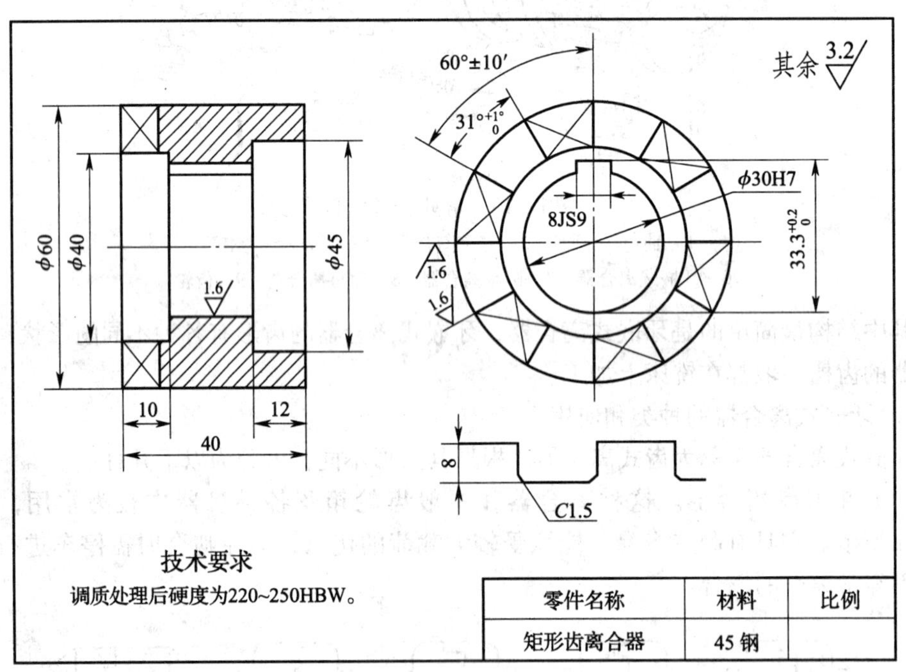

零件名称	材料	比例
矩形齿离合器	45 钢	

图 1—21　偶数矩形齿离合器零件图

四、零件图上的技术要求

1. 零件图中尺寸公差的标注方法

零件图中尺寸公差的标注方法如图 1—22 所示。

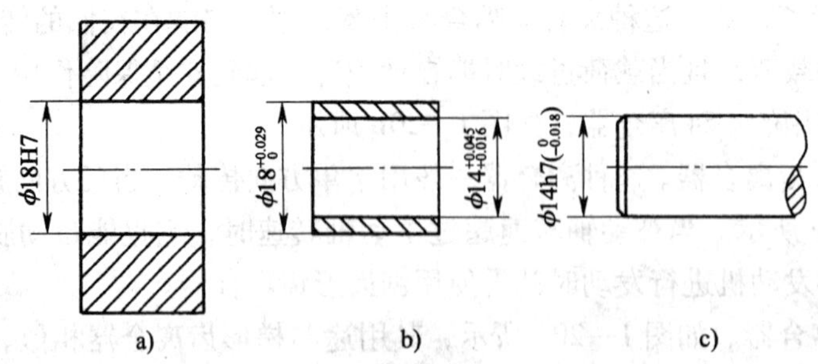

图 1—22　零件图中尺寸公差的标注方法

（1）第一种方法是在基本尺寸后面标注公差带代号。公差带代号由基本偏差代号（字母）与标准公差等级（数字）组成，其字号与基本尺寸的数字的字号相同，如图1—22a 所示。

（2）第二种方法是基本尺寸后面标注上、下偏差数值。标注极限偏差时，上偏差应注在基本尺寸的右上方，下偏差应与基本尺寸注在同一底线上。上、下偏差的数字的字号应比基本尺寸的数字的字号小一号；若上、下偏差的绝对值相同（如 $\phi80\pm0.03$）时，则可简化标注，此时，偏差数字应与基本尺寸数字等高；若上偏差或下偏差为零，则应标明“0”，且与另一偏差小数点前的个位数对齐，如图 1—22b 所示。

（3）第三种方法是在基本尺寸后面同时标注公差带代号和上、下偏差值，这时后者应加圆括号，如图 1—22c 所示。

2. 零件图中形位公差的标注方法

对于精度要求较高的零件，除需保证尺寸精度外，还应控制其形状和位置的误差。形状和位置的公差简称形位公差。

（1）形位公差特征项目的符号见表 1—1。

表 1—1　　形位公差特征项目的符号

公差		项目	符号	公差		项目	符号
形状	形状	直线度	—	位置	定向	平行度	//
		平面度	▱			垂直度	⊥
						倾斜度	∠
		圆度	○		定位	位置度	⌖
		圆柱度	⌭			同轴（同心）度	◎
形状或位置	轮廓	线轮廓度	⌒			对称度	⌯
					跳动	圆跳动	↗
		面轮廓度	⌓			全跳动	⌰

（2）形位公差的标注方法。形位公差在零件图上用代号形式标注。代号由形位公差的特征项目符号、形位公差框格和带箭头的指引线、形位公差数值和其他有关符号及基准符号等组成，其标注方法如图 1—23 所示。

形位公差框格内的数字和字母的书写要求与尺寸数字书写规则一致；框格、指引线、圆圈、连线应用细实线画出。

标注位置公差时，公差框格在图样上应水平或垂直绘制，不得倾斜，被测要素在图样中是用带箭头的指引线表示出来的。标注位置公差时还应指明基准。基准要素在图样中用基准符号指出。

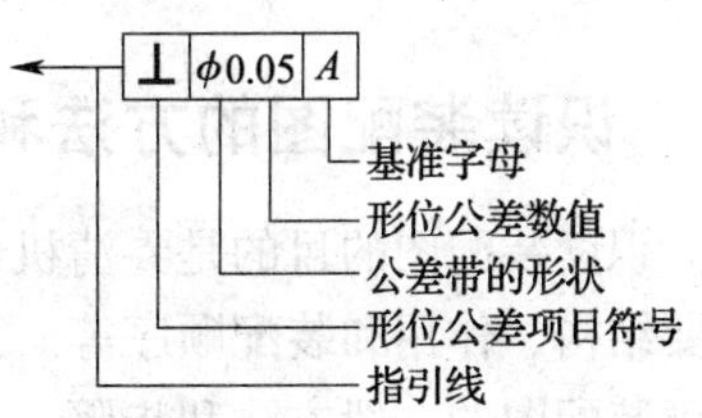

图 1—23　形位公差的标注方法

3. 零件图中表面粗糙度的标注方法

零件加工表面上具有的较小间距和峰谷所组成的微观几何形状不平的程度称为表面粗糙度。国家标准中规定，常用表面粗糙度评定参数有轮廓算术平均偏差（R_a）、微观不平度十点高度（R_z）和轮廓最大高度（R_y）等。一般情况下 R_a 是最常用的评定参数。表面粗糙度代（符）号见表 1—2。

表 1—2　　表面粗糙度代（符）号

符号	说　明
√	基本符号，表示表面可用任何方法获得。当不加注粗糙度参数值或有关说明（如表面处理、局部热处理状况等）时，仅适用于简化代号标注
（去除材料符号）	表示表面是用去除材料的方法获得，例如，车、铣、钻、磨、剪切、抛光、腐蚀、电火花加工、气割等
（不去除材料符号）	表示表面是用不去除材料的方法获得，例如，铸、锻、冲压变形、热轧、冷轧、粉末冶金等 或者是用于保持原供应状况的表面（包括保持上道工序的状况）
（加横线符号）	在上述三个符号的长边上均可加一横线，用于标注有关参数和说明
（加小圆符号）	在上述三个符号上均可加一小圆，表示所有表面具有相同的表面粗糙度要求

在表面粗糙度符号上，按规定位置填写评定参数值等，组成表面粗糙度代号。三种评定参数（R_a，R_z，R_y）的允许值均以微米为单位，且当标注轮廓算术平均偏差时，省略“R_a”符号。

单元 1

表面粗糙度代（符）号在图样上的标注方法如下：

（1）在图样上，表面粗糙度代（符）号一般注在可见轮廓、尺寸界线、引出线或它们的延长线上。符号的尖端必须从材料外指向材料表面。代号中数字书写方向必须与尺寸数字书写方向一致。

（2）当零件所有表面具有相同的表面粗糙度要求时，可在图样的右上角统一标注。当零件的大部分表面具有相同的表面粗糙度要求时，可将相同的表面粗糙度代（符）号标注在图样的右上角，并加注“其余”两字。

（3）同一表面上有不同的表面粗糙度要求时，须用细实线画出其分界线，并分别标出相应的表面粗糙度代号和尺寸。

（4）对于中心孔、键槽、倒角、圆角等狭小部位，表面粗糙度代号可引出并简化标注。

五、识读装配图的方法和步骤

识读装配图的目的是弄清机器或部件的性能、工作原理、装配关系以及各个零件的主要结构、作用和装配顺序等。下面以如图 1—24 所示的分度头尾座装配图为例，说明识读装配图的一般方法和步骤。

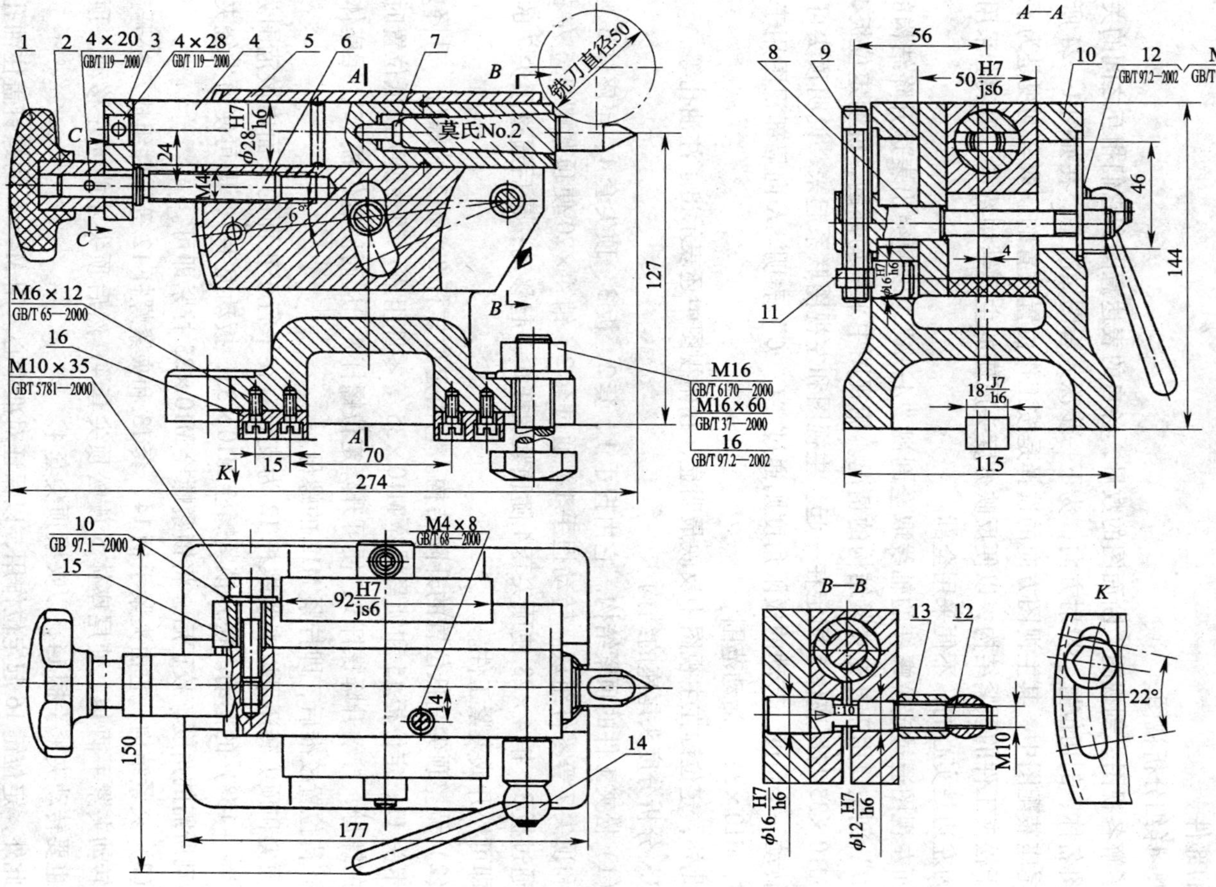

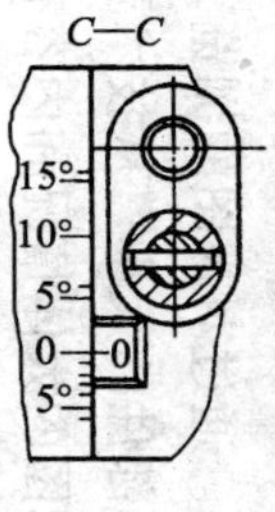

技术要求

1. 装好后配合面以外倒角C0.5~1。
2. 调整顶尖轴线与件5轴线平行，并刻“0”线，打0位字。
3. 与件5配作18J7。
4. 配磨顶面，并在◆处打配合号。

序号	零件名称	数量	材料
16	定位键	2	20Mn2钢
15	定位板	1	HT200
14	夹紧手柄	1	45钢
13	套	1	45钢
12	夹紧螺杆	1	45钢
11	定位夹头	1	45钢
10	底座	1	HT200
9	升降螺杆	1	45钢
8	定位螺杆	1	45钢
7	顶尖	1	20CrMn钢
6	顶紧螺杆	1	45钢
5	尾座体	1	HT200
4	顶尖套	1	45钢
3	板	1	45钢
2	套	1	45钢
1	捏手	1	酚醛塑料

顶尖座	比例	质量	共 张
			第 张
制图			
校核			

图1—24　分度头尾座装配图

1. 了解装配图的基本内容

看装配图时，首先通过标题栏和产品说明书了解部件的名称和用途。从明细栏了解组成该部件的零件名称、数量、材料以及标准件的规格。通过对视图的浏览，了解装配图的表达情况和复杂程度。从绘图比例和外形尺寸了解部件的大小。从技术要求看该部件在装配、试验、使用时有哪些具体要求，从而对装配图的大体情况和内容有一个概括的了解。

分度头尾座是铣床上用于支撑、顶紧工件的一个附件。它由定位键 16 定位，再由工作台上的螺栓和螺母紧固在铣床工作台上。该装配体由 16 种零件组成，是一个比较简单的部件。

2. 详细分析视图

了解各视图、剖视图、断面图的数量，各自的表达意图和它们相互之间的关系，明确视图名称、剖切位置、投射方向，为下一步深入看图做准备。在如图 1—24 所示的分度头尾座装配图中，其主视图方向的选择是按工作位置放置的。取全剖视是为了突出表达用于松夹工件的顶紧结构，以便反映分度头尾座的主要结构特点。顶尖套采用局部剖是因为左边是实心的，不便采用全剖。

而左视图通过定位螺杆的轴线取全剖视“*A—A*”，以便突出表达升降结构的情况。“*B—B*”剖主要用于补充夹紧结构的情况。俯视图中采用局部剖，说明定位板 15 依靠螺栓 M10 ×35 与尾座体 5 固定在一起。主视图和左视图联系起来，说明顶尖可以在正面内转动一个角度，转动的极限角度则通过“*C—C*”表明。*K* 向局部视图用于说明锁紧螺栓 M10 ×35 的活动范围。

此外，定位键在主视图中反映最明显，在俯视图中还表示出了注油孔等。

3. 分析分度头尾座的结构

（1）松夹工件的顶紧结构。它由捏手 1、套 2、板 3、顶尖套 4、尾座体 5、顶紧螺杆 6 和顶尖 7 等零件组成。转动捏手 1，通过套 2、销 4 ×20 使顶紧螺杆 6 左右移动；然后通过板 3、销 4 ×28 使顶尖套 4 随顶紧螺杆 6 一起移动；最后通过顶尖 7 的左右移动，即可松开或夹紧工件。

（2）调整顶尖高低位置的升降结构。它由定位螺杆 8、M12 的螺母、升降螺杆 9、定位卡头 11、定位板 15 和锁紧螺栓 M10 ×35 等零件组成。调整顶尖高低位置时，松开 M12 的螺母，拧动升降螺杆 9，便可升降定位螺杆 8，从而使定位板 15、尾座体 5 一起升降。待位置校准后，即拧紧 M12 的螺母。

顶尖和顶尖套还可以夹紧螺杆 12 为支点，在平行于正面的平面内做范围为 20°角（ -5° ~ +15°）的摆动。松开锁紧螺栓 M10 ×35，扳动捏手 1，即可使顶尖绕夹紧螺杆 12 转动所需的角度。校正后，将锁紧螺栓 M10 ×35 拧紧即可。

（3）夹紧结构。它由夹紧手柄 14、套 13 和夹紧螺杆 12 等零件组成。松开工件前，应先转动夹紧手柄 14，使尾座体 5 放松顶尖套 4，然后顶尖才能向左移动。顶紧工件后，也要转动夹紧手柄 14，以夹紧顶尖套 4。

此外，定位键 16 起定位作用，以保证对准中心。用 M4 ×8 的螺钉盖住油孔，注入机油后应将其拧紧，可防止灰尘进入。

4．分析装配图中主要零件的结构、形状和用途

前面的分析是综合性的，为了深入了解各部件，还应进一步分析零件的主要结构、形状和用途，分析时应先看简单件，后看复杂件。即将标准件、常用件及简单零件看懂后，再将其从图中“剥离”出来，然后集中精力分析剩下的为数不多的复杂零件。

分析时，应根据剖面线确定各零件的投影范围。根据同一零件的剖面线在各个视图上方向相同、间隔相等的规定，首先将复杂零件在各个视图上的投影范围及其轮廓弄清楚，进而运用形体分析法并辅以线面分析法进行仔细推敲，还可借助丁字尺、三角板、圆规等确定投影关系。此外，分析零件主要结构和形状时，还应考虑该零件为什么要采用这种结构和形状，以进一步分析该零件的作用。

当某些零件的结构和形状在装配图上表达得不够完整时，可先分析相邻零件的结构和形状，根据它与周围零件的关系及作用，再确定该零件的结构和形状就比较容易了，但有时还需参考零件图来加以分析，以便弄清零件的细小结构及其作用。

5．归纳总结

在以上分析的基础上，还要对技术要求和全部尺寸进行分析，并把部件的性能、结构、装配、操作、维修等几方面联系起来研究，进行总结和归纳，这样才能对部件有一个全面的了解。如图1—25所示为分度头尾座轴测图，可供看图时参考。

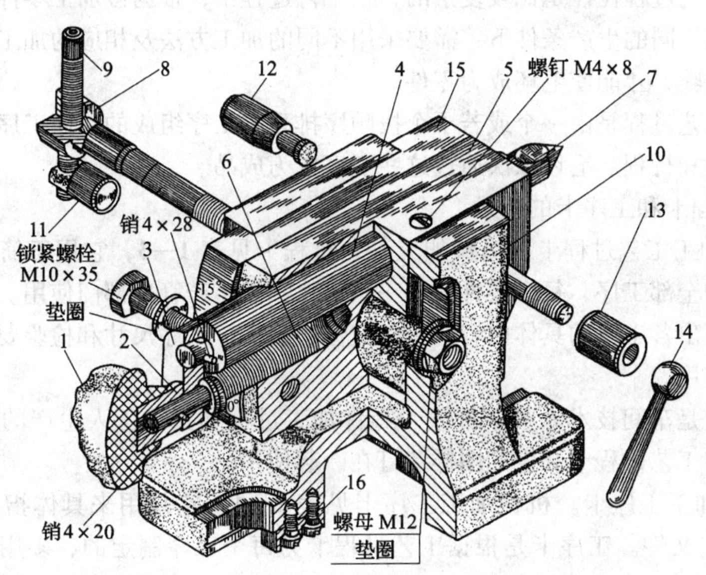

图1—25　分度头尾座轴测图

1—捏手　2，13—套　3—板　4—顶尖套　5—尾座体　6—顶紧螺杆　7—顶尖　8—定位螺杆　9—升降螺杆　10—底座　11—定位卡头　12—夹紧螺杆　14—夹紧手柄　15—定位板　16—定位键

上述看图方法和步骤只是为初学者看图时理出一个思路，彼此不能截然分开。看图时还应根据装配图的具体情况加以选择。

第二节 制定加工工艺

- 掌握工艺规程的基本概念
- 能读懂较复杂零件的工艺过程卡
- 掌握制定零件铣削加工顺序的规律

一、工艺过程及其组成

1. 工艺过程的概念

直接改变生产对象的形状、尺寸、相对位置和性质等，使其成为成品或半成品的过程称为工艺过程。它是生产过程中的主要部分。其中，采用机械加工的方法，直接改变毛坯的形状、尺寸和表面质量等，使其成为零件的过程称为机械加工工艺过程。

2. 工艺过程的组成

机械加工工艺过程往往是比较复杂的，在工艺过程中，根据被加工零件的结构特点和技术要求，在不同的生产条件下，需要采用不同的加工方法及相应的加工设备，并通过一系列加工步骤，才能使毛坯成为零件。

机械加工工艺过程是由一个或若干个按顺序排列的工序组成的，而工序又可分为安装、工位、工步和行程。毛坯依次通过这些工序成为成品。

3. 工艺过程卡和工序卡的格式

（1）机械加工工艺过程卡。机械加工工艺过程卡见表1—3，它用于简要说明零件机械加工过程的全部工序，每个零件编制一张卡片，供生产管理部门使用。在单件、小批量生产中需写出各工序的具体内容，包括定位、装夹、工序尺寸和检验要求等，它具有指导生产的作用。

工艺过程卡是车间技术人员掌握整个零件加工过程和指导工人生产的主要技术文件。企业中常将工艺过程卡和生产图样装订在一起使用。

（2）机械加工工序卡。机械加工工序卡见表1—4，它是用来具体指导工人进行操作的一种工艺文件。工序卡是根据工艺过程卡为每个工序制定的，多用于大批大量生产的零件和成批生产中的重要零件。工序卡中详细规定了该工序加工所必需的工艺资料，如定位基准、装夹方法、工序尺寸和公差以及机床、刀具、量具、切削用量的选择和工时定额等。

但在实际生产中并不需要各种文件俱全，标准中允许结合具体情况进行适当增减。

表 1—3　　机械加工工艺过程卡

(厂名)	机械加工工艺过程卡	产品型号		零(部)件图号		共　页
		产品名称		零(部)件名称		第　页

材料牌号		毛坯种类		毛坯外形尺寸		每毛坯件数		每台件数		备注	

工序号	工序名称	工序内容	车间	工段	设备	工艺设备	工时	
							准终	单件

										编制(日期)	审核(日期)	会签(日期)	
标记	处记	更改文件号	签字	日期	标记	处记	更改文件号	签字	日期				

表 1—4　　机械加工工序卡

(厂名)	机械加工工序卡	产品型号		零(部)件图号		共　页
		产品名称		零(部)件名称		第　页

材料牌号		毛坯种类		毛坯外形尺寸		每毛坯件数		每台件数		备注	

(工序简图)	车间	工序号	工序名称	材料牌号
	毛坯种类	毛坯外形尺寸	每坯件数	每台件数
	设备名称	设备型号	设备编号	同时加工件数
	夹具编号	夹具名称		切削液
				工序工时
				准终　单件

工步号	工步内容	工艺装备	主轴转速 (r/min)	切削速度 (m/min)	进给量 (mm/r)	背吃刀量 (mm)	进给次数	工时定额	
								机动	辅助

										编制(日期)	审核(日期)	会签(日期)	
标记	处记	更改文件号	签字	日期	标记	处记	更改文件号	签字	日期				

单元 1

二、典型铣削加工零件的工艺过程卡

1. 离合器锥齿轮

如图 1—26 所示为锥齿轮零件图，其加工工艺过程卡见表 1—5。

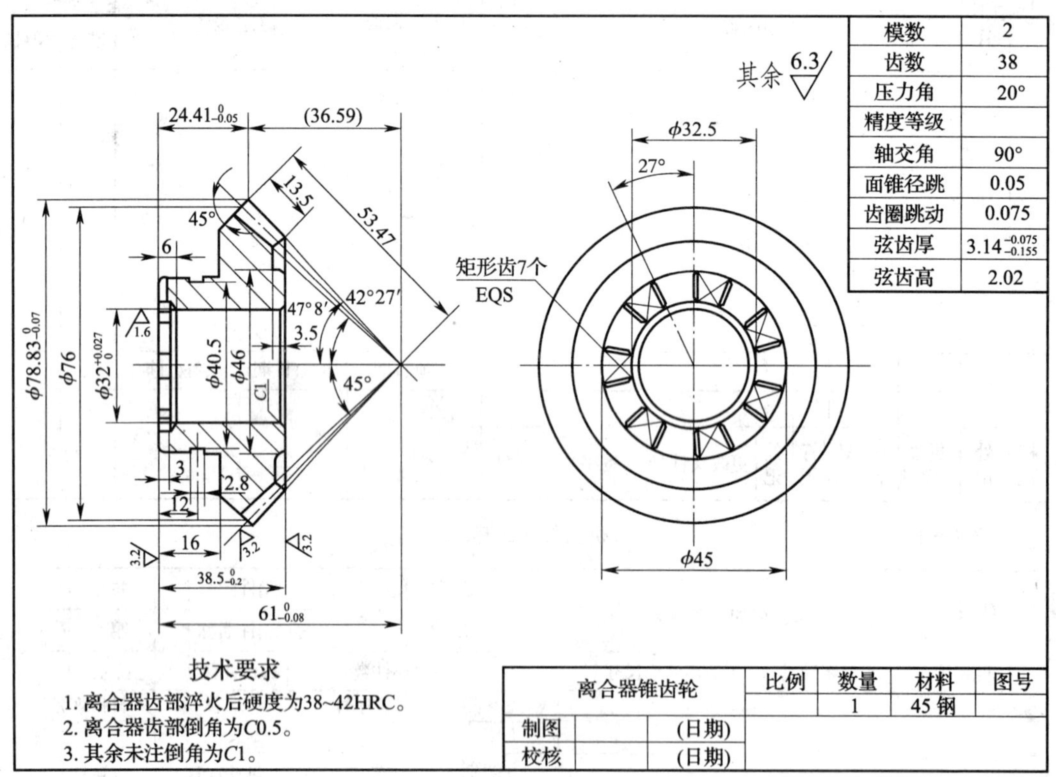

图 1—26　锥齿轮零件图

表 1—5　　**锥齿轮的加工工艺过程卡**

工序号	工序名称	工 序 内 容	工作地点
1	锻	锻造毛坯	锻床
2	热处理	正火	热处理车间
3	车	粗车外圆及端面，均留余量 1 ~ 1.5 mm，钻孔 ϕ30 mm	车床
		夹住齿部外圆，车左端 ϕ45 mm 的外圆至尺寸，保证端面尺寸 16 mm，车槽至 ϕ40.5 mm × 2.8 mm，车孔至 $\phi\ 32^{-0.20}_{-0.25}$ mm，车 ϕ32.5 mm × 6 mm 的孔至尺寸，倒角 C1 mm	
		掉头夹住 ϕ45 mm 的外圆，校正工件内孔，车右端面，保证尺寸 $38.5^{\ 0}_{-0.2}$ mm，孔口倒角 C1 mm	
		用心轴装夹工件，精车 $\phi\ 78.83^{\ 0}_{-0.07}$ mm 的外圆至尺寸，粗、精车面锥、背锥至尺寸 $24.41^{\ 0}_{-0.05}$ mm，车 ϕ46 mm × 3.5 mm 的深凹面，保证齿面宽 13.5 mm	

续表

工序号	工序名称	工 序 内 容	工作地点
4	铣	用心轴装夹工件铣离合器齿部，保证齿槽中心角 27°	卧式铣床
		用心轴装夹工件铣齿，保证大端齿厚为 $3.14_{-0.155}^{-0.075}$ mm，齿圈跳动小于 0.075 mm	
5	钳	去毛刺，离合器齿部倒角 C0.5 mm	钳工台
6	热处理	离合器齿部淬火后硬度为 38 ~ 42HRC	热处理车间
7	磨	磨 $\phi 32_{0}^{+0.027}$ mm 的孔	磨床
8	检验	按图样要求检查	检验台

2. 扇形板

如图 1—27 所示为扇形板零件图，其加工工艺过程卡见表 1—6。

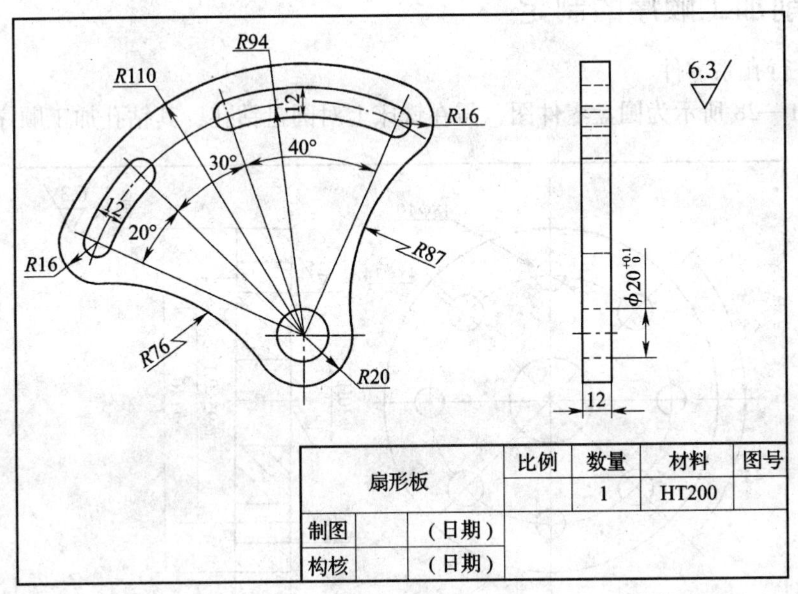

图 1—27　扇形板零件图

表 1—6　　扇形板的加工工艺过程卡

工序号	工序名称	工 序 内 容	工作地
1	铸造	铸造毛坯 清砂去毛刺	
2	热处理	时效处理	热处理车间
3	铣	铣两平面至尺寸 12 mm	立式铣床
4	钳	划各圆弧、圆弧槽和孔加工线	平板
		钻 $\phi 20_{0}^{+0.1}$ mm 的孔至尺寸	钻床

续表

工序号	工序名称	工序内容	工作地
5	铣	铣 $R76$ mm 和 $R87$ mm 的内圆弧	立式铣床
		以 $\phi20$ mm 的孔为基准，用心轴装夹工件铣 $R110$ mm 和 $R20$ mm 的圆弧，注意与 $R76$ mm 和 $R87$ mm 的圆弧光滑连接	
		以 $R94$ mm 为定位尺寸，铣削两个宽 12 mm 的弧形槽	
		铣两个 $R16$ mm 的圆弧，注意与 $R110$，$R76$ 和 $R87$ mm的圆弧光滑连接	
6	检验	按图样要求检查	检验台

三、铣削加工顺序的制定

1. 平行孔系零件

如图 1—28 所示为圆盘零件图，需在铣床上对圆盘钻孔，其钻孔加工顺序为：

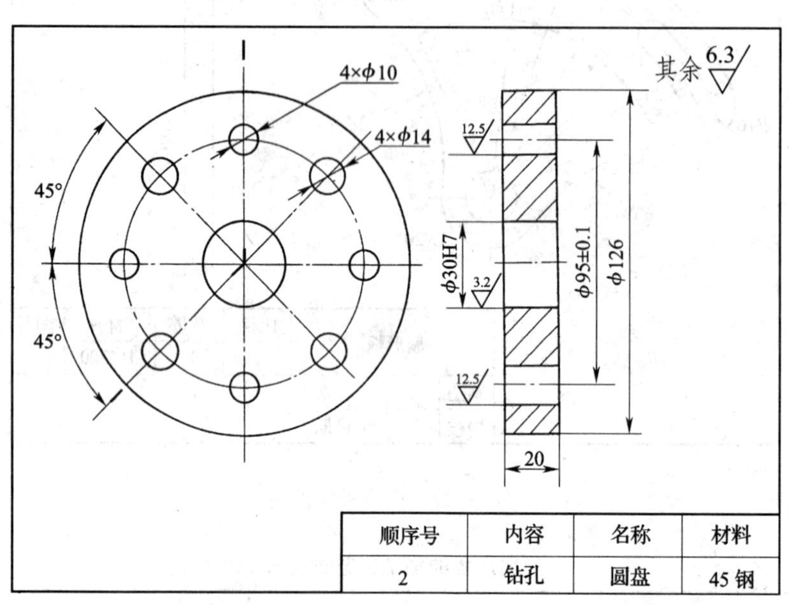

图 1—28 圆盘零件图

（1）安装分度头，校正立铣头主轴轴线与分度头主轴轴线平行，并且平行于工作台面，使两轴线处于同一轴向平面内。然后用千分尺测量两轴线间的距离，应为 (95 ±0.1) mm，并紧固升降台和横向进给机构。

（2）选用 $\phi10$ mm 的钻头，用钻夹头将其紧固在立铣头主轴的锥孔中，并调整机床主轴转速为 600 r/min。

（3）用心轴和工件内孔 $\phi30$H7 定位，将工件装夹于分度头主轴锥孔中。

（4）开动机床，手动纵向进给，先钻 4 个 $\phi10$ mm 的孔，并用游标卡尺检测各孔中心距，合格后，换上 $\phi14$ mm 的钻头，用分度头分度后钻出 4 个 $\phi14$ mm 的孔至尺寸。

2. 离合器零件

如图 1—29 所示为铣削锯齿形齿离合器齿部的工序图，其加工顺序为：

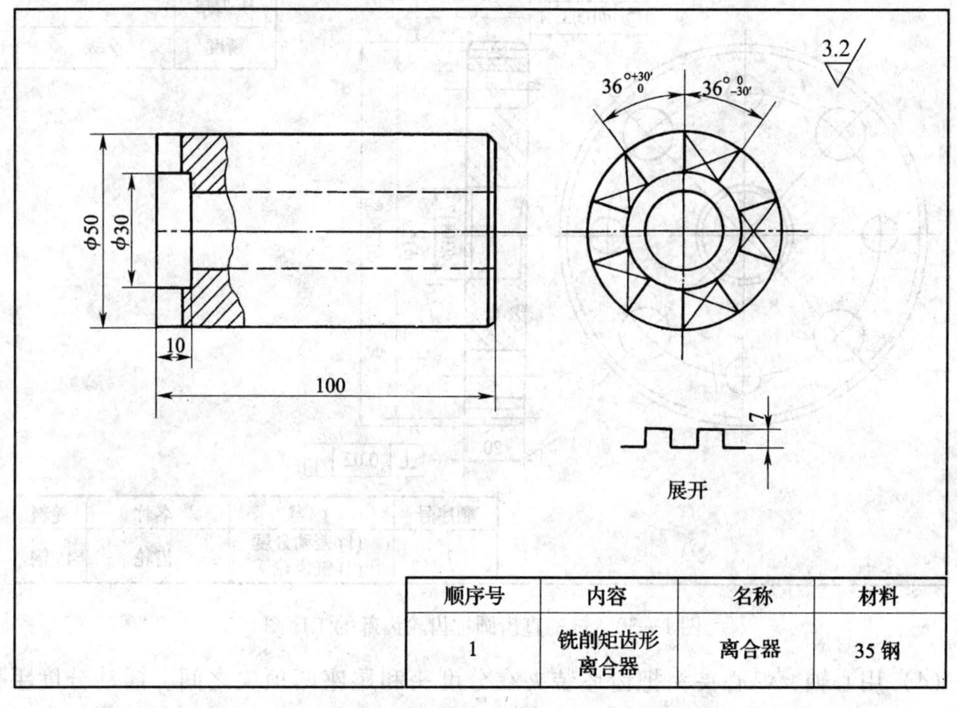

顺序号	内容	名称	材料
1	铣削矩齿形离合器	离合器	35 钢

图 1—29　铣削锯齿形齿离合器齿部的工序图

（1）选择 $\phi63$ mm × 8 mm 的三面刃铣刀。

（2）安装并校正分度头，安装三爪自定心卡盘。

（3）装夹并校正工件，使径向圆跳动和端面圆跳动在要求范围内。

（4）计算每铣一齿时分度手柄的转数并掌握调整方法。

（5）划中心线，对中心。

（6）调整铣削深度。

（7）按奇数齿直齿离合器的加工方法铣完各齿。

（8）用偏转角度法铣出齿侧间隙。

（9）测量，合格后卸下工件。

3. 直齿圆柱齿轮零件

如图 1—30 所示为铣削直齿圆柱齿轮齿部的工序图，其加工顺序为：

（1）用游标卡尺检查齿坯外径，然后用百分表检查工件外圆对内孔轴线的同轴度误差和端面对内孔轴线的垂直度误差。

（2）安装并校正分度头和尾座。

（3）计算分度手柄转数和交换齿轮齿数，并进行安装。

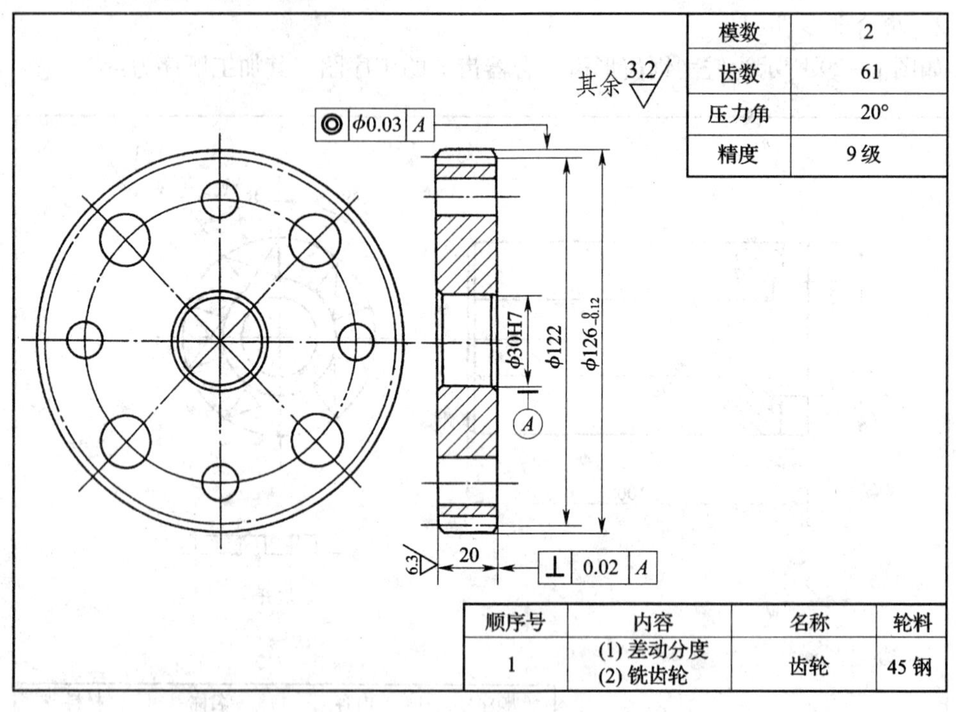

模数	2
齿数	61
压力角	20°
精度	9级

顺序号	内容	名称	轮料
1	(1) 差动分度 (2) 铣齿轮	齿轮	45 钢

图 1—30　铣削直齿圆柱齿轮齿部的工序图

（4）用心轴、鸡心夹头把齿坯装夹在分度头和尾座两顶尖之间。摇动分度手柄，用百分表检查齿坯外圆对内孔轴线的同轴度是否符合要求。

（5）选择并安装铣刀。

（6）用划线试切法在齿坯上划出中心线后，移动工作台对中。

（7）调整铣床主轴转速和工作台进给量。

（8）按全齿高移动升降台，调整好铣削深度。

（9）用齿厚游标卡尺测量第一齿的固定弦齿厚和齿高，如测量值在上、下偏差之间，即认为合格，可继续铣下一个齿。

4. 直齿条零件

如图 1—31 所示为铣削直齿条齿部的工序图，由于图样显示齿条长度为 235 mm，属于短齿条，因此按短齿条的加工步骤安排其加工顺序，具体如下：

（1）选 $m=3$ mm，$\alpha=20°$ 的 8 号铣刀，安装后用百分表检查其径向圆跳动和端面圆跳动。

（2）纵向装夹工件，校正机床用平口虎钳。

（3）装夹工件，工件上表面应高出钳口 8 mm 左右。

（4）将分度盘安装在横向进给丝杆端部，计算分度手柄转数。

（5）移动升降台使铣刀接触工件，按全齿高进刀铣削第一齿。

（6）用齿厚游标卡尺测量第一齿，如合格，按齿距分度铣削下一齿。

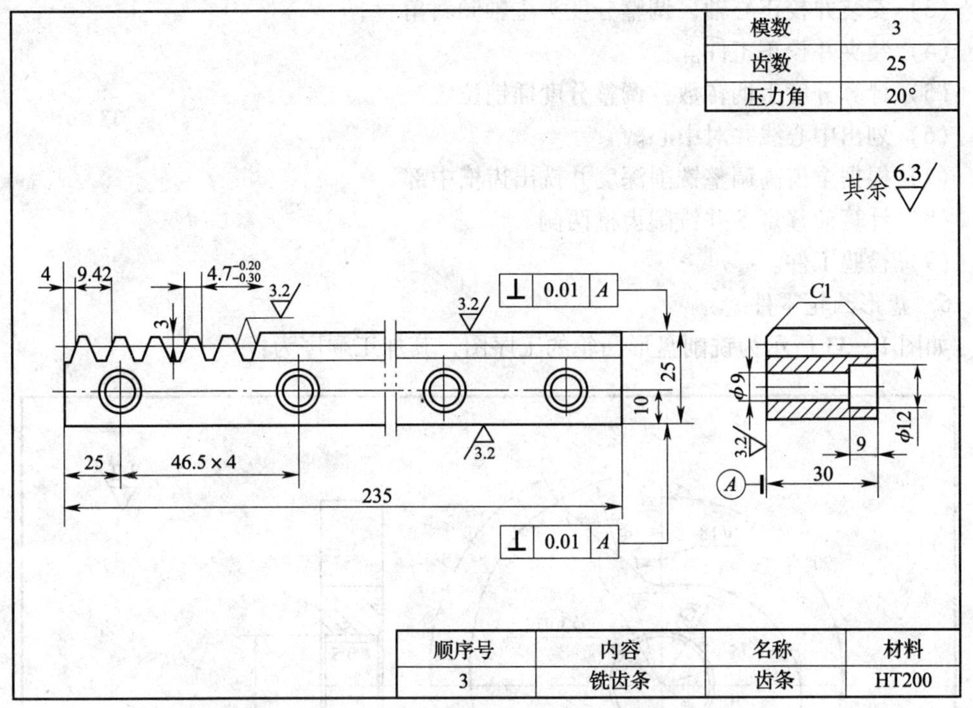

顺序号	内容	名称	材料
3	铣齿条	齿条	HT200

图 1—31　铣削直齿条齿部的工序图

5．直齿锥齿轮零件

如图 1—32 所示为铣削直齿锥齿轮齿部的工序图，其加工顺序为：

（1）选择 $m=2$ mm，$\alpha=20°$ 的 5 号锥齿轮铣刀。

（2）安装并校正分度头。

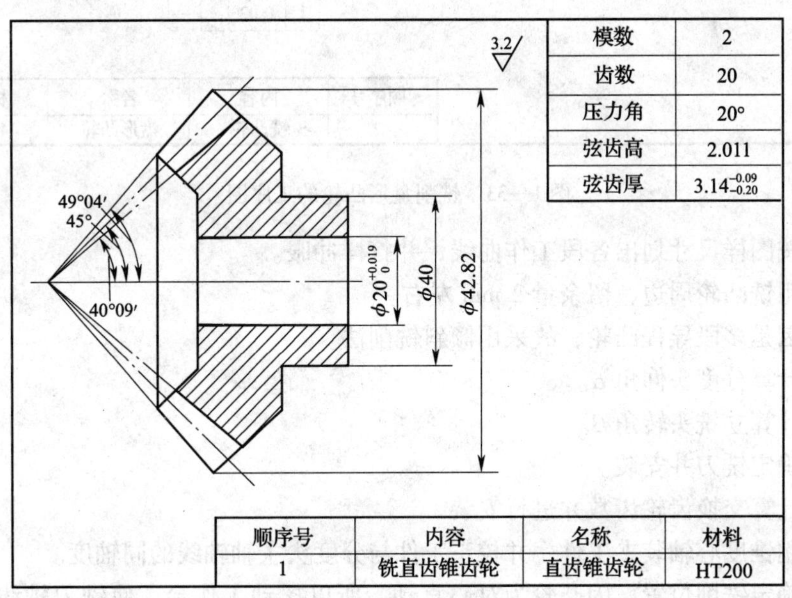

模数	2
齿数	20
压力角	20°
弦齿高	2.011
弦齿厚	$3.14^{-0.09}_{-0.20}$

顺序号	内容	名称	材料
1	铣直齿锥齿轮	直齿锥齿轮	HT200

图 1—32　铣削直齿锥齿轮齿部的工序图

（3）安装并校正心轴，调整分度头主轴倾斜角。

（4）装夹并校正工件。

（5）计算分度手柄转数，调整分度插销位置。

（6）划出中心线并对中心。

（7）根据全齿高调整铣削深度并铣出齿槽中部。

（8）计算偏移量 S 并铣削齿槽两侧。

（9）检验工件。

6. 盘形凸轮零件

如图 1—33 所示为铣削盘形凸轮的工序图，其加工顺序为：

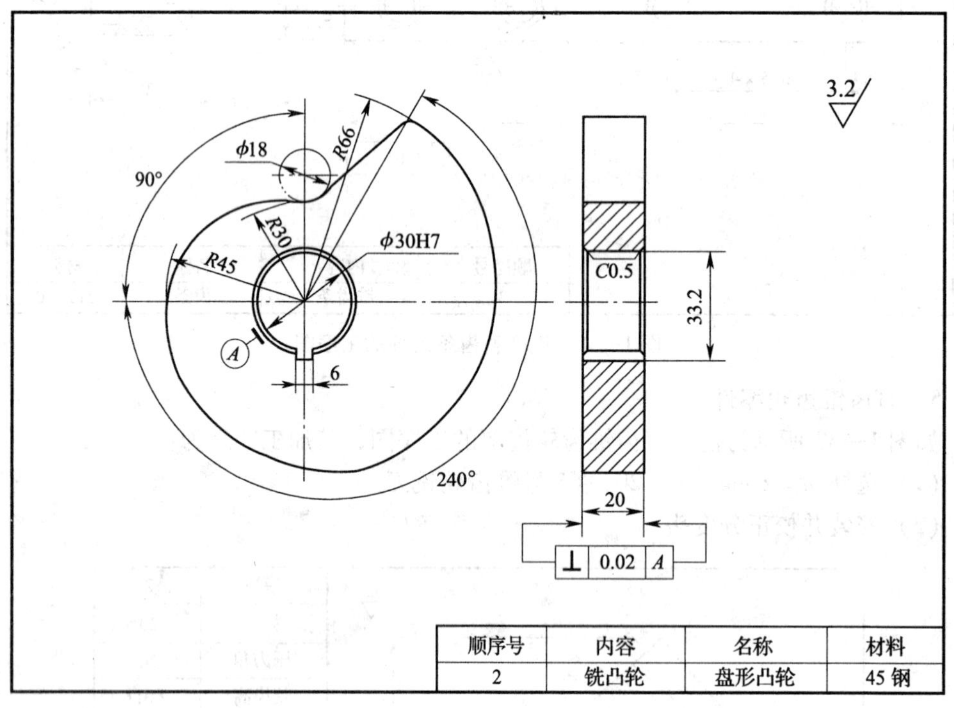

图 1—33　铣削盘形凸轮的工序图

（1）按图样尺寸划出各段工作曲线，并打样冲眼。

（2）粗铣凸轮周边，留余量 2 mm 左右。

（3）因是多段导程凸轮，故采用倾斜铣削法。

（4）计算分度头仰角 α。

（5）计算立铣头转角 β。

（6）确定铣刀并安装。

（7）计算交换齿轮齿数并进行安装。

（8）用锥度心轴装夹工件，并校正工件与分度头主轴轴线的同轴度。

（9）确定铣削位置，因凸轮为对心直动，所以摇动工作台，使铣刀轴线与分度头轴线处于同一轴向平面内。

（10）调整分度头仰角 $\alpha_1=59°$，立铣头转角 $\beta_1=31°$。

（11）对刀，分别移动和转动工件，使铣刀在工件0°位置接触，记下升降台刻度读数，将分度插销插入分度孔盘的孔中。

（12）开动机床后，上升升降台铣削0°～90°范围内的凸轮工作曲线型面至尺寸，并保证表面粗糙度 R_a 值为3.2 μm。

（13）铣完第一段型面后，分别调整分度头仰角 $\alpha_2=26°45'$ 和立铣头转角 $\beta_2=63°15'$。用上述对刀方法铣第二段导程至图样尺寸。

7. 圆柱面直齿刀具零件

如图1—34所示为一圆柱面直齿刀具——三面刃铣刀开齿加工的工序图，其加工顺序为：

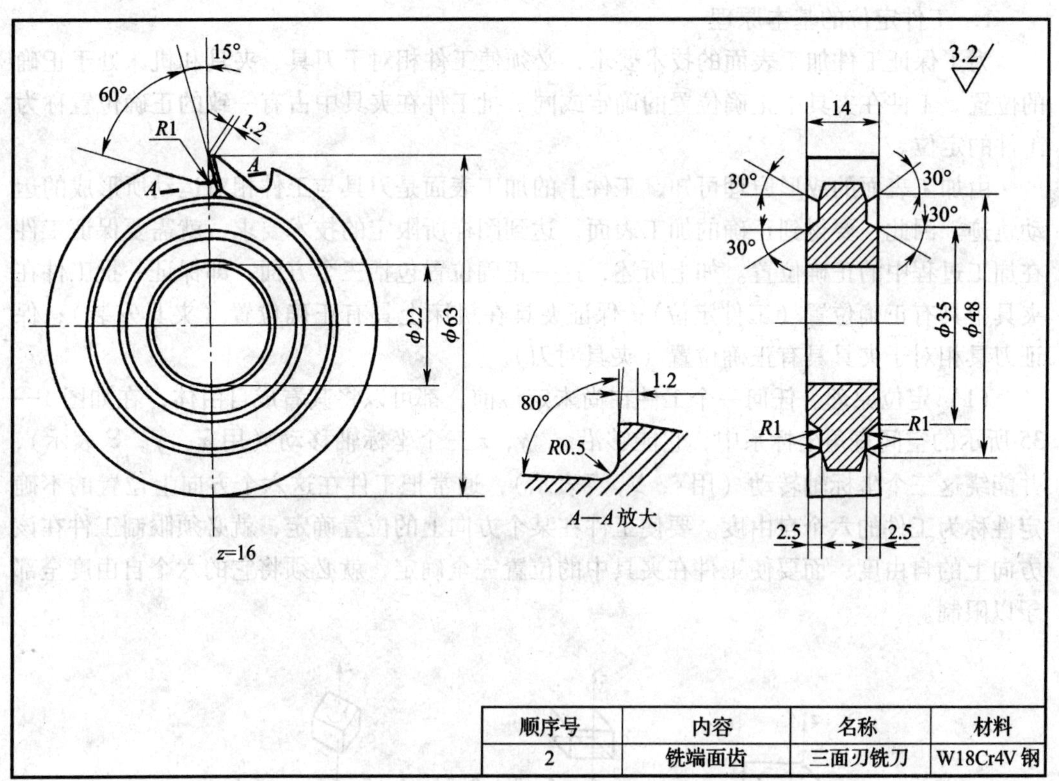

顺序号	内容	名称	材料
2	铣端面齿	三面刃铣刀	W18Cr4V 钢

图1—34　三面刃铣刀开齿加工的工序图

（1）选择 $\phi60$ mm×80°的单角铣刀并安装好。

（2）安装分度头、工件并校正。

（3）计算分度手柄转数 n、分度头主轴倾斜角度 α、工作台横向偏移量 S。

（4）对中心，将工作台横向偏移一个距离 S。

（5）将工件圆周齿前面与工作铣刀端面对准在同一平面内，紧固横向进给机构。

（6）调整铣削深度试铣，保证工件端面齿的后面宽度为1.2 mm，依次铣完各齿。

第三节 工件的定位与夹紧

- 能应用定位原理对工件进行正确的定位和夹紧
- 能对形状复杂的工件进行合理的装夹
- 了解专用夹具的典型结构及使用方法
- 了解组合夹具的种类、结构，能拼装简单工件的适用夹具

一、工件在夹具中的定位

1. 工件定位的基本原理

为了保证工件加工表面的技术要求，必须使工件相对于刀具、夹具和机床处于正确的位置。工件在夹具中正确位置的确定或同一批工件在夹具中占有一致的正确位置称为工件的定位。

由加工表面的成形原理可知，工件上的加工表面是刀具与工件相对运动所形成的运动轨迹。因此，要得到正确的加工表面，达到图样所限定的技术要求，就需要保证工件在加工过程中的正确位置。如上所述，这一正确位置包括三个方面，即保证一批工件在夹具中具有正确位置（工件定位）；保证夹具在机床上具有正确位置（夹具安装）；保证刀具相对于夹具具有正确位置（夹具对刀）。

（1）定位原理。任何一个工件在尚未定位前，都可以将其看成自由体，在如图 1—35 所示的空间直角坐标系中，它能够沿 x，y，z 三个坐标轴移动（用 $\vec{x}$，$\vec{y}$，$\vec{z}$ 表示），并能绕这三个坐标轴转动（用$\overset{\frown}{x}$，$\overset{\frown}{y}$，$\overset{\frown}{z}$表示），通常把工件在这六个方向上位置的不确定性称为工件的六个自由度。要使工件在某个方向上的位置确定，就必须限制工件在该方向上的自由度；而要使工件在夹具中的位置完全确定，就必须将它的六个自由度全部予以限制。

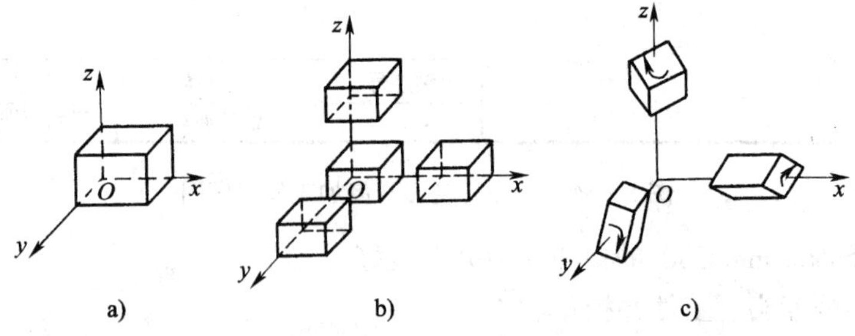

图 1—35　工件的六个自由度

定位的任务是限制工件的自由度，通常是用一个支撑点来限制工件的一个自由度，用合理分布的六个支撑点来限制工件的六个自由度，使工件在夹具上的位置完全确定，这就是六点定位原理。

（2）平行六面体工件的定位。在如图 1—36a 所示的平行六面体上加工槽时，为保证加工尺寸 $A\pm\Delta a$，需限制工件的 $\overleftrightarrow{z}$，$\overset{\curvearrowright}{x}$，$\overset{\curvearrowright}{y}$三个自由度；为保证尺寸 $B\pm\Delta b$，还需限制 $\overleftrightarrow{x}$ 和$\overset{\curvearrowright}{z}$两个自由度；为保证尺寸 $C\pm\Delta c$，则还需限制 $\overleftrightarrow{y}$ 自由度。所以应将工件的六个自由度全部加以限制，支撑点的分布如图 1—36b 所示。在工件的底面上布置三个支撑点，可限制工件的 $\overleftrightarrow{z}$，$\overset{\curvearrowright}{x}$，$\overset{\curvearrowright}{y}$三个自由度，此面称为主要定位基准。而且将这三个支撑点连接起来所组成的三角形面积越大，越容易保证工件各表面间的位置精度。同时，主要定位基准通常要承受较大的外力（如夹紧力、切削力等），所以往往选取工件上最大的表面作为主要定位基准。在工件的侧垂直面上布置两个支撑点（这两个点的连线不能与主要定位基准面垂直），可限制工件的 $\overleftrightarrow{x}$ 和$\overset{\curvearrowright}{z}$两个自由度。在工件的正垂直面上布置一个支撑点，可限制工件的 $\overleftrightarrow{y}$ 自由度。

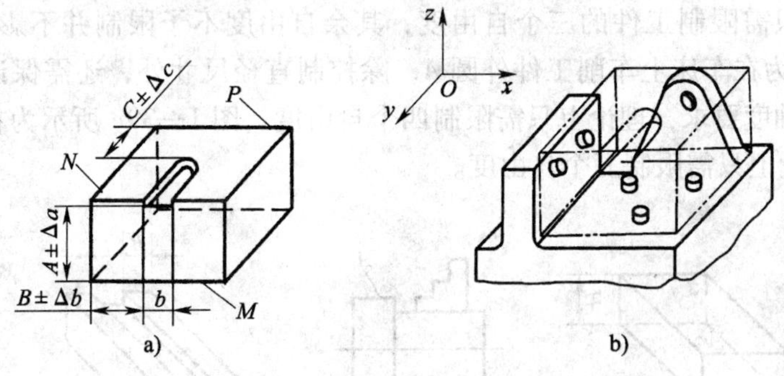

图 1—36　平行六面体的定位

a）零件要求　b）支撑点的分布

（3）圆柱形工件的定位。在如图 1—37 所示的主轴上铣油槽时，其六个支撑点的分布为：在圆柱面上布置四个支撑点（用两个短 V 形架代替），限制工件的四个自由度；在键槽上布置一个支撑点（用一个定位销代替），限制工件的一个自由度；在端面上布置一个支撑点（用一个支撑钉代替），限制工件的一个自由度。圆柱形工件的定位如图 1—37 所示。

（4）盘状工件的定位。如图 1—38 所示为带孔圆盘类零件，在其外圆上铣槽时，用以限制工件六个自由度的六个支撑点的分布为：在端面上布置三个支撑点（用一

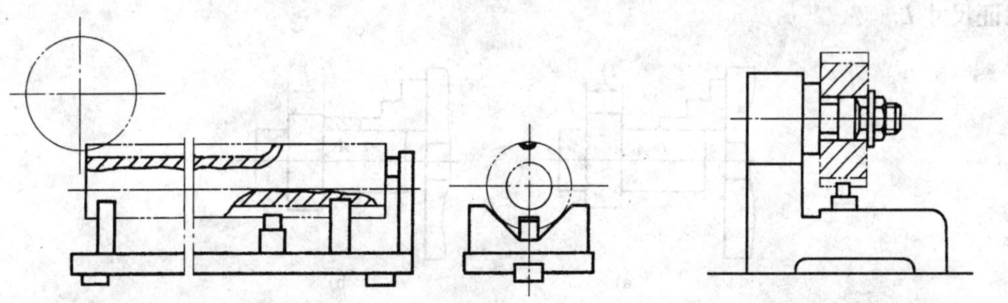

图 1—37　圆柱形工件的定位　　图 1—38　盘状工件的定位

个平面代替），限制工件的三个自由度；在内孔表面上布置两个支撑点（用一个短定位销或短心轴等元件代替），限制工件的两个自由度；在键槽上布置一个支撑点（用一个定位销代替），限制工件的一个自由度。盘状工件的定位如图1—38所示。

上述分析表明，尽管六个支撑点的分布形式不同，但其实质都符合“六点定位原理”。

2. 定位分析中可能出现的四种状态

（1）完全定位。在图1—36、图1—37和图1—38所示的定位方式中，工件的六个自由度全部被限制，因而工件在夹具中处于完全确定的位置，称为完全定位。

（2）部分定位。在实际生产中，根据具体加工要求不同，有些工件往往不需完全定位就能满足要求。这种没有全部限制工件六个自由度的定位称为部分定位，其加工实例如图1—39所示。如图1—39a所示，磨削长方体工件上、下平面时，为保证加工尺寸 H 的要求，只需限制工件的三个自由度，其余自由度不予限制并不影响加工要求。图1—39b所示为在车床上车削工件外圆 A，除控制直径尺寸外，还需保证外圆 A 与外圆 B 中心的同轴度要求，理论上只需限制四个自由度。图1—39c所示为在铣床上加工一直通槽，理论上只需限制五个自由度。

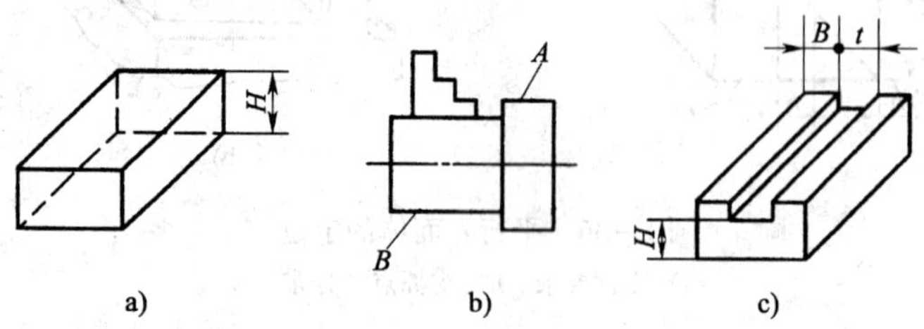

图1—39　部分定位的加工实例

a）磨平面　b）车外圆　c）铣通槽

（3）欠定位。如果工件定位时的实际支撑点数目少于理论上应予限制的自由度数，不能满足加工要求，称为欠定位。欠定位时无法保证加工要求，因此不允许在欠定位情况下进行加工。如图1—40a所示为欠定位实例，工件需保证尺寸 L，应进行五点定位，但由于工件左端直径过大，无法通过三爪自定心卡盘的内孔，A 面无法在卡爪端面定位，因此不能保证尺寸 L。若在左端加一套圈，如图1—40b所示，使 A 面定位，即可保证尺寸 L。

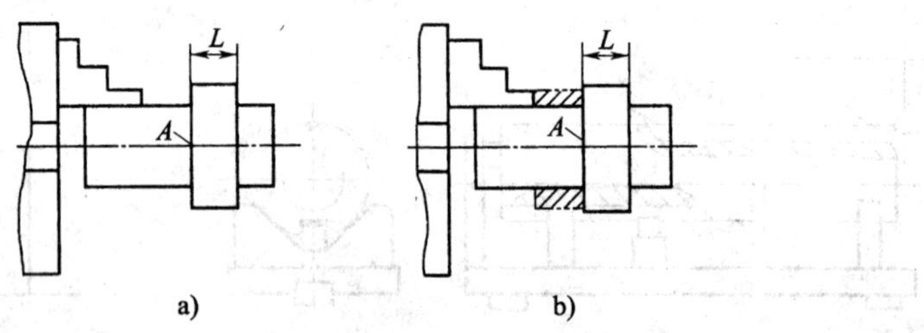

图1—40　欠定位及其改进方法

a）欠定位实例　b）改进后

（4）重复定位。一般不允许夹具上的定位元件重复限制工件的同一个或几个自由度，因为此时将使工件的位置不能被唯一确定。这种重复限制工件自由度的情况称为重复定位，重复定位也称为过定位。如图 1—41a 所示的定位方法即属于重复定位，用较长的心轴对内孔定位，限制 $\overset{\leftrightarrow}{y}$，$\overset{\leftrightarrow}{z}$，$\overset{\frown}{y}$，$\overset{\frown}{z}$ 四个自由度，夹具平面 P 对工件大端面定位，限制 $\overset{\leftrightarrow}{x}$，$\overset{\frown}{y}$，$\overset{\frown}{z}$ 三个自由度。可以看出，$\overset{\frown}{y}$ 和 $\overset{\frown}{z}$ 两个自由度都由心轴及平面重复限制，故属于重复定位。

当工件以重复定位方式进行定位时，由于工件与定位元件都存在误差，无法使工件的定位表面同时与两个进行重复定位的定位元件接触。如将工件强行夹紧，工件与定位元件将产生变形，甚至损坏。图 1—41a 中的工件在未夹紧时，其大端面不能与夹具贴合，如旋紧螺母，则工件与夹具都会产生变形。图 1—41b，c 是改进后的定位方法。图 1—41b 所示为采用短心轴及大平面定位，短心轴限制 $\overset{\leftrightarrow}{y}$ 和 $\overset{\leftrightarrow}{z}$ 两个自由度，大平面限制 $\overset{\leftrightarrow}{x}$，$\overset{\frown}{y}$，$\overset{\frown}{z}$ 三个自由度，避免了重复定位。图 1—41c 所示为采用长心轴及小平面定位，长心轴限制 $\overset{\leftrightarrow}{y}$，$\overset{\leftrightarrow}{z}$，$\overset{\frown}{y}$，$\overset{\frown}{z}$ 四个自由度，小平面仅限制 $\overset{\leftrightarrow}{x}$ 自由度，避免了重复定位。以上两种都是正确的定位方法，其中图 1—41b 所示的定位方法主要保证加工表面与大端面的位置精度，而图 1—41c 所示的定位方法则主要保证加工表面与内孔的位置精度。

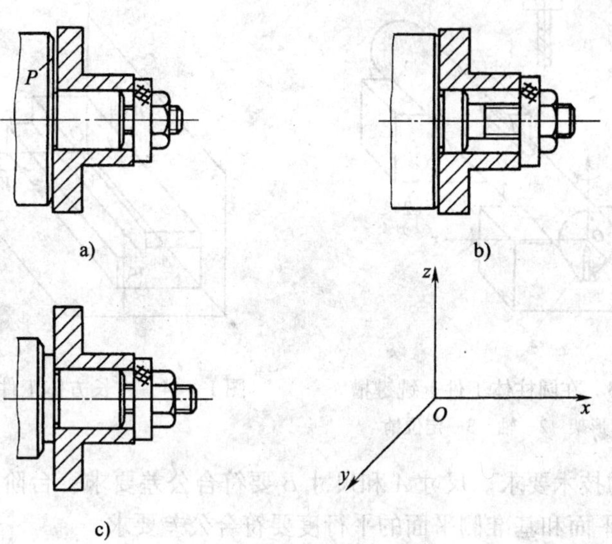

图 1—41　工件的重复定位及其改进方法

a）长心轴、大平面定位　b）短心轴、大平面定位　c）长心轴、小平面定位

3. 典型工件的定位方法

（1）在长方体工件上铣沟槽，如图 1—42 所示。

1）对工件的技术要求

①沟槽底平面对长方体基准底平面的平行度、槽深尺寸要符合公差要求。

②槽的两侧面对长方体基准侧面的平行度、槽的中心平面对长方体基准侧面的位置尺寸要符合公差要求。

③槽的长度尺寸要符合公差要求。

2）工件的定位及所约束的自由度。将工件的底面放在与工作台面平行的定位元件上，即平面 1 上的三个支撑件，三个支撑件约束了工件$\widehat{x}$，$\widehat{y}$，$\vec{z}$三个自由度。在平面 2 上的两个支撑件约束了工件$\widehat{z}$和$\vec{y}$两个自由度。为限制工件沿 x 轴的移动，采用平面 3 上的一个支撑件，这样工件的位置就完全确定了。

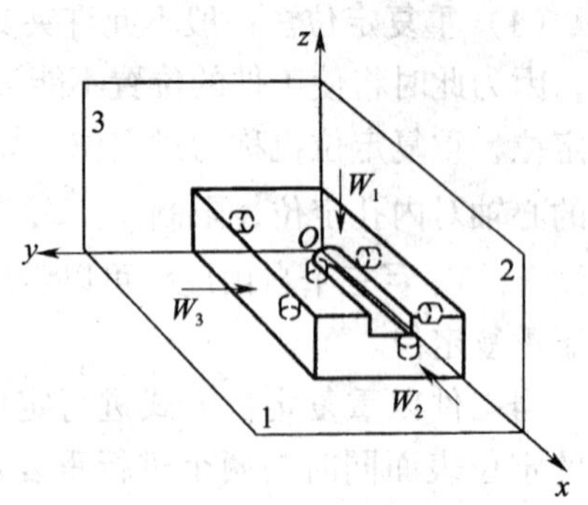

图 1—42　在长方体工件上铣沟槽

（2）在圆柱体工件上铣键槽，如图 1—43 所示。

1）对工件的技术要求。键槽对圆柱体的位置尺寸要符合公差要求。

2）工件的定位及所约束的自由度。圆柱体工件（如轴等）安装在 V 形架上，两个 V 形架限制了工件$\vec{x}$，$\vec{z}$，$\widehat{x}$，$\widehat{z}$四个自由度，定位销限制了工件沿 y 轴的移动，共约束了五个自由度。

（3）在长方体工件上铣台阶，如图 1—44 所示。

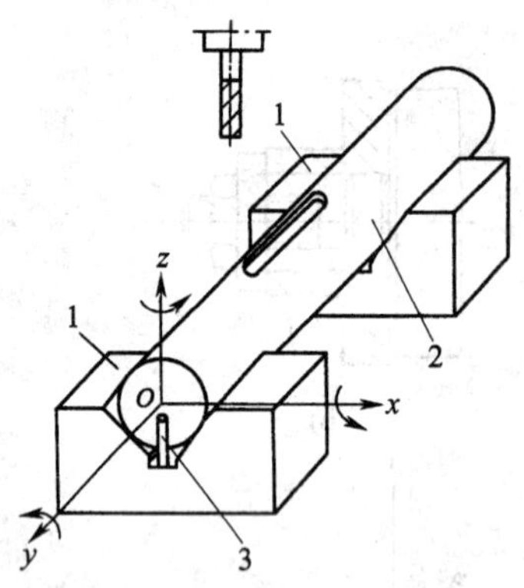

图 1—43　在圆柱体工件上铣键槽

1—V 形架　2—轴　3—定位销

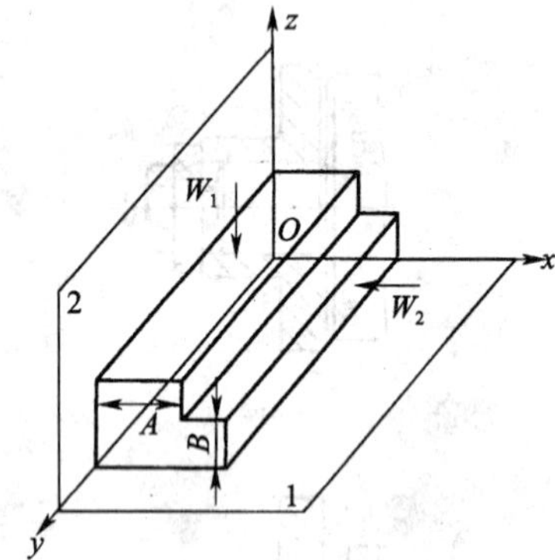

图 1—44　在长方体工件上铣台阶

1）对工件的技术要求。尺寸 A 和尺寸 B 要符合公差要求；台阶的底面和侧面分别对工件的基准底平面和基准侧平面的平行度要符合公差要求。

2）工件的定位及所约束的自由度。为了限制工件绕 x 轴、y 轴、z 轴转动以及沿 x 轴、z 轴移动，需要在平面 1 上设置三个支撑点，在平面 2 上设置两个支撑点。

（4）铣台阶工件的上平面，如图 1—45 所示。

1）对工件的技术要求。尺寸 A 和上平面对基准底平面的平行度要符合公差要求。

2）工件的定位及所约束的自由度。限制了工件绕 x 轴和 y 轴的转动以及沿 z 轴的移动，即约束三个自由度。

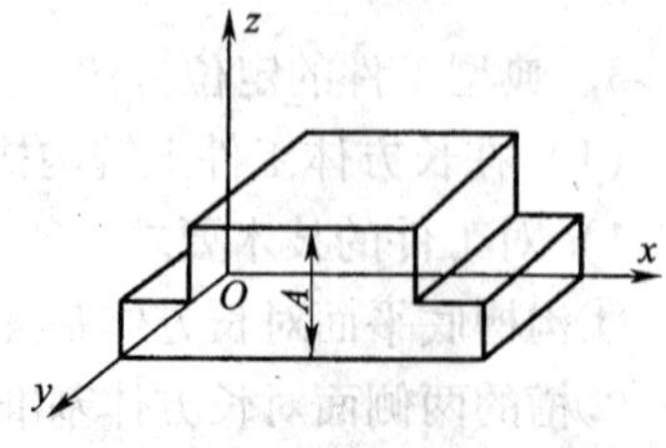

图 1—45　铣台阶工件的上平面

4．常用的定位元件

（1）工件以平面定位。在机械加工中，有些工件是以平面作为定位基准的，如箱体、机座、挂架、板状类零件等。用于平面定位的定位元件一般有支撑钉和支撑板。支撑钉又可分为固定支撑钉、可调支撑和自位支撑三种。

1）固定支撑钉。根据工件定位表面情况的不同，支撑钉的头部可以是平头、球头、尖头和网纹，如图 1—46 所示。平头支撑钉如图 1—46a 所示，适用于工件经过粗加工或精加工的平面的定位，因为平头支撑钉与工件的接触面积较大，不易磨损。对于铸、锻后经清理的毛坯平面常采用球头、尖头和网纹支撑钉支撑，分别如图 1—46b，c，d 所示。球头、尖头支撑钉与工件接触面积较小，定位稳定，但较容易磨损；网纹支撑钉具有较大的摩擦力，能使工件的定位更加稳固，但放置于水平位置时很容易积存切屑，而且不易清除，因而将导致定位不正确，所以常用做侧面定位。以上各种支撑钉与夹具的组合通常有两种方式，第一，把支撑钉直接压入夹具体中；第二，在夹具中压入一个衬套，再把支撑钉压合在衬套的孔中，如图 1—46c 所示，当支撑钉损坏后便于更换。

支撑钉的尾部都要倒角，以便与夹具体的孔配合时能起引导作用，不至于因尾部有尖锐的棱角而损坏夹具体的孔。

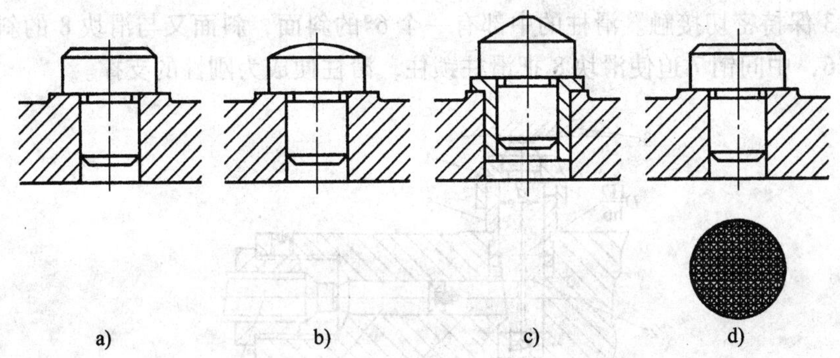

图 1—46　固定支撑钉

a）平头支撑钉　b）球头支撑钉　c）尖头支撑钉　d）网纹支撑钉

2）可调支撑。如图 1—47 所示为可调支撑，当各批毛坯的尺寸及形状有较大差异时，可调节其高度，使工件获得合适的位置，从而比较合理地分配各表面的加工余量，调节后用螺母将其锁紧。

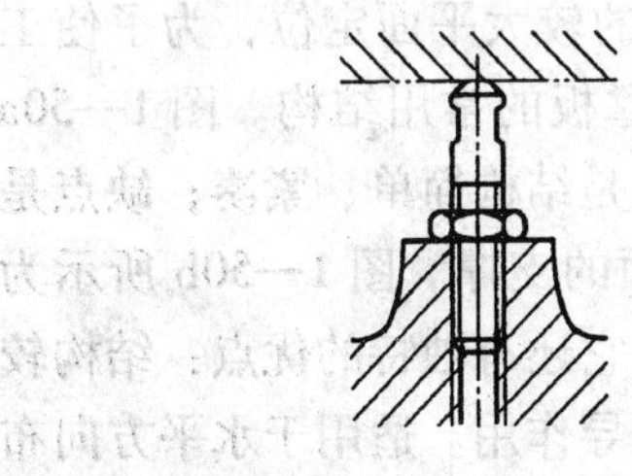
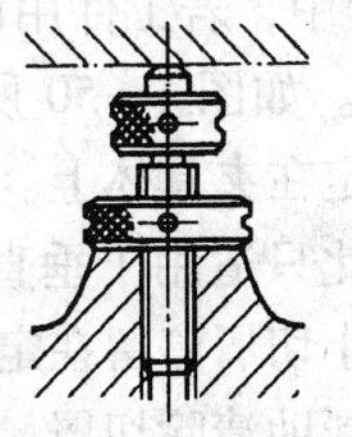
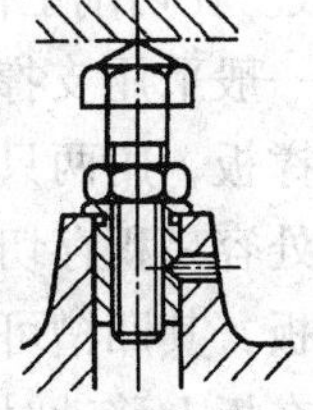

图 1—47　可调支撑

单元 1

在实际生产中，由于形状上的特点或工件在夹具中有时因夹紧力、切削力及工件自重等的作用，工件可能产生变形或不稳定。为了提高工件的装夹刚度和稳定性，常设置辅助支撑。如图1—48a所示的定位情况，为防止工件在铣削力的作用下倾斜，采用V形架和两个支撑钉定位，就会因重复限制自由度而造成重复定位。若设计成如图1—48b所示的辅助支撑，则既能增加工件定位的稳定性，又不会产生重复定位现象。

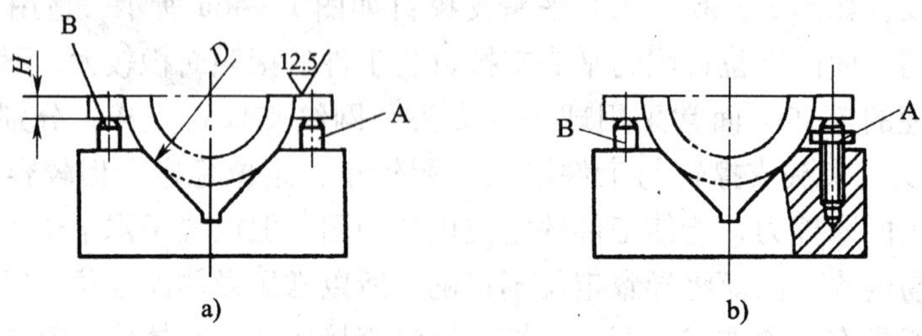

图1—48　辅助支撑的应用

必须注意，应当在工件被安放到定位元件上定位后才允许辅助支撑参与工作；否则，会由于辅助支撑破坏由定位元件所确定的工件的正确位置。为此，在每次卸下工件后必须退回或松开辅助支撑，装上工件后再予以锁紧。

3）自位支撑。如图1—49所示为自位支撑的结构。弹簧1始终顶住滑柱2，使滑柱与工件3保持密切接触。滑柱的中部有一个6°的斜面，斜面又与滑块8的斜面接触。旋紧螺钉6，中间销7迫使滑块8把滑柱锁住，滑柱便成为刚性的支撑。

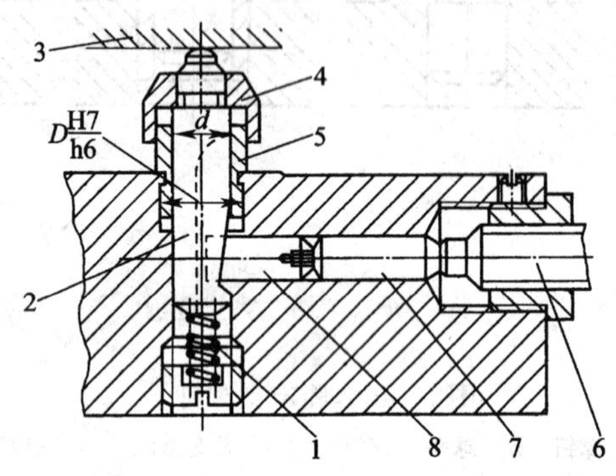

图1—49　自位支撑的结构

1—弹簧　2—滑柱　3—工件　4—螺母　5—套管　6—螺钉　7—中间销　8—滑块

为了避免切屑堵塞滑柱，在夹具体上配有一个套管5，套管顶上又安装了螺母4。

4）支撑板。在切削工件的过程中，若工件用已加工过的较大平面定位，为了使工件定位稳固，一般采用支撑板定位。如图1—50所示为支撑板的常用结构。图1—50a所示为光面支撑板，用两只螺钉固定在夹具体上。它的优点是结构简单、紧凑；缺点是沉头螺钉凹坑处容易积存切屑。因此只适用于垂直面和顶面的支撑。图1—50b所示为带斜槽的支撑板，其凹槽可防止细小切屑停留在定位面上，它还有独特的优点：结构较为紧凑，工件在板上移动时，既能帮助清除切屑，又能起引导作用。适用于水平方向布置支撑的场合。

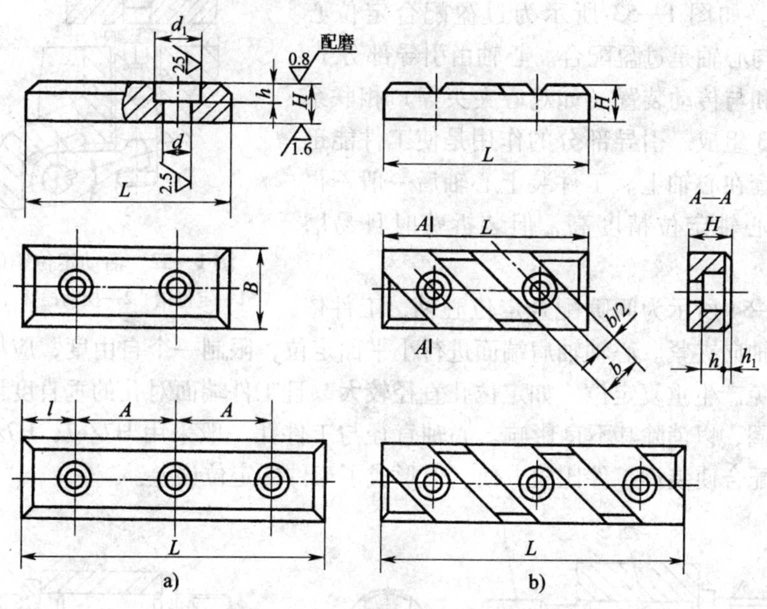

图 1—50　支撑板的常用结构

支撑板采用碳素工具钢 T8 制造，经热处理后硬度为 55 ~ 60HRC。

应当指出，使用支撑板定位时必须注意清除切屑，所以就应尽量使支撑板有足够的高度，并在夹具上布置适当的容屑槽。

(2）工件以圆柱孔定位

1）圆柱定位销。这是指定位孔与定位元件的接触长度较短，仅能限制工件的两个自由度的定位方法。这种定位方法一般不能单独使用，需要与其他定位方法同时使用。常用的定位销形式如图 1—51 所示。为了便于套入工件，定位元件的端部有较长的圆锥面。大型工件一般采用活动定位销定位，工件到位后再插入定位销，其结构如图 1—52 所示。摆动摇臂 2 可以插入或拔出定位销 1，转轴 3 可以手动，也可用液压驱动。

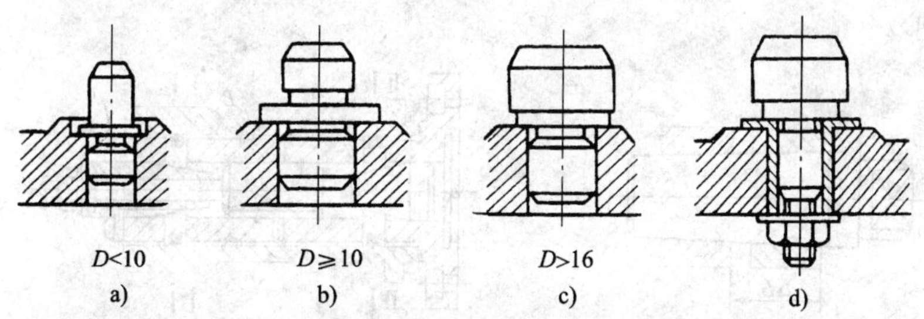

图 1—51　常用的定位销形式

2）圆柱定位心轴。常用的定位元件有刚性心轴和自动定心心轴两大类。

刚性心轴与工件孔的配合可采用过盈配合或间隙配合。当工件定位孔的精度很高，

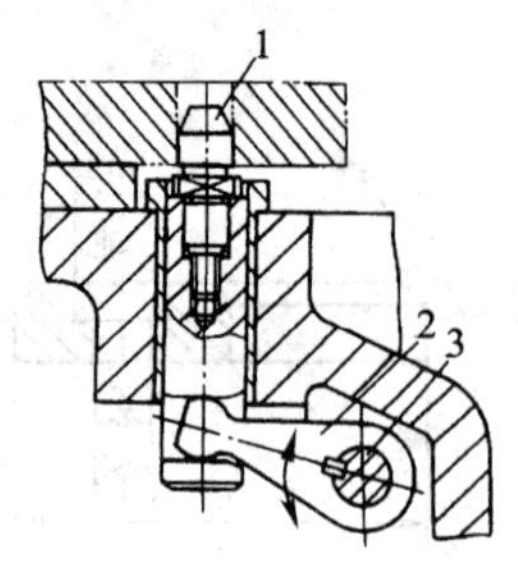

图1—52　活动定位销的结构
1—定位销　2—摆动摇臂　3—转轴

而且要求定位精度很高时，可采用具有较小过盈量的过盈配合。如图1—53所示为过盈配合定位心轴，工件孔与心轴是过盈配合。心轴由引导部分1、工作部分2和与传动装置（如鸡心夹头等）相联系的联系部分3组成。引导部分的作用是使工件能迅速而正确地套在心轴上。工件装上心轴后一般不再夹紧。此类心轴定位精度高，但装拆费时且易磨损。

如图1—54所示为间隙配合定位心轴，工件依靠螺母进行轴向夹紧。心轴轴肩端面进行小平面定位，限制一个自由度，应尽量减小轴肩直径，避免产生重复定位。如定位孔直径较大，且工件端面对孔的垂直度误差大，可采用球面垫圈，以消除其不良影响。心轴直径与工件孔一般采用H7/e7，H7/f6，H7/g5配合，间隙配合使装拆工件比较方便，但形成了工件的定位误差。

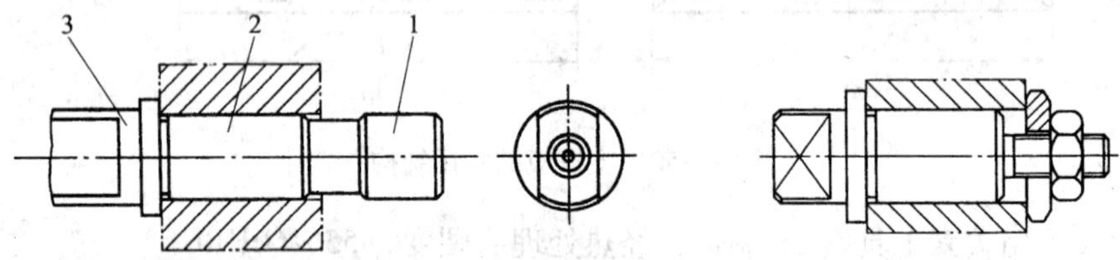

图1—53　过盈配合定位心轴
1—引导部分　2—工作部分　3—联系部分

图1—54　间隙配合定位心轴

为了消除间隙，提高定位精度，并且能方便地装拆工件，可以采用具有微锥度的定位心轴，如图1—55所示。一般锥度C为1∶5 000～1∶1 000。工件套入心轴后需向大端压入一小段距离，产生部分过盈，以提高定位精度并产生较大的摩擦力，一般情况下不再夹紧工件。由于工件定位孔存在制造公差，在成批生产时，一批工件套入心轴后，它们在心轴上的轴向位置有较大变化。

如图1—56所示为孔的自动定心心轴。两端Ⅰ—Ⅰ和Ⅱ—Ⅱ截面处都有三块一组的滑块，旋动螺母，由于斜面A与B对滑块的作用，两组滑块同时向外撑紧孔壁，使孔得到自动定心。

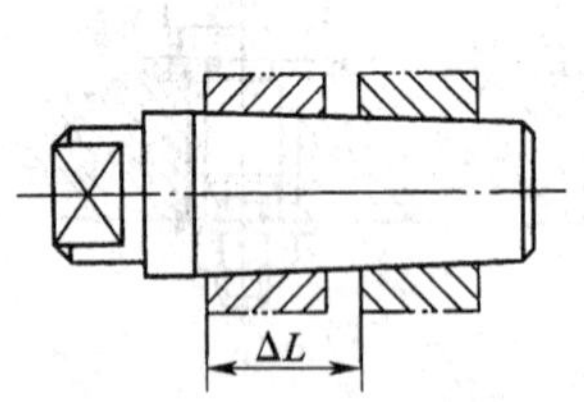

图1—55　微锥度定位心轴

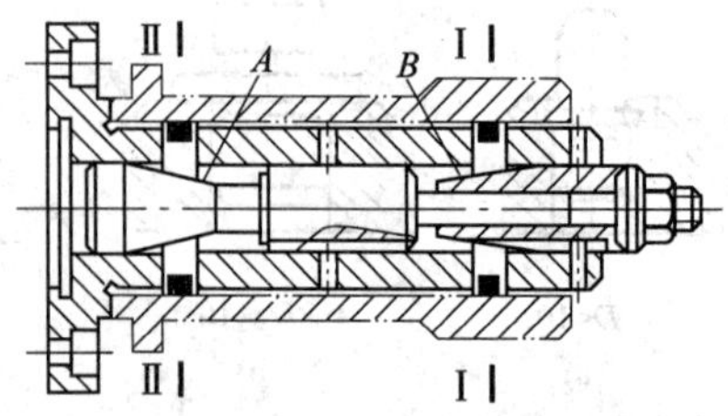

图1—56　自动定心心轴

（3）工件以外圆柱面定位。按照定位表面的轴向长度不同，可分为长圆柱表面定位和短圆柱表面定位两种，前者限制四个自由度，后者限制两个自由度。

不论定位基准是否经过加工，是完整的圆柱面还是圆弧面，都可采用 V 形架定位。这种方法突出的优点是对中性好，即工件上定位用的外圆柱面轴线始终处在 V 形架两斜面的对称面内，且不受定位基准直径误差的影响，但其轴线位置可能沿对称面变动。因此，V 形架可使工件自动对中，常用于加工与工件外圆轴线有对称度要求的孔与槽，如图 1—57 所示。

V 形架的夹角 α 一般为 90°，常用 20 钢制造，工作表面需渗碳淬硬至 60 ~ 64HRC。大尺寸的 V 形架可采用铸铁底座，在其工作部位镶以高硬度的钢板或硬质合金。V 形架的结构尺寸已标准化，可按标准设计和制作。精磨 V 形架工作表面或检验、装配 V 形架时，应在 V 形架中放置标准量棒，测量及校正其中心线的位置，从而控制 V 形架的制造精度及安装精度，如图 1—58 所示。V 形架在夹具上校正位置后，除用螺钉紧固，还要加装定位销，以防止在工作中产生位移。

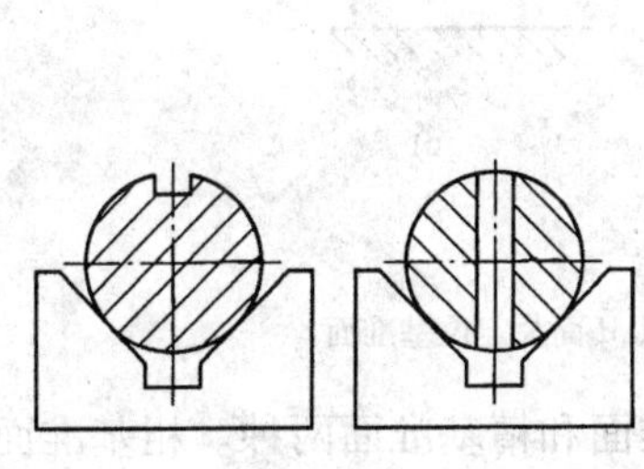

图 1—57　V 形架使工件自动对中

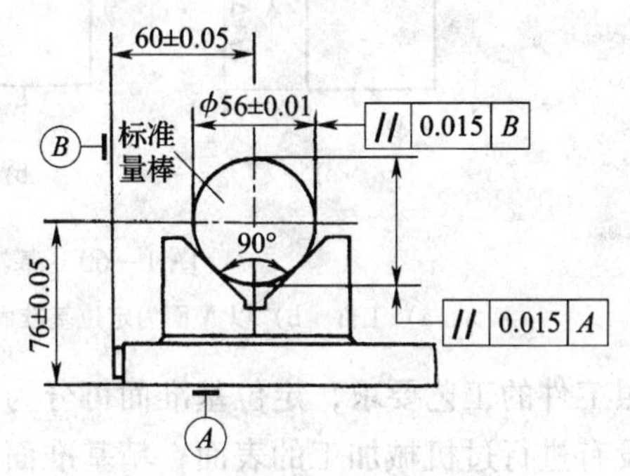

图 1—58　测量、校正 V 形架

当工件定位表面较短时，可用短 V 形架，仅限制工件的两个自由度，其应用如图 1—59a，b 所示。当工件定位表面较长时，采用长 V 形架，可限制工件的四个自由度，其应用如图 1—59c 所示。

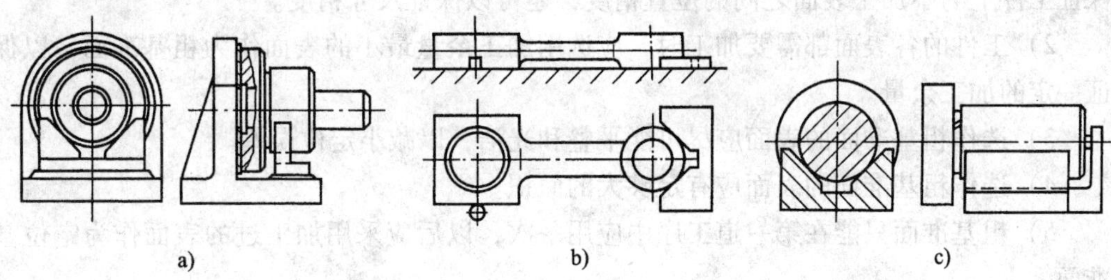

图 1—59　V 形架的应用

a)，b) 短 V 形架定位　c) 长 V 形架定位

5. 定位基准面的选择

(1) 基准的重合。工件的定位基准面是确定工件在夹具中位置的基准，定位基准将直接影响工件的加工精度。在实际定位时，一般应保证基准重合，即定位基准与设计基准重合，如图 1—60 所示，工件上的槽是待加工表面（见图 1—60a），槽的深度尺寸 h 的设计基准为工件的上平面 N。若以平面 N 作为定位基准（见图 1—60b），

定位基准不会影响尺寸 h 的误差。如果取工件的下平面 M 作为定位基准（见图 1—60c），这时尺寸 H 的误差就会影响尺寸 h，这种由于定位基准与设计基准不重合所产生的误差称为定位误差。在该例中定位误差的大小就是尺寸 H 的误差。如果尺寸 h 的公差减去其他因素所引起的误差小于尺寸 H 的公差，那么 M 面就不能作为定位基准面。

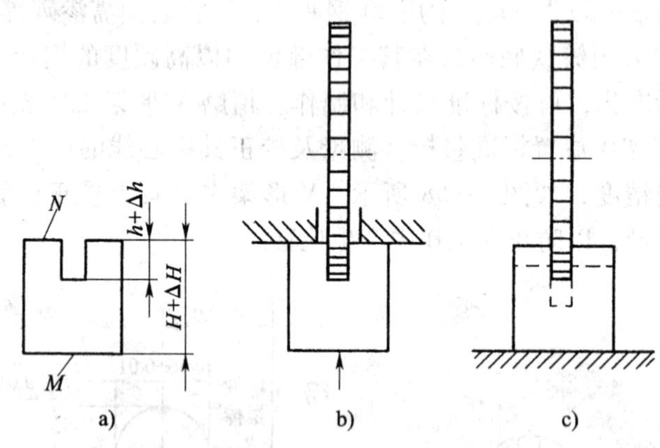

图 1—60　基准的重合

a）工件　b）以 N 面为定位基准面　c）以 M 面为定位基准面

按照工件的工艺要求，定位基准面可分为粗基准面和精基准面两种。粗基准面是指工件上没有进行过机械加工的表面，精基准面是指工件上按照一定的技术要求加工过的表面。为了保证工件加工后的质量和精度，对定位基准面要合理地选择。

（2）粗基准面的选择

1）应选用工件不需加工的表面作为粗基准面，如果工件上有几个表面都不加工，那么应选择其中与加工表面之间位置精度要求最高的表面作为粗基准面。这样不但可以保证工件上与不加工表面之间的位置精度，还可以保证尺寸精度。

2）工件的各表面都需要加工时，应选用加工余量最小的表面作为粗基准面，以保证一定的加工余量。

3）选作粗基准面的表面应尽可能平整和光洁，以减小定位误差。

4）选作粗基准面的表面应有足够大的面积。

5）粗基准面只能在第一道工序中应用一次，以后应采用加工过的表面作为定位基准面。

（3）精基准面的选择

1）了解所加工的零件在装配体中的位置，尽可能选用设计基准和装配基准作为精基准面，即定位基准面与设计基准重合，以减小装配误差。

2）若工件的所有表面都要加工，除第一道工序外，应尽可能选用同一个表面作为精基准面。

3）选用的精基准面应保证工件加工时因切削力和夹紧力而引起的变形最小。

4）选用的精基准面应能确保安装准确，夹紧牢靠，同时操作要方便。

5）应结合铣削中的实际情况、工件的精度和加工工艺要求选用最合适的精基准面。

二、工件的装夹

工件的定位基准面确定后，要全面考虑铣刀、铣床和夹具等方面的问题，并选定装夹方式。

1. 直接装夹在工作台上

当毛坯外形复杂、尺寸较大，不便于使用夹具时，可将工件直接装夹在工作台上，如图 1—61 所示。图 1—61a，b，c 所示为利用压板和螺栓把工件固定。图 1—61d 所示为利用可移动楔块将工件直接装夹在工作台上，楔块内开有矩形沟槽，当拧紧螺母时，楔块沿支撑块的斜面向下移动，将工件夹紧。图 1—61e 所示为以工件底面作为定位基准，拧紧螺母，通过盖板和压板把工件夹紧，图中的靠板是起定位作用的。图 1—61f 所示为通过拧紧螺母，利用压板同时夹紧两根轴类工件。

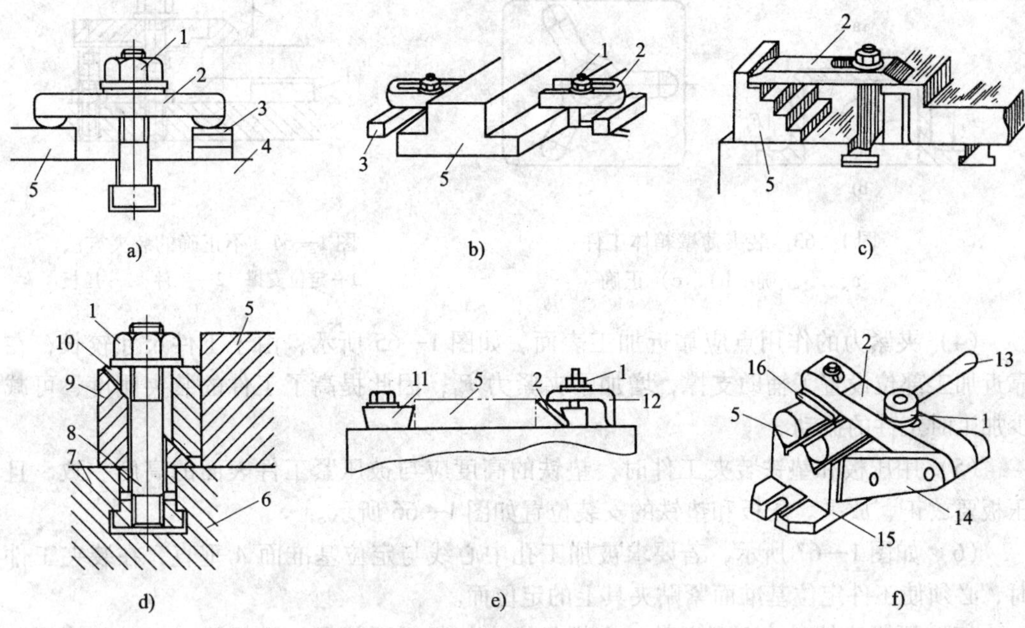

图 1—61　将工件直接装夹在工作台上

1—螺母　2—压板　3—垫铁　4—工作台　5—工件　6—床身　7—滑块
8—双头螺柱　9—支撑块　10—可移动楔块　11—靠板　12—盖板
13—手柄　14—支撑　15—底座　16—弧面垫板

2. 用压板装夹工件

（1）如图 1—62 所示，加工连杆上的两个孔时，如夹紧力作用在中间部位，工件夹紧后会产生弹性变形，夹紧力取消后，加工后的两孔中心线就会变得不平行。装夹刚度低、容易变形的工件时，要特别注意这一点。

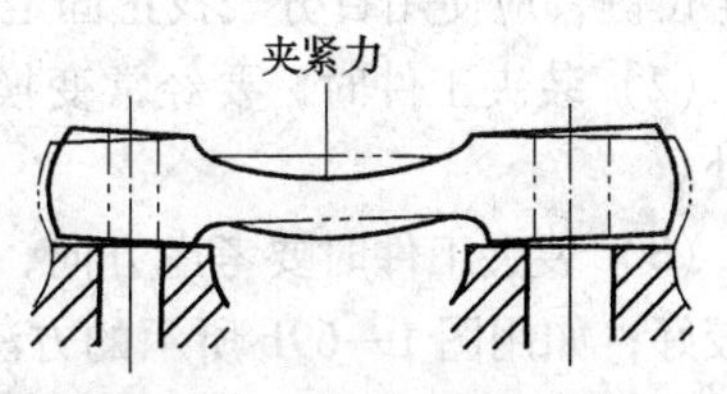

图 1—62　工件产生弹性变形

（2）如图 1—63 所示，装夹薄壁箱体工件时，若将夹紧力的作用点选择在箱体的顶面（见图 1—63a），容易使箱体产生变形，甚至破裂；图 1—63b 所示为将夹紧力作用点选择在箱体下面的凸台上，这时工件夹紧后比较可靠、稳妥；当箱体没有凸台时，可使用三爪夹紧工具（见图 1—63c），采用三点夹紧的方法将工件固定好。

（3）用压板、螺栓、螺母等配合装夹工件时，压板的压紧点要与工件下面的支撑点相对应，必须保证在加工过程中工件位置不发生变化，而且各点的夹紧力应均匀。如图 1—64 所示，夹紧力的作用点没有对准支撑点，属于不正确的装夹方法。

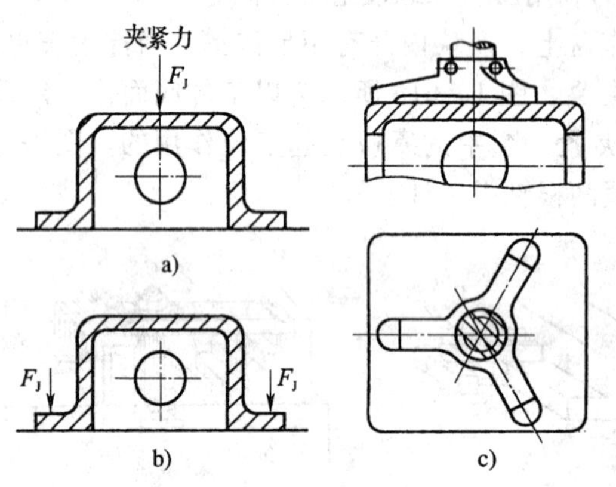

图 1—63　装夹薄壁箱体工件
a）不正确　b），c）正确

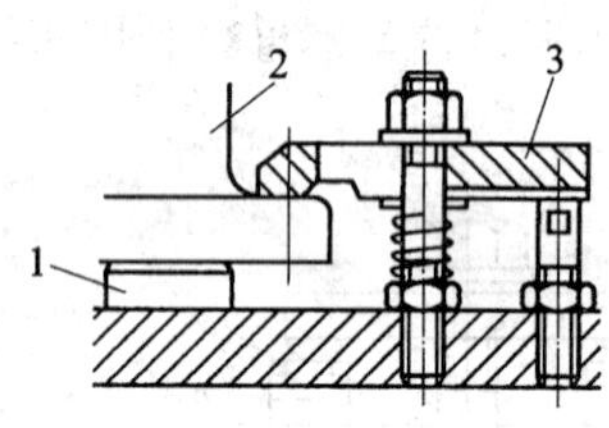

图 1—64　不正确的装夹方法
1—定位支撑　2—工件　3—压板

（4）夹紧力的作用点应靠近加工表面。如图 1—65 所示，由于工件尺寸较长，在靠近加工部位设置了辅助支撑，增加了夹紧力 F_J，因此提高了工件的装夹刚度，可减少加工时工件的振动。

（5）用压板和垫铁装夹工件时，垫铁的高度应与被压紧工件表面的高度一致，且压板要放正、放平。压板和垫铁的安装位置如图 1—66 所示。

（6）如图 1—67 所示，若要求被加工孔中心线与定位基准面 *A* 垂直，在装夹工件时，必须使工件定位基准面紧贴夹具上的定位面。

（7）压紧工件时，不要把某一个螺母完全拧紧后再拧另一个螺母，以避免压板翘起而使工件装夹不稳。

3. 用机床用平口虎钳（或其他夹具）装夹工件

（1）调整平口虎钳钳口面与进给方向平行时，若平口虎钳（或其他夹具）底面没有定位键，应使用百分表找正固定钳口面，如图 1—68 所示。

（2）装夹工件时，要经常变换装夹位置，不要经常将工件固定地放在平口虎钳的某处。

（3）装夹工件时要考虑方向，如加工长方形工件时，用如图 1—69a 所示的方法装夹较好；如用图 1—69b 所示的方法夹紧，工件在加工过程中稳定性不够。

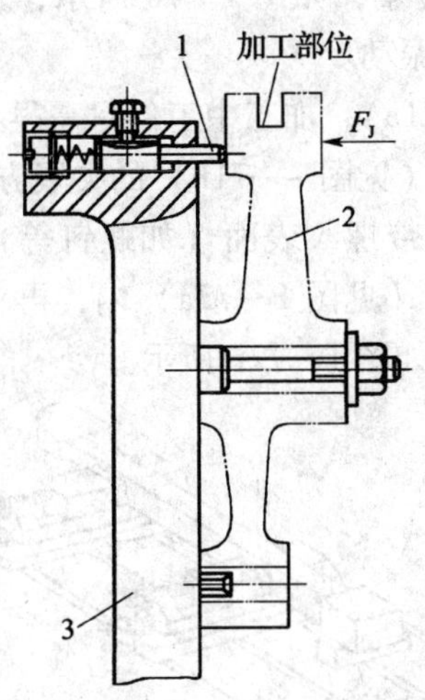

图 1—65　夹紧力的作用点应靠近加工表面

1—辅助支撑　2—工件　3—夹具

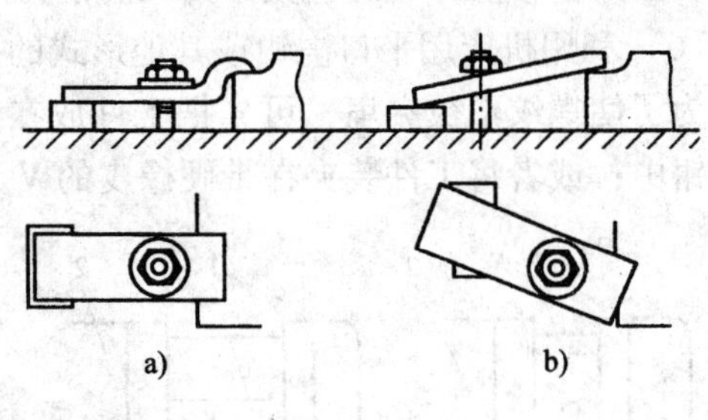

图 1—66　压板和垫铁的安装位置

a）正确　b）不正确

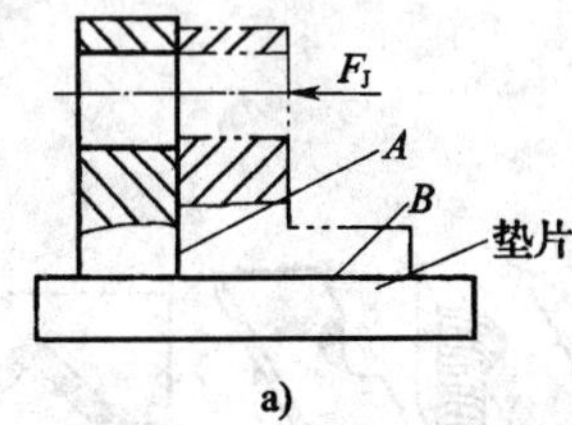

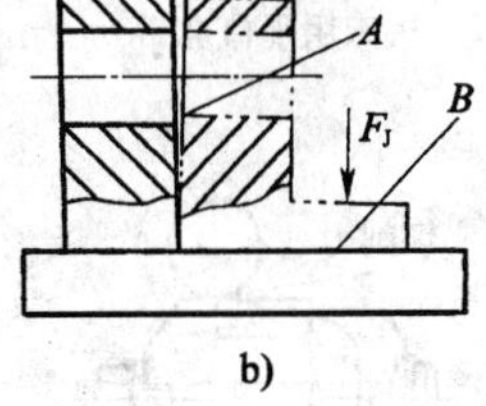

图 1—67　工件与夹具的定位面贴紧

a）正确　b）不正确

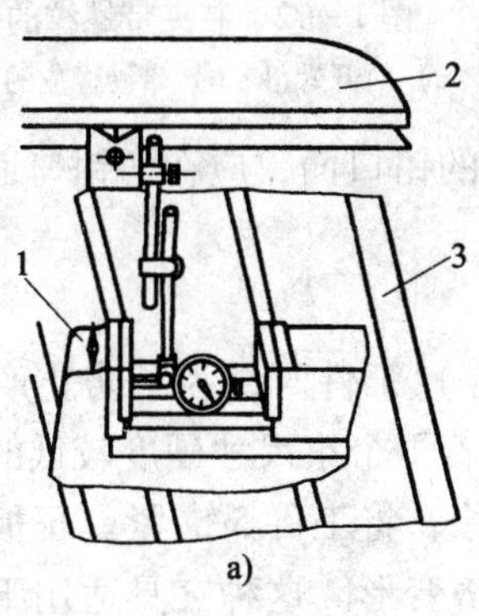

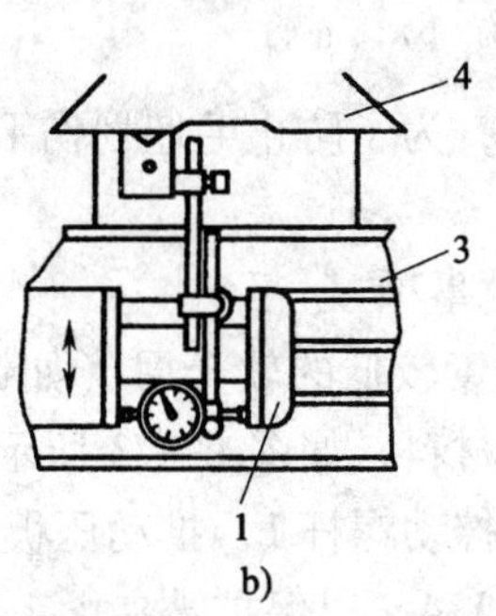

图 1—68　机床用平口虎钳钳口面的找正

a）使固定钳口面与纵向进给方向平行　b）使固定钳口面与横向进给方向平行

1—机床用平口虎钳　2—悬梁　3—工作台　4—垂直导轨

（4）铣削长工件时，可用两个夹具同时将工件夹紧，如图1—70所示；若使用一个夹具夹紧，由于工件伸出部分太长，加工中易引起振动。

（5）如果夹紧力和切削力的方向一致（见图1—71a），加工中工件只需很小的夹紧力而不会产生移动，应避免夹紧力和切削力方向相反（见图1—71b）的夹紧方式。

（6）利用机床用平口虎钳或其他形式的夹具装夹带螺纹表面（如螺钉等）的工件时，为了使螺纹不被夹扁，可先把工件放在对开螺母（见图1—72a）内，再夹持在平口虎钳中；或者将工件装夹在带硬橡皮的V形架中，如图1—72b所示。

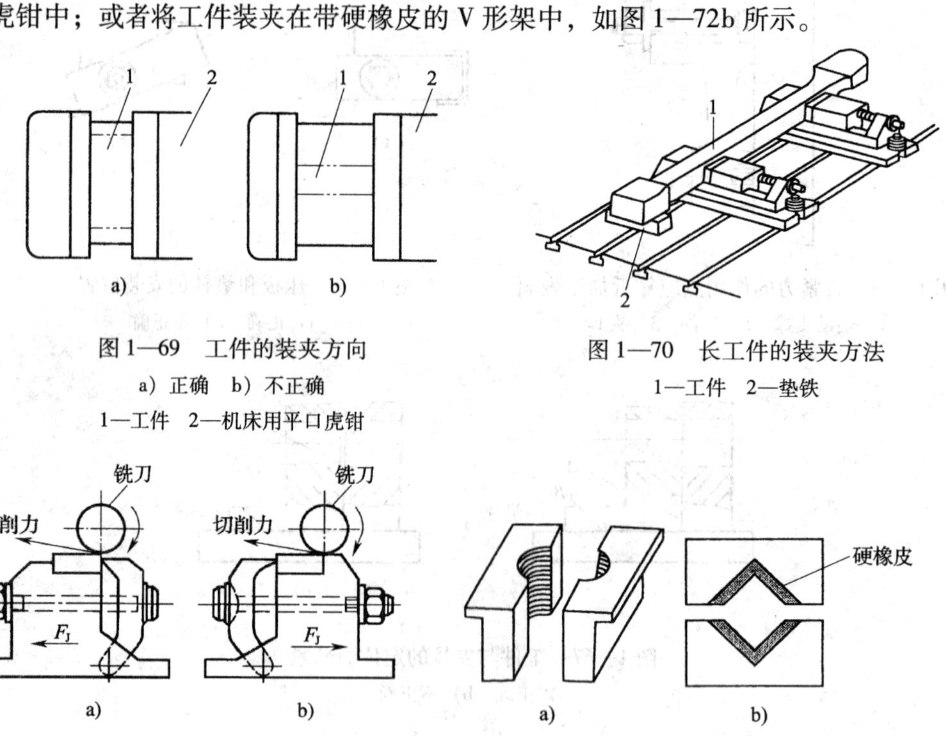

图1—69　工件的装夹方向

a）正确　b）不正确

1—工件　2—机床用平口虎钳

图1—70　长工件的装夹方法

1—工件　2—垫铁

图1—71　夹紧力和切削力的方向

a）正确　b）不正确

图1—72　装夹带螺纹的工件

a）对开螺母　b）带硬橡皮的V形架

在粗加工中，为了防止毛坯划伤平口虎钳的钳口面，应在两钳口面处垫上铜或铝质的软性薄片。

4．装夹注意事项

（1）装夹硬度较低的软金属（如铜或铝等）工件时，为了防止产生变形，可垫上牛皮或纯铜片等材料，如图1—73所示为装夹若干个小尺寸硬度较低的软金属工件时使用的一种装置。拧动螺杆1，推动压板2向前移，将工件5夹紧。压板上镶有衬垫3和牛皮（或纯铜片）4，以保护被夹紧工件不被挤变形。这种夹具适用于切削力较小的情况下使用。

（2）装夹长工件时要注意工件的位置，以防止当工作台已走到尽头，而工件还没有铣到所要求的长度。

（3）若压紧点在工件的斜面上或者是粗糙表面上时，应在压板一端焊接上一个钢珠，在压板另一端和垫铁上各开出一个锥孔，嵌入钢珠作为支点，如图1—74所示。当拧动螺母时，左端的钢珠将工件压紧，右端有支点限制，所以压板不会下滑。

（4）装夹薄壁类工件时，为了防止变形，可使夹具上的压紧面与工件被夹持面的形状相对应。如图1—75所示为使用圆弧头压板装夹轴套类工件。

（5）利用机床用平口虎钳装夹薄板类工件时，应在工件两平面外安上垫板，如图1—76所示，以有效地防止工件变形，也增加了切削过程中的稳定性。

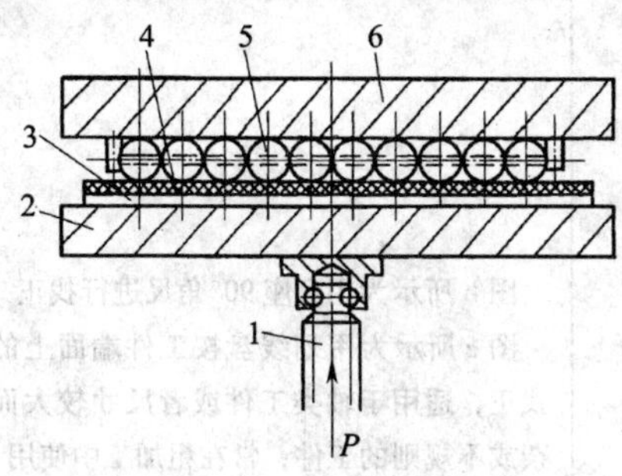

图1—73　装夹软金属工件的装置

1—螺杆　2—压板　3—衬垫

4—牛皮或纯铜片　5—工件　6—定位块

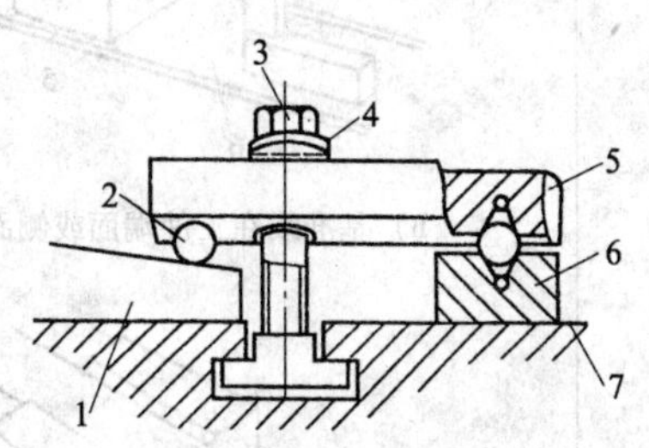

图1—74　用带钢珠的压板压紧斜面

1—工件　2—钢珠　3—螺母　4—球面垫圈

5—压板　6—垫铁　7—工作台

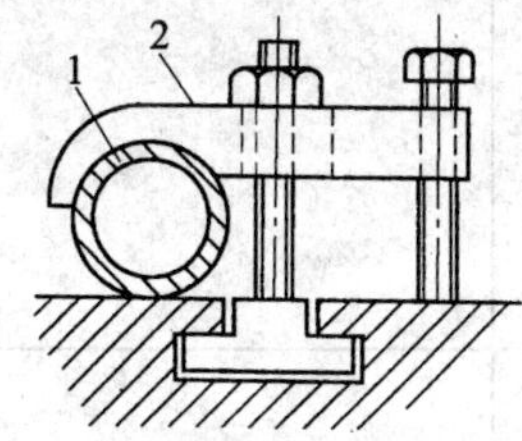

图1—75　使用圆弧头压板装夹轴套类工件

1—工件　2—圆弧头压板

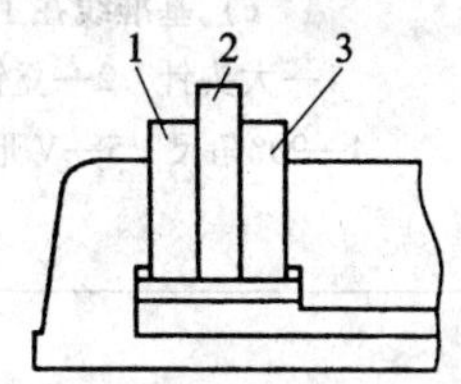

图1—76　装夹薄板类工件

1，3—垫板　2—工件

单元 1

5. 工件的装夹及找正

被加工工件经定位及确定装夹方案后，为了满足加工需要，还必须使工件相对于铣床和铣刀有一个正确的切削位置，因此，在进行正式切削前，还应对工件进行找正。常用工件装夹及找正方法见表1—7。

表1—7　　常用工件装夹及找正方法

	找正方法图示	适用范围及说明
按照划线印找正	1　2　找正线　3 a）基准线在工件平面上	在铣刀齿上抹上一小块黄油，并粘上一枚大头针，如图a所示，使针尖对正划线印，然后移动工作台（主轴不转动），在划线印全长上针尖都能对正即表示工件已找正。图a所示的方法适用于尺寸较大而形状复杂或不规则的工件，常在粗加工中使用

续表

找正方法图示		适用范围及说明
按照划线印找正	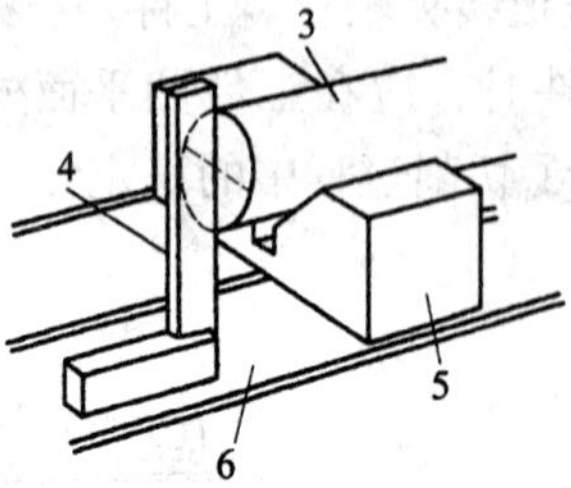 b）基准线在工件端面或侧面上 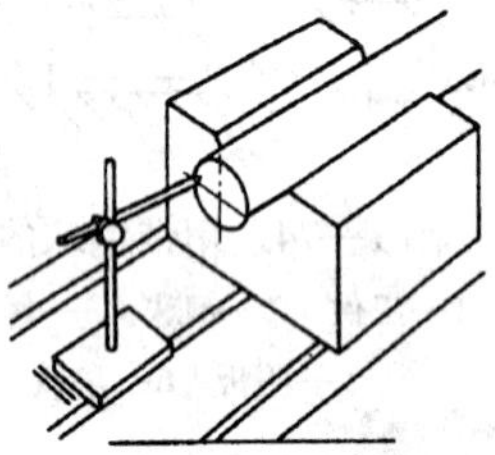 c）基准线在工件端面上 1—大头针 2—立铣刀 3—工件 4—90°角尺 5—V 形架 6—工作台	图 b 所示为用宽座 90°角尺进行找正 图 c 所示为用划线盘按工件端面上的基准线找正，适用于轴类工件或者尺寸较大而形状复杂或不规则的工件，常在粗加工中使用
按照基准面找正	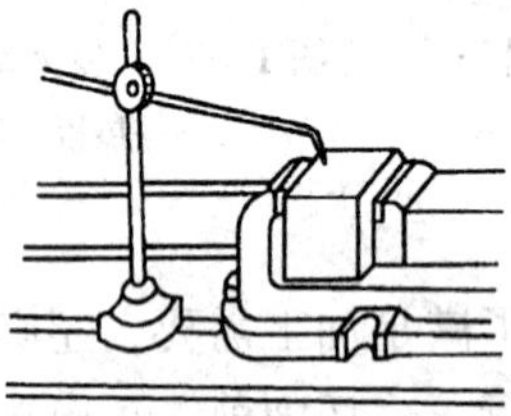 a）工件基准面与工作台面平行 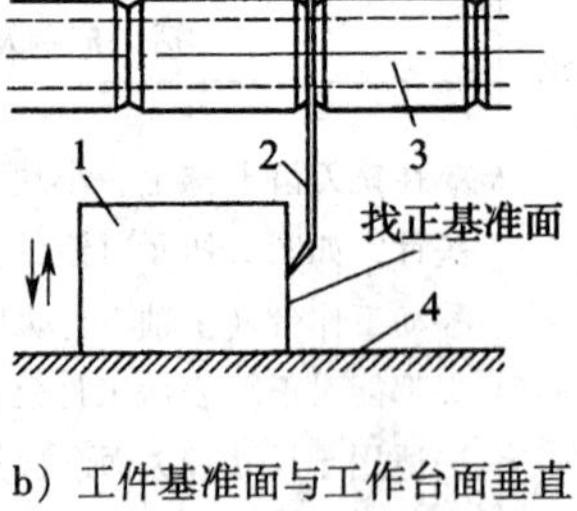 找正基准面 b）工件基准面与工作台面垂直	当工件的基准面与工作台某一进给方向平行或垂直时，可利用铣床工作台面与主轴相互位置关系进行找正。图 a 所示为用划线盘按工件基准面进行找正；如图 b 所示，要求找正基准面与垂直进给方向平行，可移动升降台进行找正。上述方法适用于粗加工或不规则工件

续表

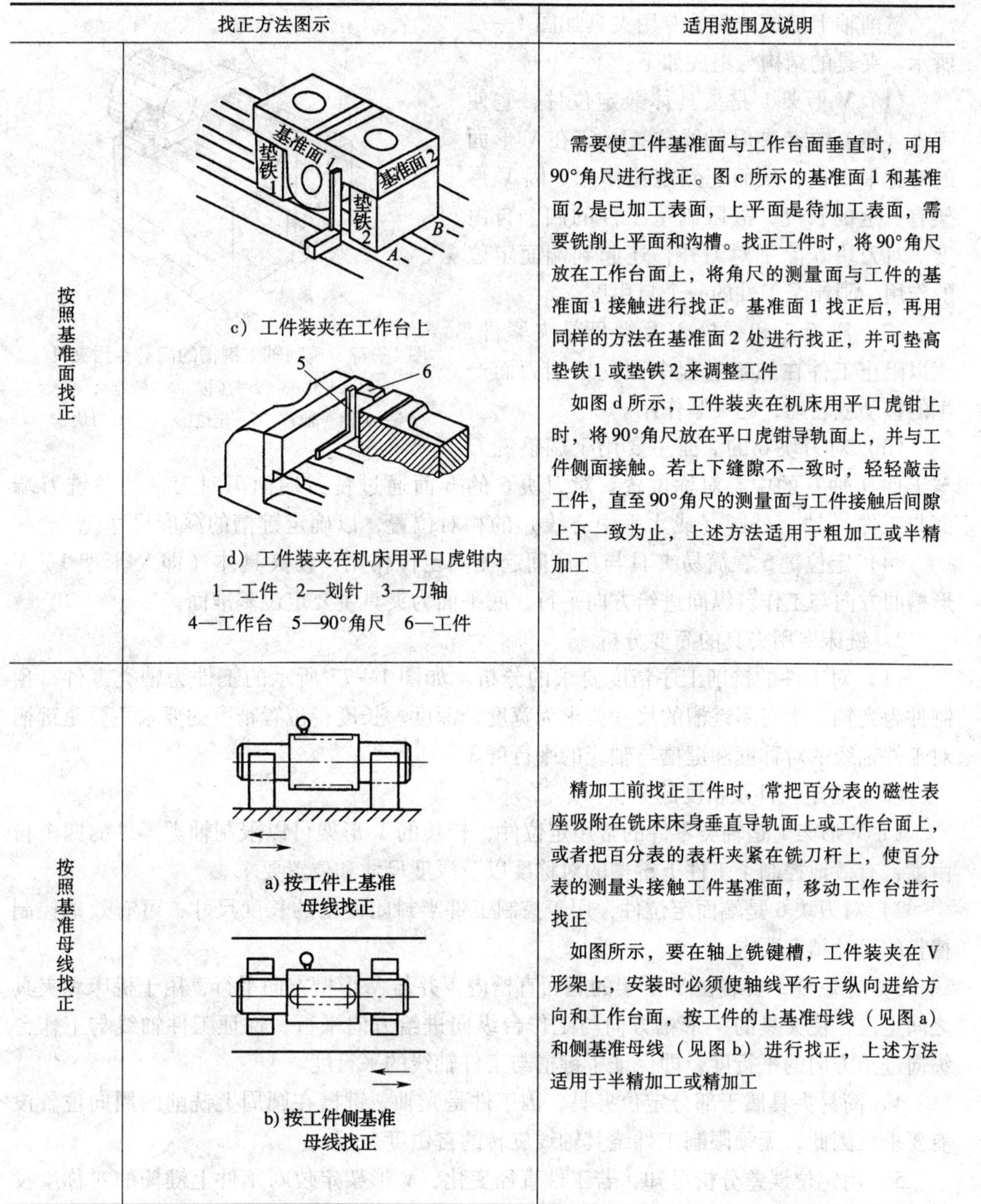

找正方法图示		适用范围及说明
按照基准面找正	基准面1 基准面2 垫铁1 垫铁2 A B c）工件装夹在工作台上 5 6 d）工件装夹在机床用平口虎钳内 1—工件 2—划针 3—刀轴 4—工作台 5—90°角尺 6—工件	需要使工件基准面与工作台面垂直时，可用90°角尺进行找正。图c所示的基准面1和基准面2是已加工表面，上平面是待加工表面，需要铣削上平面和沟槽。找正工件时，将90°角尺放在工作台面上，将角尺的测量面与工件的基准面1接触进行找正。基准面1找正后，再用同样的方法在基准面2处进行找正，并可垫高垫铁1或垫铁2来调整工件 如图d所示，工件装夹在机床用平口虎钳上时，将90°角尺放在平口虎钳导轨面上，并与工件侧面接触。若上下缝隙不一致时，轻轻敲击工件，直至90°角尺的测量面与工件接触后间隙上下一致为止，上述方法适用于粗加工或半精加工
按照基准母线找正	a) 按工件上基准母线找正 b) 按工件侧基准母线找正	精加工前找正工件时，常把百分表的磁性表座吸附在铣床床身垂直导轨面上或工作台面上，或者把百分表的表杆夹紧在铣刀杆上，使百分表的测量头接触工件基准面，移动工作台进行找正 如图所示，要在轴上铣键槽，工件装夹在V形架上，安装时必须使轴线平行于纵向进给方向和工作台面，按工件的上基准母线（见图a）和侧基准母线（见图b）进行找正，上述方法适用于半精加工或精加工

三、铣床专用夹具的典型结构与使用方法

铣床专用夹具是指专为某一工件的某一工序而设计的夹具，当工件或工序改变时就不能再使用。这类夹具一般结构比较紧凑，使用及维护方便，专用夹具适用于产品固定和大量生产的场合。

1. 铣床专用夹具的组成

铣削轴上键槽的简易专用夹具如图 1—77 所示。夹具的结构与组成如下：

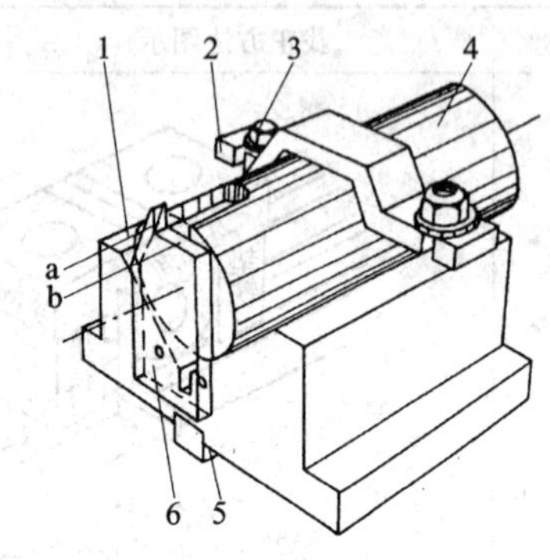

图 1—77 铣削轴上键槽的简易专用夹具

1—V 形架 2—压板 3—螺栓

4—工件（轴） 5—定位键 6—对刀块

（1）V 形架 1 是夹具体兼定位件，它使工件（轴）在装夹时轴线位置必定在 V 形面的对称平面内，从而起到定位作用。因 V 形架有一定的长度，故限制了工件的四个自由度。对刀块 6 除了对刀外，还起到端面定位的作用，限制了工件的一个自由度。

（2）压板 2 和螺栓 3 及螺母是夹紧件，用以阻止工件在加工过程中因受切削力而产生的移动或转动，起夹紧作用。

（3）对刀块 6 的 a 面主要用于调整铣刀与工件（轴）的中心对称位置。对刀块 6 的 b 面通过铣刀端面刃对刀，调整铣刀端面与工件（轴）外圆（或水平中心线）的相对位置，以确定键槽的深度尺寸。

（4）定位键 5 在简易夹具与机床间起侧向定位作用，使夹具体（即 V 形架 1）V 形槽的方向与工作台纵向进给方向平行，底平面为夹具主要定位基准面。

2. 铣床专用夹具的简要分析

（1）对工件的铣削工序精度要求的分析。如图 1—77 所示的工件为轴类零件，预制件为光轴，半封闭键槽的尺寸要求为宽度、深度、长度；位置精度的要求主要是键槽对工件轴线的对称度和键槽与轴线的平行度。

（2）对定位件及精度的分析

1）V 形架 1 是轴类零件的常用定位件，较长的 V 形架可以限制轴类零件的四个自由度，有效地控制了工件上键槽的对称度以及深度尺寸和位置要求。

2）对刀块 6 是端面定位件，用于控制工件半封闭键槽的长度尺寸，可有效地控制槽长的尺寸精度要求。

3）定位键 5 安装在 V 形架的底面直槽内，并与 V 形槽方向平行，用于机床和夹具之间定位，使夹具的 V 形槽方向与工作台纵向进给方向平行，保证工件轴线与工作台纵向进给方向的平行度，即保证了键槽与工件轴线的平行度。

4）简易夹具属于部分定位夹具，因工件是光轴，键槽在圆周上铣削的周向位置没有要求，因此，无须限制工件绕其轴线旋转的自由度。

5）由定位误差分析可知，若工件直径变化，V 形架定位对工件上键槽的对称度没有影响，但对槽深有一定影响。

6）工件的端面定位面积比较大，若工件的端面与轴线不垂直，将会影响槽长的加工精度。

（3）对夹紧件及夹紧力的分析

1）夹紧件采用桥形压板，用螺栓、螺母压紧。压板上采用半封闭键槽插入螺栓，压板和工件的安装与拆卸都比较方便。

2）压板具有一定的宽度，使夹紧力较均匀地分布在压板与工件接触区域内。

3）夹紧力基本作用在工件的顶部素线位置上，使工件靠向 V 形定位面，符合夹紧力指向主要定位元件的基本要求。

4）工件在铣削过程中，因铣削键槽时主要需克服绕工件旋转和沿轴线脱离端面定位的切削力，而本夹具主要是通过压板的夹紧力，在压板与工件、工件与 V 形架的三条接触线处产生摩擦力，从而具有阻止工件脱离定位的趋向。

5）简易夹具与机床之间通过螺栓、压板夹紧，因定位和接触面积大，又有底部平键侧向定位，因此夹紧稳固、可靠。

四、组合夹具简介

1. 组合夹具的特点

组合夹具是机床夹具中一种标准化、系列化、通用化程度较高的新型工艺装备。它是由一套预先制造好的标准元件组合而成的。这些元件具有不同的形状、尺寸和规格，并具有较好的互换性、耐磨性和较高的精度。使用组合夹具时，可根据工件的工艺要求，采用搭积木的方式组成各种专用夹具。使用完毕，可方便地拆开元件，洗净后存放起来，待重新组装时重复使用。因此，应用组合夹具有以下特点：

第一，灵活多变，为生产迅速提供夹具，缩短生产准备周期。

第二，保证加工质量，提高生产效率。

第三，减少夹具存放面积，改善管理工作，节约人力和物力。

但是组合夹具存在着比较笨重，刚度没有专用夹具高等缺点。另外，组合夹具必须有大量元件储备，因此开始投资时费用较高。

2. 组合夹具的应用范围

从生产类型方面看，组合夹具的特点决定了它最适用于产品经常变换的生产，如单件、小批量生产，新产品试制和临时突击性的生产任务等。对于成批生产的产品，也可利用组合夹具来补充专用夹具数量的不足，或者当专用夹具损坏以及生产工艺变更时使用。对于大批量生产的产品，有时也可适当地考虑采用组合夹具。

从加工工种方面看，组合夹具可用于钻削、车削、铣削、刨削、磨削、镗削、检验等工种，若与气动、液压等传动装置相结合，还能组成高效率的夹具。

从加工工件的几何形状和尺寸方面看，组合夹具一般不受工件形状复杂程度的限制，很少遇到因工件形状特殊而不能采用组合夹具的情况。目前我国大量采用中型系列组合夹具。

3. 组合夹具的系列

组合夹具按其尺寸规格可分为小型、中型和大型三种，其区别主要在于元件的外形尺寸与壁厚，以及 T 形槽的宽度和螺栓、螺孔的直径不同。

小型系列组合夹具主要适用于仪器、仪表和电信、电子工业，也可以用于较小工件的加工，这类组合夹具元件中螺栓的规格为 M8 × 1.25，定位键与键槽宽度的配合尺寸为$\frac{8H7}{h6}$，T 形槽之间的距离为 30 mm。

单元 1

中型系列组合夹具主要适用于机械制造工业，这类组合夹具元件中螺栓的规格为 M12×1.5，定位键与键槽宽度的配合尺寸为 $12\frac{H7}{h6}$，T 形槽之间的距离为 60 mm，这是目前应用最广泛的。

大型系列组合夹具主要适用于重型机械制造工业，这类组合夹具元件中螺栓的规格为 M16×2，定位键与键槽宽度的配合尺寸为 $16\frac{H7}{h6}$，T 形槽之间的距离为 60 mm。

4. 组合夹具的基本元件和功用

（1）基础件。如图 1—78 所示，组合夹具的基础件包括各种规格尺寸的方形、矩形、圆形基础板和基础角铁等，是组合夹具中最大的元件，一般作为组合夹具中的基础件。

（2）支撑件。如图 1—79 所示，组合夹具的支撑件包括各种规格的垫片、垫板等，是组合夹具中的骨架元件，支撑件通常在组合夹具中起承上启下的作用，即把其他元件通过支撑件与基础件连成一体。支撑件也可作为定位件和基础件使用。

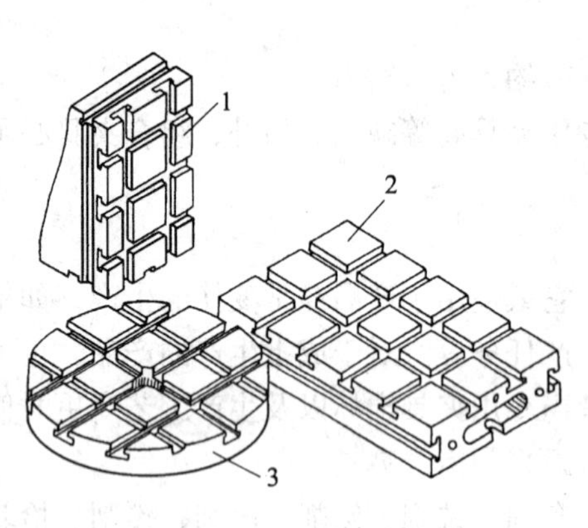

图 1—78 组合夹具的基础件
1—基础角铁 2—矩形基础板
3—圆形基础板

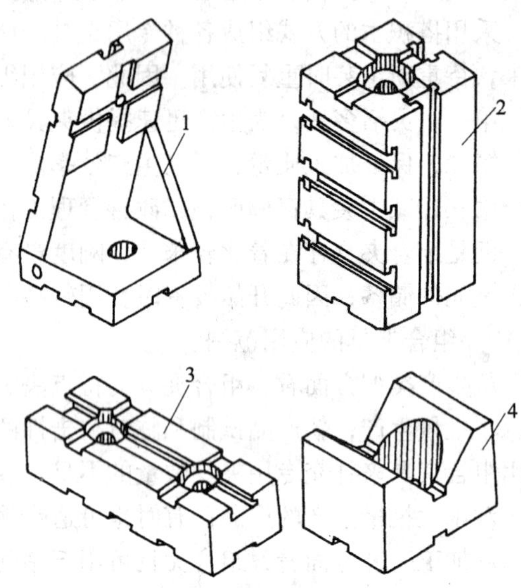

图 1—79 组合夹具的支撑件
1—左角度支撑件 2—方形支撑件
3—伸长板 4—V 形支撑块

（3）定位件。如图 1—80 所示，组合夹具的定位件包括各种定位销、定位盘、定位键等，主要用于工件的定位和组合夹具元件之间的定位。

（4）导向件。包括各种钻模板、钻套、铰套和导向支撑等，主要用来确定刀具与工件的相对位置，加工时起引导刀具的作用，也可作为定位件使用。

（5）夹紧件。包括各种形状的压板及垫圈等，主要用来将工件夹紧在夹具上，保证工件定位后的正确位置，也可作为垫板和挡块使用。

（6）紧固件。包括各种螺栓、螺母和垫圈，主要用于连接组合夹具中的各种元件及紧固工件。组合夹具的紧固件所选用的材料、精度、表面质量及热处理后的性能均比一般标准紧固件好，以保证组合夹具的连接强度、可靠程度和组合刚度。

（7）其他件。包括弹簧、接头、扇形板等，这些元件无固定用途，如使用合适，在组装中可起到有利的辅助作用。

（8）合件。是指由若干零件装配而成的，在组装中不拆散使用的独立部件。按其用途分类，有定位合件、分度合件（见图1—81）以及必需的专用工具等。

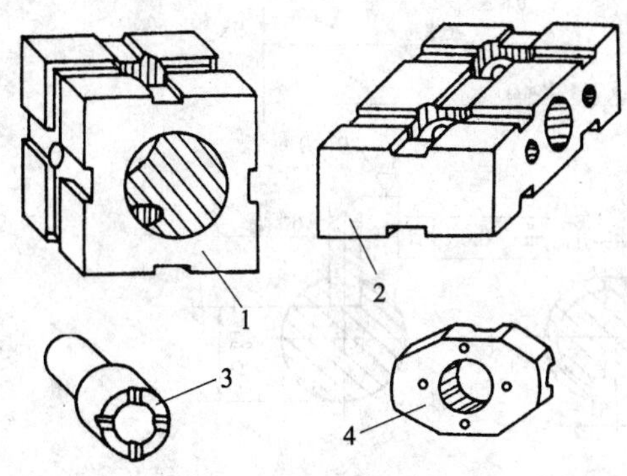

图1—80　组合夹具的定位件
1—镗孔支撑　2—定位支撑
3—圆形定位销　4—菱形定位盘

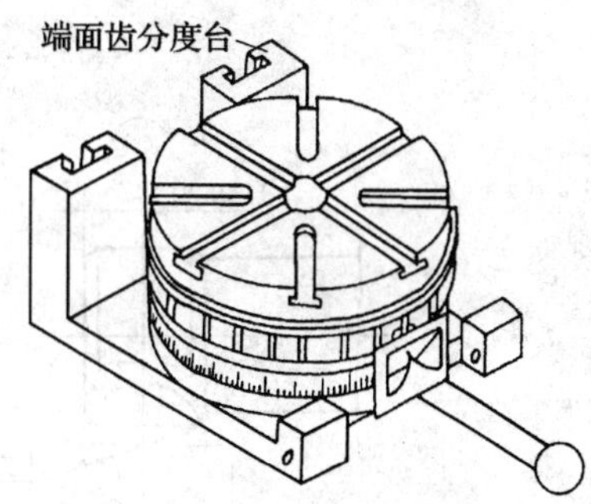

图1—81　组合夹具的分度合件

5. 组合夹具的使用特点

（1）缩短夹具的制造时间。由于元件是预先制造好的，能迅速地为生产提供所需要的铣床夹具，使生产准备周期大大缩短。适用于产品试制等小批量生产。

（2）节省制造夹具的材料。因为组合夹具的元件可以重复使用，铣床夹具一般都比较复杂，故可节省制造夹具的材料。

（3）适应性强。备有较充足的元件，可组装各类夹具，以适应不同的铣削加工要求。

（4）元件储备量大。为了组装各种不同的夹具，元件的储备量较大，对一些比较复杂的铣床夹具需要预先制作合件。

（5）刚度较低。由于组合夹具是由多件组装而成的，与专用夹具相比，刚度较低，质量也比较大。因此，不宜制作待加工工件较大或铣削力较大的铣床夹具。

（6）组合精度容易变动。由于由多件组装而成，连接件和定位件多，接合面多，在使用或搬运中若发生碰撞，可能会使接合部位松动，导致组合精度变动。因此不宜制作精度要求较高的铣床夹具。

（7）结构不紧凑。由于组合夹具由多件组装而成，因组装元件种类和形式的限制，以及组装技术的限制，会使组合夹具的结构较难达到紧凑要求。因此难以制作出较紧凑的铣床夹具。

6. 组合夹具的使用方法与注意事项

组合夹具通常由专门人员进行组装，现以如图1—82所示的组合铣夹具为例，介绍组合夹具的使用方法和注意事项。

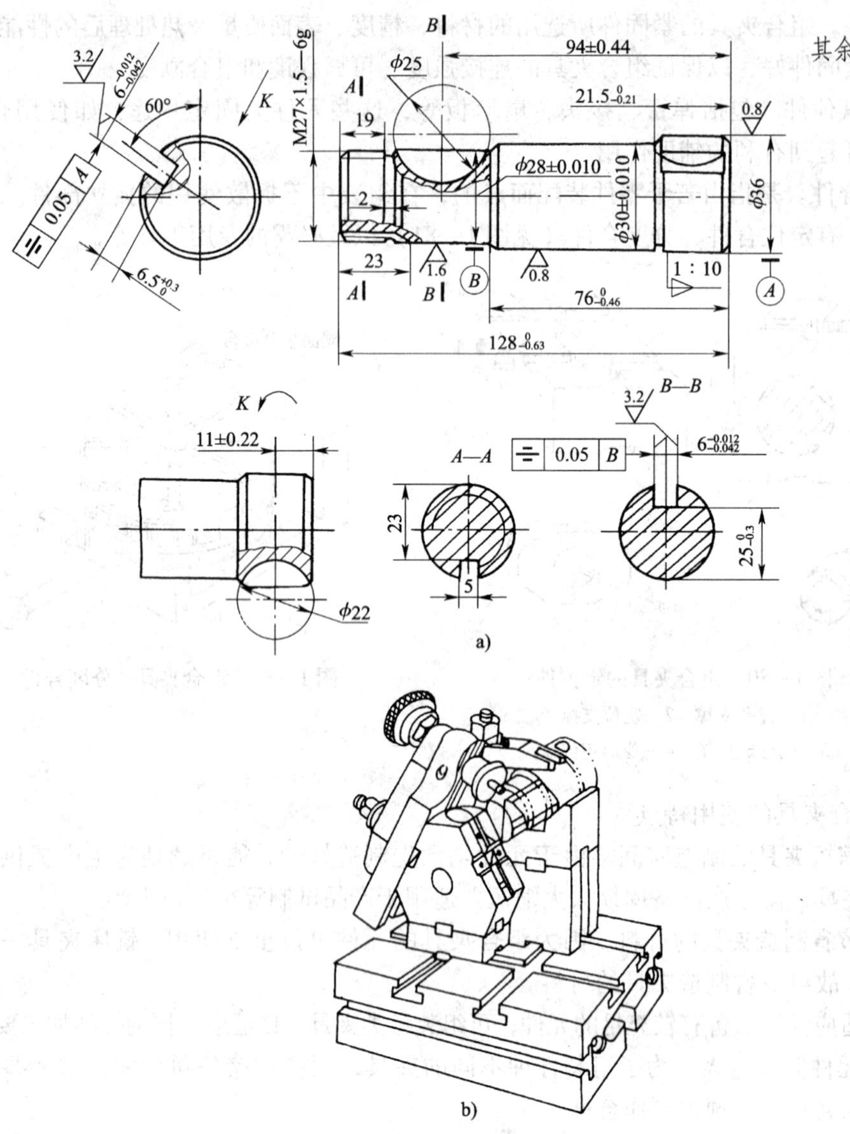

图 1—82　组合铣夹具

a）工件图样　b）组合铣夹具外形

（1）根据加工工件的工序内容，了解各组装元件在夹具中的作用。本实例的工序内容是铣削半圆键槽，工件上一个半圆键槽已加工好，现加工与其夹角为60°的另一端外圆上的半圆键槽。该夹具由矩形基础件、定位件（V 形架）、矩形和六角形支撑件、弹性矩形支撑件构成夹具体。六角形支撑件、弹性矩形支撑件及定位件（V 形架）起60°槽间夹角定位和圆柱面定位作用，在六角形支撑件内侧还装有定位支撑钉，起轴向定位作用，压板和螺栓等起夹紧作用。

（2）检查各连接部位的螺栓、螺钉是否紧固，并目测各元件的相对位置是否有移动、错位处。

（3）检查各基本元件的接合面之间是否有间隙，检查时可用塞尺配合检测。

第四节 刀具准备

- 了解刀具材料的性能、种类、用途及鉴定方法
- 掌握铣刀几何参数的意义及其作用
- 掌握选择铣刀的原则
- 掌握铣刀的安装方法

一、刀具材料

1. 刀具材料应具备的性能

在金属切削过程中，刀具的切削部分是在较大的切削力、较高的切削温度和剧烈的摩擦条件下工作的。刀具寿命的长短和切削效率的高低首先取决于刀具材料是否有良好的切削性能；此外，刀具材料的工艺性能对刀具本身的制造与刃磨质量也有很大的影响。因此，刀具切削部分的材料应满足以下要求：

（1）高硬度。刀具切削部分材料的硬度必须高于工件材料的硬度，常温下硬度应达到 60HRC 以上。某些难加工的材料对刀具硬度的要求则更高。

（2）高耐磨性。耐磨性表示刀具材料抵抗磨损的能力，通常硬度越高的材料其耐磨性也越好。

（3）足够的强度和韧性。刀具材料应具备足够的强度和韧性，才能保证刀具在正常切削过程中能够承受切削力、冲击和振动，才能防止刀具崩刃或脆性断裂。一般用抗弯强度和冲击韧度作为衡量指标。

（4）高的耐热性。耐热性（又称红硬性）是指刀具材料在高温下保持切削性能的能力，它是刀具材料的主要性能指标，一般用温度表示。

（5）良好的工艺性。工具钢应有较好的热处理工艺性，主要包括淬火变形小、淬透层深、脱碳层浅；高硬度材料需有可磨削加工性；需焊接的材料应有较好的导热性与焊接工艺性。

此外，还应考虑刀具材料的经济性，否则将难以大量推广使用。

2. 常用刀具材料的种类

（1）工具钢

1）碳素工具钢。碳素工具钢是指含碳量为 0.65% ~1.35% 的优质高碳钢。用做刀具的钢号一般是 T10A 和 T12A。常温下硬度为 60 ~64HRC。当切削刃热至 200 ~250℃时，其硬度和耐磨性就会迅速降低，从而丧失切削性能。碳素工具钢多用于制造低速、手动工具，如锉刀、手用锯条等。

2）合金工具钢。为了改善碳素工具钢的性能，常在其中加入适量的合金元素，如锰、铬、钨、硅和钒等，从而形成了合金工具钢。常用钢号有 9SiCr，GCr15，CrWMn 等。合金工具钢与碳素工具钢相比，其热处理后的硬度接近，而耐磨性与耐热性略高，热处理性也较好，但与高速钢相比，合金工具钢的切削速度、使用寿命又远不如高速钢，使其应用受到很大的限制。因此，合金工具钢一般仅用于取代碳素工具钢，制作一些低速、手动刀具，如手用丝锥、铰刀、圆板牙等。

作为常用的一种合金工具钢，高速钢就是在合金钢的成分中增加一些钨、钼、铬、钒等元素，这样它的强度就会提高，不会发脆，耐磨性也提高了。它在热处理后硬度可达 62 ~ 66HRC，抗弯强度约为 3.3 GPa，在 500 ~ 600℃时仍能进行切削。

高速钢刀具冲击韧度较高，常用来加工形状不规则的工件。由于它刃磨方便，制造简单，尤其是一些成形和复杂刀具更多地采用高速钢制造。

常用高速钢牌号和材料力学性能见表 1—8。

表 1—8　　常用高速钢牌号和材料力学性能

类别		牌号	硬度 HRC	高温硬度（600℃）HRC	抗弯强度（GPa）	冲击韧度（MJ/m^2）	磨削性能
通用高速钢		W18Cr4V	62 ~ 66	48.5	≈3.34	0.294	好，普通刚玉砂轮能够磨削
		W6Mo5Cr4V2	62 ~ 66	47 ~ 48	≈4.6	≈0.5	比 W18Cr4V 钢差一些，普通刚玉砂轮能够磨削
		W14Cr4VMnRE	64 ~ 66	48.5	≈4	≈0.25	好，与 W18Cr4V 钢相近
高性能高速钢	高碳	9W18Cr4V	67 ~ 68	51	≈3	≈0.2	好，普通刚玉砂轮能够磨削
	高钒	W12Cr4V4Mo	63 ~ 66	51	≈3.2	≈0.25	差
	超硬	W6Mo5Cr4V2Al	68 ~ 69	55	≈3.43	≈0.3	比 W18Cr4V 钢差一些
		W10Mo4Cr4V3Al	68 ~ 69	54	≈3	≈0.25	较差
		W6Mo5Cr4V5SiNbAl	66 ~ 68	51	≈3.6	≈0.27	差
		W12Cr4V3Mo3Co5Si	66 ~ 70	54	≈2.5	≈0.11	差
		W2Mo9Cr4VCo8（M42）	66 ~ 70	55	≈2.75	≈0.25	好，普通刚玉砂轮能够磨削

（2）硬质合金。硬质合金是由碳化钨、碳化钛和钴等粉末经过高压成型，再放在高温的炉子中烧结出来的。硬质合金很硬，而且能耐 850 ~ 1 000℃的高温。使用硬质合金刀具比高速钢刀具的铣削速度可提高 5 ~ 10 倍；但是，与高速钢相比，硬质合金较脆，其强度只相当于高速钢的三分之一左右。

常用硬质合金刀具材料的牌号按用途不同分为以下三种。

1）钨钴类硬质合金。属于K类，它是由碳化钨和钴组成的。硬质合金中含钴量越高，韧性越好，并且耐磨性好，因此用它来加工铸铁工件是比较好的。由于铸铁工件的切屑是崩碎成小颗粒后落下的，对切削刃的冲击力很大，K类硬质合金较适合这样的切削要求。如果用K类硬质合金切削塑性大的材料（如普通钢材、不锈钢等）时，刀片就会很快磨损。因为在切削钢材时产生带状或节状切屑，它的变形是很大的，切削时刀尖处产生很高的温度。K类硬质合金约在640℃时就会和钢熔结在一起，使刀具前面很快地磨出一个月牙形状的小坑，刀具容易磨损或崩刃，所以用K类硬质合金来切削钢材是不合适的。不过对于一些难加工钢材，或在切削时振动较大的特殊情况下，也可以用K类硬质合金刀具。另外，含钴量越高的硬质合金，如K30，适用于粗加工；反之，如K01，则适用于精加工。

2）钨钴钛类硬质合金。属于P类，碳化钛含量越高，含钴量越低，其硬度、耐磨性和耐热性就越高，但抗弯强度、导热性，特别是冲击韧度明显下降。

由于钨钴钛类硬质合金中加入了碳化钛，耐热性提高了，所以刀具前面与切屑接触时不容易磨损，这种硬质合金适用于切削钢材。但钨钴钛类硬质合金的脆性比钨钴类硬质合金大，如果加工铸铁等脆性材料，容易使切削刃崩碎。如果P类硬质合金中含钴量多而含碳化钛少，这时，硬度较低，耐热性较差，但韧性较好，所以P30适用于粗加工，P01适用于精加工，在一般性铣削中应用最多的是P10。

3）钨钛钽（铌）钴类硬质合金。属于M类，在P类硬质合金中加入TaC或NbC，可提高抗弯强度、疲劳强度、冲击韧度、抗氧化能力、耐磨性和高温硬度等。它既适用于加工脆硬性材料，又适用于加工塑性材料。

常用的M类硬质合金有M10和M20，主要用于加工高温合金、高锰钢、不锈钢及可锻铸铁、球墨铸铁、合金铸铁等难加工材料。M10用于半精加工和精加工；M20用于半精加工和粗加工。

3. 硬质合金的鉴别

由于硬质合金刀片的价格较高，所以要注意节约使用。如果把不同种类的硬质合金刀具混放在一起，或刀头的牌号已模糊不清，这时要想办法进行鉴别，用错了会影响加工质量，同时也会造成浪费。通常可利用汞（水银）来鉴别硬质合金的类别，如图1—83所示。汞的密度是13.6 g/cm^3，K类硬质合金的密度一般都在14 g/cm^{3}以上，而P类硬质合金的密度最高不超过12 g/cm^3。由于K类硬质合金的密度比汞大，所以，凡是放在汞中能够下沉的都是K类硬质合金，如图1—83中的3所示。相反，浮在汞表面不能下沉的就是P类硬质合金，如图1—83中的2所示。相同类别的硬质合金可以根据它浮在汞表面露出部分的多少来鉴别，如P01的密度最小，露出部分最多；P10的密度较大，露出的部分就少。

用汞鉴别硬质合金的类别时应该注意以下几点：

(1) 汞是有毒性的物质，千万不能用手接触汞，应该用镊子夹着刀片进行测定。操作时要戴口罩，汞用完后要密封保存。

(2) 汞的价格较高，为了不使它洒落，在盛放汞的器皿下面应该放一个较大的盘子。

(3) 较大块的硬质合金刀片最好垂直放入汞内，若是平放进去，由于表面张力的关系，有时即使是K类硬质合金也不一定能沉到汞中去。为了鉴定准确，也可以用小棒先把硬质合金压到汞中，看它是否还能浮上来。

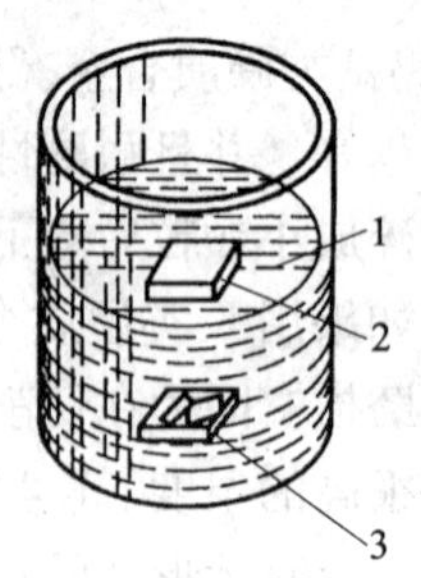

图1—83　用汞鉴别硬质合金的类别
1—汞（水银）
2—P类硬质合金刀片
3—K类硬质合金刀片

二、铣刀的几何参数

1. 铣刀的结构要素

(1) 铣刀的组成。铣刀的切削部分由若干刀面和切削刃组成，如图1—84所示为刀具的结构。

1）前面。是指刀具上切屑流过的表面。各种不同刀具前面的形状略有不同。由于刀具的前面经常与切屑接触，受到切屑的冲击多，因而容易磨损。所以，有经验的工人在用砂轮刃磨刀具以后，喜欢用细粒度的油石把刀具的前面研磨一下，让它表面光洁，以减小摩擦，使得切削时轻松，而且刀具耐用。

刀具前面的形状与切屑的形状有关，如在前面上磨出一个圆弧槽，这样切屑可沿着圆弧弯曲而折断，起到卷屑和断屑作用。但在加工铸铁工件时，由于崩碎的切屑冲击力较大，常把刀具前面磨成平直的，以提高刀具的强度。

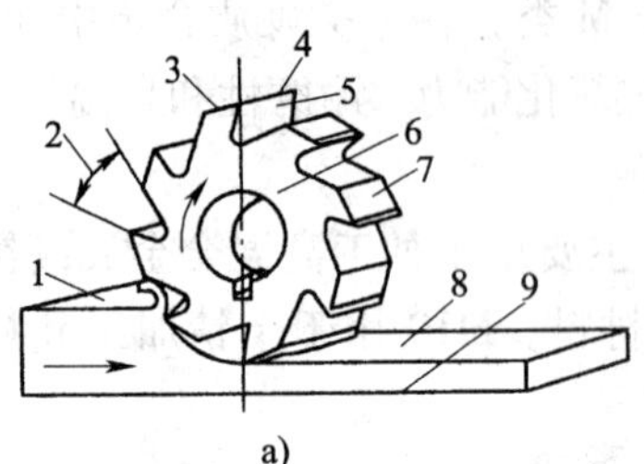

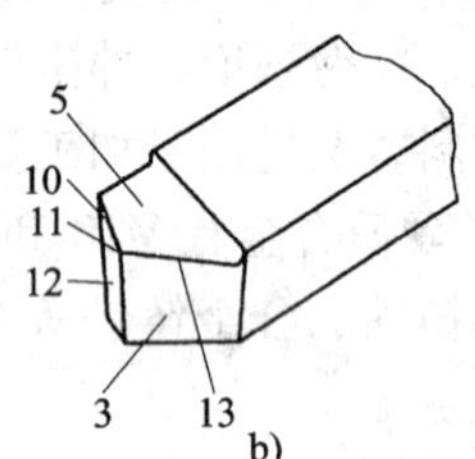

图1—84　刀具的结构
a）铣刀　b）单刀头
1—待加工表面　2—齿槽角　3—主后面　4—切削刃　5—前面　6—刀体　7—刀齿
8—已加工表面　9—基面　10—副切削刃　11—刀尖　12—副后面　13—主切削刃

2）后面。主后面是指刀具上与工件过渡表面相对的那个面；与工件上已加工表面相对的那个面称为副后面；过渡后面是主后面和副后面之间的面，即如图1—85所示的过渡切削刃下面的那个面。

3）主切削刃。是前面和主后面相交形成的，起主要切削作用，如图1—86所示。主切削刃有直线形和曲线形之分，曲线形切削刃常见于成形刀具，如凸半圆和凹半圆成形铣刀。

刀具刃磨以后，刃口往往参差不齐，过于单薄，可用油石在切削刃刃口上磨出一个很小的倒棱，如图1—87所示，以提高刀具的强度，延长刀具的使用时间。倒棱的宽度与进给量有关，一般倒棱宽为进给量的0.8～1.0倍，倒棱角度以－10°～－5°较为合适。

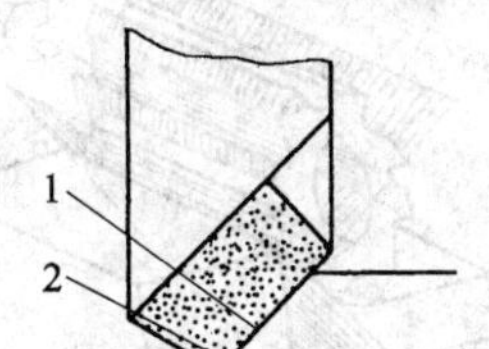

图 1—85　刀具的切削刃

1—主切削刃　2—过渡切削刃

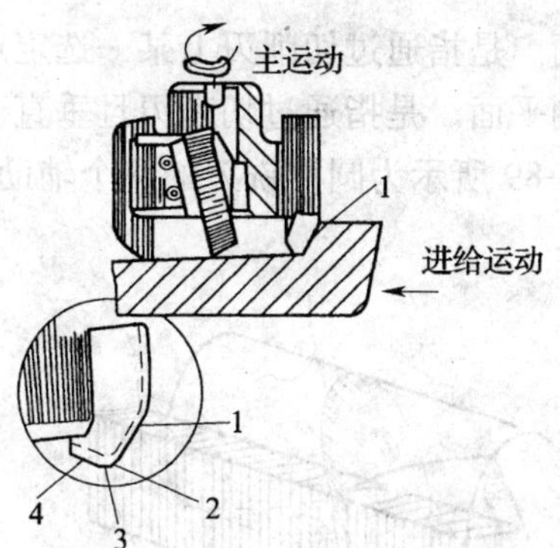

图 1—86　铣刀的切削刃

1—主切削刃　2—过渡切削刃

3—修光刃　4—副切削刃

4）副切削刃。是刀具前面和副后面相交形成的，它在切削时也起切削作用，如图 1—86 所示。

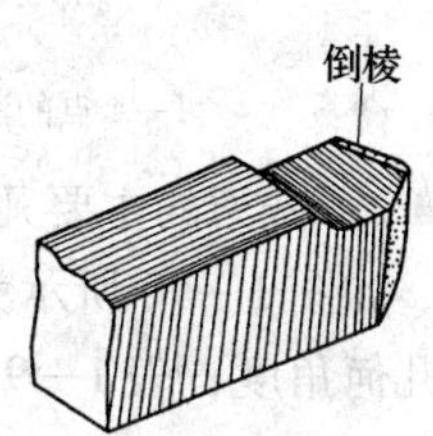

图 1—87　在刀具上磨出倒棱

5）过渡切削刃。是在主切削刃和副切削刃之间一段很短的斜刃，它的主要作用是提高刀尖的强度，也可以提高工件表面质量，如图 1—86 所示。

过渡切削刃可以磨成直线形和曲线形。直线形过渡切削刃的长度一般小于进给量；在硬质合金刀具上曲线形过渡切削刃的圆弧半径的数值为 0.5 ~ 2 mm，具体可根据刀具尺寸的大小来选定。

6）修光刃。是在过渡切削刃和副切削刃之间磨出的一小段直线刃，如图 1—86 所示。这段直线刃与刀具的进给方向平行，它是在刃磨刀具以后再用油石研磨出来的。它的作用主要在于这一段直线刃可以把被切削表面刮平，使工件表面光滑。它的宽度应合理选择，太宽了刀具切削困难（阻力大，振动大）；太短了起不到修光作用。通常最好比进给量大一些，可采用 1.1 ~ 1.2 倍进给量的数值。

（2）确定铣刀角度的辅助平面。为了便于确定和测量铣刀的几何角度，需要假想两个辅助平面作为基准，如图 1—88 所示。

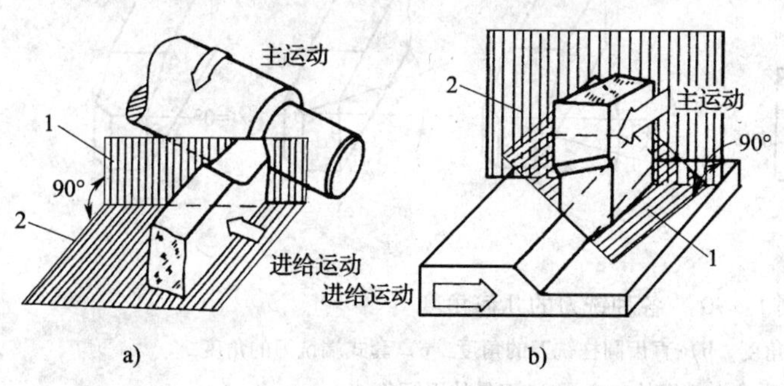

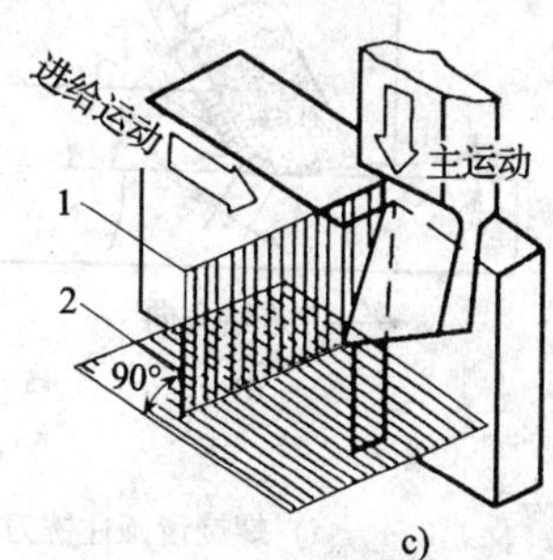

图 1—88　两个辅助平面

a）车削　b）刨削　c）插削

1—切削平面　2—基面

1）基面。是指通过切削刃上某一选定点，垂直于该点切削速度方向的平面。

2）切削平面。是指通过切削刃且垂直于基面的平面。

如图 1—89 所示为圆柱铣刀的两个辅助平面。

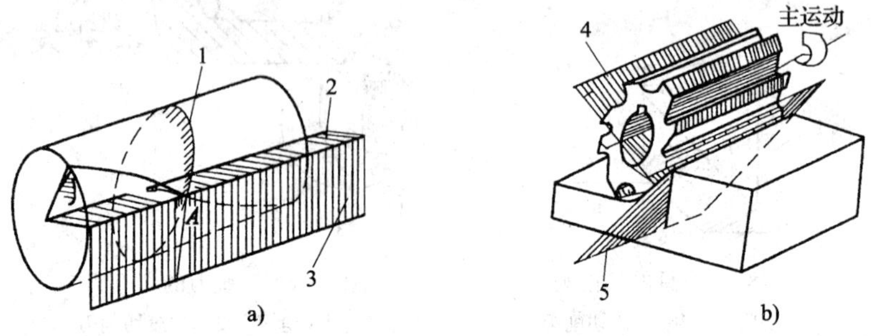

图 1—89　圆柱铣刀的辅助平面

a）A 点的两个辅助平面　b）铣刀的两个辅助平面

1—A 点的法平面　2—A 点的基面　3—A 点的切削平面　4—基面　5—切削平面

2．铣刀的主要几何角度

如图 1—90 所示为螺旋齿圆柱铣刀、直齿圆柱铣刀、套式端铣刀、硬质合金铣刀等的几何角度，表 1—9 综合地分析了各种铣刀的主要几何角度。

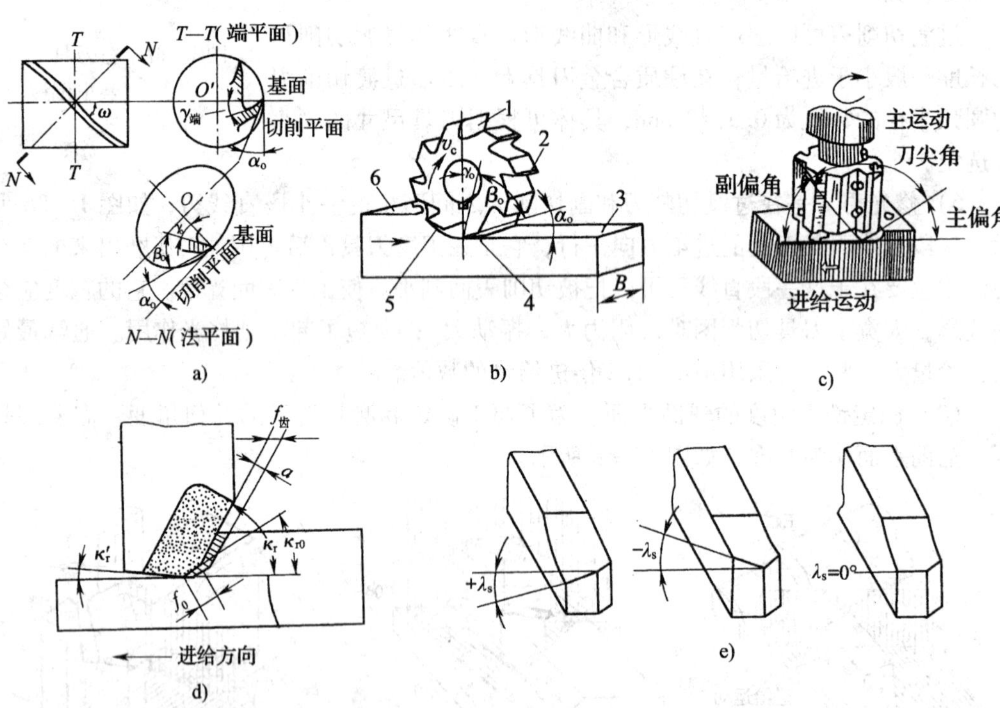

图 1—90　各种铣刀的几何角度

a）螺旋齿圆柱铣刀的角度　b）直齿圆柱铣刀的角度　c）套式端铣刀的角度

d）硬质合金铣刀的角度　e）刀具的刃倾角

1—前面　2—切削刃　3—已加工表面　4—后面　5—过渡表面　6—待加工表面

表 1—9　铣刀的主要几何角度

角度名称及符号	定　义	说　明
前角（γ_o）	刀具的前面与基面之间的夹角，如图 1—90a 所示。前角可分为正值、负值或零	若在刀具前面磨有一个月牙槽时，前角的数值应从月牙槽算起
后角（α_o）	刀具的后面与切削平面之间的夹角，如图 1—90a，b 所示	后角的主要作用是减小刀具后面与工件间的摩擦，延长刀具的耐用时间。图 b 所示的后角应从端面测量
主偏角（κ_r） 副偏角（κ_r'）	主偏角是主切削刃与已加工表面之间的夹角（指锐角）；副偏角是副切削刃与已加工表面之间的夹角，如图 1—90c，d 所示	可减小切削刃与工件加工面之间的摩擦，改善加工表面质量和刀具散热情况
刃倾角（λ_s）	刀具主切削刃与基面之间的夹角，如图 1—90e 所示，分为以下三种情况： 当刀尖在主切削刃上最高点时，$\lambda_s>0$ 当刀尖在主切削刃上最低点时，$\lambda_s<0$ 当刀尖与切削刃同高时，$\lambda_s=0$	角度的大小影响刀尖的强度和切屑流出的方向
楔角（β）	刀具前面与后面之间的夹角	角度的大小影响刀具切削部分的强度
刀尖角	刀具主切削刃与副切削刃之间的夹角	影响刀尖的强度和刀具的散热性

三、铣刀的选择

1．刀具主要角度的选择

要保证加工质量和提高效率，就必须根据工件材料和加工方式的具体情况正确地选择刀具角度，以充分发挥刀具的效应和潜力。对于圆柱铣刀、三面刃铣刀等整体式刀具，它们在出厂时已将刀具的各个角度加工出来，所以可以直接使用，但铣刀用钝后或自制铣刀时，则要磨制好铣刀的各个角度。如图 1—91 所示为铣刀的前角和刃倾角，铣刀主要角度的合理选择见表 1—10。

2．刀具磨损的形式和过程

刀具使用一个阶段后，它的切削刃开始变钝，甚至无法使用，但经过重新刃磨后则可使切削刃恢复锋锐，继续使用，经过几个循环以后，刀具便无法恢复锋锐而完全报废。刀具从开始切削到完全报废这个使用期限称为刀具寿命，而从锋锐到磨钝这一过程称为刀具耐用度。

（1）刀具磨损形式。在加工过程中，由于刀具前面与切屑的摩擦（见图 1—92a）和刀具后面与工件切削表面间的摩擦（见图 1—92b），而使刀具的磨损常发生在刀具的前面和后面，刀具磨损后的状态如图 1—93 所示。由于工件材料不同以及切削用量的差别，刀具的前面、后面磨损也就不一样。

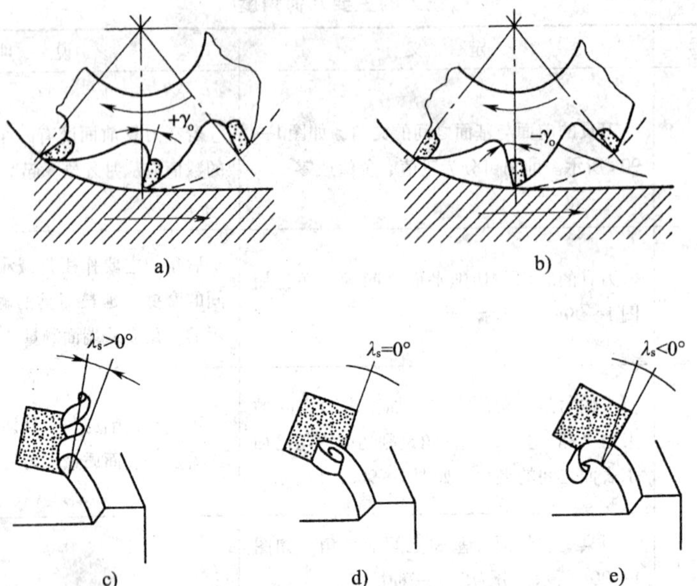

图 1—91　铣刀的前角和刃倾角

a）正前角　b）负前角　c）正刃倾角　d）零度刃倾角　e）负刃倾角

表 1—10　　铣刀主要角度的合理选择

角度名称及符号	刀具角度的选择方法	角度对切削性能的影响
前角（γ_o）	1. 切削脆性材料时，硬质合金刀具由于刀片脆性大，前角为 -5°～5°；高速钢刀具前角为 5°～10° 2. 切削塑性材料时，前角一般为 15°～20° 3. 陶瓷刀具较脆，使用时应尽量避免承受拉力，一般不宜采用正前角，负前角的大小要根据所加工工件的材料硬度以及机床系统的刚度来确定 如图 1—91a，b 所示	粗加工时，由于铣削深度和进给量大，且工件表面硬度也较高，前角可选择较大值 前角增大，切削变形减小，切削力减小，生产效率提高，但条件是其他角度配合得当，且不能过大
后角（α_o）	1. 粗加工时，一般 α_o 为 6°～8° 2. 精加工时，一般 α_o 为 8°～12°	粗加工时，铣削深度和进给量较大，需要刀头强度高，后角宜选较小值；精加工时为了减小摩擦并使刃口锋利，后角可选大些
主偏角（κ_r） 副偏角（κ_r'）	1. 机床刚度不足或工件薄弱时，主偏角可为 75°～90° 2. 副偏角宜为 5°～10°	在相同的进给量和铣削深度下加工时，主偏角越小，切屑厚度越小，切削刃参加切削的长度增加，刀头的散热面积增大，刀尖强度提高，刀具的耐用度提高 另一方面，主偏角减小，支顶工件的力增大，这对加工薄工件不利

续表

角度名称及符号	刀具角度的选择方法	角对切削性能的影响
刃倾角（λ_s）	1. 粗加工时，一般刃倾角为5°~15° 2. 精加工时，一般刃倾角为0°~4°，如图1—91c，d，e所示	刃倾角的大小影响切削刃强度，而且能控制切屑的流出方向
刀尖圆弧半径（r）	一般选择0.5~2 mm	在刀尖处磨出一小段圆弧，可使刀尖强度提高，提高刀具的耐用度和工件表面质量。但应注意若圆弧或过渡切削刃磨得过大，会增大切削力，引起振动

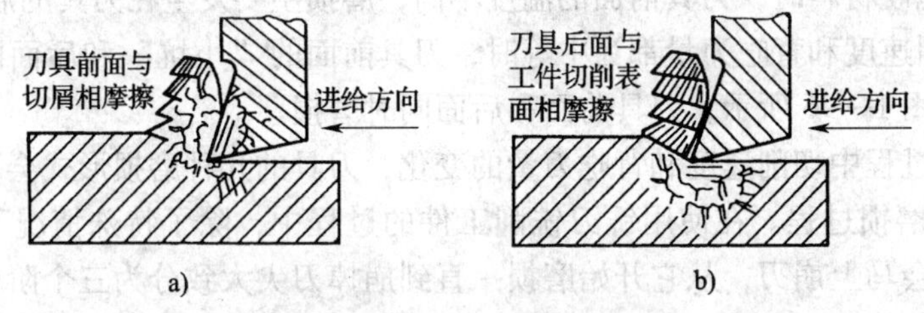

图1—92　刀具切削中的摩擦

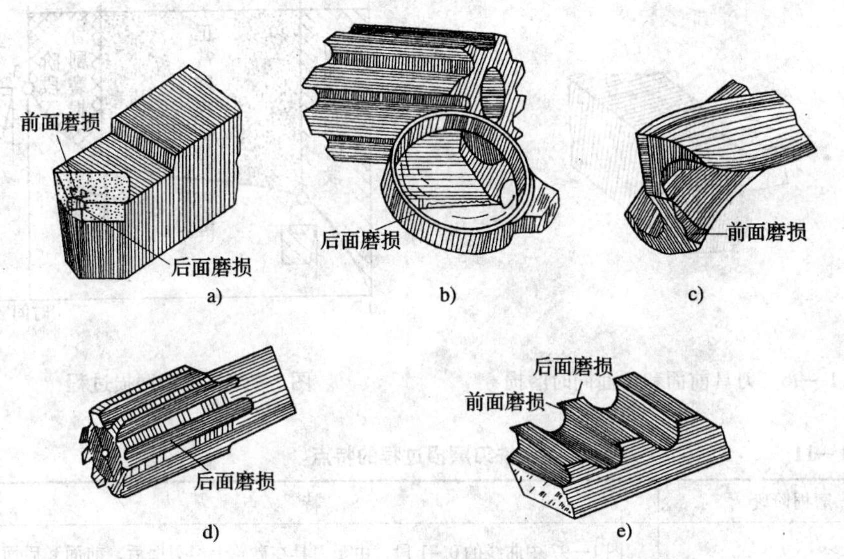

图1—93　刀具磨损后的状态

a）硬质合金刀具　b）圆柱铣刀　c）钻头　d）铰刀　e）拉刀

1）在切削塑性材料时，磨损往往发生在刀具的前面，因为背吃刀量较大，刀具前面受热量增加，压力增大，容易出现一个“小坑”，并且刀具前面的温度比后面高，刀具前面由于“小坑”的不断增大，刀尖强度降低而使刀具损坏，如图1—94所示。

2）在切削塑性小的材料时，背吃刀量较小，切削速度较低，刀具前面的压力和摩擦力不大，出现积屑瘤的可能性小。这时刀具后面与工件表面的摩擦比较大，所以刀具的磨损主要发生在后面，如图 1—95 所示。

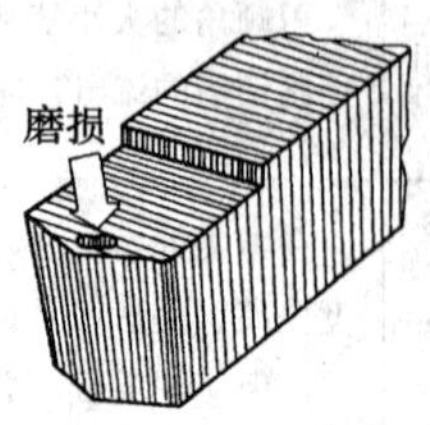

图 1—94　刀具前面磨损

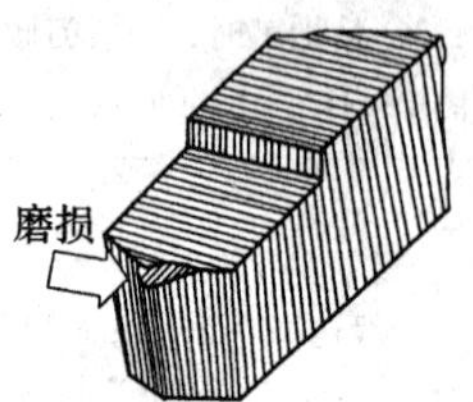

图 1—95　刀具后面磨损

3）切削脆硬材料时，刀具前面的温度不高，磨损主要发生在刀具的后面。

4）在切削速度和背吃刀量都为中等时，刀具前面的“小坑”和后面的磨损连成一片而崩刃，如图 1—96 所示，刀具前面和后面同时磨损。

随着切削过程中切削速度和背吃刀量的变化，刀具的几种磨损形式会不断转换。

（2）刀具磨损过程。在使用铣刀铣削工件的过程中，除了特殊情况下的不正常切削外，铣刀不会马上崩刃，从它开始磨损一直到崩掉刀尖大致分为三个阶段，铣刀磨损过程如图 1—97 所示，其特点见表 1—11。

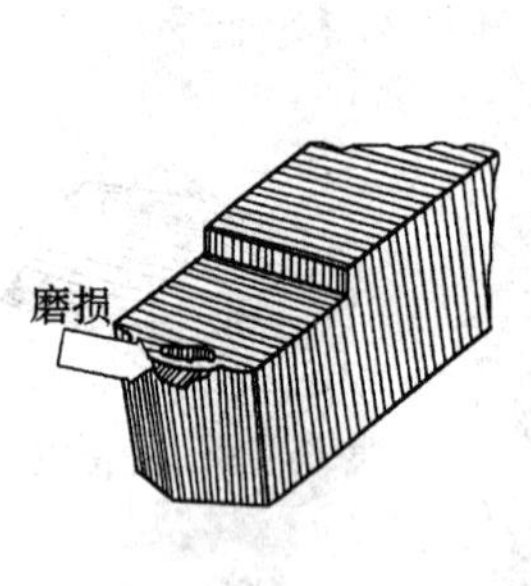

图 1—96　刀具前面和后面同时磨损

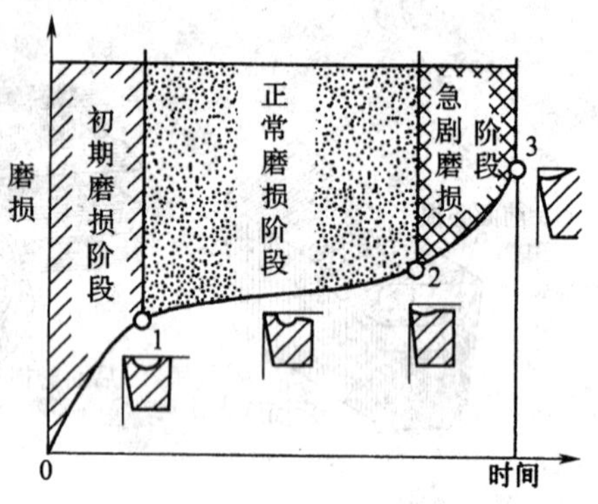

图 1—97　铣刀磨损过程

表 1—11　　铣刀磨损过程的特点

磨损阶段	特　点
第一阶段为 初期磨损阶段	图 1—97 中曲线的 0 ~ 1 段，由于刀具在砂轮上经刃磨后，前面和后面是微观不平的，如果用放大镜观察，可以发现在其表面上有很多尖而小的“凸峰”。当受到切屑的冲击和摩擦时，这些凸峰很快就会被磨平，这一阶段时间是很短的
第二阶段为 正常磨损阶段	图 1—97 中曲线的 1 ~ 2 段，只有切屑和刀具表面的摩擦，磨损情况较稳定，因而这一阶段磨损时间比较长
第三阶段为 急剧磨损阶段	图 1—97 中曲线的 2 ~ 3 段，刀具在正常磨损阶段的后期，表面磨损量逐渐增加，如果这时不取下刀具重新刃磨，磨损量会很快增加，发生急剧磨损直至报废

3. 切屑形状对刀具角度的影响

(1) 切屑的形成过程。用铣刀铣削工件时，切屑的形成过程大致可分为四个阶段，如图 1—98 所示。

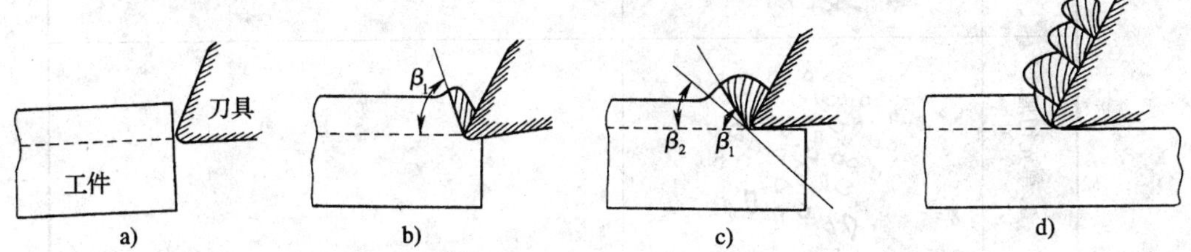

图 1—98　切屑的形成过程

a) 挤压阶段　b) 滑移阶段　c) 挤裂阶段　d) 切离阶段

(2) 切屑的类型。切削时由于加工条件不同，会形成许多不同形状的切屑，根据国家标准《单刃车削刀具寿命试验》(GB/T 16461—1996) 的规定，切屑形状按表 1—12 所列分为 8 类。

根据生产经验，如果切削过程中能形成表中的短管形切屑 (2.2)、平盘旋形切屑 (3.1)、锥盘旋形切屑 (3.2)、短环形螺旋切屑 (4.2)、短锥形螺旋切屑 (5.2) 以及在有防护罩的数控机床和自动机床上得到的单元切屑 (7) 和针形切屑 (8)，都可以列为可接受的屑形。其中理想的屑形是在短屑中定向流出的 C 形屑 (见图1—99a) 和长度不超过 50 mm 的短螺旋切屑 (见图 1—99b)。

(3) 铣刀切削时所产生切屑的特点

1) 用端铣刀铣削时，由于是断续切削，产生的切屑长度较短，切屑可自由地排除，因此对切屑的控制没有特殊的要求。

2) 用三面刃铣刀及锯片铣刀切削时，由于这些刀具的齿槽有足够的空间及正确的齿形，使切屑能在齿槽内自然卷曲成发条状，并能宽敞地容纳在其中，而在切削齿切离工件后，切屑又能自由地脱离齿槽。

4. 刀具积屑瘤的防治

在金属切削过程中经常可以看到，在工件的被加工表面上出现拉毛或一道道的沟痕等现象，这时在刀具的刀尖附近往往会黏结着一小块金属，由于这一小块金属形成一个硬疙瘩，故称它为积屑瘤，如图 1—100 所示。

积屑瘤的硬度很高 (比材料原有硬度高 2 ~ 3 倍)，黏结也很牢固，若用钢片刮它，往往会连刀尖一块儿掉下来。因此，要想把它去掉，只能用油石研磨。

(1) 积屑瘤的形成和影响因素。积屑瘤的产生与工件材料、铣削速度以及刀具前角的大小等因素有关。

1) 切削速度。切削速度很低 (2 m/min 以下) 时，摩擦因数较小，摩擦力不大，所以无积屑瘤存在。切削速度提高到 15 ~ 30 m/min 时，温度升高，摩擦因数随之增大，钢材在 300℃时摩擦因数最大，摩擦力也就最大，此时积屑瘤也最大。当铣削速度再提高到 70 m/min 以上时，温度就更高，在 600℃左右切屑底层金属变软，呈现微熔状态，积屑瘤会很快地被切屑带走，因此积屑瘤也就不会产生了。

表1—12

切屑形状							
1. 带状切屑	2. 管形切屑	3. 盘旋形切屑	4. 环形螺旋切屑	5. 锥形螺旋切屑	6. 弧形切屑	7. 单元切屑	8. 针形切屑
1.1 长 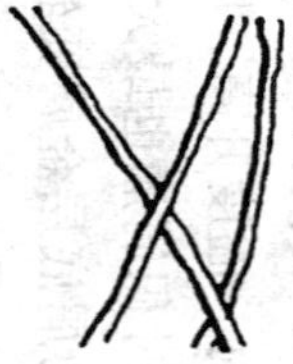	2.1 长 	3.1 平 	4.1 长 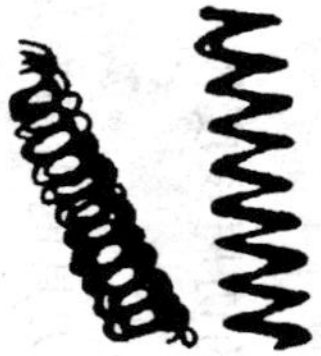	5.1 长 	6.1 连接 		
1.2 短 	2.2 短 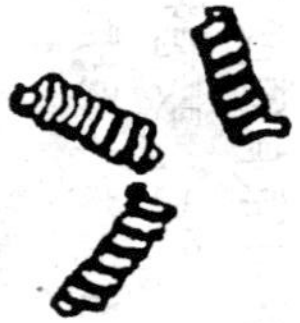	3.2 锥 	4.2 短 	5.2 短 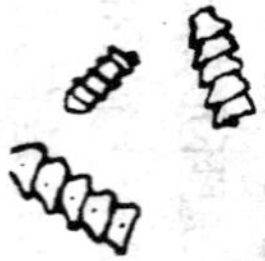	6.2 松散 		
1.3 缠乱 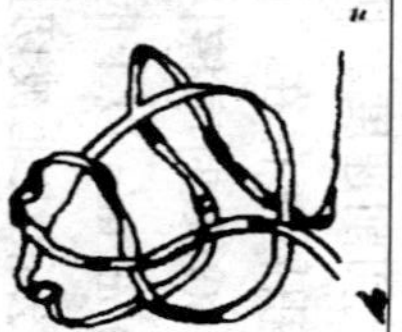	2.3 缠乱 		4.3 缠乱 	5.3 缠乱 			

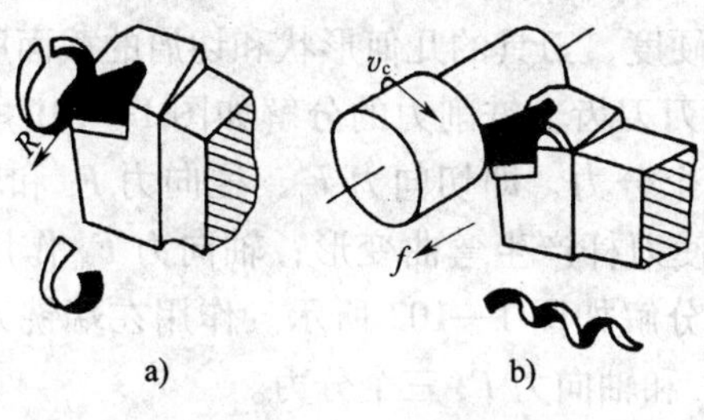

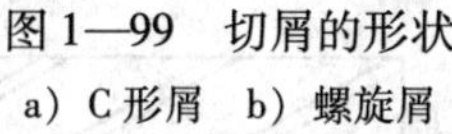

图 1—99　切屑的形状

a）C 形屑　b）螺旋屑

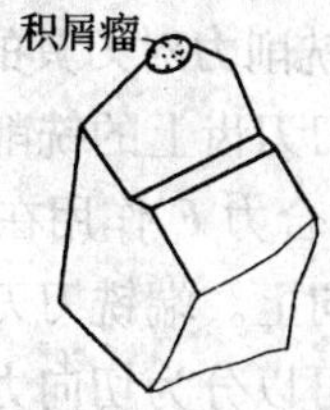

图 1—100　积屑瘤

2）工件材料。若材料塑性好，切削时塑性变形较大，产生带状切屑，所以容易生成积屑瘤。脆性材料一般没有塑性变形，不易产生带状切屑，积屑瘤尚未产生就被带走，所以不会产生积屑瘤。

3）刀具前角。前角大时，切屑对前面的正压力减小，切削力和切削变形也随之减小，此时不易产生积屑瘤。经验证明，当前角大到 40°时，一般就没有积屑瘤产生了。

4）切削厚度。当切削厚度增大时，切削温度就会上升，切屑与刀具前面接触产生摩擦的长度也越大，积屑瘤也会增加。

5）切削液。在切削液中含有一些活性物质，它能迅速侵入金属切削表面，减小切屑与刀具前面的摩擦，并能降低切削温度。因此使用切削液有助于抑制积屑瘤的产生。

（2）积屑瘤对加工的影响。一方面，由于积屑瘤本身硬度很高，同时又凸出在刀尖处，所以严重影响加工表面质量。被工件带走的积屑瘤有的附着在工件表面，有的则嵌入工件已加工表面内，因而造成工件表面硬度不均匀。

另一方面，积屑瘤的出现对切削加工虽然有着一定影响，但它同时也使得刀具的刃部受到一定的保护，且使刀具后面与工件表面的摩擦大大减小。特别是当积屑瘤长在刀尖上呈楔形时，就相当于增大了刀具的前角，有利于降低切削力。因此，积屑瘤对于粗加工是有一定好处的；但在精加工中，为了保证和提高工件的表面质量，应该防止产生积屑瘤。

（3）防止产生积屑瘤的措施。在粗加工中，积屑瘤对加工有利，可以充分利用；在精加工时，它对加工不利，应采取措施加以避免，具体措施如下：

1）提高刀具前面的表面质量，使切屑与刀具前面的摩擦减小，让积屑瘤无立“足”之地。

2）采用较高或较低的铣削速度，避开易产生积屑瘤的速度值。

3）控制刀具的前角，低速切削时用较大的前角，高速切削时用较小的前角。

4）加工中充分使用切削液。

5）减小进给量和刀具主偏角。

6）提高被加工材料的硬度，降低工件塑性，也可减少积屑瘤产生的可能性。

5. 铣削力的作用

切削金属时，由于加工条件的不同，铣削力变动范围很大。金属断裂时产生弹性变形和塑性变形，切屑在刀具前面流过而产生摩擦，刀具后面也要与工件的已加工表面产生摩擦。铣削力的大小由所加工金属的硬度、刀具的几何形状和切屑的截面所决定。

（1）铣削力对刀具的作用。圆柱铣刀刀齿上铣削力的分解如图 1—101 所示。作用在圆柱铣刀刀齿上的铣削力可以分为三个分力，即切向力 F_t、径向力 F_r 和轴向力 F_a。F_t 和 F_r 的合力 F' 作用在铣刀刀杆上，使刀杆产生弯曲变形；轴向力 F_a 作用在铣床主轴轴线方向上。端铣刀刀齿上铣削力的分解如图 1—102 所示。作用在端铣刀刀齿上的铣削力也可以分为切向力 F_t、径向力 F_r 和轴向力 F_a 三个分力。

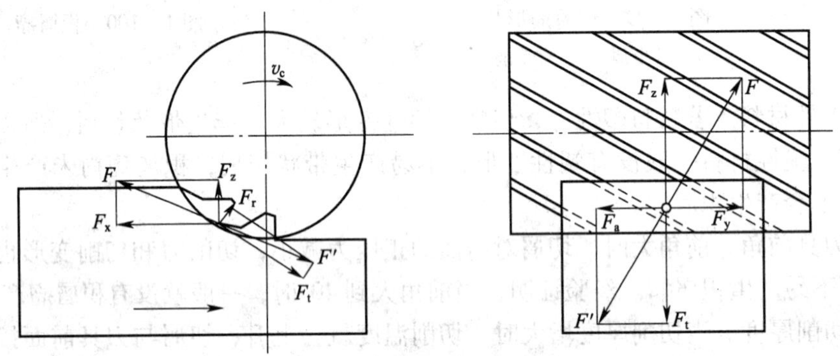

图 1—101　圆柱铣刀刀齿上铣削力的分解

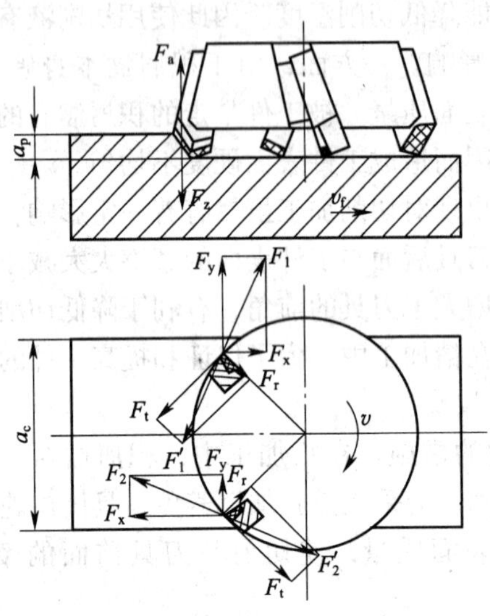

图 1—102　端铣刀刀齿上铣削力的分解

（2）铣削力对工件的作用。铣削时铣刀受到工件对它的总铣削抗力 F' 的同时，铣刀对工件也有一个大小与 F' 相等、方向与 F' 相反的作用力，即总铣削力 F。总铣削力 F 按其对工件的影响不同可分解为纵向铣削分力 F_x、横向铣削分力 F_y 和垂向铣削分力 F_z。F_x 的方向与工作台运动方向相反，如图 1—101 所示。F_z 的方向向上，它使铣床产生振动，F_z 的变化越大，振动越严重。影响铣削力变化的因素见表 1—13。

表 1—13　　影响铣削力变化的因素

影响因素	图示及说明
加工材料	工件材料越硬、强度越高时，铣削力也越大。切削不锈钢或高合金钢比切削普通的碳钢困难得多；切削硬钢比切削青铜的铣削力大 4 ~5 倍；切削脆性材料时，可根据它的硬度来决定铣削力的大小
铣削用量	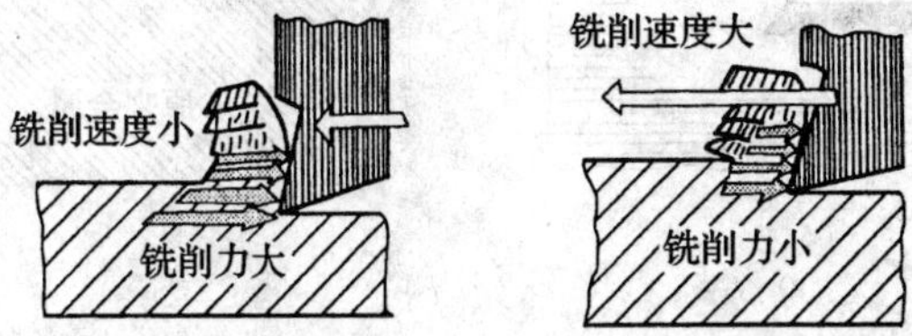 铣削速度小　铣削力大　铣削速度大　铣削力小 背吃刀量和进给量增大，都能使切削力增大，这是由于切削面积增大，切削变形增大的缘故 当铣削速度很高时，铣刀和切屑的温度都很高，切屑与铣刀前面接触表面容易软化，减小了刀具与切屑的摩擦，铣削力降低；如果铣削速度很低时，切削变形增大，铣削力也随之增大，如图所示
切削液	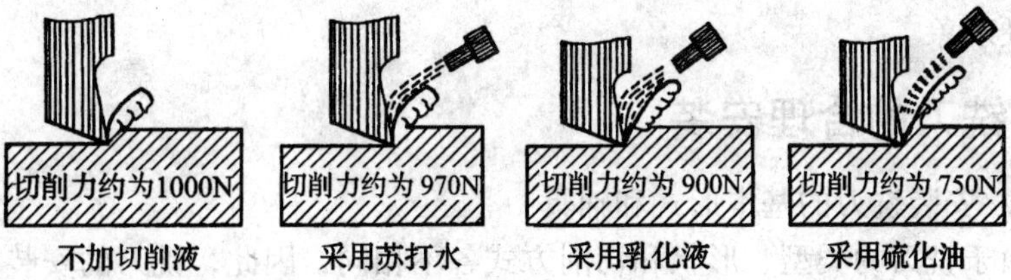 切削力约为1000N　切削力约为 970N　切削力约为 900N　切削力约为 750N 不加切削液　采用苏打水　采用乳化液　采用硫化油 切削液除了可以降低切削温度，减小切削变形，使铣刀磨损减少外；另一个作用就是减小切屑与铣刀之间、工件与铣刀之间的摩擦，因而也能减小切削阻力，如图所示
铣刀磨损	铣刀磨损，铣削力增大
铣刀的几何形状和角度	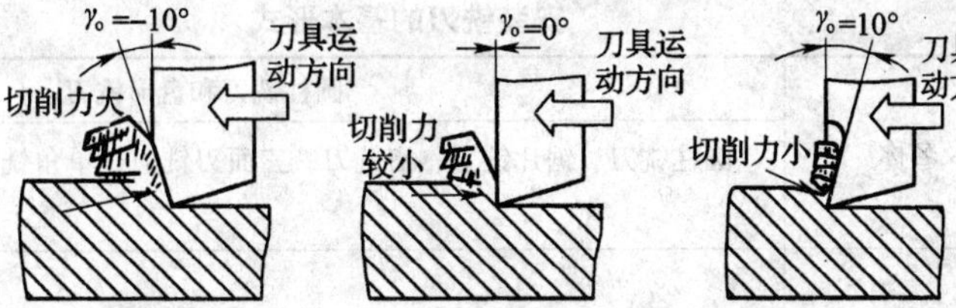 $\gamma_o=-10°$　刀具运动方向　切削力大　$\gamma_o=0°$　刀具运动方向　切削力较小　$\gamma_o=10°$　刀具运动方向　切削力小 前角增大时，铣削力减小；相反则将增大。主偏角增大时，铣削力减小，轴向力增大，径向力减小
刀尖圆弧半径	刀尖圆弧半径增大时，径向力增大，主偏角减小，切削变形增大

6. 已加工表面的冷硬现象

在金属切削过程中，金属受力变形的那部分的力学性能发生变化，硬度和强度提高，而塑性下降，这种现象称为冷作硬化。

金属切削层的冷硬现象使加工过程消耗更多的切削力和切削功，同时也影响了刀具的使用寿命。如图 1—103 所示为已加工表面的冷硬现象，在加工塑性金属时所得到的切屑的硬度比原金属材料高 1.5 ~2 倍，甚至更高。

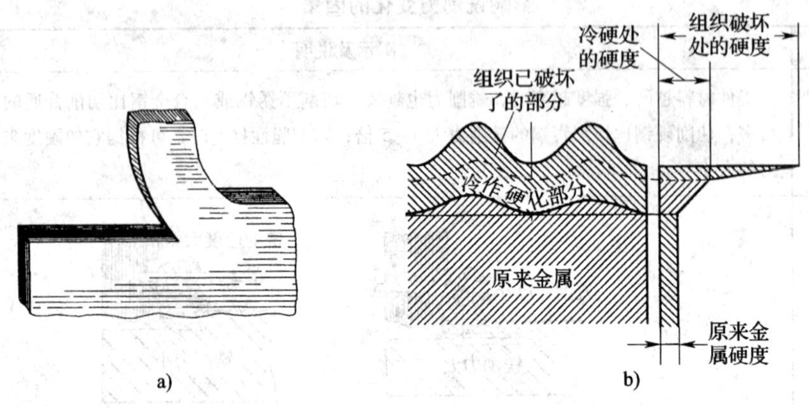

图 1—103　已加工表面的冷硬现象

a）工件被切削情况　b）材料硬度增加情况

不同的金属有不同的冷硬性，它们的硬度在切削过程中的增加也有所不同。被加工材料的塑性越高，原来金属的硬度越低，冷硬现象越明显。脆性金属（如铸铁等）没有冷硬现象。

四、铣刀的合理安装

1. 安装铣刀的基本形式和辅具

由于铣刀的类型、形状和切削方式各不相同，因此，铣刀的安装方法和所使用的辅具也各不相同。铣床上安装铣刀的辅具主要有铣刀杆和圆锥形套筒等。铣刀杆的柄部采用 7∶24 的锥度，以便与铣床主轴前端锥孔的锥度相适应。这种专用大锥度铣刀杆的优点是在主轴孔内插入和拔出都很方便。安装铣刀的基本形式见表 1—14。

表 1—14　　安装铣刀的基本形式

铣刀类别及名称	圆柱铣刀和盘形铣刀
	圆柱铣刀、锯片铣刀、槽铣刀、三面刃铣刀、单角铣刀、双角铣刀、齿轮铣刀等
辅具的名称及简图	1　2　3　4　5　6 7∶24 锥柄长铣刀杆 1—锥柄　2—凸缘　3—刀轴　4—螺纹　5—固定环（垫圈）　6—紧刀螺母

续表

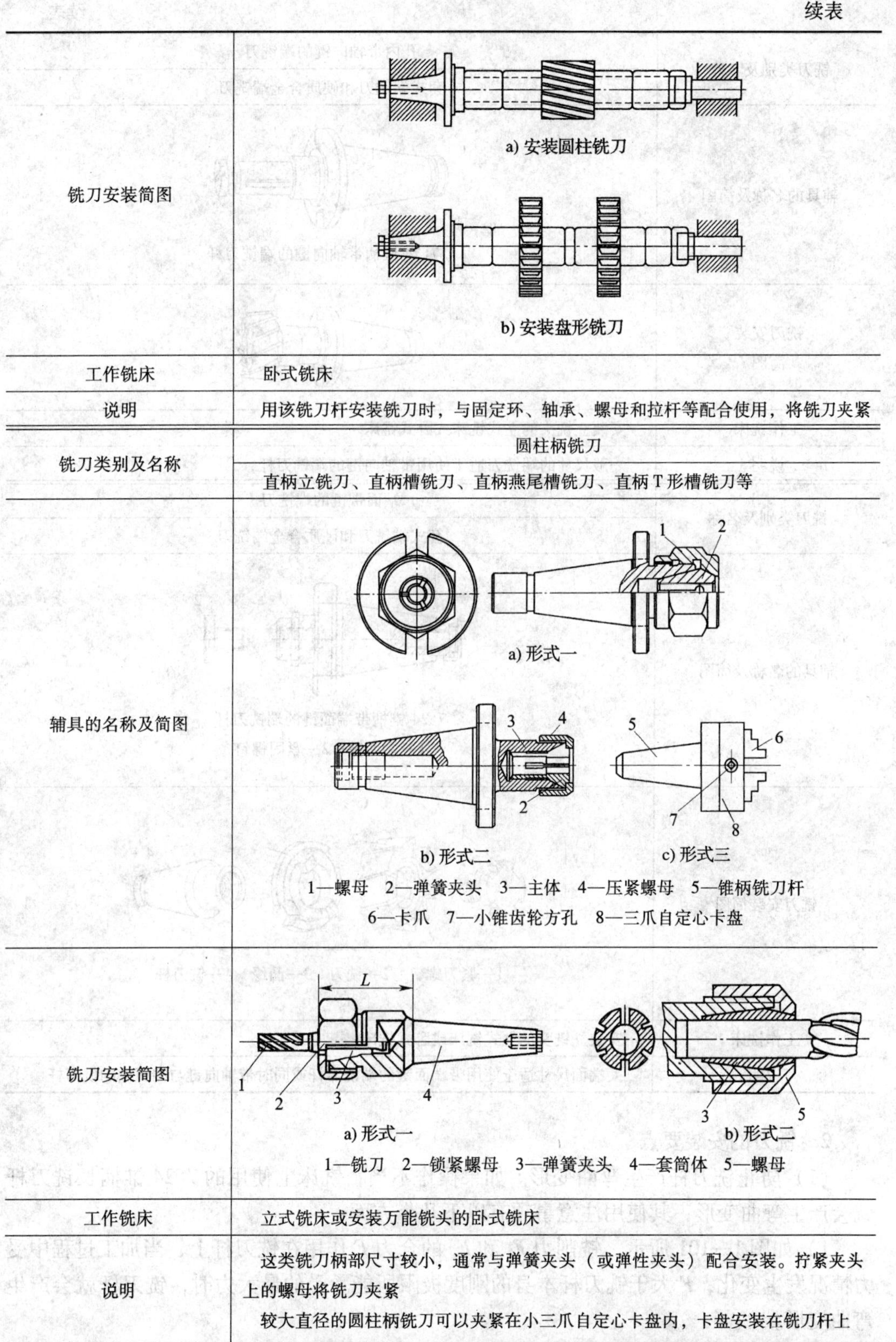

铣刀安装简图	a) 安装圆柱铣刀 b) 安装盘形铣刀
工作铣床	卧式铣床
说明	用该铣刀杆安装铣刀时，与固定环、轴承、螺母和拉杆等配合使用，将铣刀夹紧
铣刀类别及名称	圆柱柄铣刀 直柄立铣刀、直柄槽铣刀、直柄燕尾槽铣刀、直柄 T 形槽铣刀等
辅具的名称及简图	a) 形式一 b) 形式二　c) 形式三 1—螺母　2—弹簧夹头　3—主体　4—压紧螺母　5—锥柄铣刀杆 6—卡爪　7—小锥齿轮方孔　8—三爪自定心卡盘
铣刀安装简图	a) 形式一　b) 形式二 1—铣刀　2—锁紧螺母　3—弹簧夹头　4—套筒体　5—螺母
工作铣床	立式铣床或安装万能铣头的卧式铣床
说明	这类铣刀柄部尺寸较小，通常与弹簧夹头（或弹性夹头）配合安装。拧紧夹头上的螺母将铣刀夹紧 较大直径的圆柱柄铣刀可以夹紧在小三爪自定心卡盘内，卡盘安装在铣刀杆上

续表

铣刀类别及名称	孔内带轴向键的端铣刀 套式端铣刀和硬质合金端铣刀
辅具的名称及简图	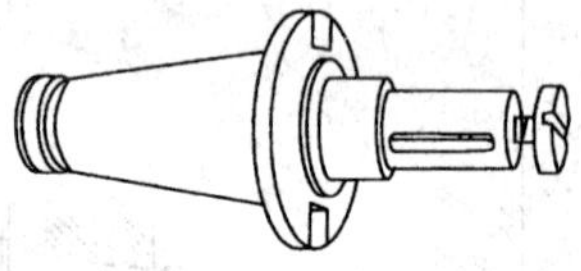 7:24 锥柄带轴向键的端铣刀杆
铣刀安装简图	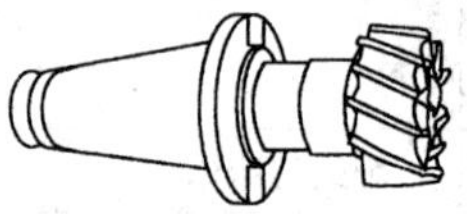
工作铣床	安装立铣头的立式铣床或卧式铣床
说明	一般尺寸的端铣刀适于使用带轴向键的端铣刀杆

铣刀类别及名称	端面带键的端铣刀 套式端铣刀和硬质合金端铣刀
辅具的名称及简图	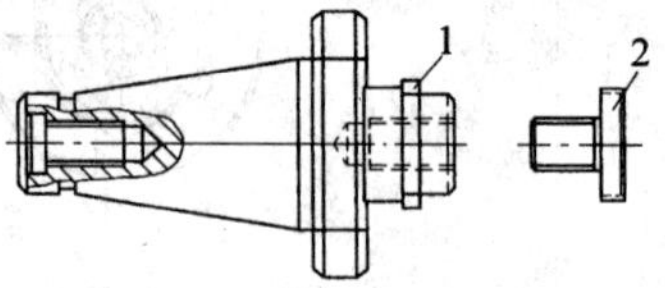 7:24 锥柄带端面键的端铣刀杆 1—端面键 2—紧固螺钉
铣刀安装简图	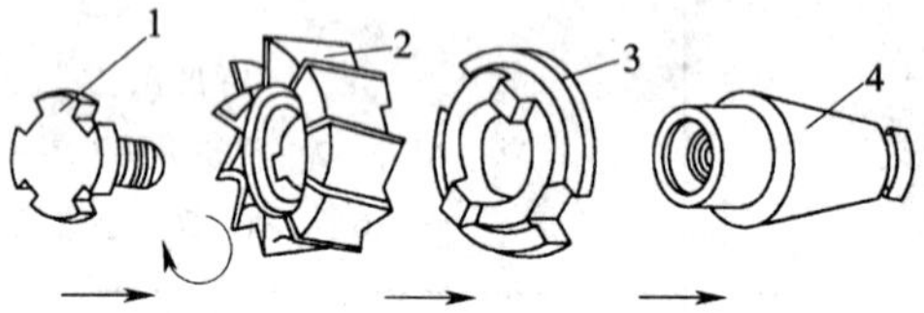 1—紧刀螺钉 2—铣刀 3—凸缘 4—铣刀杆
工作铣床	安装立铣头的立式铣床或卧式铣床
说明	大端面尺寸适于使用带端面键的端铣刀杆或同时带轴向键与端面键的铣刀杆

2. 铣刀的安装要点

（1）防止铣刀杆产生弯曲变形。如果操作不当，铣床上使用的 7:24 锥柄长铣刀杆就会产生弯曲变形，其使用注意事项有以下几个方面：

1）如图 1—101 所示，铣削力 F_z 和 F_y 的合力 F 作用在铣刀杆上，当加工过程中受力情况发生变化，F 大于铣刀杆本身的刚度极限所能承受的最大力时，铣刀杆就会产生弯曲变形。

2）安装盘形铣刀时不要卸掉铣刀杆上的键。如果不使用键，只是把刀杆上的螺母拧紧，切削过程中刀杆本身承受的拉力会加大，当受力不平均时，刀杆就容易弯曲。

3）安装铣刀时不要把螺母拧得过紧；否则，铣刀杆本身要承受很大的拉力，切削中吃刀时，尤其是受力不平均的情况下，容易使铣刀杆产生弯曲变形。

4）铣床上使用的7∶24 的大锥度铣刀杆的缺点是容易产生弯曲变形，所以每次安装和操作中一定要将位置找正。

5）由于铣刀杆比较长，存放不当也容易产生弯曲变形，所以，每次卸下后都应将其挂在专用架子上，使铣刀杆的轴线垂直于地面。

另外，挂架轴承孔与铣刀杆的小端配合间隙太大，或安装时的操作方法不正确（见图 1—104），都会使铣刀杆产生弯曲变形。

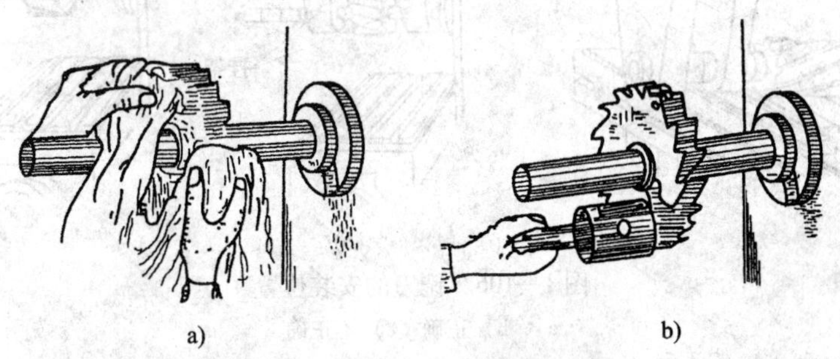

图 1—104　安装铣刀的操作方法

a）正确　b）不正确

（2）铣刀杆同轴度误差的测量。铣刀杆产生弯曲变形后，同轴度就会出现误差。可采用如图 1—105a 所示的方法测量铣刀杆的同轴度误差。将铣刀杆放在专用检测装置的底座中，均匀地转动转盘，使百分表测量头分别抵住铣刀杆圆柱面的几个部位，读出百分表的读数，即可测出铣刀杆圆柱面对其锥体部位的同轴度误差。如果采用在两顶尖

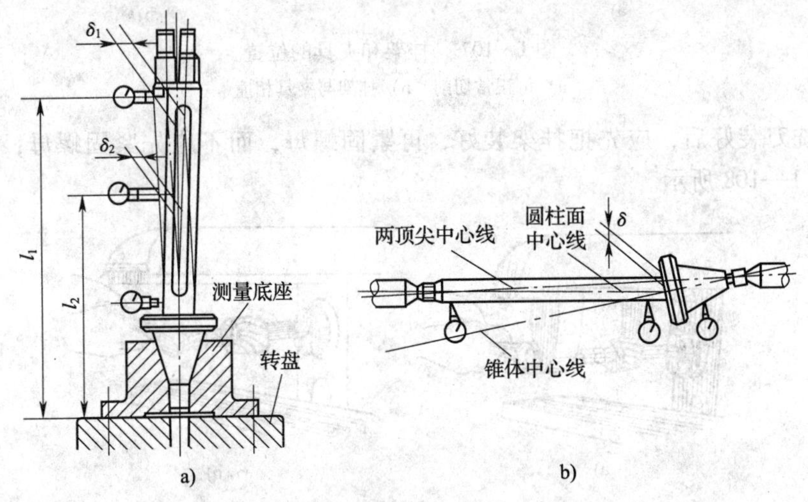

图 1—105　测量铣刀杆同轴度误差的方法

a）利用转盘底座测量　b）在两顶尖间测量

间测量的方法，如图 1—105b 所示，由于两顶尖轴线的同轴度误差、铣刀杆两端中心孔轴线的同轴度误差以及检测仪器的综合误差等方面的原因，测量准确度较低。

（3）其他注意事项

1）在不影响加工的情况下，应尽量使铣刀接近主轴轴承处，并使挂架尽量靠近铣刀或使用两个挂架，铣刀的安装位置如图 1—106 所示。这样有助于切削稳定，减少振动，但应注意防止挂架与夹具相撞（见图 1—107b），挂架和夹具的位置如图 1—107 所示。

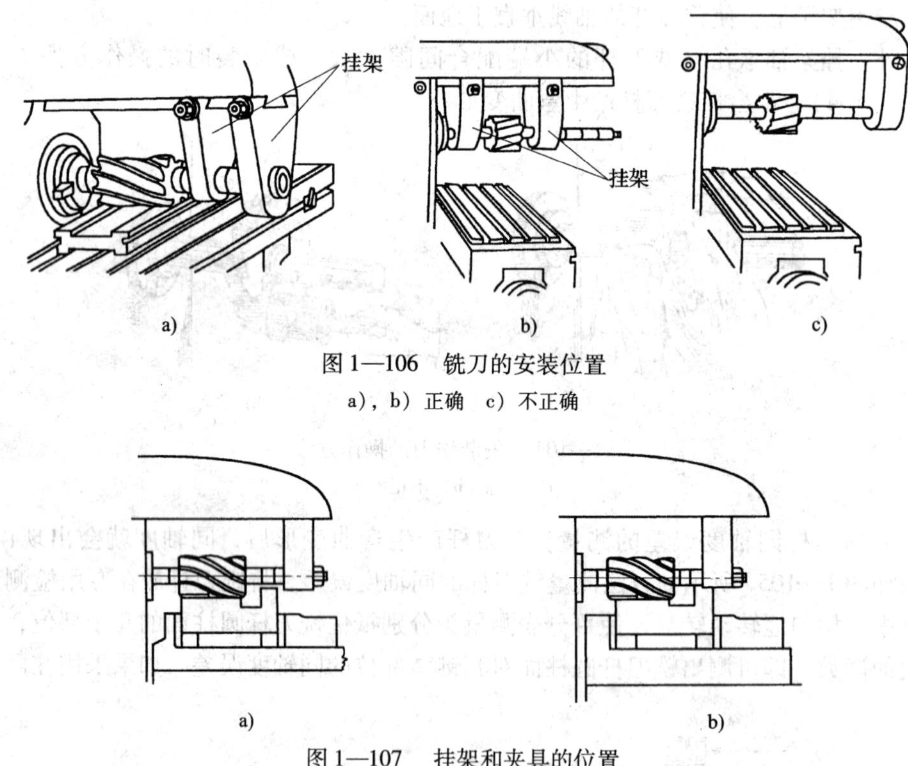

图 1—106　铣刀的安装位置

a），b）正确　c）不正确

图 1—107　挂架和夹具的位置

a）可正常切削　b）挂架与夹具相撞

2）铣刀装好后，应先把挂架装好，再紧固螺母，而不应先紧固螺母，后安装挂架，如图 1—108 所示。

图 1—108　先装挂架再紧固螺母

a）正确　b）不正确

3）床身上伸出的悬梁不要太长，只要够用，伸出得越短越好；同时，悬梁上的挂架也应尽可能向里移一些。

4）铣刀杆尾端伸进挂架孔内的长度（刀杆支撑点）要适宜，不要太短，间隙要调整适当，两者是间隙配合，以增加切削过程中的稳定性。

5）铣刀的安装方向如图 1—109 所示。铣刀的刀齿方向必须与铣刀的旋转方向相适应，图 1—109 所示的实线箭头为正确方向；若将铣刀装反了，像图中虚线那样就无法切削，并会损坏刀齿。

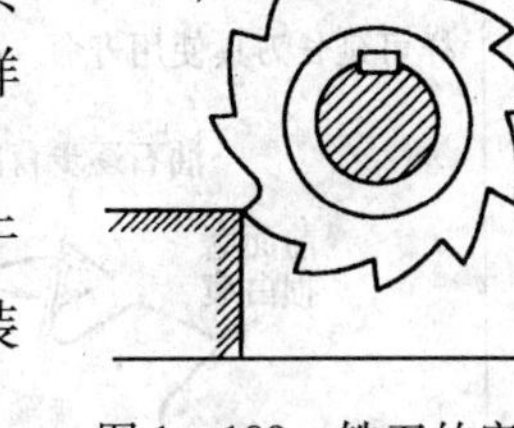

图 1—109　铣刀的安装方向

6）安装铣刀时，应注意将铣刀和固定环都擦拭干净，以防止因端面接触处有杂物而导致铣刀产生安装误差。

7）铣刀杆卸下后，特殊情况下需要水平存放时，应使用木屑或其他软质物品在铣刀杆下面垫好。

3. 常见铣刀故障及原因分析

常见铣刀故障及原因分析见表 1—15。

表 1—15　常见铣刀故障及原因分析

故障现象	原因分析
铣刀旋转时摆差太大	1. 安装铣刀时操作不正确，例如，主轴孔、固定环等处有污物 2. 铣刀杆弯曲度太大或铣刀杆锥柄与铣刀杆不同轴，这时铣刀端面与铣刀杆的中心线就不垂直 3. 主轴轴承损坏或主轴轴承严重磨损，滚珠与内、外圈轨道间隙大 4. 固定环端面磨损或固定环端面与内孔中心线不垂直 5. 铣刀杆与挂架轴承孔配合间隙太大
立铣刀向下滑动	1. 铣刀杆紧固螺母没拧紧 2. 弹簧夹头弹性不好，不能很好地把铣刀夹紧 3. 弹簧夹头或连接套筒的内径与铣刀柄部直径配合间隙大，弹簧夹头上的螺母拧紧后铣刀却没有被拧紧
铣刀迅速变钝	1. 铣削用量选择得不正确，如铣削速度太高等。铣削速度降低 20%，刀具耐用度约增加两倍；每齿进给量降低 20%，刀具耐用度约增加 50%；铣削深度减少 50%，刀具耐用度约提高一倍，但若减少得太多，铣刀就会在工件表面打滑，切不下金属，铣刀磨损反而加快，也降低了铣削效率 2. 加工前没除掉工件表面的焊渣等杂质 3. 铸铁工件表面上有硬质层，加工第一刀时的铣削深度如果小于硬质层厚度，铣刀迅速变钝。因此，开始加工时的铣削深度要大于硬质层的厚度 4. 铣刀断裂后，往往在工件表层留有碎齿粒，在换上新铣刀加工前要把其清理干净 5. 没有使用切削液或使用方法不正确 6. 铣刀刃磨后的几何角度不正确，例如，前角太大，后角太小等

续表

故障现象	原 因 分 析
铣刀迅速变钝	7. 铣刀刃磨后表面粗糙度值较大时，切削过程中切屑排除不畅，摩擦加剧，铣刀磨损速度就加快。因此，铣刀刃磨后应该用油石研磨，研磨方法如图所示 铣刀使用一段时间后，在没有明显变钝之前，应该用油石进行一次研磨，然后再接着使用，这样可延长刀具使用寿命 油石逐步背向刃口 前面磨损白痕 将磨损白痕背掉后恢复锋利的刃口 a) 研磨铣刀齿前面 油石逐步向此方向移动 后面磨损白痕 油石运动方向从前向后恢复锋利的刃口 b) 研磨铣刀齿后面
铣刀断裂	1. 工件的夹紧方法不正确。例如，要在一个带孔的长方形工件上铣一条通槽，若采用图 a 所示的夹紧方法时，铣削过程中由于夹紧力的作用引起工件收缩，铣刀被挤住而折断；若采用图 b 所示的方法夹紧工件，则可避免铣刀断裂 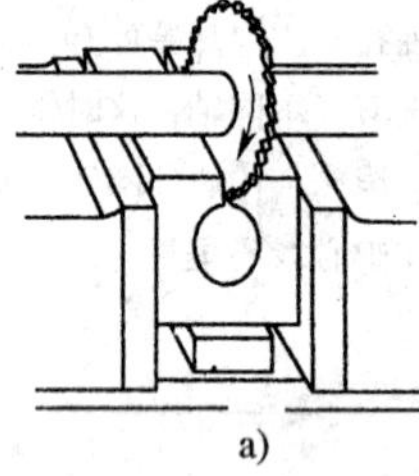 a) 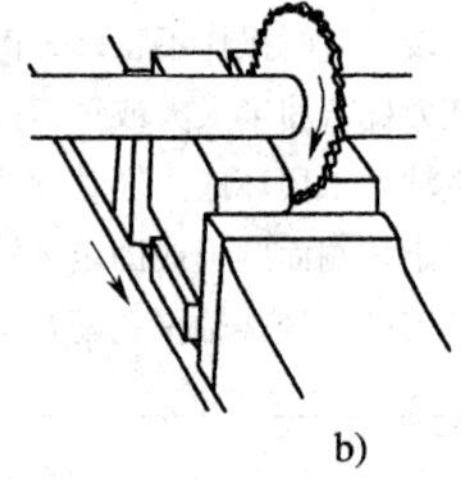 b) 2. 铣削过程中，由于工件装夹方法不正确、夹得不够紧或因受铣削力影响而引起工件松动或转动，造成断刀 3. 安装铣刀时，拉紧螺杆没拧好，铣削过程中松脱 4. 铣刀或铣削方式选取不当，例如，使用锯片铣刀加工时，若铣刀的一侧受力，铣刀就容易断裂；若锯片铣刀歪斜地切入工件，铣刀也容易断裂 5. 因进给量很大而造成闷车或撞车，使铣刀断裂 6. 铣削中途停车，没有把进给手柄扳到非进给位置，再开车时，铣刀刚一转动，工件立即进给，造成铣刀损坏 7. 铣削时没有紧固横向进给机构，在纵向进给时工作台出现横向移动 8. 在分度头上夹紧工件时，铣削前没有把主轴紧固手柄拧紧，铣削时分度头主轴转动，使铣刀断裂 9. 进给量或铣削深度太大，尤其是使用直径小的立铣刀铣削时，铣刀更容易折断 10. 铣封闭槽时，因切屑堵塞而引起进给困难，使铣刀折断

第五节 设备的调整、维护与保养

→ 了解 X6132 型卧式铣床的结构及传动原理
→ 掌握典型铣床常见故障的排除方法
→ 了解常用铣床的种类、特征、用途及型号编制意义

一、X6132 型卧式万能升降台铣床的结构及传动原理

如图 1—110 所示为 X6132 型卧式万能升降台铣床的外形。它是目前国内应用比较广泛的一种卧式铣床，这种铣床结构比较完善，变速范围大，刚度较高，操作方便，具有一定的代表性。

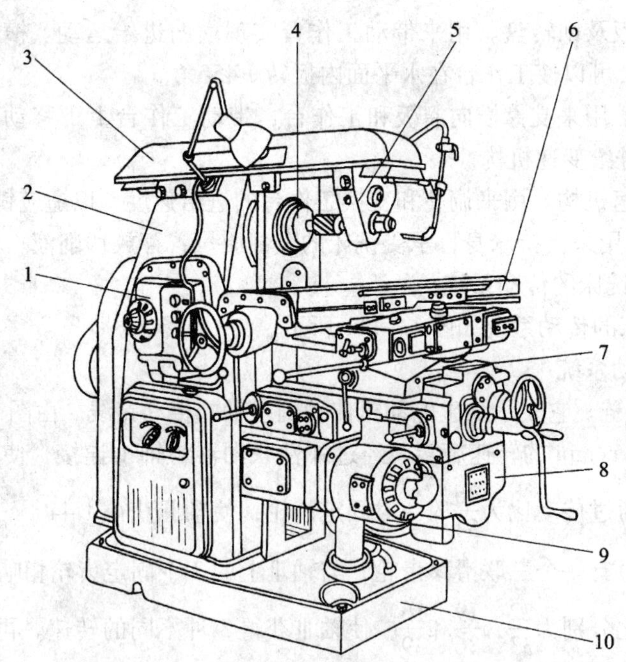

图 1—110 X6132 型卧式万能升降台铣床的外形
1—主轴变速机构 2—床身 3—悬梁 4—主轴 5—挂架
6—工作台 7—横向溜板 8—升降台 9—进给变速机构 10—底座

1．结构特征

（1）铣床主轴轴线与工作台面平行。

（2）工作台与横向进给机构之间有一回转盘并刻有度数，使工作台可在水平面内±45°范围内扳转所需要的角度。

（3）具有纵向进给间隙自动调节装置。

2．主要部件及其功用

（1）主轴变速机构。主轴变速机构安装在床身内，其功用是将主电动机的额定转速通过齿轮变速，变换成18种不同转速后传递给主轴，以适应铣削的需要。

（2）床身。是机床的主体，用来安装和连接机床的其他部件。床身正面有垂直导轨，可引导升降台上下移动。床身顶部有燕尾形水平导轨，用以安装悬梁并按需要引导悬梁水平移动。床身内部装有主轴和主轴变速机构。

（3）悬梁。可沿床身顶部的燕尾形导轨移动，并可按需要调节其伸出长度。其上可安装挂架。

（4）主轴。是一前端带锥孔的空心轴，锥孔的锥度为7:24，用来安装铣刀杆和铣刀。主电动机输出的回转运动经主轴变速机构驱动主轴连同铣刀一起回转，实现主运动。

（5）挂架。用以支撑铣刀杆的外端，提高铣刀杆的刚度。

（6）工作台。用以安装所需的铣床夹具和工件，带动工件实现纵向进给运动。

（7）横向溜板及回转盘。用来带动工作台实现横向进给运动。横向溜板与工作台之间设有回转盘，可以使工作台在水平面内扳转±45°角。

（8）升降台。用来支撑横向溜板和工作台，带动工作台上下移动。升降台内部装有进给电动机和进给变速机构。

（9）进给变速机构。用来调整和变换工作台的进给速度，以适应铣削的需要。

（10）底座。用来支持床身，承受铣床的全部质量，存放切削液。

3．X6132型铣床的传动系统

X6132型铣床的传动系统如图1—111所示。

（1）主轴传动系统

1）主轴传动链。它表示从主电动机传动到主轴的传动路线。由图1—111可知，主电动机轴以1 440 r/min的转速旋转，经过弹性联轴器与轴Ⅰ连接，使轴Ⅰ具有与电动机相同的转速。通过传动比为$\frac{26}{54}$的一对固定齿轮，使轴Ⅱ获得$1\,440\times\frac{26}{54}\approx700$ r/min的转速。轴Ⅱ的右边有一个三联滑移齿轮，与轴Ⅲ上的3个固定齿轮相啮合，有3种不同的啮合对，传动比分别为$\frac{22}{33}$，$\frac{19}{36}$和$\frac{16}{39}$，使轴Ⅲ获得3种不同的转速。再通过轴Ⅲ上的3个固定齿轮（即39，28和18）与轴Ⅳ左边的一个三联滑移齿轮相啮合，有3种不同的啮合对，其传动比分别为$\frac{39}{26}$，$\frac{28}{37}$和$\frac{18}{47}$，使轴Ⅳ获得$3\times3=9$种转速。轴Ⅳ的右边有一个双联滑移齿轮，与轴Ⅴ上的两个固定齿轮相啮合，有两种不同的啮合对，其传动比分别为$\frac{82}{38}$和$\frac{19}{71}$，使轴Ⅴ获得$9\times2=18$种转速。轴Ⅴ就是铣床主轴，所以铣床主轴可以获得18种转速，其传动链结构式如下：

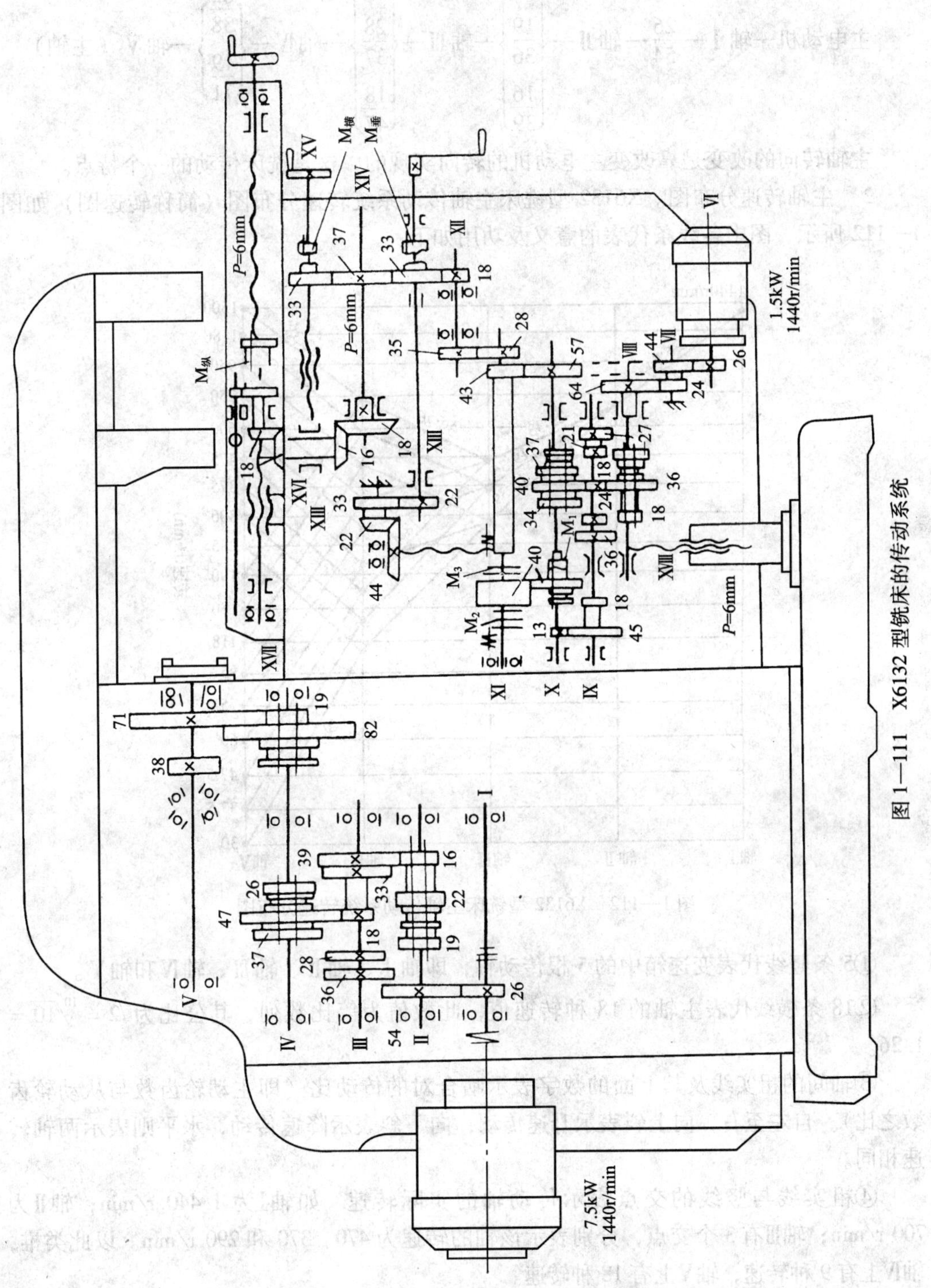

图 1—111　X6132 型铣床的传动系统

$$主电动机—轴\,\mathrm{I}—\frac{26}{54}—轴\,\mathrm{II}—\begin{Bmatrix}\frac{22}{33}\\ \frac{19}{36}\\ \frac{16}{39}\end{Bmatrix}—轴\,\mathrm{III}—\begin{Bmatrix}\frac{39}{26}\\ \frac{28}{37}\\ \frac{18}{47}\end{Bmatrix}—轴\,\mathrm{IV}—\begin{Bmatrix}\frac{82}{38}\\ \frac{19}{71}\end{Bmatrix}—轴\,\mathrm{V}\ （主轴）$$

主轴转向的改变是靠改变主电动机的转向实现的，这是铣床传动的一个特点。

2）主轴转速分布图。X6132 型铣床主轴传动系统转速分布图（简称转速图）如图 1—112 所示，图中各线条代表的意义及功用如下：

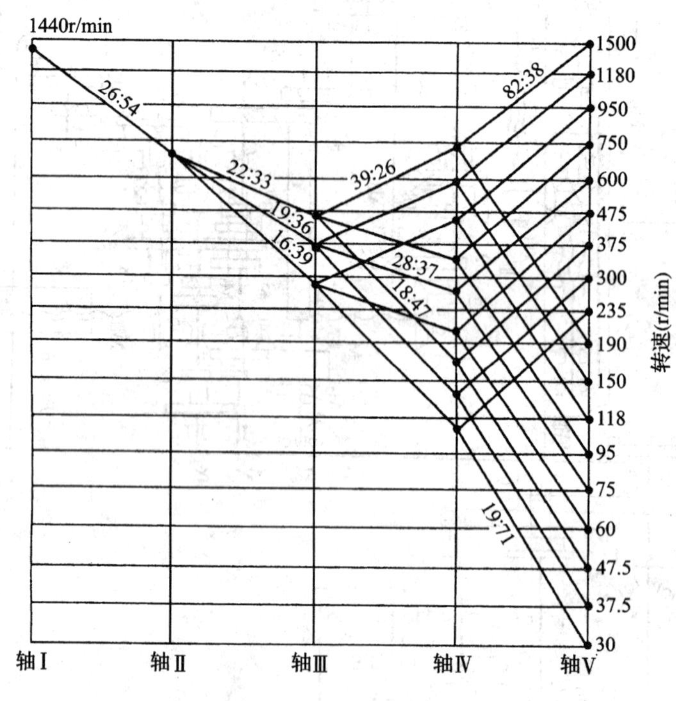

图 1—112　X6132 型铣床主轴传动系统转速分布图

①5 条竖线代表变速箱中的 5 根传动轴，即轴Ⅰ、轴Ⅱ、轴Ⅲ、轴Ⅳ和轴Ⅴ。

②18 条横线代表主轴的 18 种转速值，此数值为等比数列，其公比为$\sqrt[3]{2}=\sqrt[10]{10}=1.26$。

③轴间的粗实线及其上面的数字表示啮合对的传动比（即主动轮齿数与从动轮齿数之比）。自左至右，向上斜表示升速传动，向下斜表示降速传动，水平则表示两轴转速相同。

④粗实线与竖线的交点表示传动轴的实际转速。如轴Ⅰ为 1 440 r/min；轴Ⅱ为 700 r/min；轴Ⅲ有 3 个交点，分别表示该轴的转速为 470，370 和 290 r/min。以此类推，轴Ⅳ上有 9 种转速，轴Ⅴ上有 18 种转速。

从转速图上很容易找到主轴每一转速的传动路线，如主轴转速为 300 r/min 时，其传动路线为：

$$\text{主电动机—轴 I}—\frac{26}{54}—\text{轴 II}—\frac{19}{36}—\text{轴 III}—\frac{18}{47}—\text{轴 IV}—\frac{82}{38}—\text{轴 V}$$

主轴的18种转速中的每一种转速需要经过哪几对齿轮，从该图上可一目了然。因此，当某种转速不正常时，可从图中分析出何处发生了故障。根据转速图可列出主轴18种转速的计算式，X6132型铣床主轴的转速见表1—16。

表1—16　　X6132型铣床主轴的转速

转速级别	计算式	转速（r/min）	转速级别	计算式	转速（r/min）
1	$1\,440\times\frac{26}{54}\times\frac{16}{39}\times\frac{18}{47}\times\frac{19}{71}$	30	10	$1\,440\times\frac{26}{54}\times\frac{16}{39}\times\frac{18}{47}\times\frac{82}{38}$	235
2	$1\,440\times\frac{26}{54}\times\frac{19}{36}\times\frac{18}{47}\times\frac{19}{71}$	37.5	11	$1\,440\times\frac{26}{54}\times\frac{19}{36}\times\frac{18}{47}\times\frac{82}{38}$	300
3	$1\,440\times\frac{26}{54}\times\frac{22}{33}\times\frac{18}{47}\times\frac{19}{71}$	47.5	12	$1\,440\times\frac{26}{54}\times\frac{22}{33}\times\frac{18}{47}\times\frac{82}{38}$	375
4	$1\,440\times\frac{26}{54}\times\frac{16}{39}\times\frac{28}{37}\times\frac{19}{71}$	60	13	$1\,440\times\frac{26}{54}\times\frac{16}{39}\times\frac{28}{37}\times\frac{82}{38}$	475
5	$1\,440\times\frac{26}{54}\times\frac{19}{36}\times\frac{28}{37}\times\frac{19}{71}$	75	14	$1\,440\times\frac{26}{54}\times\frac{19}{36}\times\frac{28}{37}\times\frac{82}{38}$	600
6	$1\,440\times\frac{26}{54}\times\frac{22}{33}\times\frac{28}{37}\times\frac{19}{71}$	95	15	$1\,440\times\frac{26}{54}\times\frac{22}{33}\times\frac{28}{37}\times\frac{82}{38}$	750
7	$1\,440\times\frac{26}{54}\times\frac{16}{39}\times\frac{39}{26}\times\frac{19}{71}$	118	16	$1\,440\times\frac{26}{54}\times\frac{16}{39}\times\frac{39}{26}\times\frac{82}{38}$	950
8	$1\,440\times\frac{26}{54}\times\frac{19}{36}\times\frac{39}{26}\times\frac{19}{71}$	150	17	$1\,440\times\frac{26}{54}\times\frac{19}{36}\times\frac{39}{26}\times\frac{82}{38}$	1 180
9	$1\,440\times\frac{26}{54}\times\frac{22}{33}\times\frac{39}{26}\times\frac{19}{71}$	190	18	$1\,440\times\frac{26}{54}\times\frac{22}{33}\times\frac{39}{26}\times\frac{82}{38}$	1 500

（2）进给传动系统

1）进给传动链。X6132型铣床的进给运动分为工作台的纵向进给、横向进给和垂向进给，它们均由进给电动机单独驱动，与主轴传动无直接联系，这是铣床传动的又一个特点。

由图1—111可知，进给电动机的功率为1.5 kW，转速为1 440 r/min，经过传动比为$\frac{26}{44}\times\frac{24}{64}$的两对齿轮的减速传动，使轴Ⅷ以$1\,440\times\frac{26}{44}\times\frac{24}{64}\approx320$ r/min的转速旋转。再经过轴Ⅷ和轴Ⅹ上的两个三联滑移齿轮分别与轴Ⅸ上的固定齿轮啮合，使轴Ⅹ有3×

单元 1

3 =9 种转速。当轴X上的空套齿轮（$z=40$）右移时，其右侧的齿状离合器与离合器 M_1 接合，将轴X的9种转速经传动比为1的一对齿轮（$\frac{40}{40}$）及离合器 M_2 传至轴XI，使轴XI获得与轴X相同的9种较快的转速。当轴X上的空套齿轮（$z=40$）左移时，其右侧的齿状离合器与离合器 M_1 脱开，与轴IX上双联空套齿轮中 $z=18$ 的齿轮啮合，同时仍与轴XI上 $z=40$ 的宽齿轮啮合，则轴X的9种转速经传动比为$\frac{13}{45}\times\frac{18}{40}\times\frac{40}{40}$的3对齿轮传动，再经离合器 M_2 传至轴XI，其中因有两次减速（即$\frac{13}{45}\times\frac{18}{40}$），使轴XI又获得9种较慢的转速。因此，轴XI共有9+9=18种转速。再经过传动比为$\frac{28}{35}$的一对齿轮传至轴XII，最后经过若干齿轮、轴和离合器（$M_纵$，$M_横$，$M_垂$）分别传给纵向、横向和垂向的丝杆，使工作台获得三个方向共18种工作进给量。

轴XI上有一个与片式摩擦离合器 M_3 外壳空套的齿轮（$z=43$），它与轴X上的一固定齿轮（$z=57$）啮合，而 $z=57$ 的齿轮又与轴VII上的双联空套齿轮中的齿数为44的齿轮啮合。当进给电动机启动时，经 $z=26$ 的齿轮和两个中间齿轮（44和57）带动从动轮（$z=43$）做高速旋转（通常在轴XI上空转）。若离合器 M_2 右移（工作进给断开），使摩擦离合器 M_3 接合，则轴XI被带动做高速旋转，从而使工作台获得快速移动，用于铣削时使工件快速接近铣刀或用于退刀。离合器 M_2 的右移是靠操作者按下“快速”按钮，接通升降台下方的一个强力电磁铁，经一组杠杆使其实现的。综上所述，X6132型铣床进给运动的传动链结构式见下页。

2）进给速度分布图。X6132型铣床工作台纵向进给速度的分布如图1—113所示，其意义基本上与主轴的转速图相同，所不同的是最后一根轴的数值为工作台纵向进给速度。

根据此图可列出18种工作台纵向进给速度的计算式，X6132型铣床工作台纵向进给速度见表1—17。

工作台横向和垂向进给速度分布图不需再画。因横向进给和垂向进给与纵向进给相比，只是末尾两对齿轮的走向和传动比大小不同而已。纵向进给为$\frac{33}{37}\times\frac{18}{16}\times\frac{18}{18}=1.003\approx1$；横向进给为$\frac{33}{37}\times\frac{37}{33}=1$，两者传动比相等，则进给速度的数值也相等。而垂向进给为$\frac{22}{33}\times\frac{22}{44}=\frac{1}{3}$，其传动比是纵向进给或横向进给的$\frac{1}{3}$，则垂向进给速度也是纵向进给或横向进给速度的$\frac{1}{3}$。

4．主轴变速箱的结构和变速操纵机构

（1）主轴变速箱的结构。X6132型铣床的主轴变速箱位于床身内的上半部，其传动系统的结构如图1—114所示，与X62W型铣床基本相同。主电动机安装在床身的后面，通过弹性联轴器与轴I相连，从轴I～轴V（主轴）均用滚动轴承支撑。主轴箱的主要结构如下：

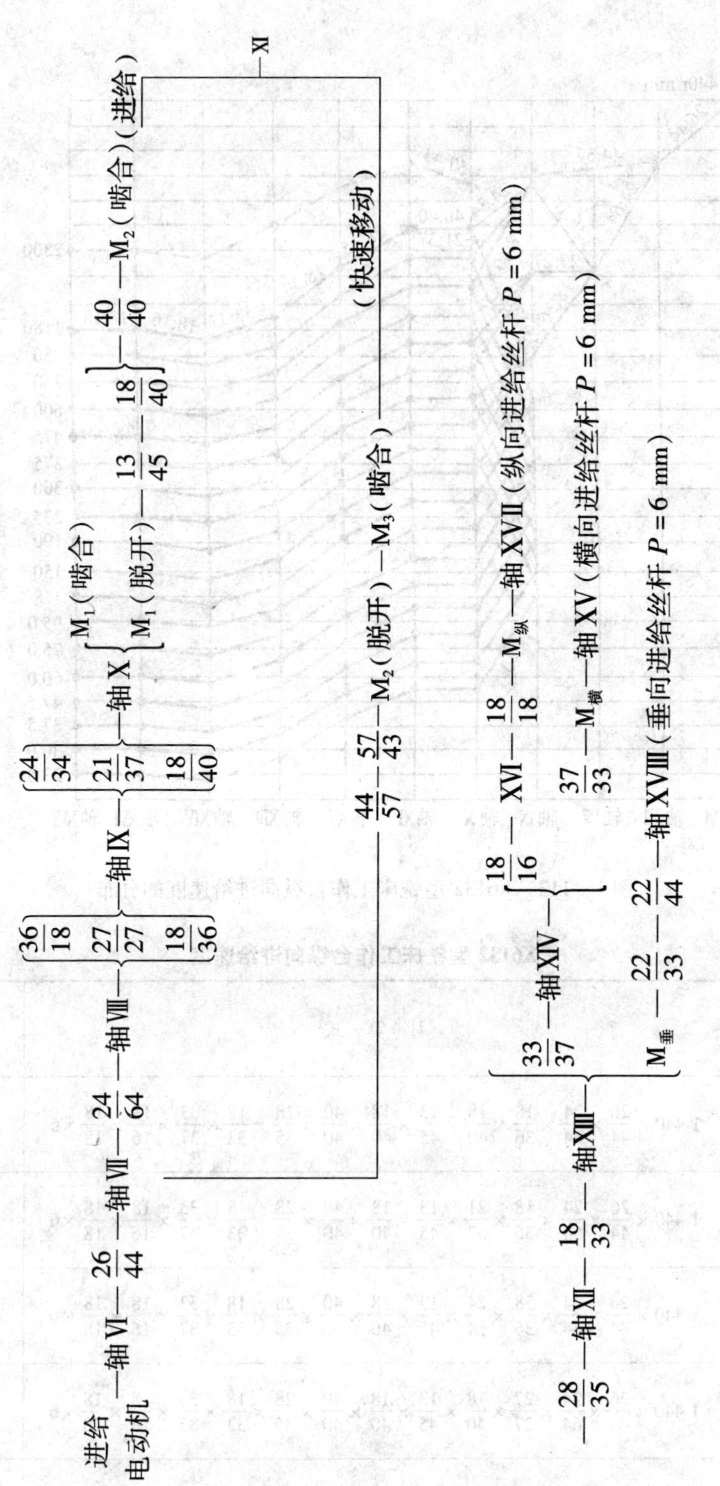

单元 1

进给电动机—轴Ⅵ—26/44—轴Ⅶ—24/64—轴Ⅷ—{36/18, 27/27, 18/36}—轴Ⅸ—{24/34, 21/37, 18/40}—轴Ⅹ{M1(啮合); M1(脱开)—13/45—18/40}—40/40—M2(啮合)(进给)—Ⅺ
44/57—57/43—M2(脱开)—M3(啮合)
(快速移动)
—28/35—轴Ⅻ—18/33—轴XIII—{33/37—轴XIV—{18/16—XVI—18/18—M纵—轴XVII(纵向进给丝杆 P=6 mm); 37/33—M横—轴XV(横向进给丝杆 P=6 mm)}; M垂—22/33—22/44—轴XVIII(垂向进给丝杆 P=6 mm)}

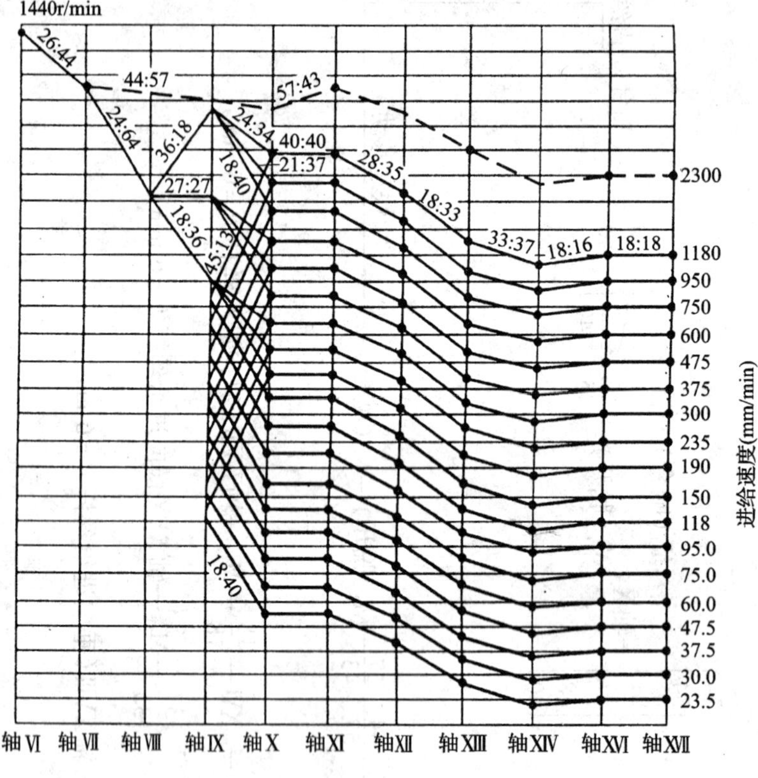

图 1—113　X6132 型铣床工作台纵向进给速度的分布

表 1—17　**X6132 型铣床工作台纵向进给速度**

进给速度级别	计算式	进给速度（mm/min）
1	$1\,440\times\frac{26}{44}\times\frac{24}{64}\times\frac{18}{36}\times\frac{18}{40}\times\frac{13}{45}\times\frac{18}{40}\times\frac{40}{40}\times\frac{28}{35}\times\frac{18}{33}\times\frac{33}{37}\times\frac{18}{16}\times\frac{18}{18}\times6$	23.5
2	$1\,440\times\frac{26}{44}\times\frac{24}{64}\times\frac{18}{36}\times\frac{21}{37}\times\frac{13}{45}\times\frac{18}{40}\times\frac{40}{40}\times\frac{28}{35}\times\frac{18}{33}\times\frac{33}{37}\times\frac{18}{16}\times\frac{18}{18}\times6$	30
3	$1\,440\times\frac{26}{44}\times\frac{24}{64}\times\frac{18}{36}\times\frac{24}{34}\times\frac{13}{45}\times\frac{18}{40}\times\frac{40}{40}\times\frac{28}{35}\times\frac{18}{33}\times\frac{33}{37}\times\frac{18}{16}\times\frac{18}{18}\times6$	37.5
4	$1\,440\times\frac{26}{44}\times\frac{24}{64}\times\frac{27}{27}\times\frac{18}{40}\times\frac{13}{45}\times\frac{18}{40}\times\frac{40}{40}\times\frac{28}{35}\times\frac{18}{33}\times\frac{33}{37}\times\frac{18}{16}\times\frac{18}{18}\times6$	47.5
5	$1\,440\times\frac{26}{44}\times\frac{24}{64}\times\frac{27}{27}\times\frac{21}{37}\times\frac{13}{45}\times\frac{18}{40}\times\frac{40}{40}\times\frac{28}{35}\times\frac{18}{33}\times\frac{33}{37}\times\frac{18}{16}\times\frac{18}{18}\times6$	60

续表

进给速度级别	计算式	进给速度（mm/min）
6	$1\,440\times\frac{26}{44}\times\frac{24}{64}\times\frac{27}{27}\times\frac{24}{34}\times\frac{13}{45}\times\frac{18}{40}\times\frac{40}{40}\times\frac{28}{35}\times\frac{18}{33}\times\frac{33}{37}\times\frac{18}{16}\times\frac{18}{18}\times6$	75
7	$1\,440\times\frac{26}{44}\times\frac{24}{64}\times\frac{36}{18}\times\frac{18}{40}\times\frac{13}{45}\times\frac{18}{40}\times\frac{40}{40}\times\frac{28}{35}\times\frac{18}{33}\times\frac{33}{37}\times\frac{18}{16}\times\frac{18}{18}\times6$	95
8	$1\,440\times\frac{26}{44}\times\frac{24}{64}\times\frac{36}{18}\times\frac{21}{37}\times\frac{13}{45}\times\frac{18}{40}\times\frac{40}{40}\times\frac{28}{35}\times\frac{18}{33}\times\frac{33}{37}\times\frac{18}{16}\times\frac{18}{18}\times6$	118
9	$1\,440\times\frac{26}{44}\times\frac{24}{64}\times\frac{36}{18}\times\frac{24}{34}\times\frac{13}{45}\times\frac{18}{40}\times\frac{40}{40}\times\frac{28}{35}\times\frac{18}{33}\times\frac{33}{37}\times\frac{18}{16}\times\frac{18}{18}\times6$	150
10	$1\,440\times\frac{26}{44}\times\frac{24}{64}\times\frac{18}{36}\times\frac{18}{40}\times\frac{40}{40}\times\frac{28}{35}\times\frac{18}{33}\times\frac{33}{37}\times\frac{18}{16}\times\frac{18}{18}\times6$	190
11	$1\,440\times\frac{26}{44}\times\frac{24}{64}\times\frac{18}{36}\times\frac{21}{37}\times\frac{40}{40}\times\frac{28}{35}\times\frac{18}{33}\times\frac{33}{37}\times\frac{18}{16}\times\frac{18}{18}\times6$	235
12	$1\,440\times\frac{26}{44}\times\frac{24}{64}\times\frac{18}{36}\times\frac{24}{34}\times\frac{40}{40}\times\frac{28}{35}\times\frac{18}{33}\times\frac{33}{37}\times\frac{18}{16}\times\frac{18}{18}\times6$	300
13	$1\,440\times\frac{26}{44}\times\frac{24}{64}\times\frac{27}{27}\times\frac{18}{40}\times\frac{40}{40}\times\frac{28}{35}\times\frac{18}{33}\times\frac{33}{37}\times\frac{18}{16}\times\frac{18}{18}\times6$	375
14	$1\,440\times\frac{26}{44}\times\frac{24}{64}\times\frac{27}{27}\times\frac{21}{37}\times\frac{40}{40}\times\frac{28}{35}\times\frac{18}{33}\times\frac{33}{37}\times\frac{18}{16}\times\frac{18}{18}\times6$	475
15	$1\,440\times\frac{26}{44}\times\frac{24}{64}\times\frac{27}{27}\times\frac{24}{34}\times\frac{40}{40}\times\frac{28}{35}\times\frac{18}{33}\times\frac{33}{37}\times\frac{18}{16}\times\frac{18}{18}\times6$	600
16	$1\,440\times\frac{26}{44}\times\frac{24}{64}\times\frac{36}{18}\times\frac{18}{40}\times\frac{40}{40}\times\frac{28}{35}\times\frac{18}{33}\times\frac{33}{37}\times\frac{18}{16}\times\frac{18}{18}\times6$	750
17	$1\,440\times\frac{26}{44}\times\frac{24}{64}\times\frac{36}{18}\times\frac{21}{37}\times\frac{40}{40}\times\frac{28}{35}\times\frac{18}{33}\times\frac{33}{37}\times\frac{18}{16}\times\frac{18}{18}\times6$	950
18	$1\,440\times\frac{26}{44}\times\frac{24}{64}\times\frac{36}{18}\times\frac{24}{34}\times\frac{40}{40}\times\frac{28}{35}\times\frac{18}{33}\times\frac{33}{37}\times\frac{18}{16}\times\frac{18}{18}\times6$	1 180

1）弹性联轴器与电磁离合器。弹性联轴器的结构如图1—115所示。它由两半部分组成，即一半安装在电动机轴上，另一半安装在主轴变速箱的轴Ⅰ上，分别用平键与轴固定连接。两半部分之间用螺钉4、垫圈2、弹性橡胶圈3和螺母1连接并传递动力。

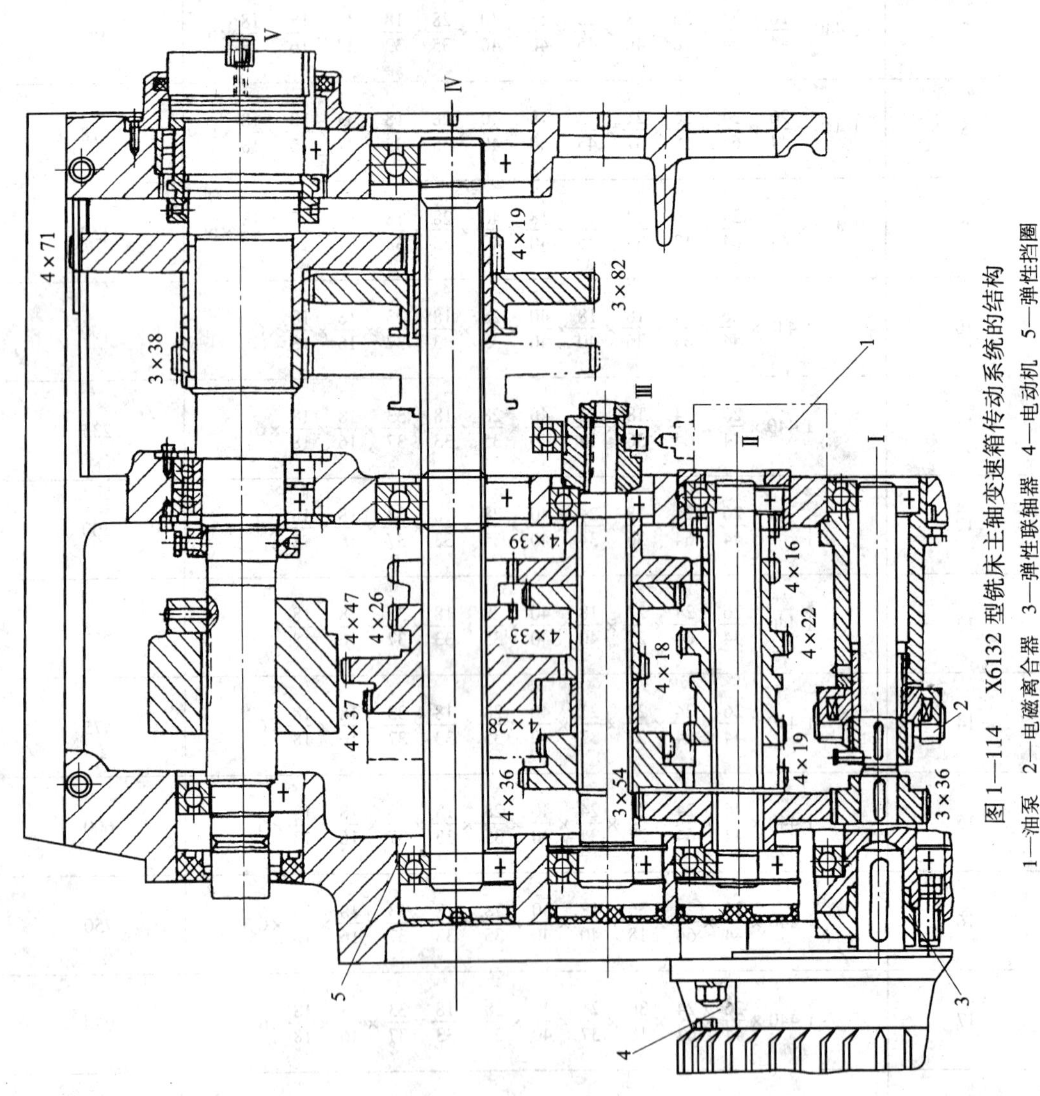

图1—114　X6132型铣床主轴变速箱传动系统的结构

1—油泵　2—电磁离合器　3—弹性联轴器　4—电动机　5—弹性挡圈

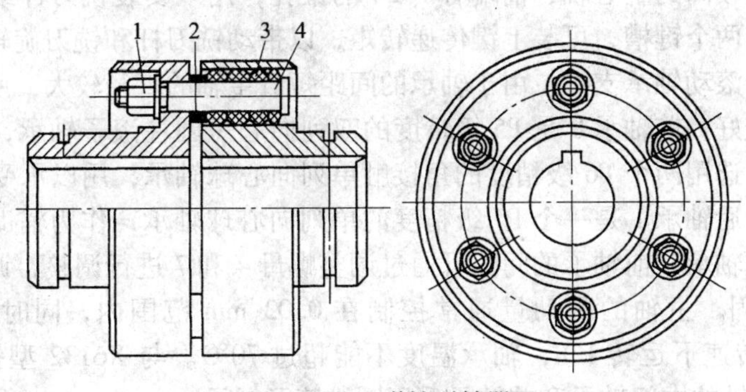

图 1—115、 弹性联轴器

1—螺母 2—垫圈 3—弹性橡胶圈 4—螺钉

由于中间有弹性橡胶圈，所以在装配时两轴之间允许有少量的偏移和倾斜，且在运转时能吸收振动并承受冲击，使电动机轴转动平稳。联轴器上的弹性橡胶圈因经常受到启动和停止的冲击而容易磨损，当磨损严重时，应及时更换。轴Ⅰ上还安装了主轴制动用的电磁离合器，制动时，直流电压加到离合器线圈的两端，线圈周围产生磁场，磁场力将摩擦片压紧，于是产生制动效果，电磁离合器制动平稳、迅速，制动时间不超过 0.5 s。与 X6132 型铣床不同的是，X62W 型铣床的主轴是用安装在轴Ⅲ上的速度控制继电器来实现制动的。

2）中间传动轴。如图 1—114 所示，主轴变速箱中的轴Ⅱ～轴Ⅳ都是外花键轴，轴Ⅱ的右边装有一个可沿轴向滑移的三联齿轮；轴Ⅲ上的齿轮之间用隔圈隔开，故不能做轴向移动；在轴Ⅲ的右端装有一个可带动柱塞式油泵的偏心轮，用以泵油润滑主轴变速箱内的轴承、齿轮等零部件。在轴Ⅳ上装有可滑移的三联齿轮和双联齿轮各一个。由于轴Ⅳ比较长，为了提高其刚度，减少振动，采用三个单列深沟球轴承支撑。

3）主轴。主轴组件是铣床的重要部件之一。它是由主轴、主轴轴承和安装在主轴上的齿轮及飞轮等零件组成的，如图 1—116 所示为 X6132 型铣床主轴的结构。根据铣削的特点，铣床主轴应具有较高的刚度、抗振性、旋转精度、耐磨性和热稳定性。

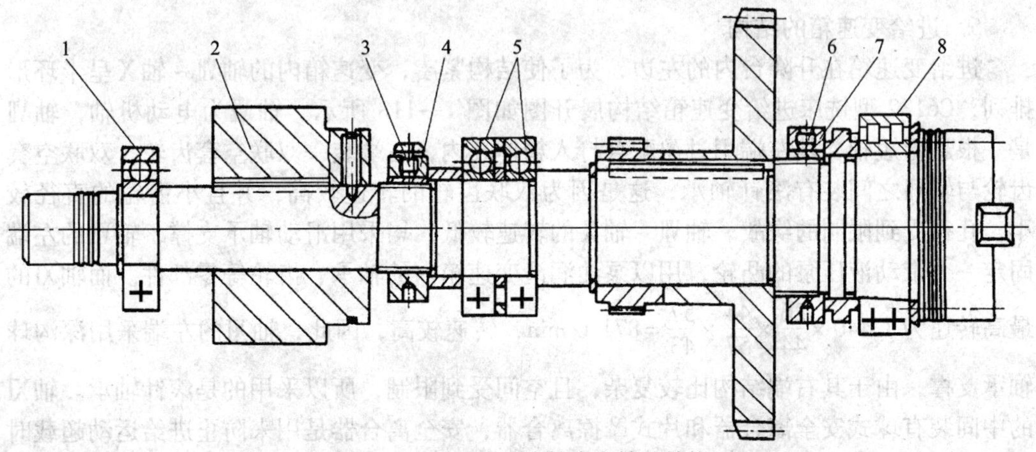

图 1—116 X6132 型铣床主轴的结构

1—后轴承 2—飞轮 3，6—螺钉 4，7—调整螺母 5—中间轴承 8—前轴承主轴是精度较高的空心轴，前端有7:24的锥孔，用以安装铣刀杆或直接安装端铣刀。主轴前端有两个键槽，可装上键传递转矩，以带动铣刀杆和铣刀旋转进行铣削。

主轴由三个滚动轴承支撑。由于轴承的间距短且主轴的直径较大，所以主轴的刚度较高，抗振性较好。前轴承8是P5级精度的双列向心短圆柱滚子轴承，用以承受径向力；中间轴承5选用两个P6级精度的角接触单列向心球轴承，用以承受径向力和两个方向的轴向力；后轴承1是一个P7级精度的单列向心球轴承，作为辅助支撑，用以承受径向力。中间轴承和前轴承的间隙可通过调整螺母4和7进行调整，调整螺母分别由螺钉3和6紧固。主轴的跳动量通常控制在0.03 mm范围内，同时应保证主轴在1 500 r/min的转速下运转1 h，轴承温度不能超过70℃。与X6132型铣床不同的是，X62W型铣床主轴的中间轴承和前轴承采用圆锥滚子轴承。

在主轴后部通过平键与主轴连接的圆盘形铸铁飞轮2的主要作用是增加主轴的转动惯量，减少振动，使铣削工作平稳。尤其是在用齿数较少的铣刀铣削时，飞轮的作用更加明显。

（2）主轴变速操纵机构。X6132型卧式万能升降台铣床采用孔盘集中变速操纵机构，以改变主轴箱中轴Ⅱ和轴Ⅳ上三个滑移齿轮的位置，使主轴获得18种不同的转速。主轴变速操纵机构位于床身左侧，其结构与X62W型铣床基本相同。

主轴变速操纵机构由操纵件、控制件、传动件及执行件组成，其结构如图1—117所示。操纵件包括变速杆1和转速盘3。转速盘上刻有18种转速数值，用以选择转速。变速杆用以实现变速。控制件指变速孔盘5，根据18种不同转速的要求，在变速孔盘不同直径的圆周上钻有两种直径的小孔，利用这些孔来控制齿杆6，8，10及其拨叉7，9，11的位置。传动件包括齿轮、齿杆、轴等零件，传动件将操纵件的动作传递给各执行件。执行件由三个拨叉组成，由变速孔盘控制，并由变速杆带动，使之连同滑移齿轮移动到规定的轴向啮合位置，以实现变速要求。

此外，有一个与变速杆1和扇形齿轮2同轴的凸轮，当扳动变速杆1时，凸轮便撞击电动机的微动开关12，使电动机瞬时接通（又立即切断）。这时，各轴上的齿轮都会转动，使滑移齿轮能顺利地与固定齿轮啮合，使变速变得容易。变速时应注意，扳动变速杆1的动作开始时一定要迅速，以免电动机接通时间过长，使转速升高，容易打坏齿轮，而在接近最终位置时应减慢速度，以利于齿轮啮合。

5. 进给变速箱的结构

进给变速箱在升降台内的左边，为了使结构紧凑，变速箱内的轴Ⅶ~轴Ⅹ呈半环形排列，C6132型铣床进给变速箱结构展开图如图1—118所示。轴Ⅵ为电动机轴，轴Ⅶ是一根悬臂短轴，其左端用过盈配合打入箱体孔内，右端装一双联空套齿轮，双联空套齿轮与轴Ⅶ之间装有滚针轴承，这是因为双联齿轮的转速较高，并且小齿轮的直径较小，孔径受到限制的缘故。轴Ⅶ~轴Ⅹ的转速较低，均采用滑动轴承支撑，轴Ⅷ的左端固定一个带动液压泵的凸轮，用以泵油润滑变速箱内的轴承、齿轮等零部件。而轴Ⅺ的最高转速为$1\ 440\times\frac{26}{44}\times\frac{44}{57}\times\frac{57}{43}=871$ r/min，转速较高，因此，轴Ⅺ的左端采用深沟球轴承支撑，由于其右端结构比较复杂，且空间受到限制，所以采用的是滚针轴承。轴Ⅺ的中间装有球式安全离合器和片式摩擦离合器，安全离合器是用来防止进给运动超载时损坏传动零件的装置；片式摩擦离合器是用于接通工作台的快速移动的装置。

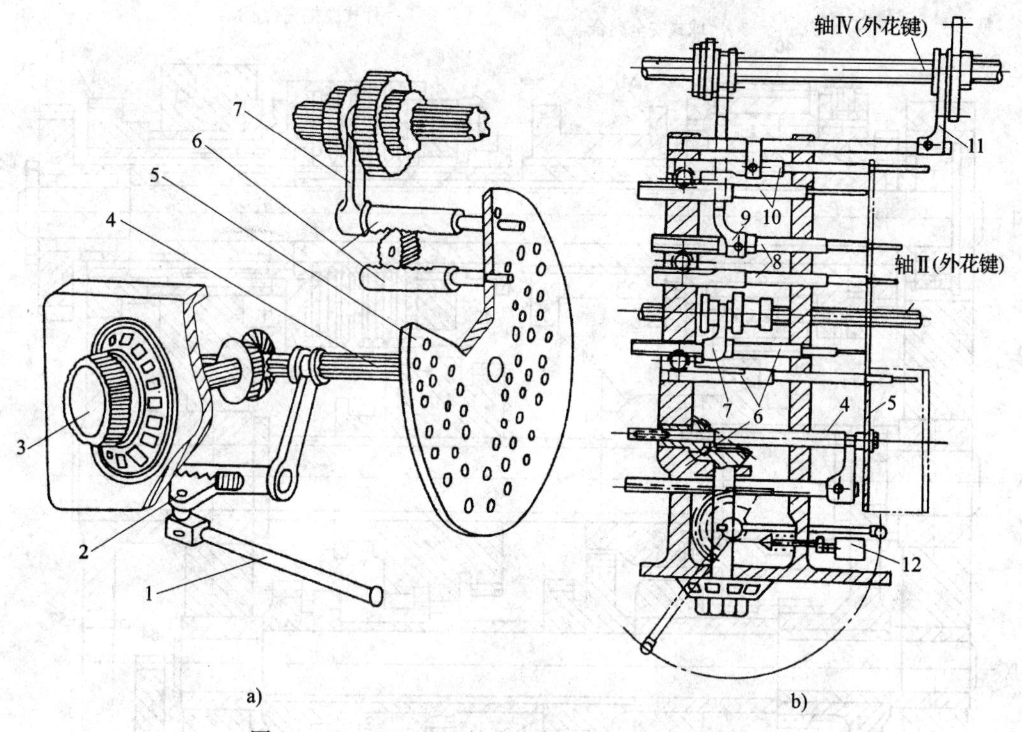

图 1—117　X6132 型铣床主轴变速操纵机构的结构

a）结构示意图　b）展开示意图

1—变速杆　2—扇形齿轮　3—转速盘　4—轴　5—变速孔盘

6，8，10—齿杆　7，9，11—拨叉　12—微动开关

6. 工作台的结构及进给操纵机构

（1）工作台的结构。X6132 型铣床工作台的结构如图 1—119 所示。它由工作台 7、床鞍 1 和回转盘 3 共三层组成。用床鞍 1 的矩形导轨与升降台的导轨相配合，使工作台在升降台导轨上做横向移动。当工作台不做横向移动时，可通过手柄 13，借助偏心轴 12 的作用，将床鞍夹紧在升降台上。工作台 7 可沿回转盘 3 上的燕尾形导轨做纵向移动。工作台连同回转盘一起可绕锥齿轮的轴线 XVI 回转 ±45°，并用螺钉 14 和两块弧形压板 2 紧固在床鞍上。纵向进给丝杆 4 支撑在工作台两端的前挂架 6、后挂架 10 的滑动轴承（前挂架 6 处）和推力球轴承、圆锥滚子轴承上（后挂架 10 处），以承受径向力和轴向力。轴承的间隙由螺母 11 进行调整。手轮 5 空套在丝杆 4 上，当用手将手轮 5 向里推，并压缩弹簧使端面齿离合器 M 接通后，便可手摇手轮使工作台做纵向移动。在回转盘 3 的左端安装双重螺母，右端装有带端面齿的空套锥齿轮，离合器 $M_{纵}$ 用花键与花键套筒 9 连接，而花键套筒又以滑键 8 与铣有长键槽的丝杆 4 相连接。因此，若将端面齿离合器 $M_{纵}$ 向左接通，则来自轴 XVI 的运动经锥齿轮副、离合器 $M_{纵}$、滑键 8 而带动丝杆 4 转动。由于双重螺母装在回转盘的左端，它既不能转动又不能移动，所以，当丝杆 4 获得旋转运动后，同时又做轴向移动，从而带动工作台 7 做纵向进给运动。

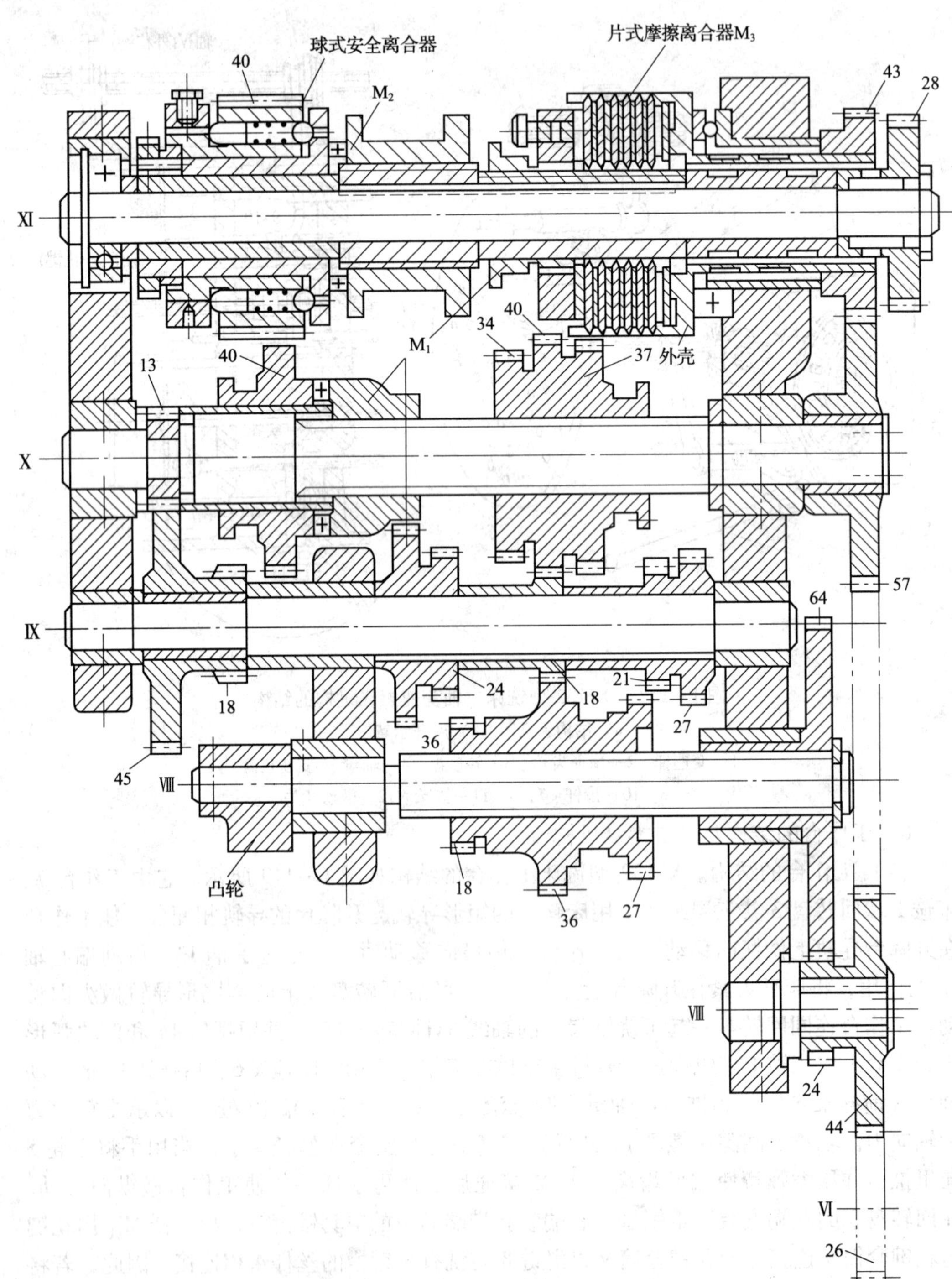

图 1—118　X6132 型铣床进给变速箱结构展开图

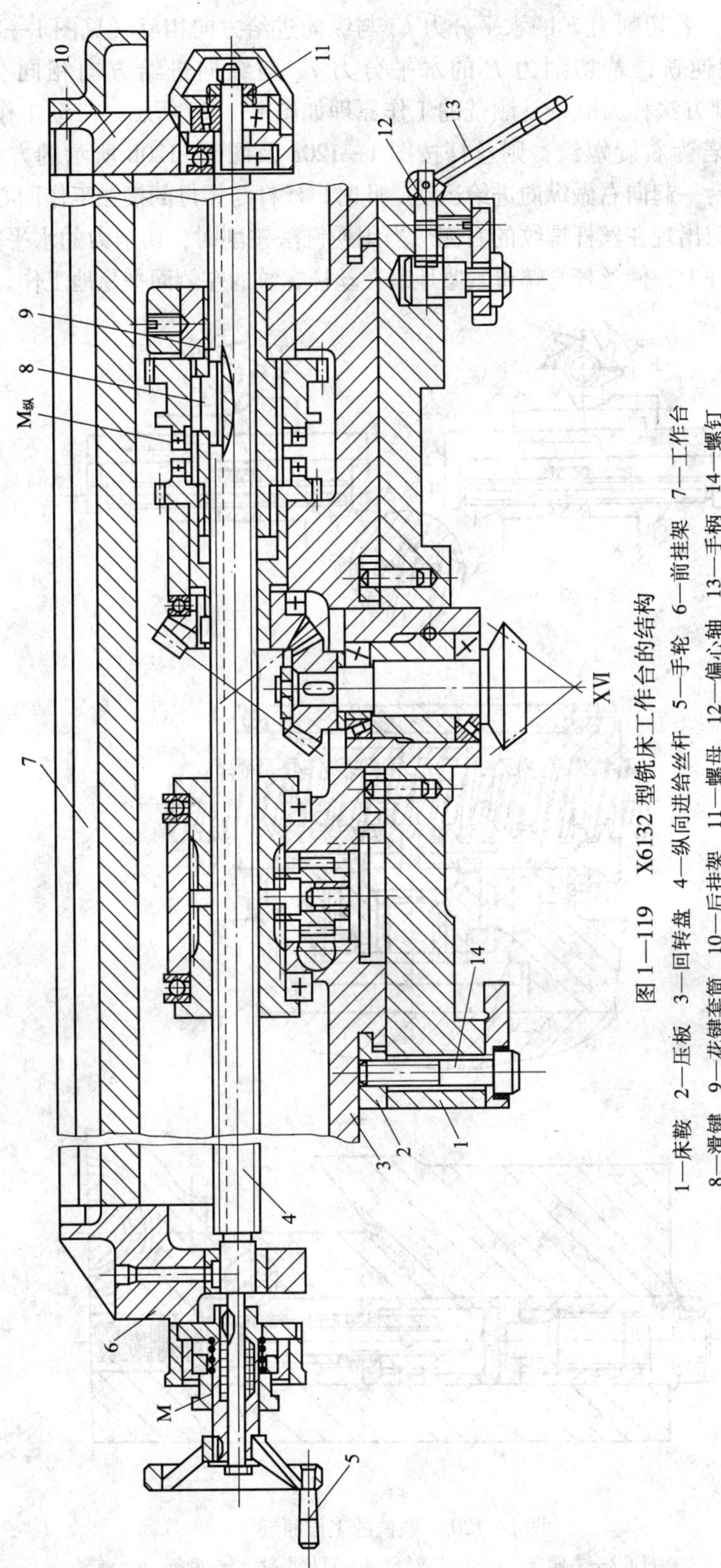

图1—119　X6132型铣床工作台的结构

1—床鞍　2—压板　3—回转盘　4—纵向进给丝杆　5—手轮　6—前挂架　7—工作台
8—滑键　9—花键套筒　10—后挂架　11—螺母　12—偏心轴　13—手柄　14—螺钉

铣床工作时，若切削力 F 的水平分力 F_x 与纵向进给方向相反（见图 1—120a），这种铣削方法称为逆铣；若切削力 F 的水平分力 F_x 与纵向进给方向相同（见图1—120b），这种铣削方法称为顺铣，顺铣的工作原理如图 1—120 所示。带动工作台做纵向进给运动的丝杆若为右旋螺纹，则丝杆按图 1—120a 及图 1—120b 所示的方向转动时，丝杆便连同工作台一起向右做纵向进给运动。此时，丝杆与螺母的接触工作面必然是丝杆螺纹的左侧。间隙出现在丝杆螺纹的右侧。当用逆铣法铣削时，切削力的水平分力 F_x 作用于工作台和丝杆上，使丝杆与螺母紧紧地靠在丝杆螺纹的左侧而平稳地工作。当用顺铣

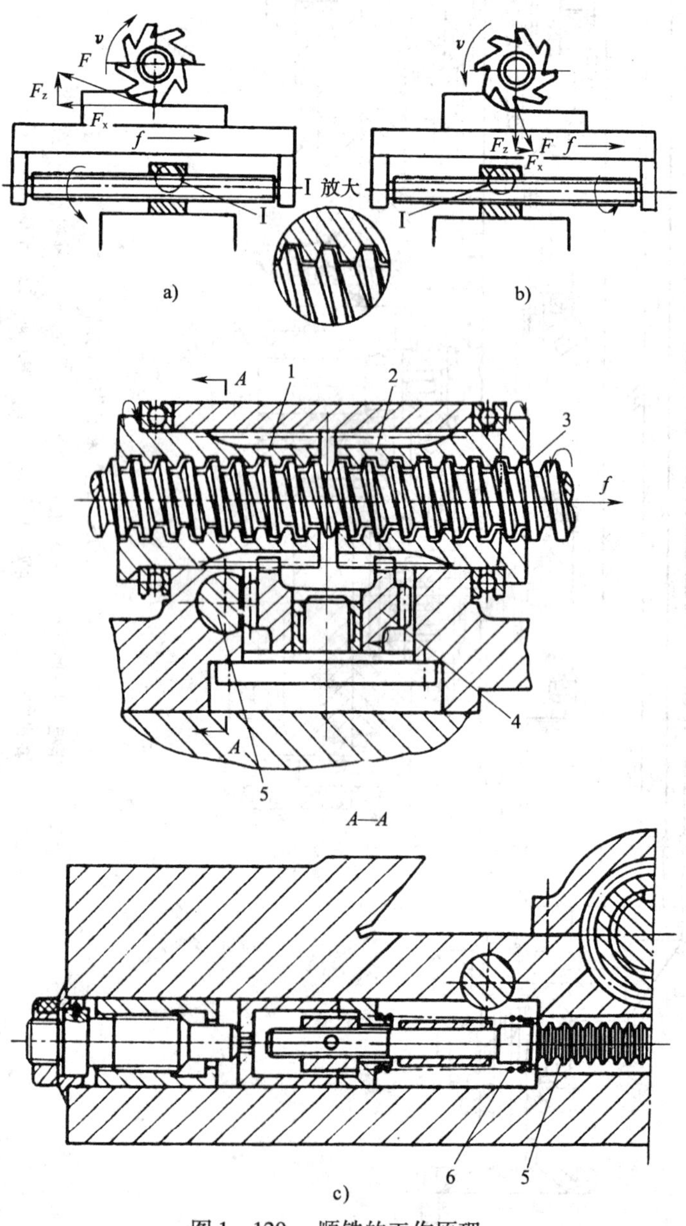

图 1—120　顺铣的工作原理

1—左螺母　2—右螺母　3—右旋丝杆　4—冠状齿轮　5—齿条　6—弹簧

法铣削时，切削力的水平分力 F_x 同样作用于工作台和丝杆上，把丝杆和工作台向右拉，使丝杆突然产生窜动。由于铣刀是多刃刀具，铣削时切削力是不断地变化的，因此，这个水平分力 F_x 也就时大时小，丝杆就会在间隙的范围内来回窜动，影响工件表面的加工质量。为此，X6132 型铣床上设有顺铣机构（见图 1—120c）。顺铣机构由右旋丝杆 3、左螺母 1、右螺母 2、冠状齿轮 4 及齿条 5 等组成。在弹簧 6 的作用下，齿条 5 向右移动，使冠状齿轮 4 沿图示箭头方向回转，带动螺母 1 和 2 沿相反的方向回转，于是螺母 1 螺纹的左侧与丝杆螺纹的右侧靠紧；螺母 2 螺纹的右侧与丝杆螺纹的左侧靠紧。由此可知，顺铣机构可以在顺铣时自动消除丝杆与螺母间的间隙，不会产生轴向窜动的现象，保证了顺铣的加工质量。顺铣机构还可在逆铣时自动松开，以减少丝杆与螺母间的磨损。其工作原理为：当逆铣时由螺母 2 承受丝杆的轴向力，因此，螺母 2 的螺纹与丝杆螺纹间产生较大的摩擦力，使螺母 2 有随丝杆一起转动的趋势，这种趋势带动冠状齿轮 4 转动，使螺母 1 与丝杆有反向转动的趋势。因此，使螺母 1 螺纹的左侧与丝杆螺纹的右侧之间产生间隙，以减少丝杆的磨损。

（2）工作台纵向进给操纵机构。X6132 型铣床工作台纵向进给操纵机构的结构如图 1—121 所示。工作台的纵向进给运动由手柄 23 来操纵，在接通或断开端面齿离合器 $M_{纵}$ 的同时，压动微动开关 SQ1 或 SQ2，使进给电动机正转或反转，从而实现工作台向右或向左的纵向进给运动。在轴 6 上装有弹簧 7 和拨动离合器 $M_{纵}$ 的拨叉 5，弹簧 7 的作用力可使轴 6 向左移动，带动拨叉 5 向左移接通离合器 $M_{纵}$。工作台的纵向进给运动也可由机床侧面的另一手柄来操纵，扳动手柄时，经杠杆、摆块上销 10、凸块下端叉子 9 使凸块 2 上下摆动。当将手柄 23 向左扳动时，压块 16 向左摆动，压动微动开关 22（SQ2），在启动进给电动机反向旋转的同时，叉子 14 做顺时针摆动，通过套筒上销 12、套筒 13 使摆块 11 做顺时针摆动，凸块 2 通过螺钉与摆块 11 相连接，于是凸块 2 也做顺时针摆动，凸块 2 的最高点便离开轴 6 的左端面，在弹簧 7 的作用下轴 6 向左移动，从而带动拨叉 5 左移，使离合器 $M_{纵}$ 接通，实现工作台向左的纵向进给运动。当将手柄 23 从左边扳向中间位置时，压块 16 放松微动开关 22（SQ2），进给电动机停止转动；同时凸块 2 做逆时针摆动，其最高点将轴 6 向右推，通过拨叉 5 使离合器 $M_{纵}$ 脱开，于是向左的纵向进给运动停止。同理，当将手柄 23 由中间位置扳向右边位置时，压块 16 压动微动开关 17（SQ1），进给电动机正转；同时，由于凸块 2 做逆时针摆动，其最高点向上离开轴 6 的左端面，在弹簧 7 的作用下，离合器 $M_{纵}$ 又被接通，从而实现工作台向右的纵向进给运动。

（3）工作台横向进给和垂向进给操纵机构。X6132 型铣床工作台横向进给和垂向进给操纵机构的结构如图 1—122 所示。手柄 6 有上、下、前、后和中间五个工作位置，当前后扳动手柄 6 时，通过手柄前端的球头拨动鼓轮 9 沿轴向左右移动；当上下扳动手柄 6 时，通过毂体 4 上的扁槽、平键 5、轴 3 使鼓轮 9 在一定角度范围内来回转动。在鼓轮 9 的圆周上铣有带斜面的槽，分别控制微动开关 SQ3，SQ4，SQ7 和 SQ8。其中 SQ8 用于控制电磁离合器 $M_{垂}$（YV5）的接通或断开，SQ7 用于控制电磁离合器 $M_{横}$（YV4）的接通或断开，即分别接通或断开垂向进给运动和横向进给运动；SQ3 和 SQ4 用于控制进给电动机的正转和反转，从而实现工作台向前、向下和向后、向上的进给运动。

当向前扳动手柄 6 时，鼓轮 9 向左做轴向移动，鼓轮上的斜面压下顶销 7，作用于

单元 1

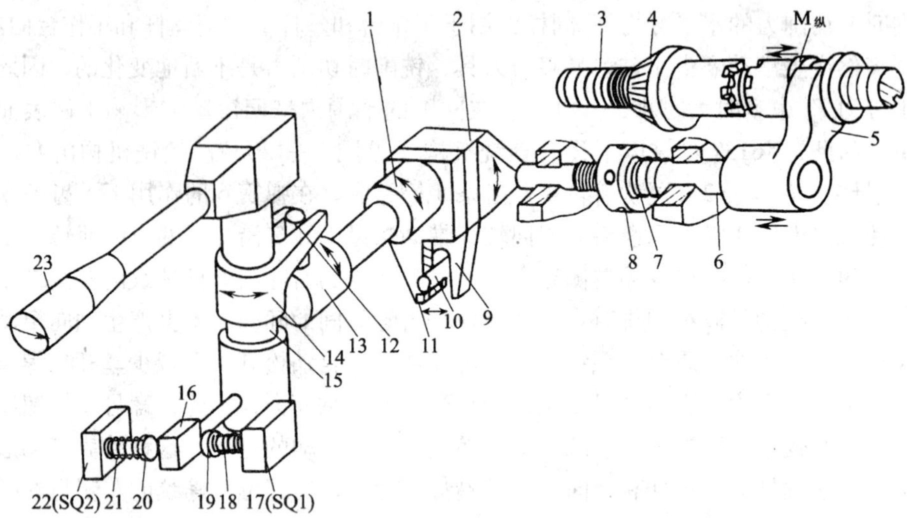

图 1—121　X6132 型铣床工作台纵向进给操纵机构的结构

1—凸块回转轴　2—凸块　3—纵向进给丝杆　4—空套锥齿轮　5—拨叉　6—轴　7，18，21—弹簧　8—调整螺母　9—凸块下端叉子　10—摆块上销　11—摆块　12—套筒上销　13—套筒　14—叉子　15—垂直轴　16—压块　17—微动开关（SQ1）　19，20—可调螺钉　22—微动开关（SQ2）　23—手柄

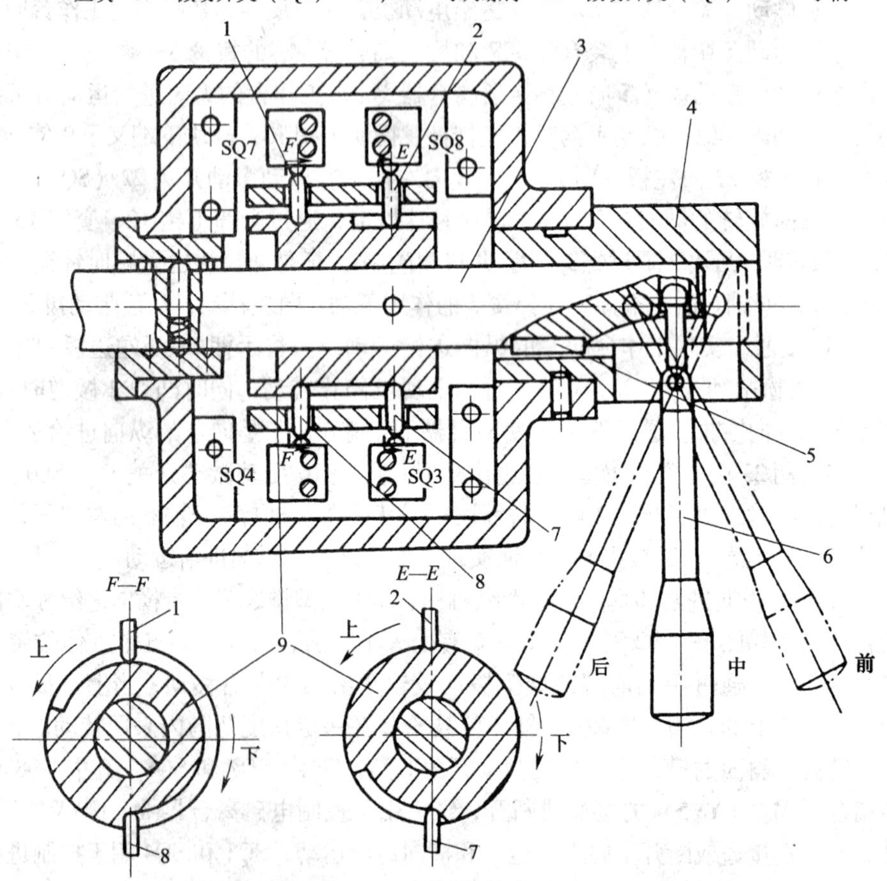

图 1—122　X6132 型铣床工作台横向进给和垂向进给操纵机构的结构

1，2，7，8—顶销　3—轴　4—毂体　5—平键　6—手柄　9—鼓轮

微动开关 SQ3，使进给电动机正转；与此同时，顶销 1 处于鼓轮圆周上，作用于微动开关 SQ7，使横向进给电磁离合器 $M_{横}$（YV4）通电工作，从而实现工作台向前的横向进给运动。

当向后扳动手柄 6 时，鼓轮 9 向右做轴向移动，鼓轮上的斜面压下顶销 8，作用于微动开关 SQ4，使进给电动机反转；与此同时，顶销 1 仍处于鼓轮圆周上，使电磁离合器 $M_{横}$（YV4）通电工作，实现工作台向后的横向进给运动。

当向上扳动手柄 6 时，鼓轮 9 做逆时针方向转动，鼓轮上的斜面压下顶销 8，作用于微动开关 SQ4，使进给电动机反转；顶销 2 处于鼓轮圆周上，压下顶销 2 并作用于微动开关 SQ8，使电磁离合器 $M_{垂}$（YV5）通电工作，实现工作台向上的进给运动。

当向下扳动手柄 6 时，鼓轮 9 做顺时针方向转动，鼓轮上的斜面压下顶销 7，作用于微动开关 SQ3，使进给电动机正转；顶销 2 处于鼓轮圆周上并被压下，使微动开关 SQ8 起作用，电磁离合器 $M_{垂}$（YV5）通电工作，实现工作台向下的进给运动。

当将手柄 6 扳到中间位置时，顶销 8 和 7 同时处于鼓轮的槽中，松开微动开关 SQ4 和 SQ3，进给电动机便停止转动；顶销 1 和 2 也同时处于鼓轮的槽中，松开微动开关 SQ7 和 SQ8，使电磁离合器 $M_{横}$（YV4）和 $M_{垂}$（YV5）断电，于是工作台的前后进给运动和上下进给运动全部停止。

二、常用铣床的调整方法

1. 常用铣床的“零”位调整

卧式铣床（如 X6132）的回转台和立式铣床（如 X5032）的万能铣头在扳转角度加工后复位时，需要调整“零”位，即回转台和回转立铣头上的“0”刻线应与基准定位线对准。若“零”位调整不准，卧式铣床的工作台纵向进给方向与主轴轴线不垂直，立式铣床立铣头主轴轴线与工作台纵向进给方向不垂直，会影响所加工零件的质量。“零”位调整的方法有目测调整和精确校正两种。目测调整精度较低，加工精度较高的零件时需要进行“零”位的精确校正。

（1）卧式铣床（X6132）“零”位的精确校正。卧式万能铣床工作台“零”位的精确校正如图 1—123 所示。

1）将长度为 500 mm 的检验平行垫铁的侧检验面校正到与工作台纵向进给方向平行后紧固，如图 1—123 所示。

2）将装有杠杆式百分表和回转半径为 250 mm 的角形表杆装在主轴上。

3）将主轴转速挂在高速挡位置上。扳转主轴，在平行垫铁侧检验面的一端压表并调“零”。再扳转主轴，在平行垫铁侧检验面的另一端打表，若读数差值小于等于 0.02 mm，则“零”位准确。当读数差值超过 0.02 mm 时，可用木榔头轻轻敲击工作台端部，直至在 300 mm 长度上百分表读数差值小于等于 0.02 mm 为止，然后紧固回转台。

可以利用中央 T 形槽的侧面代替平行垫铁进行“零”位调整。

（2）立式铣床（X5032）“零”位的精确校正

1）将长度为 500 mm 的检验平行垫铁安装在工作台面上。

2）将装有百分表（或杠杆式百分表）的角形表杆装在立铣头主轴上，如图 1—124 所示为回转立铣头“零”位的精确校正。

单元 1

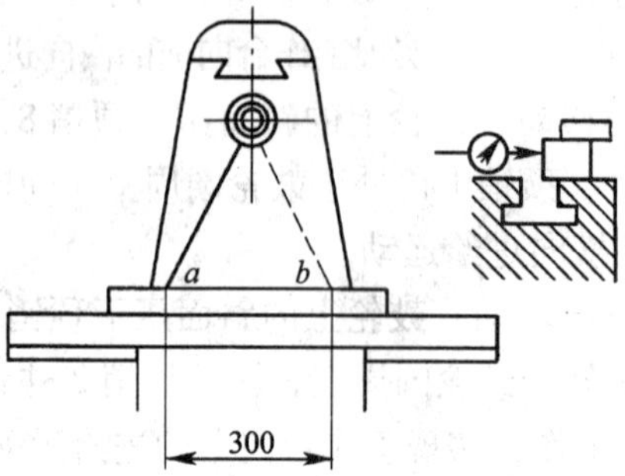

图 1—123　卧式万能铣床工作台“零”位的精确校正

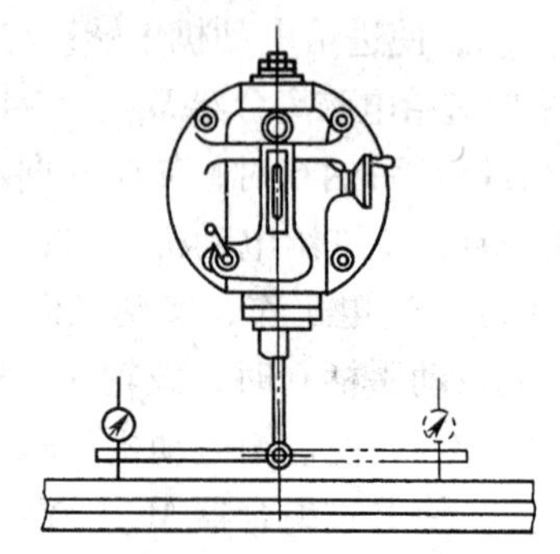

图 1—124　回转立铣头“零”位的精确校正

3）在平行垫铁一端压表并调“零”，将立铣头主轴扳转 180°，在垫铁另一端打表，调整立铣头位置，保证在 300 mm 长度上百分表读数差值小于等于 0. 02 mm，然后紧固立铣头。

2. 工作台传动丝杆与螺母间的间隙调整

工作台传动丝杆本身安装时产生的轴向间隙以及丝杆与螺母之间的间隙使工作台在铣削加工中存在进给反向空程。过大的反向空程会导致通过移动工作台控制尺寸时准确性差或产生粗大误差；采用顺铣方式加工时，在铣削力作用下会使工作台产生窜动，导致进给移动不均匀，引起振动。这样不仅影响工件的尺寸精度和表面质量，还会损坏刀具，加速丝杆与螺母运动副的磨损。

（1）工作台传动丝杆本身安装时产生的轴向间隙的调整。如图 1—125 所示为工作台纵向进给丝杆左端轴承支撑的结构。调整时，先卸下手轮，然后卸下螺母 1 和刻度盘 2，打开（扳直）止动垫片 4。松开螺母 3 后，转动螺母 5 调节丝杆安装的轴向间隙（即调节角接触球轴承的间隙），间隙量以 0. 01 ~ 0. 03 mm 为宜，并考虑并紧量 0. 1 mm。调整好后，拧紧螺母 3，扣好止动垫片 4，再依次将刻度盘 2、螺母 1 和手轮装好。

（2）丝杆与螺母之间间隙的调整。常用铣床（X6132 型卧式铣床、X5032 型立式铣床）都设有专门的丝杆、螺母间隙调整机构，其结构如图 1—126 所示。主螺母 1 固定在工作台的导轨上，紧靠主螺母的可调螺母 2 的外圆部为一蜗轮，并与蜗杆 3 啮合。调整时，先卸去机床正面工作台底座上的盖板 6，并松开法兰盘 5 上的紧固螺钉 4，转动蜗杆 3，使可调螺母 2 旋转，当可调螺母 2 与主螺母 1 的齿侧面分别与工作台纵向丝杆的两个不同侧面靠紧时，丝杆与螺母之间的间隙即可消除。然后拧紧法兰盘 5 上的紧固螺钉 4，通过环 7 将蜗杆 3 和可调螺母 2 固定在调整好的位置上，最后装好盖板 6。

调整好的丝杆、螺母间的间隙应满足以下要求：

1）用手摇动手轮时，丝杆全长上阻力均匀，不能出现卡住现象。

2）反向转动手轮时，空转量要小于刻度盘上的 3 小格（即 0. 15 mm）。顺铣加工时，空转量要小于两小格（即 0. 10 mm）。

3. 工作台导轨配合间隙的调整

铣床工作台导轨和镶条在经常使用后会逐渐磨损，使其间隙增大。若工作台导轨配合间隙过大，将降低机床—夹具—工件—刀具工艺系统的刚度，铣削过程中容易产生振动，影响零件的加工精度和表面质量。严重时会损坏刀具，对机床精度和使用寿命产生不良影响。

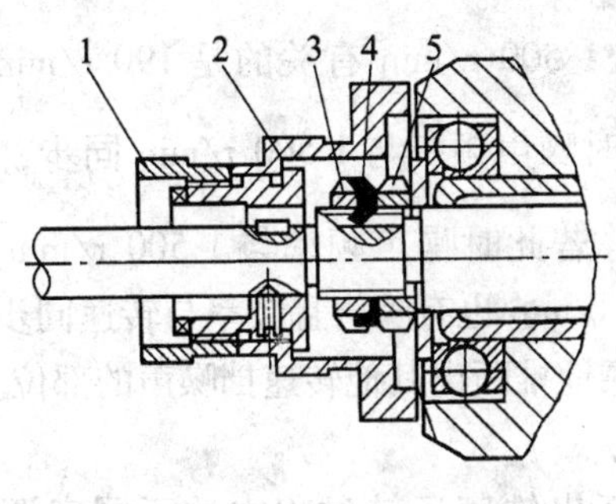

图 1—125　工作台纵向进给丝杆左端轴承支撑的结构

1，3，5—螺母　2—刻度盘　4—止动垫片

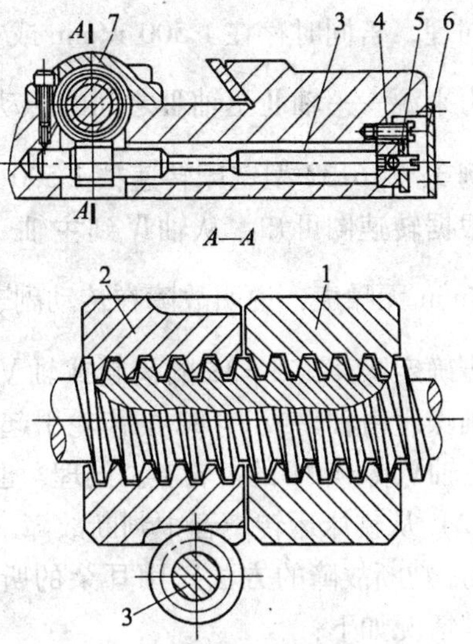

图 1—126　纵向丝杆、螺母间隙调整机构的结构

1—主螺母　2—可调螺母　3—蜗杆　4—紧固螺钉　5—法兰盘　6—盖板　7—环

工作台导轨的配合间隙可通过改变导轨侧面镶条的位置加以调整和控制。一般工作台纵向进给和横向进给的手轮以用 147 N 的力能摇动为宜，垂向进给手轮以用 196 ~ 235 N 的力能摇动上升为宜。导轨与镶条之间的间隙一般应小于 0.04 mm。

三、常用铣床故障的分析和排除

在铣削加工过程中，由于摩擦、磨损、振动以及各种抗力作用的影响，铣床往往会出现故障，有的故障可以直接发现，有的故障则需要进行判断。

1. 铣床故障的判断

(1) 铣床主轴传动系统“转速挡无转速”的故障判断。当铣床主轴传动系统发生故障时，需打开主轴变速箱的箱盖检查才能发现，但打开箱盖后由于主轴变速箱内的润滑油又影响检查，这时，可以利用“转速图”和“转速表”来确定故障部位。

例 2　X6132 型铣床主轴变速箱内转速挡 750 r/min 无转速。

根据转速图可知，转速 750 r/min 是经由轴 Ⅰ（电动机 1 450 r/min）—$\frac{26}{54}$—轴Ⅱ—$\frac{22}{33}$—轴Ⅲ—$\frac{28}{37}$—轴Ⅳ—$\frac{82}{38}$—轴Ⅴ（主轴）(750 r/min) 得到的。

检查步骤：首先检查与 750 r/min 有关的 95 r/min，若 95 r/min 能正常运转，则说明轴Ⅳ至主轴（轴Ⅴ）之间$\frac{19}{71}$那一对传动副运转正常，那么机床的故障必定是在$\frac{82}{38}$那一对传动副上。若 95 r/min 也不能正常运转，则说明故障与转速挡的公共部分有关，因此，故障是在轴Ⅲ与轴Ⅳ之间的传动副$\frac{28}{37}$上。

同理，若同时存在 1 500 r/min 或 47.5 r/min 无转速，则故障应在这些转速挡的共同动力来源——轴Ⅱ至轴Ⅲ之间的传动副$\frac{22}{33}$上，以此类推。

例 3 X6132 型铣床转速挡 1 500 r/min 有异常噪声。

根据转速图可知，从轴Ⅳ到主轴（轴Ⅴ）与 1 500 r/min 有关的是 190 r/min，若 190 r/min 无噪声，说明故障在传动副$\frac{82}{38}$上。若此时噪声频率与 1 500 r/min 同步，则可进一步确定噪声由 $z=38$ 的齿轮或轴Ⅴ本身引起；若此时噪声频率与 1 500 r/min 不同步，则噪声由轴Ⅳ或 $z=82$ 的齿轮引起。如果 190 r/min 也有噪声且频率与转速同步，则故障在轴Ⅴ或 $z=71$ 的齿轮上。同理，也可比较可靠地推断出其他转速挡噪声的部位。

（2）从铣床运转声音中判断故障

1）判断故障的方法。用耳朵的听力可以判断出铣床运转过程中的不同音调和响度，其情况如下：

①从冲击声中判断。铣床在运转过程中，齿轮与齿轮、轴和瓦等零件之间互相碰撞，在正常情况下其声音很有节奏。如果箱体中的零件松动或变形，运转过程中就会发生干涉，零件间的互相打击会带有冲撞声或者零件每转一周不正常地响一下，发现这种声音后应立即停车修理。

②从摩擦声中判断。铣床在运转过程中，互相接触且相对运动的零件表面，如齿轮面、轴承滚道、滑动槽等，正常运转时声音是平稳的、均匀的。如果滑动面有点蚀斑痕或夹有金属微粒、污物及较多的灰尘等，声音就会变粗糙，有周期性的杂音。由于安装时配合过紧或因润滑不良而产生干摩擦时，摩擦声为间断的“吱吱”声，尖锐刺耳。这种声音是运转过程中发生的，必须注意它的变化和加剧情况。

2）在实际操作中听取铣床内部声音的方法

①直接听取。就是用耳朵在发音方向处静听，如果有其他声音干扰，可采取以下方法：变换听取的位置，收听不同方向传来的声音，并进行比较；隔离法，即让周围的机器停止运转，专门鉴别一台机器；分段法，即在一台机器上一部分一部分地启动，分别听取；空运转和切削过程中的运转声音应分别听取，分辨部件和零件配合量的变化；有针对性地对某一零部件边调整边启动，比较声音的变化，找到故障所在。

②听觉和触觉配合检验。由于摩擦或磨损发出不正常声音的零部件一般都伴随着温升，如轴承等部分，可用手试其温度进行比较；如怀疑紧固螺母、螺栓或地脚螺栓有松动时，可先紧固一下，听声音有无变化。

2. 铣床常见故障与调整方法

（1）主轴变速部分

1）主轴径向圆跳动量大，轴向窜动量大。铣床主轴是保证铣床加工精度和工件表面质量的关键部件，为了提高刚度，它采用三支撑结构，即前支撑、中间支撑和后支撑，而铣床的工作精度主要依靠前支撑和中间支撑来保证，如图 1—127 所示为 X6132 型铣床主轴部件的结构。铣床经长期使用后，由于径向力和轴向力的作用和影响，引起径向圆跳动量大或轴向窜动量大，这时必须对主轴轴承间隙进行调整。

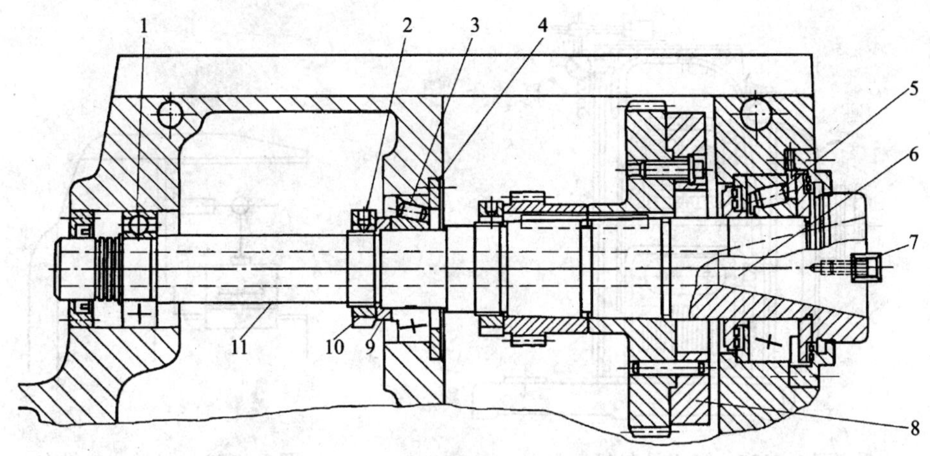

图 1—127　X6132 型铣床主轴部件的结构

1—后支撑　2—锁紧螺钉　3—中间支撑　4—轴承盖　5—前支撑　6—主轴前锥孔
7—端面键　8—飞轮　9—隔套　10—锁紧螺母　11—主轴

调整主轴轴承间隙的示意图如图 1—128 所示。调整间隙时，移开悬梁，卸掉床身上面的盖板 5，拧松锁紧螺母 3 上的锁紧螺钉 4，用专用扳手钩住锁紧螺母，再用钢棍扳动主轴端面键 6，转动主轴进行调整。调整完毕，将螺钉拧紧，进行主轴空运转试验，机床在 1 500 r/min 的转速下运转 30 ~ 60 min，这时前支撑和中间支撑（见图 1—127）的温度应不超过 60℃。接着，按照如图 1—129 所示的方法检验主轴轴颈的径向圆跳动量，它的允差值为 0.01 mm。检验时，将千分表的触头接触轴颈外圆处，将主轴转动一转以上，千分表上最大和最小读数之差就是径向圆跳动误差。然后按图 1—130 所示的方法检验主轴轴向窜动量，它的允差值为 0.015 mm。检验主轴轴向窜动量时，将千分表触头接触主轴轴颈端面，将主轴转动一转以上，具体方法同上。

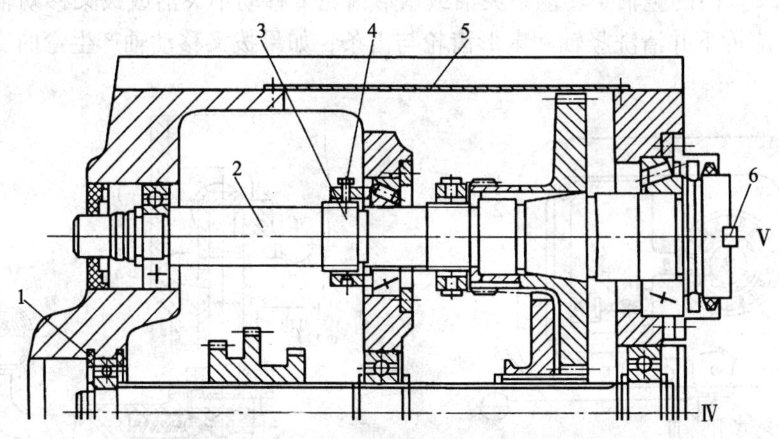

图 1—128　调整主轴轴承间隙的示意图

1—弹性挡圈　2—主轴　3—锁紧螺母　4—锁紧螺钉
5—盖板　6—端面键

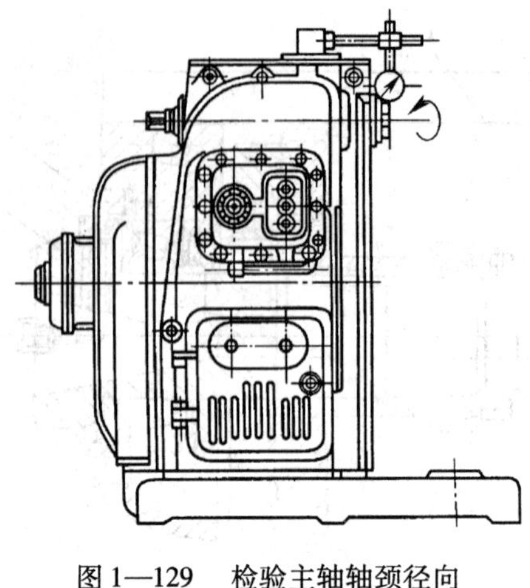

图 1—129　检验主轴轴颈径向圆跳动量的方法

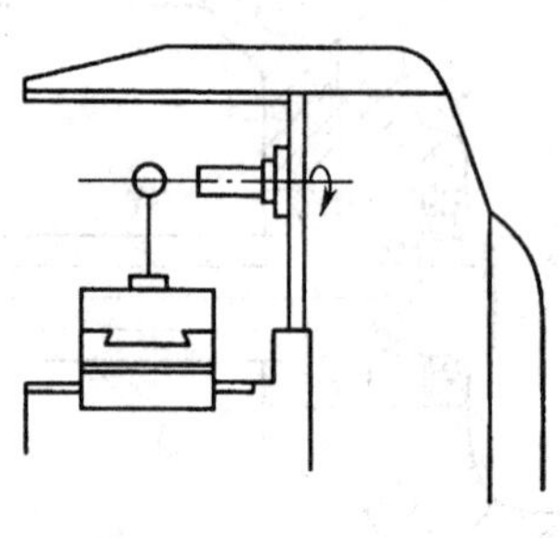

图 1—130　检验主轴轴向窜动量的方法

2）主轴变速过程中转动手柄时，齿轮不能很快啮合，或者齿轮撞击声过高。出现这种故障时应调整主轴冲动开关。

主轴冲动开关（见图 1—131）的作用是为了保证齿轮在变速时易于啮合，因此，它的接触时间不宜过长或接不通，如果时间过长，易造成齿轮撞击声过高；若接不通，齿轮就不易啮合。主轴冲动开关接通时间的长短是由螺钉 1 的行程大小来决定的，且与变速手柄扳动的速度有关。调整时，将铣床电源断开，卸掉铣床左侧按钮板上的盖板，扳动变速手柄，查看冲动开关的接触情况，再根据需要拧动螺钉 1，调整其行程，然后进行变速检查。变速时，手柄从Ⅰ到Ⅱ处应快些，在Ⅱ处停顿一下，再将变速手柄慢慢推回Ⅲ处。当发现齿轮撞击声过高时，应停止扳动手柄，并迅速将铣床电源断开，以防止打坏齿轮或发生其他事故。

3）主轴变速时，变速手柄无法扳动。出现这类故障多是由于主轴变速转换结构（见图 1—132）内的竖轴 4 转动不灵活或扇形齿轮 1 移动不灵活或拨叉移动轴弯曲造成的。这时，应拆下并清洗竖轴和扇形齿轮与齿条，如果拨叉移动轴产生弯曲变形，应更换或校直。

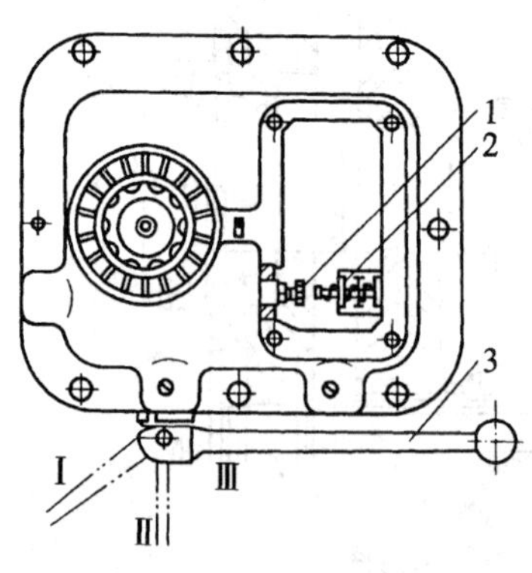

图 1—131　主轴冲动开关

1—螺钉　2—冲动开关　3—变速手柄

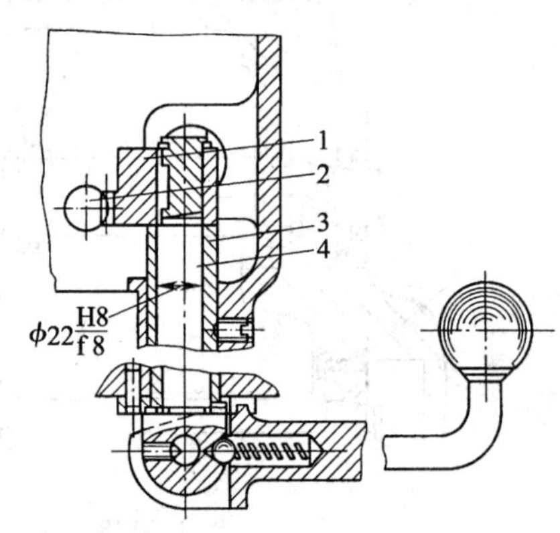

图 1—132　主轴变速转换结构

1—扇形齿轮　2—齿条　3—套　4—竖轴

(2) 进给变速部分

1) 开动横向进给或垂直进给时有纵向移动现象。工作台纵向进给机构如图 1—133 所示。在图 1—133 中，铣床的工作台纵向进给丝杆 1 与套筒 5 用滑动键连接，套筒外圆周带有花键，牙嵌式离合器 4 的花键孔与套筒上的花键配合。向左扳动操纵手柄 6（或 8）时，离合器向左拨动，便与圆柱齿轮 3 上的离合器相啮合，这时运动经锥齿轮 7 传给锥齿轮 2，与锥齿轮 2 同轴的圆柱齿轮便旋转，同时带动离合器 4 旋转，再经过套筒 5 带动丝杆 1 旋转，从而使工作台产生纵向进给运动。操纵手柄 6 处于中间位置（即图示位置）时，离合器脱开，圆柱齿轮 3 的离合器只是空转，而离合器 4 不转动，工作台纵向进给也就停止了。因此，当工作台横向进给或垂直进给时，工作台不会产生纵向移动。但是，如果离合器 4 与套筒 5 之间磨损比较严重时，配合间隙大，甚至松动，圆柱齿轮 3 在转动过程中就会碰到离合器 4 的端齿，通过套筒 5 和丝杆 1 的转动而使工作台有纵向移动现象。

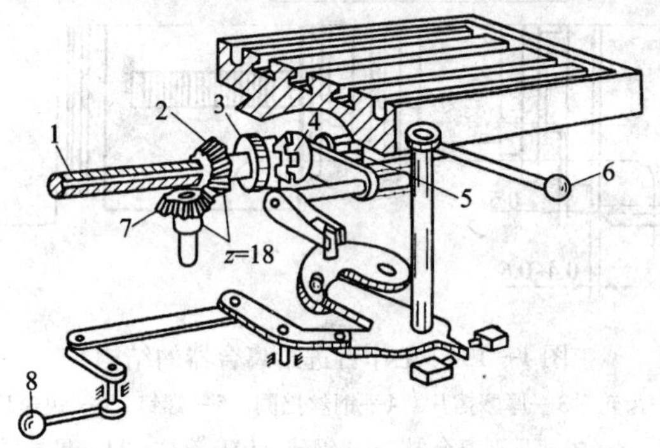

图 1—133　工作台纵向进给机构

1—工作台纵向进给丝杆　2，7—锥齿轮　3—圆柱齿轮
4—牙嵌式离合器　5—套筒　6，8—操纵手柄

2) 铣床超负荷时不能自动停止进给。这是由于钢球安全离合器（慢速爪型离合器）8（见图 1—134）与齿轮 13 的间隙过大而产生的。调整时打开进给箱左侧的螺塞，将螺母 12 上的锥端紧定螺钉 11 松开，然后在螺母 12 上的孔内插入一根圆铁棒，转动螺母 12 进行调整。调整完毕将锥端紧定螺钉 11 对准凹槽拧紧。工作台进给离合器的结构如图 1—134 所示。

调整后应达到以下要求：

①齿轮 13 与钢球安全离合器 8 之间的间隙为 0.4 ~0.6 mm。

②齿轮 13 与螺母 12 之间的间隙为 4 ~6 mm。

③安全离合器的静扭力矩为 200 N · m，调整时不必拆下变速箱。

3) “快速”进给解除后，离合器发出“咔咔”声，啮合不上。这是由于弹簧 18（见图 1—134）的弹力较小，正常进给离合器不能很快啮合而造成的，这时应拧动螺母 16 和 17，以调紧弹簧 18。

4) 按下或松开“快速”进给按钮，发出“嗒嗒”连响声。这是由于摩擦片之间的间隙太小引起的，这时应把快速爪型离合器 6（见图 1—134）摩擦片之间的间隙调大些。调整时卸下盖板 23，打开钢丝挡圈 4，拧出螺钉 5，转动螺母 20，调整后应将钢丝挡圈和螺钉重新装好。

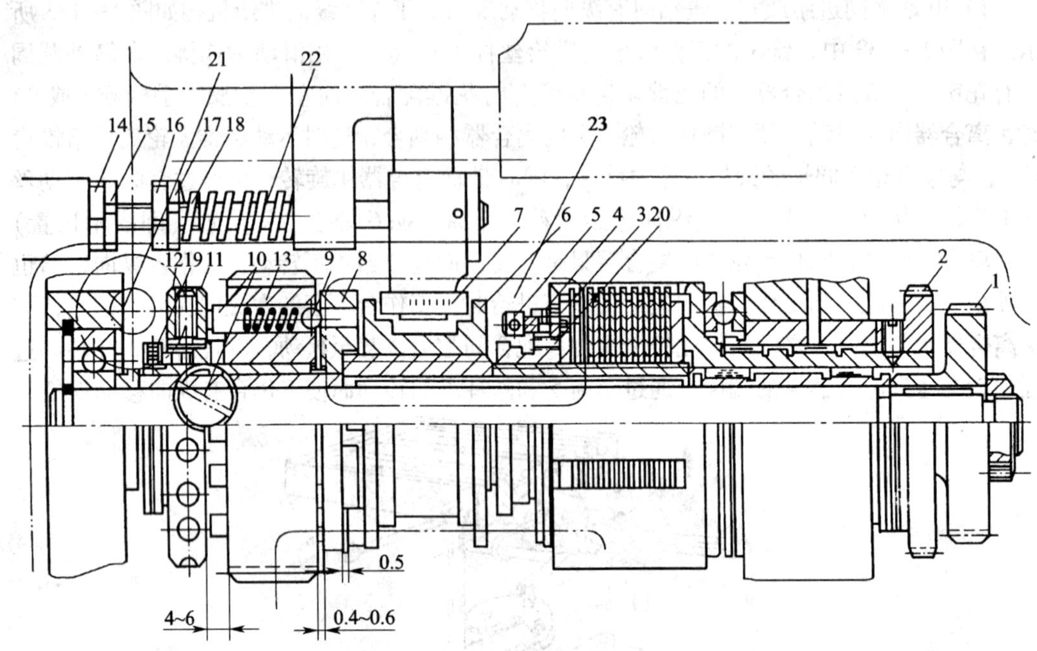

图 1—134　工作台进给离合器的结构

1，2，13—齿轮　3—厚摩擦片　4—钢丝挡圈　5—螺钉　6—快速爪型离合器　7—滚轮　8—慢速爪型离合器　9—钢球　10—滚柱　11—锥端紧定螺钉　12，19，20—螺母　14，15，16，17—开口螺母　18—弹簧　21—联动手柄　22—螺塞　23—盖板

注意：快速爪型离合器脱开时，摩擦片之间的总间隙应为 2 ~ 3 mm。

5）按下“快速”进给按钮时工作台不做快速移动。“快速”进给电磁铁的结构如图 1—135 所示。在电气系统正常的情况下，打开进给箱右侧的盖板，调整快速电磁铁的行程距离 H（见图 1—135）。先取下开口销 1，然后拧动螺母，使电磁铁心移动，以加大距离 H。当弹簧压得太紧而距离 H 无法加大时，就拆下轴用弹性挡圈 5，将杠板 4 卸下后向上转一个齿，待安装好后重新调整。

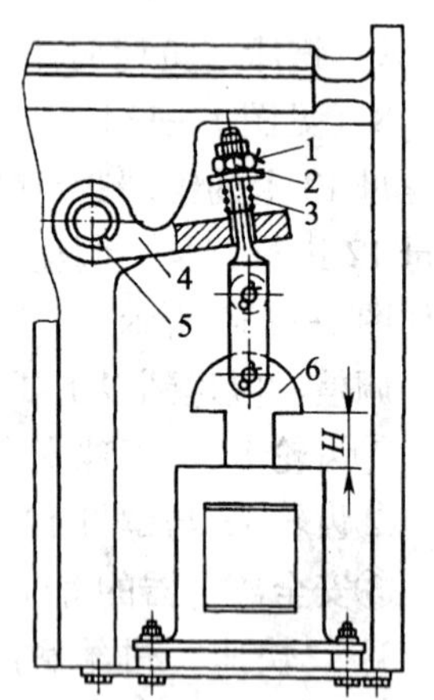

图 1—135　“快速”进给电磁铁的结构

1—开口销　2—螺母　3—弹簧　4—杠板　5—轴用弹性挡圈　6—电磁铁心

应注意：电磁铁吸合后不得有明显的“嗡嗡”声。当“快速”进给不起作用时，禁止通过调整摩擦片间隙的方法来增加摩擦片的压力。

6）进给时，工作台有时停止，接着又进给。这是由于爪型离合器 6 和 8（见图1—134）的牙齿严重磨损造成的，所以应该修复或更换离合器。

四、铣床型号的构成和编制方法

铣床型号是铣床的代号，根据型号可以知道铣床的种类和主要参数。铣床型号是根据国家标准《金属切削机床型号编制方法》（GB/T 15375—94）编制的，型号由基本部分和辅助部分组成，中间用“/”隔开以示区别。基本部分包括类别，通用特性，组、系，主参数，重大改进顺序号等；辅助部分包括其他特性代号和企业代号等，铣床型号的构成和编制方法详见表 1—18。

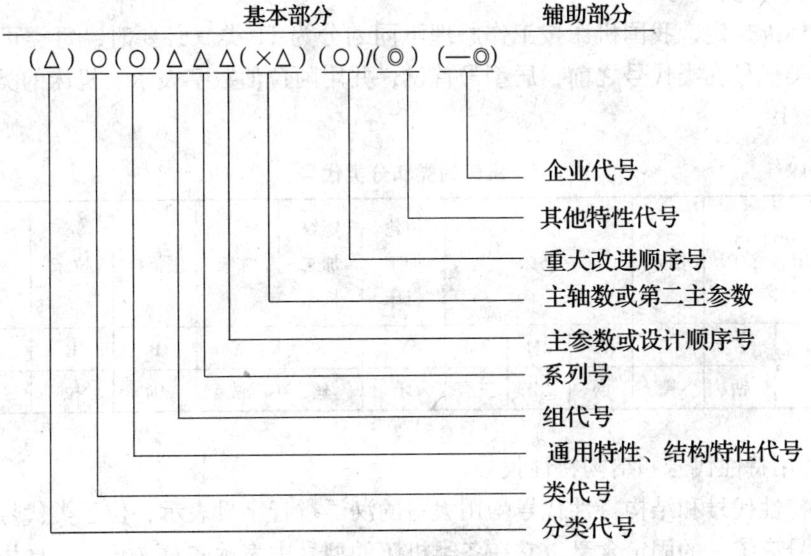

表 1—18 铣床型号的构成和编制方法

型号构成	包括内容	编制方法	说明
基本部分	类别	在我国现行金属切削机床型号的编制方法中，把所有机床分为十一大类，每一类都以大写汉语拼音字母表示，铣床类用“X”表示，在型号中居首位	基本部分由国家统一管理
	通用特性	每类机床除有普通形式外，如还具有其他通用特性时，就在类别代号之后用大写的汉语拼音字母表示，位于类别代号之后。若无内容时则不表示	
	组、系	铣床按其用途、性能、结构等分为 10 个组，位于类别代号或通用特性代号之后。每个组又划分为 10 个系（系别），位于组代号之后。组和系分别用一位阿拉伯数字表示	
	主参数	铣床型号中的主参数绝大多数是工作台面宽度，用折算系数表示，位于系代号之后	
	重大改进顺序号	当机床的结构、性能有重大改进和提高时，按其设计改进的次序，分别用大写的英文字母“A，B，C，D…”表示，位于主参数代号之后。若无内容时则不表示	

续表

型号构成	包括内容	编制方法	说　明
辅助部分	其他特性代号	若有内容时用大写的汉语拼音字母或阿拉伯数字表示，无内容时则不表示	辅助部分由企业自行确定
	企业代号	若有内容时用大写的汉语拼音字母或阿拉伯数字表示，无内容时则不表示	

1．类和分类代号

现行标准规定，我国机床按工作原理不同划分为 11 类。必要时，每类可分为若干分类。分类代号在类代号之前，居型号首位，并用阿拉伯数字表示。机床的类和分类代号见表 1—19。

表 1—19　　机床的类和分类代号

类别	车床	钻床	镗床	磨床			齿轮加工机床	螺纹加工机床	铣床	刨插床	拉床	锯床	其他机床
代号	C	Z	T	M	2M	3M	Y	S	X	B	L	G	Q
读音	车	钻	镗	磨	二磨	三磨	牙	丝	铣	刨	拉	割	其

2．通用特性代号和结构特性代号

通用特性代号和结构特性代号均用大写的汉语拼音字母表示，位于类代号之后。通用特性代号有统一的固定含义，它在各类机床的型号中表示的意义相同。通用特性代号按其相应的汉字字意读音。机床的通用特性代号见表 1—20。

表 1—20　　机床的通用特性代号

通用特性	高精度	精密	自动	半自动	数控	加工中心（自动换刀）	仿形	轻型	加重型	简式或经济型	柔性加工单元	数显	高速
代号	G	M	Z	B	K	H	F	Q	C	J	R	X	S
读音	高	密	自	半	控	换	仿	轻	重	简	柔	显	速

3．具体铣床代号的含义

几种常用的铣床代号的含义、特征和用途见表 1—21。

表 1—21　　几种常用的铣床代号的含义、特征和用途

型号	代号的含义	特　征	用　途
X6132	X——铣床 61——卧式万能升降台铣床 32——工作台面宽度为 320 mm	卧式万能升降台铣床的主要特征是工作台能回转，其回转角度一般为 ±45°。其他与卧式升降台铣床相同	由于工作台能回转角度，故能用盘形铣刀加工螺旋槽和螺旋面；其他与卧式升降台铣床相同

续表

型号	代号的意义	特　征	用　途
X5032	X——铣床 50——立式升降台铣床 32——工作台面宽度为 320 mm	立式升降台铣床的主要特征是主轴轴线与工作台面垂直；目前制造的立式升降台铣床的立铣头大多能回转，回转角度一般为 ±45°	其用途与卧式万能升降台铣床相似，尤其对平面和沟槽及曲线轮廓面的铣削更为方便；但用盘形铣刀铣削不及卧式铣床方便
X2010	X——铣床 20——龙门铣床 10——工作台面宽度为 1 000 mm	龙门铣床的主要特征是大型；工作台只能做纵向进给，横向进给运动和垂直进给运动由移动铣头或主轴套完成；一般有几个铣头	适用于加工大型零件；一次可由几个铣头带动几把铣刀同时铣削
X8126	X——铣床 81——万能工具铣床 26——工作台面宽度为 260 mm	万能工具铣床的主要特征是具有水平主轴和垂直主轴，且主轴能回转；工作台除具有一般升降台铣床的运动外，还带有万能角度工作台和圆形工作台	适用于加工各种工具、夹具和模具等小型复杂的零件，操作及使用灵活、方便

单元测试题

一、判断题（下列判断正确的请打“√”，错误的打“×”）

1. 通常情况下带沟槽的轴类零件的断面是通过沟槽并垂直于轴线作假想的切开，以便于直观反映形状和尺寸。（　）
2. 装配图上相邻零件的剖面线方向应相同。（　）
3. 比例是指图样中实物与其图形相应要素的线性尺寸之比。无论采用何种比例，图样中标注的尺寸数值必须是机件的实际尺寸与比例的乘积。（　）
4. 在一个标准齿轮中，通过槽宽与齿厚相等的那个圆称为分度圆。（　）
5. 齿根高是指基圆与齿顶圆之间的径向距离。（　）
6. 工件经一次装夹后所完成的那部分工序称为安装。（　）
7. 合理安排工艺过程就是合理地拟定工件每个表面的加工方法和加工工序。（　）
8. 在等速圆柱凸轮零件图中，为了表达圆柱面上或圆柱端面上的曲线轮廓，需画一张展开图，横坐标为凸轮转过的角度 δ，纵坐标为从动杆的位移 s。（　）
9. 在确定工件在夹具中的定位方案时，绝不允许发生重复定位。（　）
10. 因为多个支撑点同时限制一个自由度，故重复定位肯定会使工件定位更稳固。（　）
11. 工件的一个定位平面被四个支撑点支撑，这种定位方式属于重复定位。（　）

12. 可调支撑顶端的位置可调整，一般用于形状和尺寸变化较大的毛坯面的定位。（ ）

13. 自位支撑随工件定位面位置的变化而自动调整，不限制自由度。（ ）

14. 工件在角铁平面上定位时，如果没有其他定位件，可限制四个自由度。（ ）

15. 增大前角，会使铣削省力，并能提高刀齿强度。（ ）

16. 铣刀切削刃的强度主要取决于刀具的楔角。（ ）

17. 高速钢与硬质合金相比，具有硬度较低，红硬性和耐磨性较差等缺点。（ ）

18. 在碳素工具钢中加入适量的合金元素，如锰（Mn）、铬（Cr）、钨（W）、硅（Si）等，可制成合金工具钢。其常用的牌号有9SiCr，CrWMn，Cr12MoV 等。用于制造低速手动刀具。（ ）

19. 在切削塑性金属时，在切削速度不高且能形成带状切屑的情况下，常有一些从切屑和工件上带来的金属“冷焊”在前面上，靠近切削刃处形成一个楔块，其硬度较高，并在前面上形成新的前角，这个楔块就是积屑瘤。（ ）

20. 在切削用量中，对切削力影响最大的是背吃刀量，其次是进给量，影响最小的是切削速度。试验证明，当背吃刀量增加一倍时，主切削力也增大一倍；但是进给量增加一倍时，主切削力只增大 0.5 ~0.8 倍。（ ）

21. X6132 型铣床的主轴传动系统表明，主轴的转向是通过改变电动机的转向实现的。（ ）

22. X6132 型铣床的进给传动系统是由主电动机通过齿轮传递动力的，与主轴的传动有一定的联系。（ ）

23. X6132 型铣床工作台纵向和垂向的机动进给速度一致，与横向进给的速度不一致。（ ）

24. X6132 型铣床的主轴制动是通过电磁离合器实现的。（ ）

25. X6132 型铣床快速、慢速进给是靠进给变速箱中两个电磁离合器分别吸合来实现的。（ ）

26. 若 X6132 型铣床工作台在进给时晃动，则可略锁紧工作台，以减小导轨与镶条之间的间隙。（ ）

27. 进给变速操纵机构采用的是孔盘变速操纵机构。（ ）

28. 铣床工作台导轨调整后的间隙一般应不超过 0.05 mm。（ ）

29. 现行机床型号中的基本部分需由国家统一管理，辅助部分由企业自行确定。（ ）

30. 机床的类代号用英文字母表示，特性代号用汉语拼音字母表示。（ ）

二、单项选择题（下列每题的选项中，只有 1 个是正确的，请将其代号填在横线空白处）

1. 在三视图的投影规律中，长对正的是________。

A. 主视图和左视图　　　　B. 主视图和右视图

C. 俯视图和左视图　　　　D. 主视图和俯视图

2. 在国家标准中规定的几种图纸幅面中，幅面最小的是________。

A. A0　　B. A4　　C. A2　　D. A3

3. 圆柱截割后产生的截交线因截平面与圆柱轴线的相对位置不同而有所不同。当截平面平行于圆柱轴线时，截交线是________。

A. 圆　　B. 椭圆　　C. 矩形　　D. 抛物线

4. 下列说法正确的是________。

A. 两个基本体表面平齐时，视图上两基本体之间有分界线

B. 两个基本体表面不平齐时，视图上两个基本体之间无分界线

C. 两个基本体表面相切时，两表面相切处不应画出切线

D. 两个基本体表面相交时，两表面相交处不应画出交线

5. 某图样标题栏中的比例为1∶10，该图样中有一个图形是局部剖切以后单独画出的，上方标有1∶2，则该图形________。

A. 因采用缩小比例1∶2，所以它不是局部放大图

B. 是采用剖视画出的局部放大图

C. 既不是局部放大图，也不是剖视图

D. 是采用缩小比例画出的局部视图

6. 直齿轮的齿顶圆和齿顶线用________表示。

A. 粗实线　　　　B. 细实线

C. 细点画线　　　　D. 细双点画线

7. 表面粗糙度符号中长边的方向与另一条短边相比________。

A. 总处于顺时针方向　　　　B. 总处于逆时针方向

C. 可处于任何方向　　　　D. 总处于右方

8. 在装配图所标注的尺寸中，包括机器或部件的规格尺寸、安装尺寸、外形尺寸和表示零件之间________关系的尺寸。

A. 装配　　B. 安装　　C. 调试　　D. 测量

9. 当零件上有几个不需加工的表面时，应选择与加工表面的相对位置有紧密联系的________表面作为粗基准。

A. 不加工　　B. 待加工　　C. 加工　　D. 重要

10. 在加工过程中，应尽量在________工序中使用同一（或同一组）精基准，这就是基准统一原则。

A. 多数　　B. 少数　　C. 同一　　D. 相关

11. 在工件定位时，定位元件所限制的自由度数少于需要限制的自由度，称为________。

A. 完全定位　B. 部分定位　　C. 欠定位　　D. 重复定位

12. 通常在组合夹具中起承上启下作用的元件称为________。

A. 支撑件　　B. 定位件　　C. 基础件　　D. 压紧件

13. 组装组合夹具时，必须熟悉零件图、工艺和技术要求，特别是对本________所

要达到的技术要求要了解透彻。

A. 工种　　B. 工位　　C. 工序　　D. 工步

14. 刀尖是主切削刃与________的连接处相当少的一部分切削刃。

A. 端面刃　　B. 侧刃　　C. 圆周刃　　D. 副切削刃

15. 安装带孔铣刀时，若________较大，应在刀杆和铣刀之间采用平键连接。

A. 工件　　B. 加工余量　　C. 切削力　　D. 切削面积

16. 铣刀杆装入锥孔时，将凸缘上的缺口对准主轴端面键块的目的是________。

A. 传递转矩　　B. 刀杆定位　　C. 紧固刀杆　　D. 支撑刀杆

17. 拆卸刀杆时，松开拉紧螺杆的螺母后，用锤子敲击螺杆端部的作用是________。

A. 取下刀杆　　B. 松开螺纹

C. 使内、外锥面脱开　　D. 使键槽与键块脱开

18. 专用夹具是在用倾斜垫块的基础上发展起来的，主要用于________生产。

A. 成批或大量　　B. 单件

C. 少量　　D. 单件或少量

19. 刀具切削部分材料的基本要求是高硬度，常温下应在________以上；高耐磨性；足够的强度和韧度；高的耐热性及良好的工艺性。

A. 50HRC　　B. 55HRC　　C. 60HRC　　D. 65HRC

20. 后面与切削平面间的夹角是________。

A. 前角　　B. 后角　　C. 刃倾角　　D. 副偏角

21. 当工件材料的________低，导热率大时，切削时产生的热量少，热量传导快，切削温度低。

A. 强度和硬度　　B. 弹性和冲击韧度

C. 塑性和强度　　D. 硬度和脆性

22. ________磨损对加工质量影响较大，而且容易测量，所以常用它的磨损平均值来规定刀具的磨损限度。

A. 前面　　B. 后面

C. 前面与后面同时　　D. 刀尖

23. 按用途分类时45钢属于________。

A. 结构钢　　B. 工具钢　　C. 刀具钢　　D. 模具钢

24. 中型系列组合夹具元件的螺栓规格为______，T形槽之间的距离为______mm。

A. M8×1.25；30　　B. M12×1.5；60

C. M16×2；60　　D. M20×2；80

25. 在一个平面内，单个支撑钉可消除一个自由度；两个支撑钉共同使用可消除________个自由度；三个支撑钉不共线配置可以消除三个自由度。

A. 一　　B. 两　　C. 三　　D. 四

26. 以短圆柱销作为定位元件与工件的圆柱孔配合，这种定位方式可以限制工件的________个自由度。如果改为长圆柱销，就可以限制工件的四个自由度。

A. 一　　B. 两　　C. 三　　D. 四

27. 在铣床上用分度头铣削六面体工件，每面铣削两次，则铣削六面体一共有6个________。

A. 工位　　B. 工序　　C. 工作行程　　D. 工步

28. 在矩形体上铣一条V形槽，需限制工件________个自由度。

A. 三　　B. 四　　C. 五　　D. 六

29. 在分度头上用两顶尖定位轴类零件时，能限制________个自由度。

A. 一　　B. 四　　C. 六　　D. 五

30. 组合夹具是由一些预先制造好的不同形状、不同规格尺寸的标准元件和组合件组合而成的。这些元件相互配合部分尺寸精度高，耐磨性好，且具有一定的硬度和________。

A. 耐腐蚀性　　B. 较好的互换性

C. 完全互换性　　D. 好的冲击韧度

31. X6132型铣床工作台纵向进给丝杆的轴向间隙一般调整到________mm为宜。

A. 0.01~0.06　　B. 0.01~0.03

C. 0.02~0.04　　D. 0.005~0.03

32. X6132型铣床工作台纵向、横向、垂向三个方向的运动部件与导轨之间间隙的大小一般用摇动工作台手感的轻重来判断，也可以用________来检验间隙的大小，一般以不大于0.04 mm为合适。

A. 游标卡尺　　B. 百分表　　C. 千分表　　D. 塞尺

33. 合理调整X6132型铣床中的安全离合器是为了________。

A. 使工作台快速移动　　B. 防止超载铣削

C. 吸收主轴振动和冲击　　D. 防止主轴受到冲击

34. 铣床型号X6132中的32代表________。

A. 铣床工作台最大行程是320 mm

B. 铣床工作台面宽度为32 mm

C. 铣床为卧式铣床

D. 铣床工作台面宽度为320 mm

35. 刀具切削部分材料的基本要求是高硬度，常温下应在60HRC以上；高耐磨性；足够的强度和韧性；高的耐热性及________。

A. 良好的工艺性　　B. 高耐腐蚀性

C. 高导热性　　D. 高导电性

36. 由主轴变速箱的传动系统可知，X6132型铣床主轴的________种转速是通过改变啮合齿轮对的方法得到的。

A. 16　　B. 17　　C. 18　　D. 19

37. X6132型铣床主轴轴承间隙调整后，若机床在1 500 r/min的转速下运行1 h，轴承温度不超过________℃时，说明轴承间隙适中。

A. 55　　B. 60　　C. 65　　D. 70

38. 当 X6132 型铣床工作台纵向进给丝杆、螺母间隙调整好后，应________，检查在全行程范围内有无卡住现象。

A. 使工作台纵向机动进给　　B. 使工作台纵向、横向机动进给

C. 使工作台纵向手动进给　　D. 以手扳转丝杆

39. 主轴松动的检查方法是：先用百分表检查主轴轴承的径向间隙是否大于 0.03 mm。再用百分表检查主轴端面，用木棒撬主轴，看百分表指针的摆差是否大于________ mm。若超过要求，应及时维修。

A. 0.01　　B. 0.02　　C. 0.03　　D. 0.04

40. 工作台反向空程量大的主要原因是：工作台纵向进给丝杆与螺母之间的轴向间隙太大，或者是由于________。

A. 导轨处镶条太松

B. 纵向进给丝杆与螺母之间的径向间隙太大

C. 丝杆两端轴承的间隙太大

D. 纵向进给丝杆与两端轴承的同轴度超差

三、计算题

1. 铣刀直径为 100 mm，齿数为 10，铣削速度为 26 m/min，每齿进给量为 0.06 mm/齿，求铣削时铣床主轴转速及每分钟进给量。

2. 根据如图 1—112 所示的 X6132 型铣床主轴传动系统转速分布图，列出 30，95 和 235 r/min 的计算式。

单元 1

四、简答题

1. 简述看装配图的方法和步骤。
2. 简述分度头尾座的结构原理。
3. 可转位铣刀有哪些优点？
4. 什么叫六点定位原理？
5. 简述工件以平面定位时所用的定位元件。
6. 简述工件以外圆柱面定位时所用的定位元件。
7. 简述组合夹具的使用特点。
8. 刀具材料应具备哪些性能？
9. 常用硬质合金刀具材料的牌号按用途分为哪几种？
10. 简述刀具积屑瘤的形成原因及其影响因素。

单元测试题答案

一、判断题

1. √　2. ×　3. ×　4. √　5. ×　6. √　7. ×　8. √
9. √　10. ×　11. √　12. √　13. ×　14. ×　15. ×　16. ×
17. √　18. √　19. √　20. ×　21. √　22. ×　23. ×　24. √
25. √　26. ×　27. √　28. ×　29. √　30. ×

二、单项选择题

1. D　2. B　3. C　4. C　5. B　6. A　7. A　8. A
9. A　10. A　11. C　12. A　13. C　14. D　15. C　16. C
17. C　18. A　19. C　20. B　21. A　22. B　23. A　24. B
25. B　26. B　27. A　28. C　29. D　30. C　31. B　32. D
33. B　34. D　35. A　36. C　37. B　38. C　39. B　40. C

三、计算题

1. 解：已知：$d_0=100$ mm，$z=10$，$v_c=26$ m/min，$f_z=0.06$ mm/齿

$$n=\frac{1\ 000v_c}{\pi d_0}=\frac{1\ 000\times26}{3.14\times100}\approx82.8\ \text{r/min}$$

根据铣床主轴转速表上的数值，82.8 r/min 与 95 r/min 比较接近，所以应选主轴转速为 95 r/min。

$v_f=f_z zn=0.06\times10\times82.8=49.68$ mm/min

根据铣床进给量表查得 49.68 mm/min 接近于 47.5 mm/min，应把铣床进给速度调至 47.5 mm/min。

2. 解：（1）30 r/min 的计算式：$1\ 440\times\frac{26}{54}\times\frac{16}{39}\times\frac{18}{47}\times\frac{19}{71}$

（2）95 r/min 的计算式：$1\ 440\times\frac{26}{54}\times\frac{22}{33}\times\frac{28}{37}\times\frac{19}{71}$

（3）235 r/min 的计算式：$1\ 440\times\frac{26}{54}\times\frac{16}{39}\times\frac{18}{47}\times\frac{82}{38}$

四、简答题（略）

第2单元

工件的加工

- 第一节　平面和连接面的加工 /110
- 第二节　台阶、沟槽和键槽的加工 /119
- 第三节　万能分度头及其应用 /130
- 第四节　花键轴的加工 /144
- 第五节　在铣床上钻孔、铰孔和镗孔 /156
- 第六节　直齿轮、斜齿轮和直齿条的加工 /180
- 第七节　锥齿轮的加工 /205
- 第八节　牙嵌式离合器的加工 /221
- 第九节　成形面、螺旋面与凸轮的加工 /245
- 第十节　刀具齿槽的加工 /280

第一节　平面和连接面的加工

→ 掌握平面和连接面铣削的工艺特点
→ 掌握平面和连接面铣削的操作要点

一、平面铣削的工艺特点

1. 顺铣方式与逆铣方式

无论采用周铣法铣削平面（见图 2—1a），还是端铣法铣削平面（见图 2—1b），其加工原理都是一样的，都存在着一个共同的问题，即采用顺铣方式还是逆铣方式。表 2—1 总结了顺铣方式与逆铣方式的特点，主要说明了主轴旋转方向、工作台进给方向与铣刀切点（P）线速度方向之间的关系。

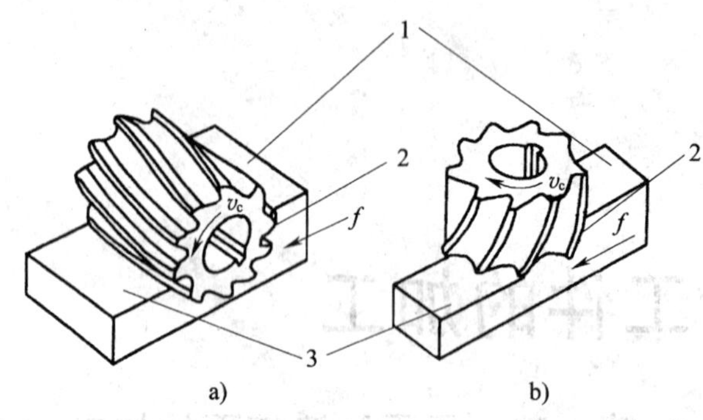

图 2—1　平面铣削
a）在卧式铣床上用圆柱铣刀铣削平面　b）在立式铣床上用套式端铣刀铣削平面
1—待加工表面　2—过渡表面　3—已加工表面

表 2—1　　顺铣方式与逆铣方式的特点

铣削方式及图示	主轴旋转方向	工作台进给方向与铣刀切点（P）线速度方向
v_c P f 顺铣	顺时针	相同
	逆时针	相同

续表

铣削方式及图示	主轴旋转方向	工作台进给方向与铣刀切点（P）线速度方向
逆铣	顺时针	相反
	逆时针	相反

（1）两种铣削方式的比较。由图 2—2 所示可以对顺铣方式与逆铣方式进行比较，并将比较结果列于表 2—2 中。

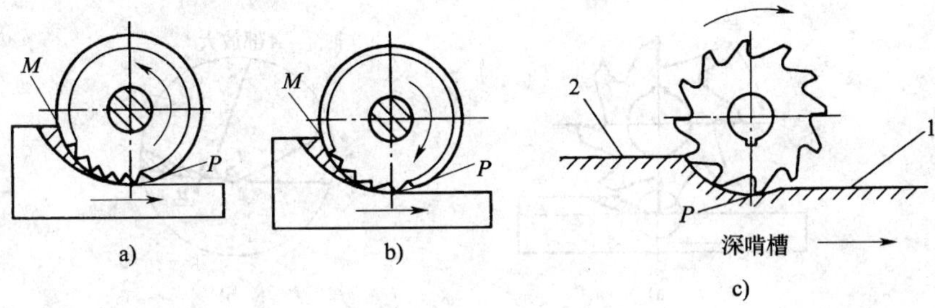

图 2—2　顺铣方式与逆铣方式的比较

a）顺铣方式　b）逆铣方式　c）深啃槽示意图

1—已加工表面　2—待加工表面

表 2—2　　两种铣削方式的比较

铣削方式	顺铣	逆铣
比较	1. 切屑由厚变薄，如图 2—2a 所示，切削刃磨损较少，铣刀耐用度较高 2. 铣刀在 P 点的切削力方向与工作台移动方向一致，当工作台窜动时，会使被加工表面出现深啃现象，如图 2—2c 所示 3. 铣刀不会产生上下跳动，振动小，表面质量较好 4. M 点铣削分力方向向下，有利于压紧工件 5. 送进动力较小，约为全动力的 6% 6. 已加工表面没有刀齿加工后形成的硬化层，利于切削	1. 切屑由薄变厚，如图 2—2b 所示，切削刃易磨损，铣刀耐用度较低 2. 铣刀在 P 点的切削力方向与工作台移动方向相反，工作台不会产生窜动，被加工表面不会出现深啃现象 3. 铣刀会产生周期性的振动，影响被加工表面质量 4. M 点铣削分力方向向上，不利于压紧工件 5. 送进动力较大，约为全动力的 20% 6. 已加工表面有刀齿加工后形成的硬化层，不利于切削

（2）合理选择铣削方式

1）工件表面有硬质层、积渣或在工件硬度不均匀情况下，应采用逆铣方式。

2）工件表面凹凸不平较显著时，应采用逆铣方式。

3）如果铣刀旋转时圆跳动误差较大，为减轻冲击负荷，应采用逆铣方式。

4）使用锯片铣刀等厚度较薄的铣刀时，因铣削力相对较小，一般情况下可采用顺铣方式。

5）铣削薄板类易变形又不便于夹持的工件时，应尽量采用顺铣方式。

6）任何一种结构的铣刀，无论如何精细地刃磨，在铣刀刃口处刀齿的前面和后面之间总会留有一段圆弧半径为 r 的过渡刃，如图 2—3 所示为铣刀刃口示意图。以逆铣方式加工时，铣刀在切入工件的最初阶段，切削刃要在工件表面上滑动一小段距离，刀齿将工件表面金属挤压到一定程度后才开始切削，这是因为当切屑的厚度 a 小于刃口半径 r 时，切削刃只是挤压工件表层金属，并使它产生弹性变形和塑性变形。变形会使工件表面产生硬化现象，这种现象影响工件的加工质量，因此，对加工质量要求较高的工件，需要再经过精加工把表面硬化层金属切掉。

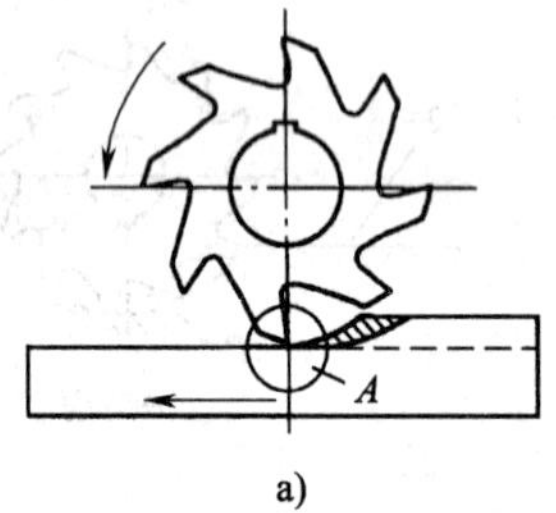

a)

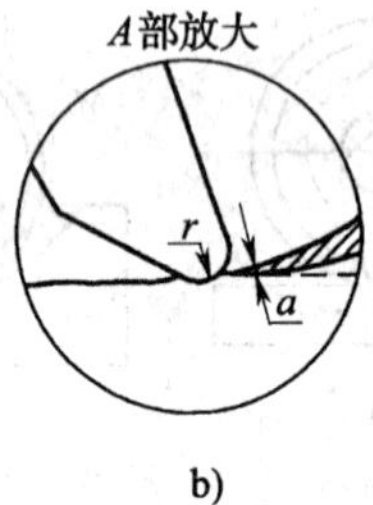

b)

图 2—3　铣刀刃口示意图

a）铣刀切削工件　b）铣刀刃口放大图

7）若所使用的铣床没有顺铣机构，且被切削金属表面硬度低、铣削深度较小时，应尽量采用顺铣方式。

2. 在立式铣床上端铣时的顺铣和逆铣

立式铣床上端铣刀的铣削特点见表 2—3。

表 2—3　　立式铣床上端铣刀的铣削特点

铣削方式及图示	铣削特点及说明
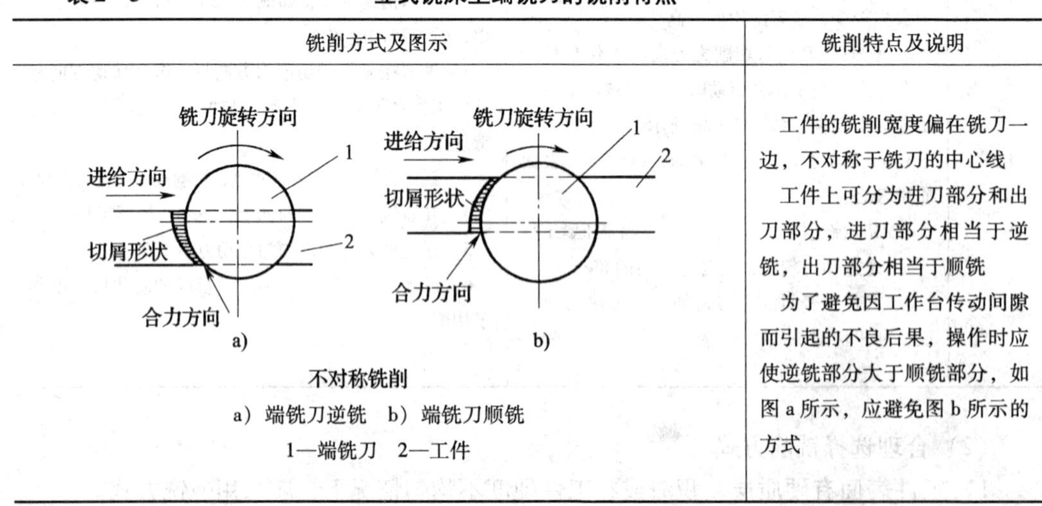 a)　b) 不对称铣削 a）端铣刀逆铣　b）端铣刀顺铣 1—端铣刀　2—工件	工件的铣削宽度偏在铣刀一边，不对称于铣刀的中心线 工件上可分为进刀部分和出刀部分，进刀部分相当于逆铣，出刀部分相当于顺铣 为了避免因工作台传动间隙而引起的不良后果，操作时应使逆铣部分大于顺铣部分，如图 a 所示，应避免图 b 所示的方式

续表

铣削方式及图示	铣削特点及说明
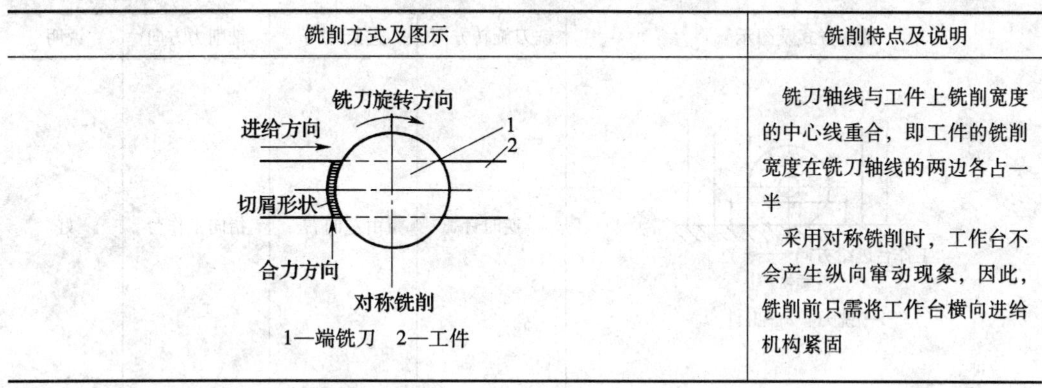 1—端铣刀 2—工件	铣刀轴线与工件上铣削宽度的中心线重合，即工件的铣削宽度在铣刀轴线的两边各占一半 采用对称铣削时，工作台不会产生纵向窜动现象，因此，铣削前只需将工作台横向进给机构紧固

二、铣削平面的操作要点

1. 在卧式铣床上铣削平面

（1）用圆柱铣刀铣削平面的方式见表 2—4。

表 2—4　　用圆柱铣刀铣削平面的方式

铣刀种类	铣刀旋转方向	图　示	铣刀轴向力方向	说明
右旋圆柱铣刀	顺时针旋转		铣刀所受轴向力方向指向主轴	正确铣削方式
	逆时针旋转		铣刀所受轴向力方向背离主轴	不正确铣削方式

（2）用端铣刀铣削平面的方式。如图 2—4 所示，铣削宽度小于铣刀直径时，常采用在主轴前端安装铣刀的方法。表 2—5 列出了在卧式铣床上端铣平面的几种铣削方式的比较。

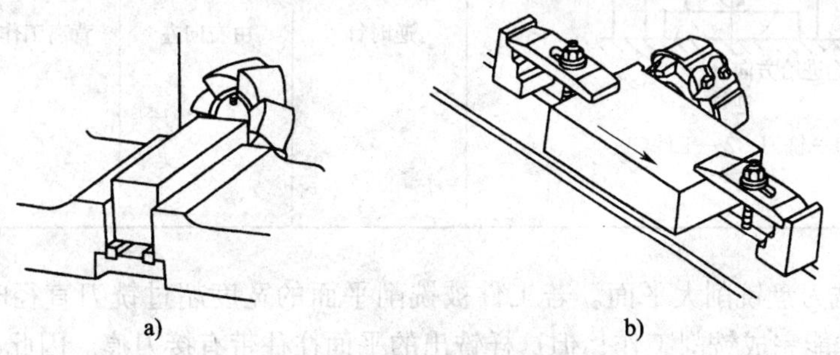

图 2—4　用端铣刀铣削平面的方式

a）用机床用平口虎钳装夹工件　b）用工作台装夹工件

表 2—5　　在卧式铣床上端铣平面的铣削方式的比较

铣削方式及图示	铣刀旋转方向	进给方向	铣削力方向	说明
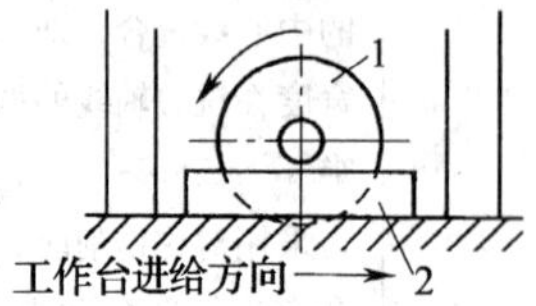 工作台进给方向→ 顺铣 1—铣刀 2—工件	逆时针	由左向右	指向工作台	好
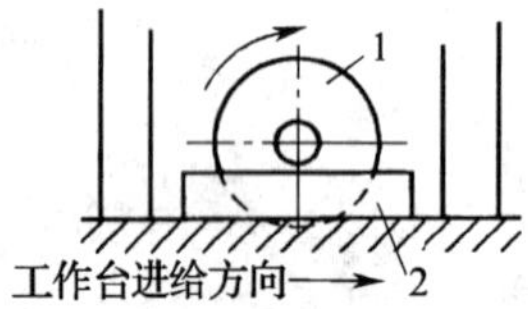 工作台进给方向→ 逆铣 1—铣刀 2—工件	顺时针	由左向右	背离工作台	不好
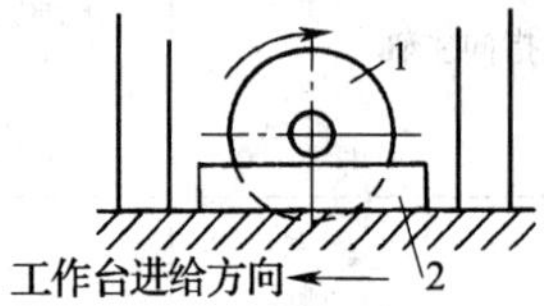 工作台进给方向← 顺铣 1—铣刀 2—工件	顺时针	由右向左	指向工作台	好
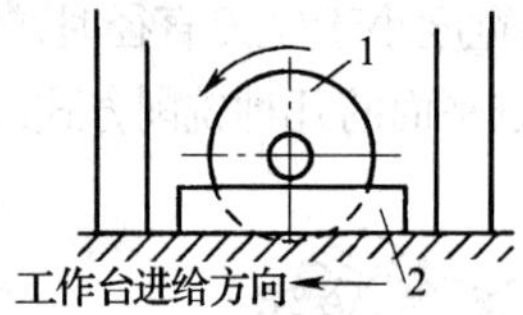 工作台进给方向← 逆铣 1—铣刀 2—工件	逆时针	由右向左	背离工作台	不好

（3）用铣刀盘铣削大平面。若工件被铣削平面的宽度超过铣刀直径时，需要两次或多次进给才能完成铣削工作，但这样铣出的平面往往带有接刀痕。因此，铣削大平面常采用如图 2—5 所示的方法，将刀头安装在铣刀盘的槽内进行铣削。

2. 在立式铣床上铣削平面

在立式铣床上铣削平面如图 2—6 所示。在进行普通铣削时，使用套式端铣刀；进行高速铣削时使用硬质合金端铣刀。用端铣刀铣削时，铣刀受力均匀，切削平稳，产生的热量较少，刀具耐用度也高；另外，立铣中使用的铣刀杆比较短，能减少加工中的振动，有利于提高铣削用量。端铣刀的圆柱面切削刃担任着主要切削任务，端面齿（副切削刃）专用于修光，所以被加工表面质量较高。

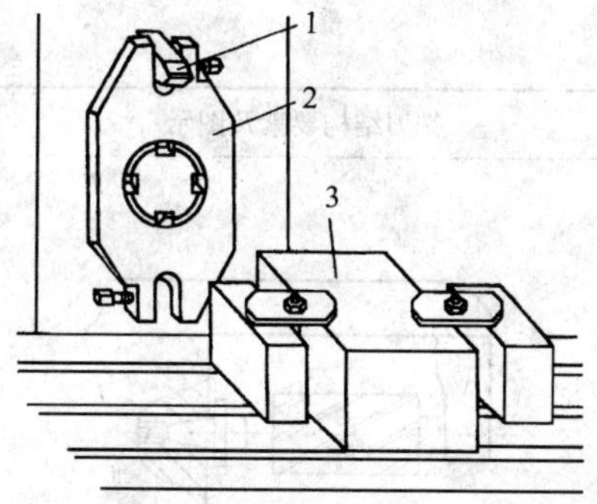

图 2—5 用铣刀盘铣削大平面
1—刀头 2—铣刀盘 3—工件

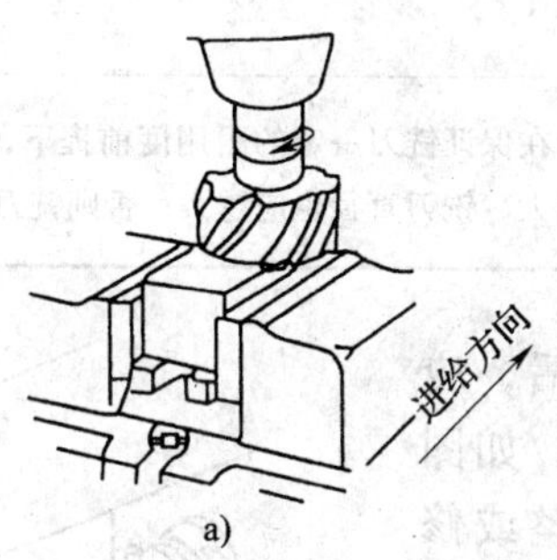

a)

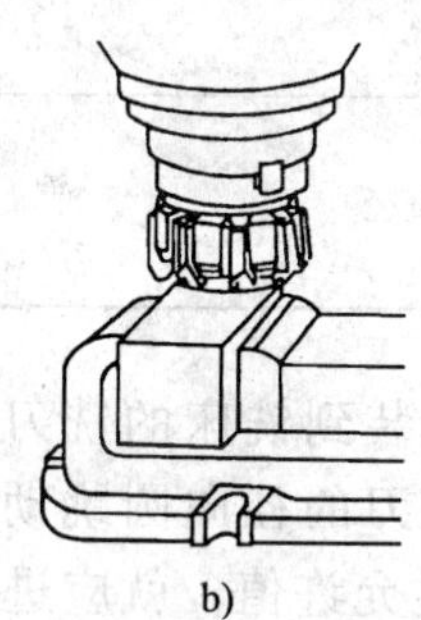

b)

图 2—6 在立式铣床上铣削平面
a）用套式端铣刀 b）用硬质合金端铣刀

采用端铣刀加工平面时，生产效率很高，尤其是在用硬质合金铣刀进行高速铣削时，效果更为显著。

3. 铣削平面时的注意事项

（1）使用高速钢铣刀铣削时，要合理选用铣刀结构要素，主要根据工件的尺寸、材料、技术要求以及铣床来确定。铣刀结构要素的选择见表 2—6。

表 2—6 铣刀结构要素的选择

铣刀结构要素及图示	选择方法及说明
a) b) 尖齿铣刀齿数的选择 a）粗齿铣刀 b）细齿铣刀	1. 粗齿铣刀刀齿稀，齿槽角大，容易排屑，但铣削精度较低，用于技术要求不高的表面的粗铣 2. 细齿铣刀刀齿密，同时参与切削的刀齿较多，不易引起振动，有利于提高表面加工质量，用于铣削硬度较高、脆性较大的金属材料，以及表面精度要求较高的精铣

续表

铣刀结构要素及图示	选择方法及说明
圆柱铣刀螺旋角	螺旋角越大，同时参与切削的齿数越多，切削越平稳，但切削轴向力 F_a 较大，如图所示，一般取螺旋角为 30° ~ 45°。工件材料硬度较低、精加工时，选用较大的螺旋角；反之，选用较小的螺旋角。铣削有色金属材料要比铣削黑色金属材料选用的螺旋角大些
直径	在保证铣刀一定的耐用度前提下，铣削宽度和铣削深度越大，铣刀直径也应越大；否则铣刀没有足够的刚度

（2）将铣刀安装到铣床的铣刀杆上后，应使用百分表测量铣刀的径向圆跳动误差，如图 2—7 所示，若超过允许值，就应进行调整或修磨刀齿。

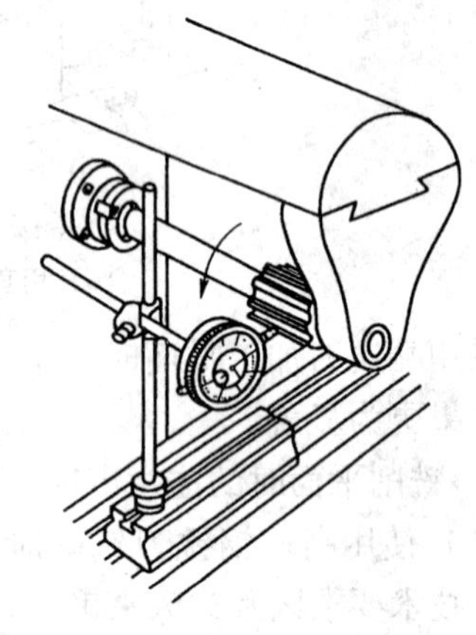
图 2—7　测量铣刀的径向圆跳动误差

（3）铣削中途不要突然停止进给后紧接着又开始进给。因为铣刀在不停地旋转，在停止进给的地方会留下深啃槽。

（4）利用手柄处的刻度盘控制铣削深度时，要把刻度盘处的紧固螺母拧紧，以防止当增加铣削深度时刻度盘空转或打滑，使铣削深度数值不准确。

（5）在转动刻度盘时如果转过了预定的刻度线，应将手柄倒转一整转，待消除工作台丝杆和螺母的间隙后，再使刻度线准确对正刻度盘格数。

（6）粗铣时，要考虑合理分配各铣削面的铣削量，既要保证铣去全部黑皮、砂眼、凹坑等表面缺陷，还要保证尺寸精度以及足够的精铣余量。

（7）进给结束后，快速返回时，先要降低工作台，防止铣刀在刚加工过的表面上划过而损伤表面。

三、垂直面的铣削方法

若两连接平面的夹角为 90°时，这两平面的关系称为垂直面。

1. 较小尺寸垂直面的铣削

铣削较小尺寸的垂直面时，多面体类工件一般在机床用平口虎钳上装夹，轴类工件在万能分度头上装夹。小尺寸垂直面工件的铣削方法见表 2—7。

表 2—7　　　　小尺寸垂直面工件的铣削方法

工件类型	操作要点及图示
在多面体类工件上铣削垂直面	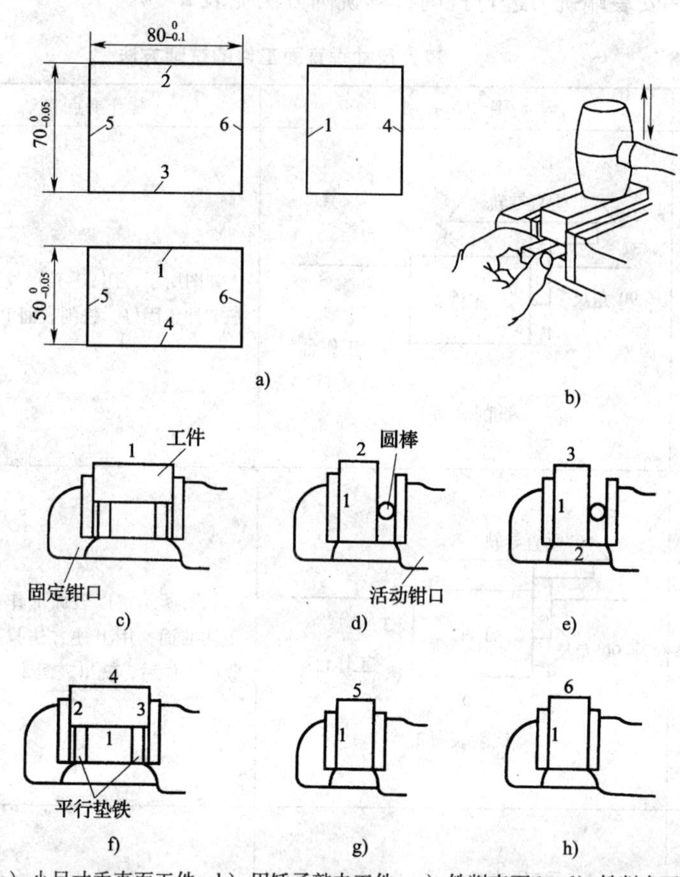 a）小尺寸垂直面工件　b）用锤子敲击工件　c）铣削表面1　d）铣削表面2 e）铣削表面3　f）铣削表面4　g）铣削表面5　h）铣削表面6
	1．粗铣 先以比较平直、光滑的毛坯表面作为基准，加工基准面，然后以基准面为基准依次粗铣出各表面，并留出一定的精铣余量。 2．按图示顺序进行精铣 （1）按图 c 所示先铣削表面 1，铣削深度等于精铣余量的一半 （2）按图 d 所示以表面 1 为定位基准面，使它贴紧在机床用平口虎钳的固定钳口面上，并在活动钳口处夹紧一根圆棒，使夹紧力集中，以保证表面 1 与固定钳口面紧密接触，铣出表面 2，其铣削深度为精铣余量的一半 （3）按图 e 所示，仍以表面 1 为定位基准面铣削表面 3，安装时同样在活动钳口处夹紧一根圆棒，并用锤子轻轻向下敲击工件，如图 b 所示，当工件底面与平口虎钳底面接触后，将工件夹紧，以保证工件对面平行。铣削后保证表面 2 和 3 间的尺寸达到 $70_{-0.05}^{0}$ mm （4）如图 f 所示，将工件放在平行垫铁上，用锤子轻轻向下敲击表面 4，至工件与垫铁紧密接触，夹紧表面 2 和 3，铣削表面 4，保证表面 1 和 4 间的尺寸达到 $50_{-0.05}^{0}$ mm （5）如图 g，h 所示，将基准面 1 贴紧固定钳口面，铣削表面 5 和 6，使它们之间的尺寸达到 $80_{-0.1}^{0}$ mm

2. 较大尺寸垂直面的铣削

铣削较大尺寸的垂直面时，常将工件用螺栓和压板直接装夹在工作台上，在卧式铣床主轴前端安装端铣刀进行铣削，其铣削方法见表 2—8。

表 2—8　　较大尺寸垂直面工件的铣削方法

铣削步骤	图　示	操作要点	说明
1	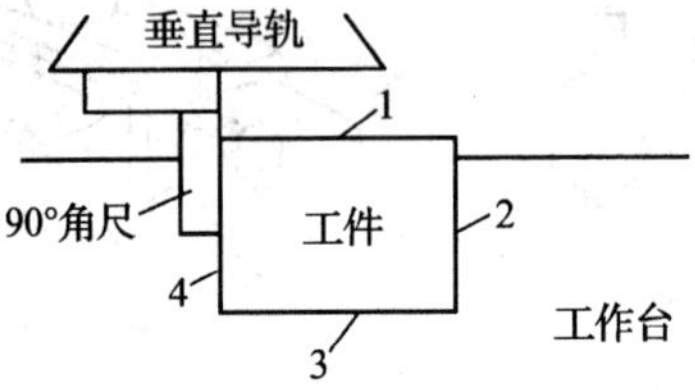 垂直导轨 1 90°角尺 工件 2 4 3 工作台 铣削表面 1	如图所示，用 90°角尺找正后把工件紧固好，铣削表面 1	对于垂直度要求较高的工件，找正基准面时可利用千分表代替 90°角尺
2	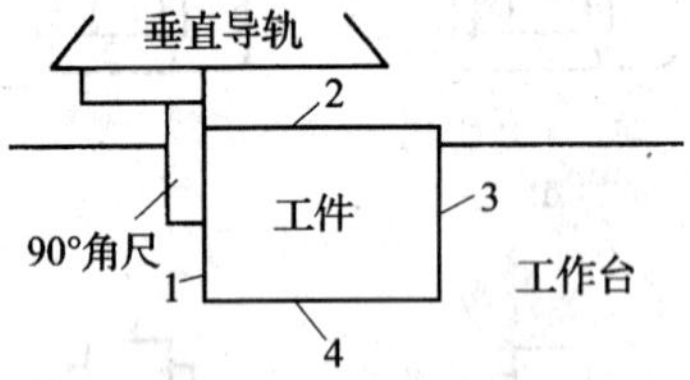 垂直导轨 2 工件 3 90°角尺 1 工作台 4 铣削表面 2	如图所示，以表面 1 作为找正基准面，用上述方法找正和紧固工件后，铣出表面 2	
3	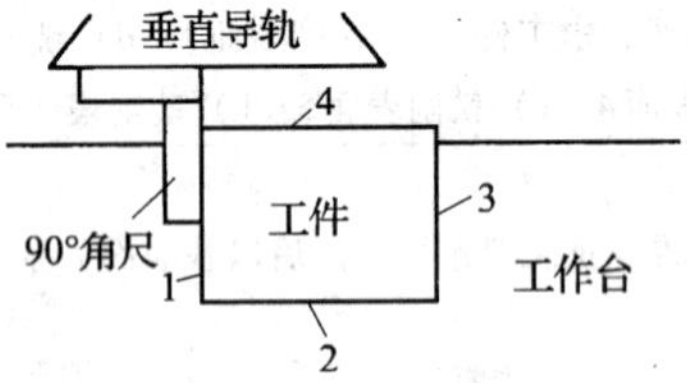 垂直导轨 4 工件 3 90°角尺 1 工作台 2 铣削表面 4	如图所示，仍以表面 1 作为找正基准面，铣出表面 4	
4	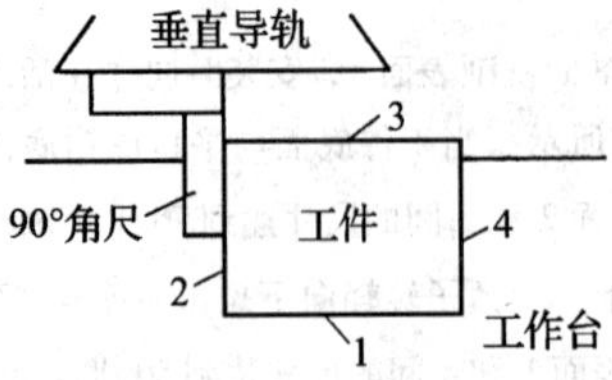 垂直导轨 3 90°角尺 工件 4 2 1 工作台 铣削表面 3	如图所示，以表面 2 或 4 作为找正基准面，铣出表面 3	

第二节 台阶、沟槽和键槽的加工

→ 熟练掌握台阶、沟槽零件的加工方法及检验方法

→ 掌握键槽的加工方法及检验方法

一、台阶、直角沟槽零件的铣削

1. 台阶和沟槽的技术要求

组成台阶和沟槽的平面，要求具有较小的平面度误差和表面粗糙度值。此外，台阶和沟槽还应满足以下技术要求：

（1）尺寸精度。大多数台阶和沟槽要求与其他零件相配合，所以对尺寸公差（主要是配合尺寸公差）要求较高。

（2）形状和位置精度。台阶和沟槽的形状（如矩形）、直线度等应具有一定的要求。台阶和沟槽对工件的侧面和底面要求平行。对于斜槽和与侧面成一夹角的台阶，则还有倾斜度和对称度的要求。

2. 铣削台阶的要点

（1）铣削台阶用的铣刀。在卧式铣床上铣削尺寸不太大（宽度小于等于 25 mm）的台阶时一般都采用三面刃铣刀。三面刃铣刀有普通直齿和错齿两种，直径大的错齿三面刃铣刀大都是镶齿的。整体的三面刃铣刀有普通级和精密级两种。镶齿三面刃铣刀的精度一般较低。

在立式铣床上铣削台阶时一般都采用立铣刀。对于尺寸较大的台阶，大都采用直径较大的立铣刀来铣削，可提高生产效率。

（2）校正夹具和装夹工件。铣削台阶时，夹具必须校正；否则铣削出来的台阶位置就不准确。夹具可用百分表或划针来校正。

（3）用一把铣刀铣削台阶。选择铣刀时，三面刃铣刀的宽度应大于台阶的宽度。

（4）用组合的三面刃铣刀铣削台阶。生产数量较多的双面台阶工件时，可用组合的三面刃铣刀加工。铣削时，用游标卡尺测量并调整两把三面刃铣刀内侧间的距离，使其等于凸台的宽度。

（5）用端铣刀铣削台阶。对于较宽及较浅的台阶，可用端铣刀加工。

（6）用立铣刀铣削台阶。对于较深的台阶，可用立铣刀铣削。

3. 选择铣刀的要点

（1）铣削台阶时多用三面刃铣刀、立铣刀和套式端铣刀，三面刃铣刀的圆柱面切削刃起主要切削作用，而两个侧面的切削刃起修光表面的作用。三面刃铣刀的直径和刀

单元 2

齿间的尺寸都比立铣刀或套式端铣刀大，便于排屑和冷却。因此，应尽可能采用三面刃铣刀来加工台阶。

（2）用三面刃铣刀铣削台阶时，由于铣刀只有一个侧面的切削刃及圆柱面切削刃参加切削，两个侧面受的切削力不均匀，所以铣刀在铣削过程中容易朝不受力的一侧偏让，通常称为“让刀”。在铣刀直径大而宽度小时，“让刀”现象就更为明显。所以，所选的铣刀应具有足够的厚度，以保证加工精度。

（3）批量铣削等深度台阶时，常采用组合铣刀铣削，应选用两把直径相等的三面刃铣刀，两铣刀中间使用固定环隔开，将切削刃之间的距离调整到所需要的尺寸。铣刀紧固后，要用游标卡尺检查两铣刀相对两切削刃的间隔距离是否符合尺寸要求，如果不符合要求，则应重新调整。应特别注意组合铣刀中间的尺寸绝对不能小于实际需要的尺寸，而应该比这个尺寸略大一些，一般可加大0.1～0.3 mm，这是为了避免因铣刀“让刀”使铣出的中间尺寸减小而成为废品。

1）由于组合铣刀安装时产生的端面圆跳动误差对组合尺寸会产生影响，如图2—8所示。此时可松开铣刀杆上的螺母，把两把铣刀相对转动一个位置，再拧紧铣刀杆上的螺母，以补偿误差值。

2）为了保证工件的加工质量，最初校正好的组合尺寸应先在废料上试铣，并检查试铣的工件尺寸是否在公差范围之内。铣削大批量工件时，可通过试铣几个工件进行调整，直到工件质量稳定为止。在铣削过程中，还必须经常抽查工件质量，以防止因意外因素而产生废品。

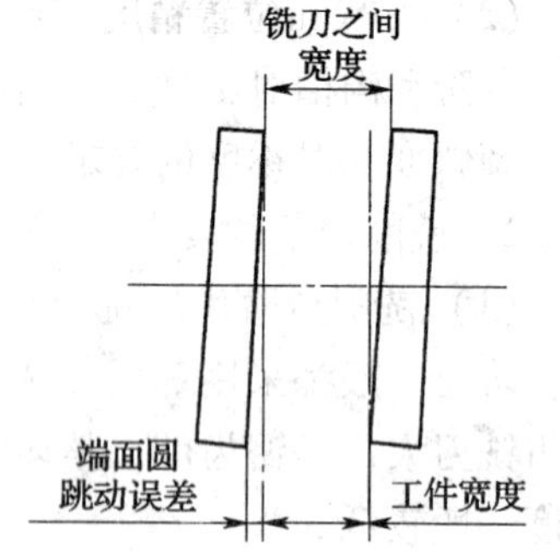

图2—8　组合铣刀端面圆跳动误差对组合尺寸的影响

3）在调整组合铣刀之间的尺寸时，可用如图2—9所示的调节垫圈进行调整。调节垫圈的构造原理和铣床手轮处的刻度盘相同，调节垫圈里面的螺纹螺距是1 mm，当外套旋转一整圈时，调节垫圈伸长或缩短1 mm。外套上的刻度是100格，当外套转1格时，调节垫圈就伸长或缩短0.01 mm。所以，利用调节垫圈调整组合铣刀之间的尺寸是很方便的。但当把尺寸调好后，应将调节垫圈上的固定螺钉拧紧，以防止切削时尺寸变动。

（4）对于组合铣削用的三面刃铣刀，切削前要用油石认真研磨侧面刃和圆柱面切削刃。如图2—10所示，如在铣刀侧面刃的顶端加磨1～1.5 mm的修光刃，铣削后会使工件侧面的表面质量有一定改善。

4．铣削直角沟槽

直角沟槽分为通槽、半通槽和封闭槽，如图2—11所示。

（1）用三面刃铣刀铣削通槽。三面刃铣刀适用于加工宽度较窄、深度较深的通槽。

1）铣刀的选择。三面刃铣刀的宽度应等于或小于所需加工的沟槽宽度 B，其直径应大于刀轴垫圈的直径加两倍的沟槽深度。

2）工件的装夹和找正。工件一般采用机床用平口虎钳装夹。在窄长件上铣削长的直角沟槽时，平口虎钳的固定钳口应与铣床主轴轴线垂直安装；在窄长件上铣削短的直角沟槽时，平口虎钳的固定钳口应与铣床主轴轴线平行安装。

3）对刀方法。对刀方法有划线对刀和侧面对刀两种。

（2）用立铣刀铣削半通槽和封闭槽

1）用立铣刀铣削半通槽。所选择的立铣刀直径应等于或小于沟槽的宽度。当沟槽较深时，应分数次进给铣削到要求的槽深，以免损坏刀具。铣削时，不能来回切削工件，只能由沟槽的外端铣向沟槽的里端。

2）用立铣刀铣削穿通的封闭槽。铣削前应在工件上划出沟槽的加工线，并在划沟槽长度线的一端预钻一个小于槽宽的落刀孔，如图2—12所示。

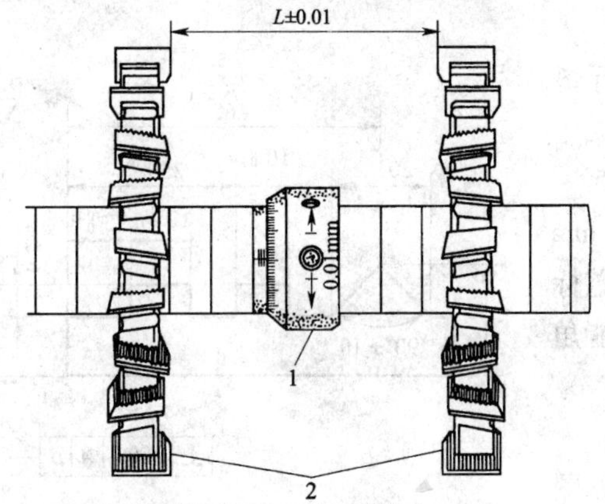

图2—9 利用调节垫圈调整组合铣刀之间的尺寸

1—调节垫圈 2—铣刀

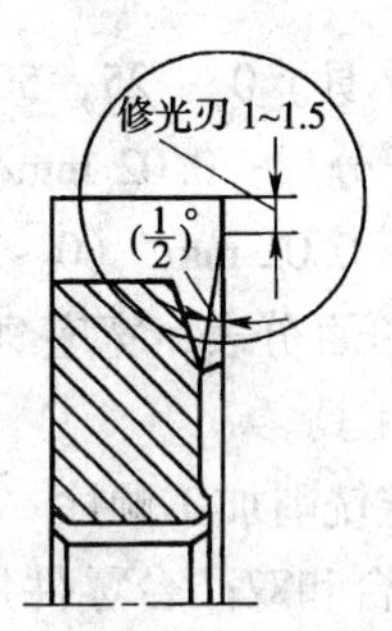

图2—10 在三面刃铣刀上加磨修光刃

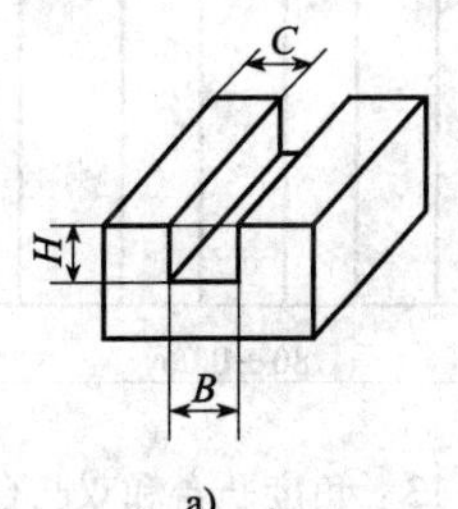

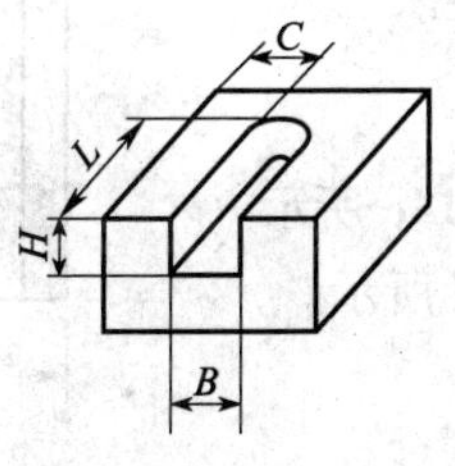

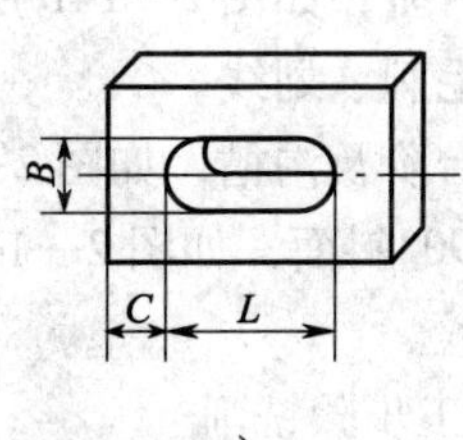

图2—11 直角沟槽

a）通槽 b）半通槽 c）封闭槽

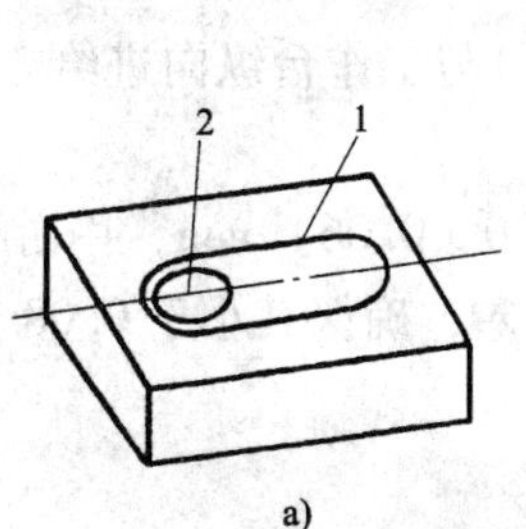

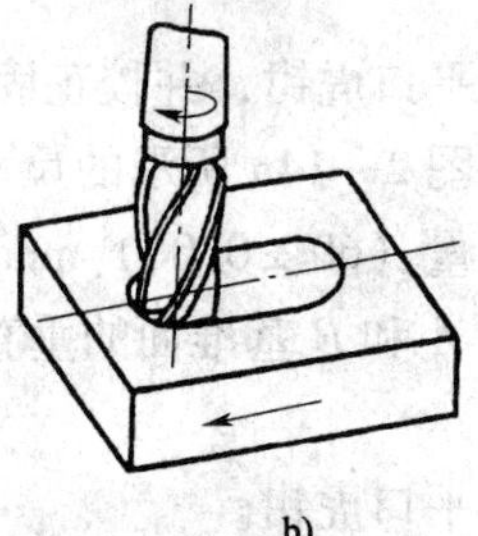

图2—12 用立铣刀铣削穿通的封闭槽

a）工件外形 b）铣削操作

1—沟槽加工线 2—预钻的落刀孔

（3）用键槽铣刀铣削半通槽和封闭槽。铣削精度要求较高、深度较浅的半通槽和封闭槽时，可采用键槽铣刀。

二、在卧式铣床上铣角度凸台和双凸台

1．选择刀具、夹具和量具

根据图2—13所示的角度凸台和双凸台零件图，确定在X6132型卧式铣床上进行加工，需要使用的刀具、夹具和量具如下：

（1）刀具。ϕ80 mm×80 mm的圆柱铣刀、ϕ80 mm×8 mm的三面刃铣刀、63 mm×45°的单角铣刀。

（2）夹具。机床用平口虎钳、平行垫铁。

（3）量具。0～25，50～75和75～100 mm的千分尺；0.02 mm/（0～125）mm的游标卡尺；0.02 mm/（0～200）mm的游标深度尺；杠杆百分表；宽座90°角尺；万能角度尺；划线工具。

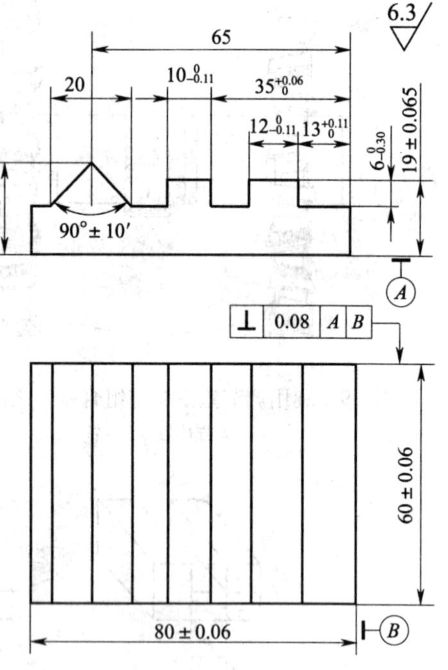

图2—13　角度凸台和双凸台零件图

2．确定铣削加工顺序

角度凸台和双凸台零件加工工序图如图2—14所示。

（1）铣六面体，如图2—14a所示。

（2）铣台阶，如图2—14b所示。

（3）去毛刺、划线。

（4）铣台阶及沟槽，如图2—14c所示。

（5）铣90°斜面，如图2—14d所示。

（6）检验。

3．按加工步骤铣削

（1）铣六面体

1）安装圆柱铣刀，调整主轴转速至n=75 r/min（v_c≈18 m/min），每分钟进给量v_f=47.5 mm/min。

2）安装机床用平口虎钳，并校正固定钳口与工作台纵向进给方向平行。

3）铣六面体至图2—14a所示的尺寸。

4）用千分尺测量（60±0.06）mm和（80±0.06）mm，用游标卡尺测量23 mm，用宽座90°角尺测量A和B基准面的垂直度误差，确保其小于0.08 mm。

（2）铣台阶

1）安装刀具和平口虎钳。

2）铣削台阶至图2—14b所示的尺寸。

3）用千分尺测量（19±0.065）mm，用游标卡尺测量$50_{-0.74}^{0}$mm。

（3）去毛刺，按图2—14c所示划线。

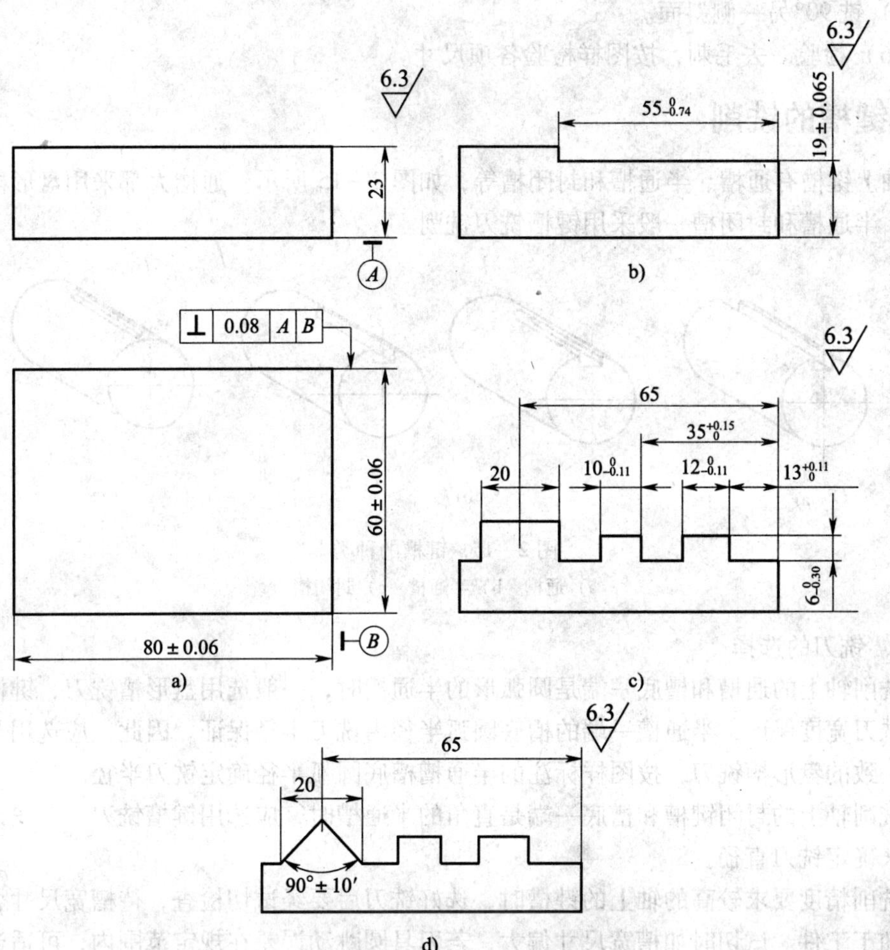

图 2—14　角度凸台和双凸台零件加工工序图

（4）铣台阶及沟槽

1）安装三面刃铣刀，调整主轴转速至 75 r/min（$v_c \approx 18$ m/min）。

2）安装机床用平口虎钳，使固定钳口与工作台横向进给方向平行，装夹工件，找正 *B* 基准面与工作台纵向进给方向平行。

3）铣凸台，确保尺寸 $12_{-0.11}^{\ 0}$，$10_{-0.11}^{\ 0}$ 和 20 mm，调整每分钟进给量 $v_f = 37.5$ mm/min。

4）用游标卡尺测量尺寸 $13_{\ 0}^{+0.11}$，$12_{-0.11}^{\ 0}$，$35_{\ 0}^{+0.15}$，$10_{-0.11}^{\ 0}$，65 和 20 mm，用游标深度尺测量尺寸 $6_{-0.30}^{\ 0}$mm。

（5）铣 90°斜面。按图 2—14d 所示的尺寸铣 90°斜面。

1）安装单角铣刀。

2）安装机床用平口虎钳。

3）铣 90°一侧斜面。

4）拆下单角铣刀，换面安装（或将工件掉换180°装夹）。

5）铣90°另一侧斜面。

（6）检验。去毛刺，按图样检验各项尺寸。

三、键槽的铣削

轴上键槽有通槽、半通槽和封闭槽等，如图2—15所示。通槽大都采用盘形槽铣刀铣削，半通槽和封闭槽一般采用键槽铣刀铣削。

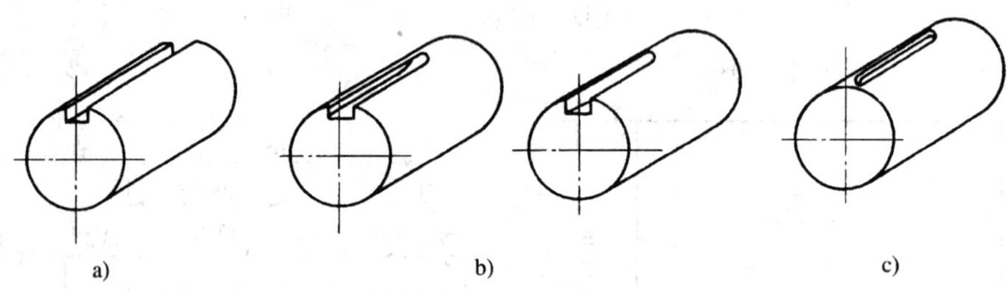

图2—15 键槽的种类

a）通槽 b）半通槽 c）封闭槽

1. 铣刀的选择

铣削轴上的通槽和槽底一端是圆弧形的半通槽时，一般选用盘形槽铣刀，键槽的宽度由铣刀宽度保证，半通槽一端的槽底圆弧半径由铣刀半径保证。因此，应选用与键槽宽度一致的盘形槽铣刀，按图样标注的半通槽槽底圆弧半径确定铣刀半径。

铣削轴上的封闭键槽和槽底一端是直角的半通槽时，应选用键槽铣刀，并按键槽的宽度来确定铣刀直径。

铣削精度要求较高的轴上的键槽时，选好铣刀后要经试切检查，待槽宽尺寸合格后才可加工工件。试切时如槽宽尺寸偏大，若刀具圆跳动误差在规定范围内，可适当用油石修整刀具刃口，使铣出的槽宽符合要求。

2. 工件的装夹与找正

（1）用机床用平口虎钳装夹工件，用键槽铣刀铣削轴上的键槽，工件的装夹方法如图2—16所示。

1）平口虎钳的安装和工件的校正。用平口虎钳装夹工件时，应校正固定钳口与铣床工作台纵向进给方向平行。工件装夹后，用划线盘校正工件上母线与工作台面平行，保证铣出的键槽两侧面和槽底面与工件轴线平行。

2）对中心的方法。铣削轴上的键槽时，通过对刀调整，应使键槽铣刀的回转中心通过工件轴线。常用对中心的方法有以下两种：

①切痕对中心法。装夹并找正工件后，适当调整机床，使键槽铣刀的中心大致对准工件的中心，然后开动机床使铣刀旋转，让铣刀轻轻划着工件，并在工件上逐渐铣出一个宽度略小于铣刀直径的小平面，如图2—17所示。逐渐进给铣出两个小台阶，工作台垂直向下进给后用手触摸两边台阶，若两边台阶高度一致，则铣刀中心通过工件的中心，然后将横向进给机构紧固，如图2—18所示。

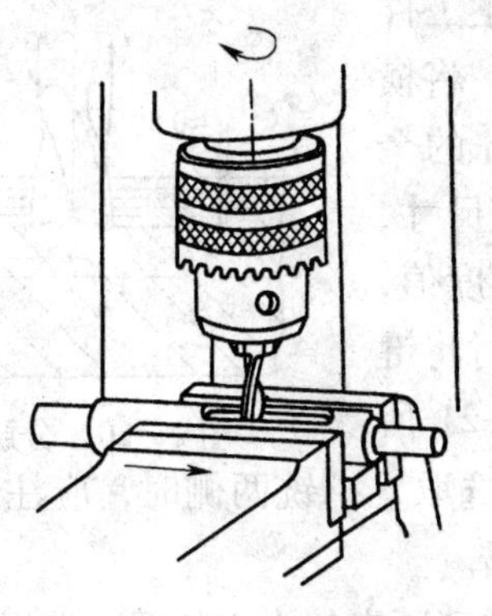

图 2—16　工件的装夹方法

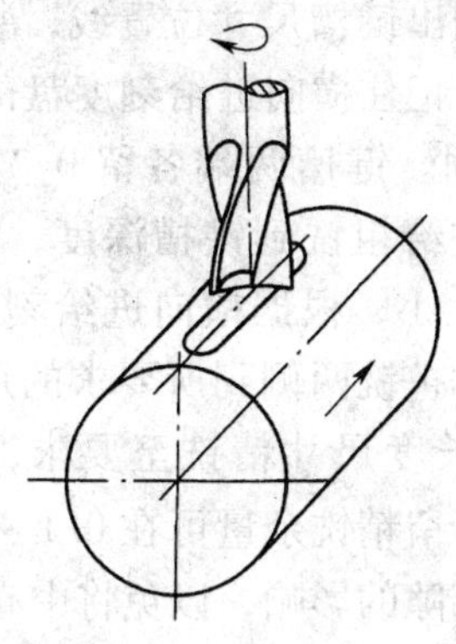

图 2—17　切痕对中心法

②用杠杆百分表测量对中心。加工精度要求较高的轴上键槽时，可用杠杆百分表测量对中心。如图 2—19 所示，对中心时，先把工件轻轻用力夹紧在两钳口之间，把杠杆百分表固定在立铣头主轴的下端，用手转动主轴，并且适当调整横向进给机构，使百分表的读数在钳口两内侧面一致。中心对准后，将横向进给机构紧固后再继续加工。

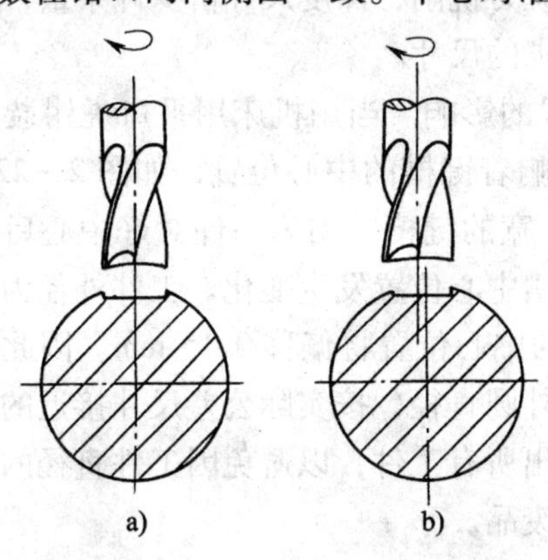

图 2—18　判断中心是否对准

a）切痕对称　b）切痕不对称

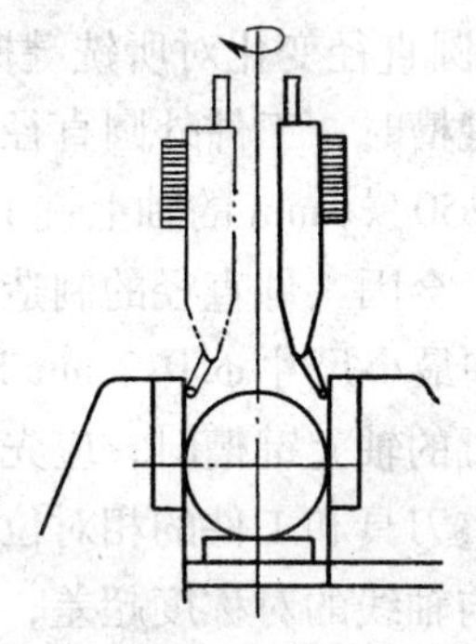

图 2—19　用杠杆百分表测量对中心

3）铣削方法

①分层铣削法。安装铣刀后，应先在废料上试铣，检查所铣键槽的宽度尺寸符合图样要求后，再装夹、找正工件并对好中心，才可加工工件。

铣削前，先在工件上划出键槽的长度尺寸位置线，对刀并记住刻度盘数值，按照铣刀直径的大小，可选择每次进给时的铣削深度在 0.1 ~ 1 mm 之间，手动进给由键槽的一端铣向另一端，然后以较快的速度手动将工件退至原位，再次进给时仍由原来那端铣向另一端。铣削中注意键槽两端各留 0.2 ~ 0.5 mm 的余量，逐次铣到要求的深度尺寸后，再铣至键槽长度尺寸，此即如图 2—20 所示的分层铣削法。以上方法适用于加工长度较短、生产数量不多的键槽。

②扩刀铣削法。先将所选择的键槽铣刀直径磨小 0.2 ~ 0.5 mm，磨出的铣刀圆柱度误差要小。

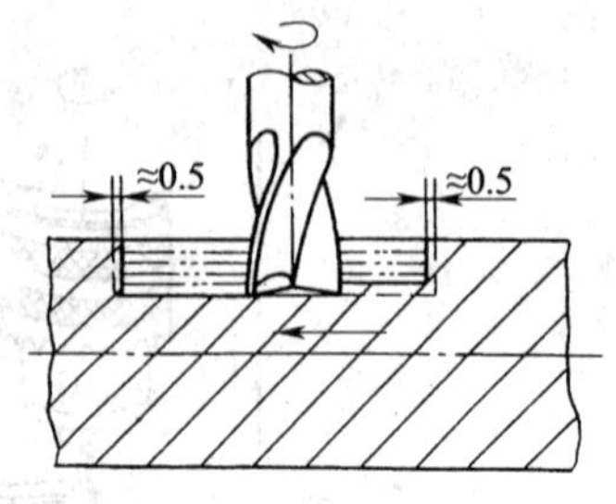

图 2—20　分层铣削法

在工件上划出键槽尺寸位置线，装夹、找正工件并对好中心后，记住横向进给刻度盘的刻度值，将横向进给机构紧固。键槽两端各留 0.2 ~ 0.5 mm 的余量，分层往返进给粗铣到键槽深度，测量槽宽尺寸，确定宽度余量大小，根据横向进给刻度盘的刻度值，由键槽中心对称扩铣两侧到所要求的尺寸，同时将键槽深度尺寸和长度尺寸精铣至要求，如图 2—21 所示。深度尺寸所留精铣余量可在 0.1 ~ 0.3 mm 选取，扩铣两侧时，应注意消除横向进给丝杆和螺母间隙的影响，以免将中心位置铣错。

铣完一件后，仍将工作台横向进给机构调整到原来的中心位置，按以上方法铣另一件。铣短键槽可用手动进给；铣长键槽可用机动进给，但铣刀接近键槽一端时，应及时停止机动进给，再手动进给铣出长度尺寸。

③粗、精铣法。选择两把键槽铣刀，一把用于粗铣，另一把用于精铣。粗铣的铣刀按照键槽尺寸大小，可将槽宽留 0.2 ~ 1 mm 的余量。精铣的铣刀要经试切检验符合要求。工件装夹、找正并对好中心后，先用粗铣铣刀铣削，深度尺寸留少许余量，然后换上精铣铣刀，将宽度、长度、深度精铣到所要求的尺寸。

4）工件外圆直径变化对所铣键槽中心位置的影响。当用机床用平口虎钳装夹并加工成批的轴的键槽时，工件外圆直径的变化影响着键槽的中心位置，如图 2—22 所示。例如，在一批 $\phi50^{+0.5}_{+0.2}$ mm 的轴上铣 $12^{+0.033}_{0}$ mm 宽的键槽，用第一件对好中心后，加工这一批工件时，会因工件直径的制造公差使键槽中心位置发生变化。工件外径为最大尺寸 $\phi50.5$ mm 和最小尺寸 $\phi50.2$ mm 时，键槽的中心位置将偏移 0.15 mm。因此，用平口虎钳加工成批的轴上键槽时，应先测量工件外圆直径，按实际公差尺寸接近的情况分组，再适当调整刀具和工件的相对位置，加工出所有工件，以避免因工件直径的制造公差使键槽两侧与轴线的对称度超差，从而造成废品。

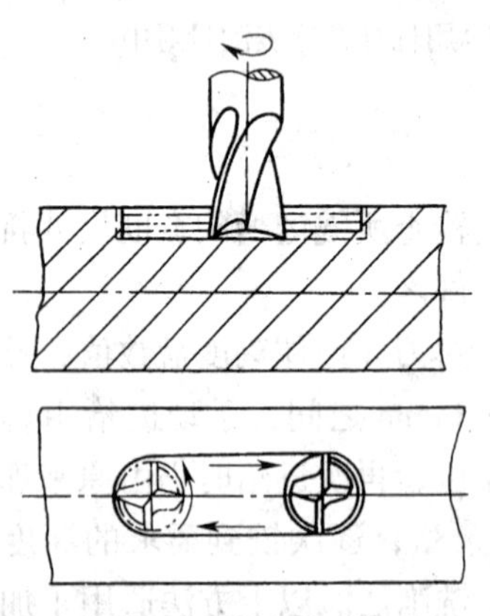
图 2—21　分层铣够深度再扩铣两侧

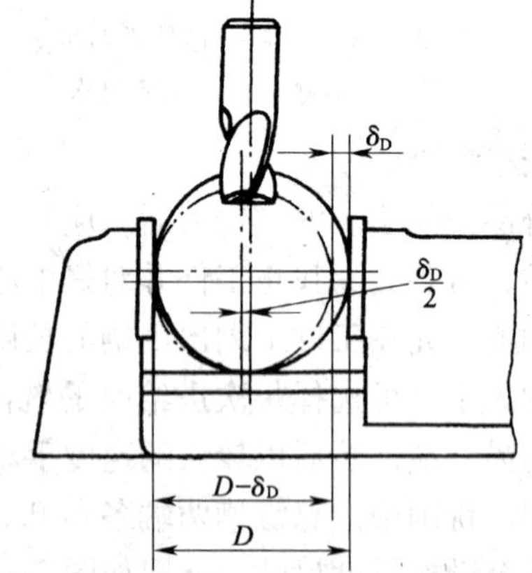

图 2—22　工件外圆直径对键槽中心位置的影响

（2）用 V 形架装夹工件铣轴上键槽

1）V 形架的安装和校正。用 V 形架装夹较长的轴类工件铣键槽时，应选择两块等高的 V 形架，由压板和螺栓配合将工件夹紧。若用底面上带凸键的 V 形架装夹工件时，应将两块 V 形架的凸键放入工作台中央的 T 形槽内，并使其同一个侧面靠向 T 形槽的一侧定位及安装，如图 2—23 所示。用一般的 V 形架装夹工件时，可在 T 形槽内放置定位块，使 V 形架侧面靠向定位块侧面定位及安装，如图 2—24 所示。

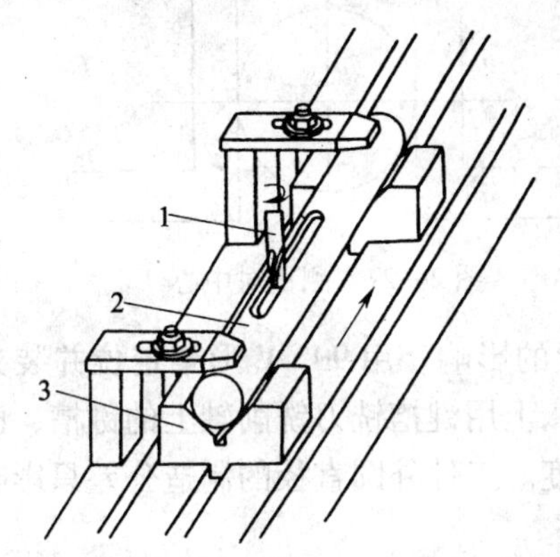

图 2—23　用带凸键的 V 形架装夹工件
1—铣刀　2—工件　3—V 形架

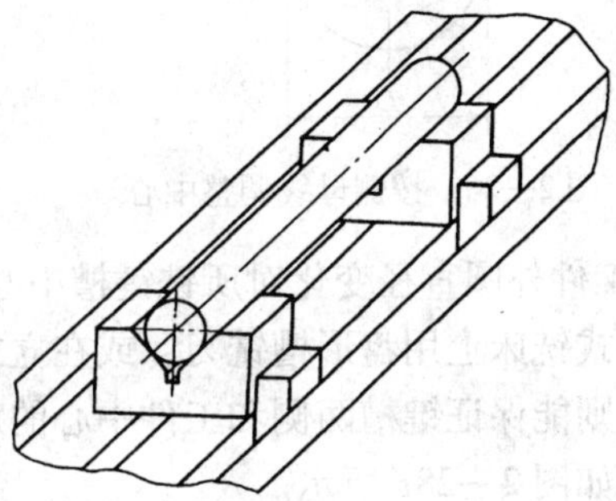

图 2—24　用定位块定位及安装 V 形架

V 形架安装后，可选用标准的量棒放入 V 形槽上，用百分表校正其上母线与工作台面平行，校正其侧母线与工作台纵向进给方向平行，如图 2—25 所示。这样可以保证装夹工件后铣出的键槽两侧面及槽底与工件轴线平行；能保证成批加工轴上键槽时不受工件外径制造公差的影响，使一批工件的键槽两侧与轴线有稳定的对称度。

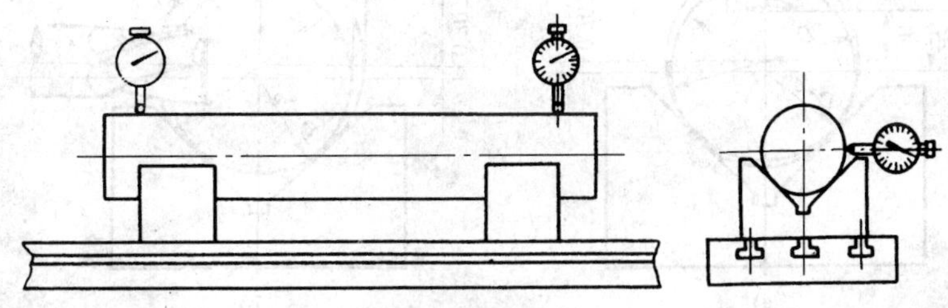

图 2—25　用百分表校正 V 形架

2）对中心的方法。除采用前面所讲的切痕对中心法外，还可以采用以下两种方法：

①根据工件侧母线调整铣刀和工件的中心位置。工件装夹及找正后，使铣刀处于工件侧母线位置，用手转动铣刀，让铣刀圆周切削刃轻轻与工件侧母线接触，降落工作台，向着铣刀方向将工作台横向移动一个铣刀半径加上工件半径的距离 A，使铣刀轴线通过工件中心，如图 2—26 所示为按侧母线调整中心。中心对好后，应将横向进给机构紧固，然后再加工工件。

②测量对中心。工件装夹及找正后，在钻夹头内夹持铣刀或圆棒，让其中心大约对准工件中心，用 90°角尺的一侧分别靠向工件两侧的母线，用游标卡尺测量 $A = A'$，则对好中心，如图 2—27 所示。然后将横向进给机构紧固，铣出工件。

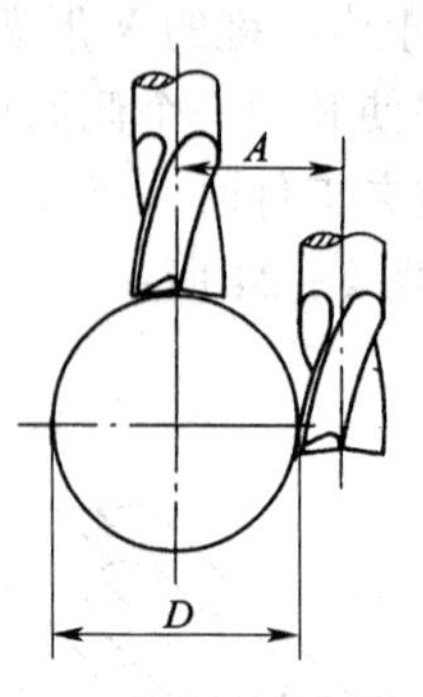

图 2—26　按侧母线调整中心

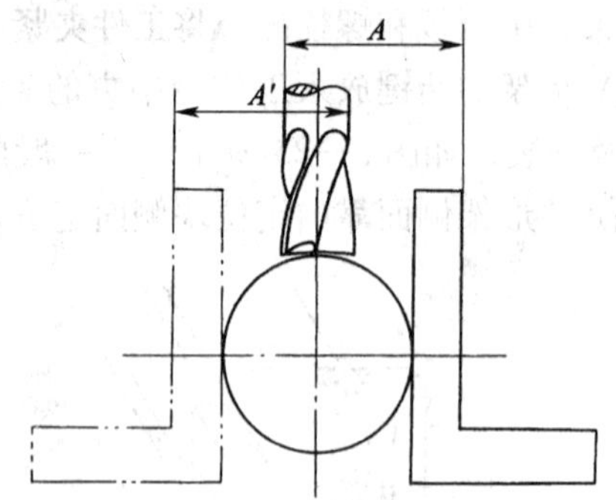

图 2—27　测量对中心

3）工件外圆直径变化对所铣键槽中心位置的影响。用 90° V 形架定位并装夹工件时，在卧式铣床上用盘形槽铣刀，或在立式铣床上用键槽铣刀铣削轴上的键槽，已经对好中心，则能保证键槽两侧和工件中心的对称度。工件外圆直径的制造公差只影响键槽的深度，如图 2—28a 所示。

若仍用 90° V 形架定位及装夹工件，在卧式铣床上安装键槽铣刀采用端铣加工，或在立式铣床上安装短刀轴用盘形槽铣刀加工键槽时，工件外圆直径的制造公差不但影响键槽的深度，更重要的是影响键槽两侧与工件中心的对称度，如图 2—28b 所示。

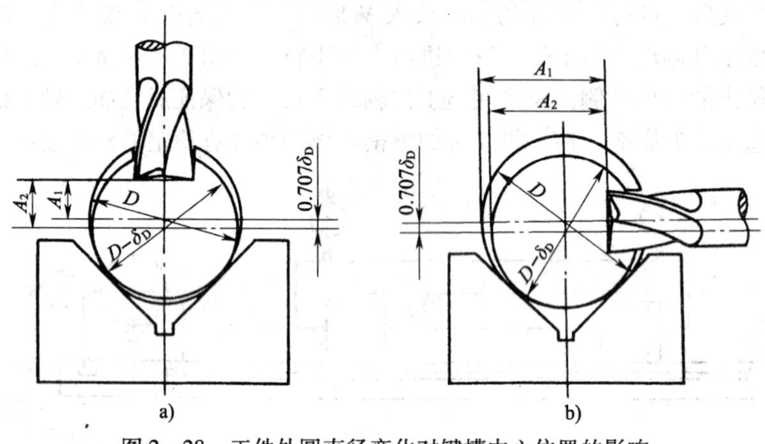

图 2—28　工件外圆直径变化对键槽中心位置的影响

a）立铣　b）端铣

由以上分析可知，用 V 形架装夹及加工轴上的键槽时，一般应采用如图 2—28a 所示的加工方法。

3. 用盘形槽铣刀铣削长轴上的键槽

（1）工件的装夹。在直径为 20～60 mm 的长轴上铣削长键槽时，可将工件放在工作台中央 T 形槽上定位，用压板压紧，用盘形槽铣刀加工。

（2）对中心的方法。铣削时，为了使盘形槽铣刀厚度的中心通过工件轴线，保证铣出的键槽两侧对称于工件中心，常采用以下两种对刀方法：

1）切痕对中心。工件装夹及校正后，使铣刀厚度的中心大致处于工件中心，开车对刀，在工件顶面上切出一个接近于铣刀宽度的椭圆形刀痕，观察铣刀两端面的中心，若处于小平面的中心位置，则铣刀厚度的中心就通过工件中心，如图 2—29 所示。中心对准后，将横向进给机构紧固，再调整及加工工件。

2）测量对中心。工件装夹并校正后，使铣刀厚度的中心大致对准工件中心，把 90°角尺放在工作台面上，用其尺身分别靠向工件两侧的母线，通过调整，用游标卡尺测量，使尺寸 $A = A'$，即对好中心，如图 2—30 所示。中心对好后，方可加工工件。

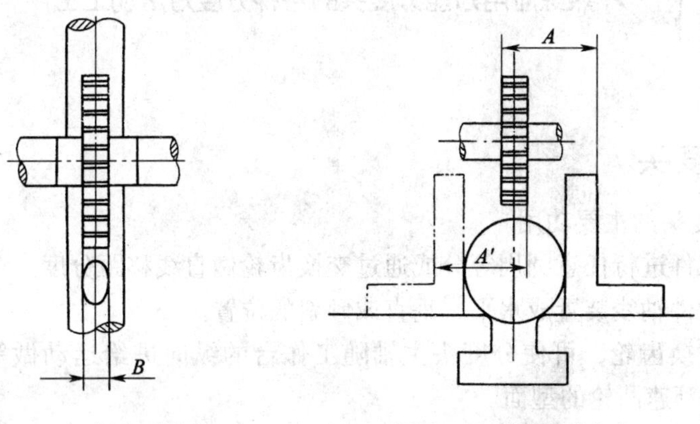

图 2—29 切痕对中心　　图 2—30 测量对中心

（3）铣削方法。用盘形槽铣刀铣削长轴上的通槽或半通槽时，深度可一次铣成，如图 2—31 所示。铣削时，用压板压在距离工件端部 60 ~ 100 mm 处，由工件端部向里铣出一段长槽，如图 2—31a 所示；然后停车，把压板移到工件端部，垫上薄铜皮夹紧工件，如图 2—31b 所示；确认铣刀碰不着压板时，再开车自动进给铣出全长。长的键槽可分数次移动压板和工件铣成，移动时应先使铣刀停止旋转，用毛刷清除槽内的切屑，退刀到原来位置，但铣刀不要脱开工件，松开压板，由工件轴向推动工件位移。铣削时应注意压板的位置，使铣刀不要碰着压板。

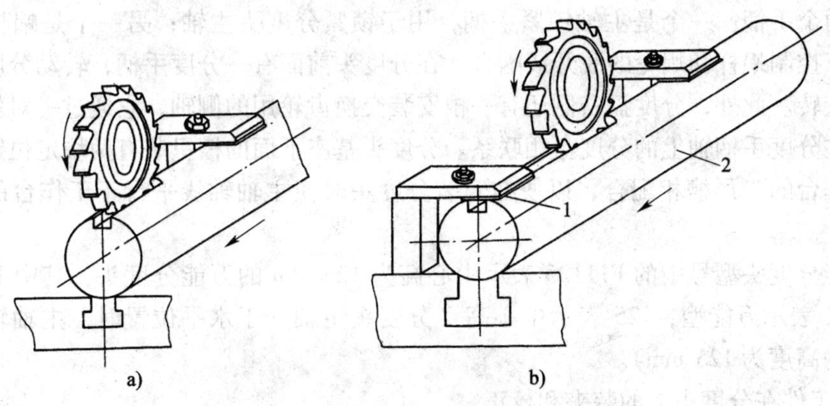

图 2—31 用盘形槽铣刀铣削长轴上的键槽

1—薄铜皮 2—工件

第三节 万能分度头及其应用

→ 掌握万能分度头的结构原理及分度方法原理
→ 熟练应用万能分度头的各种分度方法加工工件

一、万能分度头

1. 万能分度头的主要功用

（1）能将工件进行任意圆周等分或通过交换齿轮做直线移距分度。

（2）可把工件轴线装置成水平、垂直或倾斜的位置。

（3）通过配换齿轮，可使分度头主轴随工作台的纵向进给运动做等速连续旋转，以铣削螺旋面和等速凸轮的型面。

2. 万能分度头的结构和传动系统

万能分度头的型号很多，常用的为 F11125 型，如图 2—32 所示。分度头主轴是空心的，两端均为莫氏 4 号锥孔，前端锥孔用来安装顶尖或锥柄心轴，后端锥孔用来安装交换齿轮轴，作为差动分度、直线移距及加工小导程螺旋面时安装交换齿轮之用。主轴的前端外部有一段定位锥体，用于安装三爪自定心卡盘的法兰盘。松开紧固螺钉，回转体可在基座的环行导轨内转动 -6° ~90°，主轴的前端还固定着刻度盘，其上有 0° ~360°的刻线，可用于直接分度。

分度盘（俗称孔盘）上有数圈在圆周上均布的定位孔，它配合分度手柄完成不是整数转数的分度工作。在分度盘的左侧有一分度盘紧固螺钉，用以紧固分度盘；当工件需要微量调整时，松开此螺钉，可使分度手柄随分度盘一起做微量的转动。在分度头的后面有两个手柄：一个是主轴锁紧手柄，用于锁紧分度头主轴；另一个是蜗杆脱落手柄，用于控制蜗杆和蜗轮的脱开或啮合。在分度头前面有一分度手柄，转动分度手柄可使主轴旋转。此外，分度盘右侧还有一根安装交换齿轮用的侧轴，它通过一对斜齿轮副与空套在分度手柄轴上的分度盘相联系。分度头基座下面的槽里装有两块定位键，可与铣床工作台的 T 形槽相配合，以便在安装分度头时使主轴轴线平行于工作台的纵向进给方向。

万能分度头型号中的 F11125 表示中心高为 125 mm 的万能分度头，其中 F 表示分度头，11 表示万能型，125 表示中心高（分度头主轴处于水平位置时，主轴轴线到基座底面的高度为 125 mm）。

3. 工件在分度头上的装夹和校正

（1）用三爪自定心卡盘装夹及校正工件。加工轴套类工件时，可直接用三爪自定心卡盘装夹，用百分表校正工件外圆，必要时在卡爪内垫铜皮，如图 2—33 所示，使径

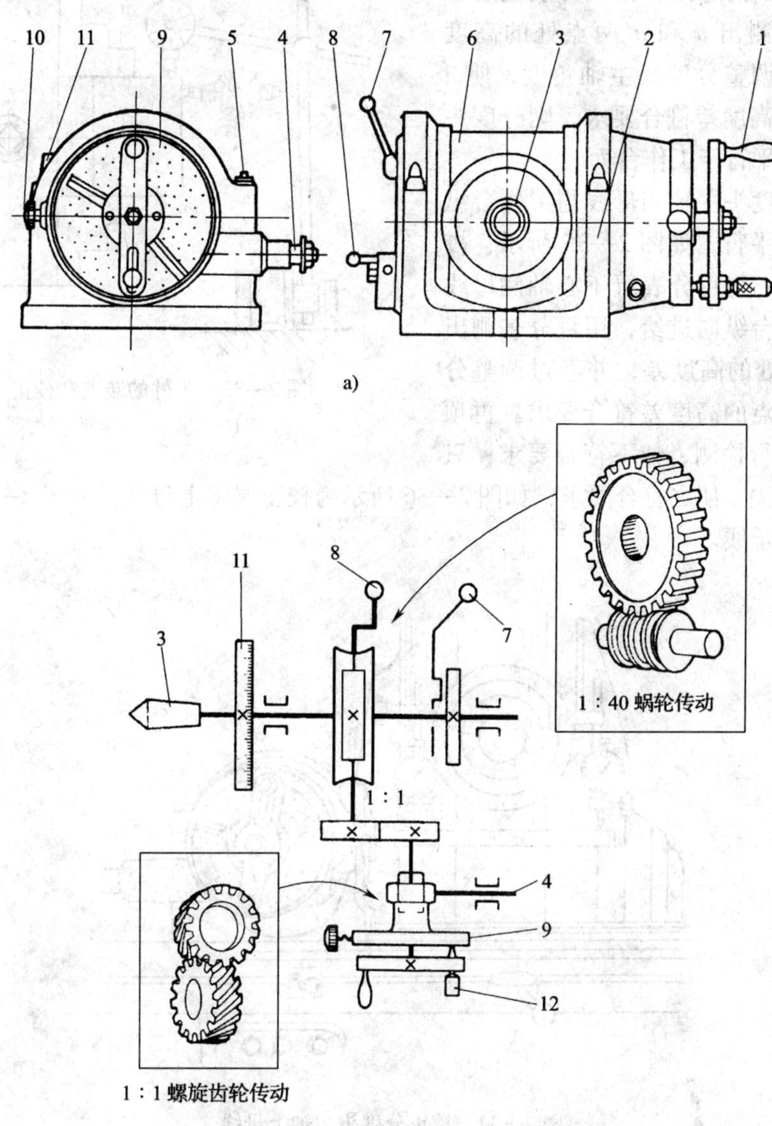

图 2—32　F11125 型万能分度头

a）外形图　b）传动系统图

1—分度手柄　2—底座　3—主轴　4—交换齿轮轴　5—回转体紧固螺母　6—回转体　7—主轴锁紧手柄　8—蜗杆脱落手柄　9—分度盘　10—分度盘紧固螺钉　11—刻度环　12—定位销

向圆跳动符合要求。用百分表校正端面时，在高点处用铜锤轻轻敲击，使端面圆跳动符合要求。工件的装夹和校正如图 2—33 所示。

（2）用两顶尖装夹并铣削两端有顶尖孔的工件。装夹工件前，先校正分度头和尾座。校正时，取锥度心轴放入分度头的主轴锥孔内，用百分表校正心轴 a 点处的径向圆跳动，如图 2—34 所示，如符合要求，再校正 a 和 a'两点处的高度差。校正方法是：使工作台纵向和横向进给，让百分表通过心轴上母线，测出 a 和 a' 两点处的高度差，并通过调整分度头主轴角度，使 a 和 a' 两点的高度差符合要求，则分度头主轴上母线平行于工作台面。

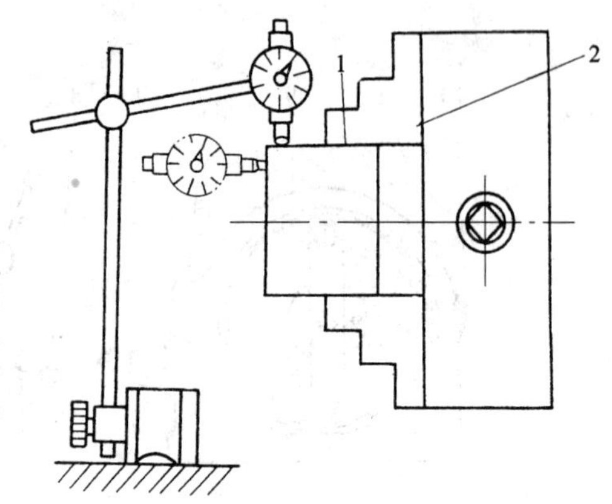

图 2—33　工件的装夹和校正

1—铜皮　2—卡爪

校正分度头主轴侧母线与工作台纵向进给方向平行，如图 2—35 所示，校正的方法是：将百分表置于心轴侧母线外，使工作台纵向进给，用百分表测出 b 和 b' 两点处的高度差，并经过调整分度头，使两点的高度差符合要求。再顶上后顶尖进行检测，如不符合要求，只调整尾座顶尖，使之符合要求，如图 2—36 所示为校正尾座上母线，如图 2—37 所示为校正尾座侧母线。

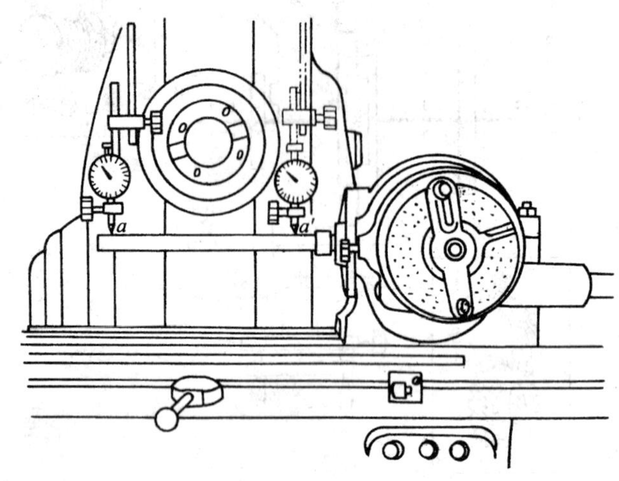

图 2—34　校正分度头主轴上母线

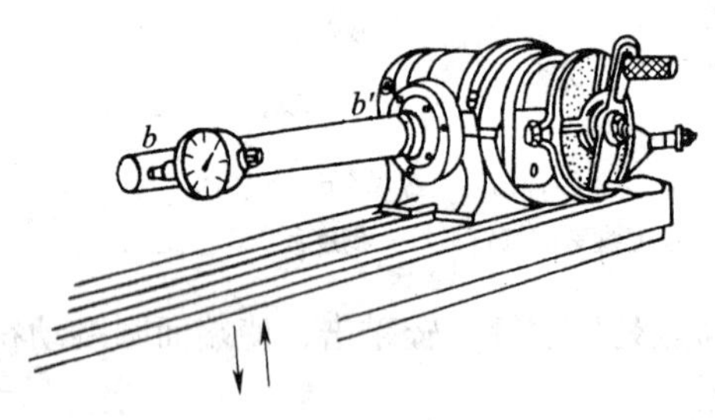

图 2—35　校正分度头主轴侧母线

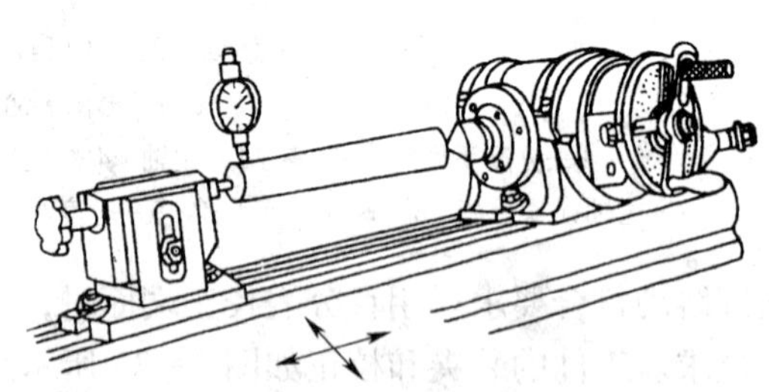

图 2—36　校正尾座上母线

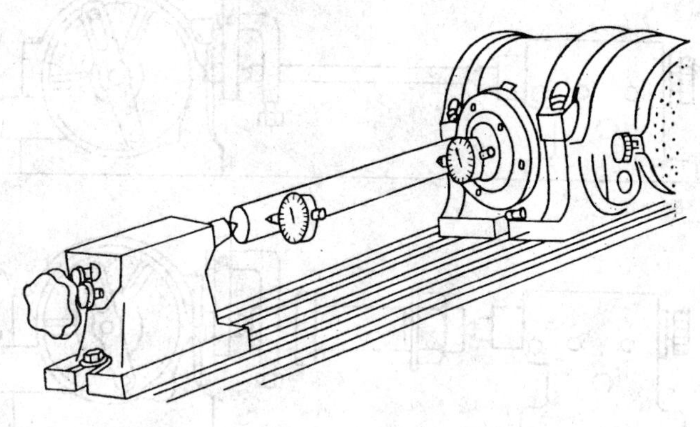

图 2—37　校正尾座侧母线

（3）一夹一顶装夹工件。铣削较长的轴类工件时，可用一夹一顶的方法装夹工件，装夹工件前，应先校正分度头主轴上母线和侧母线。校正的方法是：在三爪自定心卡盘上夹持一根标准心轴，如图 2—38 所示，校正 a 点处的径向圆跳动符合要求后，用上述方法将上母线与侧母线校正至符合要求。然后安装尾座，将标准心轴一夹一顶夹住。重复以上的校正内容。校正数值不变，说明尾座与分度头主轴同轴。若校正数值有变化，只调整尾座顶尖，使校正数值达到第一次校正的数值即可。

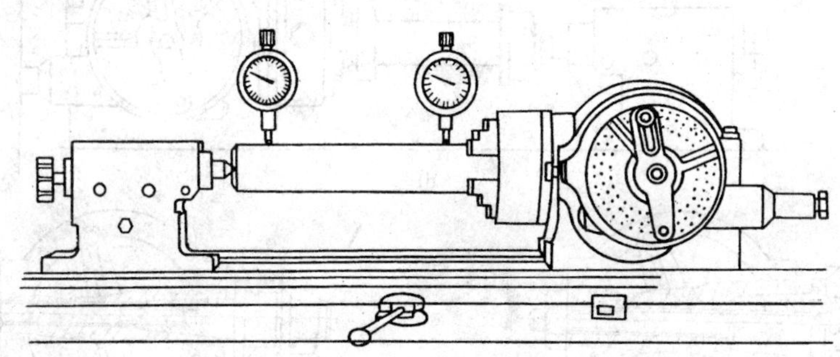

图 2—38　一夹一顶装夹工件的校正方法

（4）用心轴装夹工件。铣削套类工件时，可用锥度心轴或圆柱心轴装夹工件。首先应校正心轴轴线与分度头主轴轴线的同轴度，然后校正心轴上母线和侧母线符合要求后，再将工件装夹在心轴上进行加工。

（5）用分度头及尾座装夹工件的方式如图 2—39 所示。

二、用简单分度法铣削角度面

简单分度法是以工件等分数 z 作为计算依据的，分度时孔盘固定，转动分度手柄，通过蜗杆、蜗轮等传动副，使工件转过所需的转数。

1. 万能分度头的简单分度法

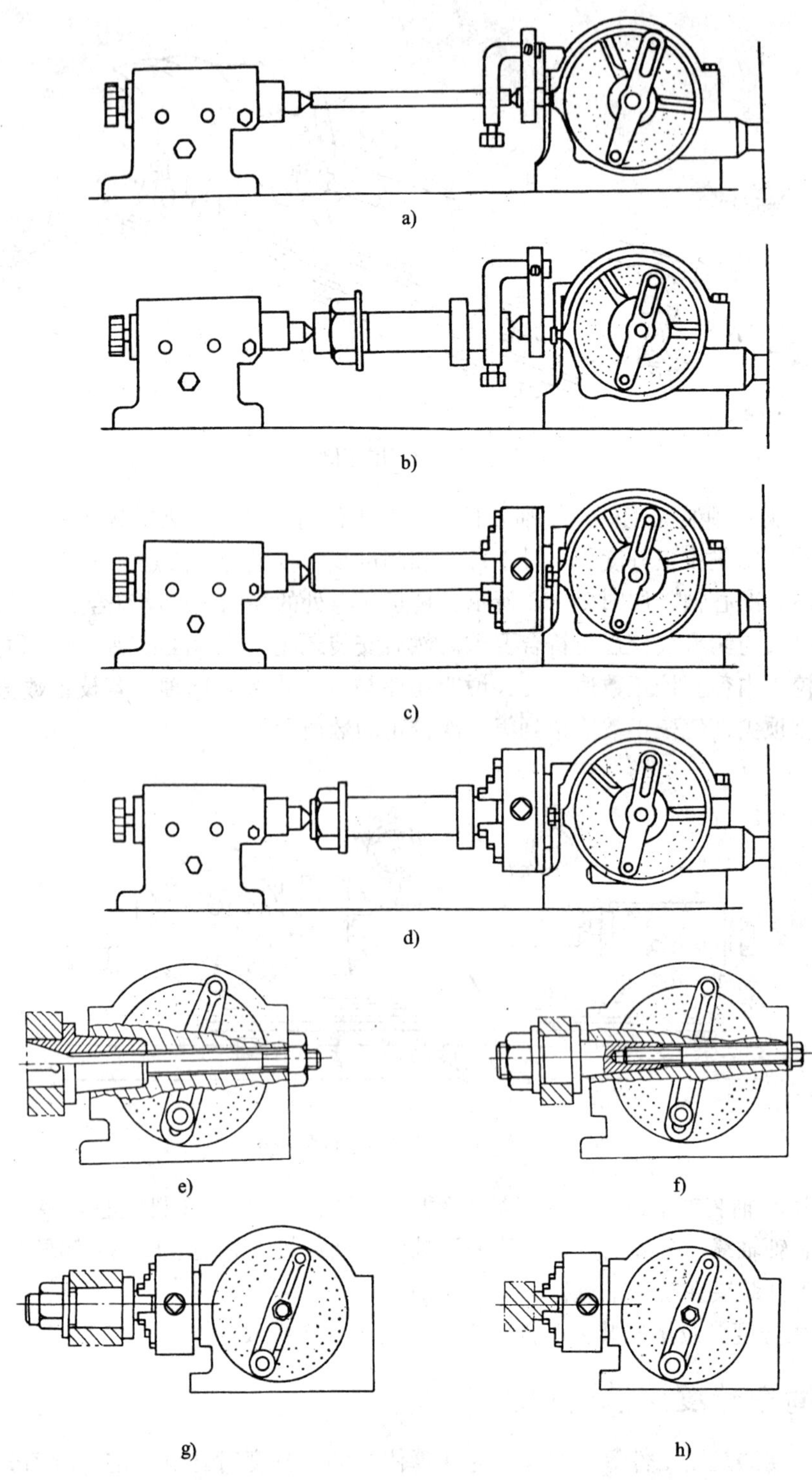

图 2—39 用分度头及尾座装夹工件的方式

a）用两顶尖装夹 b）用心轴在两顶尖间装夹 c）用三爪自定心卡盘一夹一顶装夹 d）用心轴一夹一顶装夹 e）用胀力心轴装夹 f）用锥度心轴装夹 g）用心轴和三爪自定心卡盘装夹 h）用三爪自定心卡盘装夹

由万能分度头传动系统图可知，当分度手柄转过 40 r 时，分度头主轴转 1 r。由此可知，分度手柄的转数 n 与工件等分数 z 的关系如下：

$$n = \frac{40}{z}$$

式中 n——每等分一次分度手柄应转过的转数；

z——工件的圆周等分数。

注意：选择孔圈时，在两个或两个以上的孔圈都适用时，以选择孔数多的孔圈较好，这样可减少由孔距误差而引起的角度误差，以提高分度精度。

2. 零件图分析

常见的角度面工件有棱柱、棱台等，如图 2—40 所示，一般在分度头上进行加工，其加工方法与加工平面类工件基本相同。

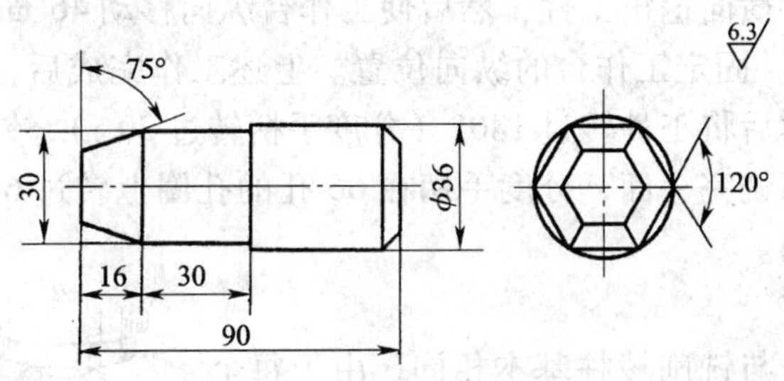

图 2—40 棱柱、棱台

角度面工件的技术要求如下：

(1) 尺寸精度。角度面工件的尺寸包括棱边的长度、棱柱或棱台的高度、两棱边的夹角和棱台的倾斜角度。

(2) 形状精度和位置精度。角度面工件的形状精度和位置精度包括棱面各表面的平面度、两相对棱面的平行度和两相邻棱面的角度。

(3) 表面粗糙度。棱面各表面均有表面粗糙度的要求。

3. 铣削棱柱

对于圆柱体上带有棱柱的零件可在立式铣床上利用分度头进行加工，如图 2—41 所示。

(1) 选择铣刀。选用 ϕ50 mm 的立铣刀，如主轴锥孔与刀具锥柄不一致，可加接中间锥套。

(2) 装夹工件。将分度头水平安放并固定在铣床工作台上，用三爪自定心卡盘装夹并找正工件，使其上母线与工作台面平行，侧母线与工作台纵向进给方向平行，伸出长度约为 50 mm，用百分表找正 ϕ36 mm 的外圆，使其径向圆跳动误差小于 0.04 mm。

(3) 确定铣削用量。调整主轴转速，使 $n = 190$ r/min，进给速度 $v_f = 37.5$ mm/min。

(4) 分度计算。以 $z = 6$ 代入式 $n = \frac{40}{z}$ 得：

$$n=\frac{40}{z}=\frac{40}{6}=6\frac{4}{6}=6\frac{44}{66}\text{ r}$$

即每铣完一面后，分度手柄应在66孔的孔圈上转过6 r后再转过44个孔距（分度叉之间包含45个孔），然后铣削第二面。

（5）铣削操作方法。在立式铣床上用立铣刀铣削棱柱如图2—41所示。装夹并找正工件后，在工件表面贴一层薄纸，开动铣床，摇动各手柄，使铣刀处于接近需铣削处的位置，然后缓慢地向上垂直进给，使立铣刀的端面刃刚好擦到薄纸，记下垂向刻度盘的刻度值后停车。横向摇动工作台，使铣刀离开工件，然后垂向上升工作台，使铣削层深度为3 mm（或留0.5 mm的余量待测量后调整），固定工作台的垂向位置。沿轴向铣削时，分别沿纵向、横向摇动工作台，使铣刀处于工件端面中间，开动铣床，使工作台缓慢纵向移动，使立铣刀的圆周刃刚好擦到工件端面，记下纵向刻度盘的刻度值后停车，横向退出工件，然后使工作台纵向移动46 mm（或留0.5 mm的余量待测量后调整），固定工作台的纵向位置。上述工作完成后，开动铣床，横向机动进给铣好一面，然后将工件转过180°（分度手柄转过20 r），铣出相对的一面，经测量后再做调整。每铣完一面，分度手柄在66孔的孔圈上转过6 r又44个孔距，依次铣完棱柱的六个面。

4. 铣削棱台

铣削棱台的方法与铣削棱柱基本相同，由于每个棱台侧面与基准轴线有一定的夹角，因此，在铣削时需要将工件扳转角度或使铣刀处于倾斜位置进行加工，其加工方法与铣削斜面类似。

单元 2

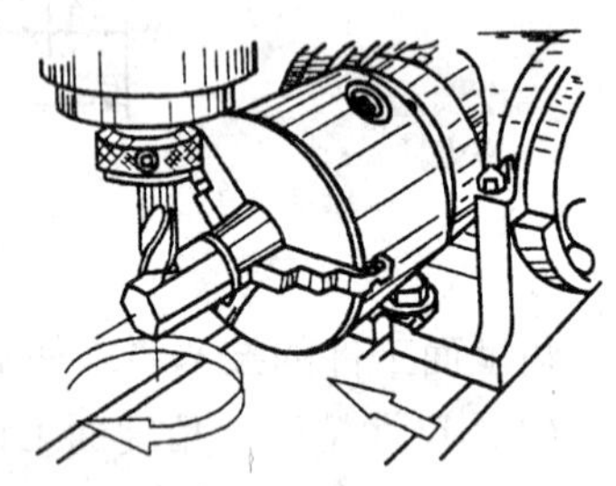

图2—41　在立式铣床上用立铣刀铣削棱柱

（1）将工件扳转角度铣削棱台。如图2—42所示，在立式铣床上，将分度头按棱台侧面与基准轴线夹角的要求扳转一个仰角 α（$\alpha=15°$），随后将工件装夹在三爪自定心卡盘内，确保铣刀轴线与工作台面垂直后进行铣削加工。

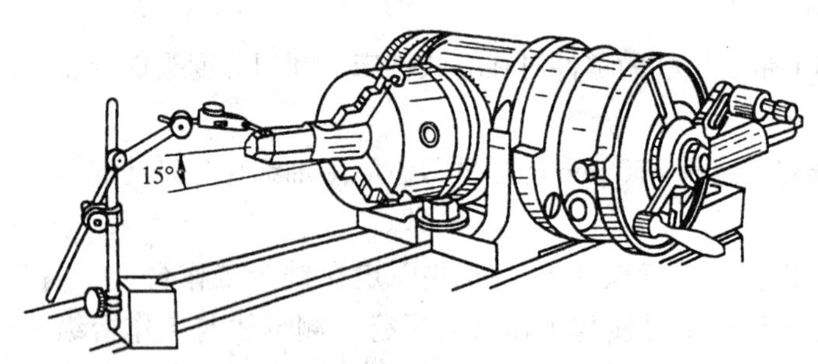

图2—42　将工件扳转角度铣削棱台

（2）将立铣头扳转角度铣削棱台。如图2—43所示，在立式铣床上，将立铣头按棱台侧面与工件轴线夹角的要求扳转一个角度，将铣刀安装在立铣头内，确保分度头及工件轴线与工作台面平行后进行铣削加工。

三、用差动分度法刻线

刻线是指在刻线刀处于静止状态下，用手动进给使工作台做纵向（或横向）移动，再用分度头对工件进行圆周分度或直线移距，从而使刻线刀的刀尖在工件表面上刻划出有一定间隔、一定深度和长度，并且分度准确，线条清晰、均匀、整齐的角度线、圆周等分线或90°角尺的线条。

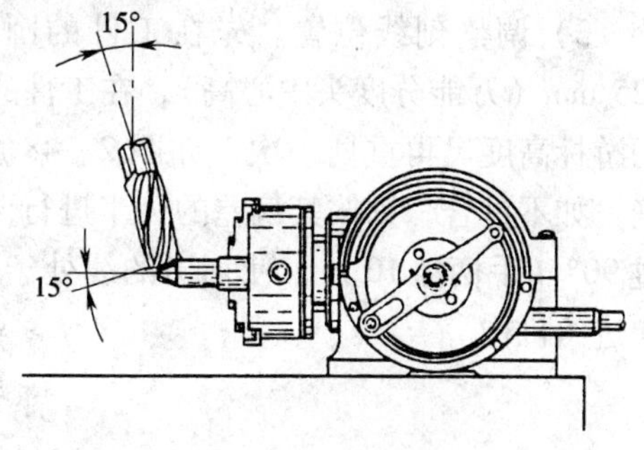

图 2—43　将立铣头扳转角度铣削棱台

1. 在圆柱面上刻线

（1）刻线刀具的几何角度。刻线刀具的几何角度如图 2—44 所示，一般前角 $\gamma_o \approx 0° \sim 8°$，刀尖角 $\varepsilon_r \approx 45° \sim 60°$，后角 $\alpha_o \approx 6° \sim 10°$。它一般是利用废旧键槽铣刀、中心钻、锯片铣刀或高速钢车刀等磨制而成的。

（2）安装刻线刀具。在卧式铣床上安装方形柄部的刻线刀具时需采用专用刀夹，如图 2—45 所示。先将刀夹安装在铣刀杆上，再将刻线刀具插入刀夹的方孔内，用螺钉紧固。通常也可将刻线刀具用垫圈直接夹紧在铣刀杆上（见图 2—47）。在立式铣床上，可用铣刀夹头和弹性套将由废旧键槽铣刀等改制成的刻线刀具安装在立铣头的主轴锥孔中。

（3）在圆柱面上刻圆周等分线。在圆柱面上刻圆周等分线的零件图如图 2—46 所示，可在 X6132 型卧式万能铣床上进行刻线，其操作方法如下：

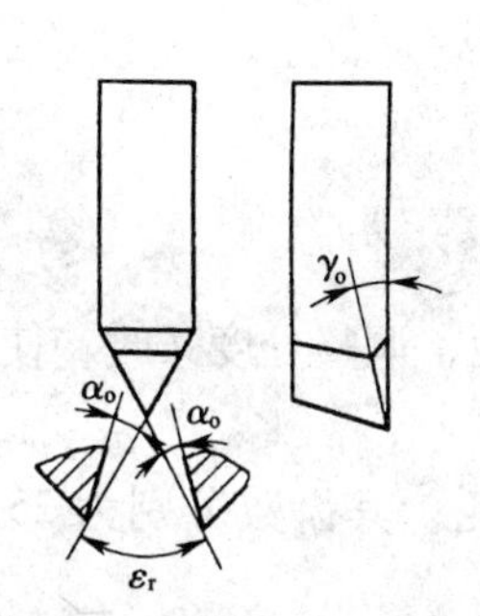

图 2—44　刻线刀具的几何角度

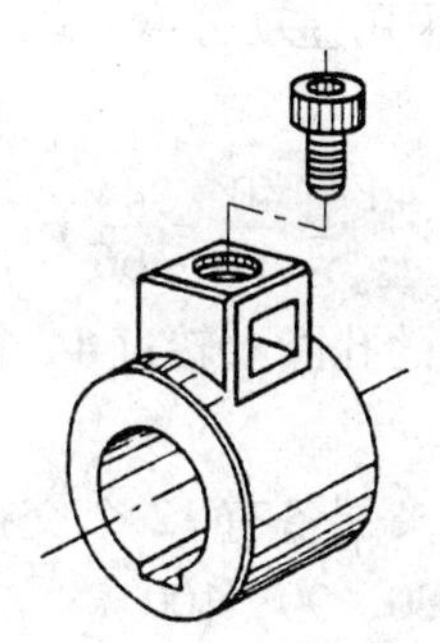
图 2—45　安装刻线刀具的专用刀夹

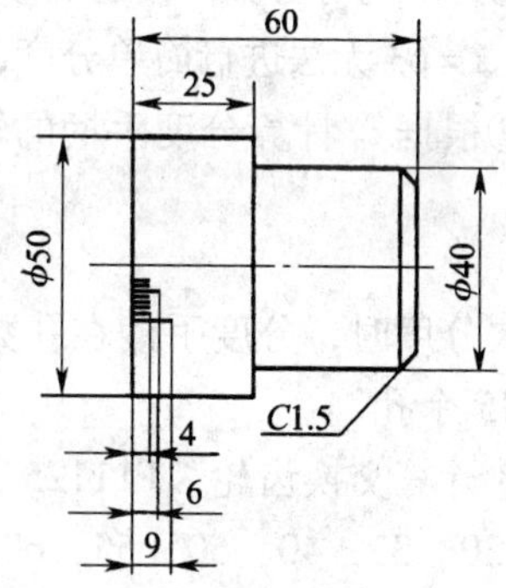

2—46　在圆柱面刻圆周等分线的零件图

1）将宽为 12 mm、长为 100 mm 的正方形柄部的高速钢刻线刀具安装在 ϕ32 mm 的长铣刀杆上，并用垫圈紧固，如图 2—47 所示为刻线刀具的安装与刻线加工示意图。将主轴转速调至最低挡，并将主轴换向开关转到“停止”位置。

2）将 F11125 型万能分度头水平安装在工作台上，使分度头主轴轴线与工作台面及工作台纵向进给方向平行，将工件装夹在三爪自定心卡盘中，用百分表找正时使工件圆柱表面的径向圆跳动误差小于 0. 03 mm 即可。

3）调整刻线位置。先在工件的圆柱面上划出中分线，即将游标高度尺调整到125 mm（万能分度头中心高），在工件的两侧分别划出一条线，再将分度头转过180°，用游标高度尺再重划一次，如图2—48所示。如两次划出的线重合，说明划线位置准确。如不重合，则按其偏差的一半进行调整，直至划出的线重合为止。然后将分度头转过90°（手柄摇10 r），使划出的线处于上方，将刻线刀的刀尖对准划出的线，紧固横向进给机构。

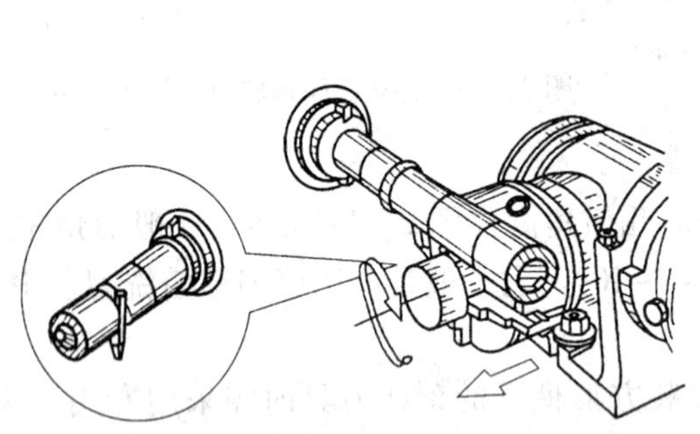

图2—47　刻线刀具的安装与刻线加工示意图

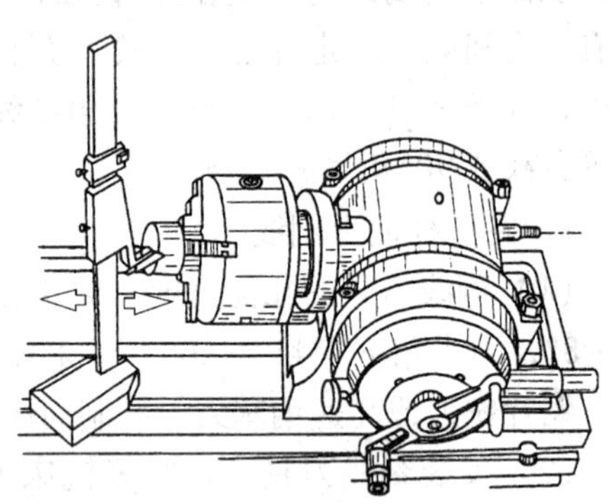

图2—48　划中分线

（4）根据等分线条数计算分度手柄的转数，选择相应孔圈的分度盘。圆柱面工件要求刻63条等分线条，简单分度法不能解决此问题，此时可应用差动分度法来解决。差动分度计算及交换齿轮的配置方法如下：

1）差动分度计算

①选取与等分数 z 接近的假定等分数 z_0，z_0 的数值能进行简单分度，并尽量使 $z_0 < z$。例如，$z = 63$ 无法进行简单分度，所以采用差动分度，取 $z_0 = 60$。

②根据 z_0 计算分度手柄的转数 n_0。

$$n_0 = \frac{40}{z_0} = \frac{40}{60} = \frac{44}{66}\text{ r}$$

即每次分度时，分度手柄在孔数为66的孔圈上转过44个孔距，调整分度叉时，使其中包括45个孔。

③计算交换齿轮。F11125型分度头配备有12个交换齿轮，其齿数分别为25（两个），30，35，40，50，55，60，70，80，90，100。

差动分度交换齿轮的计算公式为：

$$\frac{z_1 z_3}{z_2 z_4} = \frac{40(z_0 - z)}{z_0}$$

式中　z_1，z_3——主动轮齿数；

z_2，z_4——从动轮齿数。

交换齿轮为：

$$\frac{z_1 z_3}{z_2 z_4} = \frac{40(z_0 - z)}{z_0} = \frac{40(60 - 63)}{60} = -\frac{80}{40}$$

即主动轮 $z_1 = 80$，从动轮 $z_2 = 40$，负号表示分度盘与分度手柄转向相反。取中间轮的数目时也应保证分度盘与分度手柄转向相反。

2）差动分度交换齿轮的配置。差动分度交换齿轮的配置如图 2—49 所示。

①将主轴交换齿轮轴 1 装入分度头主轴后端的锥孔内。

②装上主动轮 $z_1=80$。

③装上套圈 7、垫圈 8 和螺母 9 并紧固，以防止传动时脱落。

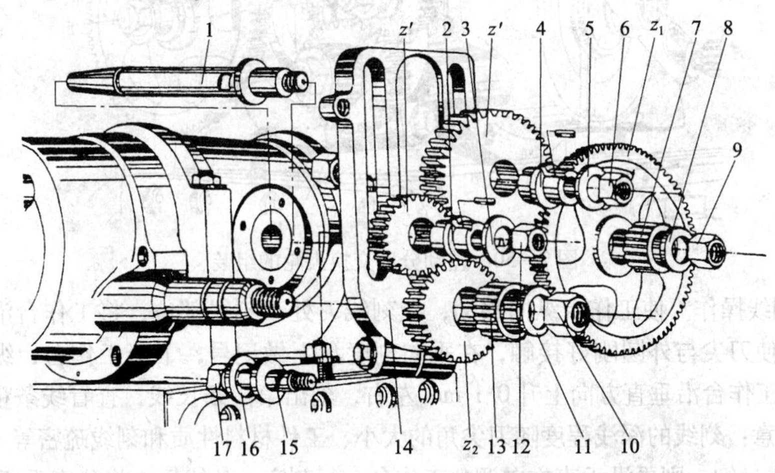

图 2—49　差动分度交换齿轮的配置

1—主轴交换齿轮轴　2，4—齿轮套　3，5，8，11，16—垫圈　6，9，10，12，17—螺母　7，13—套圈　14—交换齿轮架　15—交换齿轮轴

④在侧轴上装上交换齿轮架 14、从动轮 $z_2=40$、套圈 13、垫圈 11 和螺母 10。

⑤紧固交换齿轮架 14，在交换齿轮架上装入交换齿轮轴 15、垫圈 16、螺母 17、齿轮套 2 及中间轮 z'，使中间轮 z'与从动轮 z_2 适当啮合（啮合后齿轮之间摆动 5°左右），然后紧固螺母 17，再装上垫圈 3 和螺母 12。

⑥装上交换齿轮轴 15、齿轮套 4 及中间轮 z'，使之适当啮合，然后紧固螺母 17，再装上垫圈 5 和螺母 6。

⑦松开交换齿轮架 14，使中间轮 z'与主动轮 z_1 适当啮合，然后紧固交换齿轮架 14。

⑧松开分度盘紧固螺钉，在交换齿轮、交换齿轮轴套部分与分度头各油孔加注润滑油。

⑨检查交换齿轮并摇动分度手柄，检查啮合情况，并观察分度手柄的转向是否与分度盘的转向相反，如不对，则应减少或增加中间轮。

差动分度交换齿轮的组装如图 2—50 所示。

（5）调整刻线长度。使工作台纵向移动，让刻线刀的刀尖刚好与工件端面对齐，然后在纵向进给刻度盘上画线做记号。下降工作台，根据记号摇动纵向手柄，调整刻线长度，控制长线为 9 mm、中线为 6 mm、短线为 4 mm，分别用不同的颜色在纵向刻度盘上做记号。

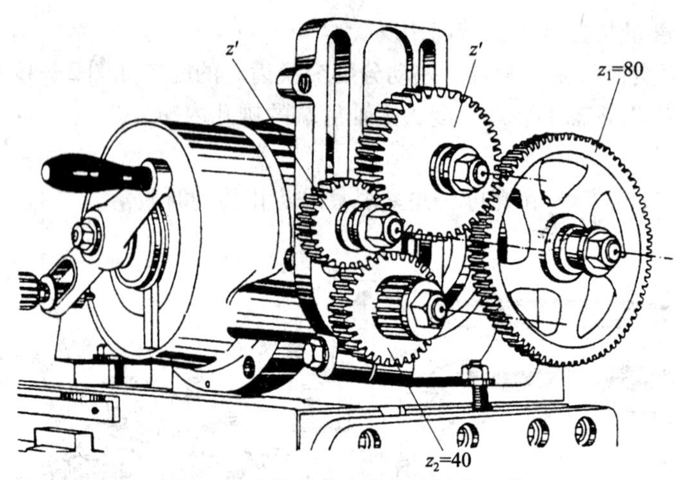

图 2—50 差动分度交换齿轮的组装

（6）刻线操作。使工作台纵向移动，让刻线刀处于刻线部位，将工作台沿垂直方向缓慢上升，使刀尖与外圆刚好接触，在垂向刻度盘上做记号，下降工作台，纵向退出工件。然后将工作台沿垂直方向上升 0.1 mm 左右，刻出第一条长线，查看线条粗细是否符合要求（注意：刻线的深浅程度随刀尖角的大小、工件材料性质和刻线疏密等不同而有变化），若刻线过细，则再沿垂直方向调整工作台。每刻完一条线后，将分度手柄在 66 孔的孔圈上摇过 44 个孔距（分度叉之间包含 45 个孔），再分别刻短线、中线和长线。

2. 在圆锥面上刻线

在圆锥面上刻线的零件图及装夹方法如图 2—51 所示，可用心轴装夹工件并装夹在三爪自定心卡盘内。分度头主轴轴线与工作台面及工作台纵向进给方向平行，找正圆锥小端的外圆，使其径向圆跳动误差小于 0.03 mm 即可。

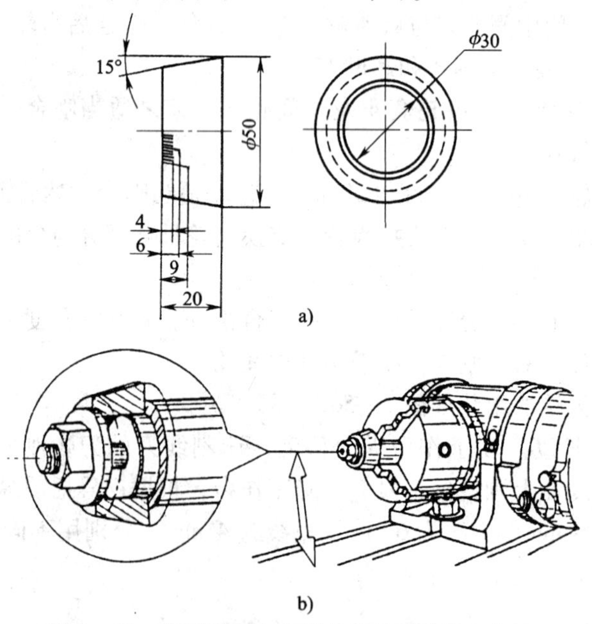

图 2—51 在圆锥面上刻线的零件图及装夹方法

先在工件的圆锥面上划出中分线，再把分度头主轴轴线倾斜与锥角相同的角度，使圆锥的母线与工作台面平行，然后将分度头转过90°，使划出的中分线处于上方，将刻线刀的刀尖对准划出的线，紧固横向进给机构，在圆锥面上刻线的操作方法与在圆柱面上刻线相同。

四、用直线移距分度法在平面上刻线

1. 主轴交换齿轮法

主轴交换齿轮法是指利用交换齿轮使主轴与工作台纵向进给丝杆连接，如图2—52所示。当在转动分度手柄时，通过交换齿轮传动至工作台纵向进给丝杆，使工作台精确移距。

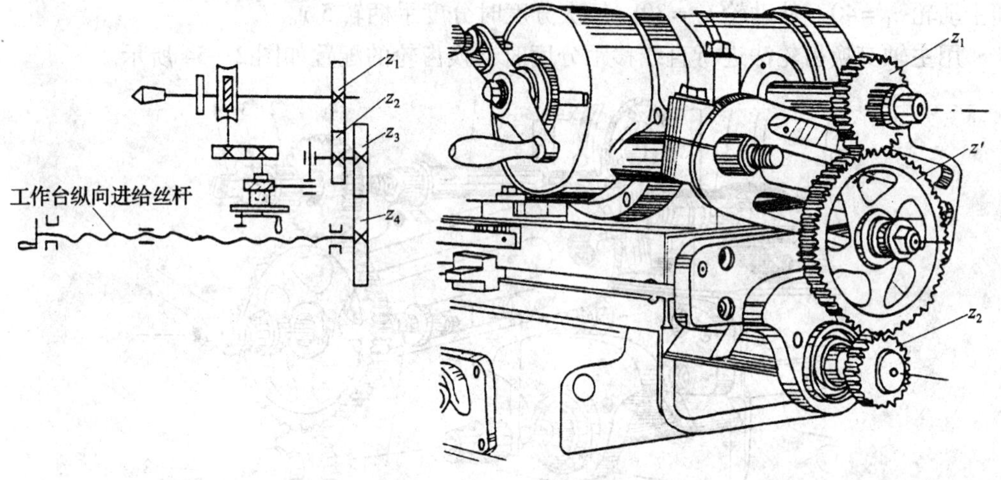

图2—52 主轴交换齿轮法

其交换齿轮按下式计算：

$$\frac{z_1 z_3}{z_2 z_4}=\frac{40L_i}{nP_{丝}}$$

式中 z_1，z_3——主动轮齿数；

z_2，z_4——从动轮齿数；

L_i——工件每等份的距离，mm；

$P_{丝}$——工作台纵向进给丝杆的螺距，mm；

n——每次分度时分度手柄的转数，r。

2. 在平面上刻线

在平面工件上刻线可以在立式铣床或卧式铣床上进行，一般情况下，利用分度头进行直线移距。在平面上刻线的零件图如图2—53所示，可在X5032型立式铣床上进行刻线，其操作方法如下：

（1）交换齿轮的计算和配置。由图2—53可知，每条线间距 $L_i=1$ mm，铣床工作台纵向进给丝杆的螺距 $P_{丝}=6$ mm，取 $n=5$。计算交换齿轮的齿数可得：

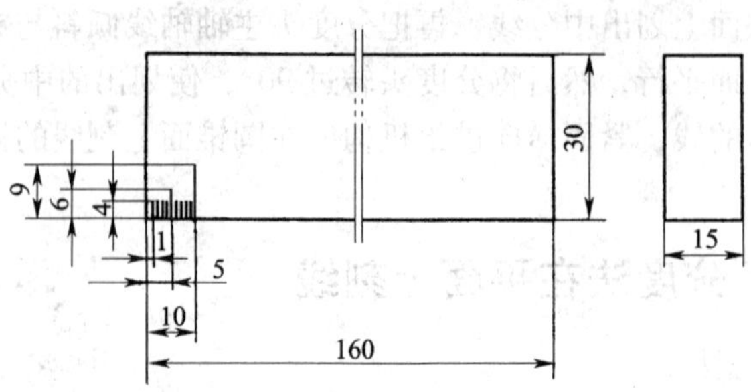

图 2—53　在平面上刻线的零件图

$$\frac{z_1 z_3}{z_2 z_4}=\frac{40L_i}{nP_{丝}}=\frac{40\times 1}{5\times 6}=\frac{40}{30}$$

即主动轮 $z_1=40$，从动轮 $z_2=30$，每次分度时分度手柄转 5 r。

用主轴交换齿轮法进行直线移距分度时交换齿轮的配置如图 2—54 所示。

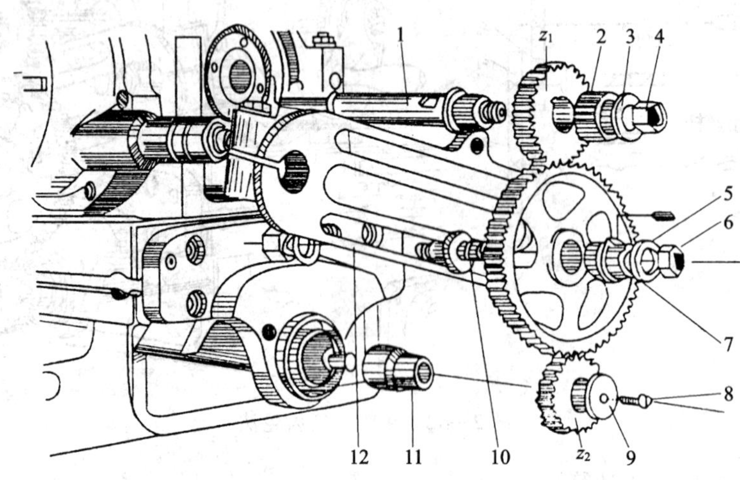

图 2—54　进行直线移距分度时交换齿轮的配置

1—锥柄交换齿轮心轴　2—套圈　3，5，9—垫圈　4，6—螺母　7—齿轮套　8—螺钉　10—交换齿轮轴　11—轴套　12—交换齿轮架

（2）安装刻线刀具。先将铣刀夹头安装在立铣头主轴锥孔中，用弹性套将 ϕ10 mm 的刻线刀（利用废旧键槽铣刀刃磨而成）紧固牢靠，并使刻线刀的前面与机床用平口虎钳的固定钳口平行。将主轴转速调至最低挡，同时将主轴换向开关转到“停止”位置。

（3）装夹工件。将机床用平口虎钳找正并安装在工作台上，使其固定钳口与工作台纵向进给方向平行。将工件装夹在平口虎钳中，并垫上适当高度的平行垫铁，使工件高出钳口约 5 mm，找正工件上平面，使其与工作台面的平行度误差小于 0.03 mm。

（4）端面对刀。在平面上刻线的步骤如图 2—55 所示，先摇动垂向进给、横向进给和分度手柄，使刻线刀的刀尖与工件端面对齐，如图 2—55a 所示，记下分度盘上的位置，作为移距的起点。

（5）侧面对刀。横向退出工件，将分度手柄摇 5 r，摇动横向进给手柄，使刻线刀的刀尖与工件侧面对齐，如图 2—55b 所示，在横向进给刻度盘上做记号。下降工作台，根据记号摇动横向进给手柄，调整刻线长度，控制长线为 9 mm、中线为 6 mm、短线为 4 mm，分别用不同的颜色在横向进给刻度盘上做记号。

（6）刻线操作。摇动横向进给手柄，使刀尖处于刻线部位，缓慢垂向进给，使刀尖与工件上平面刚好接触，在垂向进给刻度盘上做记号，下降工作台，横向退出工件。然后垂向进给 0. 1 mm 左右，刻出第一条短线，查看线条粗细是否符合要求，若刻线过细，再调整垂向进给机构。每刻完一条线后，将分度手柄摇 5 r，依次刻完短线、中线和长线，如图 2—55c 所示。

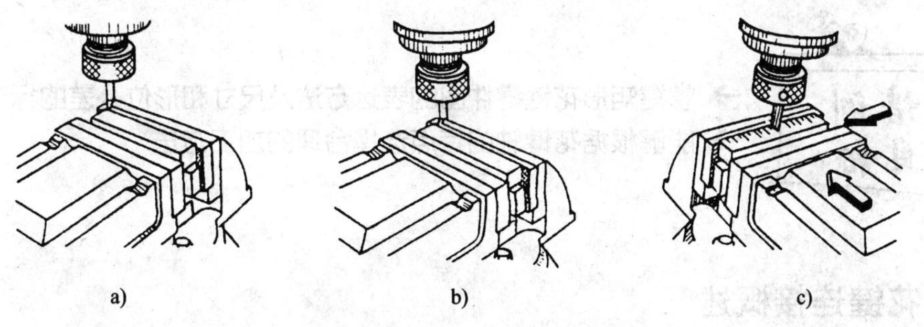

图 2—55　在平面上刻线的步骤

3. 在圆柱端面上刻线

在圆柱端面上刻线时工件的装夹、找正、分度计算等与在圆柱面上刻线的方法相同，只是刻线刀具的安装方法不同，如图 2—56 所示为刻线刀具的安装与刻线加工示意图。在圆柱端面上刻线的零件图如图 2—57 所示，可在 X6132 型卧式万能铣床上进行刻线，其操作方法如下：

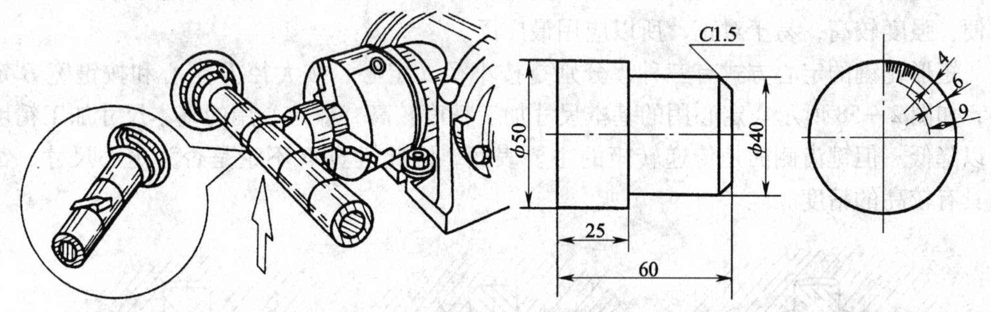

图 2—56　刻线刀具的安装与刻线加工示意图　　图 2—57　在圆柱端面上刻线的零件图

（1）划线。在工件的圆柱端面上划出中心线。划线时将游标高度尺调整到 125 mm，在工件的端面划出一条线，然后将分度头转过 180°，用游标高度尺再重划一次，如两次划出的线重合，说明划线位置准确。如不重合，则按其偏差的一半进行调整，直至划出的线重合为止。然后将分度头转过 90°（手柄摇 10 r），使划出的线处于上方，将刻线刀的刀尖对准划出的线，紧固横向进给机构。

（2）调整刻线长度。使刻线刀的刀尖刚好与工件外圆对齐，然后在垂向进给刻度盘上画线做记号。手动纵向退出工件，根据记号摇动垂向进给手柄，调整刻线长度，控制长线为 9 mm、中线为 6 mm、短线为 4 mm，分别用不同的颜色在垂向进给刻度盘上做记号。

（3）刻线操作。摇动工作台垂向进给手柄，使刻线刀处于刻线部位，让工作台缓慢纵向进给，使刀尖与端面刚好接触，在纵向进给刻度盘上做记号，纵向退出工件，下降工作台。然后使工作台纵向进给0.1 mm左右，手动上升工作台，刻出长线，查看线条粗细是否符合要求，若刻线过细，则再沿纵向调整工作台。每刻完一条线后，逐个分度，再分别刻短线、中线和长线。

第四节　花键轴的加工

→ 掌握矩形花键零件图的表达方法及尺寸和形位公差的标注
→ 能够根据花键轴的特点选择合理的加工方法

一、花键连接概述

花键连接广泛应用于机械传动中，它是利用花键轴上的花键齿与传动零件（如齿轮等）上花键孔相应的凹槽相配合传递运动和转矩的。与单键连接相比较，花键连接具有定心精度高、导向性好、承载能力强、能传递较大的转矩和连接可靠等优点；但制造较困难。

1. 花键的类型及定心方式

花键按其齿廓形状不同，分为矩形花键和渐开线花键两类。其中矩形花键由于加工方便，强度较高，易于对正，所以应用最广泛。

矩形花键的定心方式有三种，分别是按小径 d 定心、按大径 D 定心和按键宽 B 定心，如图2—58所示。定心用的基本尺寸加工精度较高，非定心用的基本尺寸加工精度可以降低。但键齿侧面是传递转矩的主要表面，因此键宽 B 不论是否为定心尺寸，都应具有较高的精度。

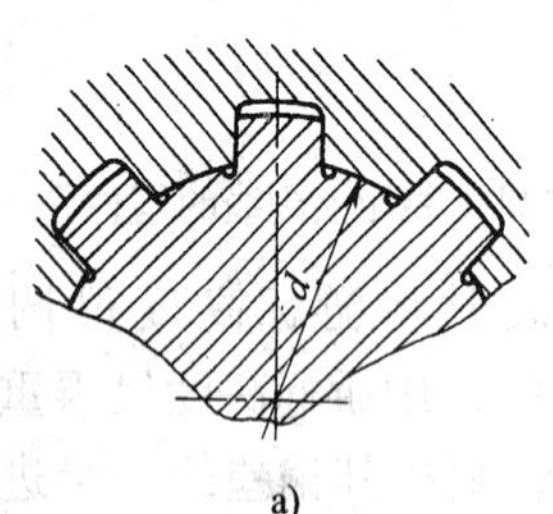

a)

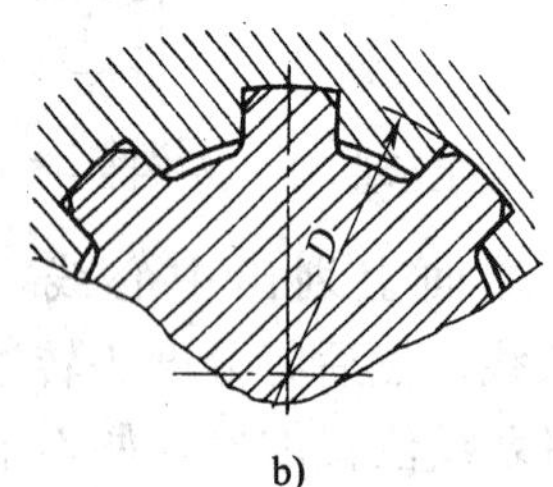

b)

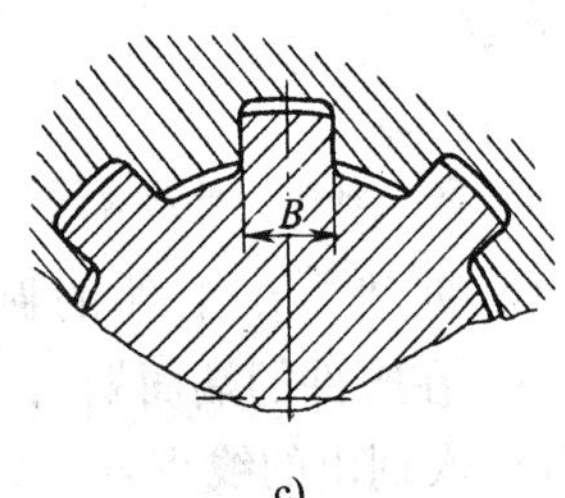

c)

图2—58　矩形花键的定心方式

a）按小径定心　b）按大径定心　c）按键宽定心

由于内花键的小径可用内圆磨床加工，外花键的小径可由专用的花键磨床加工，因此可以获得较高的精度，这对于要求定心表面硬度高的花键连接来说加工非常方便，因而选用小径定心更有利。

2．花键的规定画法与标注

花键是一种常用的标准结构，其结构和尺寸都已经标准化。矩形花键的基本尺寸如图 2—59 所示。

矩形花键主要有三个基本参数，即大径 D、小径 d、键（槽）宽 B。矩形花键基本尺寸系列见表 2—9。

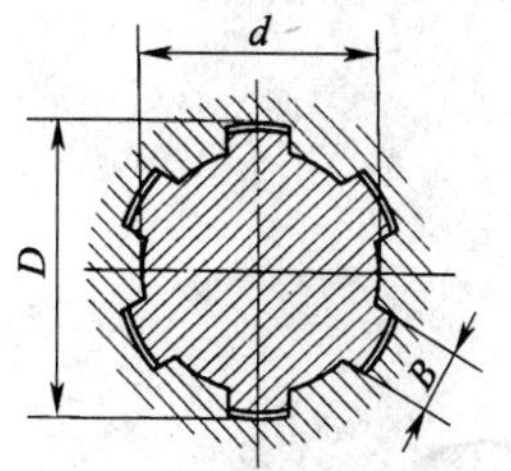

图 2—59　矩形花键的基本尺寸

表 2—9　**矩形花键基本尺寸系列**

小径 d（mm）	轻系列				中系列			
	规格 $N \times d \times D \times B$	键数 N	大径 D（mm）	键宽 B（mm）	规格 $N \times d \times D \times B$	键数 N	大径 D（mm）	键宽 B（mm）
11		6			6×11×14×3	6	14	3
13					6×13×16×3.5		16	3.5
16					6×16×20×4		20	4
18					6×18×22×5		22	5
21					6×21×25×5		25	5
23	6×23×26×6		26	6	6×23×28×6		28	6
26	6×26×30×6		30	6	6×26×32×6		32	6
28	6×28×32×7	8	32	7	6×28×34×7	8	34	7
32	8×32×36×6		36	6	8×32×38×6		38	6
36	8×36×40×7		40	7	8×36×42×7		42	7
42	8×42×46×8		46	8	8×42×48×8		48	8
46	8×46×50×9		50	9	8×46×54×9		54	9
52	8×52×62×10		58	10	8×52×60×10		60	10
56	8×52×56×10		62	10	8×56×65×10		65	10
62	8×62×68×12		68	12	8×62×72×12		72	12

花键轴与花键孔的画法如图 2—60 所示。

矩形花键的标记代号应按次序包括下列内容：键数（N），小径（d），大径（D），键宽（B），花键的公差代号（大写表示内花键，小写表示外花键），以及矩形花键的国家标准代号。

例如，花键 $N=6$，$d=23\ \dfrac{\mathrm{H7}}{\mathrm{f7}}$，$D=26\ \dfrac{\mathrm{H10}}{\mathrm{a11}}$，$B=6\ \dfrac{\mathrm{H11}}{\mathrm{d10}}$的标记如下：

内花键：6×23H7×26H10×6H11　GB/T 1144—2001

外花键：6×23f7×26a11×6d10　GB/T 1144—2001

花键副：$6\times23\ \dfrac{\mathrm{H7}}{\mathrm{f7}}\times26\ \dfrac{\mathrm{H10}}{\mathrm{a11}}\times6\ \dfrac{\mathrm{H11}}{\mathrm{d10}}$　GB/T 1144—2001

花键的标注方法有两种：一种是在花键图中分别标注出 d，D，B 和 N；另一种是用指引线注出花键代号。无论采用哪种注法，花键的工作长度 L 都要在图中注出，如图 2—60 所示。

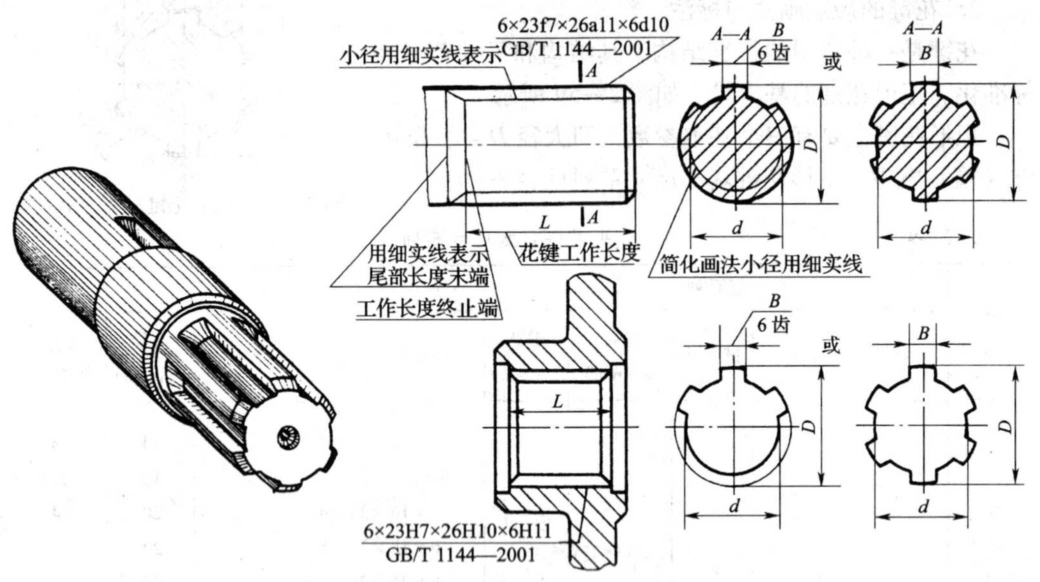

图 2—60　花键轴与花键孔的画法

矩形花键的连接采用小径定心的优点是：定心精度高，稳定性好，有利于提高产品质量。目前世界上工业发达的国家都采用小径定心，这也便于国际间的技术交流。

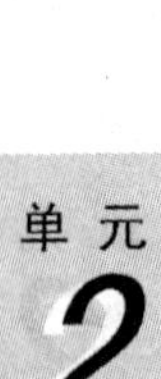

3．矩形花键的公差与配合

国家标准《矩形花键尺寸、公差和检验》（GB/T 1144—2001）规定了圆柱轴用小径定心矩形花键的基本尺寸、公差与配合、检验规则和标记方法。现简介如下：

（1）矩形花键的基本尺寸系列。矩形花键的尺寸规定了轻、中两个系列，其基本尺寸见表 2—9。

（2）矩形花键的公差与配合

1）花键的尺寸公差带。矩形花键的精度分为精密传动用和一般用两种。在每种精度的配合中，又分为滑动、紧滑动和固定三种装配形式。内花键和外花键的尺寸公差带见表 2—10。

表 2—10　　内花键和外花键的尺寸公差带

内花键				外花键			装配形式
d	*D*	*B*		*d*	*D*	*B*	
		拉削后不热处理	拉削后热处理				
一般用							
H7	H10	H9	H11	f7	a11	d10	滑动
				g7		f9	紧滑动
				h7		h10	固定

续表

内花键				外花键			装配形式
d	D	B		d	D	B	
		拉削后不热处理	拉削后热处理				
精密传动用							
H5	H10	H7，H9		f5	a11	d8	滑动
				g5		f7	紧滑动
				h5		h8	固定
H6				f6		d8	滑动
				g6		f7	紧滑动
				h6		h8	固定

注：1. 对于精密传动的内花键，当需要控制键侧的配合间隙时，槽宽可选用 H7，一般情况下可选用 H9。

2. 小径 d 为 H6 和 H7 的内花键允许与提高一级的外花键配合。

3. 小径 d 的极限尺寸应遵守包容原则。

2）花键的形位公差。花键的形位公差主要包括：花键和键槽的位置度公差（包括等分度、对称度）；大径对小径的同轴度公差；键和键槽侧面对小径轴线的平行度公差；小径轴线的直线度公差等。

①花键（或键槽）的位置度公差。花键的位置度公差如图 2—61 所示，其规定见表 2—11。

②花键（或键槽）的对称度公差。花键的对称度公差如图 2—62 所示，其规定见表 2—12。

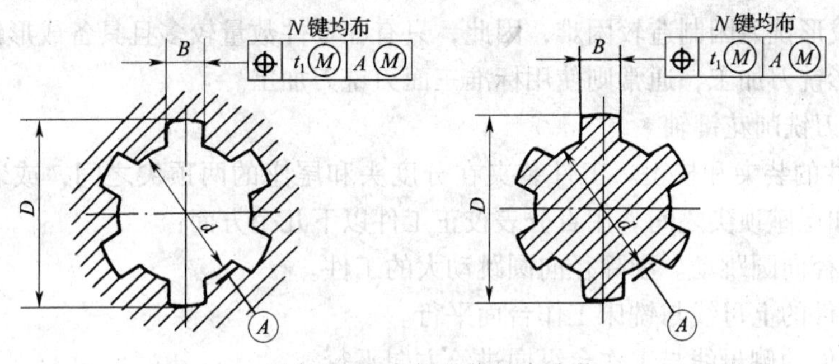

图 2—61 花键的位置度公差

表 2—11 花键的位置度公差 mm

键槽宽或键宽 B		3	3.5	4	5	6	7	8	9	10	12	14	16	18
		t_1												
键槽宽		0.010		0.015			0.020				0.025			
键宽	滑动、固定	0.010		0.015			0.020				0.025			
	紧滑动	0.006		0.010			0.013				0.016			

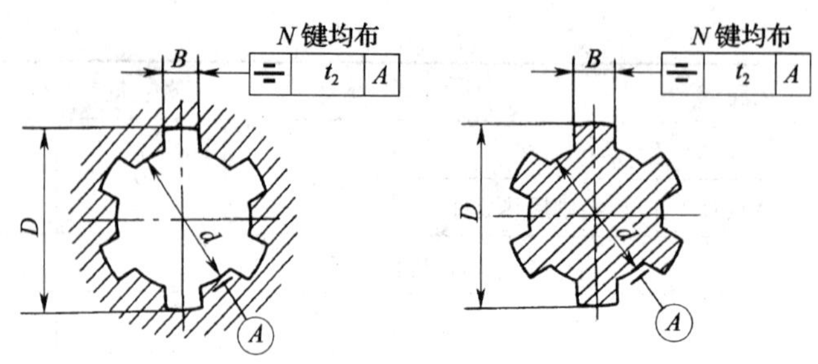

图 2—62　花键的对称度公差

表 2—12　　**花键的对称度公差**　　mm

键槽宽或键宽	3	3.5	4	5	6	7	8	9	10	12	14	16	18
B	t_1												
一般用	0.010	0.012				0.015				0.025			
精密传动用	0.010	0.015				0.020				0.025			

③花键的等分度公差值等于键宽的对称度公差值。

对于较长的花键，可根据产品性能自行规定键侧对轴线的平行度公差。

二、外花键的铣削

大批量生产的外花键用滚刀按展成法在花键铣床上进行加工，这种方法具有较高的生产率和加工精度。在单件、小批量生产或缺乏花键铣床等专用设备情况下，常在普通卧式铣床上利用分度头进行铣削加工。外花键的铣削以加工大径定心的矩形花键轴为主，对于以小径定心的花键轴，一般只进行粗加工。

在铣床上加工花键轴的方法有：用单刀铣削法、用组合铣刀铣削法和用成形铣刀铣削法三种。成形铣刀因制造较困难，因此，只有在零件数量较多且具备成形铣刀的条件下才使用成形铣刀加工，通常则使用标准三面刃铣刀加工。

1. 用单刀铣削花键轴

（1）工件的装夹和校正。工件装夹在分度头和尾座的两顶尖之间，或装夹在三爪自定心卡盘和尾座顶尖之间。用百分表校正工件以下几个方面：

1）工件径向圆跳动。剔除径向圆跳动大的工件。

2）使工件的上母线与铣床工作台面平行。

3）使工件的侧母线与工作台纵向进给方向平行。

（2）刀具的选择与调整切削位置（对刀）。选择外径较小、宽度适当（加工中不至于伤及相邻键齿）的标准三面刃铣刀，用于铣削花键齿侧面。此外，另选择一把厚度为 2 ~ 3 mm 的细齿锯片铣刀，用于铣削小径处的余量。调整切削位置的目的是保证三面刃铣刀的侧刃通过花键齿侧面，常用贴纸（或塞尺）对刀法进行调整，如图 2—63 所示。对刀后工件横向移动的距离 S 按下式计算：

$$S = \frac{1}{2}(D - B) + \delta$$

式中　D——花键大径，mm；

B——花键齿宽，mm；

δ——纸厚或塞尺厚，mm。

若所选的三面刃铣刀直径较小，不能用贴纸法对刀时，可采用切痕法对中调整。

（3）花键的铣削。纵向进给铣削键槽的一侧，并按键数分度铣削其余各键齿的同一侧。然后将工件横向移动一段距离 S_1 后依次铣削各键齿的另一侧。S_1 按下式计算：

$$S_1 = B + b$$

式中 B——花键齿宽，mm；

b——铣刀宽，mm。

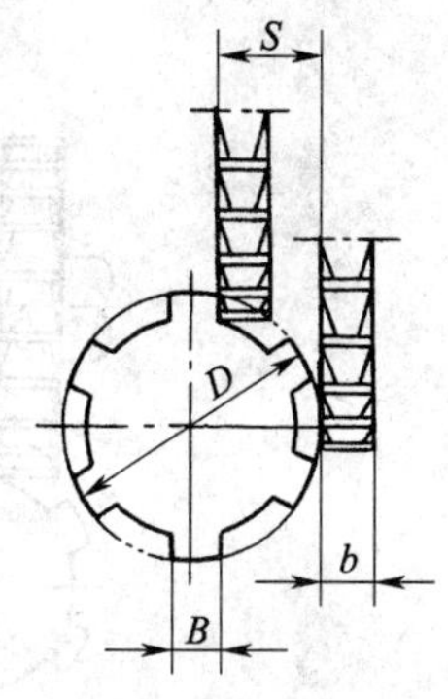

图 2—63 调整铣刀的侧刃与工件侧母线的切削位置

最后，用锯片铣刀铣削各键槽槽底的凸起余量。

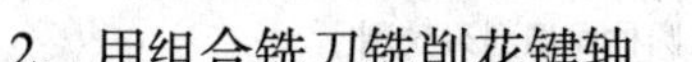

2. 用组合铣刀铣削花键轴

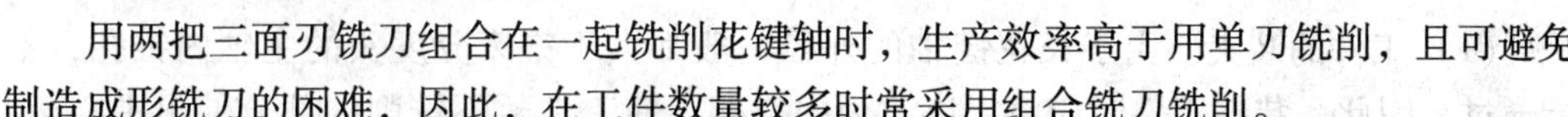

用两把三面刃铣刀组合在一起铣削花键轴时，生产效率高于用单刀铣削，且可避免制造成形铣刀的困难，因此，在工件数量较多时常采用组合铣刀铣削。

用组合铣刀铣削花键轴时，工件的装夹和校正方法与用单刀铣削时相同，关键是刀具的选择和组合。所选用的两把铣刀必须规格相同、直径相等（必要时应一次磨出）。组合时，应使两把铣刀内侧刃间的距离等于花键宽，以保证铣出的键宽符合规定的尺寸要求。对刀调整切削位置时，要求两铣刀内侧刃对称于工件轴线。一般可通过试切试件进行校对及调整。采用铣刀外侧刃与工件侧母线贴纸对刀时，工件横向移动的距离 S 按下式计算：

$$S = \frac{1}{2}(D + B) + b + \delta$$

式中 D——花键大径，mm；

B——花键齿宽，mm；

b——铣刀宽，mm；

δ——纸厚或塞尺厚，mm。

如图 2—64 所示，用组合铣刀铣削花键轴时，通常利用三面刃铣刀的两内侧刃同时加工出一个键齿的两个侧面，如图 2—64a 所示。利用三面刃铣刀的圆柱面切削刃也可以同时铣出两个相对键齿各自的一个侧面，并通过分度，依次完成花键轴其他键齿侧面的铣削（见图 2—64b），此时因铣刀直径直接影响花键齿宽的尺寸精度，所以两把铣刀的直径要求严格相等（应一次磨出）。组合时，两把铣刀间的距离 L 按下式计算：

$$L = \sqrt{d^2 - B^2} - 1$$

铣削时，花键的宽度由控制铣床工作台的升降量来保证。

3. 矩形长花键轴的铣削

与用单刀铣削相比，使用组合铣刀铣削花键轴时，除生产效率较高外，还有铣削加工平稳、便于接刀等优点。因此，矩形长花键轴一般均采用组合铣刀铣削。铣削时，工件的校正、铣刀的选择与组合、铣削方法等与一般花键轴的加工类似。但由于花键部位的长度大于铣床工作台的最大纵向行程，因工件的装夹、加工中的接刀以及花键的直线度和对称度的保证等因素增加了加工的难度。

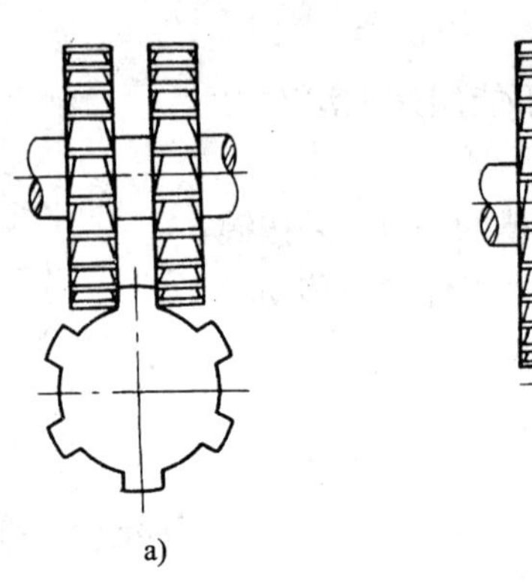

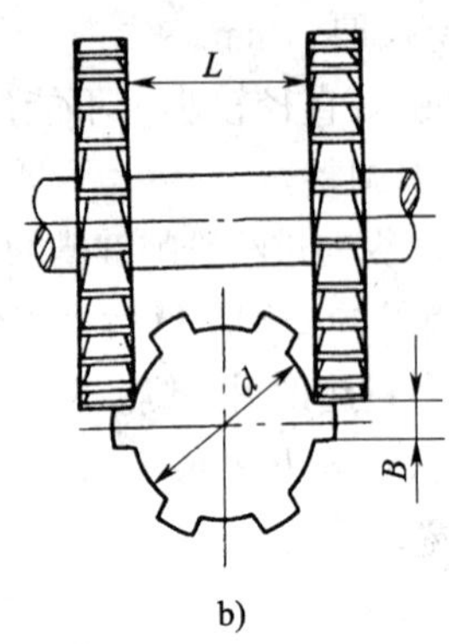

图 2—64 用组合铣刀铣削花键轴

a）用三面刃铣刀侧刃铣削 b）用三面刃铣刀圆柱面切削刃铣削

（1）工件的装夹。由于长花键轴的外径一般都大于铣床分度头的主轴内锥孔，不能通过，因此，装夹工件时应将尾座改为中心架，使工件暂不铣削的部分伸出中心架，悬于外侧，矩形长花键轴的装夹和校正如图 2—65 所示。三爪自定心卡盘到中心架之间的距离为工作台最大纵向行程。

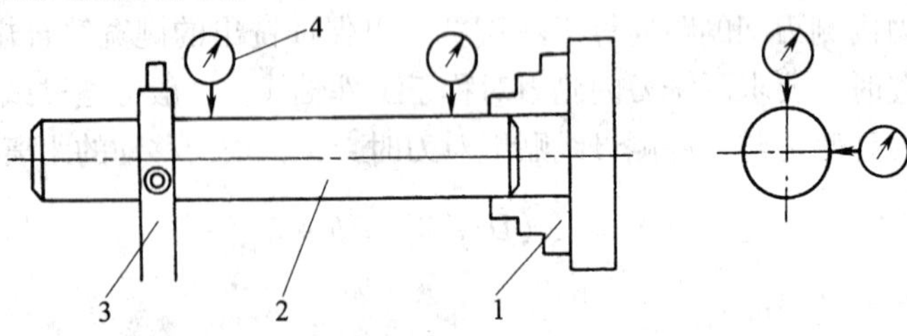

图 2—65 矩形长花键轴的装夹和校正

1—三爪自定心卡盘 2—工件 3—中心架 4—百分表

（2）花键对称度的保证。花键的对称度影响接刀的质量和直线度，因此，铣削长花键轴时要求对刀精确。通常采用下述方法：在分度头上夹持一根棒料，划出棒料的中心线和键宽线，然后将分度头旋转 90°，使所划线向上；将组合好的铣刀按线对刀并在棒料端面铣出一条键来，在键侧涂上红丹粉；将分度头旋转 180°后再铣一刀；如果键的一个侧面被铣去，说明组合铣刀两内侧刃平面与工件轴线不对称，应横向移动工作台调整对中，直到分度头旋转 180°前、后两次铣削的键宽尺寸一致且不变为止。

（3）接刀。长花键轴在一端铣削完后，掉头重新装夹并调整工件，铣削另一端未铣的花键部位时存在接刀问题。接刀的一般方法是：在铣削好的花键键齿两侧涂上红丹粉，缓慢上升工作台，使工件接触铣刀；然后转动分度头进行接刀调整，当键齿两侧面的红丹粉与铣削痕迹一致时，说明组合铣刀已均匀地接触键齿两侧，接刀正确，可以进行另一端花键的铣削操作。

4．用单角铣刀铣削外花键

如图 2—66 所示是将两把单角铣刀组合成花键铣刀，在卧式铣床上铣削外花键时的情况。常见花键的键齿数为 6，8 和 10，六等分花键齿槽角 $\theta=60°$，八等分花键齿槽角 $\theta=$

45°，十等分花键齿槽角 $\theta=36°$，铣削外花键时所选用的单角铣刀的角度 $\gamma=\dfrac{\theta}{2}$。如有合适的凹圆弧铣刀，可加装在两把单角铣刀的中间，这样可将花键两侧面和槽底的圆弧一并铣出。

如果找不到所需的两把单角铣刀，这时可在立式铣床（或卧式铣床上安装万能铣头）上转动立铣头，使用一把单角铣刀铣削外花键，如图 2—67 所示。立铣头应扳转的角度 α 可用下式计算：

$$\alpha=\frac{\theta}{2}-\gamma$$

式中 θ——花键齿槽角，(°)；

γ——单角铣刀的角度，(°)。

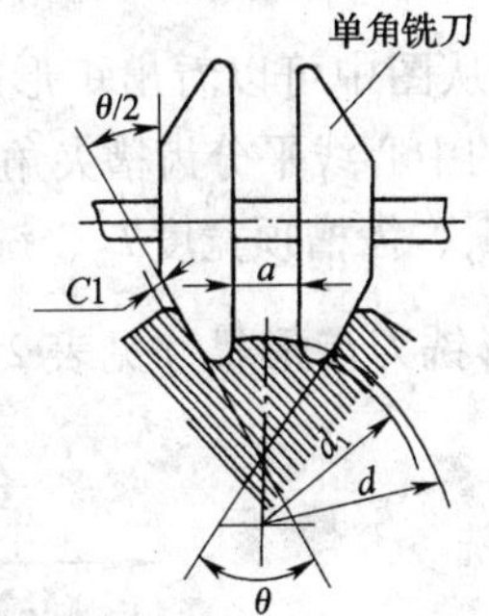

图 2—66 组合单角铣刀铣削外花键

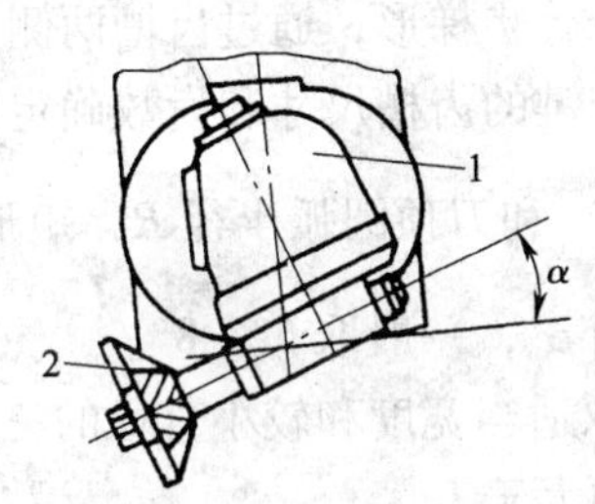

图 2—67 用一把单角铣刀铣削外花键

1—万能铣头 2—单角铣刀

扳转立铣头时要注意转动方向，若所使用的单角铣刀的角度比 $\dfrac{\theta}{2}$ 小，用铣刀上的斜面齿铣削齿槽右侧面时，立铣头应顺时针方向转动，铣削齿槽左侧面时，立铣头应逆时针方向转动；若所使用的单角铣刀的角度比 $\dfrac{\theta}{2}$ 大时，立铣头的旋转方向则相反。花键齿的侧面铣好后，同样用上面介绍的方法将槽底圆弧加工出来。

5. 使用铣刀盘铣削外花键

若待加工的外花键数量较多时，可制作如图 2—68 所示的铣刀盘，在卧式铣床或万能铣床上进行加工。

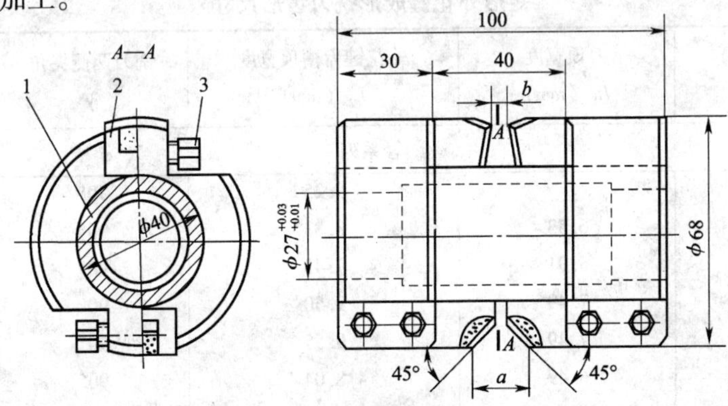

图 2—68 铣削外花键的铣刀盘

1—刀体 2—刀头 3—螺钉

铣刀盘安装在铣刀杆上，刀头用铣刀盘上 M8 的螺钉固定。在铣刀盘上，有用于铣削外花键两侧面的左、右各一把刀头，其距离 b 根据被加工外花键的槽宽 B 来确定。在铣刀盘上还有用于外花键倒角的左、右各一把刀头，其距离 a 以能将花键上的 45°倒角铣出为依据。刀头可用高速钢磨成，也可使用硬质合金刀头。

加工时要使铣刀盘上两把刀头距离 b 的中心对准工件花键齿的中心。加工前应找废料先进行试铣，待各部分调整好后，确保尺寸准确再正式铣削。

6. 三面刃铣刀在铣削外花键中的扩大使用

使用成形铣刀铣削外花键具有生产效率高、成本低、易保证槽底质量等优点，在缺少成形铣刀或应急情况下，可将三面刃铣刀（或用废三面刃铣刀）改制成花键成形铣刀，改制时按照以下步骤进行：

（1）外花键齿槽和成形铣刀如图 2—69 所示，从图中可以看出矩形外花键齿槽呈扇形，近似于等腰梯形，通过齿槽两侧延长线交点的中心线平分齿槽夹角。根据这一特点，按照外花键的齿槽尺寸和齿数确定出刀顶宽度 L_1、齿槽顶宽度 L_2、铣刀两侧夹角 γ（$\gamma=\theta=\dfrac{360°}{N}$）和刀顶圆弧半径 R，矩形外花键成形铣刀齿形尺寸见表 2—13。成形铣刀两侧刃后角 α_o，一般取 6°~8°。

（2）选取适当宽度和较小直径的三面刃铣刀，铣刀宽度 L 必须大于 L_2。

（3）将所要改制的三面刃铣刀安装在心轴上，在工具磨床上粗磨铣刀两侧面，粗磨时铣刀倾斜（或砂轮倾斜）角度为 $\dfrac{\theta}{2}$ 或 $\dfrac{\gamma}{2}$。

（4）精磨铣刀两侧刃，并检查宽度（L_1，L_2）和角度 γ 以及刀齿对称度。

（5）修磨刀顶圆弧，使其半径达到 R，圆弧中心确保在铣刀中心线上。

（6）磨出切削刃的后角。

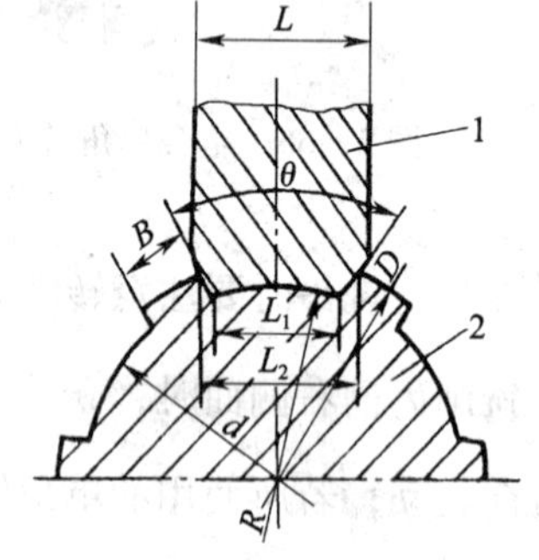

图 2—69 外花键齿槽和成形铣刀
1—成形铣刀 2—工件

表 2—13 **矩形外花键成形铣刀齿形尺寸**

公称尺寸（mm） $N—D\times d\times B$	刀顶宽度 L_1（mm）	外花键齿槽顶宽度 L_2（mm）	铣刀两侧夹角 γ	刀顶圆弧半径 R（mm）
轻系列				
4—20×17×6	7	9.25	90°	8.5
4—22×19×8	6.53	8.83	90°	9.5
6—36×23×6	5.91	7.45	90°	11.5
6—30×26×6	7.49	9.50	90°	13
6—32×28×7	7.49	9.55	90°	14
8—36×32×6	6.49	8.04	90°	16
8—40×42×7	7.05	8.60	90°	18
8—46×42×8	8.39	9.94	90°	21

续表

公称尺寸（mm） $N—D\times d\times B$	刀顶宽度 L_1（mm）	外花键齿槽顶宽度 L_2（mm）	铣刀两侧夹角 γ	刀顶圆弧半径 R（mm）
轻系列				
8—50×46×9	8.95	10.51	90°	23
8—58×52×10	10.29	12.63	90°	26
8—62×56×10	11.85	14.18	90°	28
10—78×72×12	10.52	12.40	90°	36
10—88×82×12	13.65	15.53	90°	41
中系列				
6—20×16×4	4.28	6.33	60°	8
6—25×21×5	5.87	7.92	60°	10.5
6—28×23×6	5.91	8.48	60°	11.5
6—32×26×6	7.45	10.52	60°	13
8—38×32×6	6.49	8.82	60°	16
8—42×36×7	7.05	9.38	60°	18
8—48×42×8	8.39	10.72	60°	21
8—54×46×9	8.95	12.06	60°	23
8—60×52×10	10.29	13.40	60°	26
8—65×56×10	11.85	15.34	60°	28
10—82×72×12	10.52	13.65	60°	36

三、矩形花键的检测

矩形花键采用综合量规（通端）与单项止端量规相结合进行检测。综合量规（塞规和环规）是模拟被测花键的一种标准相配件，用来控制花键的形位误差和尺寸偏差所产生的综合影响，综合量规只有通端。因此，检测花键时还需要对花键的基本尺寸辅以单项止端检查。

1．内花键的检验

（1）综合检验。用花键综合塞规同时检验内花键的小径、大径、键槽宽、大径对小径的同轴度、键槽的位置度（包括等分度和对称度）等项目所产生的综合影响，以保证花键的配合要求和安装要求。

（2）单项止端检验。用单项止端塞规（或其他量具）分别检验内花键的小径、大径和键槽宽等项目的最大极限尺寸，以保证其实际尺寸不大于最大极限尺寸。

检验时，综合塞规通过，单项止端塞规不通过，则内花键合格。

2．外花键的检验

（1）综合检验。用花键综合环规同时检验外花键的小径、大径、键槽宽、大径对小径的同轴度、键槽的位置度（包括等分度和对称度）等项目所产生的综合影响，以保证花键的配合要求和安装要求。

（2）单项止端检验。用单项止端卡板（或其他量具）分别检验外花键的小径、大径和键槽宽等项目的最大极限尺寸，以保证其实际尺寸不小于最小极限尺寸。

检验时，综合环规通过，单项止端卡板不通过，则外花键合格。

单件、小批量生产的矩形花键采用单项检测的方法，通常用通用量具（如游标卡尺、千分尺等）进行检测。其形位误差一般由工艺方法保证，很少单独检验。当需要对花键的加工质量进行分析以及制造花键刀具或花键量规时，才进行形位误差的检验。花键的等分度误差可用光学分度头进行测量，对称度误差可用通用量仪进行测量。

四、在卧式铣床上采用单刀铣削法加工花键轴

1．零件图分析

如图 2—70 所示为一矩形花键轴，按照图样的技术要求，该花键轴为大径定心矩形花键轴。键数为 8，花键对基准的对称度、平行度和等分度公差为 0.03 mm，大径公差为 IT7 级，键宽公差为 IT9 级，材料为 45 钢，单件生产。此花键轴在卧式铣床上采用单刀铣削法加工。

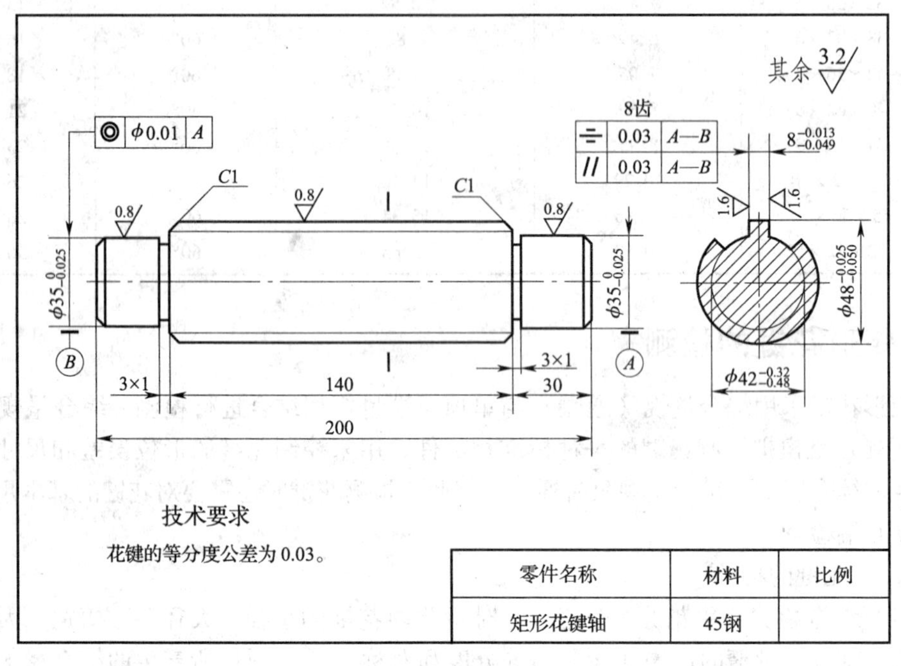

图 2—70　矩形花键轴

2．加工工艺要点

（1）备料。毛坯经下料、车削和磨削，应符合图样的外形要求，毛坯长度应增加工艺余量 20 mm 左右，以免铣削时刀具切削到三爪自定心卡盘。铣削花键前应对毛坯进行检验。

（2）工件的装夹与校正。调整夹具位置，使分度头主轴轴线与工作台面平行，并与纵向进给方向一致；校正后顶尖，使之与分度头主轴同轴，工件装夹在分度头和尾座两顶尖之间。如用三爪自定心卡盘和尾座顶尖装夹，必须将工件校正到与分度头主轴同轴。

（3）铣刀的选择。选择三面刃铣刀，铣刀宽度按下式计算：

$$b \leqslant d\sin\left[\frac{\pi}{N} - \arcsin\left(\frac{B}{d}\right)\right]$$

式中　b——三面刃铣刀的宽度，mm；

d——花键小径，mm；

N——键数；

B——键宽，mm。

按图 2—70 所示的尺寸代入后计算可得：

$$b \leqslant 42\sin\left[\frac{180°}{8} - \arcsin\left(\frac{8}{42}\right)\right] \approx 8.39\ \text{mm}$$

因此选用 80 mm × 8 mm × 27 mm 的三面刃铣刀。

（4）铣刀位置的调整。采用铣刀侧刃侧母线对刀法时，工作台横向移动的距离 S 为：

$$S = \frac{1}{2}(D - B) + \delta = \frac{1}{2}(48 - 8) + \delta = 20 + \delta$$

不使用贴纸时，纸厚 $\delta = 0$，$S = 20$ mm。

采用对中法调整时，先使铣刀对准工件中心，再将工作台横向移动一个距离 S'，其计算公式为：

$$S' = \frac{1}{2}(B + b) = \frac{1}{2}(8 + 8) = 8\ \text{mm}$$

（5）调整铣削深度 a_e。a_e 按下式计算：

$$a_e = \frac{1}{2}\left(\sqrt{D^2 - B^2} - \sqrt{d^2 - B^2}\right) + 0.5$$

经计算，$a_e = \frac{1}{2}\left(\sqrt{48^2 - 8^2} - \sqrt{42^2 - 8^2}\right) + 0.5 \approx 3.55$ mm。

上升工作台，使工件与铣刀相接触，再使工作台上升一个铣削深度 a_e（即 3.55 mm）。

（6）铣削键齿的侧面。利用分度头分度，铣削花键八个键齿中的一个侧面。然后将工作台横向移动一个距离 S_1 铣削键齿的另一个侧面，其计算公式为：

$$S_1 = B + b = 8 + 8 = 16\ \text{mm}$$

随后依次铣削其余七个键齿的各个侧面。

（7）铣削键槽底。选用适当的细齿锯片铣刀或改制的小径成形铣刀按要求铣削各键槽底。

3. 注意事项

（1）准确校正夹具的位置，保证工件轴线与工作台面平行，且与纵向进给方向一致。

（2）三面刃铣刀的宽度在保证不切到相邻键齿侧面的条件下，应选择大的尺寸，以提高铣刀的刚度。铣刀切削刃应锋利，安装后侧刃跳动量要小。

（3）仔细对中，用单刀铣削时，铣刀位置要调整准确。

（4）分度时要细心，以防止产生分度错误，或因未消除分度间隙而使等分不准确。

（5）合理选择铣削用量，避免加工过程中因振动而使键齿侧面产生波纹。对刚度低的细长花键轴应采取提高工件加工刚度的措施。

第五节　在铣床上钻孔、铰孔和镗孔

→ 掌握孔系零件的技术要求
→ 掌握在铣床上钻孔、铰孔和镗孔的操作方法

一、零件图上对孔的技术要求

零件图上对孔的技术要求主要包括孔的尺寸精度、形状精度、位置精度和表面粗糙度，如图 2—71 所示。

1. 孔的尺寸精度

孔的尺寸精度主要是指孔的直径，如图 2—71 中的“$\phi 40^{+0.039}_{0}$，ϕ50H8 及 ϕ20H8”等；其次是孔的深度，如图 2—71a 中的“25”等。

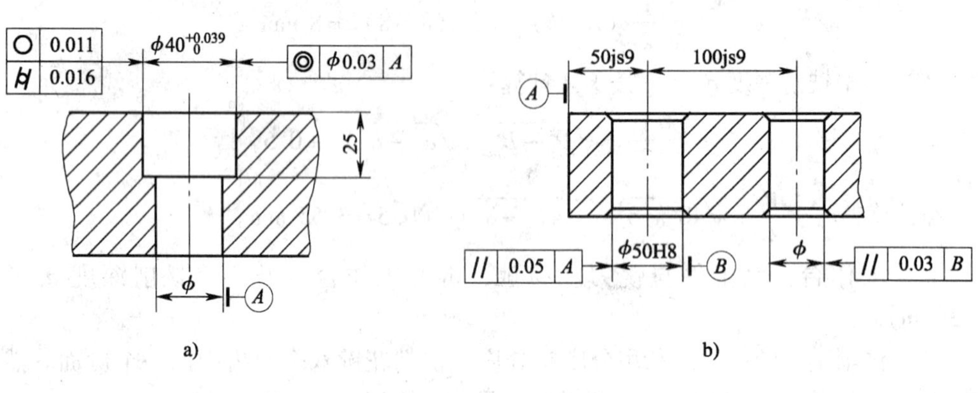

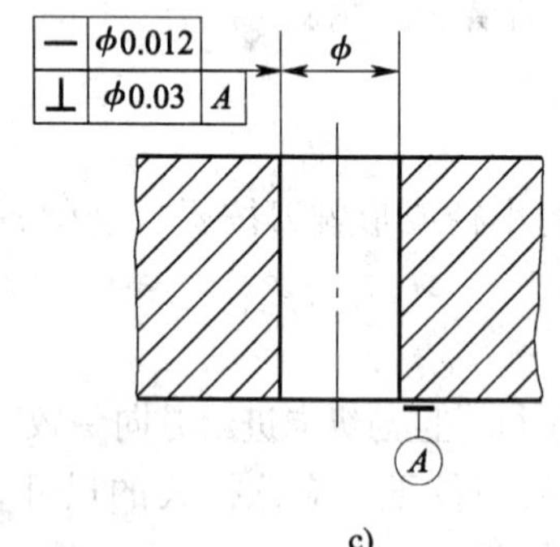

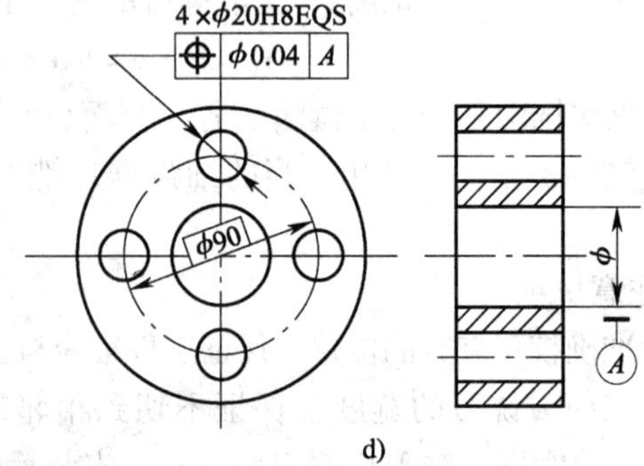

图 2—71　孔的技术要求

2. 孔的形状精度

孔的形状精度主要包括孔的圆度、圆柱度和轴线的直线度等，如图 2—71a 中的圆度公差为 0.011 mm；圆柱度公差为 0.016 mm；图 2—71c 中的轴线直线度公差为

ϕ0.012 mm 等。

3．孔的位置精度

孔的位置精度主要包括孔与孔或孔与外圆之间的同轴度，如图 2—71a 中的同轴度公差为 ϕ0.03 mm；孔与孔的轴线或孔的轴线与基准面的平行度（见图 2—71b）；孔的轴线与基准面的垂直度（见图 2—71c）；以及孔的位置度，如图 2—71d 中的四个孔在直径为 90 mm 的圆周上均匀分布的位置度公差为 ϕ0.04 mm，即这四个孔偏离 ϕ90 mm 的圆周和四等分的位置均不能超过 0.04 mm。

另外，图 2—71b 中的两孔中心距 100js9 以及孔中心线至基准面的距离 50js9 等都是经常遇到的位置度要求。

4．孔的表面粗糙度

孔的圆柱面也像其他表面一样，具有一定的表面粗糙度要求，尤其对于与轴或轴承等相配合的孔，其表面粗糙度值一般应较小。

二、在铣床上钻孔

用麻花钻在实体工件上加工孔称为钻孔，如图 2—72 所示为在铣床上钻孔。钻孔的精度一般可达 IT11 ~ IT12 级，表面粗糙度 $R_a \leqslant 12.5\ \mu m$。

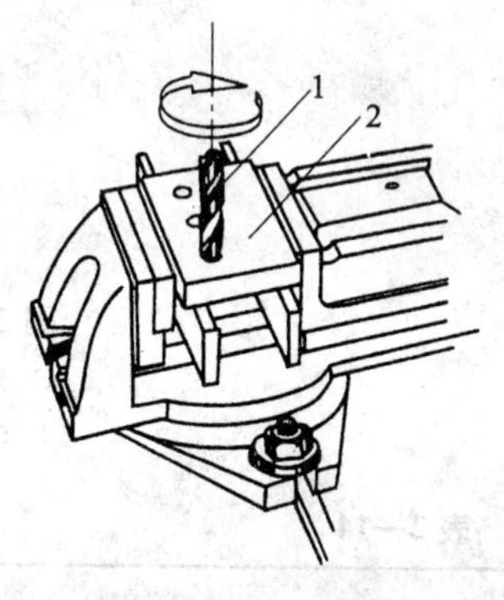

图 2—72　在铣床上钻孔

1—麻花钻　2—工件

1．麻花钻的选择

（1）麻花钻的结构和主要几何角度如图 2—73 所示。

（2）钻头直径的选择。钻头直径应根据图样上钻孔直径来确定，一般在铣床上钻孔直径小于 12 mm 时，选择直柄麻花钻。而孔径大于 12.5 mm 时，则选择莫氏锥柄钻头，其直径见表 2—14。

在铣床上钻孔，当孔径小于 25 mm 时，应选择钻头直径与孔径相等的钻头，一次钻至尺寸；如孔径大于 25 mm 时，可采用分次钻孔的方法，先用直径为 15 mm 的钻头钻底孔，然后再用等于钻孔直径的钻头扩钻至孔径尺寸。

选择钻头时，应确保两条主切削刃等长、齐全，不能选择有崩刃、裂纹、缺口、退火、弯曲等缺陷的钻头，如出现以上缺陷之一者，则需刃磨后方可使用。

2．钻孔切削用量的选择

（1）钻削速度的选择。钻削速度主要根据被钻孔的工件材料、钻孔的表面粗糙度要求以及钻头的耐用度来确定。一般在铣床上钻孔时，由于工件做进给运动，因此钻削速度应选低些。另外，钻孔直径较大时，也应在规范之内选低些。常用的钻削速度见表 2—15。

（2）进给量的选择。进给量的选择与钻孔直径的大小、工件材料及钻孔质量等有关。在铣床上钻孔时一般采用手动进给，但也可采用机动进给，规定每转进给量：加工铸铁和有色金属时为 0.15 ~ 0.5 mm/r，加工钢材时为 0.1 ~ 0.35 mm/r。

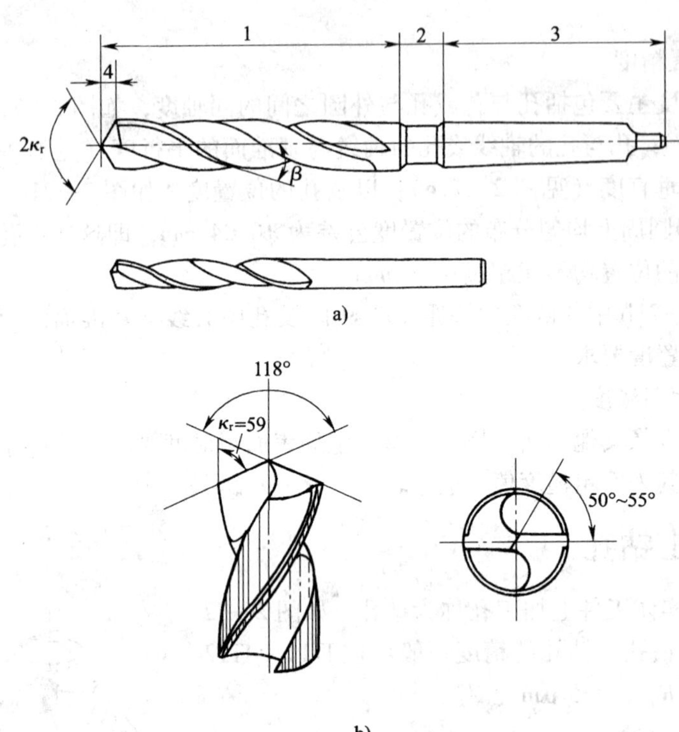

图 2—73 麻花钻的结构和主要几何角度
a）麻花钻的结构 b）麻花钻的主要几何角度
1—工作部分 2—颈部 3—柄部 4—切削部分

表 2—14 **莫氏锥柄钻头的直径** mm

莫氏锥柄号	1	2	3	4	5
钻头直径	6~15.5	15.6~23.5	23.6~32.5	32.6~49.5	49.6~65
锥柄大端直径	12.24	17.98	24.051	31.542	44.731

表 2—15 **常用的钻削速度** m/min

加工材料	钻削速度	加工材料	钻削速度
低碳钢	25~30	铸铁	20~25
中碳钢、高碳钢	20~25	铝合金	40~70
合金钢、不锈钢	15~20	铜合金	20~40

3. 麻花钻的刃磨

麻花钻的刃磨质量直接影响钻孔的精度，如图 2—74 所示为钻头刃磨不正确对钻孔质量的影响。

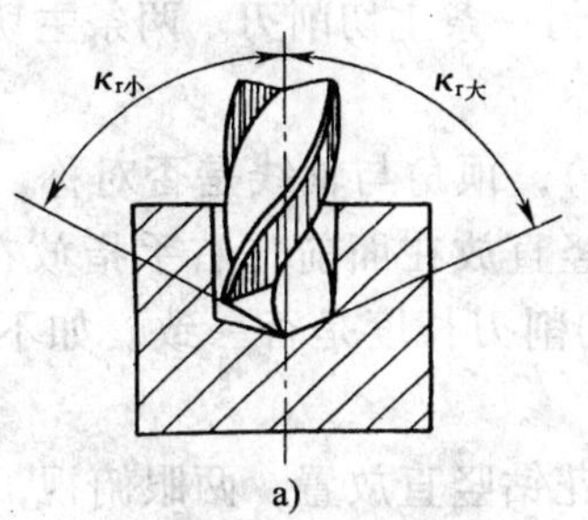

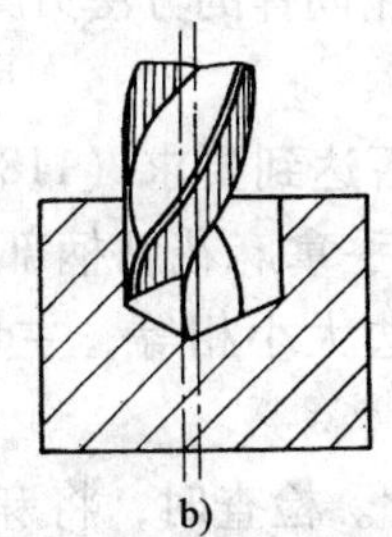

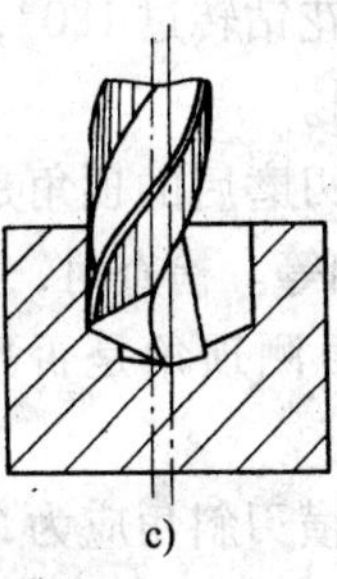

图 2—74　钻头刃磨不正确对钻孔质量的影响

a）顶角不对称　b）两切削刃长度不等　c）顶角不对称且两切削刃长度不等

（1）刃磨麻花钻的部位和要求。麻花钻用钝后需要进行刃磨；或者根据加工材料及要求需刃磨切削部分。刃磨时，只刃磨两个主后面并需修磨前面（横刃部分）。

1）麻花钻切削部分上的切削刃和表面如图 2—75 所示。

2）刃磨麻花钻的要求

①麻花钻的两条主切削刃应该对称，两条主切削刃的长度要相等，两条主切削刃的夹角（顶角 $2\kappa_r$）与钻头的轴线要对称。

②横刃必须通过钻头中心，横刃斜角应为 50°～55°。

③钻头必须锋利，主切削刃、刀尖与横刃不允许有钝口、崩刃或退火现象。

④横刃长度不宜过长。

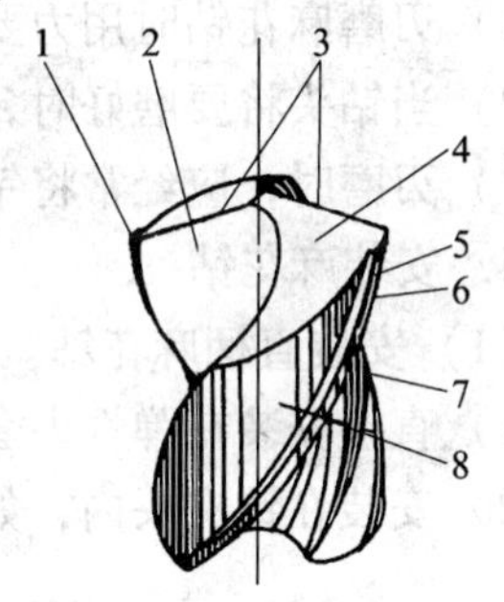

图 2—75　麻花钻切削部分上的切削刃和表面

1—刀尖　2—前面　3—主切削刃
4—主后面　5—副后面　6—副切削刃
7—第一后面（刃带）　8—第二后面

（2）刃磨麻花钻的方法

1）右手捏住麻花钻前部起定位作用，左手握住麻花钻柄部，使麻花钻的轴线与砂轮表面成 59°角，如图 2—76a 所示。柄部略向下倾斜 12°～15°，如图 2—76b 所示。

2）使麻花钻主后面接触砂轮表面，右手使麻花钻绕轴线做微量转动，左手将麻花钻柄部做上下少量的摆动，如图 2—76c 所示，就可同时磨出主切削刃和主后面。麻花钻的刃磨方法如图 2—76 所示。

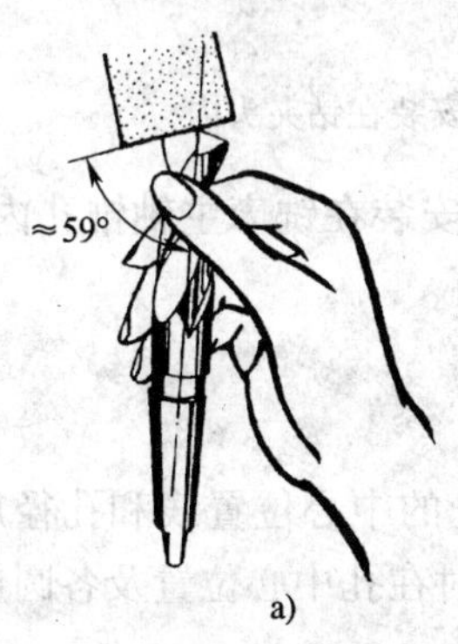

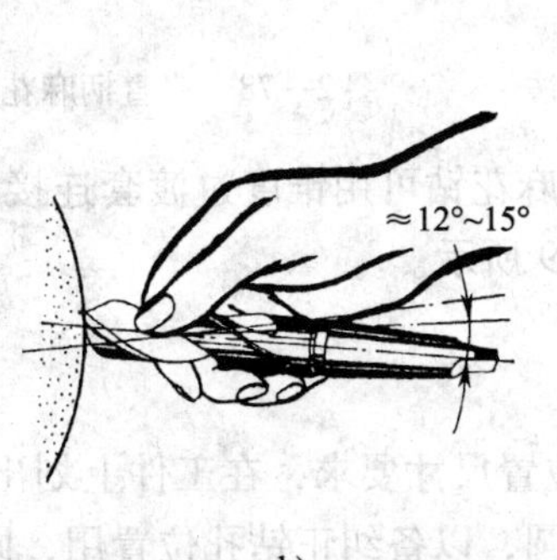

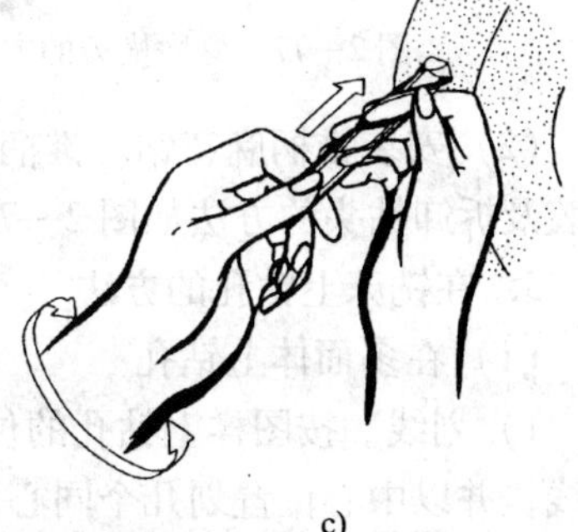

图 2—76　麻花钻的刃磨方法

3）将麻花钻转过180°，用同样的方法刃磨另一条主切削刃。两条主切削刃亦可交替地进行磨削。

4）检查刃磨后的顶角是否达到要求（118°），顶角与轴线是否对称，两条主切削刃长度是否相等。检查时，左手拿麻花钻柄部竖直放在面前，右手指放在钻头顶部，两眼平视，目测顶角是否两边大小相等，主切削刃长度是否一致。如不符再进行修磨。

5）检查横刃斜角应为55°。检查时，将麻花钻竖直放置，两眼俯视，目测横刃斜角应为55°。

6）修磨横刃。就是把横刃磨短，将钻心处前角磨大。通常直径在5 mm以上的麻花钻都需修磨，使修磨后的横刃长度为原长的1/5～1/3。修磨横刃的方法如图2—77所示。

（3）刃磨麻花钻时的注意事项

1）刃磨麻花钻时用力要均匀，不能过猛，应经常目测磨削情况并随时修正。

2）当钻头将要磨好时，应由刃口向刃背方向磨，以免刃口退火。

3）刃磨时，应经常将钻头浸入水中进行冷却，以避免过热退火。

4. 安装麻花钻

（1）安装直柄麻花钻。其安装方法有以下两种：

1）直接安装在弹性夹套内，与安装直柄立铣刀的方法相同。

2）安装在钻夹头内，如图2—78所示。

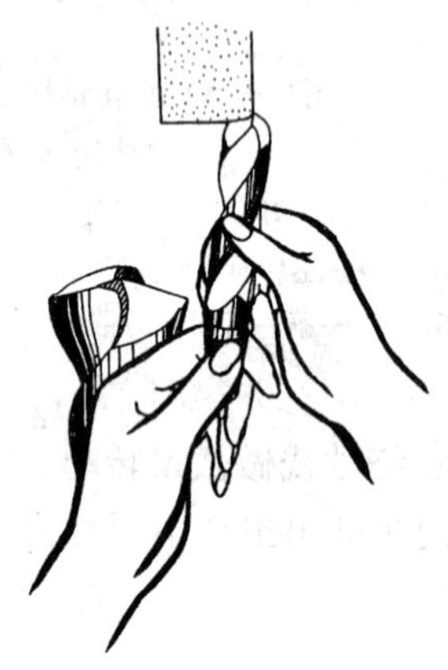

图2—77 修磨横刃的方法

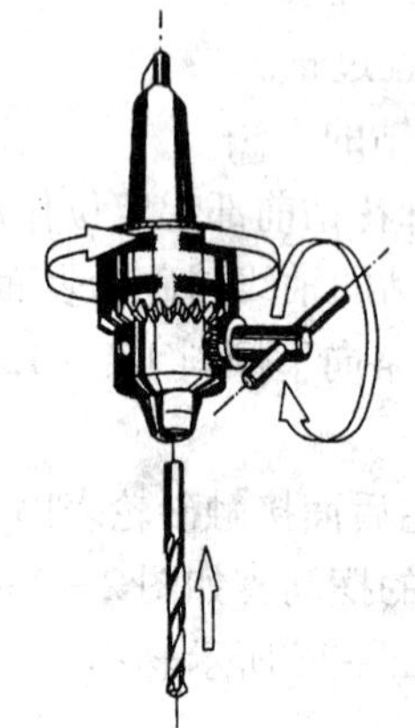

图2—78 将直柄麻花钻安装在钻夹头内

（2）安装锥柄麻花钻。锥柄麻花钻可用锥度过渡套连接后安装在铣床主轴锥孔内。安装及拆卸钻头的方法如图2—79所示。

5. 在铣床上钻孔的方法

（1）在多面体上钻孔

1）划线。按图样上钻孔的位置尺寸要求，在工件上划出孔的中心位置线和孔径尺寸线，并以中心位置划几个同心圆，以备纠正钻孔位置用，同时在孔中心位置及各圆周线上打样冲眼。

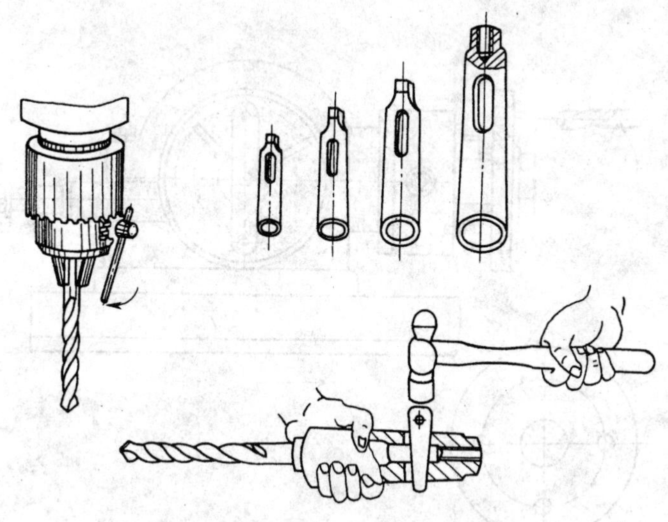

图 2—79 安装及拆卸钻头的方法

2）工件的装夹。较小的多面体零件可用机床用平口虎钳装夹；而较大的多面体零件应用压板、螺栓装夹，其装夹方法如图 2—80 所示。

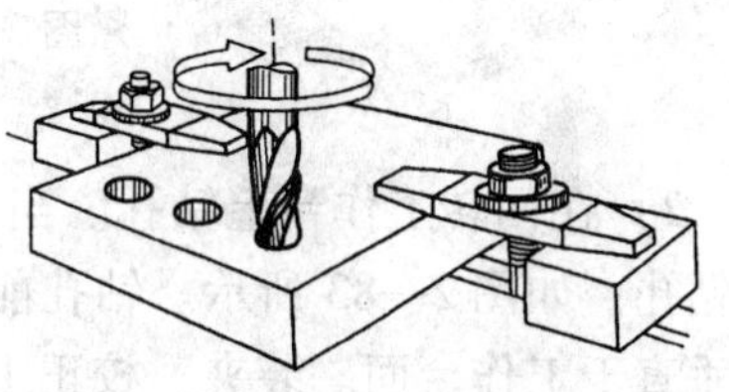

图 2—80 较大的多面体零件在铣床上的装夹方法

3）钻孔。在初次钻孔时，目测钻头轴线与工件孔中心重合，然后钻一浅孔，查看孔的位置是否正确，如孔位置偏斜（见图 2—81a），应立即纠正。纠正的方法是：在浅孔与孔径尺寸线距离较大处錾几条浅槽，如图 2—81b 所示，然后移动工作台，对正孔位，再次钻孔。待孔位置正确后（见图 2—83c），再钻孔至尺寸。纠正钻孔位置的方法如图 2—81 所示。

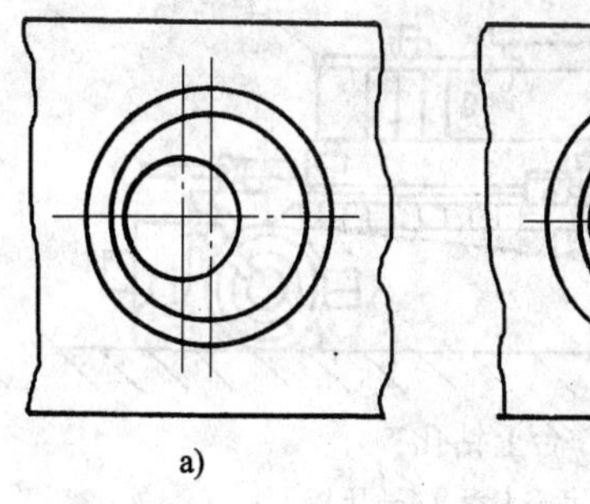

a)

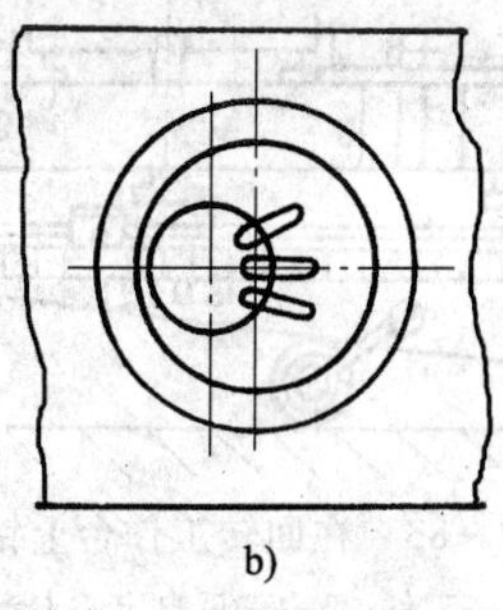

b)

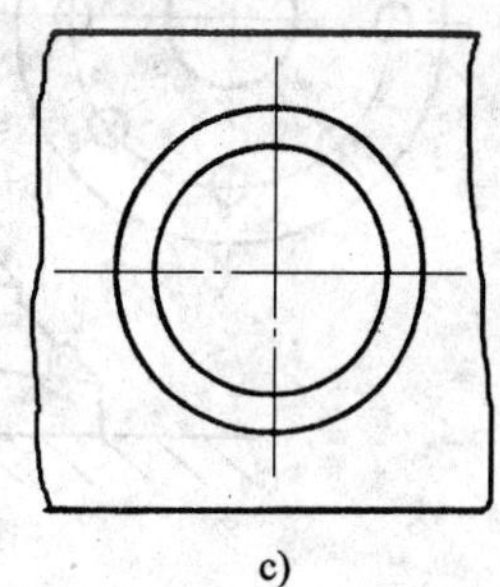

c)

图 2—81 纠正钻孔位置的方法

（2）利用分度头或回转工作台装夹工件钻孔。在圆盘类零件上钻圆周等分孔时，可用分度头或回转工作台装夹工件进行钻孔。

1）在分度头上钻等分孔。如图 2—82 所示，对于直径较小的圆盘类零件，钻孔位置精度要求又较高时，适合采用此法。钻孔前，要校正分度头主轴轴线与立铣头主轴轴线平行，并平行于工作台面，而且两轴线要处于同一轴向平面内，并校正工件的径向圆跳动和端面圆跳动符合要求。然后可紧固横向进给机构和升降台，以保证钻孔正确。计算和调整分度手柄，定好分度叉的位置，随后即可钻第一孔。分度后再钻其他各孔。

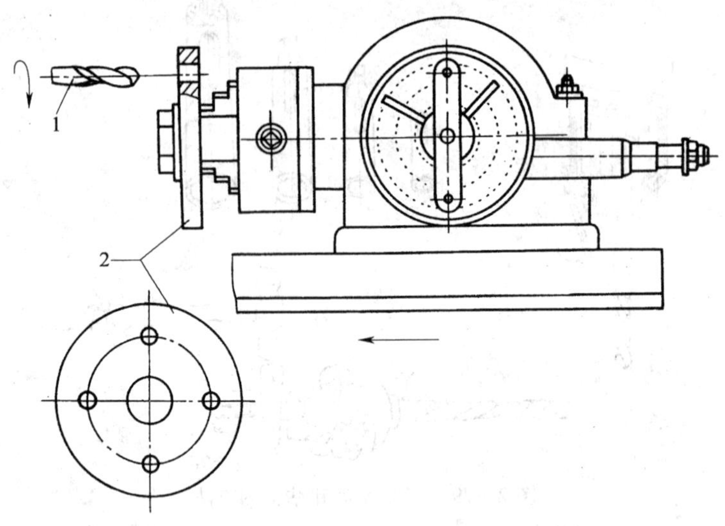

图 2—82　在分度头上钻等分孔

1—钻头　2—工件

2）在回转工作台上钻孔。当工件直径较大时，应用压板把工件装夹在回转工作台上钻孔，如图 2—83 所示。钻孔前应先校正立铣头主轴轴线与回转工作台回转中心平行或垂直于工作台面。装夹、校正工件与回转工作台回转中心同轴，后将纵向、横向进给机构紧固，移动升降台，对准孔位，即可钻孔。

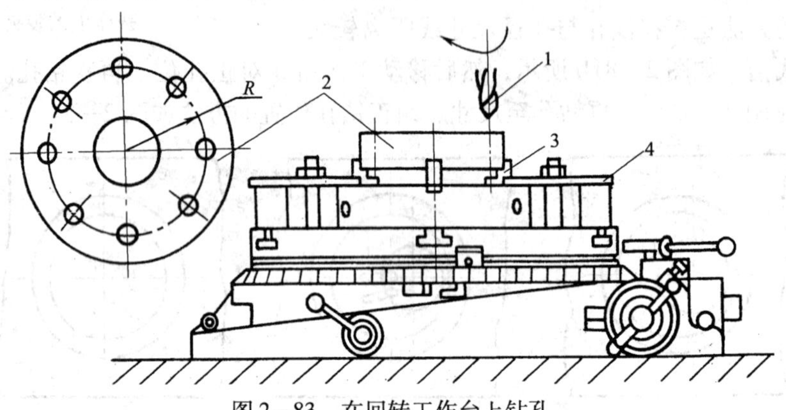

图 2—83　在回转工作台上钻孔

1—钻头　2—工件　3—三爪自定心卡盘　4—压板

3）在 V 形架上装夹圆柱形工件钻孔。如图 2—84 所示，其方法与在多面体上钻孔相同。

6. 在 X5032 型立式铣床上进行钻孔的具体操作方法

现以如图 2—85 所示的模板为例介绍在 X5032 型立式铣床上进行钻孔的操作方法。

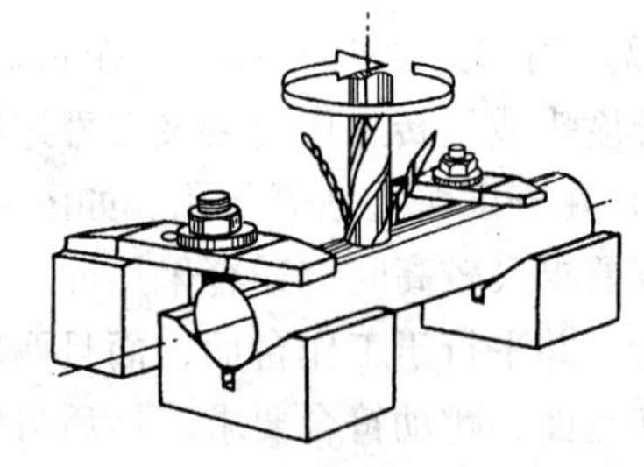

图 2—84　在 V 形架上装夹圆柱形工件钻孔

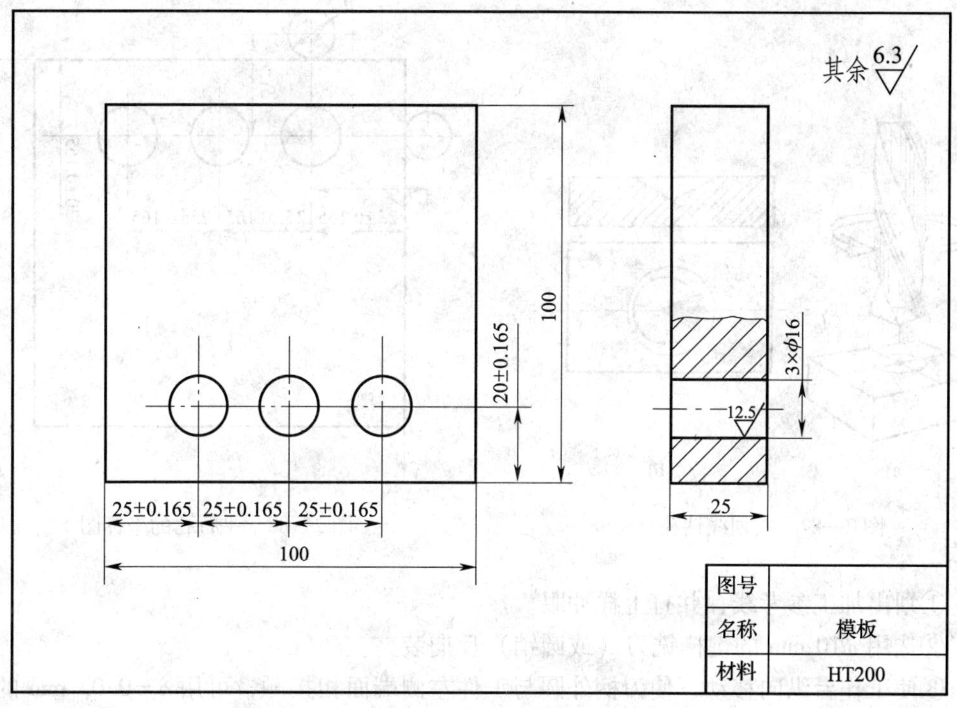

图 2—85 模板

(1) 选择钻头。根据图样要求选用 $d = 16$ mm 的锥柄麻花钻。为了保证孔的位置精度，在钻孔前可先用中心钻定位，现选用 $D = 3.15$ mm 的中心钻，如图 2—86 所示。

图 2—86 中心钻

(2) 装夹及找正工件。根据工件尺寸及形状，用机床用平口虎钳装夹工件。将平口虎钳安放在工作台中间位置，用百分表校正固定钳口与工作台纵向进给方向平行后压紧。在平口虎钳导轨面上垫适当高度的平行垫铁，使工件高出钳口约 10 mm（以便于对刀及测量）。

(3) 钻孔

1) 按划线钻孔。如图 2—87a 所示，按图样要求先划出三个 $\phi16$ mm 孔的中心线及轮廓线，并打上样冲眼。调整铣床主轴转速至 300 r/min，摇动纵向进给、横向进给、垂向进给手柄，使钻头两条主切削刃的顶尖对准线印的圆心，试钻一浅坑，目测是否对准。如发现钻偏，应重新进行找正。但是由于钻头已经钻出浅坑，如移动距离再钻会偏让到原来的位置上去，为此，必须在浅坑与划线距离较大处錾几条浅槽，如图 2—87b 所示。移动距离后再进行试钻，待对准后即可摇动主轴手动进给手轮向下钻孔，当钻头快要钻通时减慢进给速度，待钻通后方可停止。如钻削较长的孔时，应经常退出钻头，以防止切屑堵塞，如钻削韧性材料时需加注切削液。

2) 按碰刀法钻孔。对于孔距要求较高的工件，可用碰刀法对刀加工。现以如图 2—88 所示的平行孔的坐标图为例介绍对刀方法。

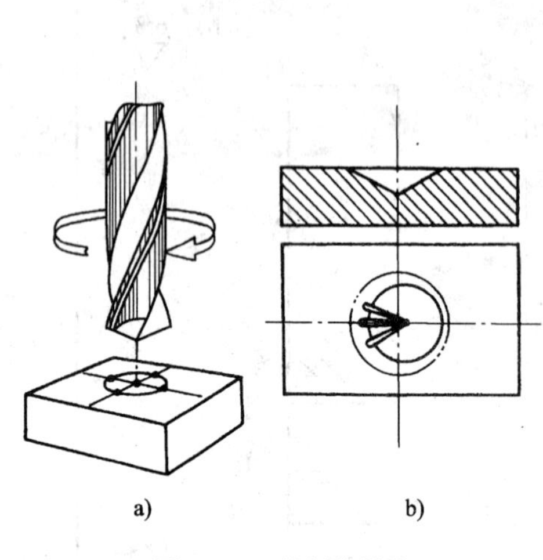
a)　b)

图 2—87　按划线钻孔

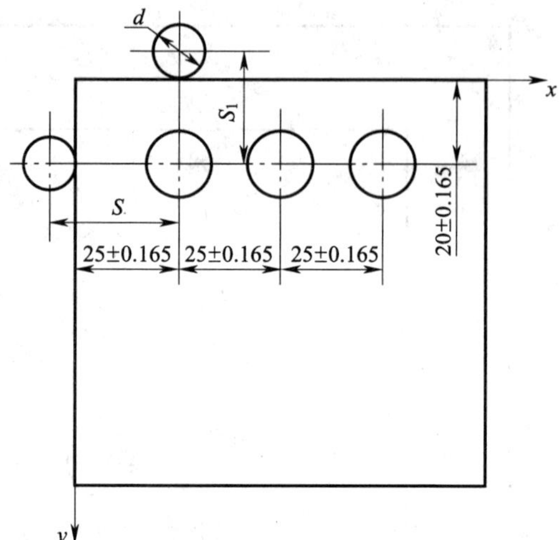

图 2—88　平行孔的坐标图

①划出加工参考线，并打上样冲眼。

②选用 ϕ10 mm 的键槽铣刀（或圆销）反向装夹。

③使工作台纵向移动，使刀柄外圆与工件左侧端面相接触，可用 $\delta=0.03$ mm 的塞尺检查，然后将刀柄沿 x 轴方向移动一个距离 S，其计算公式为：

$$S=L_1+\frac{d}{2}+\delta=25+\frac{10}{2}+0.03=30.03\ \text{mm}$$

④使工作台横向移动，使刀柄外圆与工件前侧面相接触，然后将刀柄沿 y 轴方向移动一个距离 S_1，其计算公式为：

$$S_1=L_2+\frac{d}{2}+\delta=20+\frac{10}{2}+0.03=25.03\ \text{mm}$$

⑤紧固纵向、横向进给机构。

⑥换装中心钻，将主轴转速调整到 950 r/min，钻出锥孔进行导向定位。

⑦换装 ϕ16 mm 的钻头，将主轴转速调整到 300 r/min。摇动主轴手动进给手轮进行钻削（或使工作台垂向进给）。

⑧测量孔径与孔距，然后使工作台纵向移动 25 mm，钻削第二个孔。

⑨再使工作台纵向移动 25 mm，用同样的方法钻削第三个孔。

三、在铣床上铰孔

铰孔是指用铰刀从工件孔壁上切除微量金属层，以提高孔的尺寸精度并减小其表面粗糙度值的方法。也就是利用铰刀对已经过粗加工的孔进行精加工。铰孔因其加工质量好，效率高，是应用较普遍的孔的精加工方法之一，铰孔精度可达 IT7 ~ IT9 级，表面粗糙度 R_a 值可达 3.2 ~ 1.6 μm。

1. 铰刀的种类及结构

铰刀是铰孔用的刀具。按其使用方法不同，可分为手用铰刀和机用铰刀，如图 2—

89 所示。铰刀直径小于 32 mm 时为整体式铰刀，直径为 25 ~ 75 mm 时为锥柄铰刀。对于整体式机用铰刀，直径小于 12 mm 时为直柄，直径大于 12 mm 时为莫氏锥柄。

铰刀由工作部分、颈部和柄部三部分组成，其结构如图 2—90 所示。工作部分是由引导部分 L_1、切削部分 L_2 和修光部分 L_3 组成的。柄部用来与机床主轴相连接，传递动力和转矩。颈部用于连接工作部分和柄部。

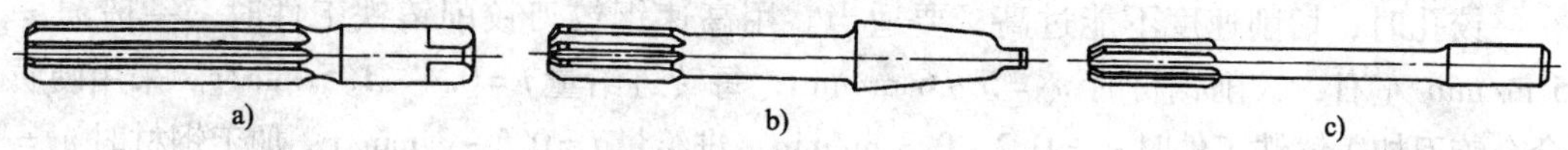

图 2—89　铰刀的种类

a）手用铰刀　b）锥柄机用铰刀　c）直柄机用铰刀

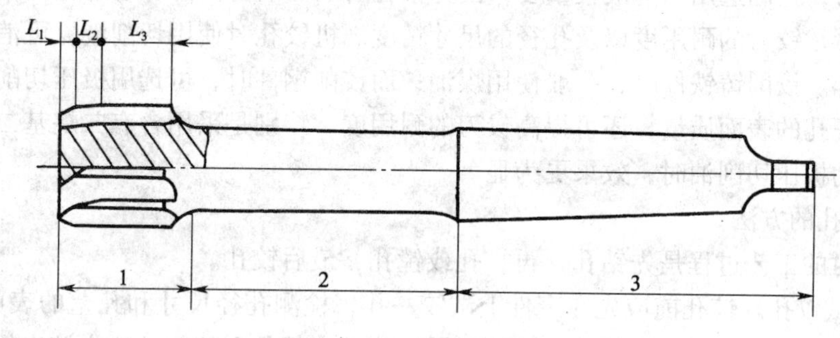

图 2—90　铰刀的结构

1—工作部分　2—颈部　3—柄部

2. 铰刀的选择和铰孔余量的确定

（1）铰刀的选择。应根据铰孔的精度来确定铰刀。选择铰刀直径时，应准确测量其偏差，或采用试铰孔的方法，以免因把孔铰大而使工件报废。在铰孔时，也会发生孔径小于铰刀修正部分的实际直径，即产生孔的“收缩”现象。如用较小引导部分的铰刀铰薄壁韧性材料或用硬质合金铰刀高速铰孔时，铰孔后因工件材料的弹性回复而使孔径缩小，故铰孔前合理确定铰刀的直径更为重要，铰刀直径可按下式确定：

$$d_{omax} = d_{wmax} + P_{1min}$$

$$d_{omin} = d_{omax} - G$$

$$d_{of} = d_{wmin} + P_{1max}$$

式中　d_o——铰刀直径，mm；

d_w——工件孔径，mm；

d_{of}——铰刀报废尺寸，mm；

P_1——孔径收缩量（按经验数据选 0.02 ~ 0.05 mm）；

G——铰刀的制造公差，mm。

（2）铰削余量的选择。铰削余量应根据铰孔精度、孔的表面粗糙度、孔径大小和工件材料来确定。表 2—16 供确定时参考。

表 2—16　　铰孔余量　　mm

孔的直径	≤5	>5~10	>10~18	>18~30	>30~50	>50~80	>80~120
粗铰	0.1	0.1~0.15	0.1~0.15	0.15~0.2	0.2~0.3	0.35~0.45	0.5~0.6
精铰	0.04	0.04	0.05	0.07	0.07	0.1	0.15

3. 铰孔的切削用量

铰孔时，切削速度不能过高，要适当。用高速钢铰刀铰削铸铁工件时，一般 v_c = 5 m/min 左右，铰削钢材时 v_c =5~6 m/min，每转进给量 f=0.4~1.5 mm/r。采用硬质合金铰刀加工铸铁工件时 v_c =0.2~0.3 m/min，进给量 f=0.5~3 mm/r；加工钢材时 v_c = 0.13~0.25 m/min，f=0.3~2 mm/r。

4. 切削液的选用

铰孔时，正确选用切削液很重要，因为铰孔时的切屑薄而碎，容易粘刀，影响孔壁的表面质量、铰刀的耐用度以及孔径的尺寸精度。机铰孔时使用切削液，可消除噪声和减轻振动等。铰削铸铁件时，一般使用煤油；而铰削钢件时，可选用极压切削液。这样不仅能保证孔的表面质量，还可提高铰刀的耐用度。特别是采用含有二烷基二硫代磷酸锌添加剂的极压切削油时，效果更为显著。

5. 铰孔的方法

铰孔时的工艺过程是先钻孔，再扩孔或镗孔，最后铰孔。

（1）试铰孔。铰孔前应先在废件上试铰一孔，检测孔径尺寸和孔壁的表面粗糙度，合格后再继续加工。而一般新铰刀的直径尺寸公差大都是上偏差，这样铰出的孔径尺寸偏大的情况多，还有可能超差。所以新铰刀常需通过研磨减小直径，再投入使用，如图 2—91 所示为用研磨套研磨铰刀。

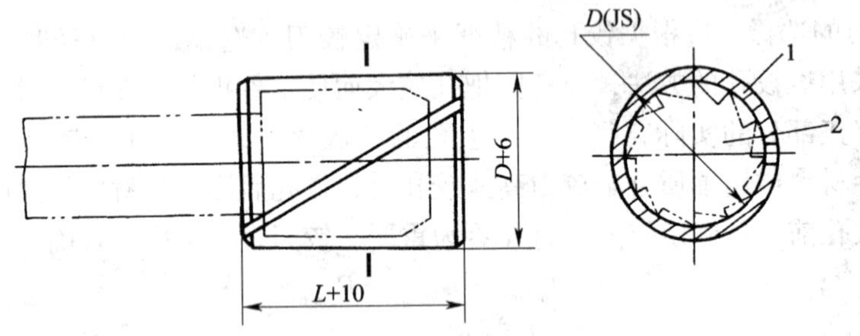

图 2—91　用研磨套研磨铰刀

1—研磨套　2—铰刀

研磨铰刀的方法是：先将铰刀装在铣床主轴的锥孔中，选取主轴转速为 95~150 r/min，在铰刀及研磨套内涂上研磨膏（剂），然后将研磨套套装在铰刀上，反转铰刀，进行研磨。研磨的时间应视研磨量的大小来确定。研磨到直径尺寸合适为止。

（2）精铰孔。将已粗加工好的孔清除切屑后，按选定的切削用量进行铰孔。铰孔时应使用切削液。

铰孔前，孔的位置精度一定要合格，因铰孔只能改变孔径尺寸的大小及改善孔的表面质量。

6. 在 X5032 型立式铣床上进行铰孔的具体操作方法

现以如图 2—92 所示的模板为例介绍在 X5032 型立式铣床上进行铰孔的操作方法。

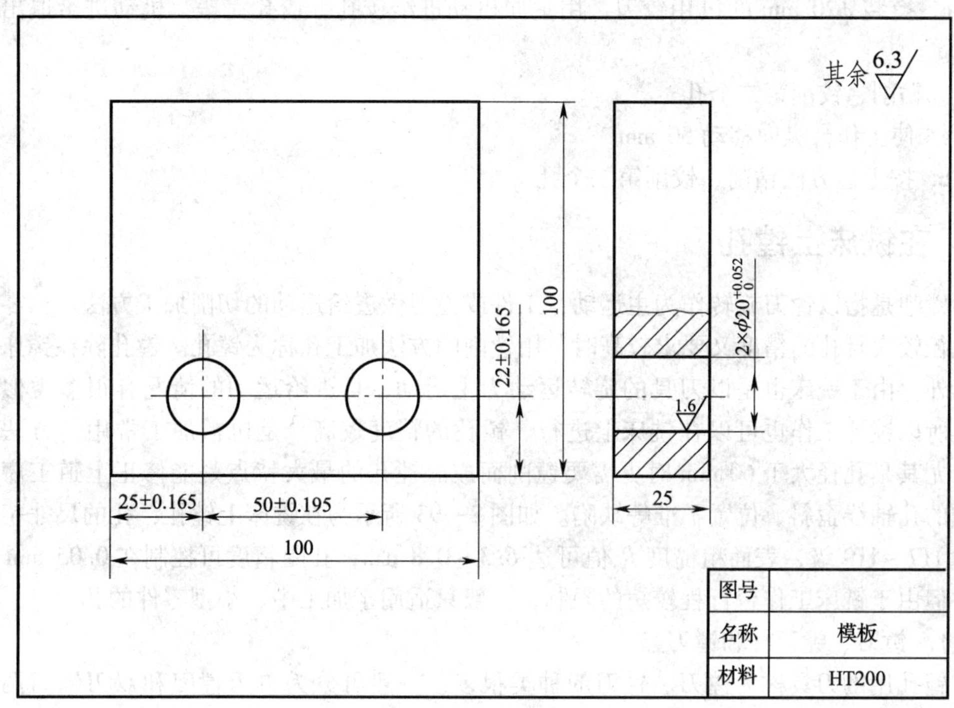

图 2—92 模板

(1) 铰刀的选择和安装

1) 选择铰刀。根据图样要求选用 $d = 19.7$ mm 的钻头，$D = 3.15$ mm 的中心钻以及 $d = 20$ mm 的机用铰刀，并用千分尺检测铰刀直径是否符合尺寸要求。

2) 安装铰刀。铰刀的安装方法与锥柄钻头相同。

(2) 在立式铣床上铰孔

1) 确定铰孔余量。铰孔前，一般先经过钻孔，要求较高的孔还需先扩孔或镗孔。铰孔余量的大小直接影响孔的质量。余量太小，不能把钻孔时所留下的孔壁痕迹全部铰去；余量太大，会使切屑挤塞在容屑槽中，使切削液不能进入切削区，从而严重影响孔的表面质量，并使铰刀因负荷过重而迅速磨损，甚至使切削刃崩碎，孔径扩大。铰孔余量参见表 2—16 选取。

2) 装夹工件。与钻孔时装夹工件的方法相同。

3) 调整主轴转速及进给量。铰孔时的切削速度 v_c 一般为 5 m/min 左右，选择主轴转速 $n = 75$ r/min ($v_c \approx 4.7$ m/min)；进给速度 $v_f = 60$ mm/min。

4) 铰孔步骤

①对刀。其方法同钻孔时的碰刀法。

②钻削、铰削第一个孔

a. 用 ϕ3.15 mm 的中心钻钻定位孔，将主轴转速调整至 950 r/min。

b. 换装 ϕ19.7 mm 的钻头钻孔（如工件孔的位置精度要求高时，可采用钻孔、扩孔的方法），将主轴转速调整至 300 r/min（$v_c \approx 18$ m/min）。

c. 换装 ϕ20 mm 的机用铰刀，用垂向机动进给铰孔。铰孔完毕，机动进给退出后停机。

③钻削、铰削第二个孔

a. 使工作台纵向移动 50 mm。

b. 按上述方法钻削、铰削第二个孔。

四、在铣床上镗孔

镗削是指以镗刀旋转作为主运动，工件或镗刀做进给运动的切削加工方法。当零件上孔径较大且孔的精度又要求较高时，用镗削的方法加工孔称为镗孔。镗孔除在镗床上进行外，由于铣床也是以刀具的旋转运动为主运动，且进给运动的情况有很多类似之处，所以镗孔工作也可以在铣床上进行。镗孔的精度较高，是机械加工常用的方法之一，尤其是孔径大于 60 mm 时更需要镗削而成。镗孔的最大特点是能修正上道工序所造成的孔轴线歪斜、位置不准等缺陷。如图 2—93 所示为在铣床上镗孔，孔的尺寸精度可达 IT7 ~ IT9 级，表面粗糙度 R_a 值可达 6.3 ~ 0.8 μm，孔距精度可控制在 0.05 mm 左右。但由于铣床工作台行程较短的限制，一般只适用于加工中、小型零件的孔。

1. 镗刀、镗刀杆和镗刀盘

镗孔用的刀具称为镗刀。镗刀的种类很多，一般可分为单刃镗刀和双刃镗刀两大类。在铣床上大多用单刃镗刀镗孔。

（1）镗刀

1）整体式镗刀。常用单刃镗刀分为整体式镗刀和机械固定式镗刀。整体式镗刀的镗刀和镗刀杆是一体的，如图 2—94 所示。一般将其装在可调镗刀盘上使用，借助镗刀盘的调节来控制孔径，大多用于镗削直径较小的孔。

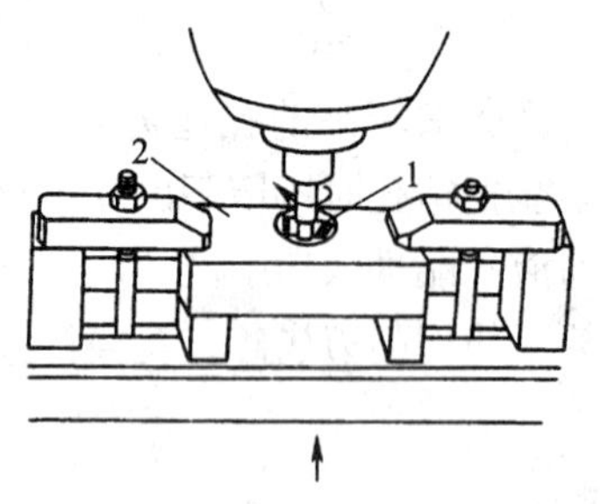

图 2—93　在铣床上镗孔

1—镗刀　2—工件

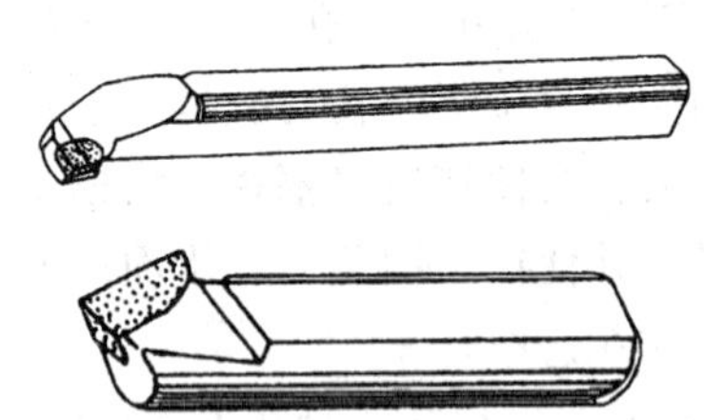

图 2—94　整体式镗刀

2）机械固定式镗刀。这种镗刀由镗刀头和镗刀杆组成，如图 2—95a 所示，一般用镗刀杆上的紧固螺钉将刀头紧固在方孔内，大多用于镗削直径较大的孔。

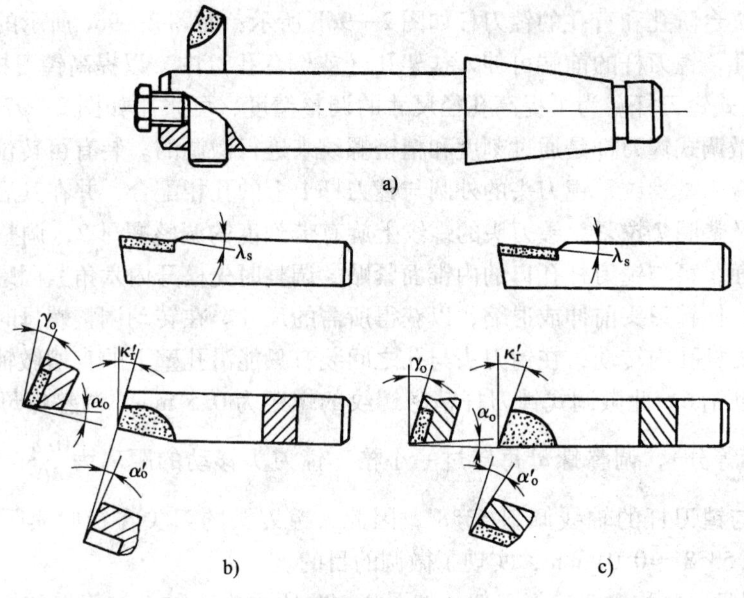

图 2—95 机械固定式镗刀

a）机械固定式镗刀 b）镗通孔用镗刀头 c）镗盲孔用镗刀头

单刃镗刀结构简单，制造方便，通用性大。镗刀切削部分的几何角度与车刀、铣刀的切削部分基本相同，一般根据工件材料及加工性质选取，其具体参考值见表 2—17。

表 2—17　　镗刀几何角度的选取

工件材料	前角 γ_o	后角 α_o	刃倾角 λ_s	主偏角 κ_r	副偏角 κ'_r	刀尖圆弧半径 R（mm）
铸铁	5°～10°	6°～12° 粗镗时取小值；精镗时取大值。孔径大时取小值；孔径小时取大值	一般情况下 λ_s 取 0°～5°；精镗通孔时取 λ_s = –（5°～15°）	镗通孔时 κ_r 取 60°～75°；镗台阶孔时 κ_r = 90°	一般取 κ'_r = 15°	粗镗孔时 R 取 0.5～1；精镗孔时 R 取 0.3
40Cr 钢	10°					
45 钢	10°～15°					
1Cr18Ni9Ti 钢	15°～20°					
铝合金	20°～30°					

（2）镗刀杆。是装在铣床主轴锥孔中，用以夹持镗刀头的工具。

1）简易式镗刀杆。如图 2—96 所示，用于镗削通孔的镗刀杆如图 2—96a 所示；用

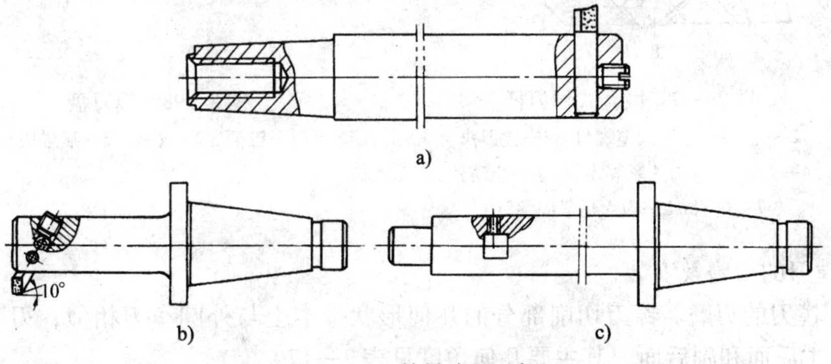

图 2—96 简易式镗刀杆

于镗削通孔、台阶孔和盲孔的镗刀杆如图 2—96b 所示；而图 2—96c 所示的镗刀杆适宜镗削较深的孔，镗刀杆的前端可伸入挂架孔（或倒套孔）中，以提高镗刀杆的刚度。

2）微调式镗刀杆。为了提高孔径尺寸的调整精度，可采用如图 2—97 所示的微调式镗刀杆。微调式镗刀杆是通过刻度和精密螺纹来进行微调的。装有可转位的刀片 4 的镗刀头 3 上有精密螺纹，镗刀头的外圆与镗刀杆 1 上的孔相配合，并在其后端用内六角紧固螺钉 8 及垫圈 7 拉紧。镗刀头的螺纹上旋有带刻度的调整螺母 2，调整螺母的背部是一个圆锥面，可与镗刀杆孔口的内锥面紧贴。调整时先松开内六角紧固螺钉，然后转动调整螺母，使镗刀头前伸或退缩，以获得所需的尺寸。在转动调整螺母时，为了防止镗刀头在镗刀杆孔内转动，在镗刀头与孔之间装有只能沿孔壁上的直槽做轴向移动而不能转动的止动销 6。此微调式镗刀杆精密螺纹的螺距为 0.5 mm，调整螺母游标刻度为一周 40 格（等分），调整螺母每转过一小格，镗刀头移动的距离为$\frac{0.5}{40}=0.0125$ mm。由于镗刀头与镗刀杆的轴线倾斜 53°8′，因此，镗刀头的刀尖在径向实际调整距离为 $0.0125\times\sin 53°8'\approx 0.01$ mm，实现了微调的目的。

3）镗刀盘。又称镗头或镗刀架，如图 2—98 所示为一种结构简单的镗刀盘，它具有较高的刚度，而且能够精确地控制孔径尺寸。镗刀盘的锥柄 1 与铣床主轴的锥孔相配合，转动螺杆 2 时，可精确地移动带刻线的燕尾块 3，从而微量改变镗刀的位置，达到改变孔径尺寸的目的。燕尾块带有几个装刀孔，用内六角螺钉将各种规格的镗刀杆固定在装刀孔内，就可以方便地镗削各种尺寸规格的孔。

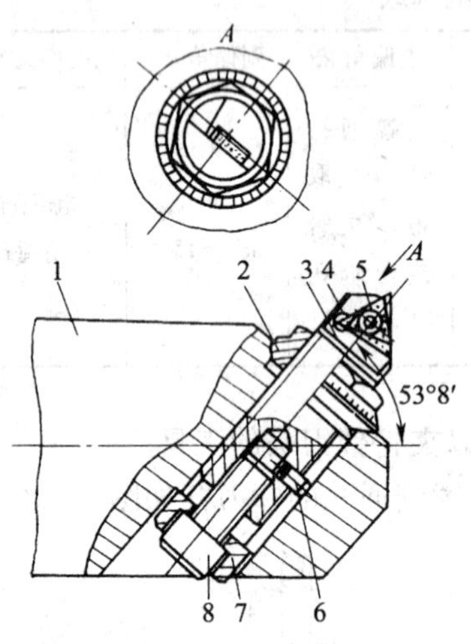

图 2—97 微调式镗刀杆

1—镗刀杆 2—调整螺母 3—镗刀头 4—刀片 5—刀片紧固螺钉 6—止动销 7—垫圈 8—内六角紧固螺钉

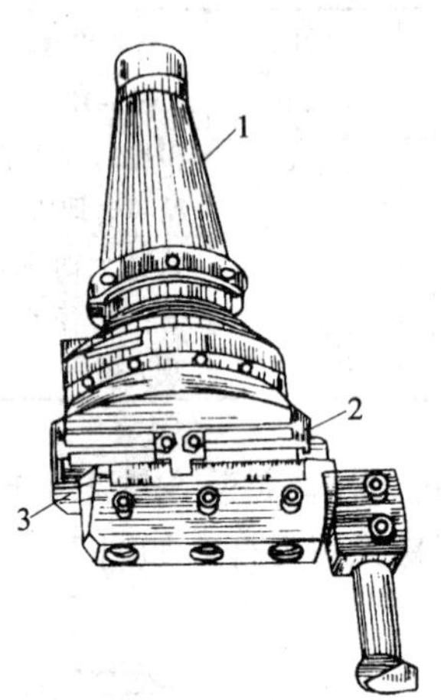

图 2—98 镗刀盘

1—锥柄 2—螺杆 3—燕尾块

2. 镗刀的刃磨及安装

（1）镗刀的刃磨。镗刀切削部分的几何形状基本上与外圆车刀相似，刃磨时需磨出前面、主后面和副后面，其主要几何角度见表 2—17。

1）刃磨主后面。刃磨主后面时右手捏住刀柄前部，左手捏住刀柄尾部，使刀柄与砂轮轴线成30°夹角，并略向下倾斜8°左右，如图2—99a所示。使主后面与砂轮外圆接触后缓慢往复移动，磨出主后面，使其主偏角$\kappa_r \approx 60°$、主后角$\alpha_o \approx 8°$。

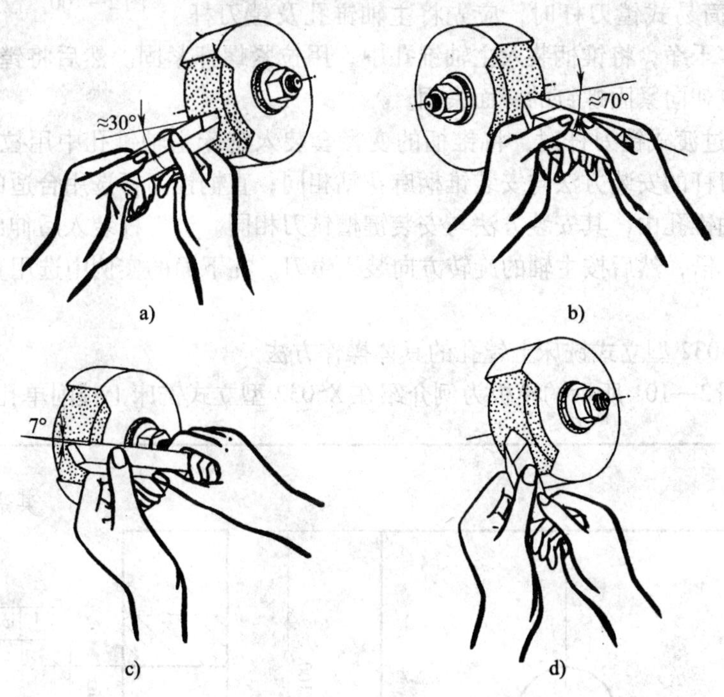

图2—99　镗刀的刃磨

a）刃磨主后面　b）刃磨副后面　c）刃磨前面　d）修磨刀尖圆弧

2）刃磨副后面。刃磨副后面时左手捏住刀柄前端，右手捏住刀柄尾部，使刀柄与砂轮轴线成70°夹角，并略向下倾斜8°左右，如图2—99b所示。使副后面与砂轮外圆接触后磨出副后面，使其副偏角$\kappa'_r \approx 20°$、副后角$\alpha'_o \approx 8°$。

3）刃磨前面。刃磨前面时左手捏住刀柄前端，右手捏住刀柄尾部，刀柄向下倾斜30°，使之与砂轮轴线成30°角。然后刀具前面向上倾斜7°左右，刀柄尾部向前倾斜5°左右，如图2—99c所示，磨出前面，使前角$\gamma_o \approx 7°$。

4）修磨刀尖圆弧。左手捏住刀柄前端，右手在后（反之亦可），刀柄与砂轮轴线垂直，尾部向下倾斜8°左右，右手做圆弧转动，如图2—99d所示，磨出刀尖圆弧$r_\varepsilon \approx$ 0. 3 mm。

（2）刃磨镗刀时的注意事项

1）如镗刀柄较短小时，可用接杆装夹后进行刃磨，刃磨时用力不能过猛。

2）高速钢镗刀应在白刚玉WA（白色）砂轮上刃磨，并将其经常放入水中冷却，以防止切削刃退火。

3）硬质合金镗刀应在绿碳化硅GC（绿色）砂轮上刃磨，磨削时不可用水冷却，否则刀头会产生裂纹。

4）各角度面应刃磨准确、平直，不允许有崩刃、退火现象。

图 2—100　镗刀的断屑槽

5）如镗削钢件时，应刃磨出断屑槽，镗刀的断屑槽如图 2—100 所示。

（3）安装镗刀

1）安装简易式镗刀杆时，应先将主轴锥孔及镗刀杆的锥柄部分擦干净，将锥柄装入主轴锥孔中，用拉紧螺杆紧固。然后将镗刀装入孔中，镗刀的前面应朝向紧固螺钉的一面紧固。

2）安装过渡式镗刀杆时，将锥柄的变径套装入铣床主轴锥孔中用拉紧螺杆紧固；带尾舌的镗刀杆的安装方法与安装锥柄麻花钻相同；直柄镗刀杆选用合适的弹性铣夹头一起装入主轴锥孔中，其安装方法与安装键槽铣刀相同。镗刀杆装入后伸出长度约为工件厚度的 2.5 倍，然后按主轴的旋转方向装入镗刀。在下面的实例中选用直柄过渡式镗刀杆。

3．在 X5032 型立式铣床上镗孔的具体操作方法

现以如图 2—101 所示的模板为例介绍在 X5032 型立式铣床上镗削单孔的操作方法。

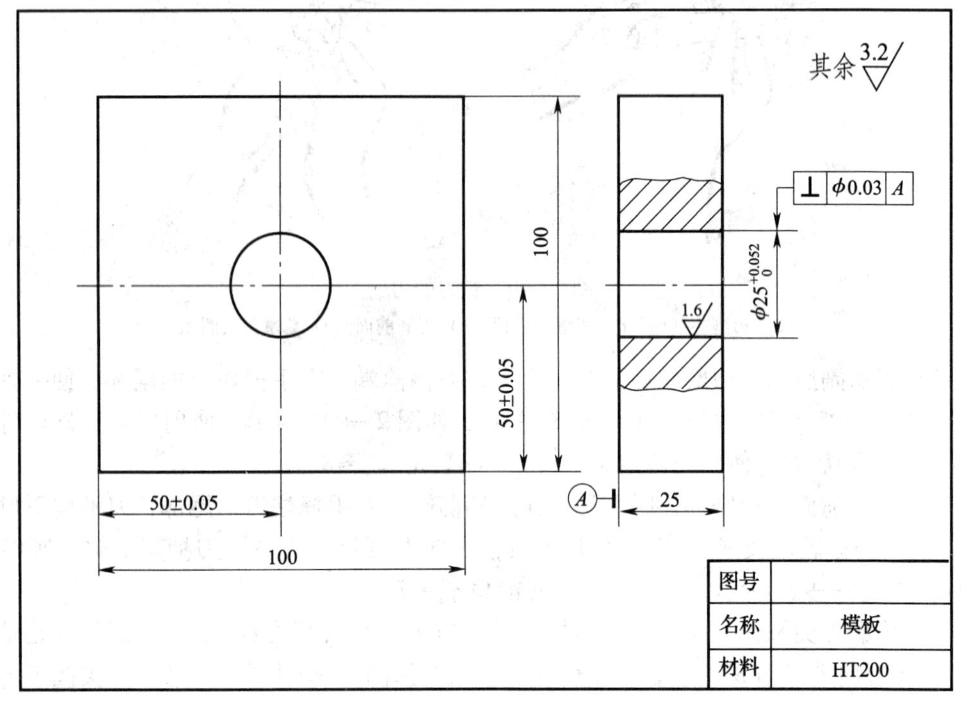

图 2—101　模板

（1）镗孔前的准备

1）划出加工参考线。涂色后按图样要求，在离工件两侧 50 mm 处划出相交线，打上样冲眼后，划出 $\phi25$ mm 圆的轮廓线并在圆周围打样冲眼作为参考。

2）校正铣床主轴轴线对工作台面垂直。如图 2—102 所示，校正时，将磁性表座吸附在铣床主轴端面，移动表座上的接杆，使其回转直径约为 500 mm，装上百分表，将主轴换向开关转换至“0”位，同时将主轴转速调整至 750 r/min。摇动纵向进给、横向

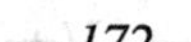

进给、垂向进给手柄，使百分表触头顶在工作台面上。用手缓慢转动主轴，使百分表转至工作台面的另一端后，观察百分表的读数是否一致，若有偏差，则松开立铣头上四个紧固螺母，调整主轴转角，直至两端读数差不大于0.03 mm为止。

3）装夹工件。将工件装夹在机床用平口虎钳内，下面垫两块等高平行垫铁，找正工件上平面与工作台面平行，侧面与工作台纵向进给方向平行。

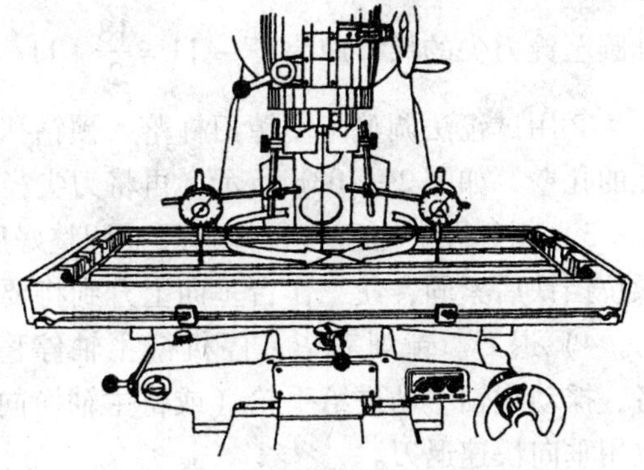

图2—102　校正铣床主轴轴线对工作台面垂直

4）选择钻头与镗刀杆、镗刀

①选择直径为21~22 mm的锥柄麻花钻及铣床用带有腰形槽锥孔的变径套。

②选择直径为18 mm的直柄镗刀杆、铣夹头、弹性套和用高速钢车刀改制成的镗刀。

5）钻孔。用ϕ21 mm的麻花钻按划线钻出ϕ21 mm左右的落刀孔。

6）安装镗刀杆。换装铣夹头、弹性套及直柄镗刀杆。调整主轴转速$n=235$ r/min，进给速度$v_f=37.5$ mm/min。

（2）加工操作步骤

1）对刀

①按划线找正对刀。将大头针用黄油（牛油）粘在镗刀杆上，转动主轴，使大头针旋转圆的轨迹与划线圆的轮廓线重合。

②用碰刀法对刀。使镗刀杆外圆与工件一侧面相接触，用$\delta=0.05$ mm的塞尺检查。然后将工作台纵向移动，$S_{纵}=\frac{d_{杆}}{2}+50+0.05=\frac{18}{2}+50+0.05=59.05$ mm；摇动横向进给手柄，使镗刀杆外圆与工件另一侧相接触，用0.05 mm厚的塞尺检查后，使工作台横向移动，$S_{横}=59.05$ mm。

2）调整镗刀的尺寸

①用测量法调整。如图2—103a所示，先预镗一个ϕ22 mm的孔，此时测量镗刀杆

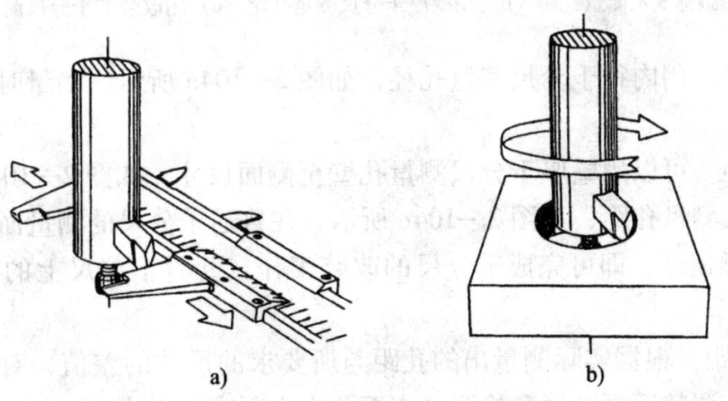

a)　b)

图2—103　调整镗刀的尺寸

a）用测量法调整　b）用试镗法调整

外圆至镗刀尖的尺寸应为$\frac{d_{杆}}{2}+11=\frac{18}{2}+11=20$ mm。

②用试镗法调整。使镗刀杆落入预钻孔中的适当位置，伸出镗刀使之刚好擦到预钻孔的孔壁，如图2—103b所示，再将刀尖径向伸出0.5 mm左右，并紧固。

3）粗镗孔。对刀，将镗刀尺寸调整好后紧固纵向、横向进给机构。将主轴下降至限位挡铁后紧固，使工作台垂向上升到将要接近工件时改用机动进给粗镗孔。

4）退刀。镗削完毕，停机待主轴停稳后，用手转动镗刀杆，将镗刀尖对准操作者，摇动主轴手动进给手轮（或将主轴换向开关转换至“0”位），待镗刀退离工件后改用垂向快速退刀。

5）预检。粗镗孔后，对孔径及孔距应进行一次预检，如图2—104所示。若孔距准确，则可调整孔径尺寸后加工至图样要求。

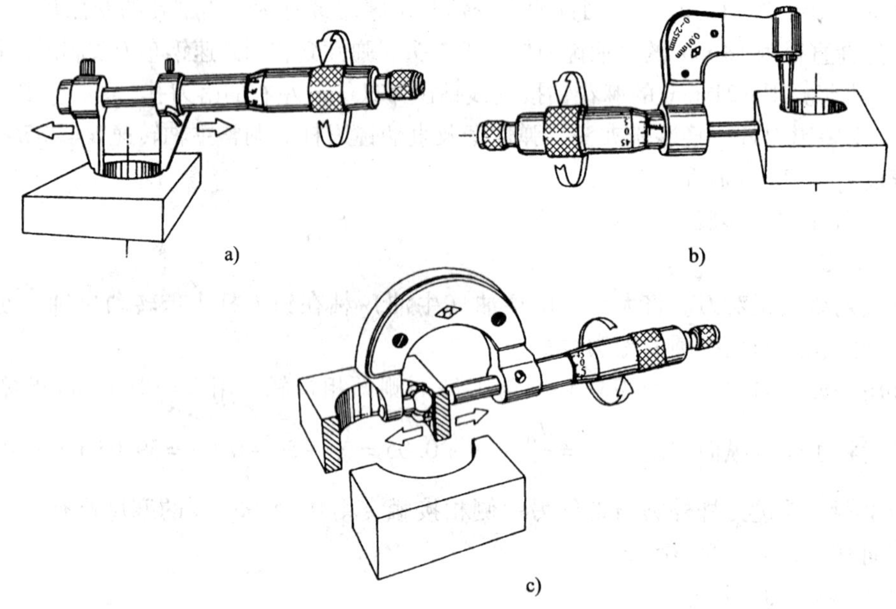

图2—104　预检孔径及孔距

a）用游标卡尺测量孔距　b）用壁厚千分尺测量孔距　c）用改装的千分尺测量孔距

①测量孔径。用内径千分尺测量孔径，如图2—104a所示。测量时应沿几个方向分别测量。

②测量孔距。可以用壁厚千分尺测量孔壁至侧面尺寸，如图2—104b所示；也可以用改装的千分尺测量孔距，如图2—104c所示。在普通千分尺的测量面上用铜管（或塑料管）套上一颗钢球，即可完成千分尺的改装工作，此时千分尺上的读数应减去钢球的直径。

6）调整孔距。根据实际测量出的孔距与所要求的尺寸的差值，对纵向、横向进给机构做出调整，调整后再试镗和检测，直至孔中心距准确为止。

7）控制孔径尺寸。在本实例中使用的是直柄过渡式镗刀杆，一般采用敲刀法控制孔径尺寸。初学者可借助百分表来控制敲刀量，如图 2—105 所示。将百分表装夹在磁性表座上，使百分表测量头与刀尖相接触。用手反向缓慢转动主轴并上下移动镗刀杆，找出百分表测量头与刀尖接触时的最高点，然后将指针调整到“0”位。稍微松开镗刀的紧固螺钉，根据孔径尺寸要求，将镗刀敲出孔径差的二分之一的距离。拧紧紧固螺钉，再检查一次镗刀的伸出量是否达到要求。

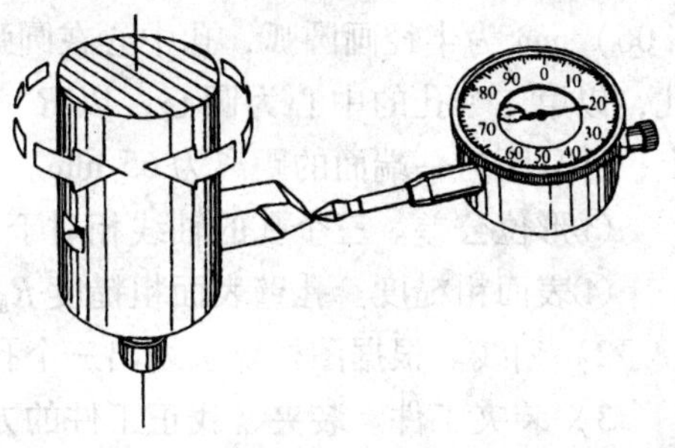

图 2—105　借助百分表来控制敲刀量

8）精镗孔。当调整好孔距后，留 0.3 ~ 0.4 mm 的余量精镗孔，精镗时主轴转速 n 可调整到 300 r/min；进给速度 v_f = 30 mm/min。

4．在 X5032 型立式铣床上镗削多孔工件的具体操作方法

现以如图 2—106 所示的多孔工件为例介绍在 X5032 型立式铣床上镗削多孔工件的操作方法。

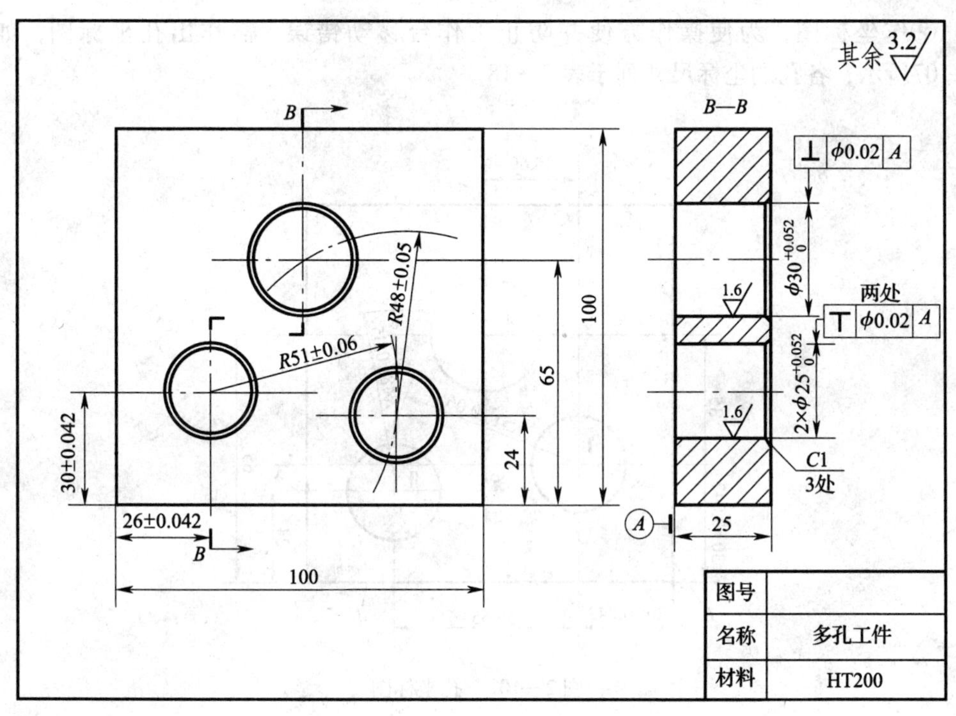

图 2—106　多孔工件

（1）镗孔前准备

1）读图

①孔径。两个孔直径为 $25^{+0.052}_{0}$ mm，一个孔直径为 $30^{+0.052}_{0}$ mm。孔口倒角为 $C1$ mm。

②孔距。第一个孔，一个端面至孔中心的距离为（26 ± 0.042）mm，另一个端面至孔中心的距离为（30 ± 0.042）mm；第二个孔，以第一个孔的中心为圆心，以 R（51 ±

0.06）mm 为半径画圆弧，孔中心在圆弧上，并且距另一端面的距离为 24 mm；第三个孔，以第二个孔的中心为圆心，以 R（48 ±0.05）mm 为半径画圆弧，孔中心在圆弧上，并且距另一端面的距离为 65 mm。

③形位公差。三个孔的轴线相对于 A 面的垂直度公差为 0.02 mm。

④表面粗糙度。孔壁表面粗糙度 $R_a=1.6$ μm，其余 $R_a=3.2$ μm。

2）划线。根据图样要求划出三个孔的中心线和轮廓线，并打上样冲眼。

3）装夹工件。装夹、找正工件的方法与镗削单孔相同。

4）钻孔。钻两个 $\phi22$ mm 的孔和一个 $\phi26\sim27$ mm 的孔。

5）安装镗刀杆。选用 $\phi18$ mm 的过渡式直柄镗刀杆，将其安装在铣夹头内，伸出长度约为 70 mm。

6）计算孔的坐标位置。由于图样上标注的尺寸为半径值，无法实现移距。

①计算坐标尺寸。Ⅱ孔与Ⅰ孔的孔距 $y=24-30=-6$ mm，$x=\sqrt{(51)^2-(6)^2}\approx$ 50.65 mm；Ⅲ孔与Ⅰ孔的孔距 $y=65-30=35$ mm，$x=50.65-\sqrt{(48)^2-(35+6)^2}\approx$ 25.69 mm。

②作坐标图，为使操作方便并防止工作台移动错误，需作出孔坐标图，如图 2—107所示，各孔的坐标尺寸列于表 2—18。

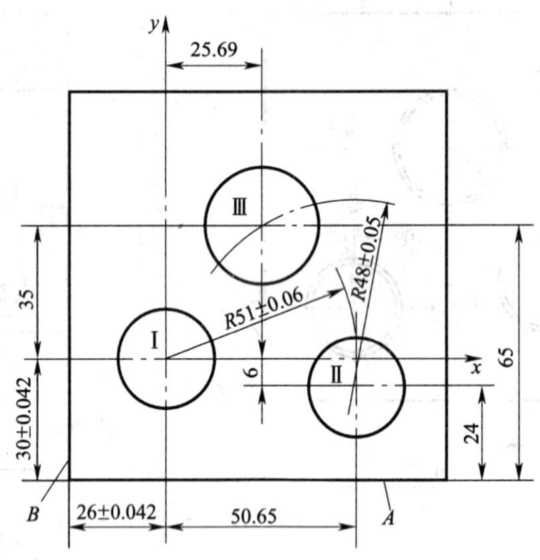

图 2—107 孔坐标图

表 2—18 **各孔的坐标尺寸** mm

孔号 / 坐标	Ⅰ	Ⅱ	Ⅲ
x	0	+50.65	+25.69
y	0	−6	+35

（2）镗多孔的操作方法

1）镗Ⅰ孔

①调整孔的中心位置。采用碰刀法，使镗刀杆刚好与 A 面相碰，将镗刀杆沿 y 轴方向移动 $30+\frac{18}{2}=39$ mm；再让镗刀杆与 B 面相碰，并沿 x 轴方向移动 $26+\frac{18}{2}=35$ mm。

②试镗孔。调整好中心位置后先试镗孔至 $\phi23$ mm，然后测量孔径的实际尺寸，再测量中心距是否达到要求。如测得孔径为 23.2 mm，则 A 面至孔壁的尺寸应为 $30-\frac{23.2}{2}=18.4$ mm；B 面至孔壁的尺寸为 $26-\frac{23.2}{2}=14.4$ mm。若有偏差，则分别沿纵向、横向移动工作台，调整孔径后再试镗孔并进行测量，待中心位置准确后即可精镗孔。

③精镗孔。调整好中心位置后，粗、精镗孔，精镗孔时孔径尺寸可借助百分表用敲刀法保证。

④倒角。孔口倒角 $C1$ mm。

2）镗Ⅱ孔

①调整孔的中心位置。以Ⅰ孔为原点，由于 y 轴方向为 -6 mm，即将工作台向前横向移动 6 mm；x 轴方向为 50.65 mm，即将工作台向左纵向移动 50.65 mm。移动工作台的方法常采用以下两种：

a. 利用刻度盘移动工作台，但必须注意消除丝杆副的传动间隙（此法精度较低）。

b. 利用百分表和量块精确移动工作台。如图 2—108 所示为调整孔的中心位置的方法。使工作台沿纵向精确移动的方法较多，现介绍较常用的一种方法。在工作台面上装夹一块平行垫铁，并预先找正平行垫铁的一侧面与工作台横向进给方向平行。将量块组靠在平行垫铁的侧面，装有百分表的磁性表座吸附在垂直导轨上，使百分表测量头与量块测量面接触后指针对准“0”位，如图 2—108a 所示。然后抽去量块，摇动工作台纵向进给手轮，使百分表测量头与平行垫铁侧面接触，并保证指针也对准“0”位，则工作台已沿纵向移动了一个所需要的距离。

使工作台沿横向精确移动时，量块组放在经研磨过的横向溜板前端面，磁性表座吸附在横向溜板导轨面上，如图 2—108b 所示。

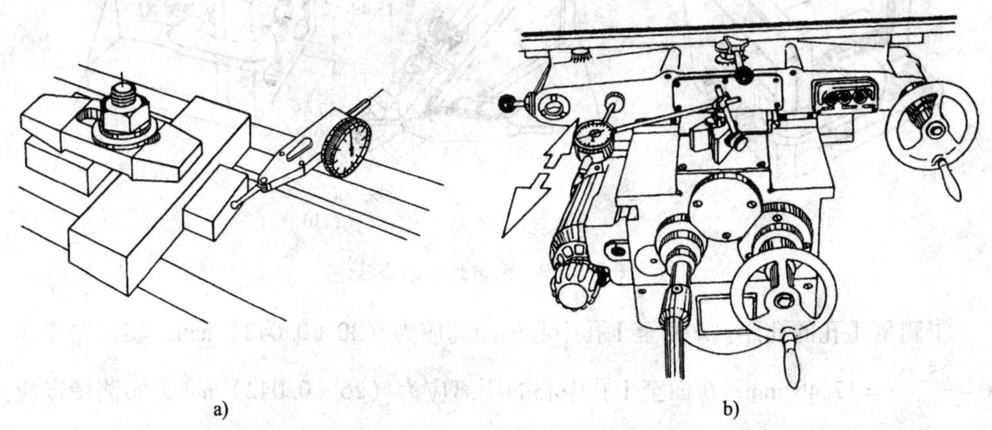

a)　　b)

图 2—108　调整孔的中心位置的方法

②试镗孔。调整好孔的中心位置后，先将孔镗至 ϕ23 mm，若测得孔径为 23.4 mm，Ⅰ孔孔径为 25.02 mm，则两孔间的壁厚为 $51-\frac{25.02+23.4}{2}=26.79$ mm；沿 y 轴负方向 A 面至Ⅱ孔间的壁厚应为 $24-\frac{23.4}{2}=12.3$ mm。如有偏差，则根据偏差位置及差值再调整纵向或横向进给机构。

③精镗孔。孔的位置准确后，粗、精镗孔至 ϕ25 ~ 25.052 mm。

④倒角。孔口倒角 $C1$ mm。

3）镗Ⅲ孔

①调整孔的中心位置。以Ⅰ孔为原点，按坐标尺寸，由于 y 轴方向为 35 mm，即将工作台向外横向移动 35 mm（或在Ⅱ孔位置时沿 y 轴方向向外移动 41 mm）；x 轴方向将工作台向左纵向移动 25.69 mm（或在Ⅱ孔位置时沿 x 轴方向向右移动 24.96 mm）。

②试镗孔。孔的中心位置调整好后，先将孔径镗至 28 mm，预测孔的中心距，如测量出孔径实际尺寸为 28.10 mm，Ⅱ孔孔径为 25.01 mm，则Ⅱ孔至Ⅲ孔间的壁厚为 $48-\frac{25.01+28.10}{2}=21.445$ mm；A 面至Ⅲ孔的壁厚应为 $65-\frac{28.10}{2}=50.95$ mm。若测得 A 面至Ⅲ孔的壁厚为 50.95 mm；两孔壁间的厚度为 21.60 mm，则应使工作台纵向移动。

③精镗孔。调整好孔的中心位置后，粗、精镗孔至 ϕ30 ~ 30.052 mm。

④倒角。孔口倒角 $C1$ mm。

（3）检测

1）测量孔径。用内径千分尺或内径百分表进行测量，其中Ⅰ孔和Ⅱ孔的尺寸应为 $\phi 25^{+0.052}_{0}$ mm，Ⅲ孔的尺寸应为 $\phi 30^{+0.052}_{0}$ mm。

2）测量孔距。测量孔距的方法如图 2—109 所示。将工件装夹在六面角铁上，先找正基面与平板平面平行，如图 2—109a 所示。

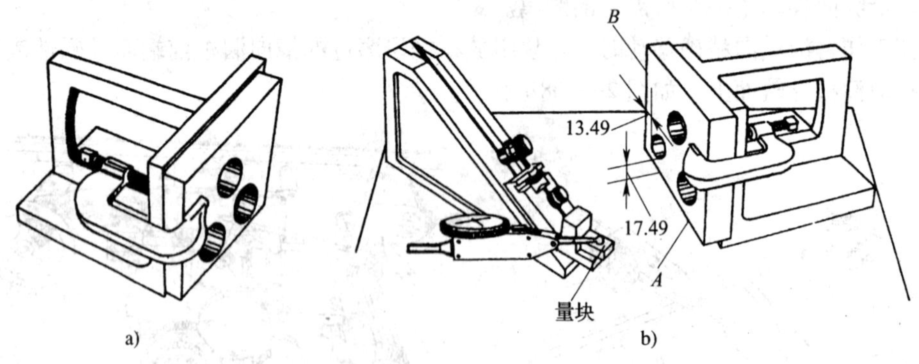

图 2—109　测量孔距的方法

①测量Ⅰ孔的孔距。A 面至Ⅰ孔中心的距离应为（30 ± 0.042）mm，实测壁厚应为 $30-\frac{25.02}{2}=17.49$ mm；B 面至Ⅰ孔中心的距离应为（26 ± 0.042）mm，实测壁厚应为

$26-\frac{25.02}{2}=13.49$ mm。测量时分别以 A 面和 B 面为基准，选用 17.49 mm 和 13.49 mm 的量块组，利用百分表和升降量规用比较法进行测量，如图 2—109b 所示。

②测量Ⅰ孔和Ⅱ孔间的孔距。用游标卡尺测量时只需测量两孔壁间的距离为 $51-\frac{25.02+25.01}{2}=25.985$ mm；用百分表、量块组和升降量规进行测量，测量时将工件装夹在六面角铁上，测量Ⅰ孔边至Ⅱ孔边的距离为 $51+\frac{25.02}{2}-\frac{25.01}{2}=51.005$ mm；用心轴测量时将两根标准心轴插入孔中，用千分尺测量心轴外圆间的距离为 $51+\frac{25+25}{2}=76$ mm。

③测量Ⅱ孔和Ⅲ孔间的孔距。测量方法与②相同。

3）测量垂直度误差。与镗削单孔时垂直度误差的测量方法相同。

4）检查表面粗糙度。目测或用表面粗糙度样板采用比较法检查。

（4）镗孔时的注意事项

1）镗削薄壁工件时，粗镗后应将夹紧力减小些，以防止由于夹紧力过大而造成变形。

2）敲刀时，应尽可能使刀头伸出略多些，随后再反向敲进去，以防止由于冲击力过大而造成百分表走动。

五、在铣床上镗削椭圆孔

1. 加工原理

镗孔时，镗刀刀尖的运动轨迹是一个圆，但当将立铣头转过一个角度时，则这个圆在工作台面上的投影便是一个椭圆。因此，在立铣头转过 θ 角（即镗刀回转轴线与孔中心线的夹角）后，利用工作台垂向进给，能镗出一个椭圆孔。椭圆孔的加工原理与几何关系如图 2—110 所示，椭圆的长轴 $2a$、短轴 $2b$ 与刀尖回转半径 R 之间的关系如下：

$$a=R$$

$$b=R\cos\theta$$

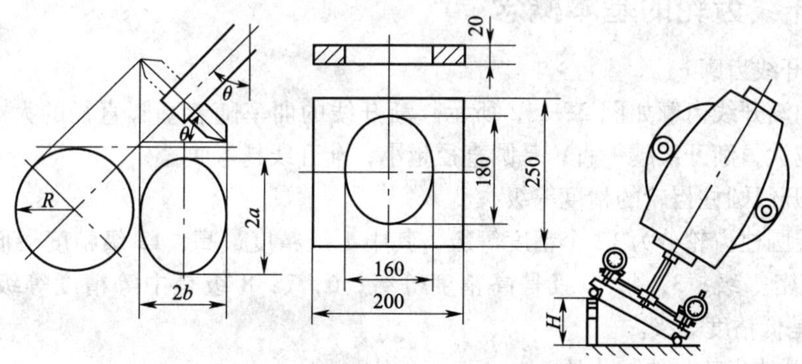

图 2—110　椭圆孔的加工原理与几何关系

2. 加工方法

镗削椭圆孔时按以下步骤进行：

（1）把镗刀尖的回转半径调整到等于椭圆长轴半径 a，可试镗一个圆孔予以确定。

（2）根据椭圆长轴半径 a 与短轴半径 b 计算出 θ 值。

（3）按 θ 值调整立铣头，使立铣头主轴倾斜 θ 角。

（4）装夹工件，使工件的椭圆长轴与工作台横向进给方向平行，短轴与工作台纵向进给方向平行。

（5）按工件的厚度复核镗刀杆的直径，当工件的厚度较大以及立铣头偏转角度较大时，镗刀杆的直径 d 应满足下式：

$$d < 2a\cos2\theta - 2H\sin\theta$$

式中 H——工件厚度，mm；

θ——立铣头偏转角，（°）。

（6）用切痕法找正椭圆孔的加工位置，如图 2—111 所示。

（7）粗镗椭圆孔，预检，根据差值调整椭圆孔的尺寸和加工位置。

（8）精镗椭圆孔，达到图样要求。

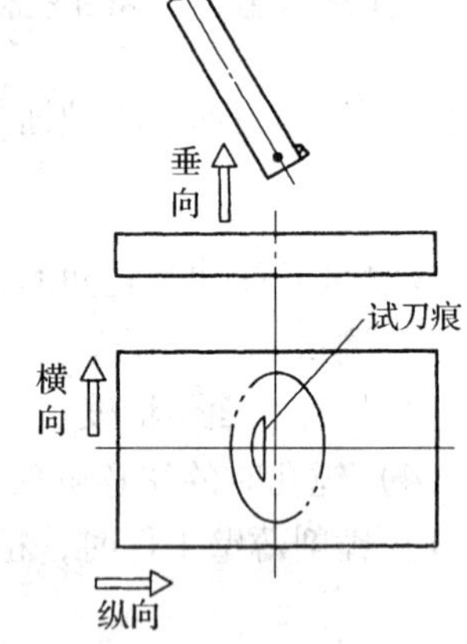

图 2—111 用切痕法找正椭圆孔的加工位置

单元 2

第六节 直齿轮、斜齿轮和直齿条的加工

➔ 能够掌握渐开线齿轮的基本概念及有关计算

➔ 能够掌握直齿圆柱齿轮、斜齿圆柱齿轮和直齿条的铣削方法

一、渐开线齿轮的基本概念

1. 渐开线齿廓

齿轮的渐开线齿廓如图 2—112 所示。渐开线的曲率随着基圆直径的大小而变化，基圆直径越大，渐开线越平直；基圆直径越小，渐开线越弯曲。

2. 渐开线圆柱齿轮的精度等级

渐开线圆柱齿轮分为 12 个精度等级，其中 1 级精度最高，12 级精度最低。1 级和 2 级是超精密等级；3，4，5 级是高精度等级；6，7，8 级是中等精度等级；9，10，11，12 级是低精度等级。

3. 渐开线齿轮的原始齿廓

渐开线齿轮的原始齿廓如图 2—113 所示，其参数见表 2—19。

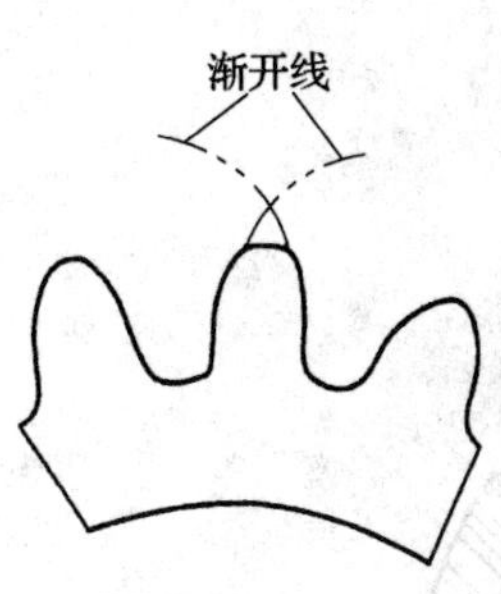

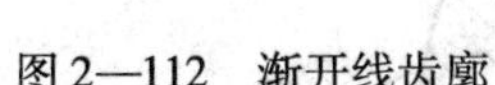

图 2—112　渐开线齿廓

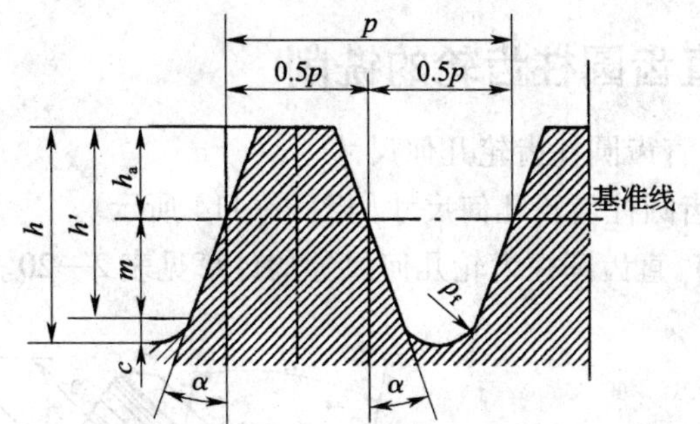

图 2—113　渐开线齿轮的原始齿廓

表 2—19　　渐开线齿轮原始齿廓的参数

参数名称		参数代号	说　明
原始齿形的基本参数	压力角	$\alpha=20^\circ$	当齿轮基圆直径无限大时，所形成的渐开线齿形为直线形齿条。跟齿轮紧密而无间隙互相啮合的齿条外形叫做原始齿廓，以原始齿廓的齿形（即基齿条）表示基本参数。对于直齿圆柱齿轮是指基齿条的端面齿形；对于斜齿圆柱齿轮是指基齿条的法向齿形；对于锥齿轮是指大端背锥面上展开的齿形
	齿顶高	$h_a=m$；短齿形为 $0.8m$	
	工作高度	$h'=2m$；短齿形为 $1.6m$	
	顶隙	$c=0.25m$（标准圆柱齿轮）；标准锥齿轮为 $0.2m$	
	齿根圆角曲率半径	$\rho_f=0.38m$（标准圆柱齿轮）；标准锥齿轮为 $0.2m$；短齿圆柱齿轮为 $0.46m$；短齿锥齿轮为 $0.31m$	
基本参数中的中心参数	模数	m	模数越大，轮齿越大，所能承受的负荷越大。模数在我国已经标准化，常用标准模数可查阅有关手册，括号内的模数应尽可能不用。对于斜齿圆柱齿轮是指法向模数；对于蜗轮是指轴向模数；对于蜗杆是指中心平面上的端面模数。锥齿轮的标准模数是指大端模数。模数以 mm 为计算单位
	压力角	$\alpha=20^\circ$	压力角实际上是一对啮合齿轮基圆的内公切线和分度圆公切线之间的夹角。在渐开线齿廓上各点的压力角并不相等，在分度圆处的压力角为标准压力角。我国规定齿轮的标准压力角为 20°
	齿数	z	齿轮的齿数直接影响着齿廓曲线形状。齿数越多，基圆越大，渐开线越平直
	基圆直径	d_b	在齿轮上，基圆直径不等于分度圆直径。分度圆直径与齿轮的模数、齿数有关；而基圆直径与齿轮的模数、齿数及压力角有关

二、直齿圆柱齿轮的铣削

1. 直齿圆柱齿轮几何尺寸

直齿圆柱齿轮几何尺寸如图 2—114 所示。

（1）直齿圆柱齿轮几何尺寸的计算见表 2—20。

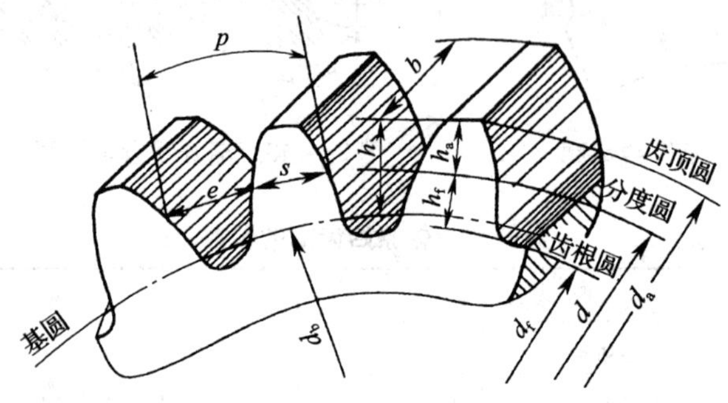

图 2—114 直齿圆柱齿轮几何尺寸

表 2—20　　直齿圆柱齿轮几何尺寸的计算

几何尺寸	计算公式	说　明
模数 m	$m=\frac{p}{\pi}=\frac{d}{z}=\frac{d_a}{z+2}$	分度圆作为齿轮尺寸计算的基准。从图 2—114 中可看出，分度圆上分布着 z 个齿，相邻两齿齿廓相应点之间的弧长 p 称为齿距。$\frac{p}{\pi}$称为模数 m，是齿轮的基本参数 式中　z_1——小齿轮齿数 z_2——大齿轮齿数 d_1——小齿轮分度圆直径 d_2——大齿轮分度圆直径
齿距 p	$p=\pi m=\frac{\pi d}{z}$	
齿数 z	$z=\frac{d}{m}=\frac{\pi d}{p}$	
分度圆直径 d	$d=mz=d_a-2m$	
齿顶圆直径 d_a	$d_a=m(z+2)=d+2m=d+2h_a=\frac{p}{\pi}(z+2)$	
齿根圆直径 d_f	$d_f=d-2.5m=m(z-2.5)=d_a-2h=d_a-4.5m$	
齿顶高 h_a	$h_a=m=\frac{p}{\pi}$	
齿根高 h_f	$h_f=1.25m$	
齿高 h	$h=2.25m$	
齿厚 s	$s=e=\frac{p}{2}=\frac{\pi m}{2}=1.5708m$	
齿槽宽 e		
中心距 a	$a=\frac{z_1+z_2}{2}m=\frac{d_1+d_2}{2}$	
基圆直径 d_b	$d_b=mz\cos\alpha$	
基圆齿距 p_b	$p_b=\pi m\cos\alpha=p\cos\alpha$	

（2）英制齿轮是以径节（*DP*）来计算齿轮几何尺寸的，径节是模数的倒数，径节越大，齿形越小。

$$DP=\frac{1}{m}$$

$$m=\frac{1}{DP}$$

2．直齿圆柱齿轮的加工方法

直齿圆柱齿轮加工方法见表2—21。

表2—21　　　　　　　　　　直齿圆柱齿轮的加工方法

加工方法及图示	操作要点及应用
滚刀 在滚齿机上滚齿	加工时滚刀做旋转运动和进给运动，工件做旋转运动。如果滚刀是单头的，滚刀每转动一转，工件转过一个齿。所加工齿轮的精度可达7级
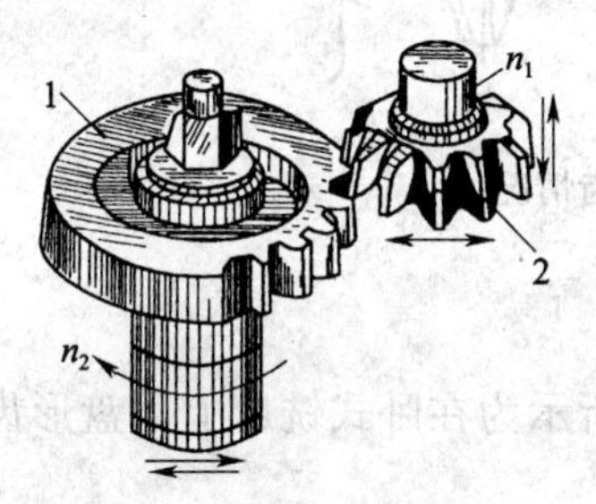 在插齿机上插齿 1—初切齿轮　2—齿轮插刀	适用于内齿轮、多联齿轮和与圆盘端面相连的齿轮的加工，插齿机装上附件后还可加工齿条、锥齿轮和在工件端面上的齿轮。只要齿轮的模数和压力角相同，可用一把插刀加工出不同齿数的齿轮。所加工齿轮的精度可达7级
 在铣床上铣齿 1—盘形齿轮铣刀　2—齿轮工件	利用成形铣刀来切削齿形，它的效率和精度都比较低，一般在要求不高的单件生产和修配加工中使用。所加工齿轮的精度可达9级

（1）使用盘形齿轮铣刀铣削直齿圆柱齿轮。通常将盘形齿轮铣刀按同一模数分成一套 8 个或 15 个号数，选用时，首先根据模数和压力角确定一套铣刀，再按照工件的要求选择其中一个号数的铣刀。一套盘形铣刀的截面形状如图 2—115 所示。每一号数铣刀所铣的齿数范围见表 2—22。所铣齿轮的齿数越少，齿形曲线曲率半径越小；所铣齿数越多，齿形曲线越平直。刀号小，所铣齿数范围小；刀号大，所铣齿数范围大。采用 8 号盘形齿轮铣刀时，齿数范围为 135 ~ ∞（齿条）。英制齿轮与上述相反。

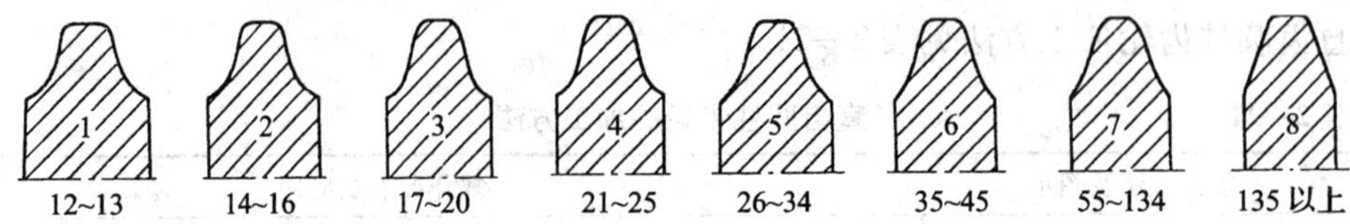

图 2—115　一套盘形铣刀的截面形状

表 2—22　**盘形齿轮铣刀所铣的齿数范围**　（模数制，8 个号数一套）

铣刀号数	1	2	3	4	5	6	7	8
所铣齿轮齿数	12 ~ 13	14 ~ 16	17 ~ 20	21 ~ 25	26 ~ 34	35 ~ 54	55 ~ 134	135 ~ ∞

大模数齿轮铣刀多做成指形，指状齿轮铣刀及其铣齿情况如图 2—116 所示。

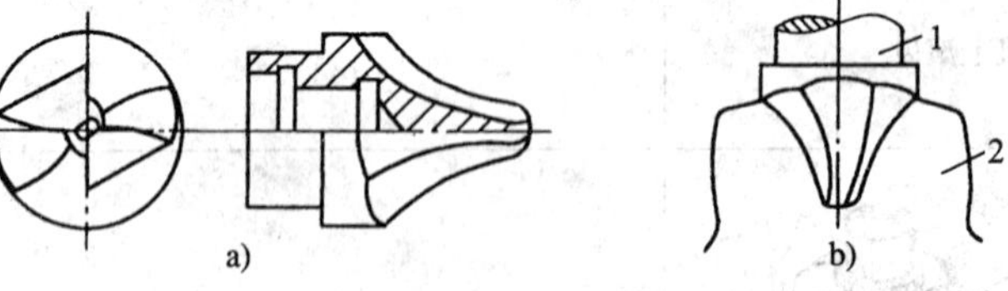

图 2—116　指状齿轮铣刀及其铣齿情况

a）指状齿轮铣刀　b）铣齿情况

1—指状齿轮铣刀　2—工件

（2）标准直齿圆柱齿轮的铣削方法。如图 2—117 所示为在卧式铣床上用盘形齿轮铣刀铣削齿轮，需一个齿一个齿地按顺序铣削。

直齿圆柱齿轮的铣削步骤和操作要点见表 2—23。

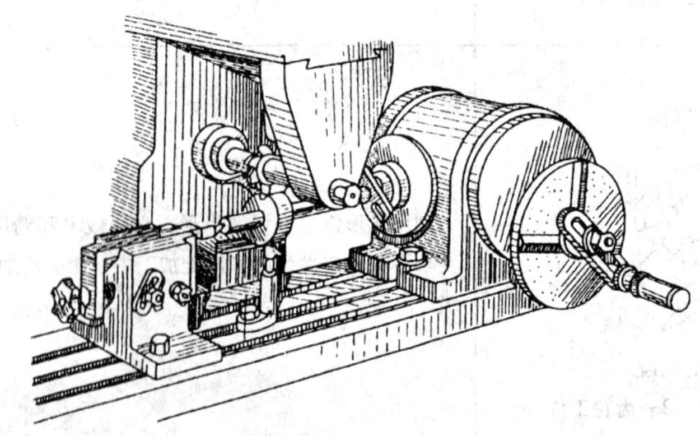

图 2—117　在卧式铣床上铣削齿轮

表 2—23　　直齿圆柱齿轮的铣削步骤和操作要点

<table>
<tr><th>步骤</th><th>操作要点及图示</th></tr>
<tr><td>1. 铣削前的准备工作</td><td>
(1) 熟悉图样，了解工件的技术要求
(2) 检查和调整铣床
(3) 检查齿轮工件的毛坯尺寸
(4) 安装分度头和尾座
(5) 在分度头上装夹工件并进行找正
(6) 检查工件的径向圆跳动和端面圆跳动误差，如图 a 所示
(7) 根据工件的模数和压力角选择铣刀
(8) 根据工件的齿数计算分度手柄的转数
(9) 确定和调整铣床主轴转速和进给量
(10) 齿轮铣刀安装前需对中心，将铣刀放在平板上，在刀齿上划出一条中心线，将铣刀装到铣刀杆上后，使分度头的顶尖与划出的这条中心线对正，如图 b 所示
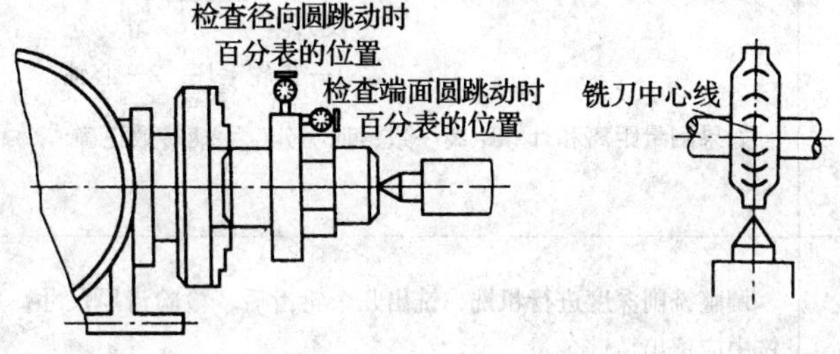

a) 检查工件圆跳动误差　　b) 铣刀对中心
(11) 齿轮铣刀和工件都安装好后，对中心时，可使用划线盘或游标高度尺在工件外圆大约低于齿坯中心 1 mm 处划出 AB 线，如图 c 所示；然后将齿坯旋转 180°，并把划线盘放在齿坯另一面，高度相同，划出 CD 线，如图 d 所示；再将齿坯按上次相同的方向旋转 90°，这时 AB 线和 CD 线转到了最上面，如图 e 所示；最后使铣刀齿对正这两条线的中心，并铣出一条线痕，当这条线痕位于两条线的中间时，铣刀中心就与工件中心对正了
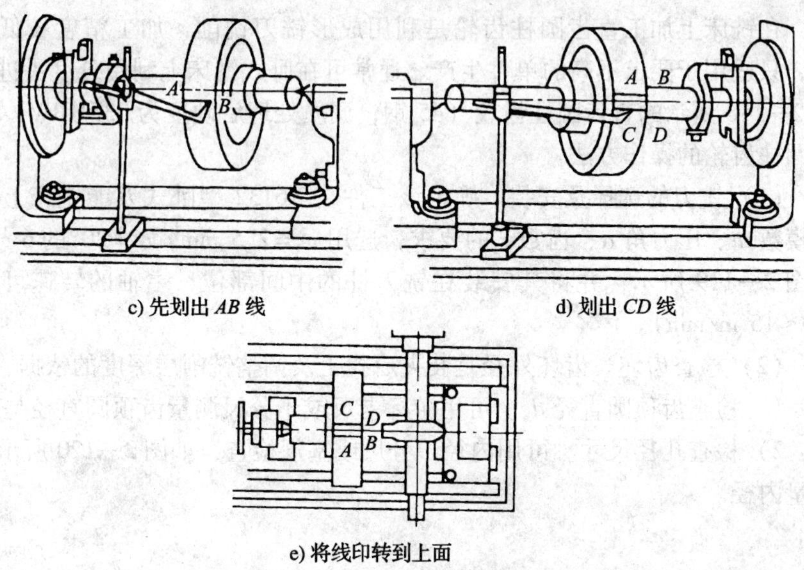

c) 先划出 AB 线　　d) 划出 CD 线
e) 将线印转到上面
</td></tr>
</table>

续表

步骤	操作要点及图示
2. 试铣	先铣出 2～3 个浅刀印，如图所示，用游标卡尺在齿轮齿顶圆周面上测量出距离 s，s 的近似计算公式为： $s=\frac{3.14d_a}{z}$ 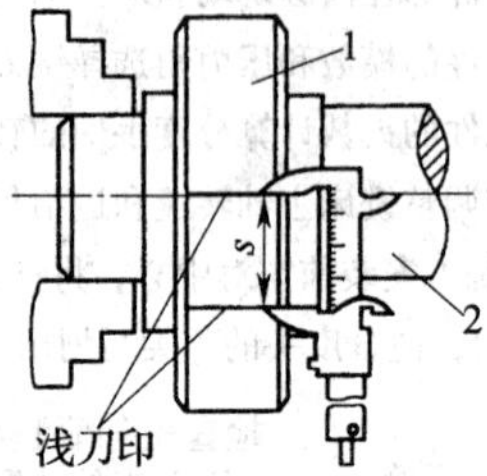 1—齿轮毛坯　2—心轴 如果测量距离和计算距离一致，证明分度手柄转数正确
3. 粗铣	调整铣削深度进行粗铣，铣出几个轮齿后，检验齿厚尺寸，应大于所要求的齿厚尺寸，粗铣中应留出精铣余量
4. 精铣	精铣是为了提高轮齿的表面精度，同时使齿轮的齿厚尺寸达到图样要求，精铣时要计算齿厚尺寸的补充切削量

3. 在卧式铣床上铣削直齿轮实例

在铣床上加工直齿圆柱齿轮是利用成形铣刀铣削，加工精度较低，一般能达到 9 级，只适用于要求不高的单件生产。通常可在卧式铣床上利用分度头进行加工。现以如图 2—118 所示的直齿圆柱齿轮（45 钢，调质处理后硬度为 235HBW）为例介绍铣削直齿圆柱齿轮的操作方法。

（1）铣刀的选择及安装。确定该工件在 X6132 型卧式万能铣床上加工。根据图样中模数 m、压力角 α、齿数 z 的要求，选用 $m=2.5$ mm，$\alpha=20°$的 6 号盘形齿轮铣刀，如图 2—119 所示，并将其安装在铣刀杆的中间部位，主轴的转速可调整到 75 r/min（$v_c\approx15$ m/min）。

（2）检查齿坯。齿坯外径是装夹后找正及调整铣削层深度的依据，检查内容如下：

1）检查齿顶圆直径 d_a。可用游标卡尺或千分尺测量齿顶圆直径是否为 100 mm。

2）检查孔径尺寸。可用内径千分尺或塞规检查，如图 2—120 所示为用内径千分尺测量内径。

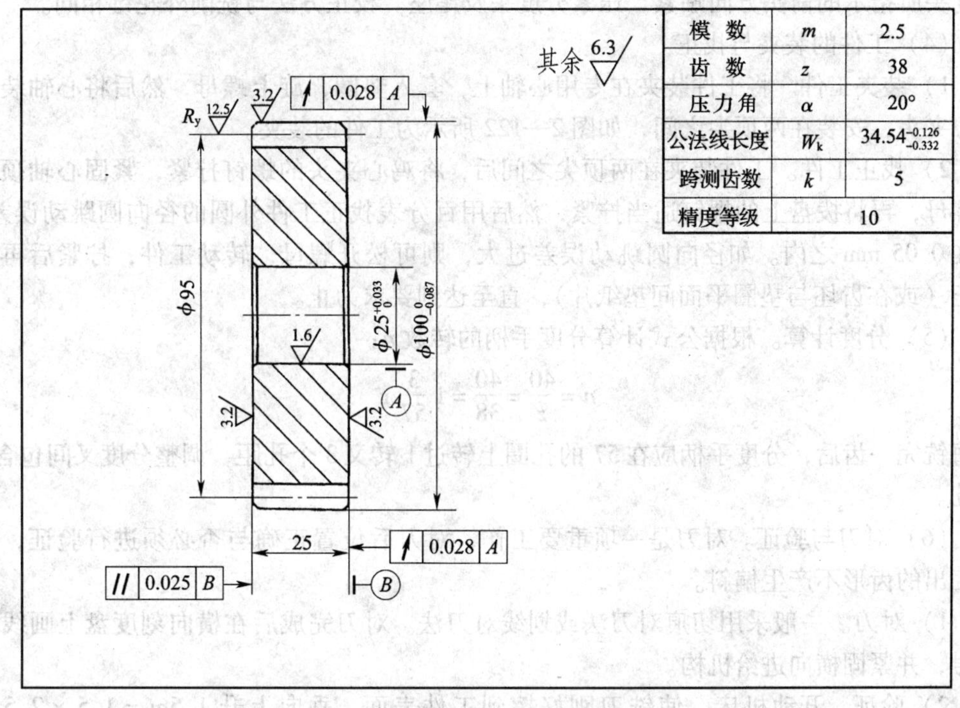

模 数	m	2.5
齿 数	z	38
压力角	α	20°
公法线长度	W_k	$34.54^{-0.126}_{-0.332}$
跨测齿数	k	5
精度等级		10

图 2—118　直齿圆柱齿轮

图 2—119　盘形齿轮铣刀

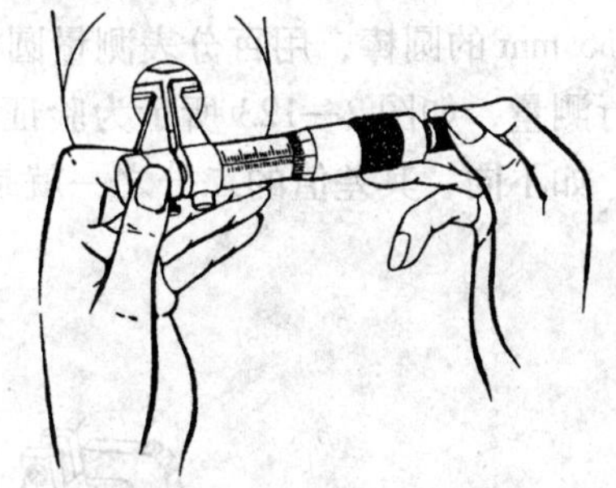

图 2—120　用内径千分尺测量内径

3）检查同轴度和垂直度误差。将齿坯套入标准心轴，并将心轴安装在两顶尖之间，使百分表测量头与齿坯外圆相接触，用手转动工件，观察百分表的跳动量是否在 0.028 mm 以内；检查端面垂直度误差的方法与上述内容相同，如图 2—121 所示为用百分表检查齿坯的同轴度和垂直度误差。

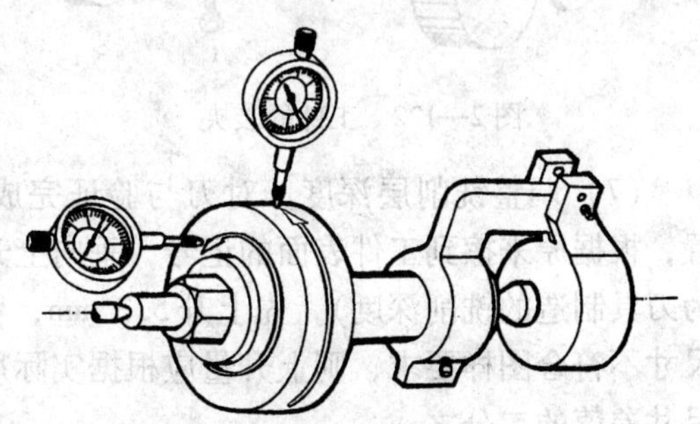

图 2—121　用百分表检查齿坯的同轴度和垂直度误差

（3）分度头、尾座的安装和校正。选用 F11125 型分度头，安放在工作台中间 T 形槽距右端约 150 mm 处，并安放尾座，其位置应以能安装心轴为准，使定位键按分度头所指示的箭头方向贴紧，压紧分度头及尾座。校正方法与铣削外花键相同。

（4）工件的装夹与找正

1）装夹工件。将工件装夹在专用心轴上，套入垫圈，旋上螺母，然后将心轴装上鸡心夹头，安装在两顶尖之间，如图 2—122 所示为工件的装夹。

2）找正工件。工件装夹在两顶尖之间后，将鸡心夹头的螺钉拧紧，紧固心轴顶端的螺母，再将拨盘上的螺钉适当拧紧，然后用百分表找正工件外圆的径向圆跳动误差，应在 0.05 mm 之内。如径向圆跳动误差过大，则可松开螺母，转动工件，拧紧后再次找正（或在齿坯与垫圈平面间垫纸片），直至达到要求为止。

（5）分度计算。根据公式计算分度手柄的转数 n：

$$n=\frac{40}{z}=\frac{40}{38}=1\frac{3}{57}\ \mathrm{r}$$

即每铣完一齿后，分度手柄应在 57 的孔圈上转过 1 转又 3 个孔距，调整分度叉间包含 4 个孔。

（6）对刀与验证。对刀是一项重要工作，对刀后位置正确与否必须进行验证，使加工出的齿形不产生偏斜。

1）对刀。一般采用切痕对刀法或划线对刀法。对刀完成后在横向刻度盘上画线做记号，并紧固横向进给机构。

2）验证。开动机床，使铣刀刚好擦到工件表面，垂向上升 $1.5m=1.5\times2.5=3.75$ mm，铣出一条齿槽，退出工件，将工件转过 90°，使齿槽处于水平位置，在齿槽中放入 $\phi6$ mm 的圆棒，用百分表测量圆棒的外圆，然后再将工件转过 180°，用同样的方法进行测量，如图 2—123 所示为验证齿槽对称度的方法。测量时，观察两边读数是否相同，如不同，其差值的二分之一就是对称中心的偏差值。此时只需调整横向进给机构即可。

图 2—122　工件的装夹

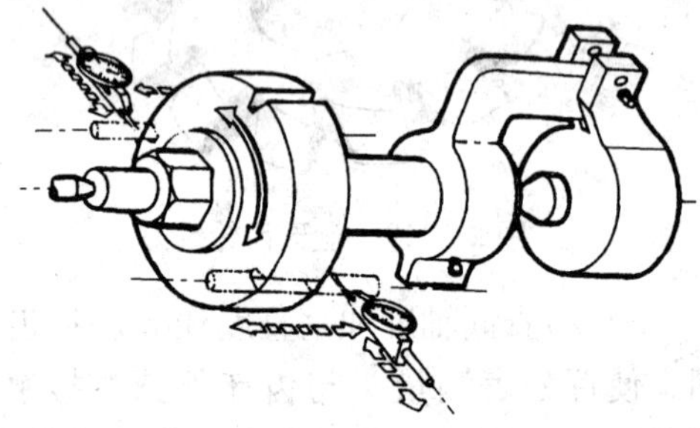

图 2—123　验证齿槽对称度的方法

（7）调整铣削层深度。对刀与验证完成后，将工件转过 90°，使齿槽处于铣削位置，根据原来擦到工件表面的记号，垂向上升量应为 $2.2m=2.2\times2.5=5.5$ mm（$2.2m$ 为刀具制造的铣削深度），先上升 5.3 mm，留 0.2 mm 余量待检测后再调整。若齿顶圆尺寸不符合图样要求，则上升量应根据实际尺寸增加或减少，增减量为实际尺寸与基本尺寸差值的二分之一。

（8）铣削加工。根据铣削距离，调整好纵向自动进给停止挡铁，调整进给速度 $v_f=37.5$ mm/min，由于是钢件材料，应使用切削液，开动铣床机动进给铣削，铣完两个齿槽后进行检测，合格后，再依次铣完全部齿槽。

（9）第二次调整铣削层深度。如果工件齿面表面质量要求较高，则需分粗、精两次进给铣削。若齿面质量要求不高或齿轮模数较小，也可一次进给铣出。但为了保证尺寸公差的要求，首件一般都要经过两次调整铣削层深度，第一次铣削后留 0.5 mm 左右的余量进行精铣。

1）测量弦齿厚，决定第二次铣削层深度 Δt，按下式计算（$\alpha=20°$时），即：

$$\Delta t=1.37\ (\bar{s}_{粗}-\bar{s}_{图})$$

式中 Δt——精铣时（第二次）的铣削层深度，mm；

$\bar{s}_{粗}$——粗铣后的分度圆弦齿厚或固定弦齿厚，mm；

$\bar{s}_{图}$——图样要求的分度圆弦齿厚或固定弦齿厚，mm。

2）测量公法线长度，决定第二次铣削层深度 Δt，按下式计算（$\alpha=20°$时），即：

$$\Delta t=1.46\ (W_{粗}-W_{图})$$

式中 Δt——精铣时（第二次）的铣削层深度，mm；

$W_{粗}$——粗铣后的公法线长度，mm；

$W_{图}$——图样要求的公法线长度，mm。

三、斜齿圆柱齿轮的铣削

1．斜齿圆柱齿轮几何尺寸的计算

（1）斜齿轮的端面和法面。斜齿圆柱齿轮传动具有传动平稳、受力均匀和能承受较大负荷等特点。斜齿圆柱齿轮根据螺旋线的旋向不同，可分为右旋斜齿圆柱齿轮和左旋斜齿圆柱齿轮。螺旋线方向与齿轮轴线的夹角称为螺旋角，用 β 表示。斜齿圆柱齿轮由于螺旋角的影响，其垂直于齿轮中心线的端面齿形与法面（与螺旋齿垂直的平面）齿形是不相同的，如图 2—124 所示。因此，端面和法面的模数、压力角、齿距各不一样。

（2）斜齿圆柱齿轮几何尺寸如图 2—125 所示，其计算公式见表 2—24。

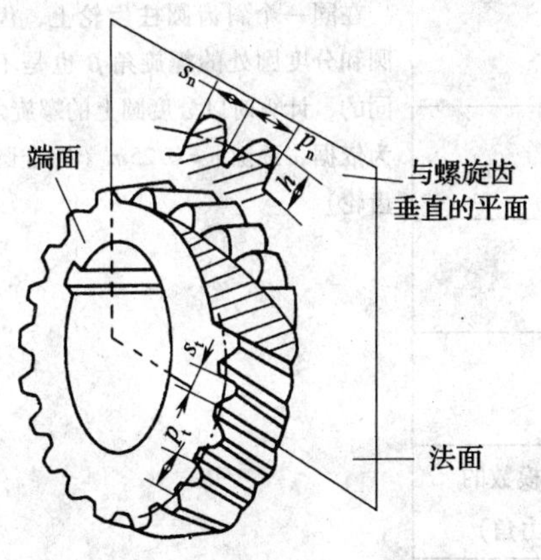

图 2—124　斜齿轮的端面和法面

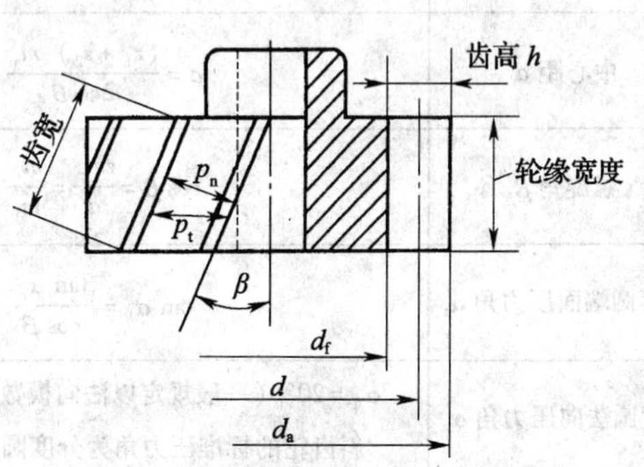

图 2—125　斜齿圆柱齿轮几何尺寸

表 2—24　　斜齿圆柱齿轮几何尺寸的计算公式　　（法向压力角 $\alpha_n=20°$）

几何尺寸	计算公式	说　明
法向模数 m_n	$m_n=\frac{p_n}{\pi}=m_t\cos\beta=\frac{h}{2.25}$	在同一个斜齿圆柱齿轮上有两种模数，在法向截面内的模数叫做法向模数 m_n，在端面上的模数叫做端面模数 m_t。斜齿圆柱齿轮都是以法向模数 m_n 为基准的，法向截面上的压力角称为法向压力角 α_n，端面上的压力角称为端面压力角 α_t。法向压力角 α_n 为标准压力角
端面模数 m_t	$m_t=\frac{d}{z}=\frac{m_n}{\cos\beta}$	
法向齿距 p_n	$p_n=\pi m_n$	
端面齿距 p_t	$p_t=\pi m_t=\frac{p_n}{\cos\beta}=\frac{\pi m_n}{\cos\beta}$	
齿数 z	$z=\frac{d}{m_t}=\frac{\pi d}{p_t}=\frac{d\cos\beta}{m_n}$	
齿高 h	$h=h_a+h_f=m_n+1.25m_n=2.25m_n=(2+c)m_n$	
齿顶高 h_a	$h_a=m_n$	
齿根高 h_f	$h_f=h_a+c=m_n+0.25m_n=1.25m_n$	在同一个斜齿圆柱齿轮上，齿顶圆和分度圆处的螺旋角 β 也是不相同的，计算时以分度圆上的螺旋角 β 为依据，顶隙 $c=0.25m$（标准圆柱齿轮）
分度圆直径 d	$d=mt_z=d_a-2m_n=\frac{m_nz}{\cos\beta}$	
齿顶圆直径 d_a	$d_a=d+2h_a=\frac{m_nz}{\cos\beta}+2m_n=m_n\left(\frac{z}{\cos\beta}+2\right)$	
齿根圆直径 d_f	$d_f=d-2.5h_f=d-2.5m_n$	
法向齿厚 s_n	$s_n=\frac{p_n}{2}=\frac{\pi m_n}{2}=1.5708m_n$	
中心距 a	$a=\frac{(z_1+z_2)m_n}{2\cos\beta}$	
螺旋角 β	$\cos\beta=\frac{zm_n}{d}=\frac{m_n}{m_t}$	
分度圆端面压力角 α_t	$\tan\alpha_t=\frac{\tan\alpha_n}{\cos\beta}$	
分度圆法向压力角 α_n	$\alpha_n=20°$（一般规定以法向模数为标准模数的斜齿轮的标准压力角为分度圆法向压力角）	
导程 P_h	$P_h=\frac{\pi m_nz}{\sin\beta}=\pi d\cot\beta$	

2. 斜齿圆柱齿轮的铣削方法

斜齿圆柱齿轮即齿轮齿线为螺旋线的圆柱齿轮。在铣床上用铣螺旋线的方法可以铣削。但铣削效率较低，精度较差，因此只适用于单件生产或配件的修理。若齿轮精度要求较高，应在滚齿机上进行加工。在铣床上铣削斜齿轮时，其精度在9级左右，表面粗糙度 $R_a=3.2\ \mu m$。齿形靠铣刀和交换齿轮传动来保证。齿距的均匀程度靠分度头分度来保证。如图2—126所示为铣削斜齿圆柱齿轮。

(1) 斜齿圆柱齿轮的尺寸特点。斜齿圆柱齿轮除齿高 $h=2.25m$ 与直齿轮相同以外，其他参数均发生了变化，见表2—24。齿距则分为法向齿距和端面齿距，模数也分为法面模数和端面模数，法面模数 m_n 为标准模数，作为计算其他各参数的依据。

(2) 铣刀的确定。铣削斜齿圆柱齿轮时仍采用盘形齿轮铣刀，根据法面模数和法向压力角选取成套铣刀。刀号的确定有计算法和查表法两种。

1) 计算法。根据齿轮的当量齿数 z_v 选取刀号，其计算公式为 $z_v=\frac{z}{\cos^3\beta}$（四舍五入取整数），或查表（按表中的螺旋角 β）得出 K 值，然后乘以齿数，即 $z_v=zK$。

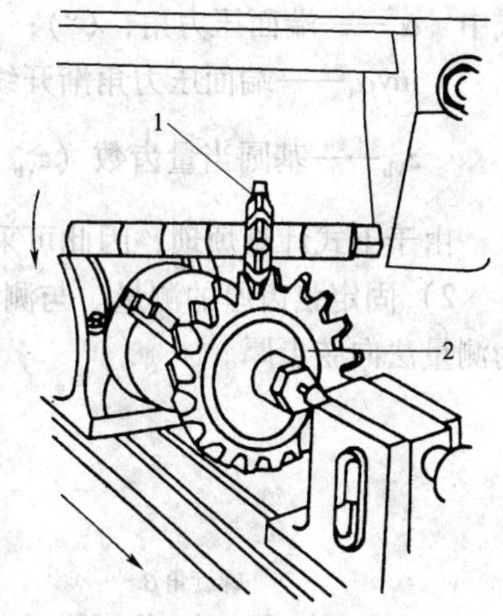

图2—126　铣削斜齿圆柱齿轮

1—铣刀　2—工件

2) 查表法。铣削斜齿轮的铣刀号数如图2—127所示，从图中可直接查出所需的铣刀刀号，这种方法简便易行。具体查法是：从垂直坐标中找到齿轮的实际齿数位置，再从水平坐标中找到齿轮螺旋角的位置。然后从两个位置点分别向右和向下引直线，其交点所在区域为所选取的铣刀号。

(3) 铣削步骤

1) 检查齿坯

①根据图样要求检查齿坯外径是否合格。

②检查齿坯的径向圆跳动与端面圆跳动误差。

2) 计算斜齿轮的导程 P_h 和交换齿轮

①$P_h=\pi d\cot\beta$（d 为分度圆直径）或用 $P_h=\frac{\pi m_n z}{\sin\beta}$。

②根据公式计算交换齿轮，其传动比 $i=\frac{z_1z_3}{z_2z_4}=\frac{40P}{P_h}$（$P$ 为铣床纵向进给丝杆的螺距），或用 $i=\frac{40P\sin\beta}{\pi m_n z}$。也可通过查表直接查得交换齿轮的齿数，然后安装好交换齿轮。

3) 工件的装夹，分度手柄转数的计算、调整方法及步骤均与铣削直齿轮相同。

4) 用划线试切法对中。

5) 工作台扳转角度的大小及方向与铣削螺旋线相同。

（4）斜齿圆柱齿轮的测量

1）公法线长度的测量。斜齿圆柱齿轮应测量法向公法线长度 W_{kn}，在法向截面中进行测量。其计算公式如下：

$$W_{kn}=m_n\cos\alpha_n[\pi(k-0.5)+z\mathrm{inv}\alpha_t]$$

$$k=\frac{\alpha_t}{180}z_{Vb}+0.5$$

式中　α_t——端面压力角，（°）；

$\mathrm{inv}\alpha_t$——端面压力角渐开线函数；

z_{Vb}——基圆当量齿数（$z_{Vb}=\dfrac{z}{\cos\beta\cos^2\beta_b}$，其中 β_b 为基圆螺旋角）。

由于上式计算烦琐，因此可采用查表法，可查阅相关手册。

2）固定弦齿厚的测量。与测量直齿圆柱齿轮时的计算公式相同，如图 2—128 所示为测量法向弦齿厚。

$$\bar{s}_{cn}=1.387m_n$$

$$\bar{h}_{cn}=0.747\,6m_n$$

单元
2

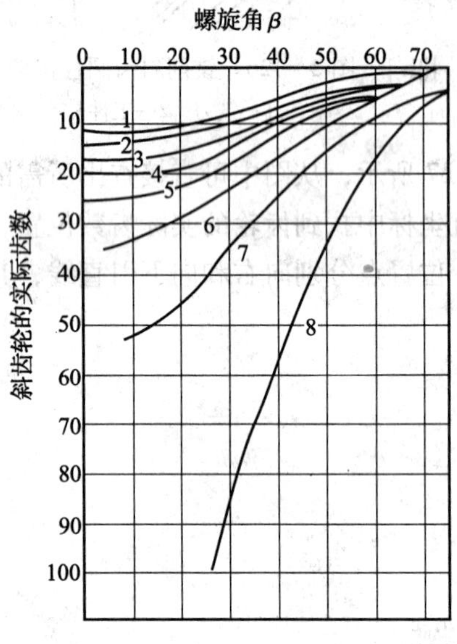

图 2—127　铣削斜齿轮的铣刀号数

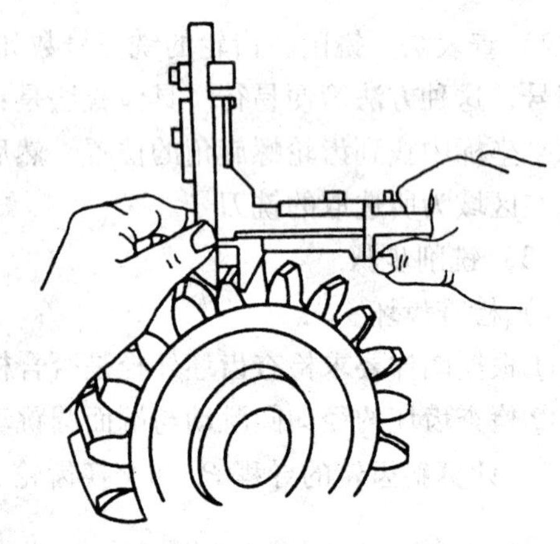

图 2—128　测量法向弦齿厚

3. 在卧式铣床上铣削斜齿圆柱齿轮的实例

现以如图 2—129 所示的斜齿圆柱齿轮（45 钢，调质处理后硬度为 235HBW）为例，介绍铣削斜齿圆柱齿轮的操作方法。确定该工件在 X6132 型卧式万能铣床上用 F11125 型分度头进行加工。

（1）选择铣刀。在万能铣床上加工斜齿圆柱齿轮时，也采用加工直齿圆柱齿轮的盘形齿轮铣刀，只是根据当量齿数 z_v 选择刀号。

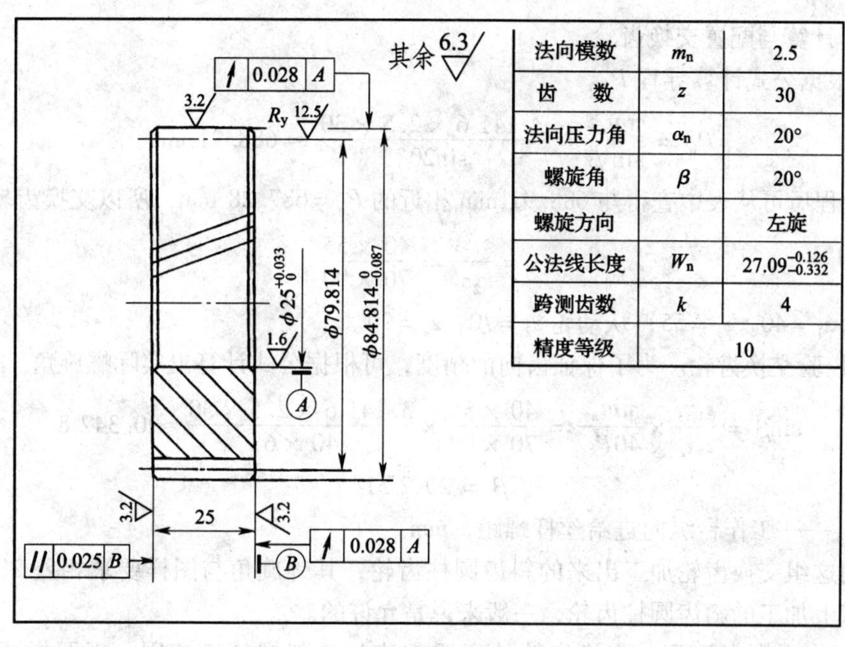

图 2—129　斜齿圆柱齿轮

根据公式计算当量齿数 z_v，得：

$$z_v=\frac{z}{\cos^3\beta}=\frac{30}{0.939\,7^3}\approx 36.15$$

因为 $\cos^3\beta$ 计算较麻烦，可设 $k=\frac{1}{\cos^3\beta}$，k 值可从有关手册中查得。则：

$$z_v=kz=1.204\times30=36.12$$

现选用 $m=2.5$ mm，$\alpha=20°$的 6 号盘形齿轮铣刀。

（2）安装铣刀。将盘形齿轮铣刀安装在铣刀杆上，铣刀的转向为逆时针，安装位置要合适，以避免分度头与挂架相碰，以及影响工作台扳转角度，并保证铣刀的径向圆跳动和端面圆跳动误差在 0.04 mm 以内。调整主轴转速 $n=75$ r/min（$v_c\approx15$ m/min），进给速度 $v_f=30$ mm/min。

（3）检查齿坯。齿坯的检查方法与直齿圆柱齿轮相同。

（4）工件的装夹与找正。铣削斜齿圆柱齿轮时工件的装夹方法与铣削直齿圆柱齿轮相同，分度头的安装及校正与铣削螺旋槽相同。但需注意，为了防止工件在铣削过程中因铣削力的作用而松动，最好采用细牙螺纹紧固工件，同时要将拨盘处的螺钉旋紧，以防止铣削过程中松动。

（5）分度计算。根据公式计算分度手柄的转数 n：

$$n=\frac{40}{z}=\frac{40}{30}=1\frac{10}{30}=1\frac{22}{66}\ \text{r}$$

即每铣完一齿后，分度手柄应在66的孔圈上转过1转又22个孔距，调整分度叉间包含23个孔。

（6）计算与配置交换齿轮

1）根据公式计算导程 P_h。

$$P_h = \frac{\pi m_n z}{\sin\beta} = \frac{3.1416 \times 2.5 \times 30}{\sin 20°} \approx 688.91\ \text{mm}$$

计算出导程后可从表中查得与688.91 mm相近的 $P_h = 687.28$ mm，所以交换齿轮为：

$$i = \frac{z_1 z_3}{z_2 z_4} = \frac{40 \times 55}{70 \times 90}$$

即主动轮 $z_1 = 40$，$z_3 = 55$；从动轮 $z_2 = 70$，$z_4 = 90$。

2）校验交换齿轮。为了保证齿向的精度，可根据公式计算出实际螺旋角。

$$\sin\beta = \frac{z_1 z_3}{z_2 z_4} \times \frac{\pi m_n z}{40 P_{丝}} = \frac{40 \times 55}{70 \times 90} \times \frac{3.1416 \times 2.5 \times 30}{40 \times 6} \approx 0.3428$$

$$\beta = 20°2'51''$$

式中　$P_{丝}$——工作台纵向进给丝杆螺距，mm。

即用这组交换齿轮加工出来的斜齿圆柱齿轮，其螺旋角与图样要求相差2′51″，对于在铣床上加工的斜齿圆柱齿轮，一般来说是允许的。

3）交换齿轮的配置。交换齿轮的配置方法与铣削螺旋槽相同。现图样要求为左旋，交换齿轮轴数为偶数，安装时主动轮 $z_1 = 40$ 装在工作台纵向进给丝杆的右端；从动轮 $z_4 = 90$ 装在分度头侧轴上；主动轮 $z_3 = 55$ 与从动轮 $z_2 = 70$ 装在同一根交换齿轮轴套上，并使 z_3 与 z_4 相啮合，中间轮 z_0 与 z_2 相啮合，然后放下交换齿轮架，使中间轮 z_0 与工作台纵向进给丝杆上的 z_1 相啮合，安装后交换齿轮的组装情况如图2—130所示。

（7）对刀。铣削斜齿圆柱齿轮常用的对刀方法有以下两种：

1）在调整工作台转角前对刀。可采用划线法或切痕法对刀，具体方法与铣削螺旋槽时的对刀方法相似。

2）在调整工作台转角后对刀。一般采用划线对刀法，划线方法与铣削螺旋槽相似，如图2—131所示为按划线切痕对刀。划线后，将工件旋转90°，使划线部分处于上方，使盘形齿轮铣刀的轴线对准两条线的中间。开动铣床，使工作台垂向缓缓上升，使铣刀微微擦到工件表面并切出刀痕。观察斜形刀痕是否处于两条线中间（见图2—131），若有偏差则横向移动工作台进行调整。

（8）调整工作台转角。万能铣床工作台扳转角度的大小和方向根据图样要求而定，其调整方法与铣削螺旋槽相同，现为左旋 $\beta = 20°$，即工作台顺时针扳转20°。

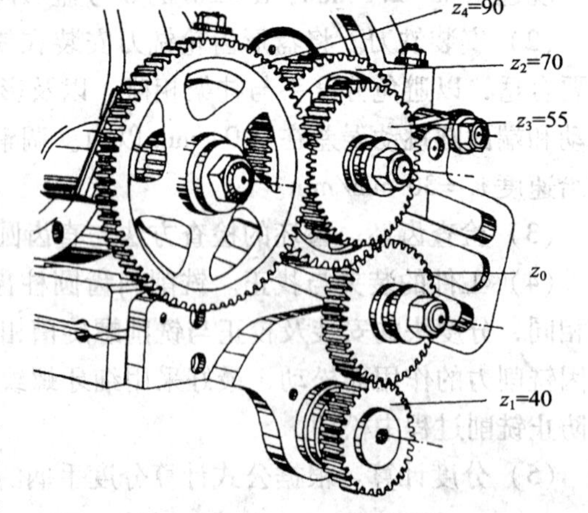

图2—130　交换齿轮的组装情况

(9) 调整铣削位置。当上述工作完成后，将分度叉调整好，松开分度头主轴紧固手柄及分度盘紧固螺钉，摇动分度手柄，使对刀时留下的切痕处于铣削部位，然后将分度定位销插入孔盘中。根据铣削距离安装好自动停止挡铁。

(10) 试铣。调整好铣削位置后，在齿坯上稍微切下一些，观察刀痕的宽度和铣刀刃口的宽度是否相同。试铣刀痕如图 2—132 所示。如果刀痕平直，又与铣刀刃口宽度相同（见图 2—132a），则表示交换齿轮配置或工作台扳转角度准确；如果刀痕不平直，且越铣越宽（见图 2—132b），则说明交换齿轮配置或工作台扳转角度不准确，应重新检查并纠正。

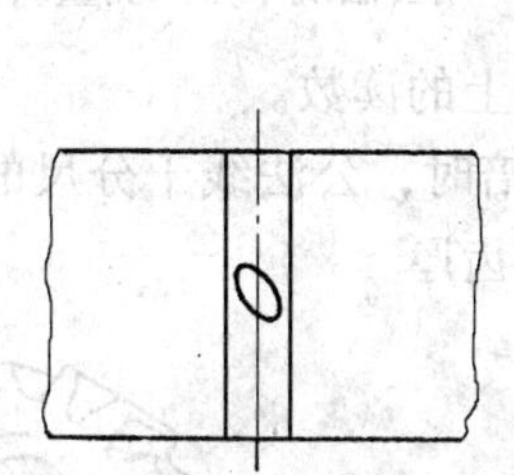

图 2—131　按划线切痕对刀

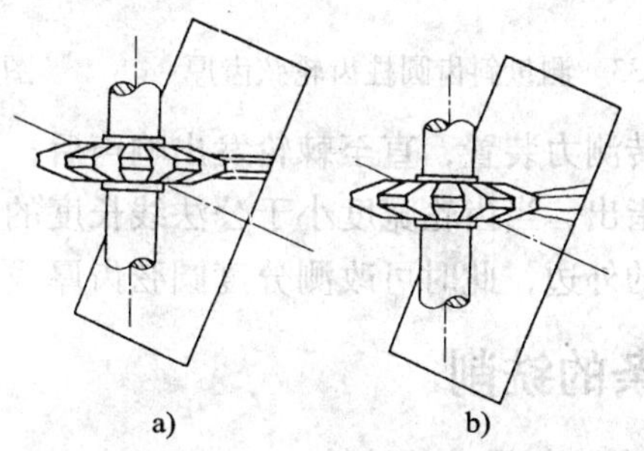

图 2—132　试铣刀痕
a）准确　b）不准确

(11) 调整铣削层深度。试铣完成后，将工件转过一齿，摇动垂向进给手柄，使铣刀擦到工件表面，在垂向进给刻度盘上画线做记号，使工作台下降，退出工件。使工作台垂向上升 5.3 mm，并在刻度盘上做记号，留 0.2 mm 的余量，待检测后再调整铣削层深度。

(12) 铣削。调整进给速度 $v_f = 37.5$ mm/min，由于该工件为 45 钢，应使用切削液，开动机床，机动进给铣削第一条齿槽。铣完后使工作台垂向下降约 6 mm，纵向退出工件。分度后，使工作台垂向上升至原记号处，铣第二条齿槽，铣完两个齿槽后进行检测（如测量公法线长度则需铣满跨测齿数），待合格后再依次铣完各齿槽。

(13) 检测

1）分度圆弦齿厚和固定弦齿厚的测量。其测量方法与直齿圆柱齿轮基本相同，不同的只是测量法向分度圆弦齿厚 $\bar{s}_n$ 和弦齿高 $\bar{h}_{an}$ 或法向固定弦齿厚 $\bar{s}_{cn}$ 和弦齿高 $\bar{h}_{cn}$。测量时，先将齿高游标卡尺调整至法向弦齿高或法向固定弦齿高尺寸，然后使齿高游标卡尺的测量面与齿顶面接触，两齿厚量爪与螺旋齿面平行，如图 2—133 所示为测量斜齿圆柱齿轮弦齿厚。

必须注意，实际测量时 $\bar{h}_{an}$ 和 $\bar{h}_{cn}$ 也要减去齿顶圆基本半径和齿顶圆实际半径之差。

2）公法线长度的测量。其测量方法与直齿圆柱齿轮基本相同，不同的只是测量时依据的是法向公法线长度 W_{kn}，跨测齿数 k 也应根据当量齿数 z_v 计算得到，并且两盘形测量面必须平行于螺旋线齿面。应根据图样给出或计算出的 k 和 W_{kn} 测量。如图 2—134 所示为用公法线千分尺测量斜齿圆柱齿轮。测量时左手拿尺架的隔热装置，使测微螺杆的轴线与螺旋齿面垂直，右手转动微分筒，将盘形量爪放入跨测齿数的螺旋齿槽中，并

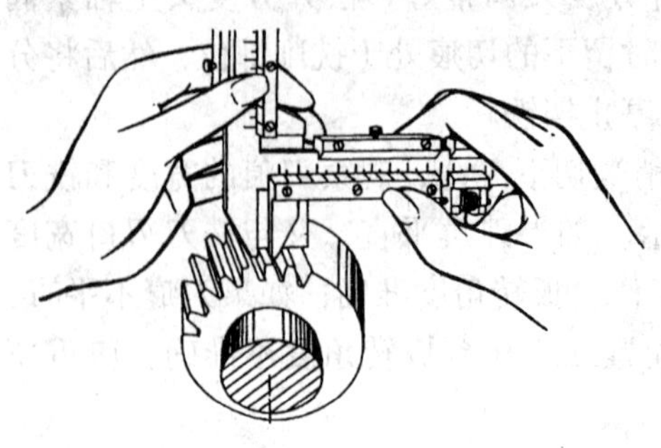

图 2—133　测量斜齿圆柱齿轮弦齿厚

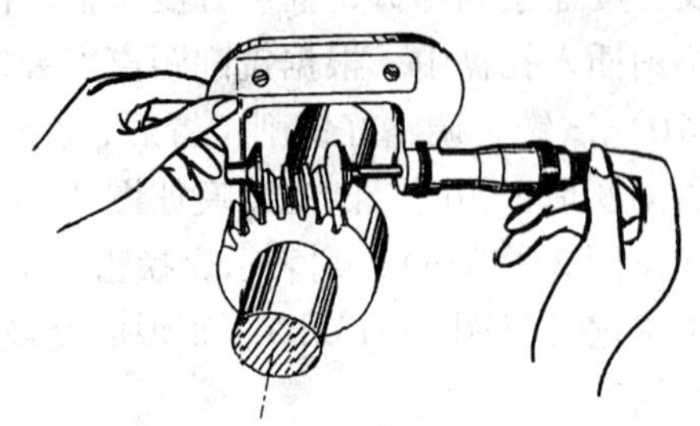

图 2—134　用公法线千分尺测量斜齿圆柱齿轮

用两指旋转测力装置，直至棘轮发出响声后，再看尺上的读数。

必须指出，当齿轮宽度小于公法线长度的 sin β 倍时，公法线千分尺的一只量爪会落在齿轮的外边，此时可改测分度圆弦齿厚或固定弦齿厚。

四、齿条的铣削

1. 齿条几何尺寸的计算

直齿条与直齿轮啮合传动如图 2—135 所示，齿条可以将旋转运动变成直线运动或把直线运动变为旋转运动。齿条的渐开线基圆直径无穷大，所以齿条是直线齿廓。齿条几何尺寸如图 2—136 所示，其计算公式见表 2—25。

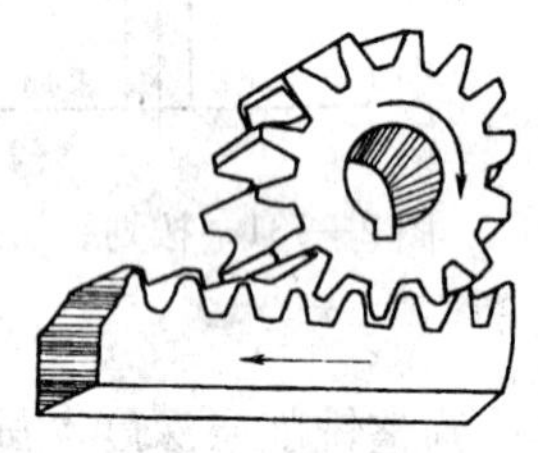

图 2—135　直齿条与直齿轮啮合传动

单元 2

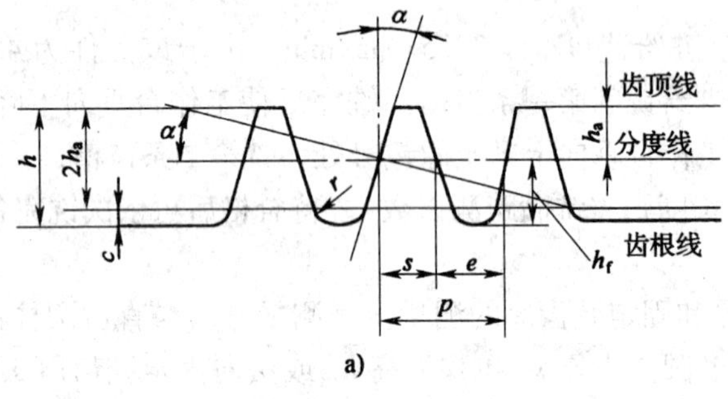

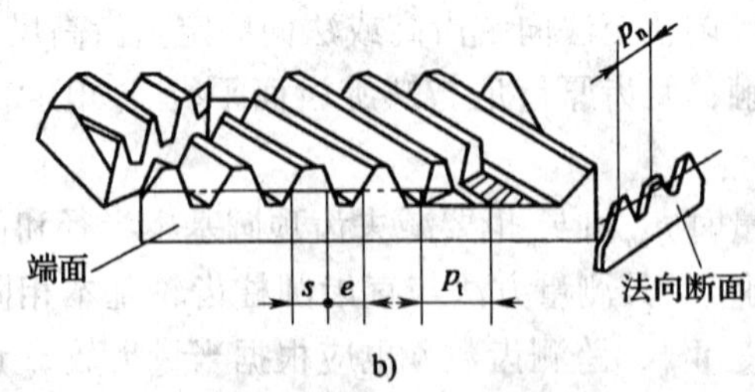

图 2—136　齿条几何尺寸

a）直齿条　b）斜齿条

表 2—25　齿条几何尺寸的计算公式　（压力角 $\alpha=20°$）

	几何尺寸	计算公式	说明
直齿条	模数 m	$m=\frac{p}{\pi}$，常用模数查表取标准值	齿轮的齿顶圆在齿条上称为齿顶线，分度圆称为分度线，齿根圆称为齿根线
	齿距 p	$p=\pi m$	
	齿厚 s	$s=e=\frac{p}{2}=1.5708m$	
	齿槽宽 e		
	顶隙 c	取标准值 $c=0.25m$	
	齿高 h	$h=2.25m$	
	齿顶高 h_a	$h_a=m$	
	齿根高 h_f	$h_f=1.25m$	
	齿条长度 L	$L=pz=\pi mz$	
	齿数 z	$z=\frac{L}{\pi m}$	

2．齿条的铣削方法

（1）齿条铣刀。一般精度的齿条选用 8 号齿轮铣刀铣削；较高精度的齿条选用专用齿条铣刀或经过修磨的三面刃铣刀铣削，如图 2—137 所示。

修磨后的三面刃铣刀两侧刃压力角应对称且相等，后角 α_o 一般取 6°～8°。齿条铣刀几何尺寸如图 2—138 所示，其计算公式如下：

$$\beta=40°$$

$$h_a=1.25m$$

$$r=(0.25\sim0.38)m$$

$$T=\frac{\pi m}{2}$$

$$h=(2.5\sim3)m$$

式中　m——齿条模数，mm。

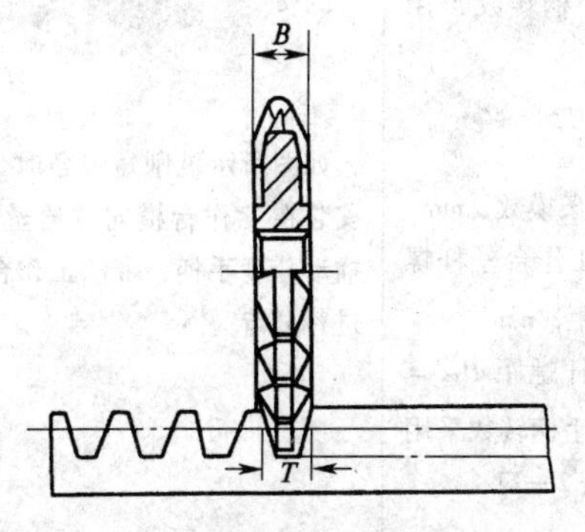

图 2—137　用修磨过的三面刃铣刀铣削齿条

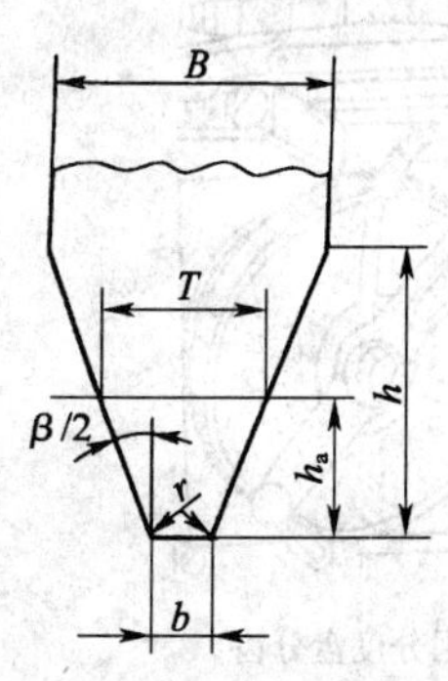

图 2—138　齿条铣刀几何尺寸

单元 2

（2）短齿条的铣削方法。铣削短齿条时，一般将工件装夹在机床用平口虎钳上，工件的方向平行于卧式铣床主轴轴线，每铣完一齿后将工作台（工件）移动一个齿条齿距 p 的距离，再铣下一个齿槽。铣削短齿条的方法见表 2—26。

表 2—26　　　　铣削短齿条的方法

<table>
<tr><th>分齿方法及图示</th><th>计算方法</th><th>加工说明</th></tr>
<tr>
<td>用横向进给刻度盘分齿</td>
<td>当进给刻度盘手柄转过一格时，工作台移动距离 S；若需要移动一个齿距 $p=\pi m$ 时，则刻度盘应转过的格数 N 为：
$$N=\frac{\pi m}{S}\text{格}$$
刻度盘转数 n 用下式计算：
$$n=\frac{N}{E}$$
式中　m——齿条模数，mm
E——进给刻度盘一整圈的总格数
S——刻度盘转过一格工作台移动的距离，mm
进给刻度盘转过的格数可从右表查取</td>
<td>铣齿条分齿时刻度盘应转过的格数表（刻度盘转过一格，工作台移动 0.05 mm）
<table>
<tr><th>齿条模数 m（mm）</th><th>齿条齿距（mm）</th><th>刻度盘转过的格数</th></tr>
<tr><td>1</td><td>3.14</td><td>62.8</td></tr>
<tr><td>1.5</td><td>4.71</td><td>94.2</td></tr>
<tr><td>2</td><td>6.28</td><td>125.6</td></tr>
<tr><td>2.5</td><td>7.85</td><td>157.0</td></tr>
<tr><td>3</td><td>9.42</td><td>188.4</td></tr>
<tr><td>3.5</td><td>10.99</td><td>219.8</td></tr>
<tr><td>4</td><td>12.56</td><td>251.2</td></tr>
<tr><td>4.5</td><td>14.13</td><td>282.6</td></tr>
<tr><td>5</td><td>15.70</td><td>314.0</td></tr>
</table>
该分齿方法简单，但分齿精确度较低</td>
</tr>
<tr>
<td>用分度盘分齿</td>
<td>分齿时分度手柄转数 N 用下式计算：
$$N=\frac{\pi m}{P_{丝}}$$
式中　m——齿条模数，mm
$P_{丝}$——工作台丝杆螺距，mm
若工作台丝杆螺距 $P_{丝}=$ 6 mm 时，分度手柄转数采用特定方法，见表 2—27</td>
<td>如图所示铣削短齿条时，将分度盘安装在工作台横向进给丝杆的一端，摇动分度手柄，带动工作台横向移动进行分齿</td>
</tr>
</table>

续表

<table>
<tr><th>分齿方法及图示</th><th>计算方法</th><th>加工说明</th></tr>
<tr>
<td> 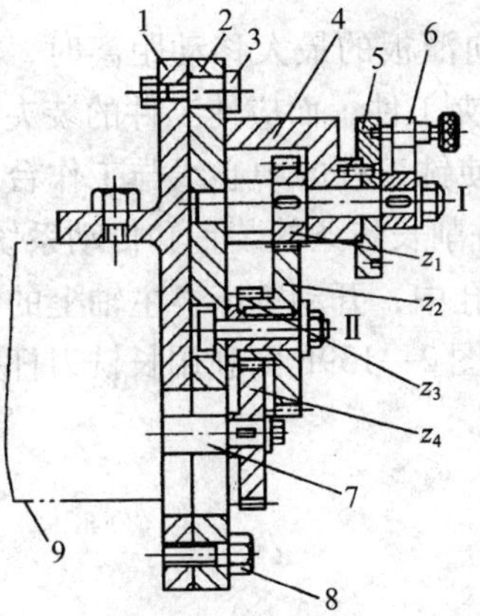用专用分齿装置分齿
1—支架　2—交换齿轮架
3—小轴　4—支撑
5—分度盘　6—插销手柄
7—进给丝杆　8—螺钉
9—铣床工作台</td>
<td>采用图示分齿装置时，其计算公式如下：
$$P_{\mathrm{n}}=\frac{z_1z_3}{z_2z_4}P_{丝}=\frac{40\times55}{70\times60}P_{丝}$$
即Ⅰ轴上安装齿轮 $z_1=40$，Ⅱ轴上安装齿轮 $z_2=70$ 和 $z_3=55$，工作台进给丝杆上安装齿轮 $z_4=60$
当铣床工作台进给丝杆螺距 $P_{丝}=6$ mm时：
$$P_{\mathrm{n}}=\frac{z_1z_3}{z_2z_4}P_{丝}=\frac{40\times55}{70\times60}\times6=3.1428\approx\pi$$
由于齿条齿距 $p=\pi m$，分齿装置上的手柄转数等于被加工齿条的模数，当工作台纵向进给丝杆螺距 $P_{丝}=6$ mm，需要使工作台（齿条工件）移动一个齿距时，分度手柄的转数正好等于齿条工件的模数
当齿条模数 $m=1$ mm时，每齿的分齿误差 $\Delta=3.1428-3.1416=0.0012$ mm，对于精度不高的齿条是可行的。这种方法适用于加工小模数齿条。如果齿条模数较大，齿条长度尺寸又较大时，为了减小分齿误差，可将交换齿轮的齿数改为 $z_1=39$，$z_2=60$，$z_3=58$，$z_4=72$。当齿条模数 $m=1$ mm时，每齿的分齿误差为0.000 07 mm，提高了分齿精度。交换齿轮的齿数改变后，操作方法不变</td>
<td>将支架固定在铣床工作台上，交换齿轮架安装在支架上，下端螺钉处有一条弧形槽，可以绕小轴摆动。Ⅱ轴可以在交换齿轮架的T形槽内根据交换齿轮直径和啮合位置的需要自由移动。齿轮啮合合适后，拧紧螺钉将交换齿轮架固定。当转动插销手柄时，通过齿轮传动，带动工作台进给丝杆，使工作台移动一定距离，完成分齿工作</td>
</tr>
<tr>
<td>用千分表直接分齿</td>
<td colspan="2">在升降台与横向溜板配合的导轨平面上放一块千分表，使其测量头接触横向溜板的端面处，每铣完一个槽，工作台移动的距离（齿距）通过千分表的读数直接控制，这种方法适用于小模数齿条的分齿</td>
</tr>
</table>

表 2—27　采用分度盘法控制齿条齿距的手柄转数（铣床工作台丝杆螺距 $P_{丝}$ =6 mm）

齿条模数 m（mm）	1	1.25	1.5	2	2.5	3
齿条齿距（mm）	3.141 6	3.927 0	4.712 4	6.283 2	7.854 0	9.424 8
分度手柄转数	$\frac{22}{42}$	$\frac{38}{58}$	$\frac{33}{42}$	$1\frac{2}{42}$	$1\frac{13}{42}$	$1\frac{16}{28}$
分齿误差 γ（mm）	0.001 4	0.003	0.001 8	0.002 5	0.003	0.003 6
齿条模数 m（mm）	4	5	6	8	10	
齿条齿距（mm）	12.566 4	15.708 0	18.849 6	25.132 8	31.416 0	
分度手柄转数	$2\frac{5}{53}$	$2\frac{29}{47}$	$3\frac{4}{28}$	$4\frac{10}{53}$	$5\frac{8}{34}$	
分齿误差 γ（mm）	0.000 6	0.006	0.007 4	0.000 8	0.006	

（3）长齿条的铣削方法。当所铣齿条的长度超过横向溜板的最大移动距离时，在卧式万能铣床上就不能采用平行于铣床主轴轴线的方法装夹工件，而应使工件的装夹方向垂直于铣床主轴轴线，即将铣刀的切削方向转过 90°，使铣刀杆的中心线与工作台的纵向进给方向平行。如图 2—139 所示为两个不同结构的铣削长齿条的装置和传动系统，图 2—139a 为挂架和悬梁配合，铣刀杆穿入铣床主轴的锥孔中，开动铣床，主轴上的斜齿锥齿轮带动传动轴上的斜齿锥齿轮，从而使铣刀旋转；图 2—139b 则利用长铣刀杆带动挂架内的斜齿圆柱齿轮，从而使铣刀旋转。

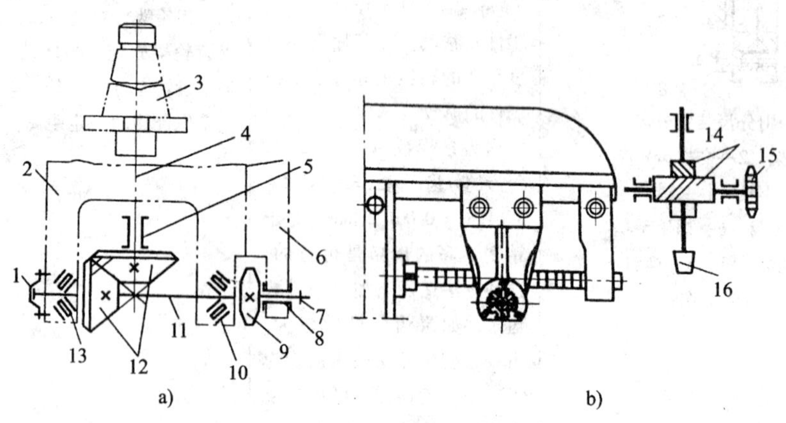

图 2—139　铣削长齿条的装置和传动系统

a）锥齿轮传动　b）斜齿轮传动

1，7—螺母　2—挂架　3—铣刀杆　4，16—主轴　5，8—轴套　6—轴承架　9，15—铣刀　10，13—向心推力滚子轴承　11—传动轴　12—斜齿锥齿轮　14—斜齿圆柱齿轮

1）利用分度头分齿。如图 2—140 所示为利用分度头分齿铣削长齿条，在分度头侧轴和工作台纵向进给长丝杆间配置交换齿轮，当分度手柄转动 n 转时，工作台应移动一个齿条的齿距，其关系式为：

$$nP_{丝}\frac{z_1z_3}{z_2z_4}=\pi m \qquad \frac{z_1z_3}{z_2z_4}=\frac{\pi m}{nP_{丝}}$$

式中 m——齿条模数，mm；

n——分度手柄转数；

$P_{丝}$——工作台丝杆螺距，mm；

z_1，z_2，z_3，z_4——交换齿轮齿数。

设 $n=m$，即分度手柄转数等于齿条模数，则上面的公式可演变为：

$$\frac{z_1z_3}{z_2z_4}=\frac{\pi}{P_{丝}}$$

取 $\pi=\frac{22}{7}$，工作台丝杆螺距 $P_{丝}=6$ mm 时，交换齿轮齿数为：

$$\frac{z_1z_3}{z_2z_4}=\frac{\pi}{P_{丝}}=\frac{\frac{22}{7}}{6}=\frac{22}{7}\times\frac{1}{6}=\frac{11}{7}\times\frac{2}{6}=\frac{55\times40}{70\times60}$$

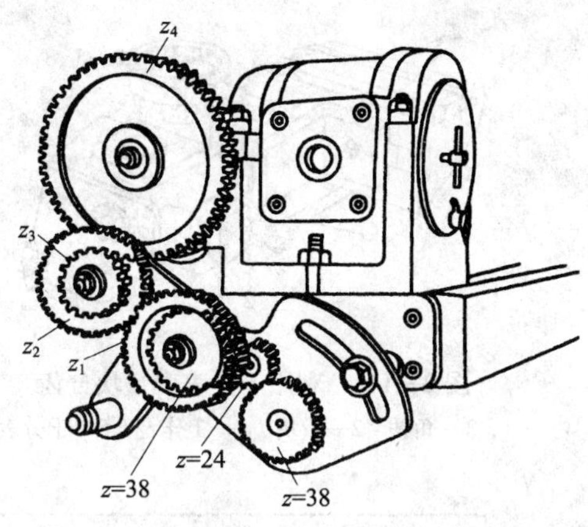

图 2—140　利用分度头分齿铣削长齿条

分度头主轴旋转时，只要工作台纵向进给长丝杆螺距 $P_{丝}=6$ mm，铣削任何模数的齿条时，交换齿轮的齿数都不用改变，只要按照齿条的模数转动分度手柄转数即可，如果齿条模数为整数，分齿时手柄转过整数转；如果模数带有小数，如 1.25 和 1.75 等，分齿时，所选分度盘的孔圈数应能被 4 整除，分度手柄转数分别为 $1\frac{1}{4}$ r 和 $1\frac{3}{4}$ r。

2）利用千分表和量块分齿。如图 2—141 所示，在铣床工作台侧面的 T 形槽内装上一段小角铁，角铁内侧面的表面质量和直线度精度要高。千分表固定在工作台下面附近处，量块紧贴在角铁的内侧面上，量块尺寸等于齿条工件的齿距。分齿时，用千分表测量头接触量块，并使表针对准“0”位，然后抽去量块，纵向移动工作台，使千分表测量头与角铁内侧面接触，当表针又指到“0”位时，则工作台所移动的距离等于齿条工件的齿距，完成分齿工作。

当齿条工件模数 m 较小（$m\leqslant3$ mm）时，可不使用量块，直接使千分表测量头与角铁内侧面接触，分齿时工作台移动的距离可从表盘直接读出。

3．在卧式铣床上铣削直齿条的实例

齿条可在卧式铣床上用盘形齿轮铣刀加工，大模数齿条也可在立式铣床上用指状铣刀进行加工，如图 2—142 所示。齿条又有长齿条和短齿条之分，利用横向溜板移距能铣出的齿条一般称为短齿条。现以如图 2—143 所示的直齿条为例介绍齿条的加工方法。

（1）铣刀的选择与安装。现确定该工件在 X6132 型卧式铣床上加工，根据图样要求，选用 $m=2.5$ mm，$\alpha=20°$的 8 号盘形齿轮铣刀，并将其安装在铣刀杆上，铣刀的安装位置应尽量靠近挂架处（铣刀杆的长度也应合适），以防止铣削时工作台无法横向移动，致使无法铣完齿条全长。

（2）工件的装夹与找正。工件可采用机床用平口虎钳装夹或直接将工件压紧在工作台上，批量较大时可用专用夹具装夹。现根据工件形状选用平口虎钳装夹。将平口虎钳安放在工作台中间位置，并校正固定钳口与工作台横向进给方向平行后，压紧平口虎

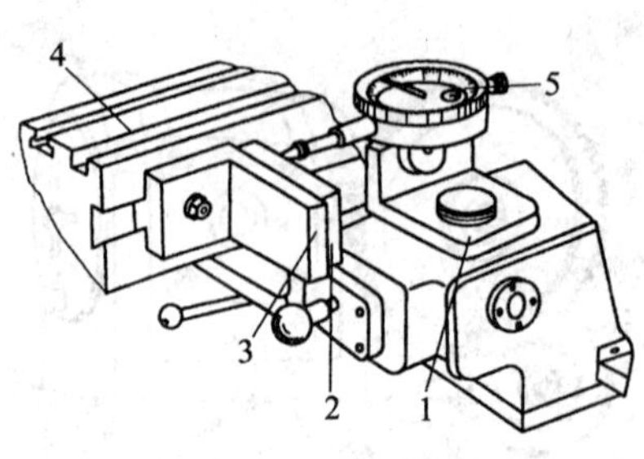

图 2—141 利用千分表和量块分齿

1，3—角铁 2—量块 4—工作台 5—千分表

图 2—142 在立式铣床上加工齿条

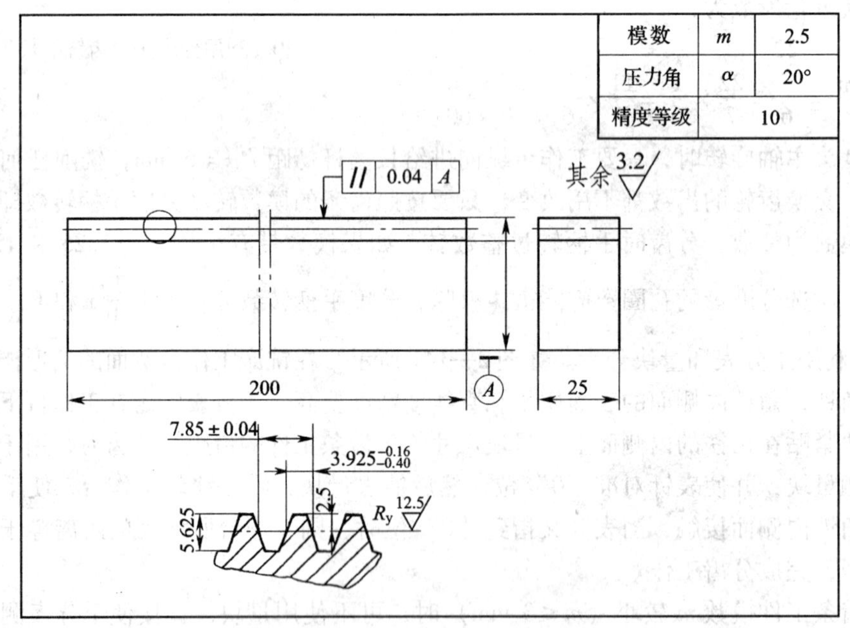

图 2—143 直齿条

钳。然后将工件装夹在钳口中，在工件下面垫上适当高度的平行垫铁，使工件高出钳口的尺寸略大于全齿高，并找正工件上平面与工作台面平行，如图 2—144 所示为工件的装夹与找正。

（3）选择铣削用量。当上述工作完成后，调整主轴转速 $n=75$ r/min（$v_c\approx15$ m/min），进给速度 $v_f=37.5$ mm/min。

（4）对刀。铣削直齿条的方法如图 2—145 所示。首先在工件铣齿部位贴一张薄纸，开动机床，摇动纵向进给、横向进给和垂向进给手柄，使旋转的铣刀微微与薄纸相接触，如图 2—145a 所示。在垂向进给刻度盘上画线做记号，停机。

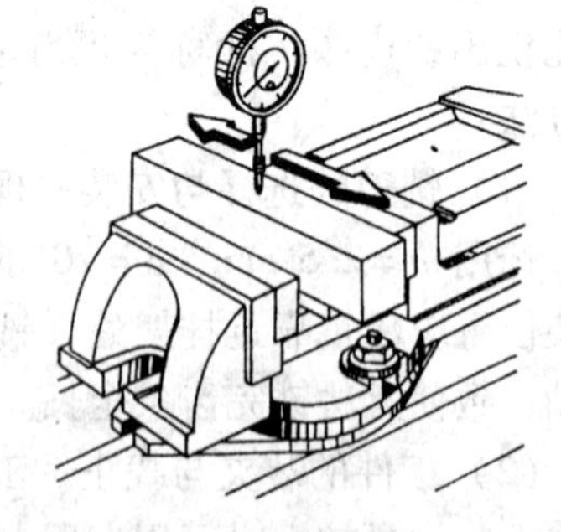

图 2—144 工件的装夹与找正

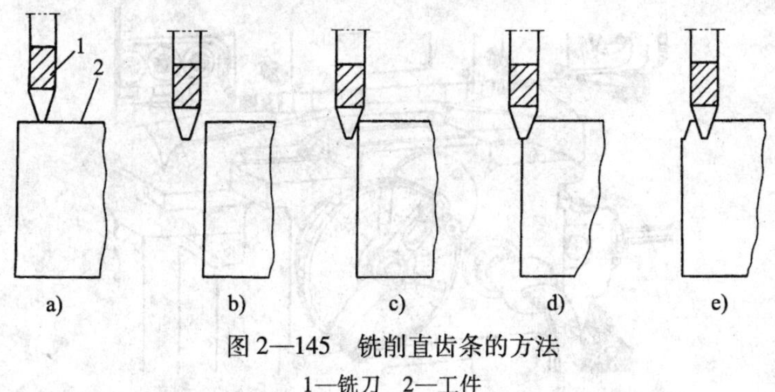

图 2—145　铣削直齿条的方法

1—铣刀　2—工件

(5) 调整铣削层深度。下降工作台，使工件离开铣刀，垂向上升全齿高 h，如图 2—145b 所示。

根据公式计算铣削层深度 H：

$$H = 2.2m = 2.2 \times 2.5 = 5.5 \text{ mm}$$

在加工过程中，为了保证齿厚达到规定的公差，一般先垂向上升 5.3 mm，待铣好一齿并经测量后，再调整至 5.5 mm。

1) 铣第一齿对刀。调整好铣削层深度后，纵向和横向移动工作台，使铣刀的侧面与工件相接触（见图 2—145c），在横向进给刻度盘上画线做记号。

2) 铣第一刀。摇动纵向进给手柄，使工件离开铣刀，工作台横向移动的距离 S 为：

$$S \leqslant \frac{p}{4} + m\tan\frac{\alpha}{2} = \frac{7.85}{4} + 2.5\tan 20° \approx 1.9625 + 0.9099 = 2.8724 \text{ mm}$$

式中　p——齿距，mm。

工作台横向移动 2.8 mm 后，将横向进给手柄扳紧，开动铣床，铣削第一刀，如图 2—145d 所示。

(6) 移距

1) 刻度盘移距法。移距时利用横向进给刻度盘转过一定的格数，这种方法仅适用于加工批量较小的短齿条，移距时容易出差错，移距精度也较低。刻度盘转过的格数 N 为：

$$N = \frac{\pi m}{S} = \frac{3.1416 \times 2.5}{0.05} = 157.08 \text{ 格}$$

2) 分度盘移距法。将分度头的分度盘连同分度手柄拆下来，改装在横向进给丝杆端部，如图 2—146 所示为利用分度盘移距。铣好一齿后将分度手柄转过一定的转数 N，其计算公式为：

$$N = \frac{\pi m}{P_{丝}} = \frac{3.1416 \times 2.5}{6} = \frac{7.854}{6} \approx 1\frac{13}{42} \text{ r}$$

式中　$P_{丝}$——横向进给丝杆螺距，mm。

即每次移距时分度手柄在 42 的孔圈上转过 1 转又 13 个孔距。

(7) 铣削第二刀。利用刻度盘移动一个齿距后开始铣削第二刀，如图 2—145e 所示。

(8) 检测

1) 测量齿厚。当第二刀铣好后，对已铣成的一个齿进行检测，其测量方法与测量直齿圆柱齿轮相同。因为齿条是直径无穷大的直齿圆柱齿轮，所以齿条的齿顶高就是弦

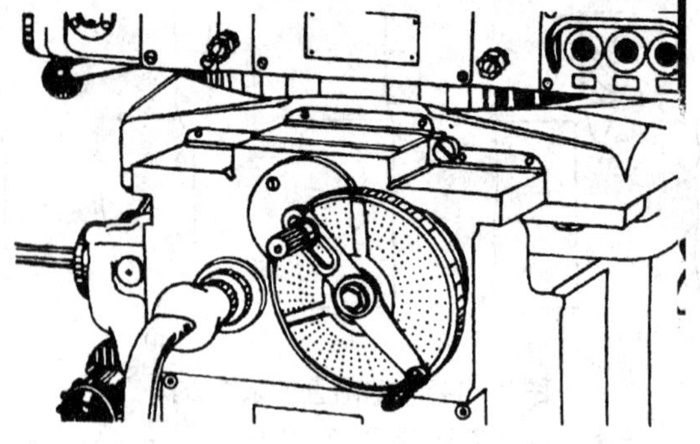

图 2—146　利用分度盘移距

齿高，齿厚就是弦齿厚。测量时应将齿厚游标卡尺的齿高尺调整到 2.5 mm，齿厚尺的读数应在 3.53 ~ 3.76 mm 之间。测量时应使齿高尺的测量面、齿厚尺两测量爪的测量面分别与所测量齿条的齿顶面和齿侧面接触，从而量出实际尺寸。

2）测量齿距

①用齿厚游标卡尺测量齿距。如图 2—147a 所示，测量时将齿高尺调整到 2.5 mm，齿厚尺两测量爪间的齿距应为 p（齿距）$+s$（齿厚），即 $7.854+3.927=11.781$ mm。

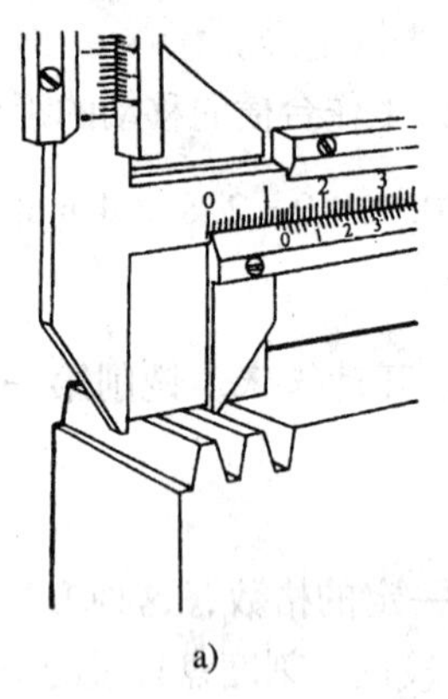

a)

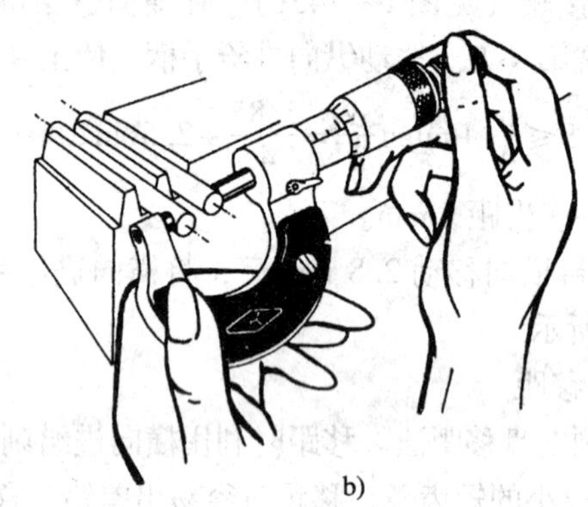

b)

图 2—147　测量齿距

a）用齿厚游标卡尺测量齿距　b）用圆棒、千分尺测量齿距

②用圆棒、千分尺测量齿距。如图 2—147b 所示，测量时选用两根直径相同的圆棒，其直径 $D\approx2.4m$，则有：

$$D\approx2.4m=2.4\times2.5=6\ \text{mm}$$

将圆棒放入齿槽中，用千分尺测量两圆棒间的距离 L，应等于 p（齿距）$+D$，即：

$$L=p+D=7.85+6=13.85\ \text{mm}$$

（9）当检测第一齿后，根据实际测量的尺寸减去图样要求的尺寸，计算出垂向升高量，假设测得的齿厚为 4 mm，则第二次垂向升高量 Δt 应为：

$$\Delta t=1.37\ (s_{粗}-s_{图})\ =1.37\times\ (4-3.67)\ \approx0.45\ \text{mm}$$

调整好垂向升高量，再对第一齿铣削一次，然后移动一个齿距继续进行铣削，并依次铣完全部齿槽。

第七节 锥齿轮的加工

→ 掌握直齿锥齿轮几何尺寸及计算
→ 掌握在铣床上加工锥齿轮的各种方法

一、直齿锥齿轮的加工特点

在直齿锥齿轮传动中，规定锥齿轮几何尺寸都以大端为准，计算时以大端模数为标准模数，两个直齿锥齿轮的大端模数和压力角分别相等，并且两齿轮的分锥角 δ_1 和 δ_2 之和等于两轴的夹角时，才能保证两齿轮正确啮合。

1. 直齿锥齿轮的类型及几何尺寸的计算

如图 2—148 所示为单个直齿锥齿轮的两种类型，图 2—148a 所示为正常收缩齿锥齿轮，它的分度圆锥、顶圆锥和根圆锥具有同一个锥顶点，其齿顶间隙由大端至小端逐渐缩小。这种齿轮的齿根圆角小，齿根和小端齿顶强度较低。图 2—148b 所示为等顶隙收缩齿锥齿轮，齿顶间隙由大端至小端处处相等，两锥齿轮啮合时齿顶圆锥的顶点不重合于一点，这种齿轮增加了小端齿顶的厚度，提高了齿根强度，由于它在传动中一个锥齿轮的齿顶母线与另一个锥齿轮的齿根母线平行，齿顶间隙沿齿长方向各个截面上相等，所以称为等顶隙收缩齿。

正常收缩齿和等顶隙收缩齿这两种锥齿轮的尺寸主要在顶圆锥角和齿顶角的计算上有所区别。直齿锥齿轮几何尺寸的计算见表 2—28。

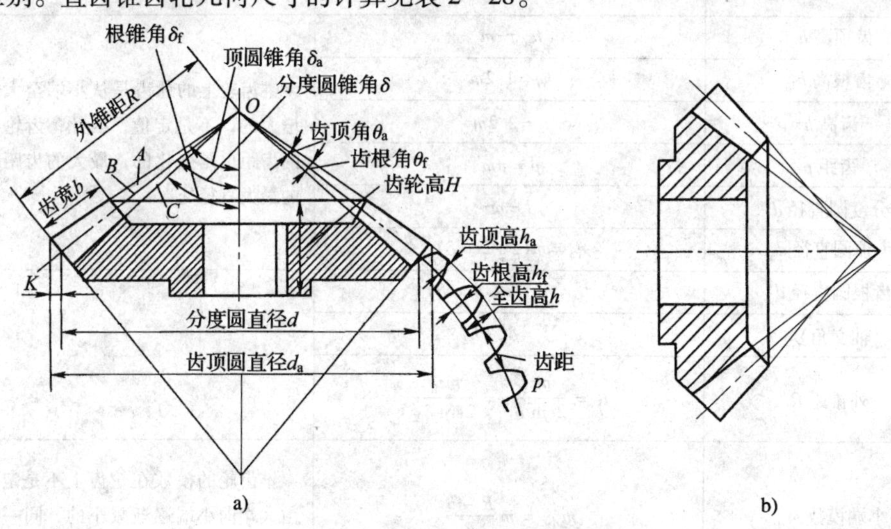

图 2—148 直齿锥齿轮的类型
a）正常收缩齿锥齿轮 b）等顶隙收缩齿锥齿轮

表 2—28　　直齿锥齿轮几何尺寸的计算

几何尺寸	计算公式	说明
分度圆锥角 （分锥角）δ （$\Sigma=90°$）	$\tan\delta_1=\dfrac{z_1}{z_2}$ $\tan\delta_2=\dfrac{z_2}{z_1}$ z_1——小齿轮齿数 z_2——大齿轮齿数	一对互相啮合的锥齿轮，大齿轮有一个圆锥面与小齿轮中的一个圆锥面正好相切，两个相切的圆锥就是分度圆锥，其夹角为分度圆锥角
顶圆锥角 （顶锥角）δ_a	对于等顶隙收缩齿 $\delta_{a1}=\delta_1+\theta_{f2}$ $\delta_{a2}=\delta_2+\theta_{f1}$	分度圆锥把齿高分成齿顶和齿根两部分。凸出在分锥母线之外的轮齿部分叫做齿顶，而在分锥母线和齿轮体之间的叫做齿根 轴线与外锥母线之间的夹角称为顶圆锥角（顶锥角），它是车削齿轮毛坯的必要依据；轴线与根锥母线之间的夹角称为根圆锥角（根锥角），它是铣削锥齿轮时的重要依据
	对于正常收缩齿 $\delta_{a1}=\delta_1+\theta_{a1}$ $\delta_{a2}=\delta_2+\theta_{a2}$	
根圆锥角 （根锥角）δ_f	$\delta_f=\delta-\theta_f$	
齿顶角 θ_a	对于等顶隙收缩齿 $\theta_{a1}=\theta_{f2}$ $\theta_{a2}=\theta_{f1}$	齿顶母线与分度圆锥母线间的夹角称为齿顶角，小齿轮的齿顶角用 θ_{a1} 表示，大齿轮的齿顶角用 θ_{a2} 表示 齿根母线与分度圆锥母线间的夹角称为齿根角，小齿轮的齿根角用 θ_{f1} 表示，大齿轮的齿根角用 θ_{f2} 表示
	对于正常收缩齿 $\theta_{a1}=\arctan\dfrac{h_{a1}}{R}$ $\theta_{a2}=\arctan\dfrac{h_{a2}}{R}$	
齿根角 θ_f	$\theta_f=\arctan\dfrac{h_f}{R}$	
齿顶高 h_a	$h_a=m$	锥齿轮上的牙齿是从小端至大端逐渐增大的，不是定值，因此，齿轮各点处的齿距也是变化的，最大的齿距在齿轮的最大直径处
齿根高 h_f	$h_f=1.2m$	
齿高 h	$h=2.2m$	
齿距 p	$p=\pi m$	
分度圆直径 d	$d=mz$	
齿顶圆直径 d_a	$d_a=m(z+2\cos\delta)$	
齿根圆直径 d_f	$d_f=m(z-2.4\cos\delta)$	—
轴交角 Σ	$\Sigma=\delta_1+\delta_2$	
外锥距 R	$R=\dfrac{mz_1}{2\sin\delta_1}=\dfrac{mz_2}{2\sin\delta_2}$	
小端模数 $m_{小}$	$m_{小}=m\dfrac{R-b}{R}$	锥齿轮的模数在轮齿上不是定值，是由大端向小端逐渐减小的，同一齿轮上的最小模数在齿轮的最小端

单元 2

续表

几何尺寸	计算公式	说明
齿宽 b	一般取外锥距的三分之一	—
小端齿顶圆直径 $D_{a小}$	$D_{a小}=\frac{R-b}{R}d_a$	锥齿轮的小端尺寸以大端为依据进行计算
小端齿高 $h_{小}$	$h_{小}=\frac{R-b}{R}h$	
小端齿顶高 $h_{a小}$	$h_{a小}=\frac{R-b}{R}h_a$	
小端齿根高 $h_{f小}$	$h_{f小}=\frac{R-b}{R}h_f$	

2. 锥齿轮铣刀

锥齿轮铣刀的侧面都刻有“☆”标记，如图 2—149 所示。锥齿轮铣刀的规格可查阅有关手册。

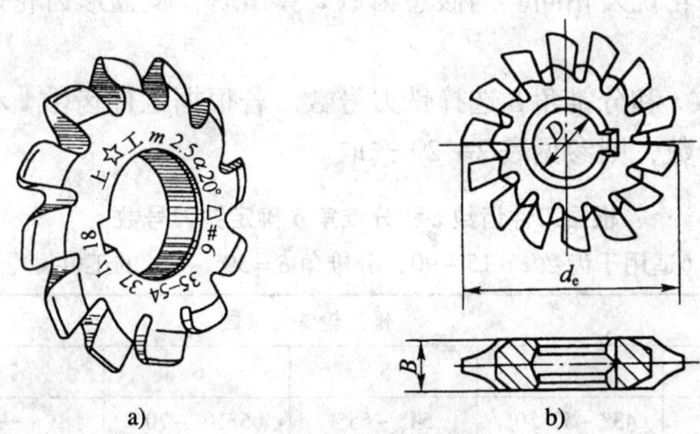

a)　　b)

图 2—149　锥齿轮铣刀

a）外形　b）规格

由于锥齿轮的齿形逐渐向圆锥顶缩小，因此，在铣床上用成形的锥齿轮铣刀铣削时，铣刀的齿形和刀齿厚度若适合大端齿形，则不适合小端齿形；反之，适合小端齿形时，则又不适合大端齿形。所以在铣床上铣出的锥齿轮并不精确。

锥齿轮铣刀的曲线按照大端制作，而铣刀的厚度则按小端制作，同时又比小端齿槽稍薄一些（约薄 0.1 mm），铣出的齿形仅是近似的渐开线齿形，齿轮的齿数越少且齿轮的宽度越大时，误差也越大。

（1）按假想齿数 z' 选择铣刀号数。如图 2—150 所示为锥齿轮背锥面展开图。锥齿轮大端的齿形以背圆锥假想圆柱齿轮的齿形为准，锥齿轮铣刀的号数也必须按照假想齿数选择。假设把背锥面展开，如图 2—150 所示，分度圆半径 $R_{分}$ 大于齿轮的实际分度圆半径，当模数不变时，分度圆直径增大，齿数就增多，因此，展开后的假想分度圆上所具有的齿数（即假想齿数 z'）就多于锥齿轮的实际齿数。假想齿数 z' 用下式计算：

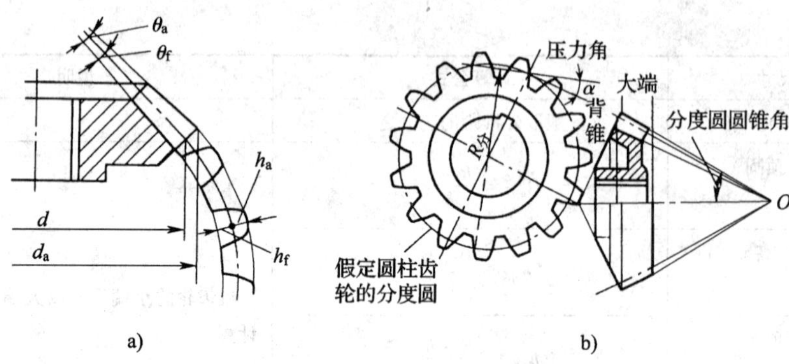

图 2—150　锥齿轮背锥面展开图

a）大端齿形　b）大端背锥面展开图

$$z' = \frac{z}{\cos\delta}$$

式中　z——锥齿轮工件的实际齿数；

δ——锥齿轮工件的分锥角，（°）。

锥齿轮铣刀和圆柱齿轮铣刀一样，按照齿形分成 8 个或 15 个号数一套，每个号数的铣削范围和圆柱齿轮铣刀相同。当假想齿数 z'算出后，从盘形齿轮铣刀号数表中可以查出相应的铣刀号数。

（2）按工件齿数 z 和分锥角 δ 选择铣刀号数。若根据工件齿数 z 和分锥角 δ 确定所使用锥齿轮铣刀的号数，则参见表 2—29 选取。

表 2—29　　根据工件齿数 z 和分锥角 δ 确定铣刀号数

（适用于齿数 $z = 15 \sim 90$，分锥角 $\delta = 30° \sim 70°$的工件）

工件实际齿数 z	锥齿轮铣刀号数					
	3	4	5	6	7	8
15	30° ~42°50′	43° ~53°50′	54° ~65°	65°10′ ~70°	—	—
20	—	30° ~38°20′	38°30′ ~54°30′	54°40′ ~68°20′	68°30′ ~70°	—
25	—	—	30° ~43°30′	43°40′ ~ 62°40′	62°50′ ~70°	—
30	—	—	—	30° ~56°30′	56°40′ ~70°	—
35	—	—	—	30° ~49°50′	50° ~70°	—
40	—	—	—	30° ~42°40′	42°50′ ~70°	—
45	—	—	—	30° ~34°20′	34°30′ ~70°	—
50	—	—	—	—	30° ~68°10′	68°20′ ~70°
55	—	—	—	—	30° ~65°50′	66° ~70°
60	—	—	—	—	30° ~65°30′	63°40′ ~70°

例 1　已知被铣削锥齿轮工件的分锥角 $\delta = 30°$，工件实际齿数 $z = 20$，试查表确定锥齿轮铣刀号数。

解： 先从表 2—29 中找到 20 齿，在 30° ~38°20′范围内，向上查得到 4 号，则 4 号就是铣削时应使用的锥齿轮铣刀号数。

3．锥齿轮的铣削方法

锥齿轮的铣削方法见表 2—30。

表 2—30　　锥齿轮的铣削方法

铣削步骤		铣削方法及图示
1. 铣齿前准备工作	（1）工件尺寸的检查	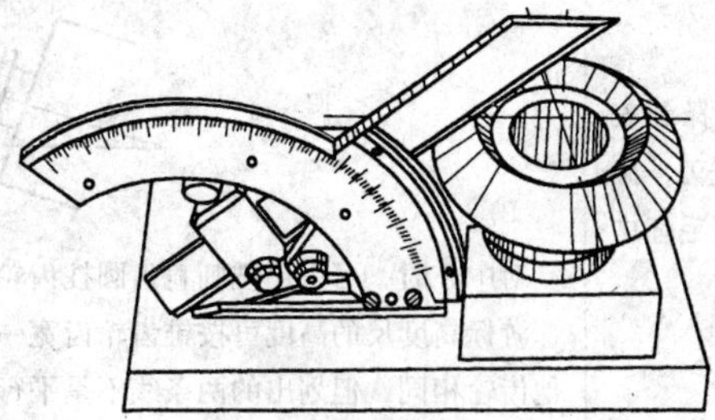 按照图样检查毛坯几何尺寸是否正确，检查齿坯顶锥角的角度等，如图所示
	（2）在分度头上装夹工件，并检测工件外圆与分度头主轴轴线的同轴度	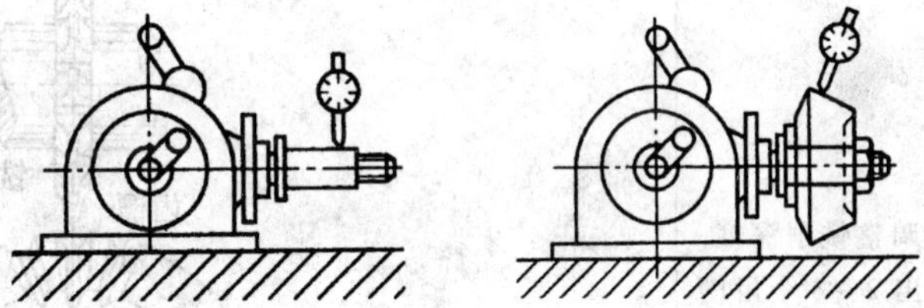 a) 检测心轴　b) 检测工件 1）安装分度头前，要将分度头底面擦干净，并使分度头下部的定位键准确地嵌入工作台的 T 形槽内 2）使千分表测量头与心轴或工件外圆接触，转动分度手柄，使心轴和工件转动，测出径向圆跳动误差，如图所示
	（3）根据工件的根锥角 δ_f 将分度头主轴向上扳起根锥角	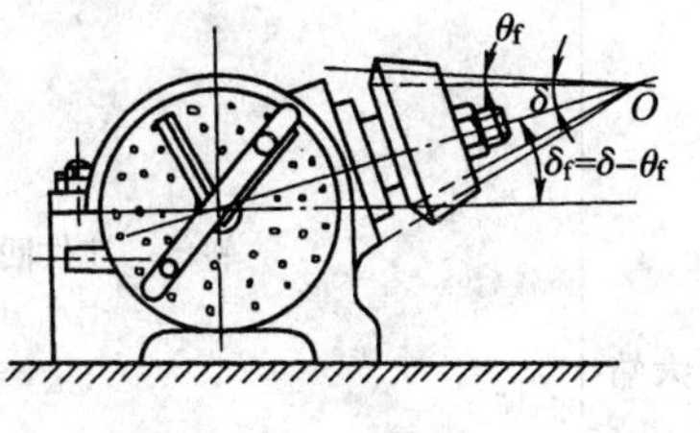 将分度头扳起根锥角后，使齿槽槽底与工作台进给方向平行
	（4）根据锥齿轮工件的齿数计算分度手柄转数 n	若工件为简单等分数时，采用 $n=\frac{40}{z}$ 进行计算

续表

<table>
<tr><th colspan="2">铣削步骤</th><th>铣削方法及图示</th></tr>
<tr><td>1.
铣
齿
前
准
备
工
作</td><td>（5）选择和安装锥齿轮铣刀，确保铣刀对正毛坯中心</td><td> 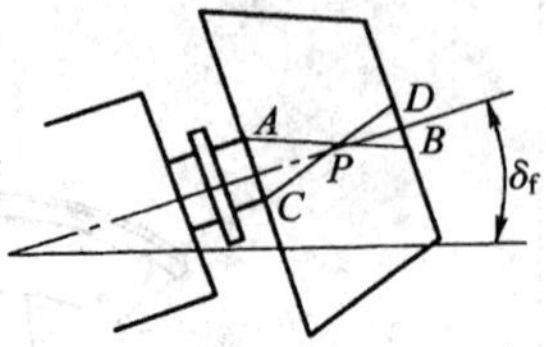A D B P C δf
对中心时，可采用铣削直齿圆柱齿轮时的对中心方法
游标高度尺的高度可按锥齿轮齿宽一半处的中心高度调整好，划线方法与铣削其他齿轮相同，但划出的两条线不是平行的，而是相交于 P 点。对刀时，铣刀中心对准 P 点即可</td></tr>
<tr><td>2.
初
铣
齿
槽</td><td>调整铣削深度，铣出 2～3 个齿槽的中部</td><td> 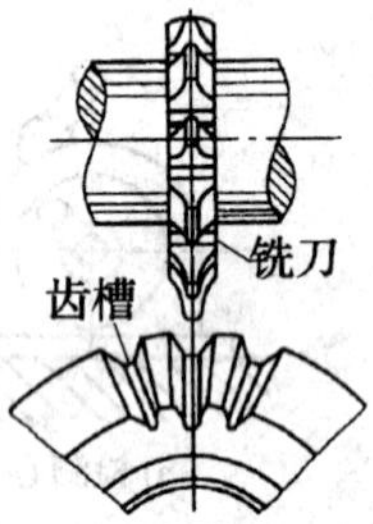铣刀 齿槽
初铣齿槽时以工件大端为基准，按照锥齿轮工件的齿高 $h=2.2m$ 升高工作台进行铣削
为了防止铣削过程中分度头主轴突然掀起而造成事故，进给方向最好是从大端铣向小端</td></tr>
<tr><td>3.
铣
削
齿
的
左
侧
和
右
侧</td><td>（1）铣削大端齿槽左侧</td><td> 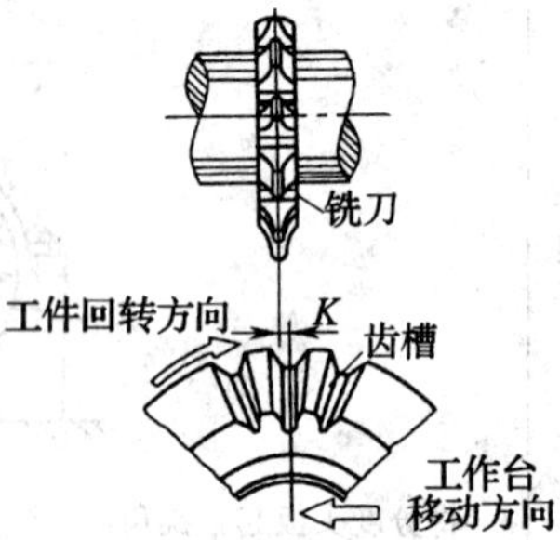铣刀 工件回转方向 K 齿槽 工作台移动方向
1）铣削时，将工作台向左横向移动距离 K，如图所示，K 值用下式计算：
$$K=\frac{mb}{2R}$$
式中　m——模数，mm
b——齿宽，mm
R——外锥距，mm</td></tr>
</table>

单元 2

续表

<table>
<tr><th colspan="2">铣削步骤</th><th>铣削方法及图示</th></tr>
<tr><td rowspan="2">3. 铣削齿的左侧和右侧</td><td>（1）铣削大端齿槽左侧</td><td>2）工作台横向移动距离 K 后，还要通过分度手柄使毛坯顺时针方向旋转一定角度，以使铣刀的左侧切削刃切去大端齿槽左侧部分余量。分度手柄的旋转量以铣刀刚碰到小端齿槽的左侧而未碰到小端齿槽的右侧为宜
3）铣完一个大端齿槽的左侧后，要用齿厚游标卡尺进行测量，测得的齿厚应与通过下式计算的齿厚 s' 进行比较：
$$s' = s + \frac{s'' - s}{2}$$
式中　s'——由计算所得的齿厚尺寸，mm
s——图样上要求的齿厚尺寸，mm
s''——实际测得的齿厚尺寸，mm
当测得的齿厚 s'' 大于 s' 时，使工件按图示箭头方向旋转，直至合适为止，依次将各齿槽的左侧铣完；若测得的齿厚 s'' 小于 s' 时，说明轮齿已被铣薄，若超差就会成为废品</td></tr>
<tr><td>（2）铣削大端齿槽右侧</td><td>铣刀
2K
齿槽
工件回转方向
工作台移动方向
将工作台向右横向移动 $2K$ 的距离，并使工件逆时针方向转动，按照铣削齿槽左侧时的方法将齿槽右侧铣出
横向移动工作台时，要注意消除丝杆和螺母配合间隙的影响</td></tr>
<tr><td>4. 铣齿后齿形的修锉</td><td colspan="2">锉刀锉去部分
锥齿轮铣刀的齿形是按照大端渐开线形状制造的，因此，铣出的齿轮大端齿形比较正确，但小端齿形却比所要求的平直，齿顶厚度大，所以需要用细锉刀修锉小端齿面的上半部分（图中虚线处），从小端锉向大端，修锉量逐渐减少</td></tr>
</table>

注：若齿宽 b 和外锥距 R 的比值 $\frac{b}{R}=\frac{1}{3}$，当铣完第一刀时，小端齿厚应该已经符合要求（即小端加工余量已为0），只需再切削大端，这时，大端齿厚的加工余量 s 必为某一个定值。若工件的齿宽 b 和外锥距 R 的比值 $\frac{b}{R}\neq\frac{1}{3}$，或者由于铣床、铣刀和分度头等方面误差的影响，铣完第一刀后，小端齿厚没有达到要求，还有加工余量，可以分别算出大端齿和小端齿每面的加工余量，按照它们的差值进行补铣，直至达到齿厚要求为止。

二、铣削直齿锥齿轮的实例

试加工如图 2—151 所示的盘形直齿锥齿轮。

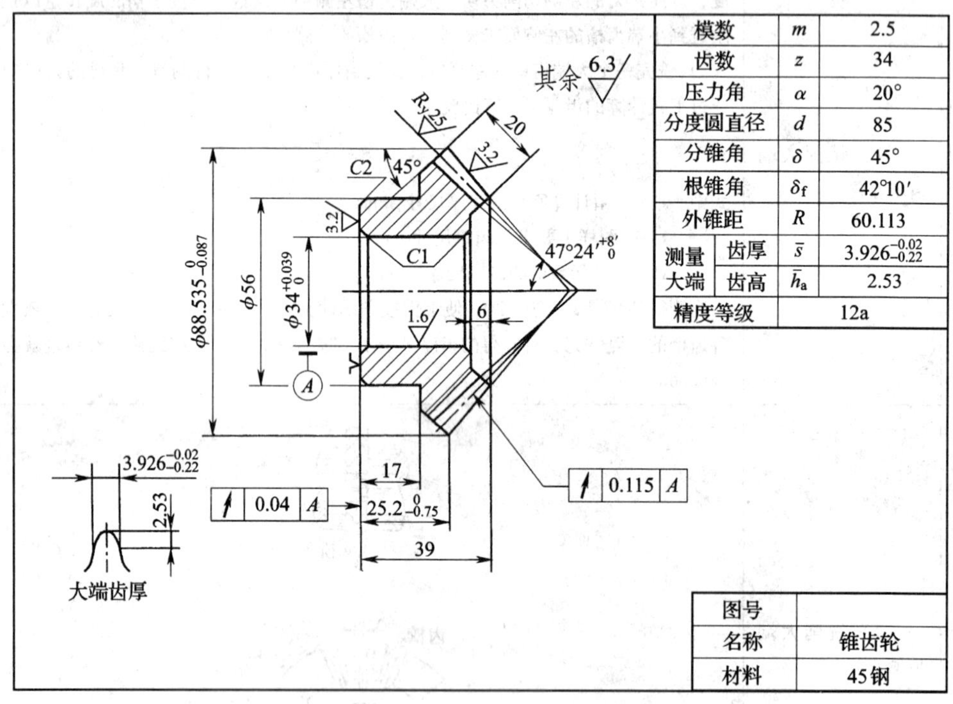

图 2—151　盘形直齿锥齿轮

1. 分析图样

（1）齿轮参数分析

1）齿轮模数 $m=2.5$ mm，齿数 $z=34$，压力角 $\alpha=20°$。

2）齿顶圆直径 $d_a=88.535_{-0.087}^{0}$ mm，分度圆直径 $d=85$ mm，齿宽 $b=20$ mm。

3）分锥角 $\delta=45°$，根锥角 $\delta_f=42°10'$，分锥面对基准孔轴线的圆跳动公差为 0.115 mm。

（2）齿轮精度要求分析。精度等级为 12a，大端弦齿厚 $\bar{s}=3.926_{-0.22}^{-0.02}$ mm，大端弦齿高 $h_a=2.53$ mm。

（3）毛坯相关精度分析。基准内孔的精度较高，基准端面对基准孔轴线的圆跳动公差为 0.04 mm。

（4）齿面表面粗糙度要求分析。齿轮齿面通常用轮廓最大高度的上限值表示，本例为 $R_y=25$ μm。

（5）材料分析。45 钢，切削性能较好。

（6）形体分析。套类零件，宜采用专用心轴装夹工件。

2. 选择刀具

根据齿轮的模数、齿数和压力角，按当量齿数的计算公式可得：

$$z_v = \frac{z}{\cos\delta} = \frac{34}{\cos 45°} = \frac{34}{0.70711} \approx 48$$

按当量齿数选用 $m = 2.5$ mm，$\alpha = 20°$ 的6号锥齿轮铣刀，铣刀上要有“☆”标记，以防止与圆柱齿轮铣刀混淆。然后将铣刀安装在铣刀杆的中间位置。

3. 工件的装夹

（1）工件的装夹方式。锥齿轮工件有带轴或带孔两种形式，其装夹方式如图2—152所示。本实例工件采用锥柄心轴装夹，采用这种方式装夹的工件铣削时较稳固。

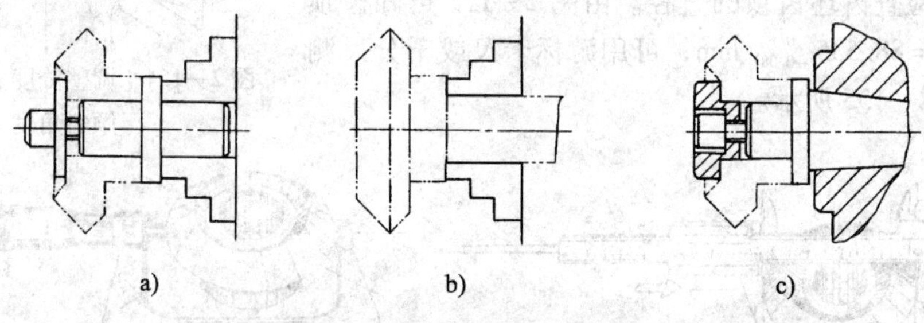

图2—152　工件的装夹方式

a）用直柄心轴装夹　b）带轴锥齿轮的装夹　c）用锥柄心轴装夹

（2）安装及调整分度头。将F11125型万能分度头安放在工作台略偏左端的部位，注意使定位键按指定方向贴紧后压牢。如图2—153所示安装及调整分度头，安装心轴时，首先将锥柄心轴1及主轴2擦净，随后将心轴装入分度头主轴锥孔内，旋入螺杆3，套入垫圈4，旋入内六角螺钉5，最后旋紧内六角螺钉。安装完毕需用百分表检查心轴定位部分的同轴度误差。如同轴度误差大于0.02 mm，则拆下心轴转动一个方向后再校正；如仍达不到要求，可在心轴同轴度误差较大部位的孔壁内垫薄纸片。

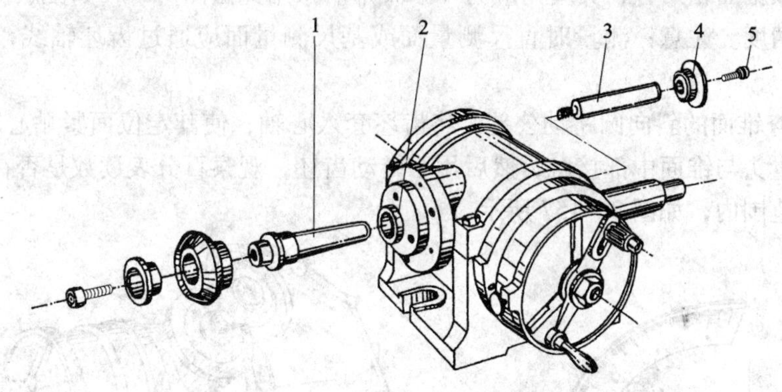

图2—153　安装及调整分度头

1—锥柄心轴　2—主轴　3—螺杆　4—垫圈　5—内六角螺钉

（3）调整分度头主轴倾斜角度。为了使齿槽槽底与工作台面平行，须将分度头主轴扳转一个根锥角 δ_f。

调整分度头主轴倾斜角度时，先松开基座上盖后面的两个六角螺母，再将前面的两个内六角螺钉略微松开些，扳动心轴，使其仰角为42°10′，如图2—154所示。然后先紧固内六角螺钉，再扳紧六角螺母，在紧固时，往往会使所扳起的仰角稍有变动，因此还必须再次检查，如不正确要做适当的调整。

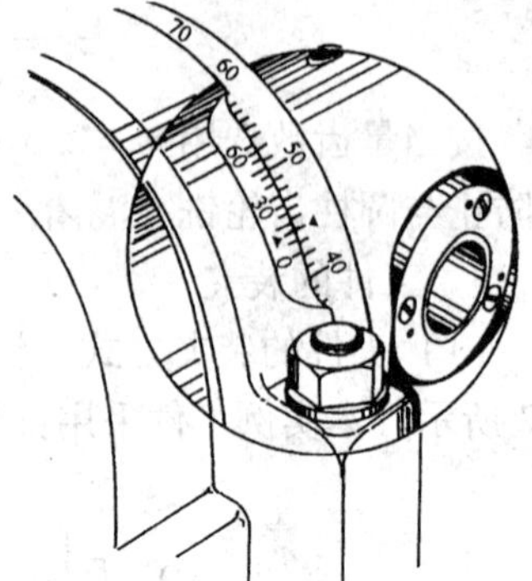

图2—154 调整分度头主轴倾斜角度

4．检查齿坯

齿坯几何形状和尺寸准确与否是装夹、找正、铣削、测量的重要依据。

（1）检查齿坯齿顶圆直径。由图2—151可知齿顶圆直径 $d_a = 88.535_{-0.087}^{0}$ mm，可用游标卡尺或千分尺测量，如图2—155所示。

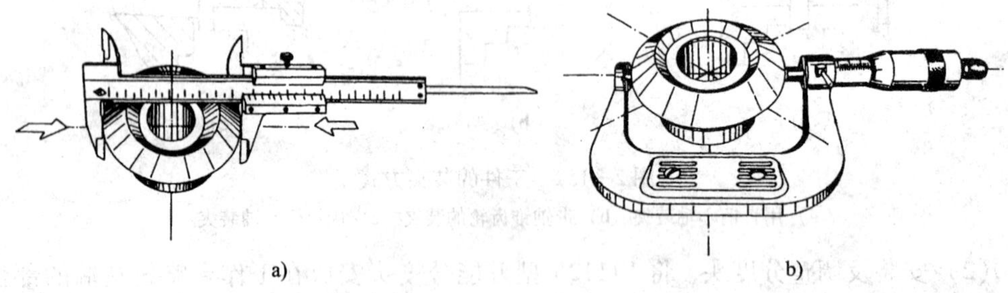

图2—155 检查齿坯齿顶圆直径

a）用游标卡尺测量 b）用千分尺测量

（2）检查齿坯孔径。用内径千分尺测量孔径，应为 $34_{0}^{+0.039}$ mm。

（3）检查顶锥角。用Ⅰ型万能角度尺检查顶锥角，如图2—156所示。

测量顶锥角时，以小端外锥面的交点为基准，测量时将直尺测量面紧贴两交点，基尺测量面与顶锥面相贴合，其夹角应为 $47°24'^{+8'}_{0}$。采用此法测量时，如交点倒角不均匀将影响测量精度。注意：测量时直尺测量面或基尺测量面应通过齿坯轴线，以使测量准确。

（4）检查锥面的斜向圆跳动公差。将齿坯套入心轴，使其定位面紧贴心轴台阶面，将百分表测量头与锥面中部接触，然后用手转动齿坯，观察百分表读数是否在斜向圆跳动公差允许范围内，如图2—157所示。

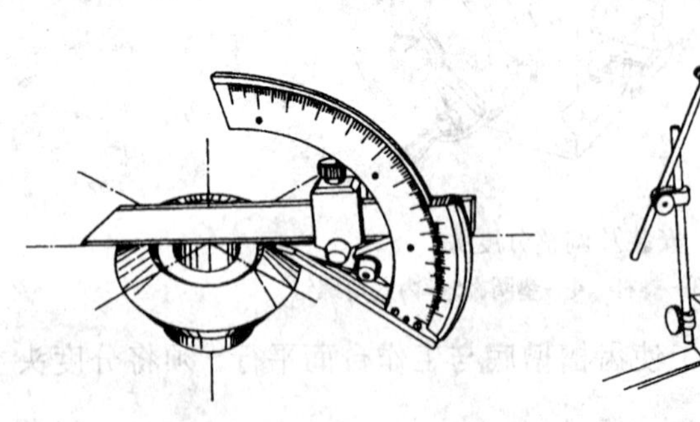

图2—156 检查顶锥角

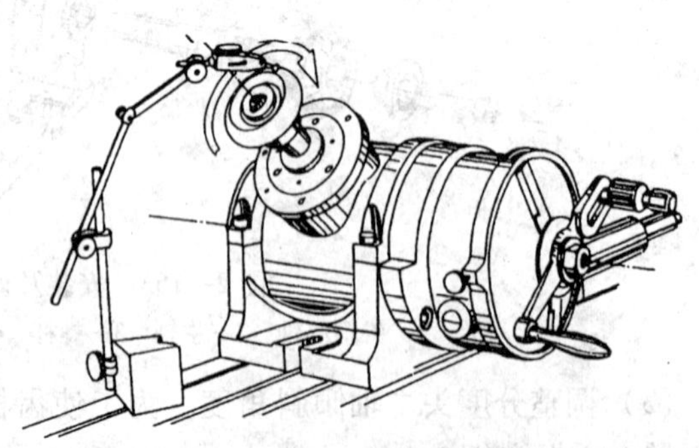

图2—157 检查锥面的斜向圆跳动公差

（5）分度计算。按简单分度法计算分度手柄转数，得：

$$n=\frac{40}{z}=\frac{40}{34}=1\frac{3}{17}=1\frac{9}{51}\text{ r}$$

即每铣完一齿后，分度手柄在 51 的孔圈上转过 1 转又 9 个孔距。

5. 纵向进给铣削法

（1）对刀。对刀是一个很重要的操作步骤，若铣刀廓形中心线未对准齿坯中心，将会使铣出的轮齿歪斜。通常的对刀方法有切痕法及按划线对刀法，由于齿坯为斜面，用切痕法不太方便，现采用按划线对刀法，如图 2—158 所示。

划线前先在齿坯锥面上涂色，将游标高度尺的划线头略对准锥面中部的中心位置，先在外侧斜面与内侧斜面上各划出一条线。再将分度手柄摇过 20 r 后在两侧斜面上各划出一条线，与之前所划的那条线形成交叉线。然后将游标高度尺下降（或上升，视情况而定）约 3 mm，再各划出一条线。将分度手柄再摇 20 r，然后在两侧斜面各划一条线，形成菱形线框，如图 2—158 所示。然后将分度手柄摇过 10 r，使划出的菱形线框处于上方，摇动纵向进给、横向进给和垂向进给手柄，目测使铣刀对准菱形线框的中间部位，如图 2—159 所示进行对刀。开动机床，使工作台垂向上升，在锥面上切出刀痕。使工作台垂向下降后再观察，若切出的刀痕在菱形线框中间，则刀已对准，如有偏差再调整横向溜板。

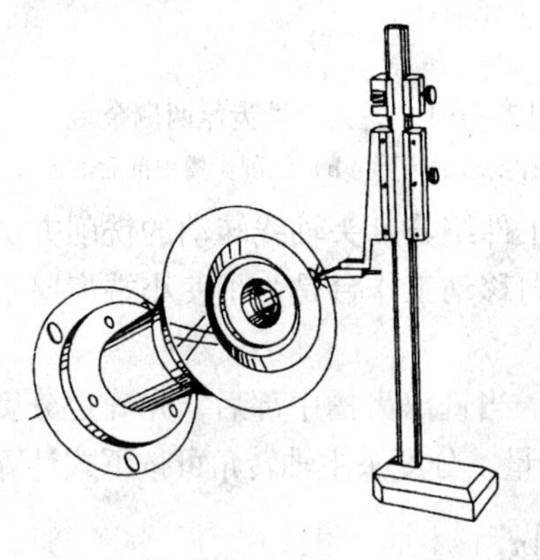

图 2—158　按划线对刀法

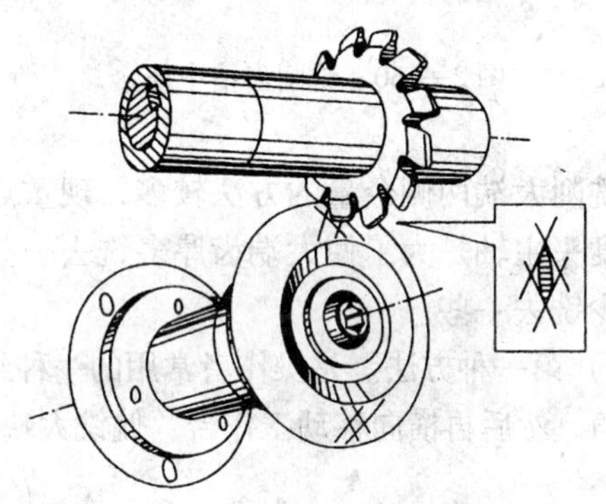

图 2—159　对刀

（2）铣齿槽中部。对刀完毕，使工作台垂向下降，摇动纵向进给手柄，目测使铣刀杆的中心对准齿坯大端最高处，按图 2—160 所示铣削齿槽中部。使工作台沿垂向逐渐升高，使铣刀刚好擦到齿坯大端外圆处，由于目测较难找到齿坯大端的最高点，也可采用往复纵向移动工作台同时使其沿垂向逐渐升高的方法，使铣刀刚好擦到齿坯大端的最高点，停机，纵向移动工作台，退出工件。根据铣削层深度为 $h=2.2m=2.2\times2.5=5.5$ mm，使工作台垂向升高 5.5 mm。若齿顶圆直径与实际要求不符时，则铣削层深度应增加或减少直径差值的 1/2。调整铣削层深度后，由小端处向大端纵向机动进给，这样可便于偏铣大端时对刀。铣完一齿后，将分度手柄摇 $1\frac{5}{9}$ r，依次铣完全部中间齿槽。

（3）铣大端齿厚两侧余量。中间齿槽铣好后，应测量出大端齿厚，以确定铣去的余量。由于锥齿轮铣刀刀齿的廓形是按大端齿形曲线设计的，而刀齿宽度是按外锥距与齿宽之比 $R/b=3$ 时的小端齿槽宽度设计的。所以一般齿宽等于 $R/3$ 时，中间齿槽铣好后，小端齿厚已达到要求，而大端齿厚还有较多余量，需按图 2—161 所示铣去大端齿厚两侧余量才能达到要求。如齿宽小于 $R/3$ 时，则小端齿厚还有一些余量需铣去。

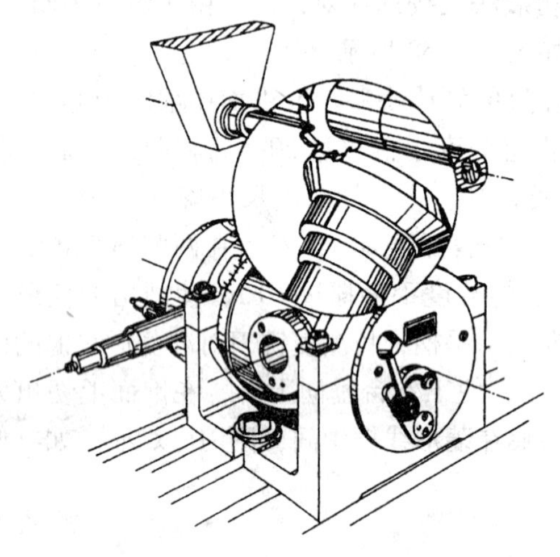

图 2—160　铣削齿槽中部

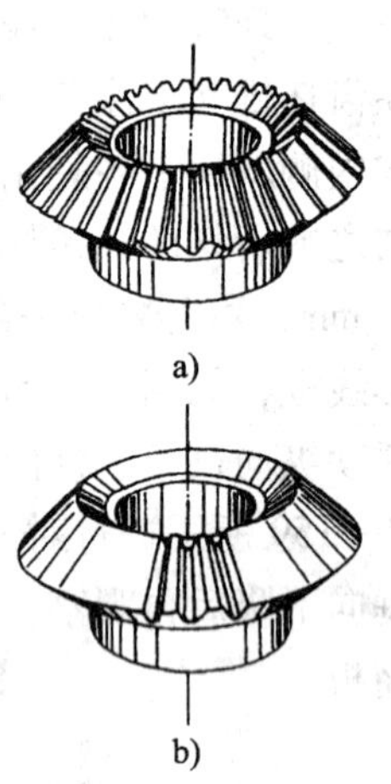

图 2—161　铣去大端齿厚两侧余量

a）图样要求的齿形　b）铣削齿槽中部后的齿形

铣削大端两侧余量的方法较多，现重点介绍工件绕分度头轴线转动的铣削方法。转动分度头主轴是为了使大端齿厚多铣去一些；横向移动工作台是为了使小端齿厚不被切去或少铣去一些。

1）第一种方法。是操作者常用的一种经验法。当铣出齿槽中部后，先确定分度头主轴转角，然后再横向移动工作台，偏铣大端两侧余量。分度头主轴转角可按下式计算：

$$N\approx\left(\frac{1}{8}\sim\frac{1}{6}\right)n$$

式中　N——偏铣时分度手柄应转过的孔数；

n——工件每铣完一齿后分度手柄转过的总孔数。

在本例中具体操作如下：

①铣大端一侧余量。先在齿槽中涂色，使分度手柄顺时针方向在 51 的孔圈上转过 8 个孔距，对刀时为了使铣刀杆转动得轻快些，可将主轴转速调整至 475 r/min 左右，并将换向开关放在“停止”位置；然后摇动纵向进给、横向进给手柄，先目测使铣刀对准小端齿槽，再纵向移动工作台，使小端齿的端面处于铣刀杆中心位置，如图 2—162 所示。然后用手转动铣刀杆，再观察小端齿槽两侧面是否刚好擦着，若一边将涂色擦去，另一边未擦到，则说明对刀不准，应向未擦到的一边横向移动工作台，使铣刀处于小端齿槽中间，并在横向刻度盘上做好记号（同时算出移动量 S）。再调整好主轴转速，由小端向大端机动进给。铣完一个齿后，先测量大端齿厚，看余量是否铣去 1/2，若还

有余量则再转动分度手柄，对刀后将其铣去，达到要求后依次铣完全部齿的一侧，如图2—162 所示为铣大端一侧余量。

②铣大端另一侧余量。将分度手柄反向转过 $2N$ 个孔距，工作台反向横向移动 $2S$（注意消除分度头、丝杆副间隙）。在小端齿槽处再对刀后纵向机动进给依次铣完齿的另一侧。

③测量大端齿厚。大端齿槽两侧均铣出后，对大端齿厚可用齿厚游标卡尺进行测量，如图 2—163 所示。测量时，先将齿高游标卡尺调整至 2. 53 mm（齿顶圆直径有误差时应做适当调整），使测量面与齿顶圆相接触并与背锥面平行，移动齿厚游标卡尺使两测量爪与大端齿面接触，读数应为 3. 706 ~ 3. 906 mm。

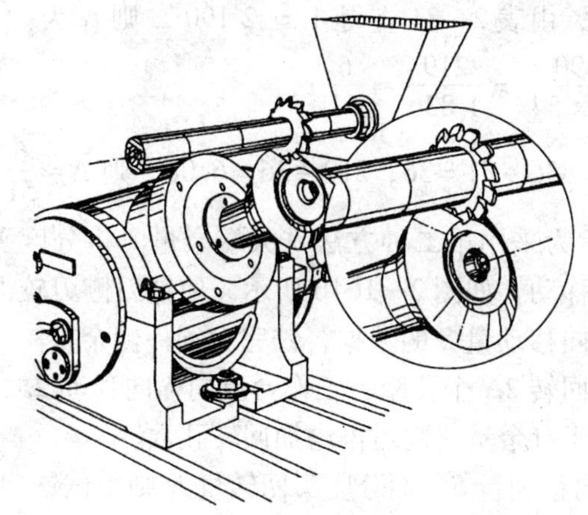

图 2—162 铣大端一侧余量

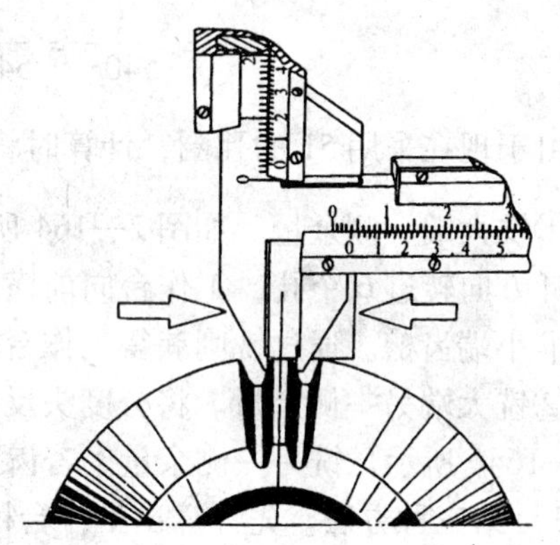

图 2—163 测量大端齿厚

这种方法计算、操作较简便，只要操作者认真、仔细对刀，一般不会产生废品。

2）第二种方法。在铣好齿槽中部后，计算出分度头回转量 N（单位为 r)，可按下式计算：

$$N=\frac{A}{540z}$$

式中 A——齿坯的基本旋转角，（′）；

z——工件的齿数。

齿坯的基本旋转角 A 与刀号和 R/b 的比值有关，其数值可从表 2—31 中查取。

表 2—31 齿坯的基本旋转角 （′）

刀号	比值 R/b									
	$2\frac{1}{2}$	$2\frac{3}{4}$	3	$3\frac{1}{3}$	$3\frac{2}{3}$	4	$4\frac{1}{2}$	5	6	8
1	1 950	1 885	1 835	1 720	1 725	1 695	1 650	1610	1 560	1 500
2	2 005	1 955	1 915	1 860	1 820	1795	1 755	1 725	1 680	1 625
3	2 060	2 020	1 990	1 950	1 920	1 900	1 865	1 840	1 805	1 765
4	2 125	2 095	2 070	2 035	2 010	1 995	1 970	1 950	1 920	1 880

续表

刀号	比值 R/b									
	$2\frac{1}{2}$	$2\frac{3}{4}$	3	$3\frac{1}{3}$	$3\frac{2}{3}$	4	$4\frac{1}{2}$	5	6	8
5	2 170	2 145	2 125	2 095	2 075	2 065	2 045	2 030	2 010	1 980
6	2 220	2 205	2 190	2 175	2 160	2 150	2 130	2 115	2 100	2 080
7	2 285	2 270	2 260	2 250	2 240	2 235	2 225	2 220	2 200	2 180
8	2 340	2 335	2 330	2 320	2 315	2 310	2 305	2 300	2 280	2 260

本实例选用 6 号锥齿轮铣刀，$R/b=3$，由表 2—31 查得 $A=2\ 190'$，则 N 为：

$$N=\frac{A}{540z}=\frac{2\ 190}{540\times 34}=\frac{219}{1\ 836}\approx\frac{6}{51}\text{ r}$$

由于现在采用 51 的孔圈，计算时将 $1\ 836\div 51=36$，$219\div 36=6.08$，则 $N\approx\frac{6}{51}$ r。

①铣大端一侧余量。如图 2—164 所示为采用第二种方法铣大端余量。将分度手柄顺时针方向转过 6 个孔，工作台向前横向移动，如图 2—164b 所示，使铣刀侧刃较准确地对准小端齿槽。通过铣削获得工作台横向移动量 S 的数据，铣完大端一侧余量。

②铣大端另一侧余量。将分度头反向回转 $2N$ 个孔距，工作台反向横向移动 $2S$，如图 2—164c 所示，铣另一侧余量。若齿侧还有余量，则需再增加回转孔数。

3）第三种方法。先计算出工作台横向移动量 S，而分度头回转量 N 则由试铣确定。

①测量锥齿轮铣刀中径处厚度，如图 2—165 所示。

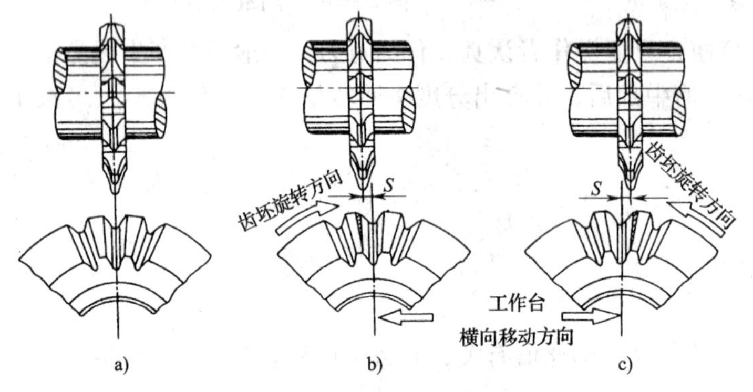

图 2—164　采用第二种方法铣大端余量

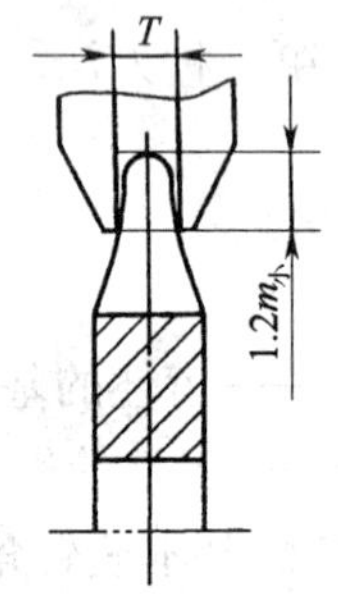

图 2—165　测量锥齿轮铣刀中径处厚度

测量时先算出小端模数 $m_{小}$，其计算公式如下：

$$m_{小}=m\frac{R-b}{R}$$

式中　R——外锥距，mm；

b——锥齿轮齿面宽度，mm。

本实例中 $m=2.5$ mm，$R=60.113$ mm，$b=20$ mm，则：

$$m_{小}=m\frac{R-b}{R}=2.5\times\frac{60.113-20}{60.113}\approx 1.668\text{ mm}$$

②计算工作台横向移动量 S，可得：

$$S = \frac{T}{2} - mx$$

式中 T——铣刀中径处厚度，mm；

x——偏移系数，见表 2—32。

本实例中 $R/b = \frac{60.113}{20} \approx 3$，查表得 $x = 0.266$。

若测得铣刀中径处厚度 $T = 2.6$ mm，则有：

$$S = \frac{T}{2} - mx = \frac{2.6}{2} - 2.5 \times 0.266 = 0.635 \text{ mm}$$

表 2—32 **偏移系数**

铣刀号	锥距与齿宽之比（R/b）												
	3	$3\frac{1}{4}$	$3\frac{1}{2}$	$3\frac{3}{4}$	4	$4\frac{1}{4}$	$4\frac{1}{2}$	$4\frac{3}{4}$	5	$5\frac{1}{2}$	6	7	8
1	0.275	0.286	0.296	0.309	0.319	0.331	0.338	0.344	0.352	0.361	0.368	0.380	0.386
2	0.289	0.298	0.308	0.316	0.324	0.329	0.334	0.338	0.343	0.350	0.360	0.370	0.376
3	0.311	0.318	0.323	0.328	0.330	0.334	0.337	0.340	0.343	0.348	0.352	0.356	0.362
4	0.280	0.285	0.290	0.293	0.295	0.296	0.298	0.300	0.302	0.307	0.309	0.313	0.315
5	0.275	0.280	0.285	0.287	0.291	0.293	0.296	0.298	0.298	0.302	0.305	0.308	0.311
6	0.266	0.268	0.271	0.273	0.275	0.278	0.280	0.282	0.283	0.280	0.287	0.290	0.292
7	0.266	0.268	0.271	0.272	0.273	0.274	0.274	0.275	0.277	0.279	0.280	0.283	0.284
8	0.254	0.254	0.255	0.256	0.257	0.257	0.257	0.258	0.258	0.259	0.260	0.262	0.264

③铣大端左侧余量。如图 2—166 所示为采用第三种方法铣大端余量。先将工作台向前横向移动 S =0.635 mm，如图 2—166b 所示。使齿坯顺时针方向转动，铣刀左侧切削刃刚好擦到小端齿槽左侧，如图 2—166c 所示，并记下分度手柄转过的孔数 N。铣去大端左侧全部余量。

④铣大端右侧余量。将工作台反向横向移动 $2S$ =1.27 mm，如图 2—166d 所示。使齿坯逆时针方向转过 $2S$，如图 2—166e 所示，并使铣刀右侧切削刃刚好擦到小端齿槽右侧，将大端右侧余量铣去。

⑤测量大端齿厚。如不符合图样要求，可再分别调整 S 和 N。

6. 垂向进给铣削法

当锥齿轮的直径和根锥角都较大，分度头主轴扳转角度后工作台垂向下降到最低限度时，若工件纵向进给仍无法在铣刀下通过时，可采用垂向（升降）进给铣削法，如图 2—167 所示。

单元 2

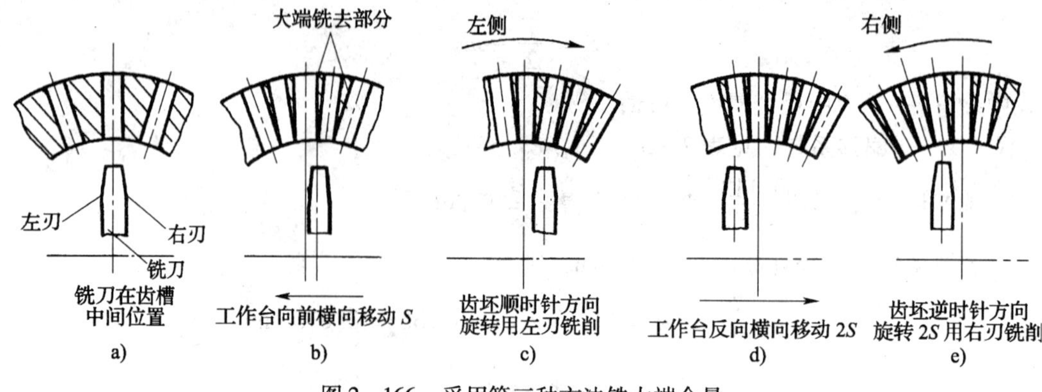

图 2—166　采用第三种方法铣大端余量

（1）分度头主轴倾斜角度的调整。由于将纵向进给铣削改为垂向进给铣削后，分度头主轴倾斜角度不能按根锥角扳转，扳转角度可按下式计算：

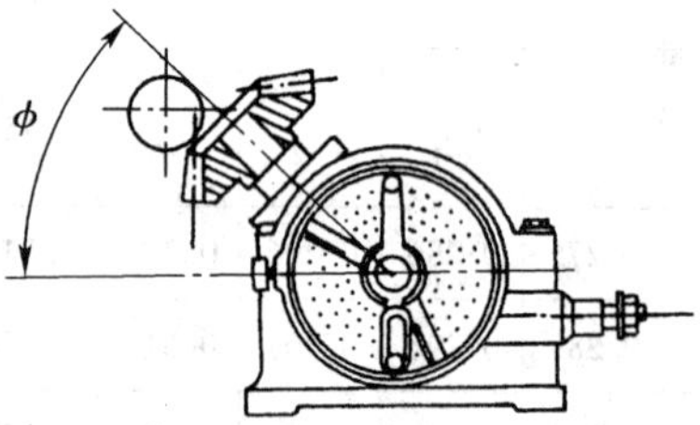

$$\phi = 90° - \delta_f$$

式中　ϕ——分度头主轴倾斜角度，（°）；

δ_f——锥齿轮根锥角，（°）。

图 2—167　垂向进给铣削法

本实例中 $\phi = 90° - \delta_f = 90° - 42°10' = 47°50'$

根据计算出的倾斜角度 ϕ，将分度头主轴扳转 47°50′。

（2）装夹工件、对刀。与纵向进给铣削法相同。

（3）调整铣削层深度。如图 2—168 所示，将工作台垂向进给，使齿坯大端最高点对准铣刀杆中心。然后缓慢纵向移动工作台，使铣刀刚好擦到大端最高点，再垂向下降工作台，并将工作台纵向摇进 5.5 mm。

（4）铣削齿槽中部。对刀完毕，将工作台由下向上垂向进给，依次铣完全部齿槽。

（5）铣大端齿厚两侧余量。与纵向进给铣削法相同。

7．直齿锥齿轮的检测

在铣床上加工的锥齿轮的检测内容一般有以下两项：

（1）测量分度圆弦齿厚。本工件的弦齿厚应为 3.49 ~ 3.75 mm。

（2）测量齿圈径向圆跳动误差。如图 2—169 所示，检测时，将工件套入心轴内，在齿槽中放入 ϕ4 mm 的圆棒，使百分表测量头与圆棒最高点相接触，用手转动工件，读出每条齿槽处的读数，其读数差就是齿圈径向圆跳动误差。

8．注意事项

（1）为了使齿形正确，并对称于工件中心，所以铣大端齿厚两侧余量时所切去的余量应相等。

（2）铣削大端齿厚两侧余量时，若分度手柄多转一孔，则齿厚要减薄；而分度手柄少转一孔，则齿厚又过厚，此时可松开分度盘紧固螺钉，使分度盘做微量转动。不要通过单边横向移动工作台的方法铣削而使齿厚减薄，以至于齿形的对称性差。

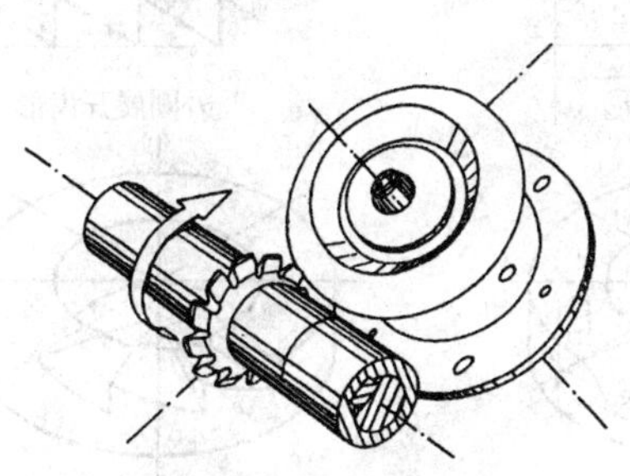
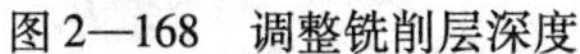

图 2—168　调整铣削层深度

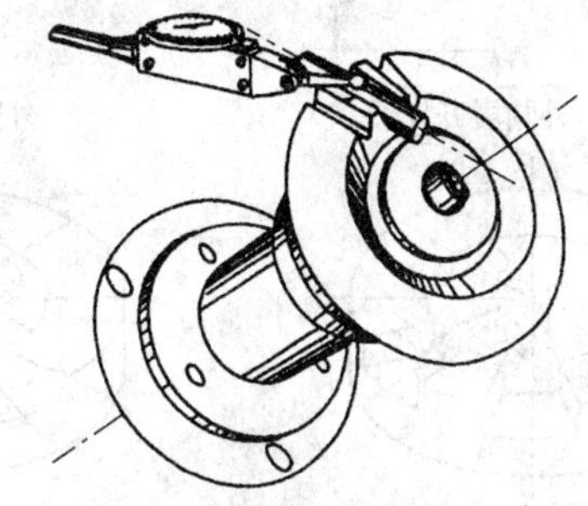

图 2—169　测量齿圈径向圆跳动误差

（3）若小端齿厚已达到要求，而大端齿厚仍有余量时，可适当增加分度手柄回转量 N 和工作台横向移动量 S，使小端齿厚不再被铣去。

（4）如齿宽小于 $R/3$ 时，则小端齿厚两侧还有余量，可计算出小端模数与小端齿厚，将小端两侧余量铣去，保证大端和小端齿厚均达到图样要求。

（5）若大端和小端齿厚均有余量，且两端余量又相等，则只需适当减小工作台横向移动量 S，使大端和小端齿厚同时铣去一部分。

（6）当铣削齿宽略大于 $R/3$ 的工件时，因小端齿槽宽度已超差，所以小端齿厚不应再被铣去。

（7）以上几种偏铣大端齿侧余量的公式均为经验公式，当分锥角和齿数在一定范围内较正确时，一般情况下往往需做适当修正。

（8）如锥齿轮模数不大而数量又较多时，通过试铣后，取得分度手柄回转量 N 和工作台横向移动量 S 的数据后，可分两次进给直接铣出齿槽两侧，不必每次对刀，以提高生产效率。

第八节　牙嵌式离合器的加工

- 了解牙嵌式离合器的种类
- 掌握牙嵌式离合器的齿形特点
- 熟练掌握各种齿形离合器的铣削加工方法

牙嵌式离合器是依靠端面上的齿与槽相互嵌入或脱开来传递或切断动力的。根据齿形的基本特征，牙嵌式离合器可分为等高齿离合器和收缩齿离合器两大类。根据齿形展开的特点，牙嵌式离合器可分为矩形齿、梯形齿、尖齿、锯齿形齿和螺旋齿等多种类型。牙嵌式离合器的种类与齿形如图 2—170 所示。

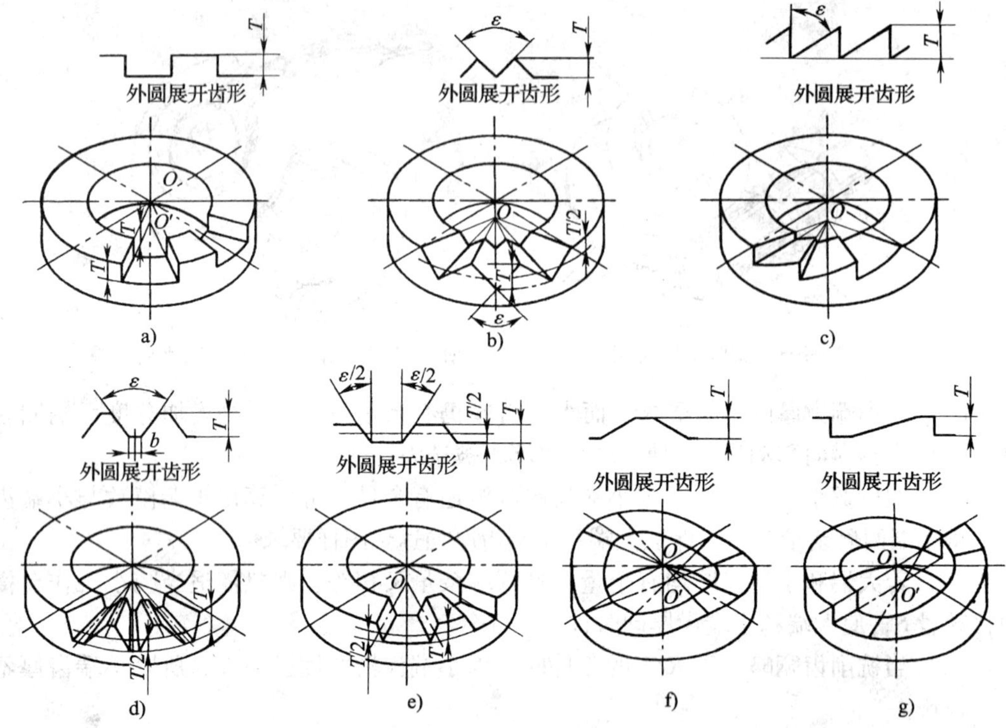

图 2—170　牙嵌式离合器的种类与齿形

a）矩形齿　b）尖齿　c）锯齿形齿　d）梯形收缩齿

e）梯形等高齿　f）双向螺旋齿　g）单向螺旋齿

一、牙嵌式离合器的技术要求

1．齿形

（1）齿侧平面通过工件轴线或齿面向轴线上一点收缩。

（2）保证一定的齿槽深度，以使矩形齿离合器齿顶部宽度略小于齿槽底部宽度，其余齿形齿顶宽度一般均略大于齿槽底部宽度（有特殊齿侧要求的例外）

（3）相啮合的两个离合器齿形角正确且一致。

2．同轴度

离合器齿形的轴线与工件基准孔的轴线同轴。

3．等分度

离合器各齿在齿部圆周上均匀分布，即各齿在圆周上具有一定的分齿精度。

4．表面粗糙度

齿侧工作面的表面粗糙度 $R_a \leq 3.2$ μm。齿槽底面不应有明显的接刀痕迹。

二、矩形齿牙嵌离合器的铣削方法

矩形齿离合器也称直齿离合器。根据离合器的齿数不同，分为奇数齿和偶数齿两种。这两种离合器的齿侧面都通过工件中心，以保证两个离合器能够正确啮合。

1．奇数齿直齿离合器的铣削

（1）选择铣刀。铣奇数齿直齿离合器时，选用三面刃铣刀或立铣刀。为了使离合器的小端齿不被铣伤，三面刃铣刀的宽度 B 或者立铣刀的直径 D 应略小于齿槽小端的宽度，若铣刀过宽会铣伤小端齿，如图 2—171 所示。铣刀宽度（或立铣刀直径）按图 2—172 所示进行计算，其计算公式如下：

$$B(D) \leqslant \frac{d_1}{2}\sin\alpha = \frac{d_1}{2}\sin\frac{180^\circ}{z}$$

式中 B（D）——铣刀宽度（或直径），mm；

d_1——离合器内孔直径，mm；

α——离合器齿槽角，（°）；

z——离合器齿数。

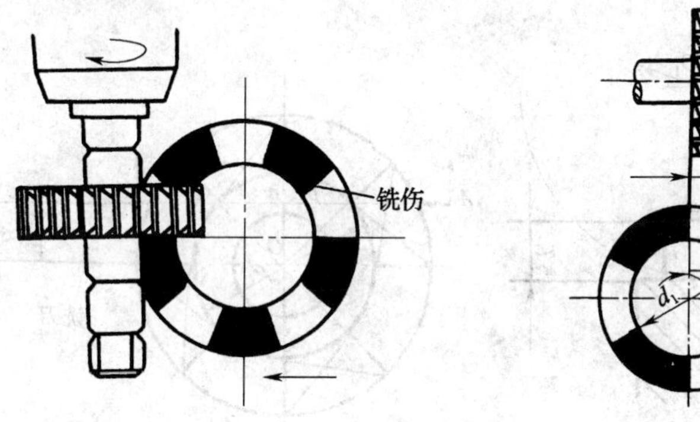

图 2—171 铣刀过宽铣伤小端齿　　　图 2—172 计算铣刀宽度

（2）工件的装夹和校正。工件装夹在分度头三爪自定心卡盘上。在工件装夹过程中应校正径向圆跳动和端面圆跳动，并应符合要求。如果用心轴装夹工件，应先校正心轴，再将工件装夹在心轴上进行加工。

（3）对中心。铣削工件时，应使三面刃铣刀的端面刃或立铣刀的圆周刃通过工件中心。一般情况下，装夹及找正工件后，在工件上划出中心线（见图 2—173），然后再按照所划的线对好中心。

（4）铣削方法。对好中心铣削工件时，使铣刀的切削刃轻轻与工件端面相接触，然后退刀，按齿高调整铣削深度，将不使用的进给机构及分度头主轴紧固，使铣刀穿过工件整个端面，铣出第一刀，形成两个齿各自的一个侧面，退刀后松开分度头主轴紧固手柄，分度后铣第二刀，以同样的方法铣完各齿，进给次数等于奇数齿离合器的齿数。铣奇数齿离合器的方法如图 2—174 所示。

2．偶数齿直齿离合器的铣削

（1）铣刀的选择。铣偶数齿直齿离合器时也用三面刃铣刀或立铣刀，三面刃铣刀的宽度或立铣刀直径的确定与铣奇数齿离合器相同。但铣偶数齿离合器时，为了不使三面刃铣刀铣伤对面的齿面，又能将槽底铣平，三面刃铣刀的最大直径按图 2—175 所示进行计算，其计算公式如下：

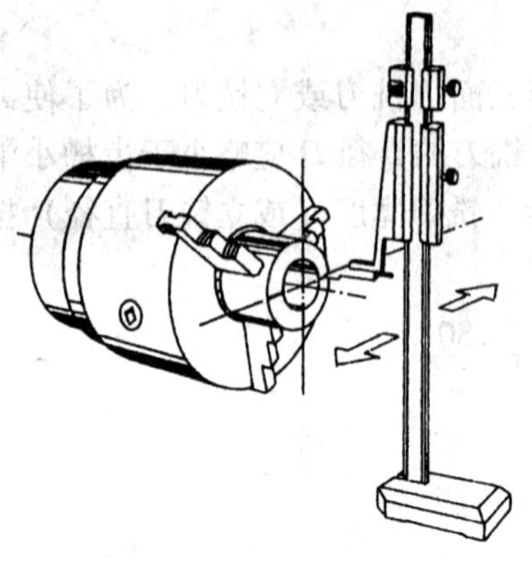

图 2—173 划中心线

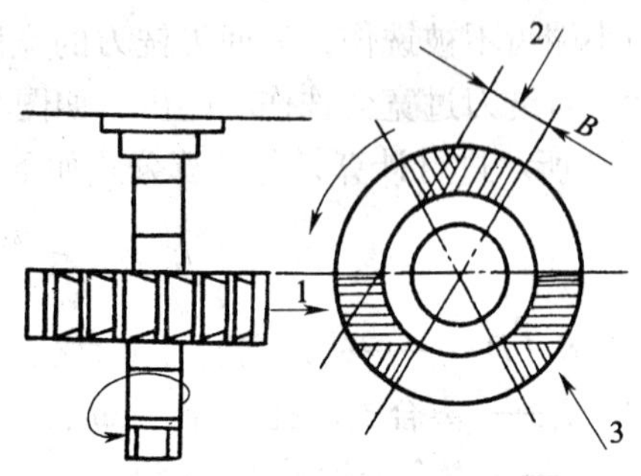

图 2—174 铣奇数齿离合器的方法

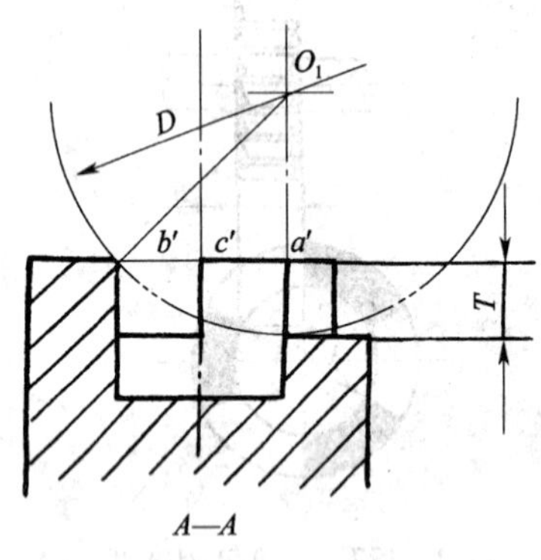

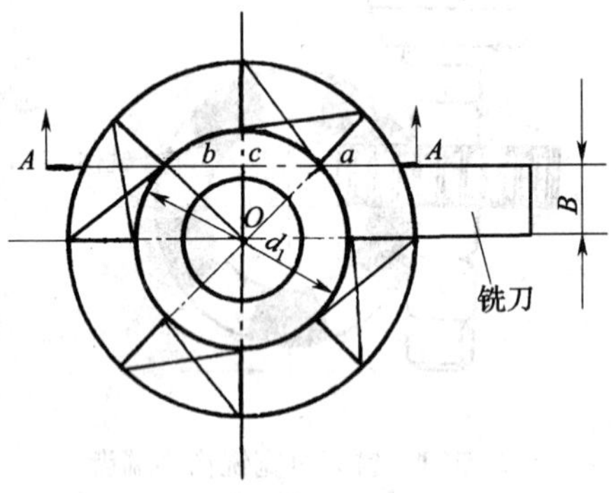

图 2—175 计算三面刃铣刀的直径

$$D \leqslant \frac{T^2 + {d_1}^2 - 4B^2}{T}$$

式中 D——三面刃铣刀允许的最大直径，mm；

d_1—— 离合器内孔直径，mm；

T——离合器的齿深，mm；

B——三面刃铣刀的宽度，mm。

（2）铣削方法。工件的装夹、校正、划线及对中心的方法与铣奇数齿直齿离合器相同，铣偶数齿离合器时，铣刀不能通过整个工件端面，每次分度只能铣出一个齿的一个侧面，因此注意不要铣伤对面的齿形，如图 2—176 所示。铣偶数齿离合器的方法如图 2—177 所示。铣削时，首先使铣刀的端面刃Ⅰ对准工件中心，如图 2—177a 所示，分度铣出齿侧 1，2，3 和 4。然后将工件转过一个齿槽角 α，再将工作台移动一个刀宽的距离，使铣刀端面刃Ⅱ对准工件中心，再依次铣出每个齿的另一个侧面 5，6，7 和 8，如图 2—177b 所示。

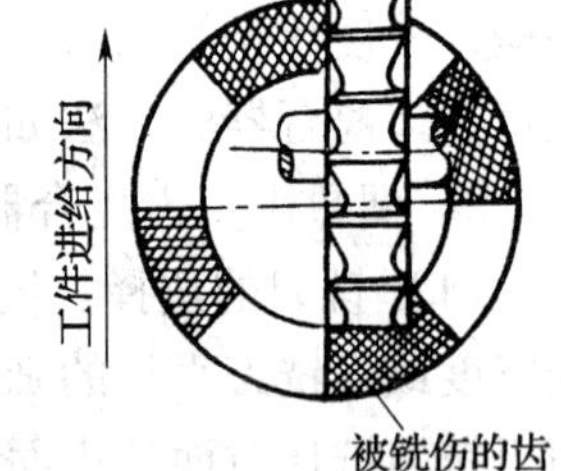

图 2—176 铣偶数齿离合器时铣伤齿形

3．铣齿侧间隙

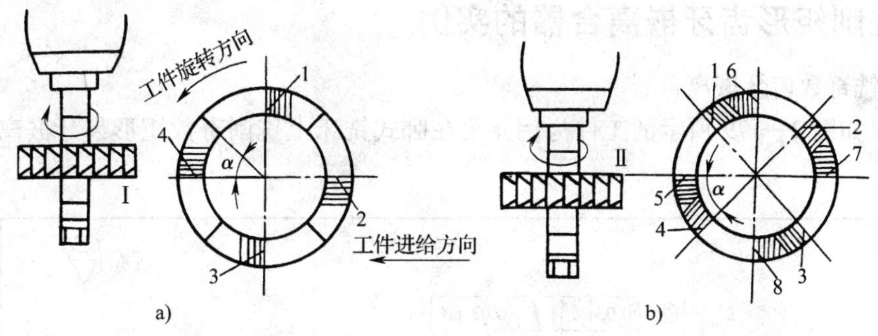

图 2—177 铣偶数齿离合器的方法

a）用端面刃Ⅰ铣削 b）用端面刃Ⅱ铣削

铣齿侧间隙就是将离合器的齿多铣去一些，使槽形大于齿形，以便于两个离合器正常啮合。铣削方法有以下两种：

（1）偏移中心法。铣刀侧面对好中心后，使三面刃铣刀的端面刃（或立铣刀的圆周刃）超过工件中心 0.2 ~ 0.3 mm，如图 2—178a 所示。使齿的大端至小端铣去相同的量，齿侧就产生了间隙。这种方法使齿侧不通过工件中心，因此只用于精度要求不高的离合器的加工。

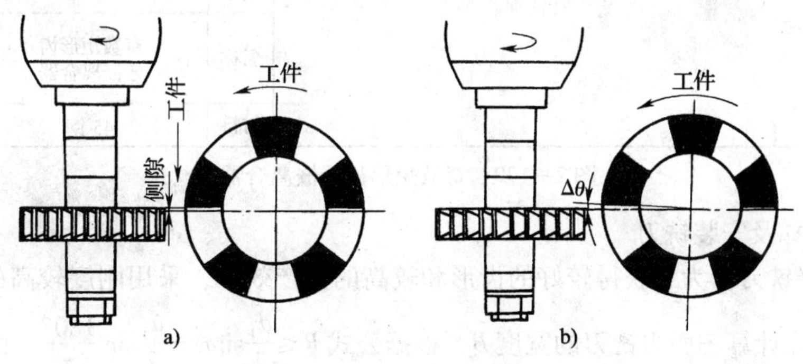

图 2—178 铣齿侧间隙

a）偏移中心法 b）偏移角度法

（2）偏移角度法。如图 2—178b 所示，将铣刀对准工件中心，将全部齿槽铣完后使工件转过一个 $\Delta\theta$ 角（或按图样要求转过一定的角度），这样使齿的大端多铣去一些，而齿的小端少铣去一些，使齿侧产生间隙，但齿侧仍通过工件中心。这种方法适用于精度要求较高的离合器的加工。

4. 直齿离合器的检验方法

（1）齿的等分性。可用游标卡尺测量每个齿大端的弦长。

（2）齿的深度。可用游标卡尺或游标深度尺测量。

（3）齿侧间隙和啮合情况。将互相啮合的离合器装在心轴上，使其相互啮合，用塞尺检测齿侧间隙，判断其是否合格。

（4）表面粗糙度。用目测法或用标准块对比检测。

三、铣削矩形齿牙嵌离合器的实例

1．铣奇数齿牙嵌离合器

现以如图2—179所示的工件为例介绍在卧式铣床上铣削奇数矩形齿牙嵌离合器的方法。

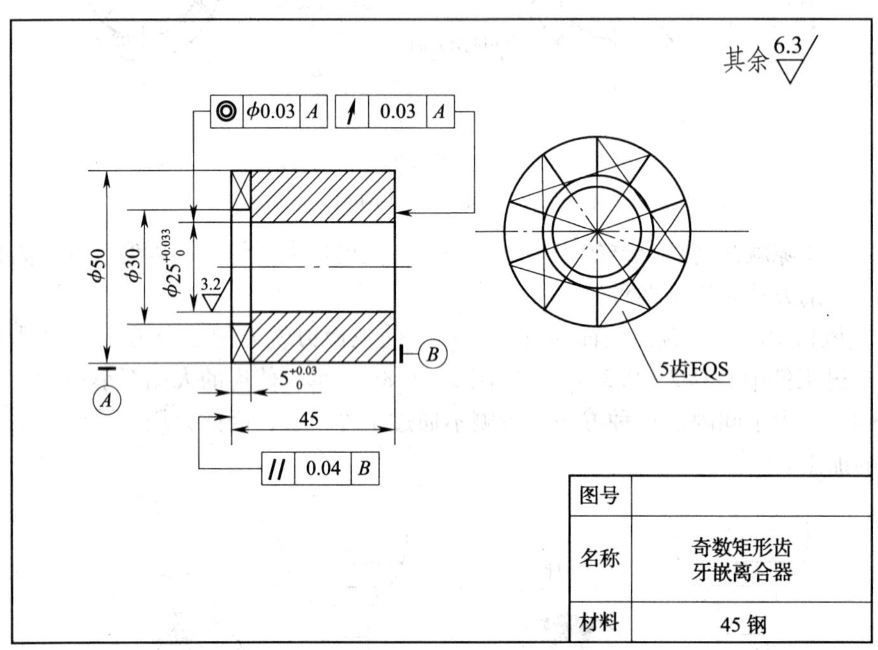

图号	
名称	奇数矩形齿牙嵌离合器
材料	45钢

图2—179 奇数矩形齿牙嵌离合器

（1）选择及安装铣刀

1）选择铣刀。为了获得较好的齿形和较高的生产效率，采用刚度较高的三面刃铣刀铣削，首先计算三面刃铣刀的宽度B，根据公式$B\leqslant\frac{d_1}{2}\sin\alpha=\frac{d_1}{2}\sin\frac{180°}{z}$，由图2—179所示的零件图可知离合器内孔直径$d_1=30$ mm，离合器齿数$z=5$，代入上式得：

$$B\leqslant\frac{d_1}{2}\sin\frac{180°}{z}=\frac{30}{2}\sin\frac{180°}{5}\approx 8.817\text{ mm}$$

根据国家标准《三面刃铣刀技术条件》（GB/T 6119.2—1996）查三面刃铣刀规格表，决定选用63 mm×22 mm×6 mm的标准三面刃铣刀。

2）安装铣刀。将三面刃铣刀安装在铣刀杆中间，调整主轴转速$n=95$ r/min（$v_c\approx$ 18 m/min），进给速度$v_f=60$ mm/min。

（2）装夹与找正工件。选用F11125型万能分度头，用三爪自定心卡盘装夹工件。分度头水平安装在工作台偏左的部位。用百分表找正分度头主轴轴线与纵向进给方向平行。装夹工件时伸出长度约为10 mm，并找正工件外圆同轴度误差小于0.03 mm，如图2—180a所示。工件端面圆跳动误差也应在0.03 mm之内，如图2—180b所示。

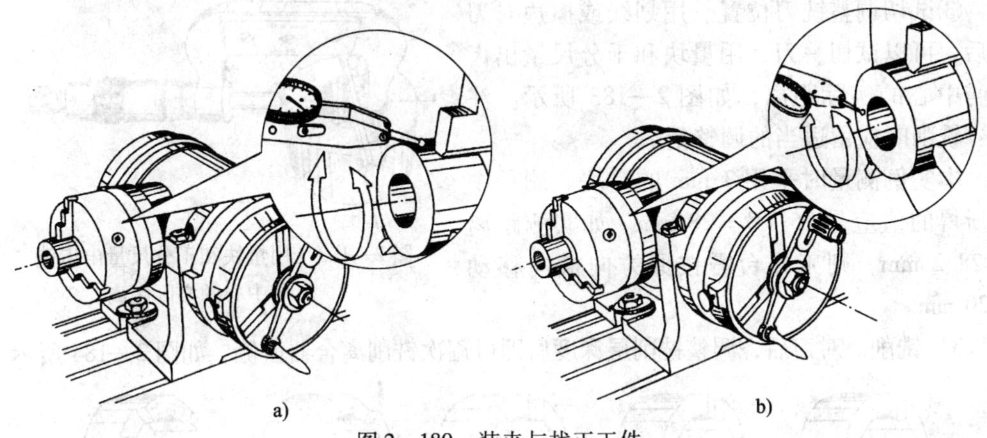

图 2—180　装夹与找正工件

（3）铣削步骤

1）分度计算。本实例中工件齿数 $z=5$，则：

$$n=\frac{40}{z}=\frac{40}{5}=8\ \mathrm{r}$$

即每次分度时分度手柄转 8 r 。

2）对刀。牙嵌式离合器矩形齿的齿侧都是通过工件中心的。为了保证三面刃铣刀的侧刃通过工件中心，常用的对刀方法有以下几种：

①按划线对刀。利用分度头及游标高度尺划出工件水平中心线，如图 2—173 所示。然后将分度手柄转 10 r，使中心线处于与工作台垂直的位置。再调整三面刃铣刀的位置，使三面刃铣刀一侧刃对准工件中心线，如图 2—181 所示为按划线对刀。

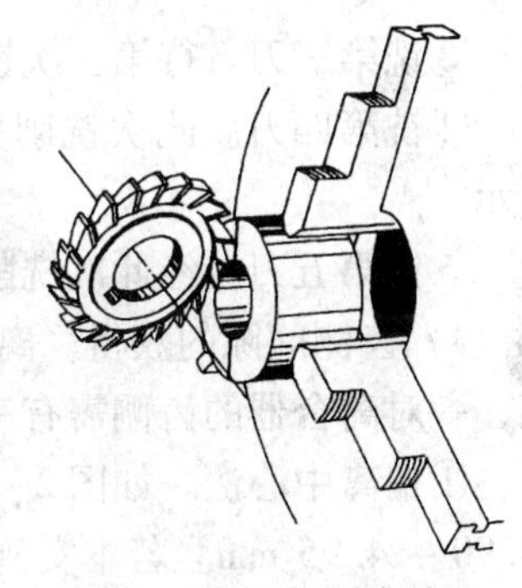

图 2—181　按划线对刀

②擦边对刀。利用铣刀的侧刃擦碰工件外圆表面，如图 2—182a 所示。擦碰时铣刀与工件接触得越少越好。然后横向移动工作台，移动距离为工件直径的一半。本实例中移距为 25 mm，使铣刀侧刃落在工件中心处，如图 2—182b 所示。

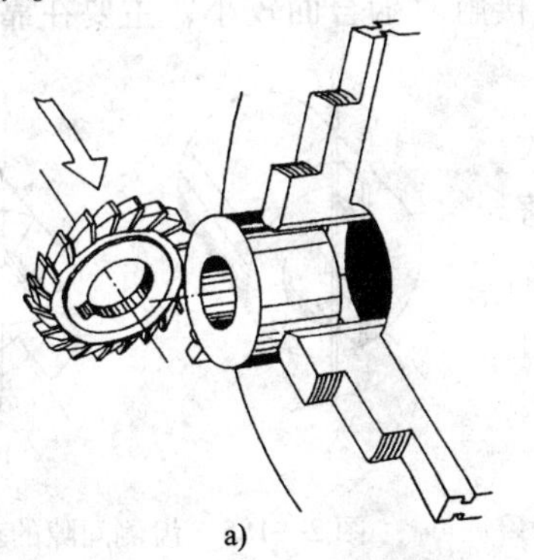

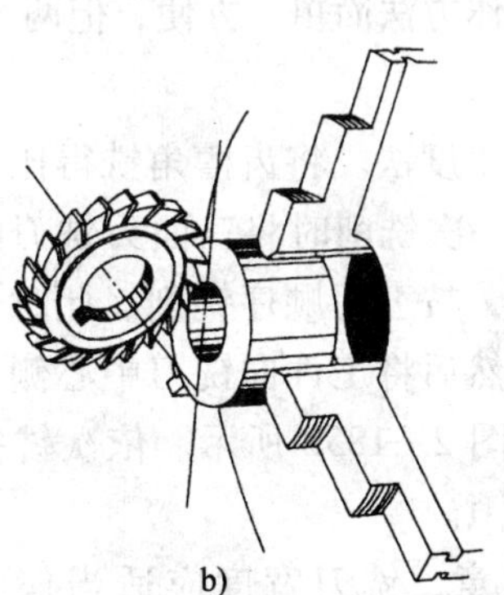

图 2—182　擦边对刀

单元 2

③试切调整铣刀位置。用划线或擦边对刀以后，可以试切一刀，用量块和千分尺量出齿侧与中心的实际距离，如图 2—183 所示。注意：铣削时应留适当的调整量。

本实例测量时采用 3 mm 的量块。测量中心所得的值应是 25 + 3 = 28 mm。如实测距离为 28.2 mm，则工作台需按原方向横向移动 0.20 mm。

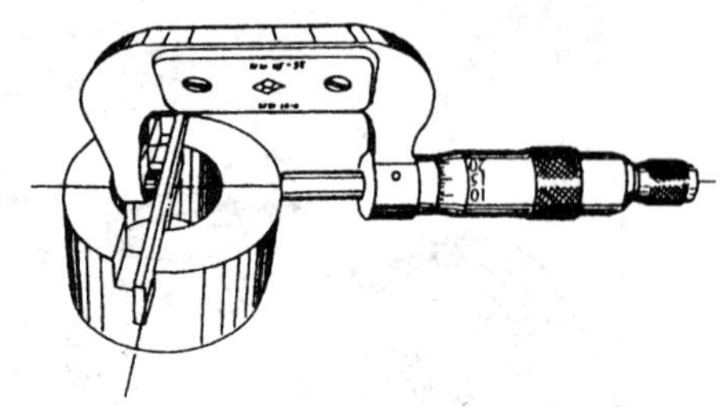

图 2—183　用量块和千分尺量出齿侧与中心的实际距离

3）铣削。对刀后，调整铣削层深度后即可逐次铣削离合器齿侧，如图 2—184 所示。

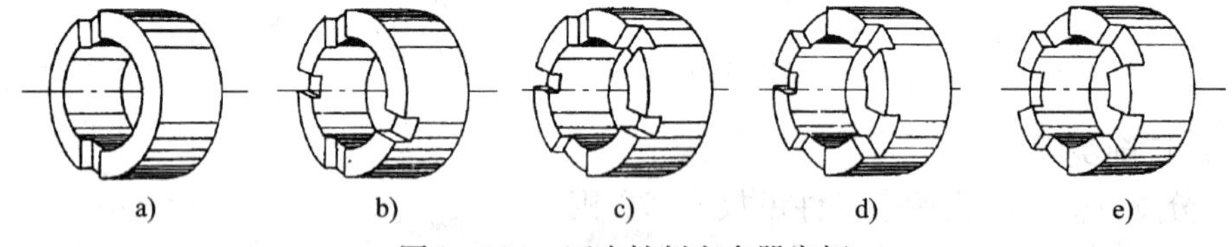

图 2—184　逐次铣削离合器齿侧

①铣第一刀。开动铣床，将工作台垂向向上进给，完成第一刀铣削，如图 2—184a 所示。

②铣第二刀。使工作台垂向下降，分度手柄摇 8 r，进行第二刀铣削，如图 2—184b 所示。

③铣第三刀。待第三次铣削后，有一个齿形已铣削成形，如图 2—184c 所示。

④铣第四刀。此次铣削完成以后，离合器已有三个齿形完成铣削，如图 2—184d 所示。

⑤铣第五刀。经此次铣削后，五个齿形已全部完成铣削，如图 2—184e 所示。

4）齿侧间隙的获得。离合器一般成对使用。要使两个离合器较顺利地啮合与脱离，一对离合器的齿侧需有一定的间隙。常用以下两种方法保证齿侧间隙：

①偏离中心法。如图 2—185a 所示，对刀试切后测量出工件外圆至齿侧的距离应为 24.90 ~ 24.95 mm。若本实例取啮合间隙 s 为 0.20 mm 时，则实际测量尺寸为 24.95 mm 左右。然后分五刀顺序铣削离合器。

这种操作方法简单、方便，但两个离合器接触时啮合面较小，主要在靠近工件外圆处接触。

②偏转角度法。将齿槽角铣得比齿形角大 1° ~ 2°。第一次铣削时将三面刃铣刀的侧刃落在中心线上，按五刀顺序铣削。此时齿槽角等于齿形角。然后将工件向铣刀中心侧刃处转过 1° ~ 2°，如图 2—185b 所示。依次铣完五个齿侧，获得间隙。

必须注意，铣刀宽度应适当偏小些；否则，铣削时铣刀穿越工件，将会铣坏齿形。

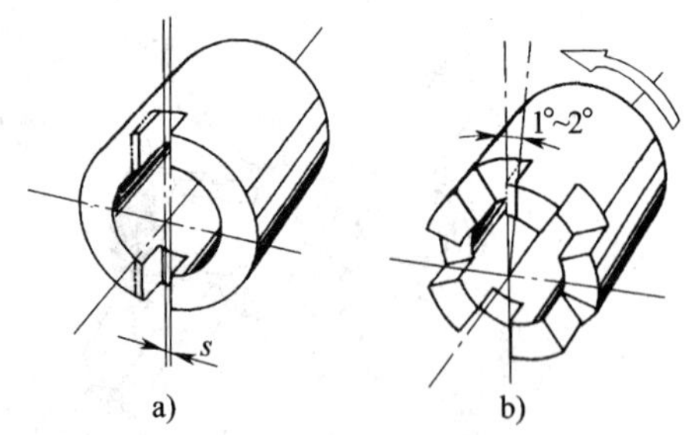

图 2—185　齿侧间隙的获得

a）偏离中心法　b）偏转角度法

单元 2

2．铣偶数齿牙嵌离合器

现以如图2—186所示的工件为例介绍在卧式铣床上铣削偶数矩形齿牙嵌离合器的方法。

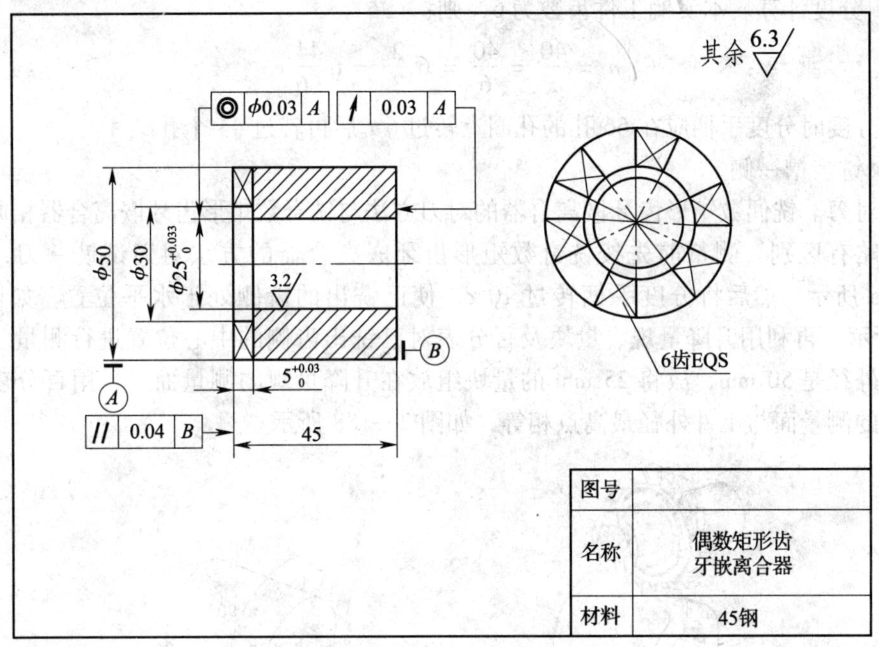

图号	
名称	偶数矩形齿牙嵌离合器
材料	45钢

图2—186　偶数矩形齿牙嵌离合器

（1）选择与安装铣刀

1）选择铣刀。铣刀宽度 B 的选择与铣削奇数齿牙嵌离合器相同。由于铣削偶数齿牙嵌离合器时铣刀不能通过整个工件端面，所以铣刀直径受到一定的限制，铣刀直径 D 可按下式计算：

$$D \leqslant \frac{d_1^2 + T^2 - 4B^2}{T}$$

式中　d_1——离合器内孔直径，mm；

T——离合器的齿深，mm；

B——铣刀的宽度，mm。

本实例选用三面刃铣刀的宽度 B 为：$B \leqslant \frac{d_1}{2}\sin\frac{180°}{z} = \frac{30}{2}\sin\frac{180°}{6} = 15\sin 30° = 7.5$ mm

实际选用宽度 B 为 6 mm。

三面刃铣刀的直径 D 应为：

$$D \leqslant \frac{d_1^2 + T^2 - 4B^2}{T} = \frac{30^2 + 5^2 - 4 \times 6^2}{5}$$

$$= \frac{900 + 25 - 144}{5} = 156.2 \text{ mm}$$

根据计算取直径为125 mm、厚度为6 mm的三面刃铣刀可以满足本实例要求，即取125 mm×32 mm×6 mm的三面刃铣刀。

2）安装铣刀。铣刀的安装方法与铣奇数矩形齿牙嵌离合器相同。

（2）装夹及找正工件。工件的装夹及找正与铣奇数矩形齿牙嵌离合器相同。

（3）铣削步骤

1）分度计算。本实例工件齿数为6，则：

$$n=\frac{40}{z}=\frac{40}{6}=6\frac{2}{3}=6\frac{44}{66}\ \mathrm{r}$$

即每次分度时分度手柄应在66孔的孔圈上转过6 r后再转过44个孔距。

2）铣齿槽一侧

①对刀。铣偶数矩形齿牙嵌离合器的对刀方法与铣奇数矩形齿牙嵌离合器相同，但测量时略有区别，测量前先按铣奇数矩形齿牙嵌离合器的方法对刀试铣一刀，如图2—187a所示。然后将分度手柄转过10 r，使已铣出的齿侧处于水平位置，如图2—187b所示。再利用升降量规、量块及百分表对已铣出齿侧的中心位置进行测量。本实例工件外径是50 mm，故将25 mm的量块组放在升降量规的测量面上，用百分表找正量块组的测量面与工件外径最高点相等，如图2—188所示。

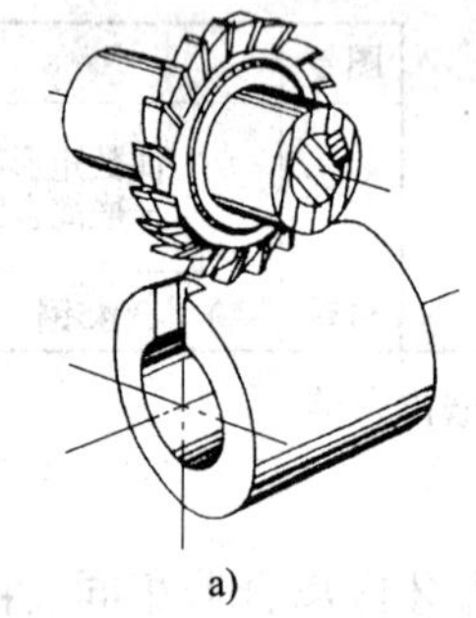

a)

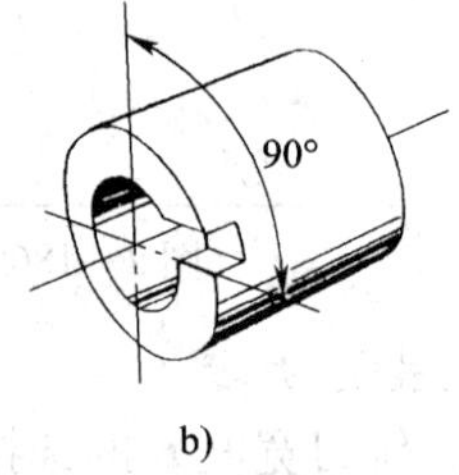

b)

图2—187　对刀

单元 2

将百分表测量头与升降量规的测量面相接触，并使百分表指针对准“0”位，再测量已铣出的齿侧，如图2—189所示。若百分表指针也在“0”位，则表示齿侧在中心位置；否则，须适当调整工作台横向位置。

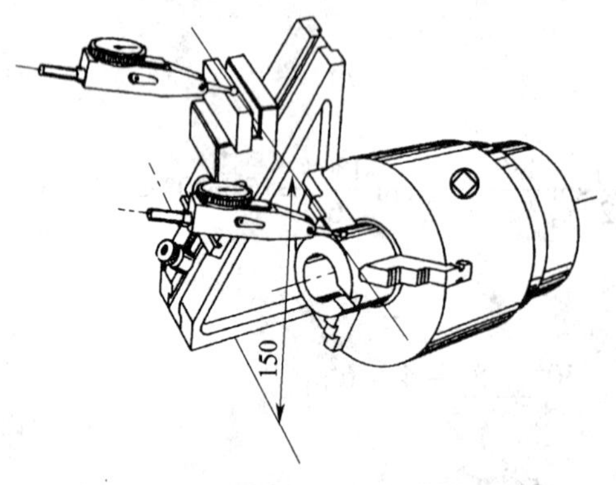

图2—188　用百分表找正量块组的测量面与工件外径最高点相等

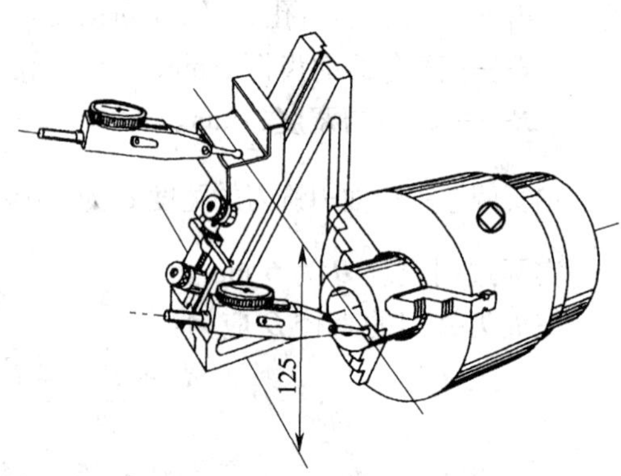

图2—189　测量已铣出的齿侧

②铣削。对刀完毕并铣出一个齿槽后，将分度手柄摇 $6\frac{44}{66}$ r 依次铣出六个齿的一个侧面，如图 2—190 所示。必须注意，铣削偶数矩形齿牙嵌离合器时铣刀不能穿过工件整个端面，只能铣完一个齿侧后立即退刀。

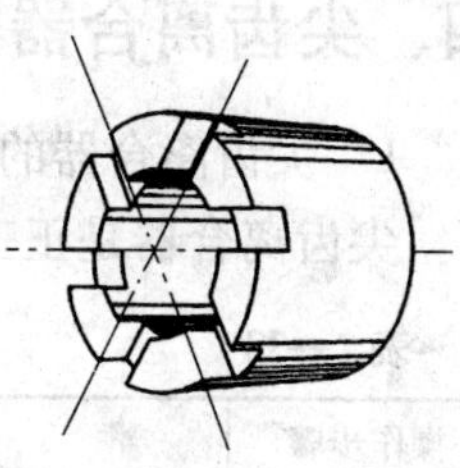

图 2—190　逐次铣削

3）铣齿槽另一侧面

①调整工作台横向位置。如图 2—191 所示，当各齿槽的一侧面铣削完毕，应将三面刃铣刀的另一侧面移到工件的中心位置，移动的距离应为槽的实际宽度。

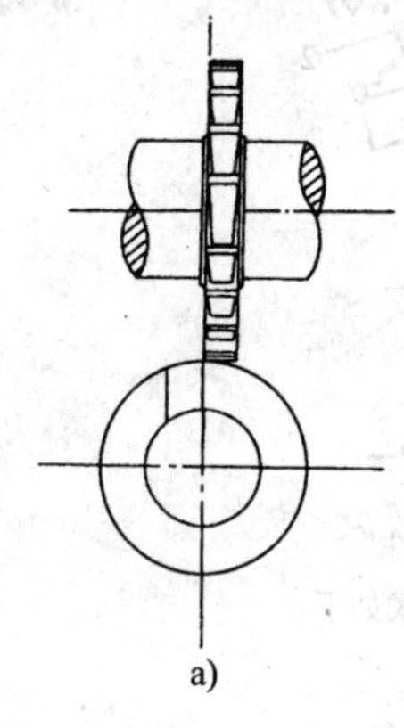

a)

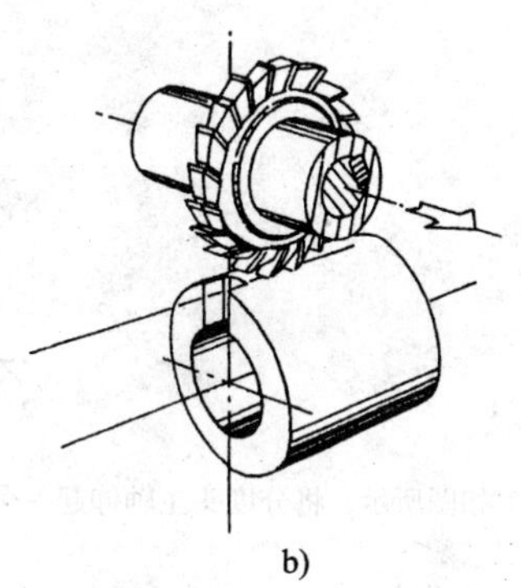

b)

图 2—191　调整工作台横向位置

②调整分度转角。铣刀移动位置后，分度头主轴必须转过一个角度，以使齿槽的另一个侧面处于中心位置，如图 2—192 所示为调整分度转角。分度手柄的转数为：

$$n = \frac{1}{2} \times \frac{40}{z} = \frac{40}{2 \times 6} = \frac{40}{12} = 3\frac{22}{66}\ \mathrm{r}$$

为了保证接合时的间隙，调整分度转角时可增加或减少 1°～2°，以便使齿宽小于齿槽宽。本实例应减少 1°～2°。

③铣削。按铣削各齿第一侧面的方法逐齿铣完齿的第二侧面，如图 2—193 所示。

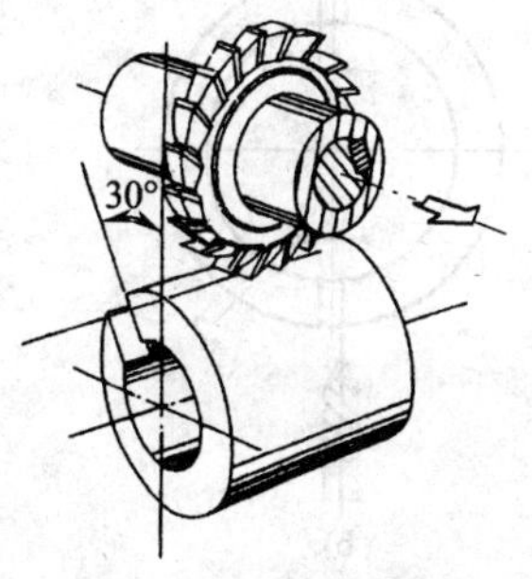

图 2—192　调整分度转角

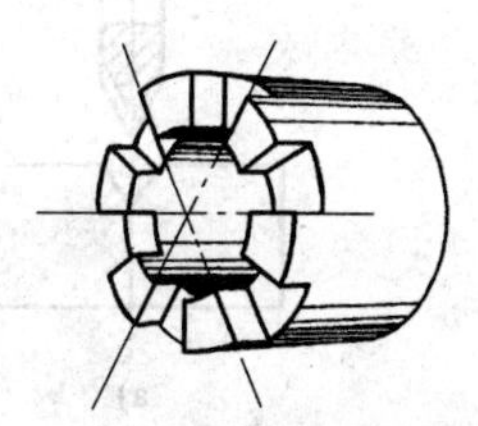

图 2—193　逐齿铣完齿的第二侧面

四、尖齿离合器的铣削

1. 尖齿离合器的加工特点

尖齿离合器是正三角形齿形，如图 2—170b 所示。其铣削方法见表 2—33。

表 2—33　　　　尖齿离合器的铣削方法

<table>
<tr><th>操作步骤</th><th>铣削方法及图示</th></tr>
<tr><td>1. 将分度头主轴仰起一个角度</td><td>
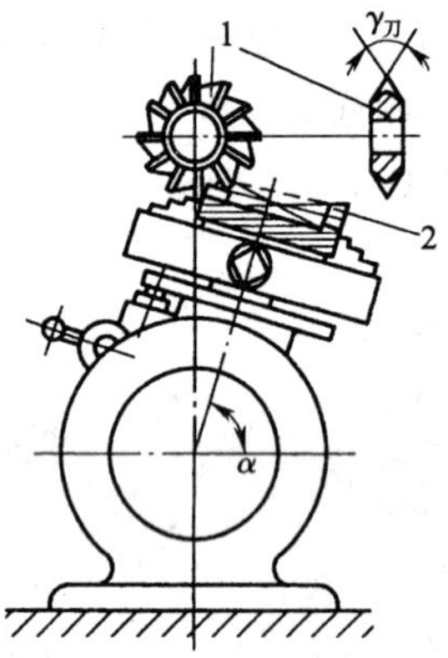
γ刀
1
2
α

1—铣刀　2—工件

如图所示，将分度头主轴仰起一个角度 α，其计算公式如下：

$$\cos\alpha = \tan\frac{90^\circ}{z}\cot\frac{\varepsilon}{2}$$

式中　z——工件齿数

ε——工件齿形角，(°)

尖齿离合器的齿面左右对称于轴中心平面，沿圆周面展开齿形形成齿形角 ε，常用的有 60°和 90°两种。根据工件齿形角 ε 和齿数 z，也可直接从表中查出分度头仰起角度 α
</td></tr>
<tr><td>2. 铣刀的选择和角度的确定</td><td>选择对称双角铣刀，双角铣刀的角度 $\gamma_刀$ 要与工件齿形角 ε 相等</td></tr>
<tr><td>3. 确定铣刀的切削位置</td><td>
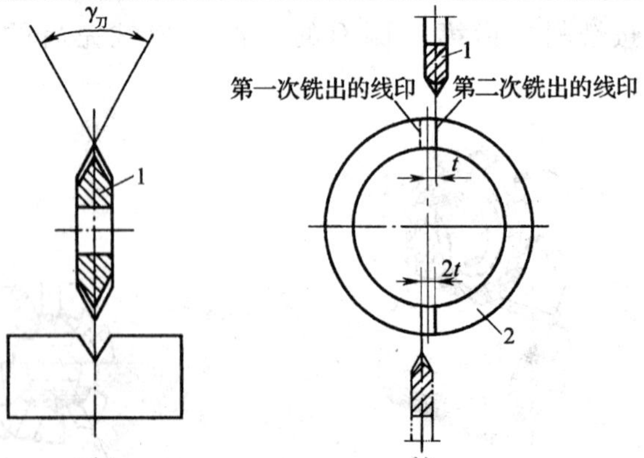
γ刀
1
1
第一次铣出的线印
第二次铣出的线印
t
2t
2
a)
b)

a）对中心　b）试铣法对中心

1—双角铣刀　2—离合器工件
</td></tr>
</table>

续表

操作步骤	铣削方法及图示
3. 确定铣刀的切削位置	如图 a 所示，必须使双角铣刀的刀尖通过工件轴线，可在被切削表面划出中心线，工件装夹好后，按划线位置找正 也可采用如图 b 所示的试切法对中心。先使铣刀的刀尖大致对正工件中心，铣出第一条浅线（图中虚线），再使工件转过 180°，铣出第二条浅线（图中实线），如果两条浅线不重合，就使工作台横向移动距离 t，使铣刀刀尖对准已切出的两条浅线的中间，并以此处为起点进行铣削
4. 铣削齿槽	无论齿数是奇数还是偶数，每次分度旋转只能铣出一条齿槽（不能沿径向铣过去）。调整铣削深度时应按大端齿槽深度在外径处计算。大端齿顶应留有 0.2～0.3 mm 宽的平面，以保证齿形工作面接触良好

2. 铣削尖齿离合器的实例

现以如图 2—194 所示的工件为例介绍在 X6132 型卧式铣床上铣削尖齿牙嵌离合器的方法。

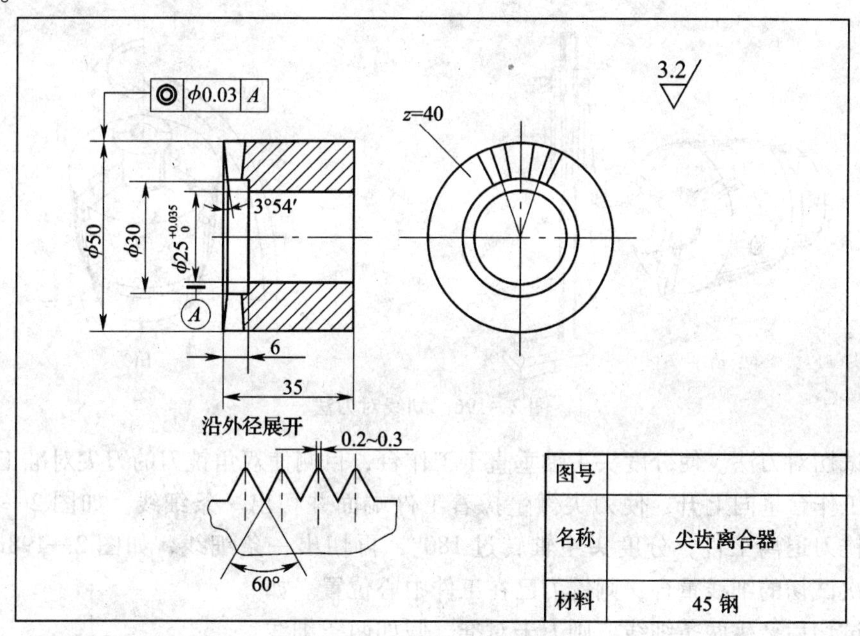

图 2—194　尖齿牙嵌离合器

（1）选择及安装铣刀

1）选择铣刀。根据图样要求，现选用 60°对称双角铣刀，如图 2—195 所示。尖角圆弧 r_ε 要小。

2）安装铣刀。将 60°双角铣刀安装在铣刀杆中部位置。调整主轴转速 $n=95$ r/min（$v_c\approx18$ m/min），进给速度 $v_f=60$ mm/min。

图 2—195　60°对称双角铣刀

（2）装夹与找正工件。选用 F11100 型万能分度头（F11125 型万能分度头主轴垂直安装时，纵向进给无法通过）。

1）安装分度头，找正工件。将分度头安装在工作台偏左部位，确保其主轴与工作台平行。然后将工件装夹在分度头的三爪自定心卡盘内，用百分表找正工件外圆，将同轴度误差控制在0.03 mm之内。

2）分度计算。本实例工件齿数$z=40$，则：

$$n=\frac{40}{z}=\frac{40}{40}=1\ \text{r}$$

即每次分度时分度手柄转1 r。

（3）铣削步骤

1）对刀。铣削尖齿牙嵌离合器时，对刀是保证齿面良好接合的重要环节。现介绍两种对刀方法。

①划线对刀法。用游标高度尺划出工件中心线，如图2—196a所示。然后将分度头主轴扳转90°，使工件轴线垂直于工作台，如图2—196b所示。

此时工件上所划的线与工作台纵向进给方向平行。目测使双角铣刀的刀尖对准所划的线，如图2—197所示。然后紧固横向进给机构。

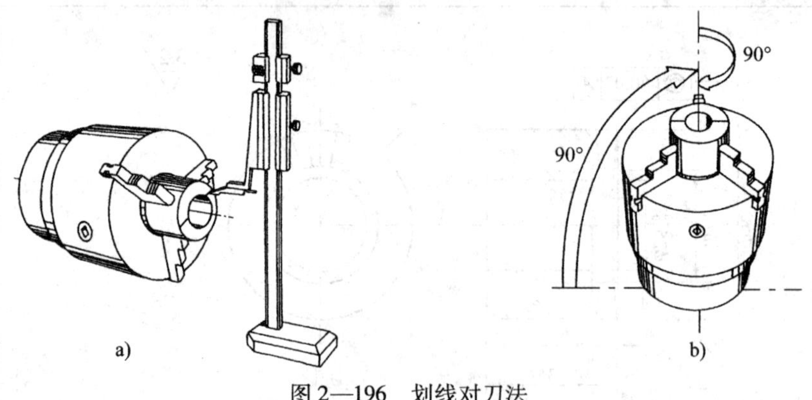

图2—196　划线对刀法

②试切对刀法。使分度头主轴垂直于工作台，目测使双角铣刀的刀尖对准工件中心线，将工作台垂向上升，使刀尖微量擦着工件端面并切出一条细线，如图2—198a所示。将铣刀退离工件，分度头主轴转过180°，再切出一条细线，如图2—198b所示。如果两次试切的细线重合，则铣刀已在工件中心位置。如果两次试切后产生两条细线，则刀未对准。假如两条细线的间距为0.60 mm，则工作台尚需往两条细线的中间横向移动0.30 mm，并再试切一次，观察细线是否在两线的中间。若还有误差，再次分度后按上述方法试切，直到两条细线重合为止。

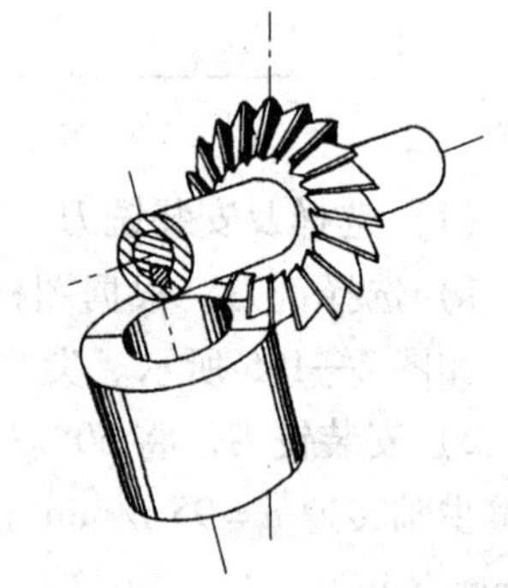

图2—197　目测使双角铣刀的刀尖对准所划的线

2）计算及调整分度头主轴仰角

①计算分度头主轴仰角。铣削尖齿牙嵌离合器时分度头主轴必须扳转一个仰角α，其计算公式如下：

$$\cos\alpha=\tan\frac{90°}{z}\cot\frac{\varepsilon}{2}=\tan\frac{90°}{40}\cot\frac{60°}{2}$$

$$= \tan 2°15'\cot 30° \approx 0.039\,29 \times 1.732$$

$$= 0.068\,05$$

$$\alpha = 86°6'$$

②调整仰角。将分度头主轴扳转 86°6′的仰角，如图 2—199 所示。

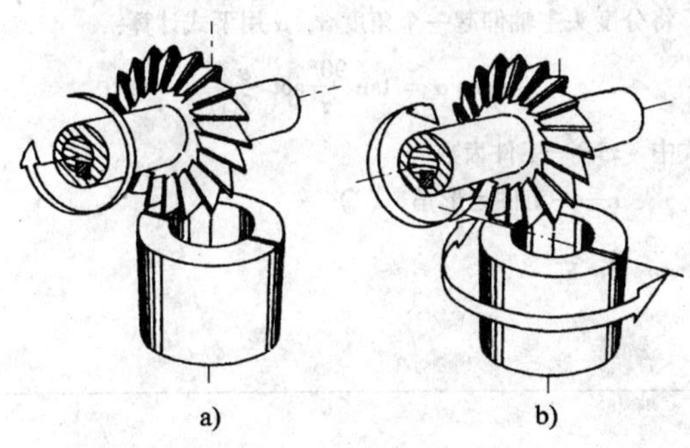

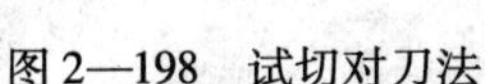

图 2—198　试切对刀法

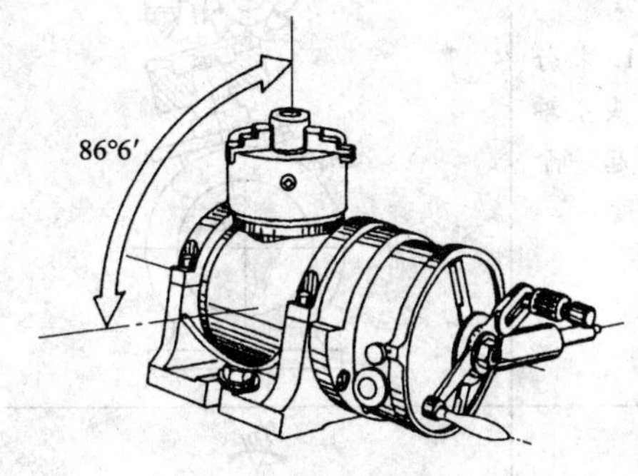

图 2—199　调整仰角

3）铣齿形。铣削尖齿牙嵌离合器时，不论齿数是奇数还是偶数，每次铣削只能铣出一条齿槽。在调整铣削层深度时，先使刀尖擦到离合器大端最高点，如图 2—200 所示。然后逐次加深，待一条齿槽铣好后，将分度手柄转一圈，铣出第二条齿槽，观察齿顶面应有 0.2 ~ 0.3 mm 的宽度，如图 2—201 所示。以后逐齿分度铣完尖齿牙嵌离合器。

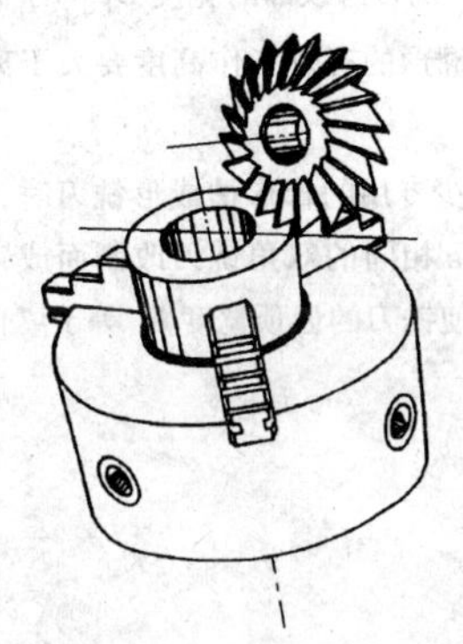

图 2—200　使刀尖擦到离合器大端最高点

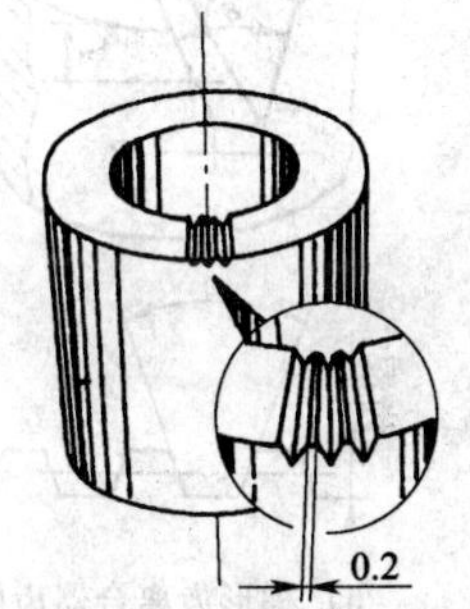

图 2—201　观察齿顶面应有的宽度

铣削第二件时，只要找正工件，控制其同轴度误差在规定值内，铣刀碰擦大端最高点后按上件铣削层深度铣削齿槽。

五、梯形齿离合器的铣削方法

梯形齿离合器分为梯形收缩齿离合器和梯形等高齿离合器两种，如图 2—170d，e 所示。

1. 梯形收缩齿离合器的铣削方法

梯形收缩齿离合器的铣削方法见表 2—34。

表 2—34　　梯形收缩齿离合器的铣削方法

操作步骤	图示	铣削方法及有关计算
1. 将分度头主轴仰起一个角度	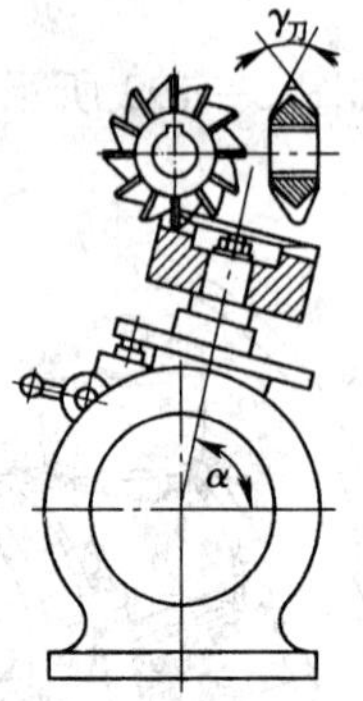	将分度头主轴仰起一个角度 α，α 用下式计算： $$\cos\alpha = \tan\frac{90°}{z}\cot\frac{\varepsilon}{2}$$ 式中　z——工件齿数 ε——工件齿形角，(°)
2. 选择铣刀角度和铣刀宽度	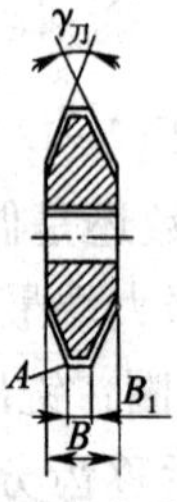 a）梯形槽成形铣刀 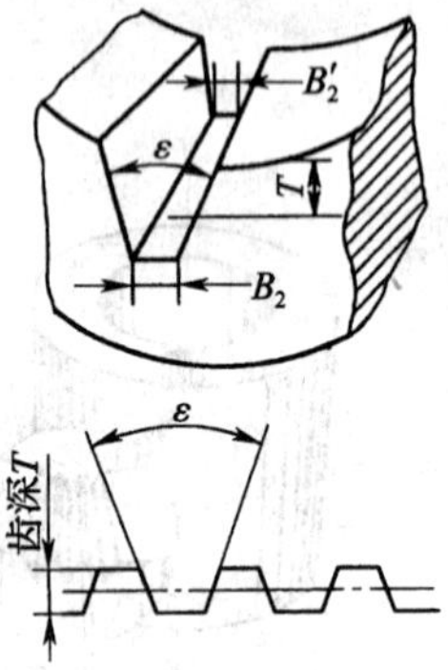 b）梯形齿离合器齿槽	选用方法： （1）根据梯形收缩齿离合器的齿形角 ε、离合器槽底宽度 B_2、离合器的外圆处齿高 T 选择梯形槽成形铣刀，如图 a 所示。必须使成形铣刀的廓形角 $\gamma_刀$ 等于离合器的齿形角 ε，铣刀齿顶部的宽度 B_1 等于离合器的槽底宽度 B_2，铣刀廓形的有效工作高度要大于离合器的外圆处齿高 T （2）缺少专用的梯形槽成形铣刀时，可利用与离合器的齿形角 ε 相同的双角铣刀改制而成，把双角铣刀的刀尖磨去，使铣刀的齿顶宽度 B_1 等于离合器的槽底宽度 B_2 即可
3. 对刀	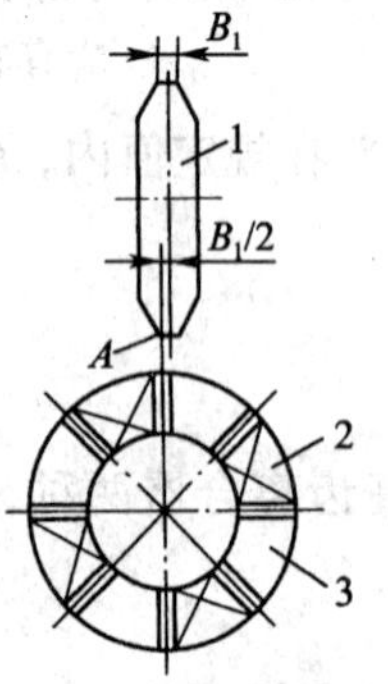 1—铣刀　2—工件　3—齿槽	对刀时可先使铣刀的一个尖角（图示中的 A 点）对准工件端面上的中心，然后使工件向着铣刀中心线方向横向移动 $B_1/2$ 的距离。铣削时，以离合器齿槽的大端为进刀起点，铣削深度等于大端齿槽的深度。分度头每分度一次只能铣出半径方向上的一个齿槽

2. 梯形等高齿离合器的铣削方法

梯形等高齿离合器的铣削方法见表2—35。

表2—35　　梯形等高齿离合器的铣削方法

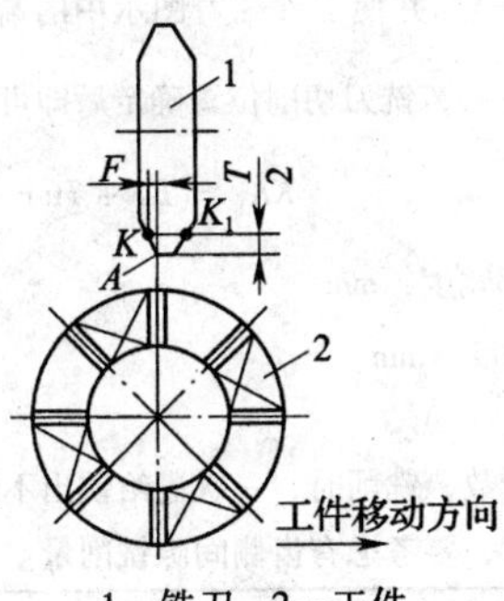

1—铣刀　2—工件

操作步骤	铣削方法及有关计算
1. 选择铣刀	采用专用的梯形槽成形铣刀，铣刀角度的选择与铣梯形收缩齿离合器时相同。铣刀齿顶部宽度应等于或小于齿槽的最小宽度，以不铣伤内圆齿面为准。其计算公式如下： $$B_1 \leqslant \frac{d}{2}\sin\frac{180°}{z} - 2 \times \frac{T}{2}\tan\frac{\varepsilon}{2}$$ 式中　B_1——铣刀齿顶部宽度，mm d——工件内圆直径，mm z——工件齿数 T——工件齿槽深度，mm ε——工件齿形角，(°)
2. 对刀和确定切削位置	如图所示，调整铣刀时需使铣刀齿侧面$\frac{T}{2}$处的K点对准离合器工件的中心。可先使刀尖处的A点对准离合器工件中心，然后将工件向着K点横向移动一个距离F，使工件中心线对准铣刀上的K点，移动距离F用下式计算： $$F = \frac{T}{2}\tan\frac{\varepsilon}{2}$$ 式中　T——工件齿槽深度，mm ε——工件齿形角，(°) 铣削前，在离合器工件的端面如果已划出中心线，可在铣刀上也同样划出铣刀厚度的中心线。铣刀在铣刀杆上安装好后，先使两条中心线对正，然后将工作台向着K点方向横向移动一个距离F_0，使工件中心线与铣刀齿侧面$T/2$处的K点对正，F_0用下式计算： $$F_0 = \frac{B_1}{2} + \frac{T}{2}\tan\frac{\varepsilon}{2}$$ 式中　B_1——铣刀齿顶部宽度，mm

续表

操作步骤	铣削方法及有关计算
3．铣削齿槽	铣削梯形等高齿离合器与铣削矩形齿离合器时相似，分度头主轴垂直于铣床工作台面，每铣完一个齿槽分度一次，逐齿铣削 离合器齿槽为偶数时，当一面铣完后，接着铣齿槽的剩余部分。将分度头主轴逆时针方向转过一个齿槽角 δ（$\delta=\frac{180°}{z}$），并使工件朝着图示中的箭头方向移动一个距离 KK_1，使铣刀上的 K_1 点对准离合器工件的中心，铣刀切削位置确定后即可进行铣削。移动的距离 KK_1 用下式计算： $$KK_1=B_1+T\tan\frac{\delta}{2}$$ 式中 B_1——铣刀齿顶部宽度，mm T——工件齿槽深度，mm δ——工件齿槽角，(°) 若该离合器的齿数为奇数，铣削时，一次进给铣出不同侧的两个齿侧面 齿侧有嵌合间隙要求时，要考虑有齿侧间隙铣削量

3．梯形齿离合器的铣削实例

（1）铣梯形收缩齿离合器。现以如图 2—202 所示的工件为例介绍在 X6132 型卧式万能铣床上铣削梯形收缩齿离合器的操作方法。

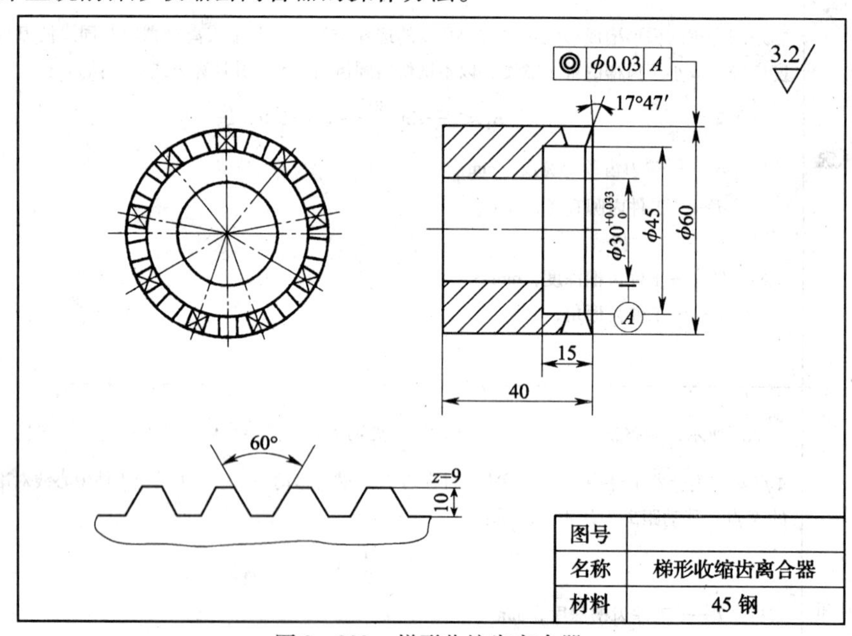

图 2—202　梯形收缩齿离合器

1）选择与安装铣刀

①选择铣刀。梯形收缩齿离合器的齿形两侧延长相交后的形状是尖齿，其齿形特点如图 2—203 所示。如没有成形铣刀，只需将对称双角铣刀磨去刀尖顶端即可。

铣刀顶部的宽度 B_1 可按下式进行计算：

$$B_1=D\sin\frac{90°}{z}-T\tan\frac{\varepsilon}{2}$$

式中　D——离合器的齿部外径，mm；

z——工件齿数；

T——离合器的齿深，mm；

ε——离合器的齿形角（铣刀角度），(°)。

本例选用 60 mm×60°的对称双角铣刀改磨而成，其铣刀齿顶部的宽度 B_1 为：

$$B_1 = D\sin\frac{90°}{z} - T\tan\frac{\varepsilon}{2} = 60\sin\frac{90°}{9} - 10\tan\frac{60°}{2} \approx 4.65 \text{ mm}$$

即采用顶刃宽度为 4.65 mm 或 4.5 mm（可略小于计算值）的经修磨改制而成的铣刀，如图 2—204 所示。

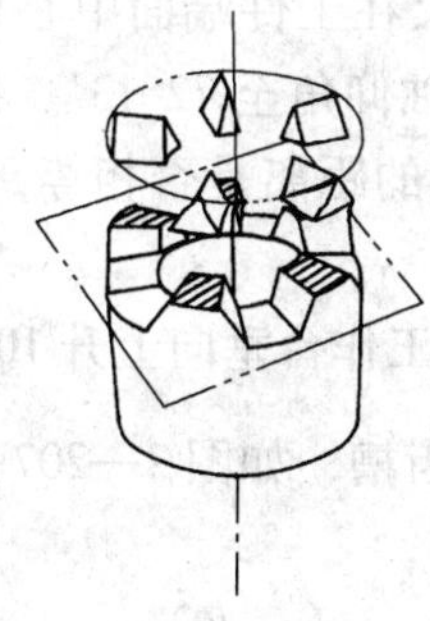

图 2—203　齿形特点

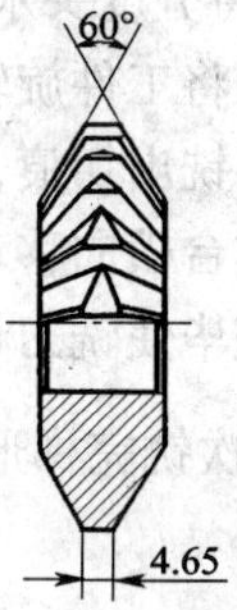

图 2—204　修磨改制成的铣刀

②安装铣刀。将铣刀安装在铣刀杆中间部位，铣刀顺时针旋转。调整主轴转速 n = 95 r/min（v_c≈18 m/min），进给速度 v_f = 37.5 mm/min。

2）装夹与找正工件。将工件装夹在 F11100 型万能分度头的三爪自定心卡盘上，并用百分表找正工件，使其同轴度误差小于 0.03 mm。

3）铣削步骤

①分度计算。工件齿数 z = 9，则：

$$n = \frac{40}{z} = \frac{40}{9} = 4\frac{4}{9} = 4\frac{24}{54} \text{ r}$$

即每铣完一齿后，分度手柄在 54 的孔圈上转过 4 转又 24 个孔距。

②计算分度头主轴仰角。可得：

$$\cos\alpha = \tan\frac{90°}{z}\cot\frac{\varepsilon}{2} = \tan 10°\cot 30° \approx 0.3054$$

$$\alpha = 72°13'$$

③对刀

a. 试切对刀。先使分度头主轴处于垂直位置，目测将铣刀顶刃对准工件轴线。开动机床，将工作台垂向缓慢上升，使工件端面切出一浅痕，如图 2—205a 所示。然后将工件转过 180°，用铣刀再次切痕，如图 2—205b 所示。如果两次切痕重合，即铣刀已对准工件中心。如两次切痕不重合，可测量出两次切痕的总宽度，再横向移动工作台，其移动距离为两次切痕宽度之差的二分之一。假设第一次切痕宽度为 4.5 mm，第二次切痕宽度加上第一次切痕宽度为 5.5 mm，则工作台横向移动 0.5 mm。

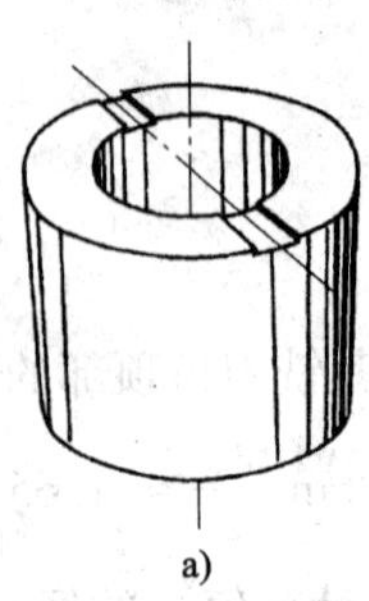

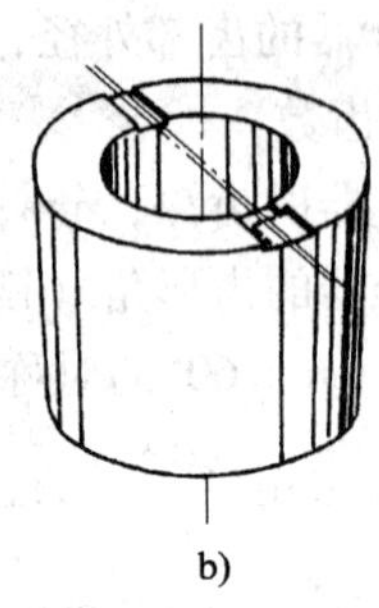

图 2—205　试切对刀

b. 划线对刀。将分度头水平放置，用游标高度尺在工件端面中心划出两条略宽于铣刀顶刃的平行线。将工件旋转 90°，扳转分度头主轴仰角至 72°13′。将铣刀顶刃对准在两条平行线中间，铣出切痕，观察切痕至两平行线的距离是否相等，如图 2—206 所示。若不等则将工作台横向移动一段距离。

④铣削。对刀完毕使铣刀切到离合器最高处，将工作台垂向上升 10 mm，每次将分度手柄转 $4\frac{24}{54}$ r，逐次铣完梯形收缩齿离合器的全部齿槽，如图 2—207 所示。

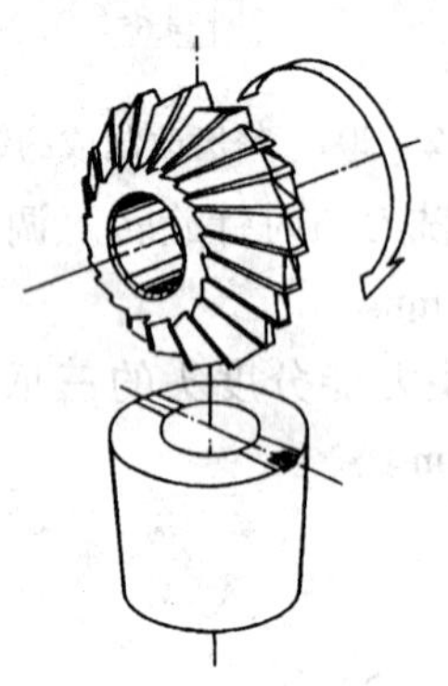

图 2—206　划线对刀

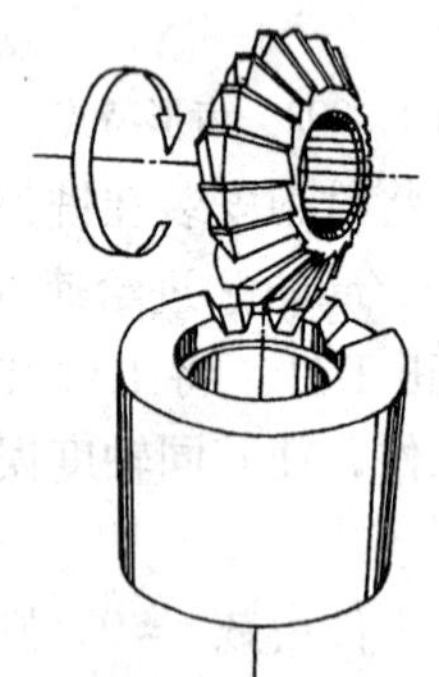

图 2—207　逐次铣削齿槽

（2）铣梯形等高齿离合器。现以如图 2—208 所示的工件为例介绍在 X5032 型立式铣床上用三面刃铣刀铣削梯形等高齿离合器的操作方法。

1）选择与安装铣刀

①选择铣刀。本工件采用三面刃铣刀铣削离合器的槽底及齿侧斜面（8°）。根据图样可知有关参数 $z=5$，$d=30$ mm，$T=5$ mm，$\varepsilon=16°$，代入公式得铣刀的宽度 B 为：

$$B=\frac{d}{2}\sin\frac{180°}{z}-2\times\frac{T}{2}\tan\frac{\varepsilon}{2}$$

$$=\frac{30}{2}\sin\frac{180°}{5}-2\times\frac{5}{2}\tan\frac{16°}{2}$$

$$\approx 15\times 0.587\ 8-5\times 0.140\ 5$$

$$=8.115\ \text{mm}$$

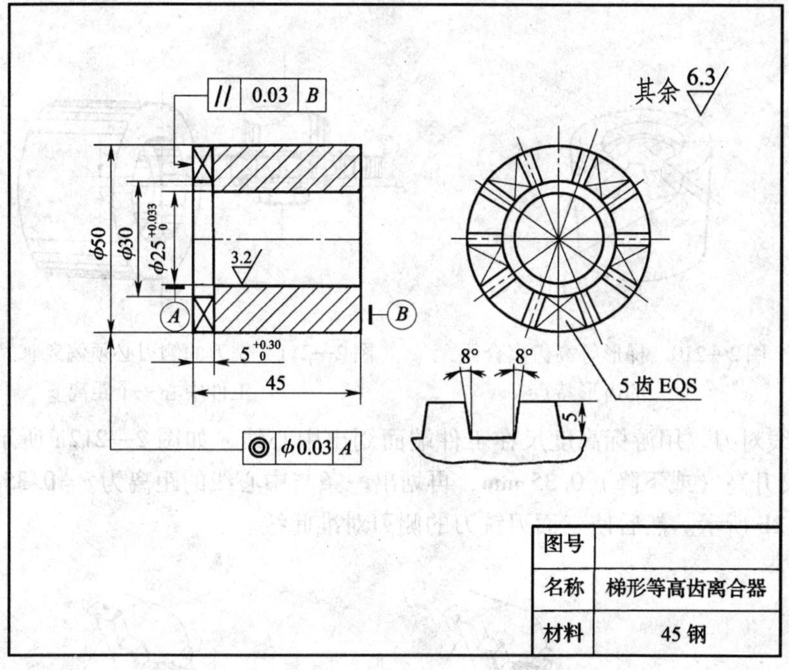

图 2—208 梯形等高齿离合器

因此，选用 63 mm × 6 mm 的三面刃铣刀。

②安装铣刀。在立式铣床上只能用短刀杆安装铣刀。短刀杆安装在主轴锥孔内，将擦净的三面刃铣刀安装在短刀杆的适当位置上，如图 2—209 所示。

调整主轴转速 $n=95$ r/min（$v_c \approx 18$ m/min），进给速度 $v_f=47.5$ mm/min。

2）装夹与找正工件。选用 F11125 型万能分度头安装在工作台上，校正分度头主轴轴线与工作台面平行并与纵向进给方向平行。工件用三爪自定心卡盘装夹。用百分表找正，工件径向圆跳动误差控制在 0.03 mm 内。

3）铣削步骤

① 分度计算。工件齿数 $z=5$，则：

$$n=\frac{40}{z}=\frac{40}{5}=8\ \text{r}$$

即每次分度时分度手柄转 8 r。

②计算铣刀侧刃偏离工件中心的距离 e，可得：

$$e=\frac{T}{2}\tan\frac{\varepsilon}{2}=\frac{5}{2}\tan\frac{16^\circ}{2}\approx 2.5\times 0.1405=0.351\ \text{mm}$$

③对刀。梯形等高齿离合器的齿形特点是齿顶面与齿槽底面平行，并且垂直于离合器的轴线，如图 2—210 所示。因此齿侧高度是不变的，齿侧斜面的中性线 c 是在齿侧面上介于齿顶面和槽底中间的线，它必须通过离合器的轴线。

对刀时三面刃铣刀的侧刃必须偏离工件中心一个距离 e，如图 2—211 所示。

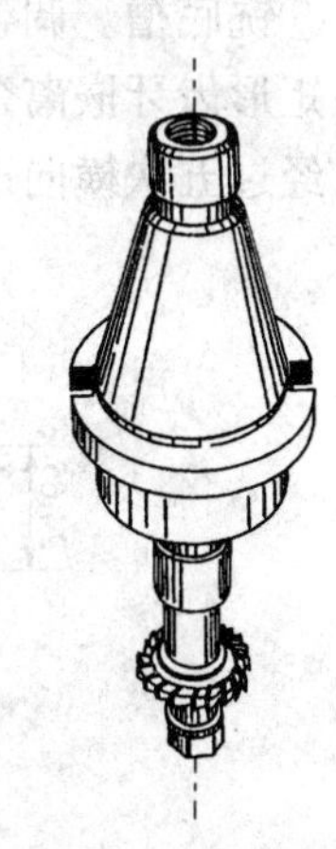

图 2—209 安装铣刀

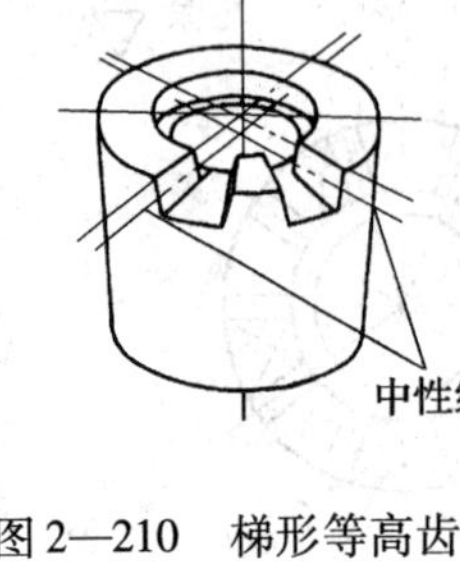

图 2—210 梯形等高齿离合器的齿形特点

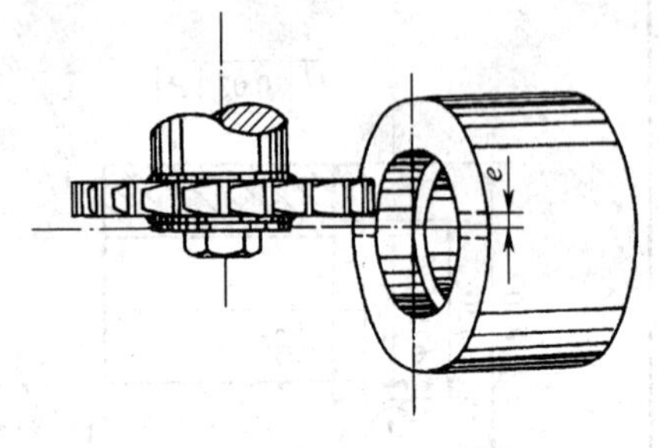

图 2—211 铣刀的侧刃必须偏离工件中心一个距离 e

a. 划线对刀。用游标高度尺在工件端面划出中心线，如图 2—212a 所示。然后将游标高度尺升高（或下降）0. 35 mm，再划出一条与中心线的距离为 $e=0.35$ mm 的线，如图 2—212b 所示。然后使三面刃铣刀的侧刃对准此线。

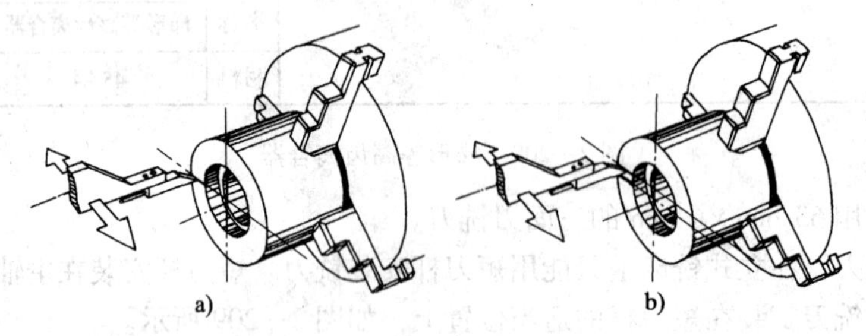

图 2—212 划线对刀

b. 擦边对刀。用三面刃铣刀的侧刃擦到工件外圆，然后将工作台垂向上升 $D/2-e=25-0.35=24.65$ mm，如图 2—213 所示。

④调整铣削层深度。对刀后横向、纵向移动工作台，使铣刀擦到工件端面后，使工作台纵向进给 5 mm。

⑤铣底槽。调整好铣削层深度后，紧固纵向进给机构，工作台横向机动进给，与铣奇数矩形齿牙嵌离合器相同，即一次铣削可穿越整个工件端面，从而完成两个齿侧的铣削。经过五次横向进给，完成全部底槽的铣削，如图 2—214 所示。

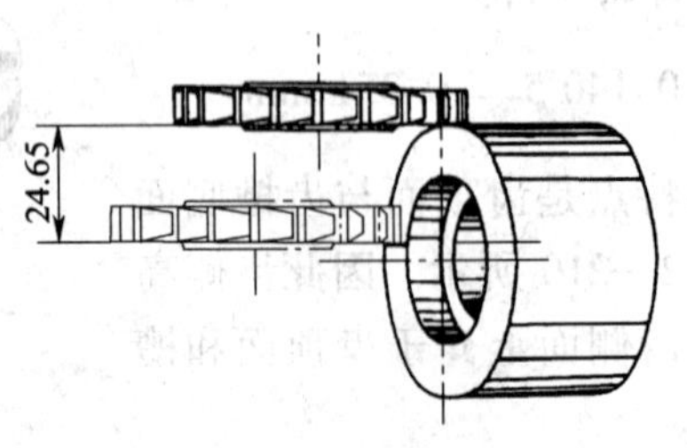

图 2—213 擦边对刀

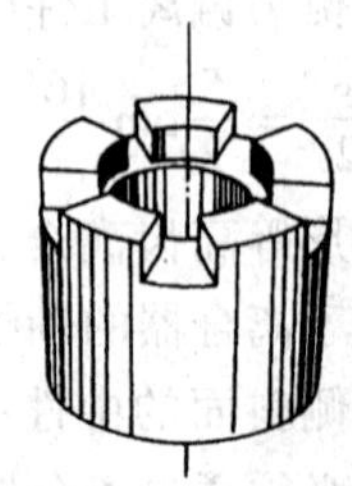

图 2—214 铣底槽

⑥铣齿侧斜面。将立铣头扳转 8°，如图 2—215 所示。

a. 槽底对刀。将已铣出的齿槽底部及侧面涂色。以便在对刀调整时观察铣刀与工件的接触位置，纵向移动工作台，使三面刃铣刀的尖角处刚好与槽底接触，如图 2—216a 所示。

b. 齿侧对刀。将工作台垂向上升，使三面刃铣刀的侧刃与工件齿侧相接触，如图 2—216b 所示。

c. 铣齿侧斜面。将工作台沿垂向逐渐上升，使三面刃铣刀的尖角与槽底尖角处重合，然后用与铣底槽同样的方法铣出全部齿侧斜面，如图 2—216 所示。

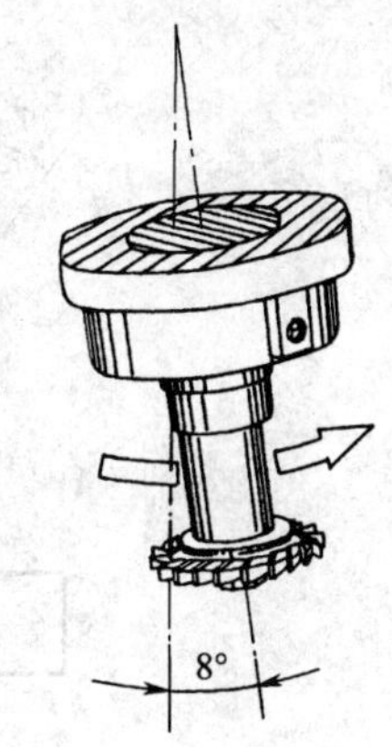

图 2—215　将立铣头扳转 8°

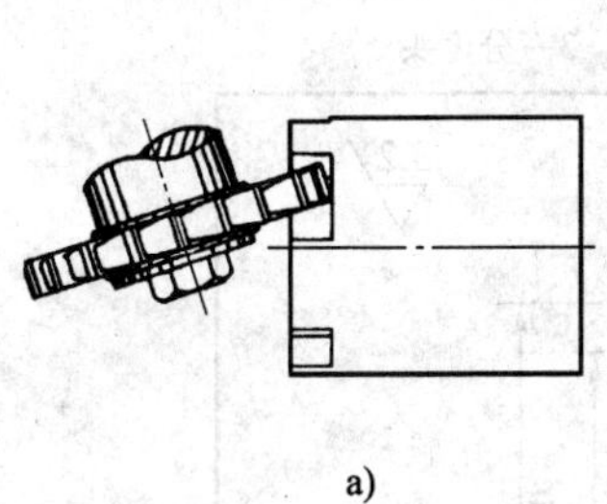

a)

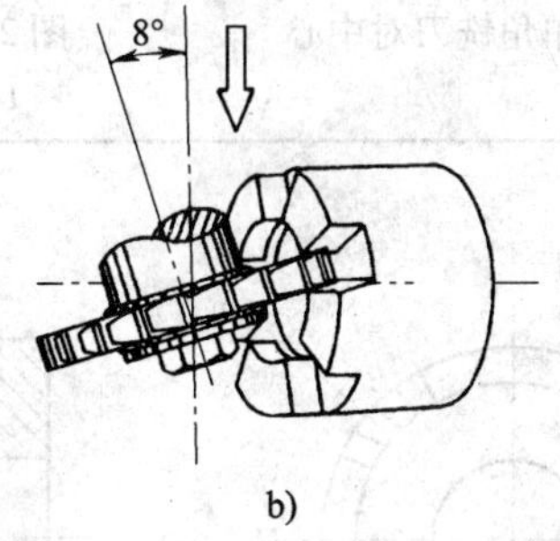

b)

图 2—216　铣齿侧斜面

六、锯齿形齿离合器的铣削方法

锯齿形齿离合器的一个齿侧面与通过工件轴线的纵截面重合，另一个齿侧面由圆周面向中心收缩并汇交于轴线上的一点。

铣削锯齿形齿离合器时使用单角铣刀，铣刀的角度 $\gamma_{刀}$ 应等于工件的齿形角 ε。铣刀的刀尖对准工件的中心线，如图 2—217 所示。

为了使铣出的齿面能收缩并汇交于轴线上的一点，铣削时也需要将分度头主轴仰起一个角度 α，按图 2—218 所示的方法铣削锯齿形齿离合器。这样铣刀的刀齿沿着 ab 线切削，铣出的棱边宽度是一致的。分度头主轴仰起角度 α 用下式计算：

$$\cos\alpha = \tan\frac{180°}{z}\cot\varepsilon$$

式中　z ——工件齿数；

ε——工件齿形角，(°)。

现以如图 2—219 所示的工件为例介绍在 X6132 型卧式铣床上铣削锯齿形齿离合器的方法。

1. 选择与安装铣刀

(1) 选择铣刀。根据图样齿形角的要求选用 75 mm × 70° 的单角铣刀，要求铣刀尖角圆弧半径 r_ε 小一些。

(2) 安装铣刀。将铣刀内孔及两端面擦净后安装在铣刀杆中间部位。调整主轴转速 n = 75 r/min（$v_c \approx 18$ m/min），进给速度 v_f = 47.5 mm/min。

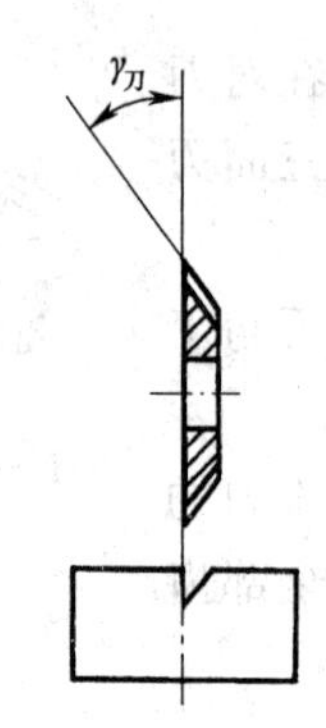

图 2—217　单角铣刀对中心

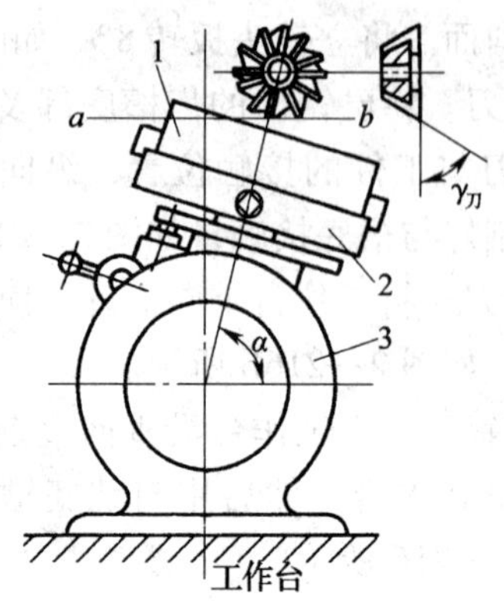

图 2—218　铣削锯齿形齿离合器
1—工件　2—卡盘　3—分度头

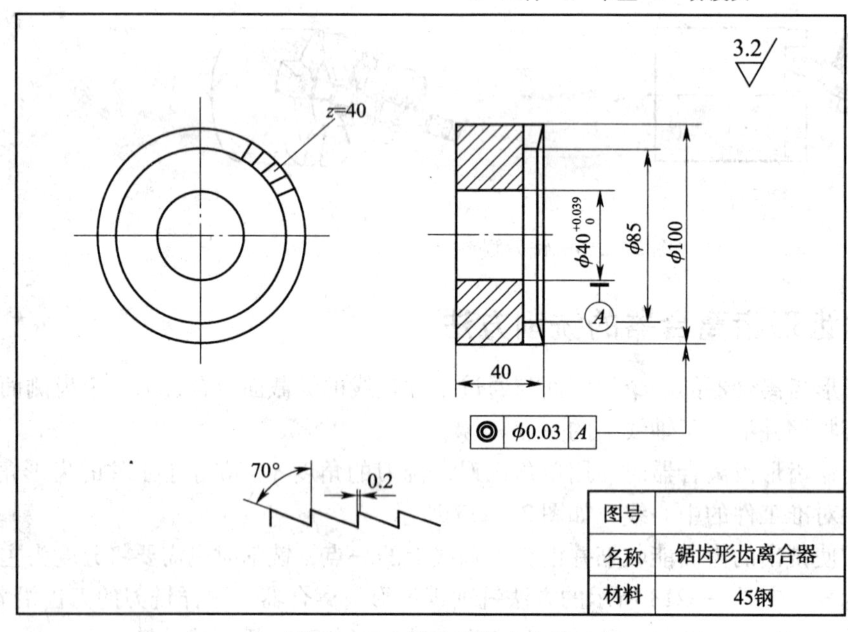

图 2—219　锯齿形齿离合器

2．选择、安装分度头及装夹工件

（1）选择及安装分度头。本实例中工件采用纵向进给，分度头主轴需扳转一个仰角，所以选用 F11100 型万能分度头（若采用垂向进给，则分度头采用 F11125 型）。将分度头安装在工作台上，校正分度头主轴轴线与工作台面平行并与纵向进给方向平行。

（2）装夹及找正工件。工件的装夹及找正方法与上述相同。

3．铣削步骤

（1）分度计算。本实例中工件齿数 $z=40$，则：

$$n=\frac{40}{z}=\frac{40}{40}=1\ \mathrm{r}$$

即每次分度时分度手柄转 1 r。

（2）计算分度头主轴仰角。分度头主轴的仰角 α 为：

$$\cos\alpha = \tan\frac{180°}{z}\cot\varepsilon = \tan\frac{180°}{40}\cot70°$$
$$= \tan 4°30'\cot70° \approx 0.078\,7 \times 0.363\,97 = 0.028\,644$$
$$\alpha = 88°22'$$

即将分度头主轴扳转仰角 88°22′。

（3）铣齿。铣齿步骤如图 2—220 所示。

1）对刀。使单角铣刀的端面齿刃通过工件轴线。可采用划线对刀法，先划出中心线，如图 2—220a 所示。

2）铣削。在调整铣削层深度时，第一齿的铣削层深度应切得少些，在铣第二、三齿时将工作台沿垂向逐渐上升，调整到齿面棱边宽度约为 0.2 mm 后，依次分度铣完离合器的各齿，如图 2—220b 所示。

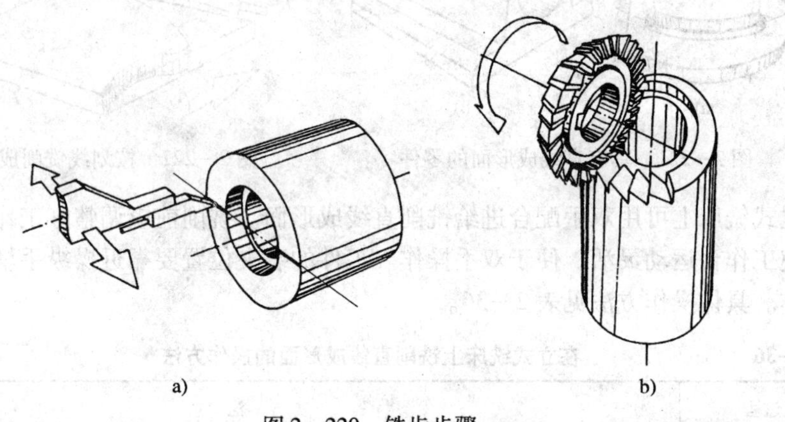

图 2—220 铣齿步骤

第九节 成形面、螺旋面与凸轮的加工

- 了解成形面、螺旋面与凸轮的几何特征
- 熟练掌握在万能铣床上铣削成形面的基本方法
- 熟练掌握螺旋面在万能铣床上的铣削方法
- 熟练掌握等速盘形凸轮的铣削方法
- 掌握等速圆柱凸轮的铣削方法

一、直线成形面的铣削方法

1. 直线成形面的几何特征

在机器零件中，有许多零件的内表面或外形轮廓是由曲线、圆弧和直线构成的。当这些成形面的母线是直线时，便称为直线成形面，如图 2—221 所示为具有直线成形面的零件。其中，直线成形面零件呈盘形或板状时，型面母线比较短，如图 2—221a 所示；直线成形面零件呈柱状时，型面母线比较长，如图 2—221b 所示。

2．铣削直线成形面的基本方法

铣削直线成形面时，可根据直线成形面的母线长度及轮廓的构成，以及图样其他技术要求，选择和采用以下常用的铣削加工方法。

（1）按划线铣削成形面。当零件数量不多且外形不规则或技术要求不高时，通常采用这种方法，如图2—222所示。铣削前，在工件端面划出成形面的轮廓线，然后按划线进行铣削。型面母线较短的盘形或板状工件可在立式铣床上用立铣刀加工；型面母线较长的柱状工件可在卧式铣床上按划线用盘形铣刀加工。

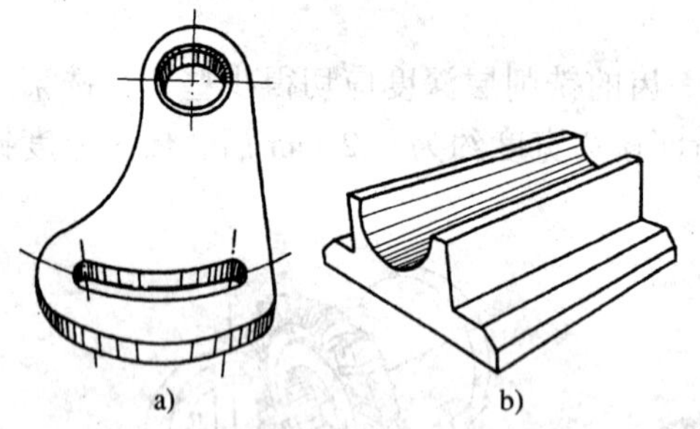

图2—221　具有直线成形面的零件

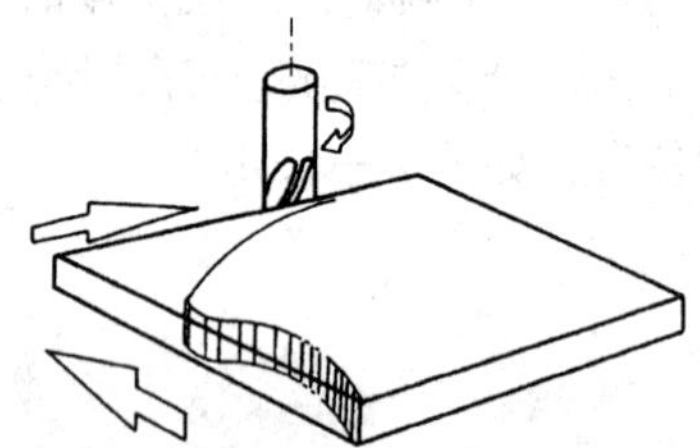

图2—222　按划线铣削成形面

在立式铣床上可用双手配合进给铣削直线成形面。铣削前应调整好工作台镶条的松紧度，使工作台运动灵活，便于双手操作。工件的装夹位置要靠近操纵手柄，以便双手配合操作。具体操作方法见表2—36。

表2—36　在立式铣床上铣削直线成形面的操作方法

工艺过程	方　法
铣刀的选择	铣削凸圆弧时，立铣刀的直径不受限制；铣削凹圆弧时，立铣刀的半径应等于或小于工件最小的凹圆弧半径，否则曲线外表面将被铣伤 为保证铣刀有足够的刚度，在条件允许的情况下应尽量选择直径较大的立铣刀
工件的装夹	在工件装夹前，先在工件上划出加工部位的外形轮廓线，并在线的中间打上样冲眼 用压板将工件夹紧在工作台面上，为了不使铣刀铣坏工作台表面，工件下面要垫平行垫铁
铣削方法	铣削时，双手同时操纵铣床的纵向进给和横向进给手柄。要思想集中，双手配合协调，使铣刀切削刃与工件划线部位相切，以保证铣去样冲眼的一半 工件余量大时，应分为粗铣和精铣两步完成。粗铣时，应留下精铣余量，使余量分布均匀。精铣时铣刀的转速要高，以便提高加工表面的质量。精铣后可进行必要的修整，使铣削出的曲线光滑 在铣削过程中，必须使铣刀在工作台沿纵向和横向进给时均保持逆铣状态；否则，会因顺铣使铣刀对工作台产生窜动而折断铣刀

(2) 用回转工作台铣削成形面

1) 回转工作台的结构见表 2—37。

表 2—37　　回转工作台的结构

结构类型	结构图	结构说明
手动回转工作台	1—底座　2—转台　3—传动轴 4—手轮　5—插销 6—紧固手柄	底座 1 的 U 形槽供安放 T 形螺栓用，以便于夹紧回转工作台。转台上的 T 形槽供安放 T 形螺栓用，以便于夹紧工件或工具。转台 2 的圆周面上刻有 360° 刻度，可作为分度依据。回转工作台的主轴是一根带台阶的莫氏 4 号锥孔轴。传动轴 3 连接手轮 4，可使回转工作台转动。拔出插销 5，转动偏心套，可使蜗轮、蜗杆啮合或脱开。紧固手柄 6 可将转台 2 锁紧
机动回转工作台	1—转台　2—离合器手柄　3—传动轴 4—挡铁　5—螺母　6—偏心环 7—手轮轴　8—手轮	机动回转工作台与手动回转工作台的结构基本相同，其差别主要在于传动轴 3 能与铣床的传动装置相连接，使回转工作台实现机动进给。离合器手柄 2 可改变转台 1 的旋转方向并停止转台的机动进给。回转角度的大小可用挡铁控制

2) 工件在回转工作台上的装夹及找正

①装夹。装夹前，先在工件上划出加工部位的外形轮廓线。一般装夹工件时须在工件下面垫上平行垫铁，用压板将工件压紧在回转工作台上，平行垫铁不应露出工件的加工线以外，工件的装夹位置、T 形螺栓的高度以及平行垫铁的长度和宽度都要合适。

②工件的找正。工件找正的方法见表 2—38。

表 2—38　　工件找正的方法

找正方法	结构图	结构说明
用钢直尺和划针确定工件圆弧位置	a) b)	如图 a 所示，使钢直尺的侧面通过回转工作台的回转中心，以回转工作台内孔为基准，测出待加工工件的圆弧半径。然后在立铣头上安装划针，转动各进给手柄，使划针的针尖对准钢直尺上所示的工件圆弧半径的尺寸线，将工作台紧固，再装夹工件，使工件上所划的圆弧线正好对准针尖，则工件圆弧的圆心大致上对准了回转工作台的回转中心 摇动回转工作台的手柄，适当左右调整工件，目测观察，使划针的运动轨迹与工件上所找正部位的圆弧相吻合，如图 b 所示，这样就将工件找正好了。压紧工件，再复校一次
用心轴定位找正工件圆弧	心轴	如图所示，在带孔的工件上加工与孔的圆心同心的圆弧表面时，可在回转工作台的锥孔内放入锥度心轴或台阶心轴，使心轴的圆柱部分与工件的孔配合定位，以达到使工件的内孔与回转工作台的圆心同心的目的，从而铣削出工件上的圆弧部分

3）用回转工作台铣削成形面的方法。如图 2—223 所示为用回转工作台铣削成形面，其操作方法见表 2—39。

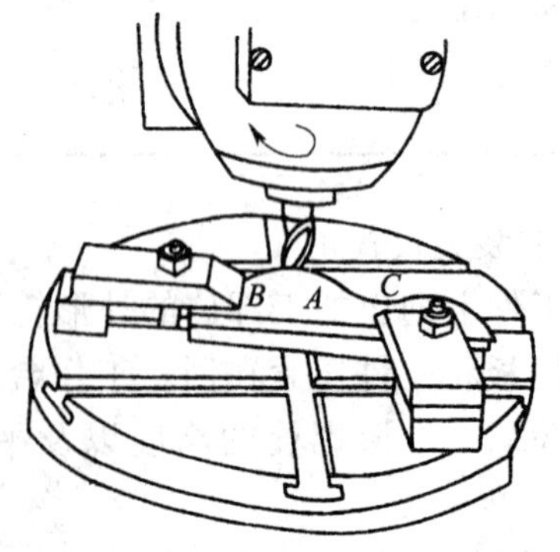

图 2—223　用回转工作台铣削成形面

表 2—39　　用回转工作台铣削成形面的操作方法

工艺过程	操作说明
铣刀的选择	铣削凸圆弧时，立铣刀的直径不受限制。铣削凹圆弧时，立铣刀的半径应等于或小于工件最小的凹圆弧半径；否则曲线外表面将被铣伤 为保证铣刀有足够的刚度，在条件允许的情况下应尽量选择直径较大的立铣刀
铣削方法	如图 2—223 所示铣完 *AC* 段凹圆弧后，装夹并找正工件的 *AB* 段圆弧部分，由内圆弧和外圆弧的切点 *A* 落刀铣削出 *AB* 段凸圆弧。铣削时应采用逆铣，不使用的进给机构应锁紧
铣削成形面的顺序	1. 铣削凸圆弧与凹圆弧相切的工件时，应先加工凹圆弧面 2. 铣削凸圆弧与凸圆弧相切的工件时，应先加工半径较大的凸圆弧面 3. 铣削凹圆弧与凹圆弧相切的工件时，应先加工半径较小的凹圆弧面 4. 铣削凸圆弧与直线相切的工件时，应先加工直线再加工圆弧面 5. 铣削凹圆弧与直线相切的工件时，应先加工凹圆弧面再加工直线

（3）用分度头铣削直线成形面。当工件数量不多，成形面端面轮廓由圆弧和直线构成，或由旋转运动和直线运动复合而成的螺旋线构成时，可将工件装夹在分度头上，用立铣刀进行加工，如图 2—224 所示为用分度回转夹具铣削成形面。铣削内、外圆弧时，应使圆弧的中心与分度头主轴同轴，通过圆周进给铣出圆弧面。铣削直线部分时，应找正直线与工作台进给方向平行，通过纵向或横向进给进行铣削。螺旋面应在分度头与工作台丝杆之间配置交换齿轮进行铣削。

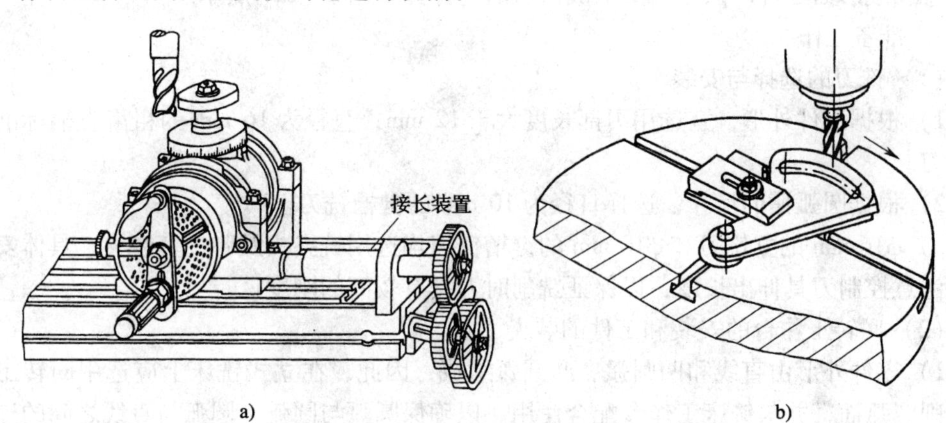

图 2—224　用分度回转夹具铣削成形面

a）用分度头加工螺旋面　b）用回转工作台加工圆弧和直线

（4）用仿形法铣削成形面。当工件批量较大时，可采用仿形法铣削成形面。仿形铣削是指依靠与工件完全相同或相似的模型，使工件或铣刀沿着模型的轮廓做进给运动进行铣削的方法。

在常用立式铣床上，可使用模型和靠模铣刀用手动进给进行铣削。也可选用附加仿形装置铣削直线成形面，如图 2—225 所示。当零件数量较多或批量生产时，可选用平面仿形铣床铣削直线成形面。

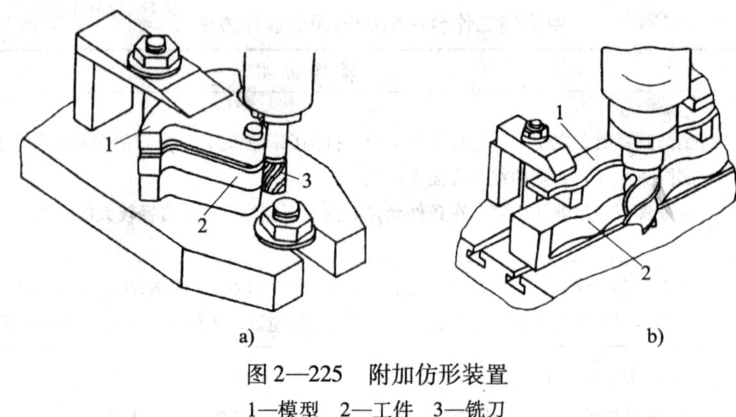

图 2—225　附加仿形装置

1—模型　2—工件　3—铣刀

二、在 X5032 型立式铣床上用立铣刀铣削成形面的实例

现以如图 2—226 所示的扇形板为例介绍在 X5032 型立式铣床上用立铣刀铣削直线成形面的操作方法。

1. 图样分析

（1）扇形板的外形由直线，凹圆弧 $R40$ mm 以及凸圆弧 R（80 ±0.37），$R16$，$R15$ 和 $R5$ mm 组成，扇形板上有定位孔 $\phi 20^{+0.021}_{0}$ mm，在定位尺寸为 $R65$ mm 的位置上有夹角为 40°、宽度为 $10^{+0.15}_{0}$ mm 的圆弧槽。

（2）零件型面素线均为直线，且零件厚度为 12 mm，因此，属于可采用立铣刀加工的直线成形面零件。该零件加工成形后的立体图如图 2—227 所示。

单元 2

2. 准备工作

（1）铣刀的选择与安装

1）根据工件外形，宜选用刃部长度大于 12 mm，直径为 16 mm 的粗齿直柄标准型立铣刀。

2）根据圆弧槽的尺寸，选择直径为 10 mm 的键槽铣刀。

3）$\phi16$ mm 的立铣刀和 $\phi10$ mm 的键槽铣刀均选用铣夹头及弹性套装夹，具体安装时须注意控制刀具伸出长度，以保证铣削时刀具有较高的刚度。

（2）回转工作台的安装和工件的装夹

1）零件外形由直线和凹圆弧、凸圆弧组成，因此，在立式铣床上应选用回转工作台铣削圆弧面，并与铣床工作台配合使用，以确保圆弧与圆弧、圆弧与直线之间的连接质量。

2）把回转工作台安装在工作台面上，在回转工作台上安装垫块衬垫在工件下面，垫块的形式如图 2—228 所示。垫块上有定位穿孔，穿孔的直径与工件定位孔的直径相同（本实例为 $\phi20$ mm），以备穿装定位心轴用。垫块上有压紧工件用的螺纹孔 M14 ×2，供旋装螺杆后压紧工件用，垫块自身用螺栓、压板压紧在回转工作台上，其位置按加工部位的位置确定。

3）定位心轴是台阶轴，其大端轴颈尺寸与回转工作台中心定位孔相同，本实例为 ϕ40f7；小端轴径与工件定位孔相同，本实例为 ϕ20f7。在加工 $R16$ mm 和 R(80 ±0.37) mm

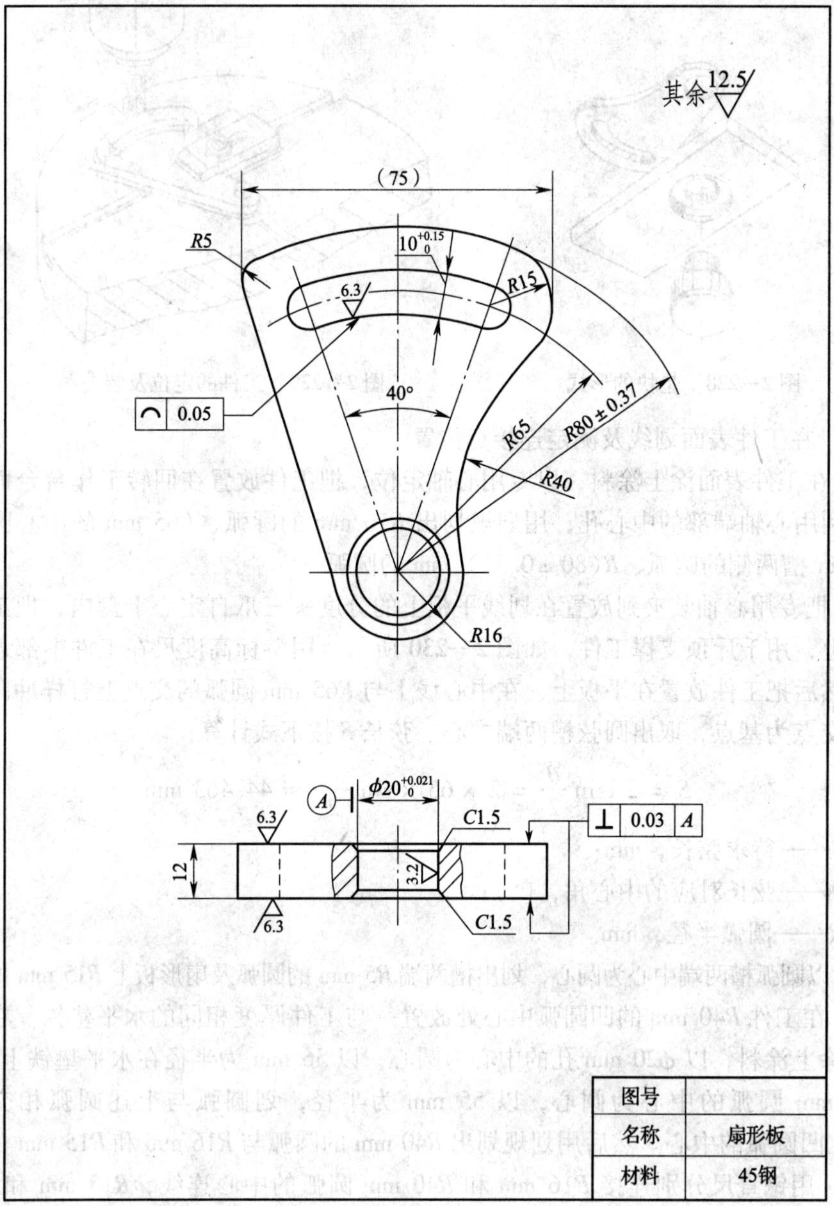

图号	
名称	扇形板
材料	45钢

图 2—226 扇形板

的圆弧面与 R65 mm 位置处的圆弧槽时，可用心轴定位，操作时把 ϕ40 mm 的轴颈装入回转工作台的定位孔中，垫块和工件以 ϕ20 mm 的定位孔套装在心轴 ϕ20 mm 的轴颈上，使工件 ϕ20 mm 的定位孔与回转工作台的回转中心同轴。

4）在垫块上的螺孔内旋入螺栓，用压板压紧工件。待工件加工部位调整至加工位置后，再用螺栓和压板把垫块连同工件装夹在回转工作台上。工件的定位及装夹如图 2—229 所示。

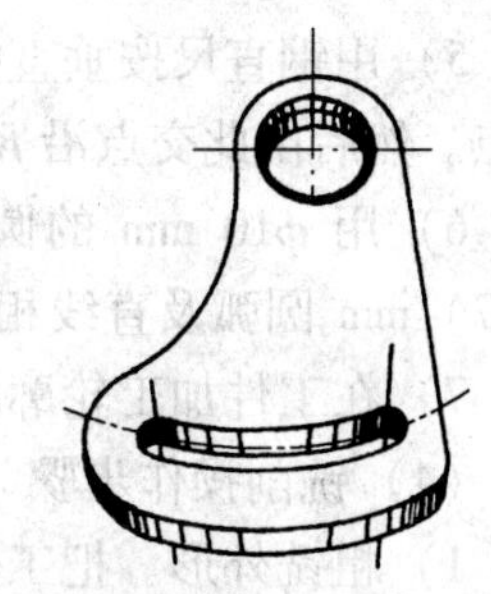

图 2—227 扇形板立体图

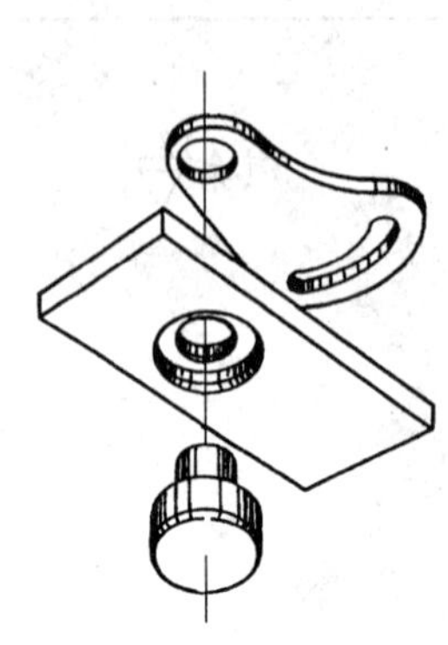
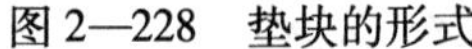

图 2—228　垫块的形式

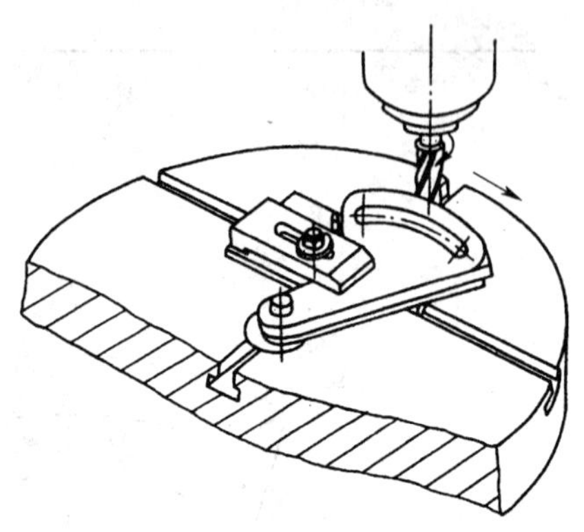

图 2—229　工件的定位及装夹

（3）在工件表面划线及测定连接点位置

1）在工件表面涂上涂料，以专用心轴定位，把工件放置在回转工作台台面上的垫块上，利用心轴端部的中心孔，用划规划出 $R16$ mm 的圆弧、$R65$ mm 的中心圆弧线及宽 10 mm 槽两侧的圆弧、$R(80 \pm 0.37)$ mm 的圆弧。

2）把专用心轴装夹到放置在划线平板上的分度头三爪自定心卡盘内，把工件套装在心轴上，用千斤顶支撑工件，如图 2—230 所示，用游标高度尺在工件中部划出中心线Ⅰ，然后把工件放置在平板上，在中心线Ⅰ与 $R65$ mm 圆弧的交点上打样冲眼，用划规以该交点为基点，取出圆弦槽两端中心。弦长 S 按下式计算：

$$S = 2R\sin\frac{\theta}{2} = 2 \times 65 \times \sin\frac{40^\circ}{2} \approx 44.463 \text{ mm}$$

式中　S——待求弦长，mm；

θ——弦长对应的中心角，(°)；

R——圆弧半径，mm。

3）以圆弧槽两端中心为圆心，划出槽两端 $R5$ mm 的圆弧及扇形板上 $R15$ mm 的圆弧。

4）在工件 $R40$ mm 的凹圆弧中心处放置一与工件厚度相同的水平垫铁。在水平垫铁表面涂上涂料，以 $\phi20$ mm 孔的中心为圆心，以 56 mm 为半径在水平垫铁上取圆弧，以 $R15$ mm 圆弧的中心为圆心，以 55 mm 为半径，划圆弧与上述圆弧相交，获得 $R40$ mm 凹圆弧的中心。然后用划规划出 $R40$ mm 的圆弧与 $R16$ mm 和 $R15$ mm 的两凸圆弧相切。用钢直尺分别连接 $R16$ mm 和 $R40$ mm 圆弧的中心连线，$R15$ mm 和 $R40$ mm 圆弧的中心连线，得出两个切点位置。

5）用钢直尺按垂直中心线Ⅰ的方位取出 75 mm 尺寸与 R（80 ± 0.37）mm 圆弧的交点。然后由此交点沿 $R16$ mm 圆弧的切线方向划出工件直线部分。

6）用 $\phi10$ mm 的圆柱作为 $R5$ mm 圆弧的样板，划 $R5$ mm 的圆弧与 R（80 ± 0.37）mm 圆弧及直线相切。

7）在工件加工轮廓的划线部分打上样冲眼，注意在连接点处打上样冲眼。

（4）铣削操作步骤

1）粗铣外形。把工件装夹在工作台面上，下面垫上垫块，用压板压紧，按划线手动进给粗铣外形。

2）铣 R40 mm 的凹圆弧面。把工件装夹在回转工作台上，垫上垫块，按划线找正 R40 mm 的凹圆弧。找正时可先把找正用的针尖位置调整至距回转工作台中心 40 mm 处，然后移动工件，使工件上所划的线与回转工作台 R40 mm 凹圆弧的位置重合。找正后压紧工件，粗、精铣 R40 mm 的凹圆弧面。其找正方法如图 2—231 所示。

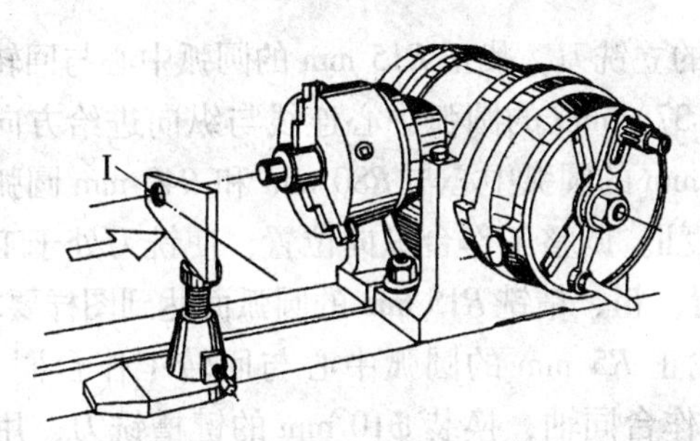

图 2—230　把工件装在心轴上并用千斤顶支撑

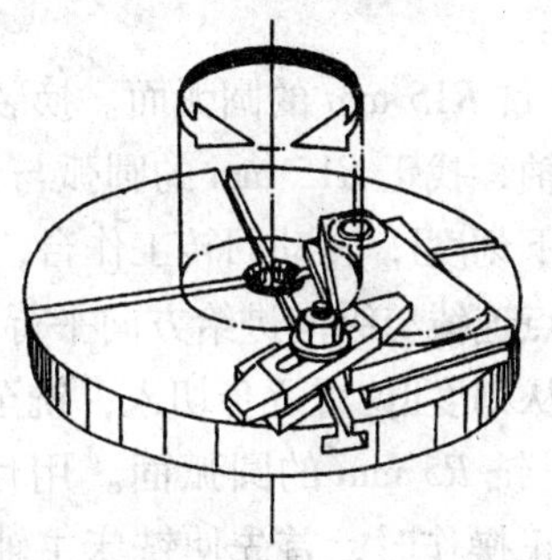
图 2—231　铣 R40 mm 凹圆弧面时的找正方法

3）铣直线部分。把专用心轴 ϕ40 mm 的轴颈装入回转工作台的中心孔内，把垫块、工件套入心轴。用压板压紧工件，转动回转工作台，找正直线部分与工作台进给方向平行，然后粗、精铣直线部分至划线位置。

4）铣 R16 mm 的圆弧面。调整工作台，用环表法使铣刀中心处于回转工作台的中心位置，紧固横向进给机构，通过调整工作台的纵向位置，使铣刀处于工件左侧。转动回转工作台，找正直线部分与 R16 mm 圆弧的切点（切点是从 ϕ20 mm 圆弧的圆心向直线部分作垂线的垂足）和 ϕ20 mm 孔中心的连线与纵向进给方向平行，记下回转工作台位置刻度Ⅰ。随后找正 R16 mm 圆弧与 R40 mm 圆弧的切点和 ϕ20 mm 孔中心的连线与纵向进给方向平行，记下回转工作台位置刻度Ⅱ。铣削时，由刻度Ⅰ处逐步切入，转动回转工作台铣削至刻度Ⅱ处。粗、精铣 R16 mm 的圆弧面至划线位置并达到图样要求。

5）铣 R80 mm 的圆弧面。工作台横向位置不变，调整工作台纵向位置和回转工作台，使铣刀处于 R80 mm 圆弧的左侧，以划线为参考，逐步切入，粗、精铣 R80 mm 的圆弧面达到图样要求。因 R80 mm 的圆弧面有公差要求，在铣削中应使用游标卡尺测量加工尺寸，测量时可借助 ϕ20 mm 的孔壁，精加工后 R80 mm 的圆弧面至 ϕ20 mm 孔壁的实际尺寸应在（70 ± 0.37）mm 范围内。

6）铣圆弧槽

①换装 ϕ8 mm 的键槽铣刀。

②参照划线，调整工作台纵向位置，使铣刀中心处于 R65 mm 圆弧的位置上。

③调整回转工作台，用手转动铣床主轴，使铣刀刀尖的回转轨迹与圆弧槽一端所划的圆弧线相距 1 mm，做好回转工作台起始位置刻度Ⅰ；将回转工作台沿槽向转过 40°，做好回转工作台终止位置刻度Ⅱ。用手转动铣床主轴，观察铣刀刀尖的回转轨迹与位置Ⅱ处另一端圆弧线是否相距 1 mm。

④在起始位置刻度Ⅰ处逐步沿垂向升高工作台，深度为 12 mm，分两次铣削，粗铣

圆弧槽。

⑤换装 ϕ10 mm 的键槽铣刀，用百分表检测铣刀两刃是否同轴，偏差范围应在 0. 05 mm 之内。

⑥将回转工作台由刻度Ⅰ转至刻度Ⅱ，深度为 12 mm，一次铣成，精铣圆弧槽至图样尺寸。

7）铣 R15 mm 的圆弧面。换装 ϕ16 mm 的立铣刀，找正 R15 mm 的圆弧中心与回转工作台同轴，找正 R15 mm 的圆弧与 R（80 ±0. 37）mm 的圆弧中心连线与纵向进给方向平行，记下刻度Ⅰ，转动回转工作台，找正 R15 mm 的圆弧中心与 R80 mm 和 R40 mm 圆弧相切的切点连线与纵向进给方向平行，记下刻度Ⅱ。调整工作台纵向位置，使铣刀处于工件左侧，从刻度Ⅱ位置逐步切入，铣至刻度Ⅰ位置，粗、精铣 R15 mm 的圆弧面达到图样要求。

8）铣 R5 mm 的圆弧面。用目测方法找正 R5 mm 的圆弧中心与回转工作台同轴。进行找正操作时，首先使铣床主轴与回转工作台同轴，换装 ϕ10 mm 的键槽铣刀，用手转动铣床主轴，使 ϕ10 mm 铣刀刀尖的回转轨迹与 R5 mm 的圆弧线重合，其找正方法如图 2—232 所示，然后压紧工件。由于 R5 mm 的圆弧面较小，故切点位置可用目测方法通过试切得到，按逆铣方式逐步切入，粗、精铣 R5 mm 的圆弧面，注意与直线部分和 R（80 ±0. 37）mm 圆弧的连接部位圆滑相切。

（5）检验

1）圆弧槽的检验。本实例中圆弧槽的夹角为 40°，在铣削时是通过回转工作台的起始刻度与终止刻度来保证的。检测时可借助塞规，首先检验槽宽是否达到要求，然后把工件按加工时的装夹位置固定在回转工作台上，把塞规分别插入槽的起始位置和终止位置，用百分表校核其同一侧。当起始位置一侧百分表的读数与回转工作台转过 40°时塞规同一侧的百分表读数一致时，即达到了图样要求。检测圆弧槽夹角的操作方法如图 2—233 所示。

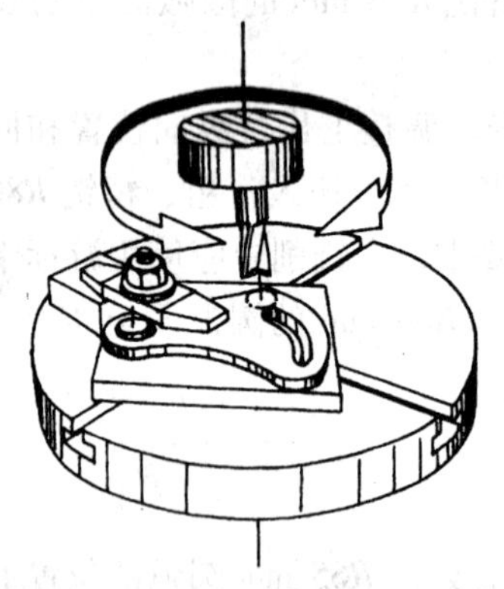

图 2—232　铣 R5 mm 圆弧面的找正方法

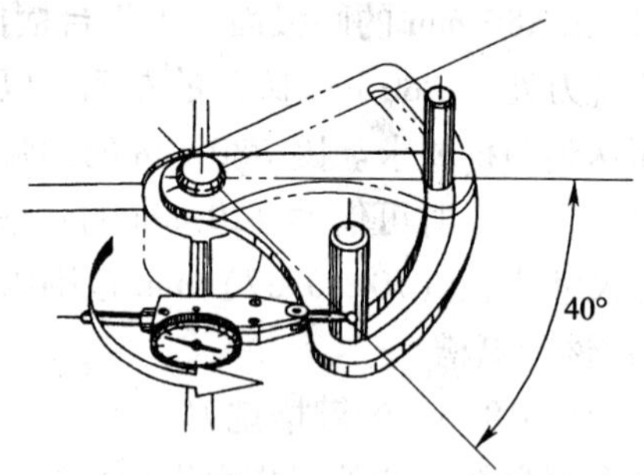

图 2—233　检测圆弧槽夹角的操作方法

2）圆弧面尺寸的检验。用游标卡尺分别借助 ϕ20 mm 的孔壁检测 R16，R65 和 R（80 ±0. 37）mm 的圆弧面；用圆弧样板检测 R15 mm 和 R5 mm 的圆弧面；用 ϕ80 mm 的塞规或圆柱棒测量 R40 mm 的凹圆弧面。测量时可通过观察缝隙进行判断。

三、螺旋槽的铣削方法

1. 圆柱螺旋线的形成和要素

(1) 螺旋线的形成。如图 2—234 所示，当圆柱体做匀速转动并沿轴线匀速移动时，圆柱体表面上 A 点的运动轨迹就是一条圆柱螺旋线。

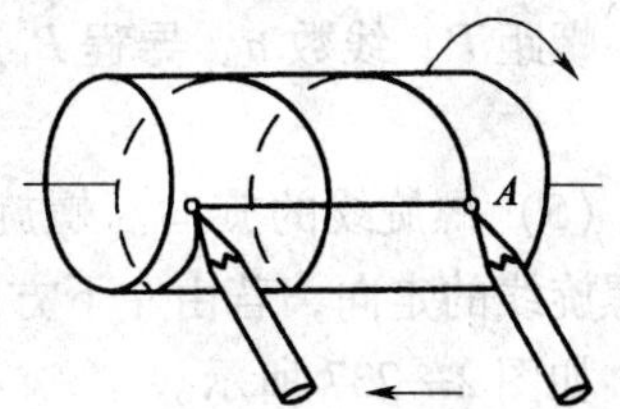

图 2—234　圆柱螺旋线的形成

(2) 圆柱螺旋线的要素。螺旋线的几何要素如图 2—235 所示，直角三角形的一条直角边 AC 等于圆柱的圆周长度，锐角 λ 称为螺旋升角；斜边 AB 在圆柱面上形成的曲线称为螺旋线；另一条直角边 BC 就是螺旋线的轴向导程 P_h；螺旋线 AB 与圆柱轴线所形成的角度叫做螺旋角，用 β 表示。

螺旋角 β——螺旋线 AB 与通过切点的圆柱面直素线之间所夹的锐角，(°)；

螺旋升角 λ——圆柱螺旋线的切线与圆柱端平面之间所夹的锐角，(°)；

导程 P_h——圆柱面上的一条螺旋线与该圆柱面的一条直素线的两个相邻交点之间的距离，mm。

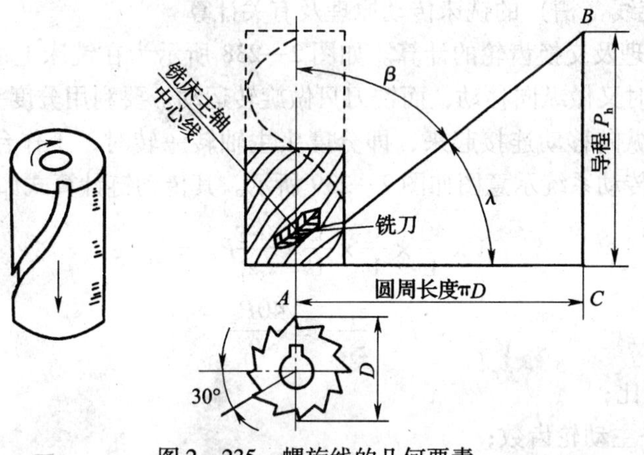

图 2—235　螺旋线的几何要素

(3) 三要素之间的关系。其关系式如下：

$$\tan\beta = \frac{\pi D}{P_h}$$

$$P_h = \frac{\pi D}{\tan\beta} = \pi D\cot\beta$$

$$\lambda = 90° - \beta$$

式中　D——螺旋槽工件的直径，mm。

(4) 多头螺旋线。圆柱体上的螺旋线有两条或两条以上时，称为多头螺旋线，如图 2—236 所示为双头螺旋线展开图。

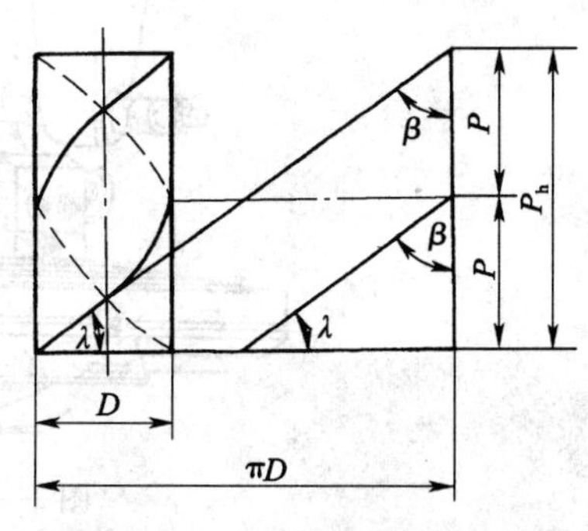

图 2—236　双头螺旋线展开图

螺距 P——圆柱面上相邻两条螺旋线与该圆柱面的一条直素线的两个相邻交点之间的距离，mm；

线数 n——螺旋线的条数（头数）。

螺距 P、线数 n、导程 P_h 三者之间的关系式为：

$$P_h = nP$$

（5）螺旋线的旋向。螺旋线有左旋和右旋之分。将工件轴线垂直于水平面放置，看螺旋线的走向，若由左下方向右上方升起则为右旋；若由右下方向左上方升起则为左旋，如图2—237所示。

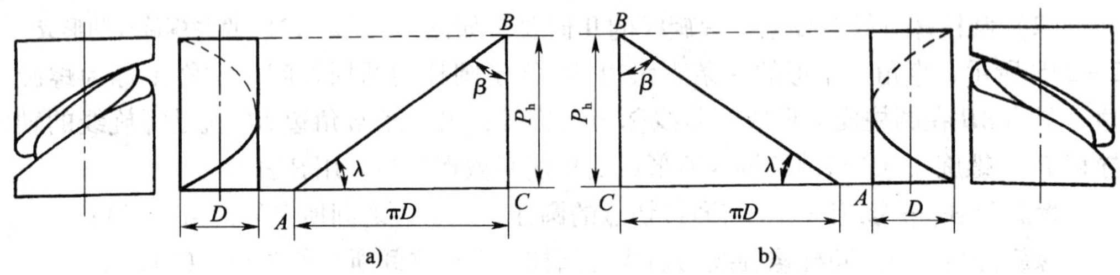

图2—237　螺旋线（槽）的旋向

a）右旋　b）左旋

2. 铣削螺旋线（槽）的铣床传动原理及有关计算

（1）传动原理及交换齿轮的计算。如图2—238所示为在铣床上加工螺旋槽，工件做旋转运动，同时又做纵向移动，而铣刀只做旋转运动。要利用分度头和交换齿轮把工件的旋转运动和纵向移动连接起来，即分度头主轴转一转时，工作台纵向移动一个导程，铣螺旋槽时传动系统示意图如图2—239所示。其传动链计算式如下：

$$1 \times \frac{40}{1} \times \frac{1}{1} \times \frac{1}{1} \times \frac{z_4 z_2}{z_3 z_1} P_{丝} = P_h$$

$$i = \frac{z_1 z_3}{z_2 z_4} = \frac{40 P_{丝}}{P_h}$$

式中　i——传动比；

z_1，z_3——主动轮齿数；

z_2，z_4——从动轮齿数；

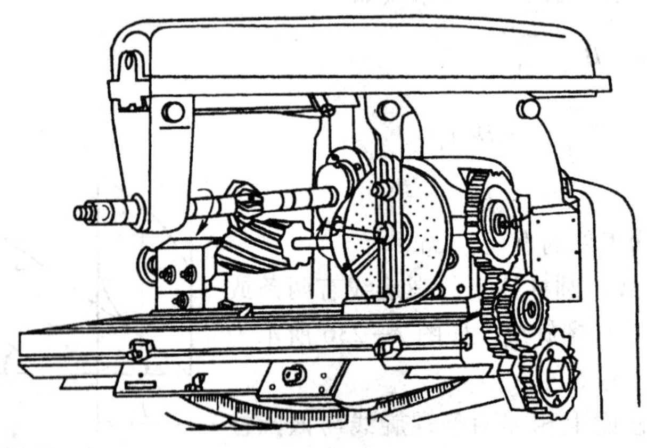

图2—238　在铣床上加工螺旋槽

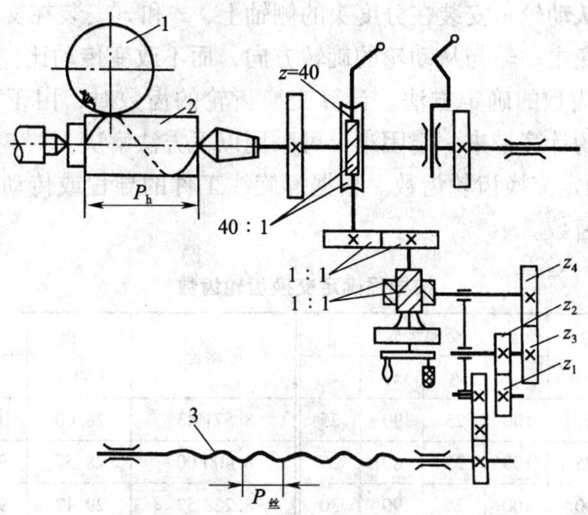

图 2—239 铣螺旋槽时传动系统示意图

1—铣刀 2—工件 3—纵向进给丝杆

$P_丝$——铣床工作台纵向进给丝杆螺距，mm；

P_h——工件螺旋线导程，mm。

X6132 型卧式铣床以及大多数国产铣床的纵向进给丝杆螺距为 6 mm，故上式可简化为：

$$i = \frac{z_1 z_3}{z_2 z_4} = \frac{240}{P_h}$$

（2）交换齿轮的安装。铣削圆柱螺旋槽时，将工件装夹在分度头上，铣刀与工件的相对运动规律由交换齿轮将工作台纵向进给丝杆与分度头连接来实现，通常采用侧轴挂轮法。

铣螺旋线时交换齿轮的安装方法如图 2—240 所示。主动轮 z_1 安装在铣床工作台纵

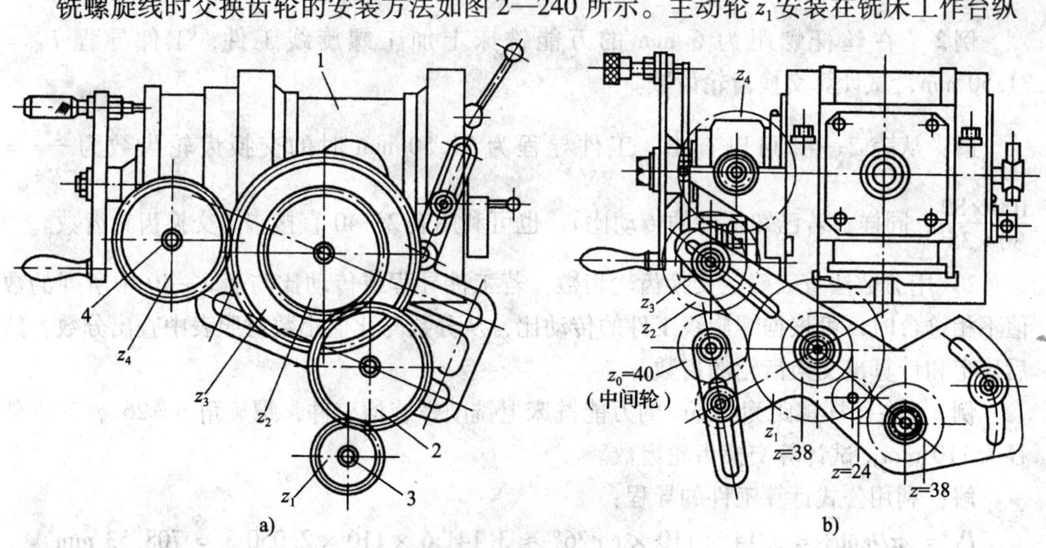

图 2—240 铣螺旋线时交换齿轮的安装方法

a）安装方法一 b）安装方法二

1—万能分度头 2—中间轮 3—工作台纵向进给丝杆 4—分度头侧轴

单元 2

向进给丝杆一端，从动轮 z_4 安装在分度头的侧轴上，z_2 和 z_3 安装在交换齿轮架的同一根轴上。中间轮只改变主动轮与从动轮的旋转方向，而不改变传动比。

（3）交换齿轮齿数的确定方法。计算交换齿轮的齿数时，由于工件导程中多带小数，所以常给齿数的计算带来一定困难，可采用以下方法解决。

1）用查表法确定交换齿轮齿数。根据螺旋线工件的导程或传动比可从表 2—40 中直接查出交换齿轮齿数。

表 2—40　　按导程确定交换齿轮齿数①

传动比	导程（mm）	交换齿轮				传动比	导程（mm）	交换齿轮			
		z_1	z_2	z_3	z_4			z_1	z_2	z_3	z_4
14.400 00	16.67	100	25	90	25	8.571 43	28.00	100	30	90	35
12.800 00	18.75	100	25	80	25	8.400 00	28.57	90	25	70	30
12.000 00	20.00	100	25	90	30	8.228 57	29.17	90	25	80	35
11.520 00	20.83	90	25	80	25	8.000 00	30.00	100	25	80	40
11.200 00	21.43	100	25	70	25	7.920 00	30.30	90	25	55	25
⋮						⋮					
10.666 67	22.50	100	25	80	30	7.680 00	31.25	80	25	60	25
10.285 71	23.33	100	25	90	35	7.6190 5	31.50	100	30	80	35
10.080 00	23.81	90	25	70	25	7.500 00	32.00	100	30	90	40
9.600 00	25.00	100	25	60	25	7.466 67	32.14	80	25	70	30
9.333 33	25.71	100	25	70	30	7.333 33	32.73	100	25	55	30
9.142 86	26.25	100	25	80	35	7.200 00	33.33	100	25	90	50

①分度头定数为 40，铣床工作台纵向进给丝杆螺距为 6 mm。

例 2　在丝杆螺距为 6 mm 的万能铣床上加工螺旋线工件，工件导程 P_h = 31.50 mm，试计算交换齿轮齿数。

解：从表 2—40 可以查出，工件导程为 31.50 mm 时的交换齿轮齿数为 $\frac{z_1z_3}{z_2z_4}=\frac{100\times80}{30\times35}$。同样，若已知工件的传动比 i，也可利用表 2—40 直接查出交换齿轮齿数。

2）用分数法查表确定交换齿轮齿数。若工件导程或传动比与表 2—40 中所列的数值不相符合时，可根据螺旋线工件的传动比，从分数与比值小数对照表中查出分数，然后确定和计算出交换齿轮的齿数。

例 3　在丝杆螺距为 6 mm 的万能铣床上铣削螺旋槽工件，螺旋角 $\beta=26°$，工件外径为 110 mm，试计算交换齿轮齿数。

解：利用公式计算工件的导程：

$$P_h=\pi D\cot\beta=3.14\times110\times\cot26°\approx3.141\ 6\times110\times2.050\ 3=708.53\ \text{mm}$$

计算传动比 i：　$$i=\frac{z_1z_3}{z_2z_4}=\frac{40P_{丝}}{P_h}=\frac{40\times6}{708.53}\approx0.339$$

从表 2—40 中查不出相应的交换齿轮，这时可从分数与比值小数对照表中查出与 0. 339 相对应的近似分数值为$\frac{19}{56}$。

计算交换齿轮齿数：

$$\frac{z_1z_3}{z_2z_4}=\frac{19}{56}=\frac{2\times 9.5}{7\times 8}=\frac{20\times 95}{70\times 80}$$

若需改变分度头主轴的旋转方向时，只要增减交换齿轮架上的中间轮即可。

3）用近似计算法确定交换齿轮齿数

例 4 一工件上螺旋槽导程 $P_h=150.13$ mm，铣床工作台纵向进给丝杆螺距 $P_{丝}=6$ mm，试计算交换齿轮齿数。

解： 利用公式计算交换齿轮齿数：

$$\frac{z_1z_3}{z_2z_4}=\frac{40P_{丝}}{P_h}=\frac{40\times 6}{150.13}=\frac{24\ 000}{15\ 013}$$

从上述计算结果可以看出，传动比 i 的分子和分母无论怎样分解，都无法选出合适的交换齿轮，这就需要选择一个与$\frac{24\ 000}{15\ 013}$近似的分数代替传动比 i。如选择$\frac{8}{5}=1.6$ 代替$\frac{24\ 000}{15\ 013}=1.598\ 6$，则 $i=\frac{z_1z_3}{z_2z_4}=\frac{24\ 000}{15\ 013}\approx\frac{8}{5}$，故可得$\frac{z_1z_3}{z_2z_4}=\frac{8}{5}=\frac{80}{50}=\frac{70\times 80}{100\times 35}$。

用近似计算法选择的交换齿轮与例题中导程要求的传动比误差为：

$$\Delta_i=\frac{1.6-1.598\ 6}{1.598\ 6}\approx 0.000\ 88=0.088\%$$

误差数值很小，完全符合使用要求。若计算结果为负，说明用近似计算法所选的交换齿轮的传动比小；反之则大。本例题所选的传动比大于所要求的传动比。

4）用因子分解法确定交换齿轮齿数

例 5 一工件上螺旋槽导程 $P_h=20.83$ mm，铣床工作台纵向进给丝杆螺距 $P_{丝}=6$ mm，试计算交换齿轮齿数。

解： 利用公式计算交换齿轮齿数的比值：

$$i=\frac{z_1z_3}{z_2z_3}=\frac{40P_{丝}}{P_h}=\frac{40\times 6}{20.83}\approx 11.52=\frac{1\ 152}{100}$$

查因子分解表可得：

$$i=\frac{1\ 152}{100}=\frac{2^7\times 3^2}{2^2\times 5^2}=\frac{2^5\times 3^2}{5^2}=\frac{2^4\times 2\times 9}{5\times 5}=\frac{16\times 2\times 9}{5\times 5}$$

$$i=\frac{z_1z_3}{z_2z_4}=\frac{80\times 90}{25\times 25}$$

即铣削导程 $P_h=20.83$ mm 的螺旋槽时，交换齿轮齿数 $z_1=80$，$z_2=25$，$z_3=90$，$z_4=25$。这一计算结果与查表 2—40 所得的值相同。

（4）交换齿轮的检验。将计算出的交换齿轮在铣床上安装好后，正式铣削前应进行检验，看交换齿轮的正确性，这时可采用以下方法。

1）若分度头主轴转过的角度为 α，工作台纵向移动距离为 L_1。当分度头主轴转动

单元 2

角度 $\alpha=\frac{360°}{n}$ 时，工作台纵向移动距离 $L_1=\frac{P_h}{n}$，则证明交换齿轮的计算和安装都正确。

例 6 若所铣削螺旋槽的导程 $P_h=480$ mm，试检验所装交换齿轮是否正确。

解： 选 $n=4$，则：

$$\alpha=\frac{360°}{n}=\frac{360°}{4}=90°$$

$$L_1=\frac{P_h}{n}=\frac{480}{4}=120\text{ mm}$$

检查当分度头主轴转过 $\frac{360°}{4}=90°$ 时，工作台纵向移动距离 L_1 是否等于 $\frac{480}{4}=120$ mm。如果相等，证明交换齿轮正确；如果不相等，说明交换齿轮有误。

2）对于普通螺旋线（槽），交换齿轮挂好后，可先在一根棒料上试铣，当工件转一周后测量其导程，若测出的导程与所要求的导程相同，证明交换齿轮是正确的。

3. 圆柱螺旋槽铣削的工艺要点

所谓圆柱螺旋槽，即圆柱上若干条螺旋线的组合。在铣床上铣削圆柱螺旋槽时，铣刀与工件的相对运动必须符合螺旋线成形运动规律。也就是除铣刀做旋转运动外，在工作台带动工件做纵向进给的同时，工件还须做匀速转动，并保证当工作台移动一个等于螺旋线导程 P_h 的距离时，工件匀速回转一周。在纵向进给时，通过交换齿轮由工作台纵向进给丝杆带动分度头主轴实现工件的转动。在铣削多线螺旋槽时，还需要按线数实现分度调整。

因具有螺旋槽的工件的用途不同，螺旋槽的截面形状也就多种多样。如圆柱螺旋槽刀具齿槽的截面呈三角形或曲线形；等速圆柱凸轮的螺旋槽的法向截面形状为矩形；阿基米德蜗杆的轴向截面形状为梯形等。加工螺旋槽用的铣刀的廓形应与螺旋槽法向截面形状相符合，因此，正确选择铣刀是保证螺旋槽截面形状的关键。

铣削圆柱螺旋槽时，由于不同直径圆柱表面上的螺旋角不相等（直径大，螺旋角大；直径小，螺旋角小），因此加工过程中存在着干涉现象，会使螺旋槽侧面被过切而产生槽形畸变。使用盘形铣刀铣削时过切现象比使用立铣刀铣削更严重，因此，法向截面为矩形的螺旋槽只能用立铣刀铣削。采用盘形铣刀加工其他截面形状的螺旋槽时，铣刀直径应尽可能小，以减小干涉的过切量。

使用盘形铣刀在卧式铣床上铣削圆柱螺旋槽时，为使加工后的螺旋槽的法向截面形状尽可能地接近铣刀的廓形，必须将铣床工作台在水平面内扳转一个角度，使盘形铣刀的回转平面与螺旋线的切向一致。扳转的角度等于螺旋角 β，扳转的方向是：铣左旋螺旋槽时，用左手推动工作台顺时针扳转 β 角；铣右旋螺旋槽时，用右手推动工作台逆时针扳转 β 角，即“左旋左推，右旋右推”。

4. 普通螺旋槽的铣削方法

（1）在万能铣床上铣削螺旋槽时，先进行毛坯的检查和装夹，然后用铣刀对准工件中心，计算分度手柄转数等。

（2）为了使铣刀的回转平面与螺旋槽方向一致，要将工作台扳动一个角度 β_0（β_0

等于工件的螺旋角 β），同时，安装在分度头上的工件要朝一定方向旋转，工件和工作台的转动方向详见表2—41。

表2—41　　铣螺旋槽时工件和工作台的转动方向

工件螺旋槽旋向及图示	工作台转动方向及转动角度	工件的旋转方向	工件进给方向
		（面对分度头主轴方向）	
$\beta_0=\beta$ 左旋螺旋线	顺时针方向转 β_0	顺时针方向	自左至右进给
$\beta_0=\beta$ 右旋螺旋线	逆时针方向转 β_0	逆时针方向	自右至左进给

（3）螺旋槽的截面形状有三角形、梯形和矩形等，因此选用的铣刀也必须符合螺旋槽的形状。在铣削矩形螺旋槽时，为了防止铣刀齿划破槽壁，甚至使铣出的沟槽形状改变，常用立铣刀进行铣削，工作台不需要扳转角度，只靠工件进行转动。

5．特殊螺旋线（槽）的铣削

特殊螺旋槽包括小导程螺旋槽、大导程螺旋槽等，其铣削方法与铣削普通螺旋槽基本相同，只是在计算交换齿轮时有所区别。

（1）铣削小导程螺旋槽时的计算。当工件导程 $P_h<16$ mm 时，由于其传动比较大，若仍用公式 $i=\frac{z_1z_3}{z_2z_4}=\frac{40P_丝}{P_h}$ 计算交换齿轮，就会使主动轮齿数和从动轮齿数相差悬殊，造成安装困难。这时，可采用在分度头主轴的后锥孔处安装从动轮 z_4 的方法，在工作台纵向进给丝杆处装上主动轮 z_1，并使分度头内部的蜗杆与蜗轮脱离，如图2—241所示为铣小导程螺旋槽传动系统示意图。当工作台移动时，主动轮 z_1 通过齿轮 z_2 和 z_3 带动从动轮 z_4 转动，从而使工件旋转。由于没有经过蜗杆和蜗轮传动，其传动关系为：

因为
$$\frac{P_h}{P_丝}\cdot\frac{z_1z_3}{z_2z_4}=1$$

所以
$$\frac{z_1z_3}{z_2z_4}=\frac{P_丝}{P_h}$$

式中 $P_丝$——铣床工作台纵向进给丝杆螺距，mm；

P_h——螺旋线工件导程，mm。

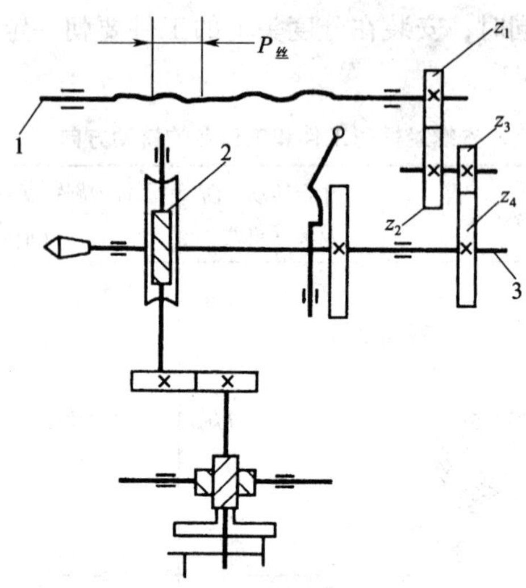

图 2—241　铣小导程螺旋槽传动系统示意图

1—纵向进给丝杆　2—脱落蜗杆　3—分度头主轴

铣小导程螺旋槽时的交换齿轮齿数可直接从表 2—40 中查得。所加工的螺旋槽如果是多线时，每铣完一条螺旋槽后，将交换齿轮脱离开，使分度蜗轮和蜗杆啮合，分度旋转后再使蜗杆和蜗轮脱离，并使交换齿轮重新啮合，然后铣下一条螺旋槽。

（2）铣削大导程螺旋槽时的计算。当工件螺旋线导程较大时，交换齿轮的传动比相应减小，若用公式 $i=\frac{z_1 z_3}{z_2 z_4}=\frac{40P_{丝}}{P_h}$ 计算交换齿轮同样很困难，这时，可采用增加交换齿轮对数法或两个分度头组合传动法。

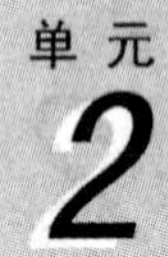

1）增加交换齿轮对数法。如图 2—242 所示为铣削大导程螺旋槽时采用增加交换齿轮对数法的传动系统图，其铣削步骤和要点见表 2—42。

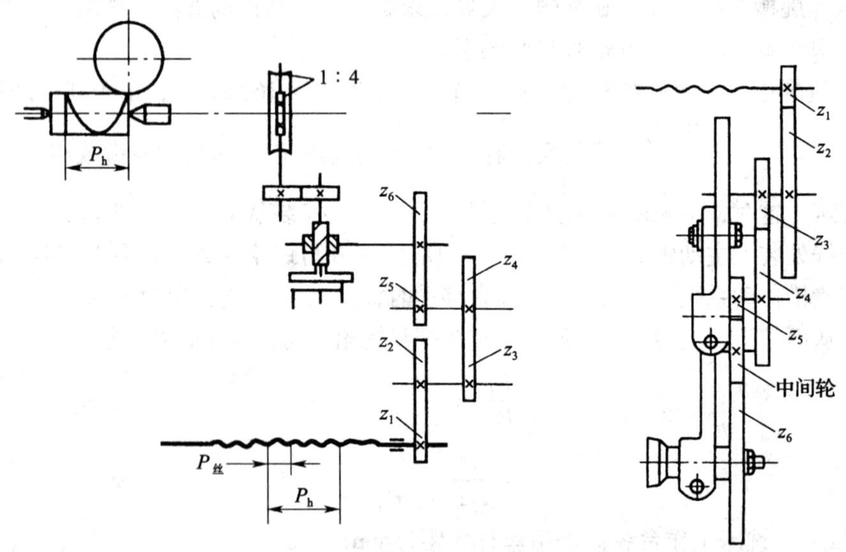

图 2—242　增加交换齿轮对数法的传动系统图

表 2—42　　增加交换齿轮对数法的铣削步骤和要点

铣削步骤和要点	计算和安装方法	举　例
1. 铣大导程螺旋槽时，可增加交换齿轮对数	把交换齿轮对数增加到 3 对或 4 对，其关系式为： $\frac{z_1z_3z_5}{z_2z_4z_6}=\frac{40P_丝}{P_h}$ 式中　z_1，z_3，z_5——主动轮齿数 z_2，z_4，z_6——从动轮齿数 $P_丝$——工作台纵向进给丝杆螺距，mm P_h——工件导程，mm	例如，在卧式万能铣床上铣削导程为 5 077. 87 mm 的大导程螺旋槽，试计算交换齿轮齿数 （1）设从表 2—40 中选一对传动比 $i=0.277\ 8$ 的交换齿轮作为$\frac{z_5}{z_6}$的齿数，即： $i=\frac{z_5}{z_6}=\frac{5}{18}=\frac{25}{90}$ （2）$P'=P_hi=5\ 077.87\times0.277\ 8\approx1\ 410.63$ mm （3）从表 2—40 中选出导程最接近 1 410. 63 mm 的数值和相应的两对交换齿轮，即： $\frac{z_1z_3}{z_2z_4}=\frac{30\times25}{55\times80}$ 最后得到三对交换齿轮为： $\frac{z_1z_3z_5}{z_2z_4z_6}=\frac{30\times25\times25}{55\times80\times90}$
2. 从表 2—40 中选传动比 i，通过换算应能使原来的导程变小	（1）从表 2—40 中选传动比 i，且先算出 $i=\frac{z_5}{z_6}$的交换齿轮齿数 （2）将原来的导程 P_h 乘以交换齿轮$\frac{z_5}{z_6}$的传动比 i，换算成 P'，$P'=Pi$	
3. 选择导程 P'的交换齿轮齿数	从表 2—40 中选取最接近 P'的数值和相应的交换齿轮齿数	
4. 安装交换齿轮	（1）由于交换齿轮为三对，若无法搭配时，可采用将 z_1，z_3，z_5 互换位置或将从动轮 z_2，z_4，z_6 互换位置的方法，把交换齿轮安装妥当 （2）掉换主动轮或从动轮的位置后，若仍不能使交换齿轮很好地啮合，可在原交换齿轮架上面用螺栓再增加一个交换齿轮架，两个交换齿轮架互不影响，可确保交换齿轮很好地搭配	

2）两个分度头组合传动法。两个分度头组合传动示意图如图 2—243 所示，其交换齿轮计算公式为：

$$\frac{P_h}{P_丝}\times\frac{z_1z_3}{z_2z_4}\times\frac{1}{1}\times\frac{1}{1}\times\frac{1}{40}\times\frac{1}{1}\times\frac{1}{1}\times\frac{1}{40}=1$$

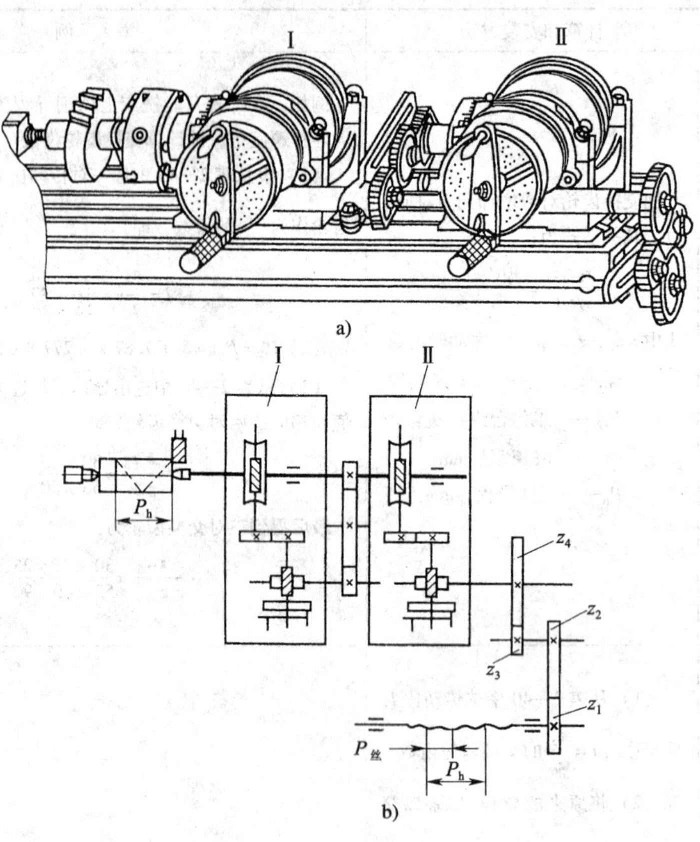

图 2—243 两个分度头组合传动示意图
a）双分度头组合 b）双分度头传动系统示意图

整理后得：

$$\frac{z_1 z_3}{z_2 z_4}=\frac{1\,600P_{丝}}{P_h}$$

式中 $P_{丝}$——铣床工作台纵向进给丝杆螺距，mm；

P_h——螺旋线导程，mm。

6. 在卧式铣床上铣削圆柱螺旋槽的实例

加工如图 2—244 所示的台阶轴上的螺旋油槽，其铣削步骤如下：

（1）加工准备

1）读零件图。毛坯两端具有直径为 2 mm 的中心孔，台阶轴各外圆的尺寸精度和表面质量要求都比较高。有螺旋油槽的轴段外径为 $35^{\ 0}_{-0.025}$ mm，螺旋角 $\beta=26°34'$，为单线右旋螺旋槽。螺旋槽的槽形为 $R=3$ mm 的圆弧槽，槽底至对应外圆的尺寸为 32 mm，槽的长度为 90 mm，至端面的距离为 20 mm。油槽的表面粗糙度 $R_a=6.3$ μm。材料为 45 钢，调质处理后硬度为 220～250HBW，具有较高的硬度。

2）选择刀具。按螺旋槽的槽形，选择直径为 63 mm，$R=3$ mm 的凸半圆成形铣刀。选用 X6132 型等类似的卧式万能铣床。

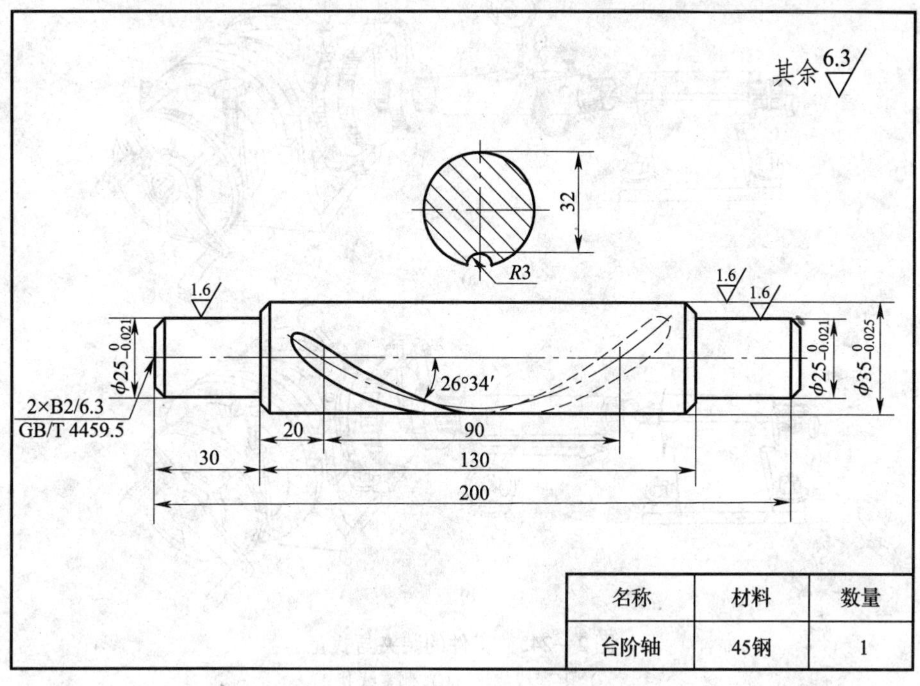

图 2—244　有螺旋油槽的台阶轴

3）工件装夹方式。在 F11125 型万能分度头上用两顶尖、鸡心夹头和拨盘装夹工件。分度头安装在中间 T 形槽内，位于工作台右端，以便配置交换齿轮，尾座的位置根据工件长度确定。找正分度头主轴顶尖与尾座顶尖轴线同轴，并与纵向进给方向和工作台面平行。松开分度盘紧固螺钉与主轴锁紧手柄，用分度手柄带动分度盘一起旋转。因配置交换齿轮后使用机动进给，须注意检查分度头的油标位置，并注意对传动系统进行润滑。

用鸡心夹头装夹工件时，注意在工件外圆上包铜片，找正工件外圆与分度头主轴同轴，复验上素线与工作台面的平行度（见图 2—245a）以及侧素线与进给方向的平行度（见图 2—245b）。因台阶轴两端具有中心孔，可采用两顶尖及拨盘等装夹工件。如图 2—245 所示为工件的装夹与找正。

4）计算导程和交换齿轮

①计算导程。其计算公式为：

$$P_{\mathrm{h}} = \pi D\cot\beta = 3.141\,6 \times 35 \times \cot 26^{\circ}34' \approx 220\ \mathrm{mm}$$

②计算交换齿轮。其计算公式为：

$$i = \frac{z_1 z_3}{z_2 z_4} = \frac{40P_{丝}}{P_{\mathrm{h}}} = \frac{40 \times 6}{220} = \frac{60}{55}$$

即主动轮 $z_1 = 60$，从动轮 $z_2 = 55$。

5）配置交换齿轮。交换齿轮的配置方法如图 2—246 所示。

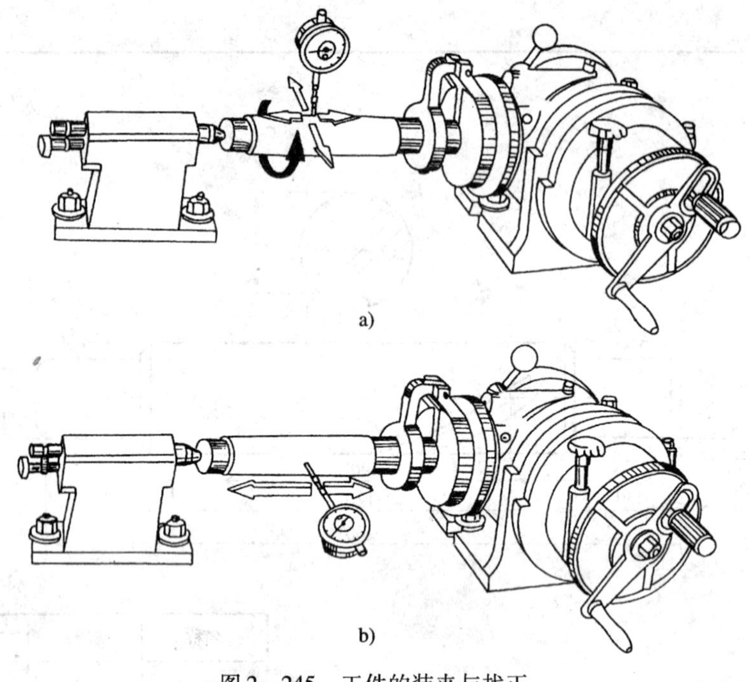

图2—245　工件的装夹与找正

a）上素线找正　b）侧素线找正

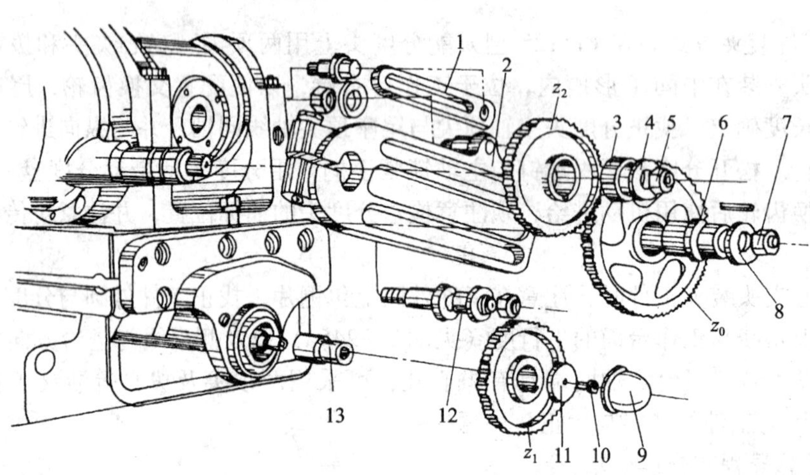

图2—246　交换齿轮的配置方法

1—连接板　2—交换齿轮架　3—套圈　4，8，11—垫圈　5，7—螺母

6—齿轮套　9—端盖　10—螺钉　12—交换齿轮轴　13—轴套

①拆下端盖9。

②在纵向进给丝杆右端安装轴套13。

③安装主动轮 $z_1=60$。

④安装垫圈11和螺钉10，以防止齿轮传动时脱落。

⑤在分度头侧轴套筒上安装交换齿轮架2。

⑥在分度头侧轴上安装从动轮 $z_2=55$。

⑦安装套圈3、垫圈4和螺母5，以防止从动轮脱落。

⑧紧固交换齿轮架，在其上安装交换齿轮轴12、齿轮套6和中间轮 z_0，并安装垫圈8和螺母7，使中间轮与从动轮啮合（啮合后齿轮之间摆动5°左右）。

⑨松开交换齿轮架，使中间轮与主动轮适当啮合，然后紧固交换齿轮架。紧固分度头与交换齿轮架的连接板1。在交换齿轮与交换齿轮轴套的转动部位加润滑油。

⑩检查交换齿轮，并用手摇动纵向进给手柄，检查齿轮传动时的啮合情况。

6）检查导程和螺旋方向

①检查导程时，在工作台纵向移动部位做距离为220 mm的侧面记号 A 和 B，并在刻度盘上做记号，同时在分度头主轴回转刻度盘上做对应记号。松开分度头主轴锁紧手柄和分度盘紧固螺钉，将分度销插入孔圈，使工作台从 A 点至 B 点纵向移动，即准确地移动220 mm，此时，分度头主轴应准确地转过360°。

②检查螺旋方向时，在工件的圆柱表面上用粉笔画一条右旋螺旋线。纵向移动工作台，观察工件是否按所画的右旋螺旋线转动；若不对，可增加或减少中间轮予以调整。

7）安装铣刀及调整铣削用量。将铣刀安装在靠近交换齿轮架处，以防止工作台扳转角度后因受横向行程限制而妨碍加工，主轴的转速调整为 $n=75$ r/min（$v_c \approx 15$ m/min），进给速度 $v_f=23.5$ mm/min。

（2）铣削加工

1）调整铣刀横向切削位置

①螺旋槽的对刀如图2—247所示。首先脱开交换齿轮，在工件表面涂色，采用将工件翻转180°的方法，用游标高度尺在工件表面划出对称于中心、间距为2 mm的两条平行线，如图2—247a所示。

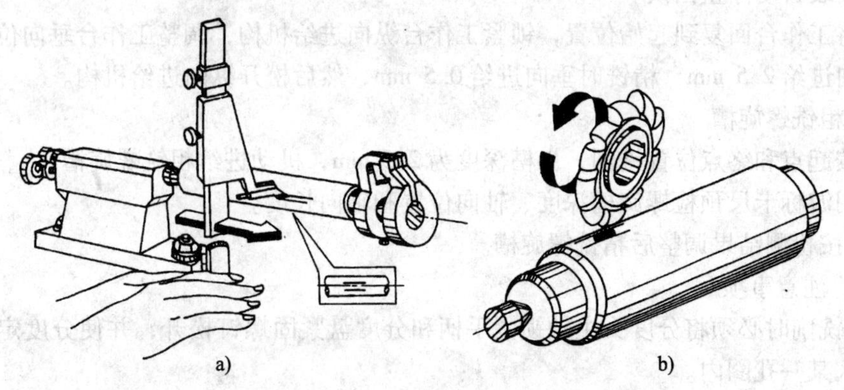

图2—247　螺旋槽的对刀
a）划线　b）对刀

单元 2

②将工件准确地转过 90°，使划线处于正上方，调整工作台，使凸半圆铣刀的切痕处于工件表面划线的中间，如图 2—247b 所示。

2）调整工作台转角

①松开工作台转盘的四个锁紧螺母，其中两个锁紧螺母在铣床外侧，两个在铣床内侧。

②将工作台逆时针（用右手推）扳转螺旋角 $\beta=26°34'$，然后紧固四个锁紧螺母。工作台扳转角度后的位置如图 2—248 所示。

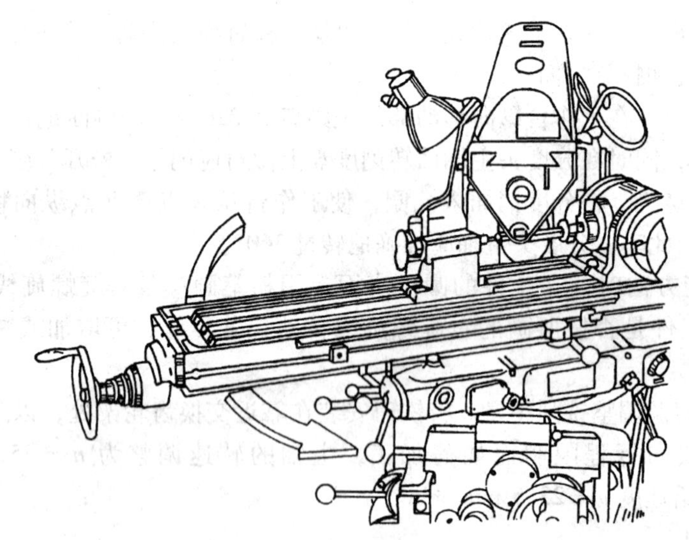

图 2—248　工作台扳转角度后的位置

3）调整螺旋槽轴向位置和深度

①将分度销插入孔圈，纵向移动工作台，按图样要求，使铣刀的铣削位置距端面为 20 mm，在工作台和刻度盘上做记号；再沿螺旋槽方向使工作台纵向移动 90 mm，做好记号并安装自动停止挡铁。

②将工作台回复到起始位置，锁紧工作台纵向进给机构，调整工作台垂向位置，粗铣时垂向进给 2. 5 mm，精铣时垂向进给 0. 5 mm，然后松开纵向进给机构。

4）粗铣螺旋槽

①按起点和终点位置铣削，齿槽深度为 2. 5 mm，机动进给粗铣螺旋槽。

②用游标卡尺预检螺旋槽深度、轴向位置和轴向长度。

5）按检测结果调整后精铣螺旋槽。

（3）注意事项

1）铣削时必须将分度头主轴锁紧手柄和分度盘紧固螺钉松开，并使分度定位销牢固地插入某一孔圈内。

2）横向对刀是在扳转工作台转角之前进行的。在铣削前，应单独摇动分度手柄调整工件位置，使切痕落在螺旋槽的铣削路径上；否则会在工件表面残留对刀切痕。

3）调整螺旋槽轴向位置和长度时，可在工件表面铣出螺旋槽浅痕。此时用游标卡尺测量浅痕中点，可避免铣到槽深时螺旋槽两端延伸段对测量的影响。由于螺旋槽的两端位置不在同一素线位置上，测量轴向长度时，可借助基准端面进行测量；例如，本例中始端距基准端面为 20 mm，末端距基准端面应为 110 mm。

4）铣削时不要触及交换齿轮的传动部分，以免发生事故。

5）退刀时应先使工作台垂直下降，待工件完全脱离刀具后再纵向退刀；否则会损坏刀具和工件加工表面。

6）在铣削螺旋槽的过程中，不能单独移动工作台及转动分度手柄；否则会改变原定复合运动的铣削位置。

7）铣削多头螺旋槽进行分度时，定位销拔出后不能移动工作台；否则会造成分度等距误差。

8）分度头的安装位置必须在中间 T 形槽内；否则，即使对刀准确，扳转工作台角度后铣削位置也会偏移，从而影响螺旋槽的对称位置精度。

四、等速凸轮的铣削方法

凸轮是具有曲线或曲面轮廓的一种构件。常用的凸轮有盘形凸轮和圆柱凸轮，通常在铣床上加工的是等速凸轮，也就是凸轮做匀速回转时从动件做等速移动。

1. 铣削凸轮的工艺要求

（1）凸轮的工作型面应符合所规定的导程、旋向、槽深等要求。

（2）凸轮的工作型面应与凸轮的某一基准部位处于正确的相对位置。

（3）凸轮的工作型面应符合预定的形状，以满足从动件接触方式的要求。

（4）凸轮的工作型面应具有较小的表面粗糙度值。

如图 2—249 所示为等速平板凸轮。当凸轮沿顺时针方向转动时，推杆将产生直线往复运动。曲线 AB 使推杆上升，曲线 BC 使推杆下降，圆弧 CA 使推杆静止不动。上升曲线 AB 所对的中心角（$\angle AOB$）称为升角，下降曲线 BC 所对的中心角（$\angle BOC$）称为降角，静止圆弧 CA 所对的中心角称为静止角。

凸轮上升曲线的最大半径与最小半径之差（$BO-AO$）叫做升高量。下降曲线的最大半径与最小半径之差（$BO-CO$）叫做下降量。静止圆弧上各点的半径都相等。凸轮的上升曲线和下降曲线统称为凸轮的工作曲线。工作曲线不同，凸轮的性质也不同。

2. 等速凸轮基本要素的计算

当从动件的运动速度为常量时，称为等速运动规律。如图 2—250a 所示为一等速盘形凸轮。凸轮以等角速度 ω 顺时针回转时，从动件做等速移动。凸轮的转角 θ 从 0 开始增加到 θ_0 时，从动件由起始点的最低位置等速地上升到最高位置，升高量为 H。如图 2—250b 所示为用作图法绘出的等速运动规律的从动件位移曲线。

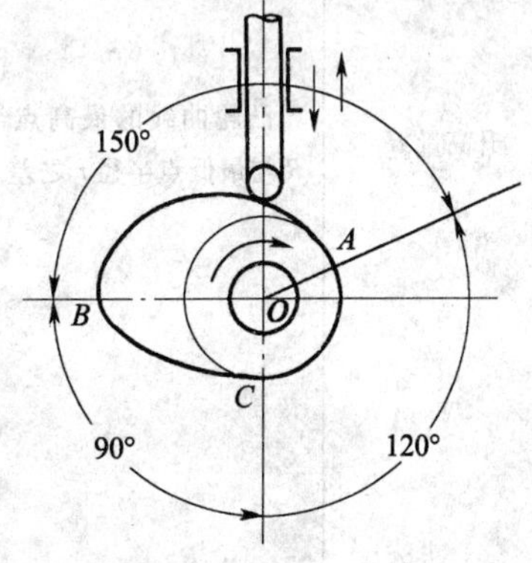

图 2—249　等速平板凸轮

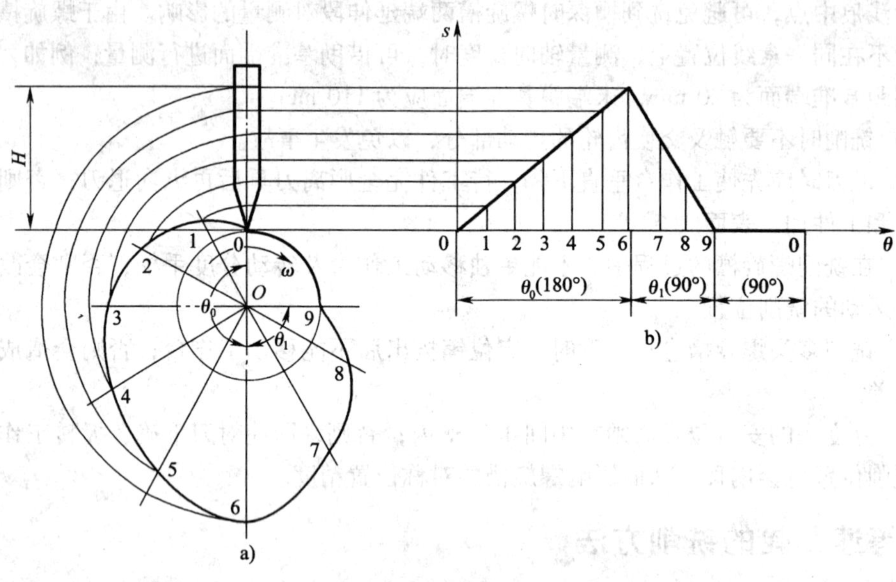

图 2—250　等速运动规律的位移曲线

a）等速盘形凸轮　b）从动件位移曲线

凸轮曲线的升高量和升角是成正比例增长的，即凸轮每转动一个相等的角度时，推杆沿直线移动的距离都相等。等速凸轮基本要素的计算见表 2—43。

表 2—43　　等速凸轮基本要素的计算

凸轮基本要素名称及代号	意义	计算公式及计算实例
升高量 H	凸轮曲线的最高点半径 R 与最低点半径 r 之差	$H=R-r$ 双工作曲线 如图所示，试计算曲线 AB 和 CD 的升高量 解：工作曲线 A 点的半径为 34 mm，B 点的半径为 40 mm，曲线 AB 的升高量 $H=40-34=6$ mm 曲线 CD 中 C 点的半径为 32 mm，D 点的半径为 40 mm，升高量 $H=40-32=8$ mm

续表

凸轮基本要素名称及代号	意义	计算公式及计算实例
升高率 h	凸轮转过一个单位角度或转过等分圆周的一等份时，从动件上升或下降的距离	凸轮圆周按360°等分时，升高率 h 用下式计算： $$h=\frac{H}{\theta}$$ 式中 θ——凸轮工作曲线在圆周所占的中心角度数，(°) 凸轮圆周按100格等分时，升高率 h 用下式计算： $$h=\frac{H}{A}$$ 式中 A——工作曲线在圆周所占的等分格数
导程 P_h	凸轮旋转一周，从动件上升或下降的距离，也就是凸轮工作曲线按一定的升高率旋转一周时的升高量	凸轮圆周按360°等分时，导程 P_h 用下式计算： $$P_h=\frac{360°H}{\theta}$$ 式中 θ——凸轮工作曲线在圆周所占的中心角度数，(°) 凸轮圆周按100格等分时，导程 P_h 用下式计算： $$P_h=\frac{100H}{A}$$ 式中 A——工作曲线在圆周所占的等分格数 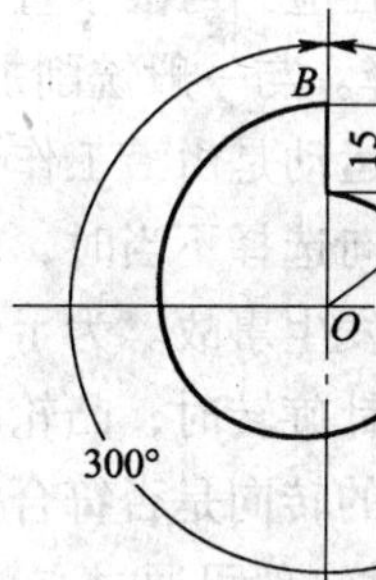 B 60° 15 A O 300° 单工作曲线

3．等速盘形凸轮的铣削方法

等速盘形凸轮的铣削方法根据工件的数量而定，如成批（大量）生产则大多采用靠模加工；对于单件、小批量生产，最常见的方法有垂直铣削法和倾斜铣削法两种。

(1) 垂直铣削法。垂直铣削法就是加工时工件和立铣刀的轴线都与工作台面垂直的铣削方法，如图2—251所示。这种铣削方法适宜加工只有一条工作曲线，或者虽然有几条工作曲线，但它们的导程都相等的盘形凸轮。垂直铣削法的具体操作步骤及其注意事项如下：

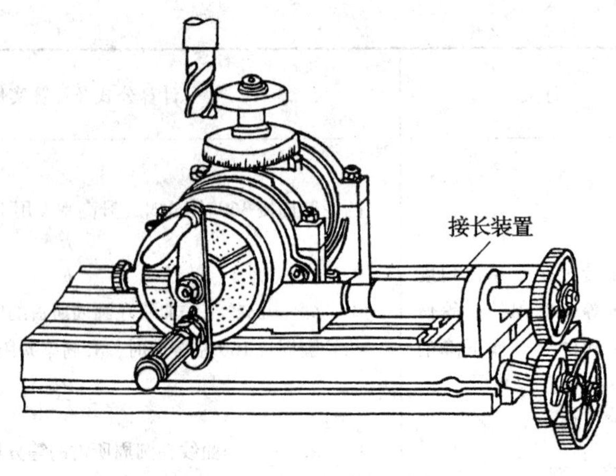

图 2—251　垂直铣削法

1）划线。在毛坯上划出凸轮的外形，并打上样冲眼，以便铣削时准确地控制凸轮各段曲线的起点和终点，以及铣削后便于检验。划线时要特别准确地划出凸轮平面螺旋线的起点和终点位置。

2）粗加工。凸轮型面的加工余量是不均匀的，所以应预先用锯削或铣削的方法去除大部分余量，使凸轮型面的加工余量尽可能地均匀一致，一般周边留 2 mm 左右的余量。

3）选择铣刀。对于等速盘形凸轮来说，其从动件滚子中心的运动轨迹是一条真正的平面螺旋线，而凸轮的实际外形曲线只不过是滚子外圆在各个不同瞬时位置的包络线，因此，立铣刀的直径应当与滚子直径相等。

4）铣削方向的选择。与一般铣削加工相比，凸轮的铣削比较复杂，铣削时，工件相对于铣刀的总的进给运动是由沿工作台纵向的直线进给运动与分度头的圆周进给运动复合而成的。当铣削方向选择不当时，就会出现顺铣状态，使工作台或分度头在切削力的作用下被铣刀拉动而发生事故。为了保证处于逆铣状态，凸轮毛坯在安装时要注意正反面，亦即当铣刀顺时针旋转时，凸轮的平面螺旋线应按逆时针方向升高。在配置交换齿轮时，也须注意凸轮的转向是否符合铣削方向的要求。

5）装夹工件。工件一般可通过心轴装夹在分度头上，此时分度头主轴的仰角应等于 90°，使其主轴与工作台面垂直。此外，为了防止在铣削过程中工件转动，在工件与心轴之间用平键连接进行定位。

6）计算及安装交换齿轮。采用垂直铣削法时，应按凸轮平面螺旋线的实际导程来计算交换齿轮，当凸轮具有两条导程不同的平面螺旋线时，应分别计算两组交换齿轮。交换齿轮安装后，要检查导程是否准确以及凸轮的转向是否符合铣削方向的要求。

7）对刀。对于从动件是对心直动的凸轮，对刀时应使铣刀和工件的中心连线与工作台纵向移动方向平行；而对于从动件偏置的凸轮，则应利用工作台的横向进给使铣刀中心偏移工件中心，偏移的距离必须等于从动件的偏距 e，并且偏移的方向也必须和从动件的偏置方向一致。

8）进行铣削。当上述各步骤完成后，就可以开始铣削。铣削时要注意进刀和退刀的方法。

进刀时，可将分度头分度手柄的定位销拔出，然后摇动工作台纵向进给手轮（当导程较小，工作台手轮摇不动时，可转动分度盘），使工作台纵向移动。这时，工件不转动，只沿直线移动，向铣刀靠近，待铣刀切入工件到预定的深度时，再将分度手柄的定位销插入分度盘的孔圈内。接着就可摇动分度手柄，使工件在转动的同时沿纵向移动进行铣削。

退刀时，可横向移动工作台，使工件离开铣刀，再反方向摇动分度手柄（手柄上的定位销不拔出），使工件反向旋转，退回到起始切削位置。第二次进刀前，应将工作台横向移动，退回到原来的位置。这样经过几次铣削，便可将凸轮的平面螺旋线加工出来。

9）特点。采用垂直铣削法的优点是铣床调整及计算简单，操作方便，铣刀伸出长度较短。但也有以下不足之处：

①由于交换齿轮是直接按凸轮的平面螺旋线的导程计算的，交换齿轮所保证的导程又是一个近似值，因而影响凸轮的加工精度。

②当凸轮具有几段导程不同的平面螺旋线时，必须计算几组交换齿轮，每铣一段都要更换交换齿轮。

③为了保证铣刀能触及工件，分度头不能安装在工作台的右端尽头，必须增设交换齿轮轴的接长装置，如图 2—251 所示。

④当用分度头进行垂直铣削时，工件的装夹位置较高，有时即使将升降台下降至最低位置也会出现无法铣削的情况。

（2）倾斜铣削法。为了弥补垂直铣削法的不足，可改用倾斜铣削法来铣削凸轮。所谓倾斜铣削法，是指加工时使分度头主轴与水平方向成一倾角后进行铣削的方法，如图 2—252 所示。

倾斜铣削法的原理如图 2—253 所示，当分度头主轴仰起 α 角后，立铣头也必须相应地转动一个 β 角，以使分度头主轴与立铣头主轴相互平行。此时，如果分度头的交换齿轮是按某一假定的导程 $P_{假}$ 来计算的，则当工件每转过一转时，工作台将带着工件水平移动一个 $P_{假}$ 的距离。但由于铣刀和工件的轴线位置是倾斜的关系，铣刀仅切入工件一个小于 $P_{假}$ 的距离，该距离应当等于凸轮的导程 P_h，由图 2—253 可得到以下关系式：

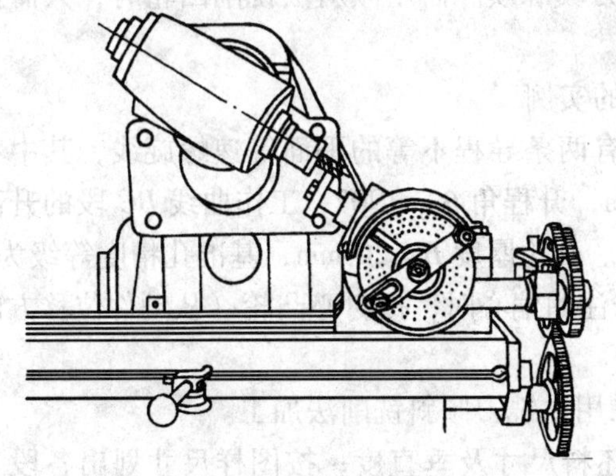
图 2—252　倾斜铣削法

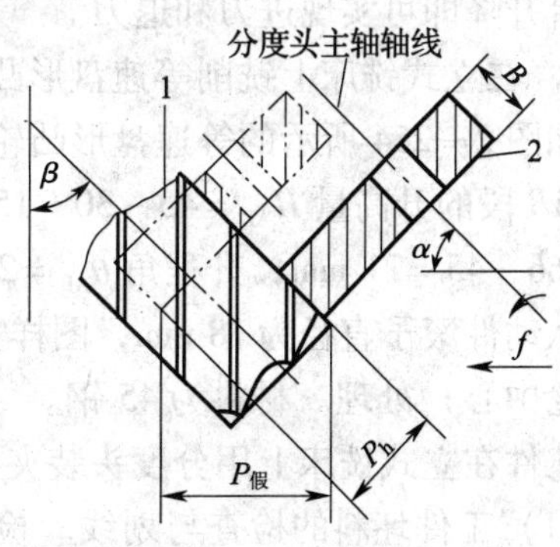

图 2—253　倾斜铣削法的原理
1—铣刀　2—工件

$$P_h = \sin\alpha P_{假}$$

式中　α——分度头主轴仰角，(°)；

$P_{假}$——假定的交换齿轮导程，mm。

而立铣头的转角β为：

$$\beta = 90° - \alpha$$

应用倾斜法铣削盘形凸轮，切削开始时，在铣刀下部切削，当切削到曲线终点时，凸轮相对上升至铣刀上部，因此，在加工前要预先计算铣刀切削刃的长度l，其计算公式如下：

$$l = B + H\cot\alpha + 10$$

式中　B——凸轮的厚度，mm；

H——被加工凸轮曲线的升高量，mm；

α——分度头主轴仰角，(°)。

若铣床的主轴能随主轴套筒伸缩时，则铣刀切削刃的长度可小于l。

采用倾斜法铣削凸轮时，具体操作方法与垂直铣削法基本相同。与垂直铣削法相比，倾斜铣削法具有以下优点：

1）用垂直法铣削凸轮上几条不同导程的曲线时，每加工一条曲线，就需要配置一次交换齿轮。而用倾斜法加工时，只需选择一个适当的假定导程$P_{假}$，安装一次交换齿轮即可，当曲线的导程不同时，只要改变分度头和立铣头的倾斜角度就可进行加工。

2）对于一些导程是大质数或带小数的凸轮，用垂直法加工时，交换齿轮的配置较困难。而用倾斜法加工时，可将$P_{假}$选成整数值，然后通过计算，按所得倾斜角α和β分别调整分度头和立铣头，即可加工出所要求的凸轮。

3）用垂直法加工盘形凸轮时，由于分度头主轴处于垂直位置，有些机床会因垂直行程不够而无法加工。同时，由于安装交换齿轮时分度头位于工作台一端尽头处，使工件不能触及铣刀，需增设接长装置。而倾斜铣削法可以弥补垂直铣削法受铣床行程限制的缺陷。

4）用垂直法铣削凸轮时，进刀和退刀较麻烦。而用倾斜法铣削凸轮时，只需操纵工作台升降即可实现进刀和退刀。

4. 在立式铣床上铣削等速盘形凸轮的实例

如图2—254所示的等速盘形凸轮具有两条导程不等的平面等速螺旋线，其中工作曲线AB段的升高量$H_{AB}=45-30=15$ mm，升程角$\theta_{AB}=90°$；工作曲线BC段的升高量$H_{BC}=66-45=21$ mm，升程角$\theta_{AB}=240°$。凸轮厚度$B=20$ mm，基准孔精度等级为IT7级。从动件滚子直径为18 mm，图样上未注明偏心时，按对心凸轮（从动件位移方向通过凸轮中心）处理。材料为45钢。

工件在立式铣床上用分度头装夹，采用立铣刀倾斜铣削法加工。

(1) 工件坯料的检查与划线。检查坯料尺寸及垂直度；按图样尺寸划出各段工作曲线，并打上样冲眼。

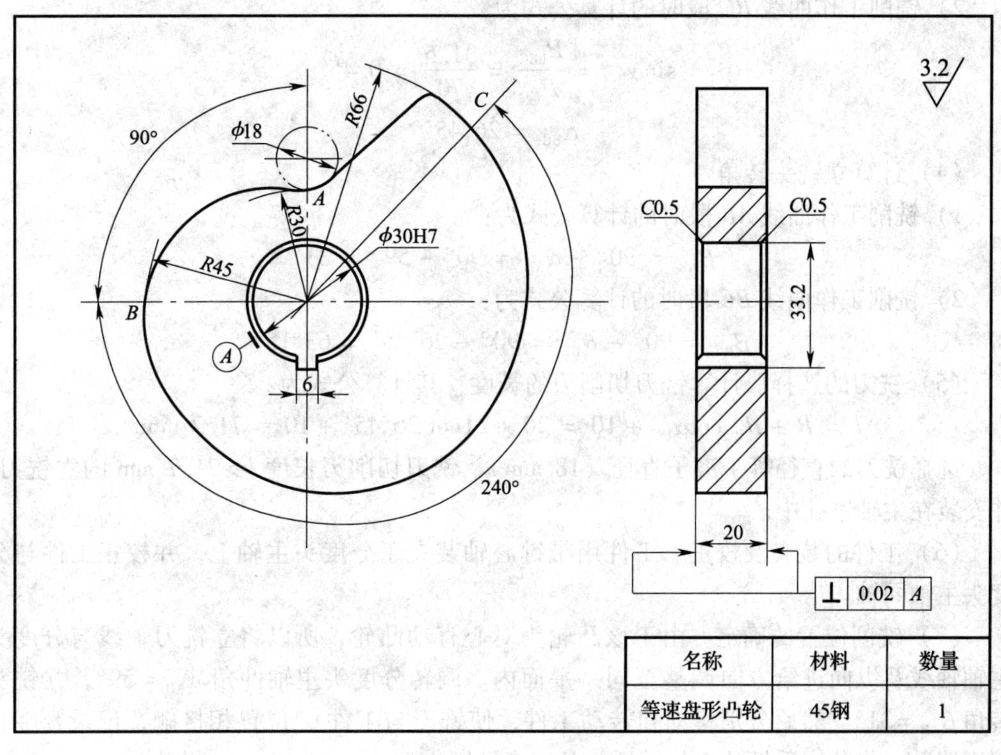

名称	材料	数量
等速盘形凸轮	45钢	1

图 2—254　等速盘形凸轮

（2）计算导程和交换齿轮

1）计算导程。其计算公式为：

$$P_{\mathrm{hAB}} = \frac{360}{\theta_{\mathrm{AB}}} H_{\mathrm{AB}} = \frac{360}{90} \times 15 = 60 \text{ mm}$$

$$P_{\mathrm{hBC}} = \frac{360}{\theta_{\mathrm{BC}}} H_{\mathrm{BC}} = \frac{360}{240} \times 21 = 31.5 \text{ mm}$$

两条工作曲线的导程都易于计算交换齿轮，因此，在铣削工作曲线 AB 段时可采用简单的垂直铣削法，铣削 BC 段时则采用倾斜铣削法，只要假设导程 $P_{假}=60$ mm，则交换齿轮不变。本实例中由于凸轮直径较小，为避免使用接长装置，两条曲线均采用倾斜铣削法。设定假设导程 $P_{假}=70$ mm。

2）计算交换齿轮。其计算公式为：

$$\frac{z_1 z_3}{z_2 z_4} = \frac{40P_{丝}}{P_{假}} = \frac{240}{70} = \frac{24}{7} = \frac{100 \times 60}{25 \times 70}$$

即 $z_1=100$，$z_2=25$，$z_3=60$，$z_4=70$。

（3）计算分度头主轴仰角

1）铣削工作曲线 AB 段时的计算公式为：

$$\sin\alpha_{\mathrm{AB}} = \frac{P_{\mathrm{hAB}}}{P_{假}} = \frac{60}{70} \approx 0.85714$$

$$\alpha_{\mathrm{AB}} = 59°$$

2）铣削工作曲线 *BC* 段时的计算公式为：

$$\sin\alpha_{BC} = \frac{P_{hBC}}{P_{假}} = \frac{31.5}{70} = 0.45$$

$$\alpha_{BC} = 26°45'$$

（4）计算立铣头转角

1）铣削工作曲线 *AB* 段时的计算公式为：

$$\beta_{AB} = 90° - \alpha_{AB} = 90° - 59° = 31°$$

2）铣削工作曲线 *BC* 段时的计算公式为：

$$\beta_{BC} = 90° - \alpha_{BC} = 90° - 26°45' = 63°15'$$

（5）铣刀的选择。计算铣刀切削刃的长度，其计算公式为：

$$l = B + H_{BC}\cot\alpha_{BC} + 10 = 20 + 21\cot 26°45' + 10 \approx 71.7\ \text{mm}$$

选择铣刀的直径等于滚子直径（18 mm），铣刀切削刃长度 $l > 71.7$ mm 的立铣刀，并安装在主轴锥孔中。

（6）工件的装夹及校正。工件用带键心轴装夹于分度头主轴上，并校正工件与分度头主轴同轴。

（7）铣削位置的确定。由于该凸轮为对心直动凸轮，所以将立铣刀轴线与分度头主轴轴线及纵向进给方向调整至同一平面内。调转分度头主轴仰角 $\alpha_{AB} = 59°$，立铣头转角 $\beta_{AB} = 31°$。然后分别移动和转动工件，使铣刀与工件 0°位置相接触，记录升降台刻度读数，将分度手柄的定位销插入分度盘孔圈中。

单元 2

（8）铣削 *AB* 段曲线型面。开动铣床，将升降台上升，铣削 *AB* 段（0°～90°）凸轮工作型面至要求。

（9）铣完 *AB* 段后，分别调整分度头主轴仰角 $\alpha_{BC} = 26°45'$和立铣头转角 $\beta_{BC} = 63°15'$，同上述方法对刀，铣削 *BC* 段凸轮型面至要求。

（10）采用倾斜铣削法时的注意事项

1）假设的导程 $P_{假}$ 必须大于或等于凸轮上各段工作曲线中的最大导程，并且能方便地计算交换齿轮。

2）假设的导程 $P_{假}$ 与凸轮上各段工作曲线中最大导程之差应尽量小；否则，会使分度头主轴仰角 α 减小（$\sin\alpha = \frac{P_h}{P_{假}}$），$\alpha$ 的减小又会使所选择的立铣刀的切削刃长度 l 增长，造成立铣刀刚度降低及选择困难。

3）铣削时，立铣头转角 β 和分度头主轴仰角 α 调整得应尽量准确，因为它们的误差将直接影响凸轮导程的精度。

5. 等速圆柱凸轮的铣削概述

（1）等速圆柱凸轮的导程计算。等速圆柱凸轮的工作曲线是圆柱螺旋线，即凸轮圆柱面上的一个动点在凸轮转过相等的转角时，沿圆柱轴线方向的位移相等。如图 2—255 所示为等速圆柱凸轮，凸轮槽宽为 16 mm，由凸轮沿圆周的展开图可知：工作段 *AB* 及返程段 *CD* 为等速圆柱矩形螺旋槽，*AB* 段为右旋，*CD* 段为左旋。

等速圆柱凸轮一般在立式铣床上用立铣刀或键槽铣刀加工，其铣削方法与圆柱螺旋槽

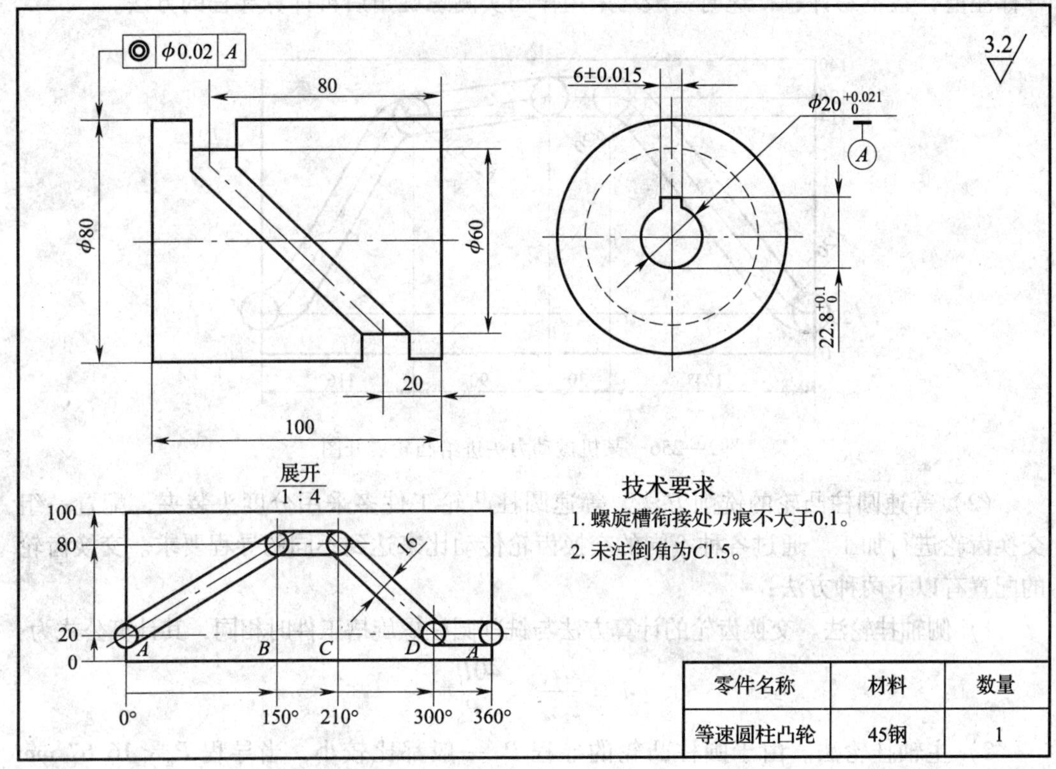

图 2—255　等速圆柱凸轮

的铣削基本相同。由于该凸轮的螺旋槽有右旋与左旋两部分，螺旋角的大小一般也不同，所以必须分两次铣削，并应重新调整交换齿轮（包括更换交换齿轮齿数以及增加或减少中间轮）。

等速圆柱凸轮导程的计算与一般圆柱螺旋槽导程的计算基本相同。由于实际工作中图样给定的条件各有差异，使计算方法也不同，常用的方法如下：

1）按图样标注的螺旋角 β 计算导程 P_h，其计算公式如下：

$$P_h = \pi D\cot\beta$$

2）按图样给出的螺旋槽所占的圆周角及升高量计算导程 P_h，其计算公式如下：

$$P_h = \frac{360°H}{\theta}$$

式中　H——凸轮曲线的升高量，mm；

θ——凸轮曲线在圆周上所占的中心角，(°)。

3）按放大图实测螺旋角 β 后再计算导程 P_h。用 5∶1 或 10∶1 的放大比例将凸轮外圆柱面展开成平面图，用量角器测出螺旋角 β，然后根据 β 值计算出导程。这种方法有一定误差，但如果测绘准确，一般能达到凸轮的加工要求。由于等速凸轮在工作中存在较大的刚性冲击，一般在螺旋线的起始及终了位置设置有过渡圆弧段，以减小冲击，如

图 2—256 所示为某机械动力头进给凸轮展开图。凸轮螺旋槽所占的实际中心角小于图样标注值，且不易计算，这时一般均采用作图实测螺旋角后再计算导程的方法。

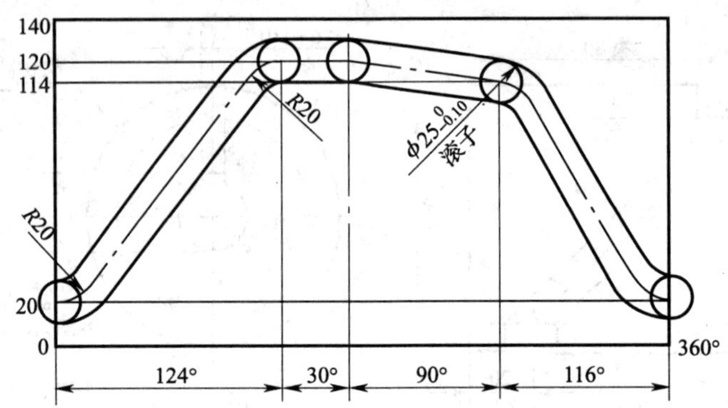

图 2—256 某机械动力头进给凸轮展开图

（2）等速圆柱凸轮的铣削方法。等速圆柱凸轮工件多采用分度头装夹，配置一组交换齿轮进行加工。通过各种不同的交换齿轮传动比来达到不同的导程要求。交换齿轮的配置有以下两种方法：

1）侧轴挂轮法。交换齿轮的计算方法与铣削圆柱螺旋槽工件时相同，其计算公式为：

$$i = \frac{z_1 z_3}{z_2 z_4} = \frac{40P_{丝}}{P_h}$$

单元 2

2）主轴挂轮法。由于圆柱凸轮的导程 P_h 一般都比较小，当导程 $P_h < 16.67$ mm 时，会出现交换齿轮中主动轮与从动轮齿数相差悬殊的现象，难以配置。这时，一般采用分度头主轴挂轮法来缩小交换齿轮的传动比。主轴挂轮法是将交换齿轮配置在工作台纵向进给丝杆与分度头主轴后端的交换齿轮轴之间，如图 2—257 所示为主轴挂轮法传动系统图。由于传动链不再经过分度头的蜗杆蜗轮副，此时交换齿轮按下式计算：

$$\frac{z_1 z_3}{z_2 z_4} = \frac{P_{丝}}{P_h}$$

采用主轴挂轮法加工小导程圆柱凸轮时，只能直接用手摇动分度手柄实现进给，分度头上蜗杆与蜗轮未脱开之前，绝不能采用机动进给，否则将会损坏铣床的进给传动部分。

另外，采用主轴挂轮法加工圆柱凸轮时，由于分度头已失去分度的功能，因此，当凸轮型面为多线而需要分度时，只能在分度头主轴上加设分度装置来进行分度；或者在分度时将交换齿轮脱开，把分度头主轴后端交换齿轮中的从动轮 z_4 作为分度依据，因此，在确定交换齿轮的齿数时应使 z_4 为工件线数的整数倍。

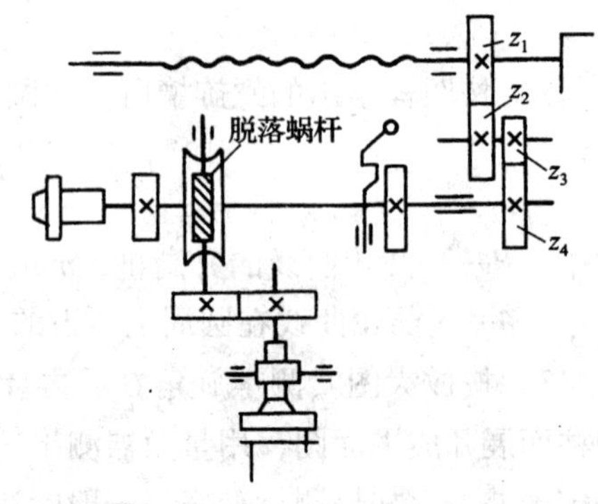

图 2—257 主轴挂轮法传动系统图

6. 等速圆柱凸轮铣削实例

如图 2—255 所示为等速圆柱凸轮，该凸轮由四段工作曲线组成，槽宽为 16 mm，与凸轮相接触的从动件滚子直径 $d = 16$ mm，工作曲线 AB 段的升高量 $H_{AB} = 60$ mm，升程角 $\theta_{AB} = 150°$，用于实现工作进给；BC 段为环形槽，升高量 $H_{BC} = 0$，$\theta_{BC} = 60°$，用于工作停止（不进给）；CD 段为回程段，使从动件回到初始位置，升高量 $H_{CD} = -60$ mm，回程角 $\theta_{CD} = 90°$，用于实现快速退出；DA 段也是环形槽，升高量 $H_{DA} = 0$，$\theta_{DA} = 60°$，为停止段。四段槽形曲线的衔接处要求接刀痕不大于 0.1 mm。凸轮基准孔精度等级为 IT7 级，凸轮外圆柱面轴线对基准孔轴线的同轴度公差为 $\phi 0.02$ mm。凸轮材料为 45 钢。

工件在立式铣床上用分度头装夹后加工。

（1）工件坯料的检查与划线。检查坯料尺寸及同轴度，检查带键心轴与工件内孔配合是否良好。如无合适的心轴而需用外圆定位及装夹时，坯料应增加长度为 30 mm 左右的工艺留量，以便于装夹。为了保证加工时位置正确和曲线间衔接处不至于铣过头，一般应在坯料上按图样尺寸先划好线。

（2）铣刀的选择。在铣削圆柱矩形螺旋槽时，选用的立铣刀直径越小，产生的干涉（槽底尺寸变大）也越小，但当矩形螺旋槽用做凸轮槽时，立铣刀或键槽铣刀的直径应该按凸轮从动件滚子直径的大小选取，与选取小于滚子直径的铣刀铣削相比，虽然矩形槽的干涉要大一些，法向截面上矩形两侧的直线度误差要大一些，但槽形与从动件滚子贴合处接触良好。因此选用直径为 16 mm 的立铣刀或键槽铣刀。

（3）计算导程和交换齿轮

1）计算各段导程。其计算公式为：

$$P_{hAB} = \frac{360}{\theta_{AB}} H_{AB} = \frac{360}{150} \times 60 = 144 \text{ mm}$$

$$P_{hBC} = P_{hDA} = 0$$

$$P_{hCD} = \frac{360}{\theta_{CD}} H_{CD} = \frac{360}{90} \times (-60) = -240 \text{ mm}$$

负号表示回程，螺旋槽旋向相反（左旋）。

2）计算交换齿轮。本实例中采用侧轴挂轮法。

AB 段：

$$\frac{z_1 z_3}{z_2 z_4} = \frac{40 P_{丝}}{P_{hAB}} = \frac{240}{144} = \frac{5}{3} = \frac{100 \times 60}{40 \times 90}$$

即 $z_1 = 100$，$z_2 = 40$，$z_3 = 60$，$z_4 = 90$。

CD 段：

$$\frac{z_1 z_3}{z_2 z_4} = \frac{240}{P_{hCD}} = \frac{240}{-240} = -\frac{80 \times 25}{40 \times 50}$$

即 $z_1 = 80$，$z_2 = 40$，$z_3 = 25$，$z_4 = 50$，负号表示需增加一个中间轮。

（4）装夹工件和对刀。调整分度头主轴轴线与工作台面平行，且与纵向进给方向一致，装夹并校正工件；对刀时应使铣刀轴线与工件轴线垂直相交；用侧轴挂轮法安装第一组交换齿轮，将 $z_1 = 100$ 安装在工作台纵向进给丝杆上，$z_4 = 90$ 安装在分度头侧轴上，检查工件回转方向与工作台纵向进给丝杆旋转方向一致。

（5）铣削凸轮槽

1）铣削 AB 段。根据划线，使铣刀对准 A 处，切入 10 mm（如用立铣刀加工，须在 A 处预先钻好落刀孔），用手摇动纵向进给丝杆手柄或用自动进给铣削 AB 段凸轮槽至 B 处，停止进给。

2）铣削 BC 段。锁紧工作台纵向进给机构。拔出分度手柄定位销，根据 $\theta_{BC}=60°$，在 54 孔的孔圈上缓慢、均匀地摇动分度手柄 6 转又 36 个孔距，手动进给铣削 BC 段至 C 处。松开纵向进给机构紧固螺钉，并使铣床停机。

3）铣削 CD 段。更换第二组交换齿轮，并增加一个中间轮，使工件回转方向与工作台纵向进给丝杆的旋转方向相反。开动铣床，加工 CD 段至 D 处。因 CD 段为左旋，工作台向相反方向移动，故最好将分度手柄定位销拔出，反摇纵向进给丝杆手柄，以消除间隙。

4）铣削 DA 段。锁紧工作台纵向进给机构。拔出分度手柄定位销，根据 $\theta_{DA}=60°$，缓慢、均匀地摇动分度手柄 6 转又 36 个孔距（在 54 孔的孔圈上），加工 DA 段至 A 处。松开纵向进给机构紧固螺钉，使铣床停机。

7．注意事项

（1）凸轮工件用心轴定位及装夹时，最好采用键连接，并且轴向用螺母紧固。

（2）须松开分度头锁紧手柄，以免损坏分度头。

（3）应采用逆铣方式铣削。

（4）铣削导程 $P_h<60$ mm 的凸轮螺旋槽时，应用手摇分度手柄带动分度盘转动来实现手动进给，不允许采用机动进给，以免发生事故。

第十节　刀具齿槽的加工

→ 能根据图样要求，了解刀具齿槽的加工要点及工艺要求

→ 熟练掌握圆柱面直齿刀具齿槽的铣削方法

一、刀具齿槽的种类

多刃刀具的齿槽形式很多，如按刀具所在表面分类，有圆柱面齿槽、圆锥面齿槽和端面齿槽三种类型；按齿向分类，有直齿槽和螺旋齿槽两种类型。根据不同组合，又有圆柱面直齿和螺旋齿槽、圆锥面直齿和螺旋齿槽等多种类型。刀具齿槽的种类如图 2—258 所示。

具有圆柱面直齿槽的刀具有三面刃铣刀、直齿铰刀等。具有圆柱面螺旋齿槽的刀具有圆柱铣刀、立铣刀、键槽铣刀、错齿三面刃铣刀和麻花钻等。具有圆锥面直齿槽的刀具有角度铣刀、直齿锥度铰刀及锥孔的锪钻等。

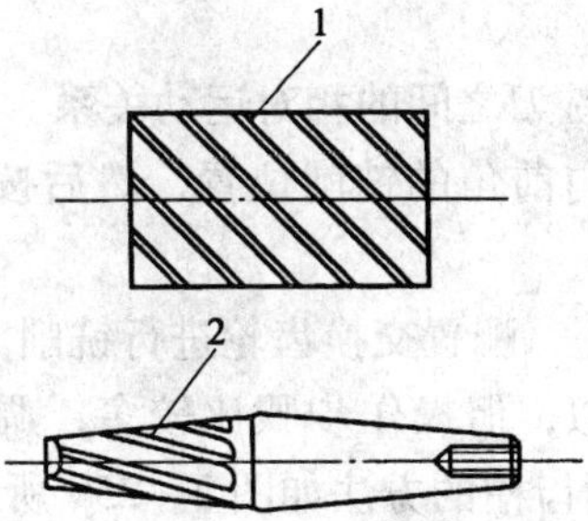

图 2—258 刀具齿槽的种类

1—圆柱面螺旋齿 2—圆锥面螺旋齿 3—圆柱面直齿 4—圆锥面直齿 5—端面齿

二、铣削刀具齿槽的工艺要求

被加工刀具在铣床上铣出刀具齿槽后，还必须经过热处理和刃磨。刃磨是依据铣成的齿槽进行的精加工，因此，刀具齿槽的铣削应符合以下工艺要求：

1．槽形要求

主要包括齿槽角、槽深、槽底圆弧等应符合图样要求。

2．分齿要求

主要包括均分齿槽的等分精度要求和不均分齿槽的分齿夹角要求（如不等分锥度铰刀等）。

3．齿向要求

主要包括是直齿槽还是螺旋齿槽，以及螺旋齿槽的螺旋角等。

4．切削刃宽度要求

根据图样规定的刃宽要求考虑磨削余量。

5．刀齿几何角度要求

主要包括前角、后角、刀尖角、楔角等技术要求。

6．齿槽表面质量要求

主要包括表面粗糙度、各切削表面的连接等要求。

三、铣削刀具齿槽的加工要点

为了达到刀具齿槽铣削的工艺要求，铣削齿槽时应掌握以下加工要点：

1．选择适当廓形的工作铣刀

铣削刀具齿槽时，应根据刀具的齿槽角或齿槽法向截形角选择单角铣刀或双角铣刀。铣削特殊槽形的刀具齿槽时，应采用专用铣刀加工。铣削齿背的刀具可另行选择，也可采用铣削齿槽的铣刀兼作铣削齿背用。

2．工作铣刀和被加工刀具的相对位置

（1）按图样规定的前角计算横向偏移量，供横向调整工作台时参照使用。

（2）用划线对刀法或切痕对刀法确定铣刀与被加工刀具调整操作的起始位置，也可按横向偏移量划线对刀确定铣削加工位置。

（3）铣削锥面齿和端面齿时，应计算分度头主轴仰角，调整分度头主轴的位置，确定铣削位置。

3. 铣削螺旋齿槽时被加工刀具和工作铣刀之间的相对运动关系

（1）先按圆柱面直齿对刀方法调整法向前角的铣削位置，然后按螺旋角和螺旋方向扳转工作台。

（2）按螺旋槽加工方法计算导程等数据，配置交换齿轮进行铣削。

齿槽的铣削与一般槽类的加工方法相似，但操作步骤比较多，调整及计算比较复杂。铣削圆柱面直齿槽和螺旋齿槽以及端面齿槽的方法如图 2—259 所示。

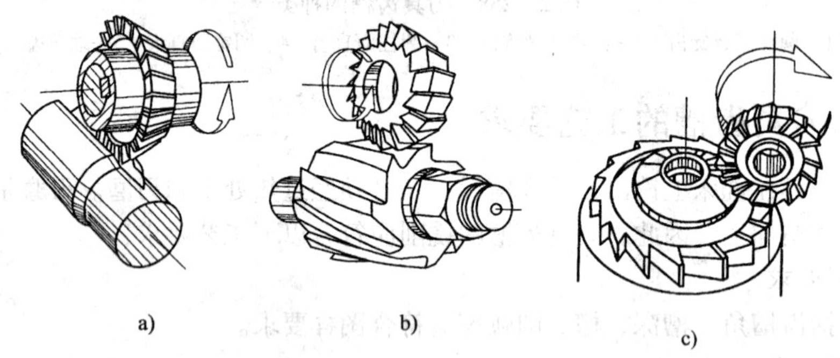

图 2—259　铣削刀具齿槽的方法

a）铣削圆柱面直齿槽　b）铣削圆柱面螺旋齿槽　c）铣削端面齿槽

四、圆柱面直齿刀具齿槽的铣削

锯片铣刀、直齿三面刃铣刀和成形铣刀等刀具的齿槽均为直槽，直槽可在铣床上用单角铣刀或双角铣刀铣削。

这类铣刀的前角 γ_o 有三种情况，即正前角（$\gamma_o>0°$）、零前角（$\gamma_o=0°$）和负前角（$\gamma_o<0°$）。因为通常只有硬质合金刀具做成负前角，其他刀具很少采用负前角。另外，负前角和正前角在加工时，只是工作铣刀与工件的相互位置不同，而加工方法基本相同，因此只需掌握前两种前角刀具的铣削方法即可。

1. 铣削前角 $\gamma_o=0°$ 的齿槽

（1）用单角铣刀铣削

1）工作铣刀的选择和安装。铣削时所选用的工作铣刀廓形角 θ_1 应等于图样上刀具的齿槽角 θ，如图 2—260 所示为用单角铣刀铣削前角 $\gamma_o=0°$ 的刀具齿槽。工作铣刀的垂直切削刃形成刀具刀齿的前面，工作铣刀安装后应校正其径向圆跳动和端面圆跳动，确保其在要求范围内。

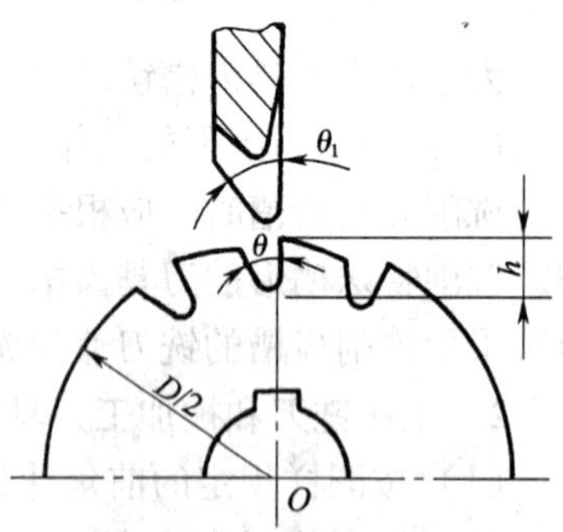

图 2—260　用单角铣刀铣削前角 $\gamma_o=0°$ 的刀具齿槽

2）工件的装夹及校正。工件用心轴装夹在分度头与尾座之间，用两顶尖装夹或用三爪自定心卡盘一夹一顶装夹，工件装夹后应校正其径向圆跳动，确保其在要求范围内。

3）计算和调整分度手柄转数。按 $n=\frac{40}{z}$ 计算和调整分度手柄转数。

4）对中心。由于刀齿的前角 $\gamma_o=0°$，其前面通过工件中心，所以工作铣刀的垂直切削刃应对准工件中心。采用划线对中心方法，在工件外圆和端面上划出中心线，使单角铣刀的垂直切削刃对准所划出的中心线，并紧固横向进给机构。

5）调整切深铣削。使铣刀刀尖刚刚铣着工件圆周，退出工件，将升降台上升一个刀齿深度，铣出第一个齿槽。然后使铣刀停止旋转，退回工件，松开分度头主轴进行分度，铣第二个齿槽，并依次分度将齿槽铣完。若图样对刀具后面的宽度有要求时，应通过几次试铣，使后面的宽度符合要求。

（2）用双角铣刀铣削

1）工作铣刀的选择和安装。所选用的双角铣刀的廓形角 θ_1 应等于图样上刀具的齿槽角 θ，用双角铣刀的小角度锥面刃铣削前角 $\gamma_o=0°$ 的直齿铣刀，如图 2—261 所示。

2）工件的装夹及校正。与用单角铣刀铣削刀具齿槽相同。

3）计算和调整分度手柄转数。与用单角铣刀铣削刀具齿槽相同。

4）计算及调整工作台偏移量。由于双角铣刀两锥面切削刃均不垂直于铣刀轴线，而要铣出前角 $\gamma_o=0°$ 的刀具，则双角铣刀小角度一侧的切削刃必须通过工件中心，因此，应在工件上划出中心线并使双角铣刀的刀尖对准中心线，再使双角铣刀的刀尖与工件中心偏移一个距离 S，然后将横向进给机构紧固，如图 2—262 所示为用双角铣刀铣削前角 $\gamma_o=0°$ 的刀具。S 值按下式计算：

$$S=\left(\frac{D}{2}-h\right)\sin\delta$$

式中 D——工件直径，mm；

h——工件齿槽深度，mm；

δ——双角铣刀的小角度，（°）。

5）计算和调整工作台升高量 H。由于工作台偏移，垂直升高量 H 发生变化，H 值用下式计算：

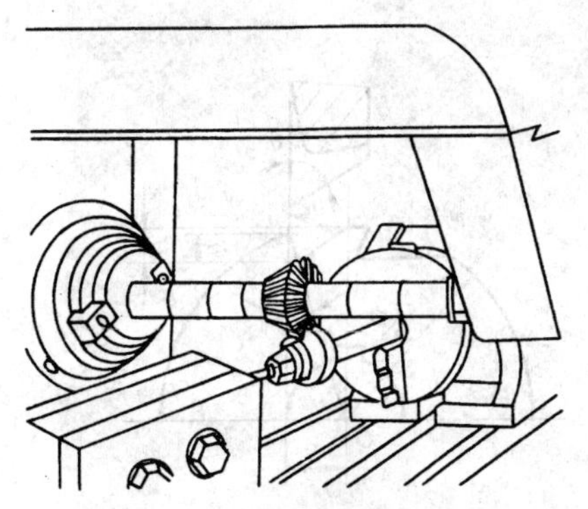

图 2—261 用双角铣刀铣削前角 $\gamma_o=0°$ 的直齿铣刀

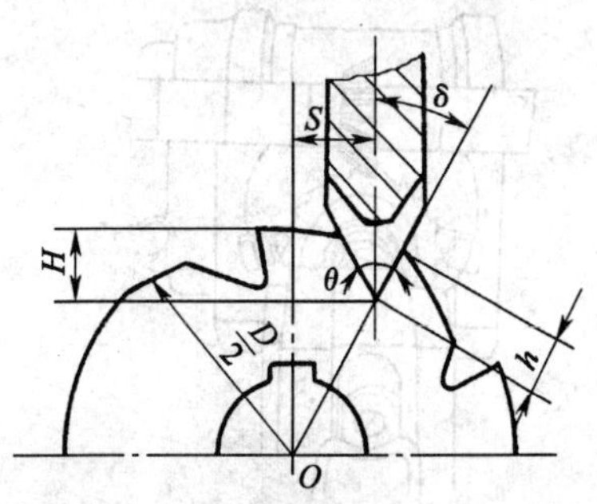

图 2—262 用双角铣刀铣削前角 $\gamma_o=0°$ 的刀具

$$H=\frac{D}{2}(1-\cos\delta)+h\cos\delta$$

将铣刀刀尖对准工件中心线刚刚铣着其圆周，将工作台横向偏移距离 S 后，根据计算出的升高量 H 值上升工作台，并依次铣出工件各齿槽。

除采用上述计算调整法铣削外，还可采用铣痕对刀法铣削前角 $\gamma_o=0°$ 的刀具（见图 2—263），其方法是：在工件上划中心线对中心后，铣出刀痕 A（见图 2—263a）；将工件转过一个双角铣刀的小角度 δ，横向移动工作台，使刀尖对准刀痕 A（见图 2—263b）；根据计算公式 $S=h\sin\delta$ 计算出 S，按图 2—263c 所示的箭头方向横向移动工作台，使刀尖离开刀痕 A，上升工作台铣削至 A 点，即达到齿槽深度 h，如图 2—263d 所示。

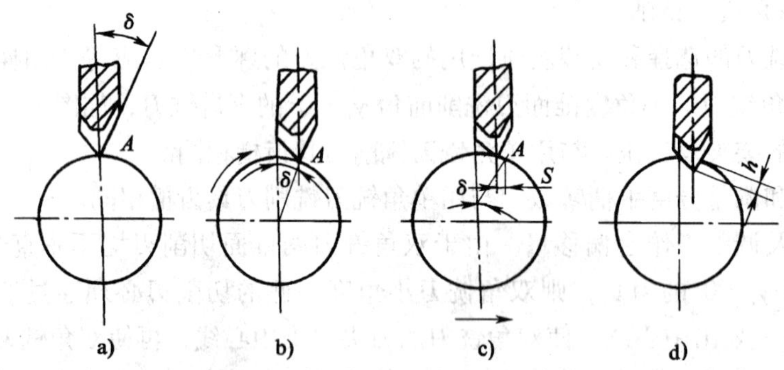

图 2—263　采用铣痕对刀法用双角铣刀铣削前角 $\gamma_o=0°$ 的刀具

a）对中心铣痕 A　b）工件转 δ 角后对准 A　c）工作台横向移动距离 S　d）切深铣削

2．铣削前角 $\gamma_o>0°$ 的直齿刀具

（1）用单角铣刀铣削。如图 2—264 所示为用单角铣刀铣削前角 $\gamma_o>0°$ 的直齿刀具。

1）工作铣刀的选择。条件与前述相同，其铣削方法与铣削前角 $\gamma_o=0°$ 的直齿刀具相似。

2）计算和调整工作台横向偏移量。使单角铣刀的垂直切削刃对准工件中心线并铣出刀痕，将工件按图 2—265 所示的方向移动一个距离 S，然后紧固横向进给机构。S 值按下式计算：

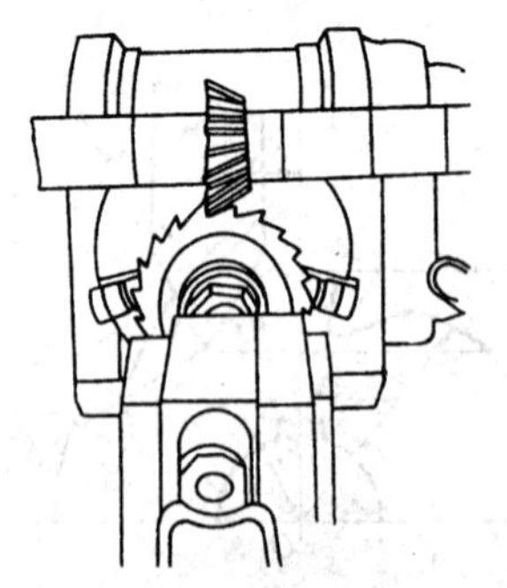

图 2—264　用单角铣刀铣削前角 $\gamma_o>0°$ 的直齿刀具

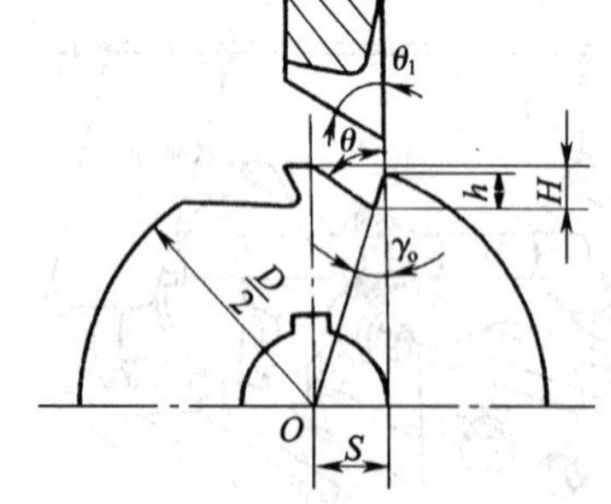

图 2—265　用单角铣刀铣削前角 $\gamma_o>0°$ 的刀具的对刀方法

$$S = \frac{D}{2}\sin\gamma_o$$

式中 D——工件直径，mm；

γ_o——工件前角，(°)。

3）计算和调整工作台升高量。如图 2—265 所示为用单角铣刀铣削前角 $\gamma_o > 0°$ 的刀具的对刀方法。工作台横向移动距离 S 后，再垂直上升一个距离 H，H 值则按下式计算：

$$H = \frac{D}{2}(1 - \cos\gamma_o) + h$$

式中 D——工件直径，mm；

γ_o——工件前角，(°)；

h——工件刀齿深度，mm。

4）铣痕对刀法。如图 2—266 所示为用铣痕对刀法铣削前角 $\gamma_o > 0°$ 的刀具。将单角铣刀对准工件中心线并铣出刀痕 A，按图中箭头方向使工件转动一个前角 γ_o，再横向移动工作台，使铣刀刀尖对准刀痕 A，然后上升工作台，铣至要求的齿槽深度后即可依次分度铣削。

（2）用双角铣刀铣削。如图 2—267 所示为用双角铣刀铣削前角 $\gamma_o > 0°$ 的刀具，其铣削方法与用双角铣刀铣削前角 $\gamma_o = 0°$ 的刀具基本相同，不同之处是工作台横向偏移量 S 和垂直升高量 H 的计算。S 值和 H 值用下式计算：

$$S = \frac{D}{2}\sin(\delta + \gamma_o) - h\sin\delta$$

$$H = \frac{D}{2}[1 - \cos(\delta + \gamma_o)] + h\sin\delta$$

在工件上划出中心线后，用双角铣刀的刀尖对准工件中心线并铣出一刀痕，先按计算出的横向偏移量移动一个距离 S，然后将工作台上升垂直升高量 H，并紧固横向进给机构，依次铣出各齿槽。

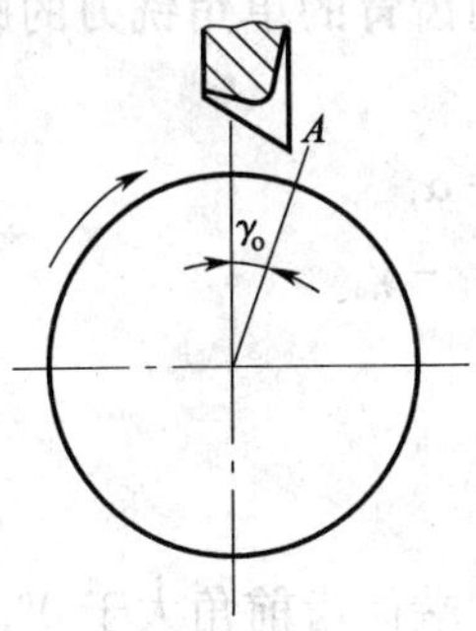

图 2—266 用铣痕对刀法铣削前角 $\gamma_o > 0°$ 的刀具

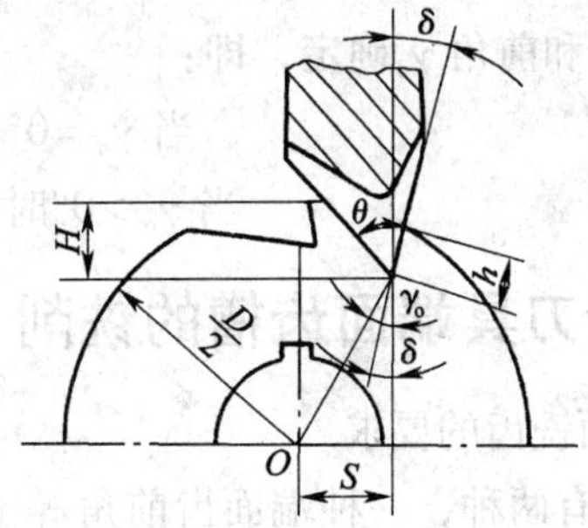

图 2—267 用双角铣刀铣削前角 $\gamma_o > 0°$ 的刀具

3．铣齿背

由两条折线组成的折线齿背需铣削齿背角 α_1。用单角铣刀铣完齿槽后，可以接着铣削齿背，如图 2—268 所示为用一把单角铣刀铣齿槽兼铣齿背。铣削前将工件转动一个角度 φ，φ 角按下式计算：

$$当\ \gamma_o = 0°时，\varphi = 90° - \theta_1 - \alpha_1$$

$$当\ \gamma_o > 0°时，\varphi = 90° - \theta_1 - \alpha_1 - \gamma_o$$

式中　θ_1——工作铣刀廓形角，（°）；

α_1——刀齿齿背角，（°）；

γ_o——工件刀齿前角，（°）。

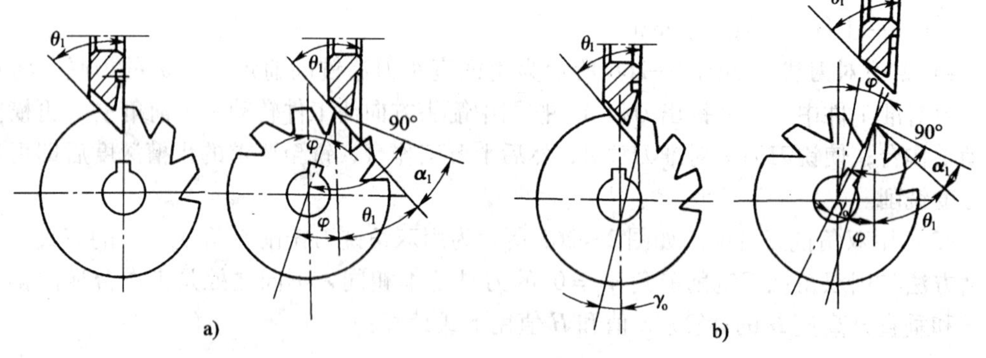

图 2—268　用一把单角铣刀铣齿槽兼铣齿背

a）铣削前角 $\gamma_o = 0°$ 的刀齿齿背　b）铣削前角 $\gamma_o > 0°$ 的刀齿齿背

单元 2

φ 角计算出后，按角度分度的计算公式 $n' = \frac{\varphi°}{9°} = \frac{\varphi'}{540'}$ 求出分度手柄转数 n'。铣完齿槽后，按 n' 转动分度手柄，使工件转动一个 φ 角进行铣削，并依次按手柄转数 n' 分度铣出全部齿背。

如果用两把单角铣刀分别铣削齿槽和齿背，铣削齿背的单角铣刀的廓形角 θ_1 应根据齿背角 α_1 和前角 γ_o 确定，即：

$$当\ \gamma_o = 0°时，\varphi = 90° - \alpha_1$$

$$当\ \gamma_o > 0°时，\varphi = 90° - \alpha_1 - \gamma_o$$

五、直齿刀具端面齿槽的铣削

1．端面铣齿的要求

端面齿有两种，一种端面齿前角等于 0°；另一种端面齿前角大于 0°。铣端面齿时必须与圆周齿对齐，如图 2—269 所示。端面齿后面的宽度在齿的全长上要求一致。

2．铣端面齿时工作铣刀的选择

铣端面齿时，选择单角铣刀作为工作铣刀，铣刀的廓形角与工件齿槽角应相等。为了铣削方便，使铣刀与心轴互不干涉，工作铣刀的直径应尽量小些。

3. 工件的装夹

铣削盘形铣刀的端面齿时，用锥度心轴或胀力心轴装夹工件，工件装夹后应校正其径向圆跳动和端面圆跳动，确保其在要求范围内。

4. 分度头主轴倾斜角度的计算

为了保证铣出的端面齿后面宽度一致，铣齿槽时要保证外深内浅，外宽内窄。因此，在铣削时，被加工刀具的端面必须倾斜一个角度 α，如图 2—270 所示为用卧式铣床铣端面齿时分度头主轴倾斜角与工件的相对位置。倾斜角 α 用下式计算：

$$\cos\alpha = \tan\frac{360°}{z}\cos\theta_{端}$$

式中 z——工件齿数；

$\theta_{端}$——工件端面齿槽角，(°)。

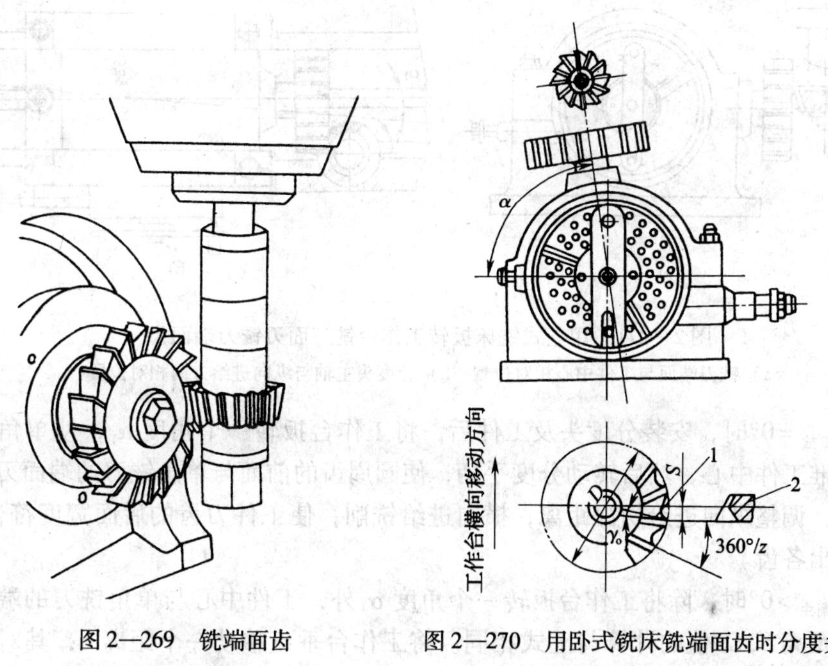

图 2—269 铣端面齿

图 2—270 用卧式铣床铣端面齿时分度头主轴倾斜角与工件的相对位置

1—工件前面 2—工作铣刀

5. 铣削方法

(1) 在卧式铣床上倾斜分度头主轴铣端面齿。当工件端面齿前角等于0°时，将分度头主轴倾斜 α 角后，使单角铣刀的端面刃对准工件中心，转动分度手柄，使工件圆周齿的前面对准单角铣刀的端面刃，紧固横向进给机构，即可进行铣削。铣削深度以工件的端面齿后面宽度符合要求为准。

当 $\gamma_{o圆柱} > 0°$时，工件端面齿前面不通过工件中心，铣削时，用单角铣刀的端面刃对准中心后，将工作台横向移动一个距离 S，如图 2—270 所示，转动分度手柄，使圆周齿的前面与单角铣刀的端面刃处于同一平面内。紧固横向进给机构，即可进行铣削。铣削深度以工件刀齿的后面宽度符合要求为准。工作台的横向偏移量 S 按下式计算：

$$S = \frac{D}{2}\sin\gamma_{o圆柱}$$

式中　D——工件直径，mm；

$\gamma_{o圆柱}$——圆周齿的前角，（°）。

（2）在万能铣床上安装立铣头铣端面齿。如图 2—271 所示为用立式铣床扳转工作台铣三面刃铣刀端面齿。铣削时，使分度头主轴呈水平状态，如图 2—271a 所示，通过扳转铣床工作台，铣工件齿槽时确保外深内浅，外宽内窄。工作台扳转角度 $\alpha_1=90°-\alpha$，如图 2—271b 所示。

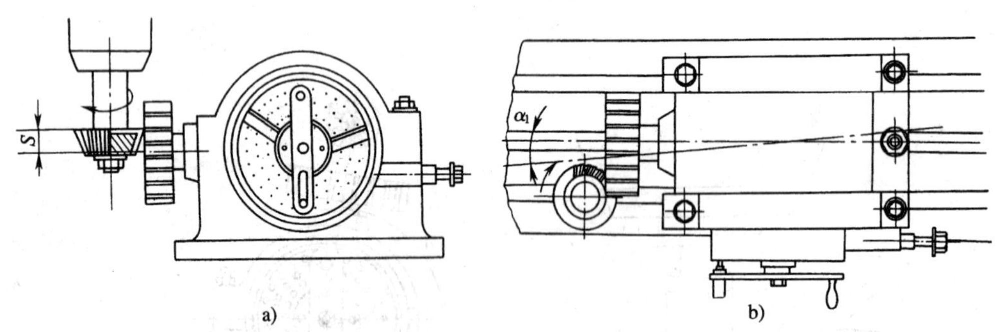

图 2—271　用立式铣床扳转工作台铣三面刃铣刀端面齿

a）铣刀端面与工件中心相对位置　b）分度头主轴与纵向进给方向相对位置

当 $\gamma_{o圆柱}=0°$时，安装分度头及工件后，将工作台扳转一个角度 α_1，使单角铣刀的端面刃对准工件中心，然后转动分度手柄，使圆周齿的前面与单角铣刀的端面刃处于同一平面内，调整纵向进给切深距离，横向进给铣削，使工件刀齿的后面宽度符合要求，并依次铣出各齿。

当 $\gamma_{o圆柱}>0°$时，除将工作台扳转一个角度 α_1 外，工件中心与单角铣刀的端面还要偏移一个距离 S，S 值的计算与上式相同。将工作台垂直移动一个距离 S，其对刀方法与 $\gamma_{o圆柱}=0°$的方法相同。

采用以上方法铣削端面齿时，当铣完一个端面的端面齿后，再铣另一个端面的端面齿前，可以改变单角铣刀的切削方向和工作台的扳转方向；或者工作铣刀不动，改变分度头主轴倾斜角度 α 的方向或工作台扳转角度 α_1 的方向，重新对刀，调整切入深度铣削出另一端面的端面齿槽。

六、在卧式万能铣床上铣削直齿铰刀

现以如图 2—272 所示的直齿铰刀为例介绍在 X6132 型卧式万能铣床上铣削直齿铰刀齿槽的操作方法。

1．零件图分析

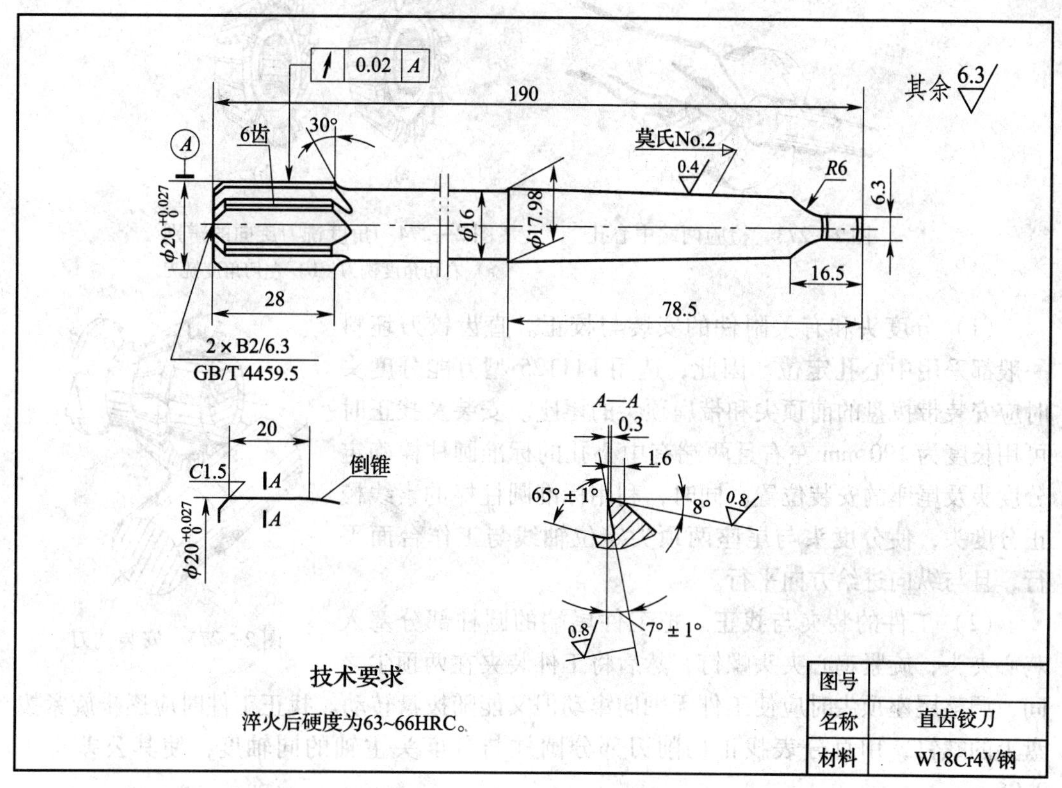

图 2—272　直齿铰刀

直齿铰刀的齿数 $z=6$，齿槽角 $\theta=65°\pm1°$，前角 $\gamma_o=7°\pm1°$，铰刀外径为 $20^{+0.027}_{0}$ mm，棱边宽度 $f=1.6$ mm。

2．工件坯料的检验

（1）用游标卡尺检验直齿铰刀齿槽部分的外径应为 $20^{+0.027}_{0}$ mm，并应留有磨削余量，一般磨削余量为 0.50 mm，检验测得的外径实际尺寸应为 20.50 mm。

（2）检验两端中心孔时，应先清洗中心孔内的污物，然后目测中心孔内锥表面是否有磕碰变形处或黏结有污物，若发现问题应用中心孔研修磨石进行研修，如图 2—273 所示。

3．铣刀的选择和安装

（1）根据图样要求的齿槽角，现选用外径为 63 mm 的 65°单角铣刀。为了得到图 2—272 中 *A—A* 剖面的齿槽形状，并采用由齿端向柄部逆铣方式铣削，应选用右切单角铣刀。右切角度铣刀和左切角度铣刀旋向的辨别如图 2—274 所示。同时，由于齿槽较浅，因此选择铣刀时刀尖圆弧半径 r_ε 应小于 0.50 mm。

（2）安装铣刀时，应使铣刀的端面刃按图 2—272 中 *A—A* 剖面与被加工刀具的前面相对，如图 2—275 所示。

4．工件的装夹与找正

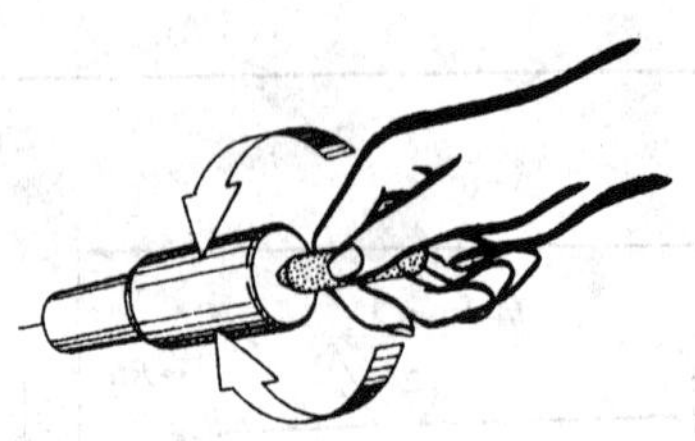
图 2—273　检验两端中心孔

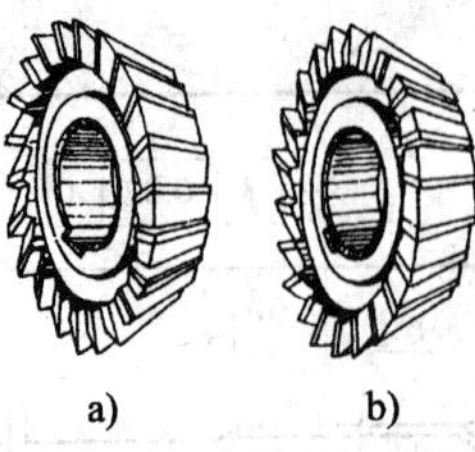

图 2—274　角度铣刀旋向的辨别
a）右切角度铣刀　b）左切角度铣刀

（1）分度头和有关附件的安装与校正。直齿铰刀坯料一般都采用中心孔定位。因此，选用 F11125 型万能分度头时应安装带拨盘的前顶尖和带扁顶尖的尾座。安装及找正时可用长度为 190 mm 左右且两端有中心孔的标准圆柱棒确定分度头及尾座的安装位置。同时，利用标准圆柱棒的素线校正分度头，使分度头与尾座两顶尖定位轴线与工作台面平行，且与纵向进给方向平行。

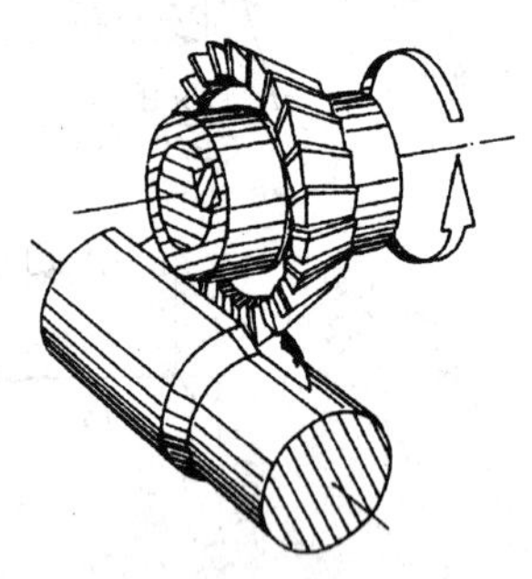
图 2—275　安装铣刀

（2）工件的装夹与找正。把工件尾端的圆柱部分塞入鸡心夹头，旋紧鸡心夹头螺钉，然后将工件装夹在两顶尖之间，调整尾座顶尖时应使工件无轴向窜动但又能随拨盘转动。找正工件时应逐步旋紧拨盘上的螺钉，用百分表找正切削刃部分圆柱与分度头主轴的同轴度，使其公差小于 0.05 mm。

单元 2

5．分度与偏移量的计算

（1）分度计算。按下式计算分度手柄转数，则：

$$n = \frac{40}{z} = \frac{40}{6} = 6\frac{2}{3} = 6\frac{44}{66}\ \text{r}$$

选用 66 的孔圈，即每铣一个齿槽后分度手柄转过 6 转又 44 个孔距。

（2）偏移量计算。为了使铣出的齿槽达到前角 $\gamma_o = 7°$ 的要求，应按下式计算工作台横向偏移量 S：

$$S = \frac{D}{2}\sin\gamma_o = \frac{20}{2} \times \sin 7° \approx 1.219\ \text{mm}$$

式中　S——工作台横向偏移量，mm；

D——工件外径，mm；

γ_o——被加工刀具的前角，（°）。

6．在工件圆柱表面划线

在工件表面划线是划线对刀及调整偏移量的依据，因此划线时要力求准确、清晰。

（1）划线前要检查游标高度尺的划线头。检查时除了目测外，还可在其他工件上试划，若试划的线较粗，应对划线头的斜面部分进行修研，其修研方法如图 2—276 所示。

（2）划线时，采用翻转 180°的校核方法，准确划出水平中心线。由于前角是正值，铣刀应向右偏移，即工作台向机床内侧横向移动。因此，划好中心线后应调整游标高度尺，向下移动划线头，移动值为距水平中心线 1.22 mm，随即划出前面铣削位置的水平线。

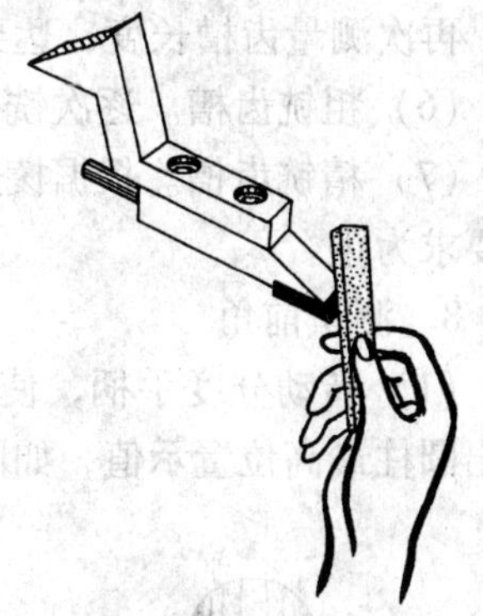
图 2—276 修研划线头的方法

按 $n=6\frac{44}{66}$ r 分度，划出六条前面铣削位置线，供铣削齿槽时观察及校核。

（3）转动分度手柄，把水平中心线随工件转过 90°，移至工件上方。

7. 铣削加工

（1）对刀。沿垂向和横向调整工作台，使铣刀刀尖对准中心线。因单角铣刀刀尖有圆弧，对刀时表面切痕应偏离中心线 0.8 ~ 1 mm。然后将工作台沿垂向升高 1 mm，超过单角铣刀刀尖圆弧，如图 2—277a 所示，进行试切，待纵向移动一段距离使工件端部铣出齿槽缺口时，应停机退刀，用游标卡尺测量前面与中心线的距离 ΔS，如图 2—277b 所示。然后根据测得的尺寸逐步横向移动工作台，使 $S_1=\Delta S$，这时前面恰好通过中心线，如图 2—277c 所示。

（2）根据横向偏移量计算值 S 调整工作台，使其向机床内侧横向移动 1.22 mm，使铣刀端面刃铣削平面恰好处于工件前面位置，如图 2—277d 所示。

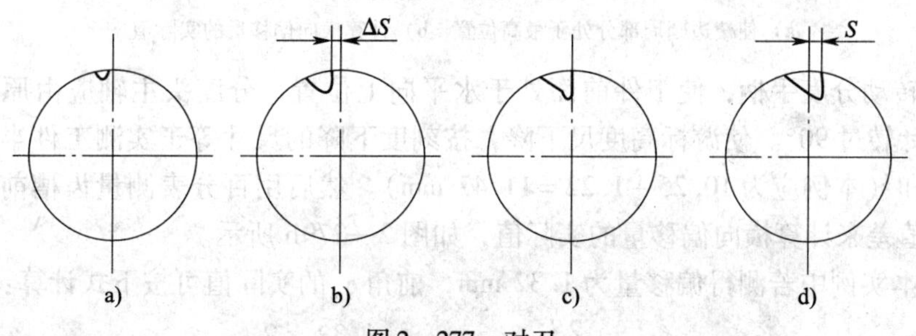

图 2—277 对刀

a）切痕应偏离中心线 b）测量前面与中心线的距离 ΔS c）前面通过中心线 d）调整工作台

（3）试铣齿槽。将工作台垂向再升高 1 mm，试铣齿槽。铣出一段距离后，目测前面是否恰好通过划线位置。同时，用游标卡尺检测齿槽斜面与圆柱面交线距相邻齿前面划线所构成的棱边尺寸应大于 1.6 mm。

（4）控制棱边。如图 2—278 所示，按齿距分度，试铣第二个齿槽，铣出约 20 mm 长的齿槽后停机退刀，用游标卡尺测量棱边宽度。根据测量值逐步调整工作台垂向位置，使棱边宽度约为 2 mm。调整时工作台垂向升高量应根据三角函数进行估算，垂向升高量与棱边宽度的关系可根据 cot65°近似得出，即工作台垂向升高 1 mm（ΔH），棱边宽度约减小 2 mm（Δf）。

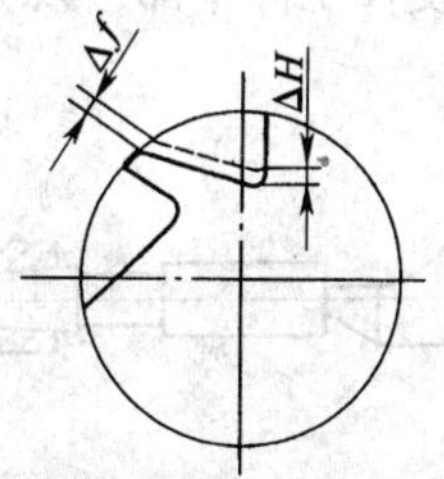

图 2—278 控制棱边

（5）控制齿槽长度。用钢直尺测量试切齿槽的实际长度，根据测量数据调整工作台纵向进给量，使铣刀中心距端面 28 mm，做好刻度盘与工作台侧面的记号。然后按刻度铣削齿槽。再次测量齿槽长度，达到 28 mm 的槽长要求。

（6）粗铣齿槽。逐次铣出所有齿槽，铣削完毕检测棱边宽度是否一致。

（7）精铣齿槽。根据棱边宽度测量值微量调整工作台垂向位置，直至达到棱边宽度要求为止。

8．测量前角

（1）转动分度手柄，使棱边圆周部分处于最高位置，用游标高度尺装夹百分表，测出圆柱最高位置示值，如图 2—279a 所示。退回原铣削齿槽位置。

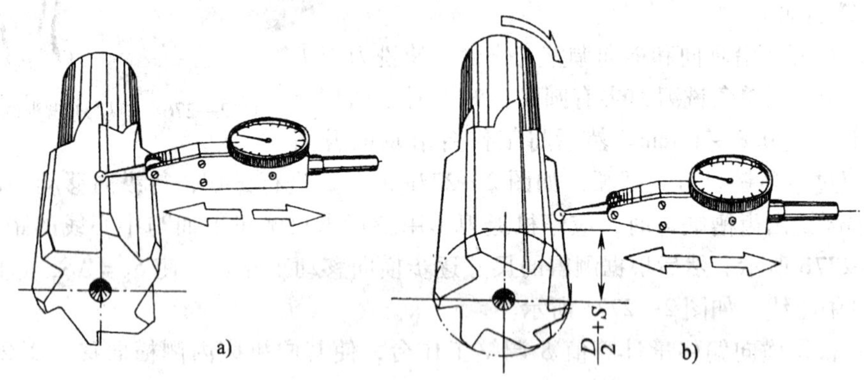

图 2—279　测量前角

a）使棱边圆周部分处于最高位置　b）计算横向偏移量的实际值

（2）转动分度手柄，使工件前面处于水平向上位置，分度头主轴应由原铣削齿槽位置顺时针转过 90°。使游标高度尺下降，按刻度下降的尺寸等于实测工件半径与横向偏移量之和（本例应为 10.25 + 1.22 = 11.47 mm）。然后用百分表测量齿槽前面，根据百分表示值差来计算横向偏移量的实际值，如图 2—279b 所示。

（3）本实例中若测得偏移量为 1.32 mm，前角 γ_o的实际值可按下式计算：

$$\gamma_{o实际} = \arcsin\frac{2S_{实际}}{D} = \arcsin\frac{1.32\times 2}{20} = 7°35'$$

9．注意事项

（1）因工件较长，直径较小，因此，装夹工件时尾座顶尖不宜顶得过紧，以免工件变形。

（2）若工件尾部已铣扁，可采用专用过渡套进行装夹，如图 2—280 所示。

（3）因工件细长，刚度较低，因此宜采用较小的进给量，必要时可采用 V 形千斤顶支撑工件中部，以免铣削时产生振动，如图 2—281 所示。

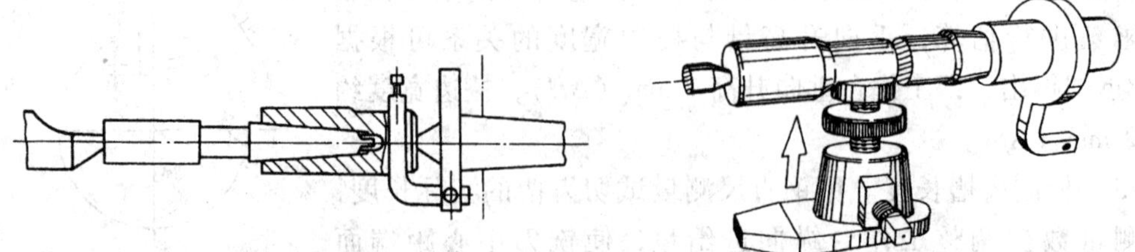

图 2—280　用专用过渡套装夹　　图 2—281　采用 V 形千斤顶支撑工件中部

（4）由于该铰刀的后角为 8°，余量极少，一般不须铣削加工。

七、在卧式铣床上铣削三面刃铣刀的齿槽

现以如图 2—282 所示的三面刃铣刀为例介绍在 X6132 型卧式万能铣床上铣削三面刃铣刀齿槽的操作方法。

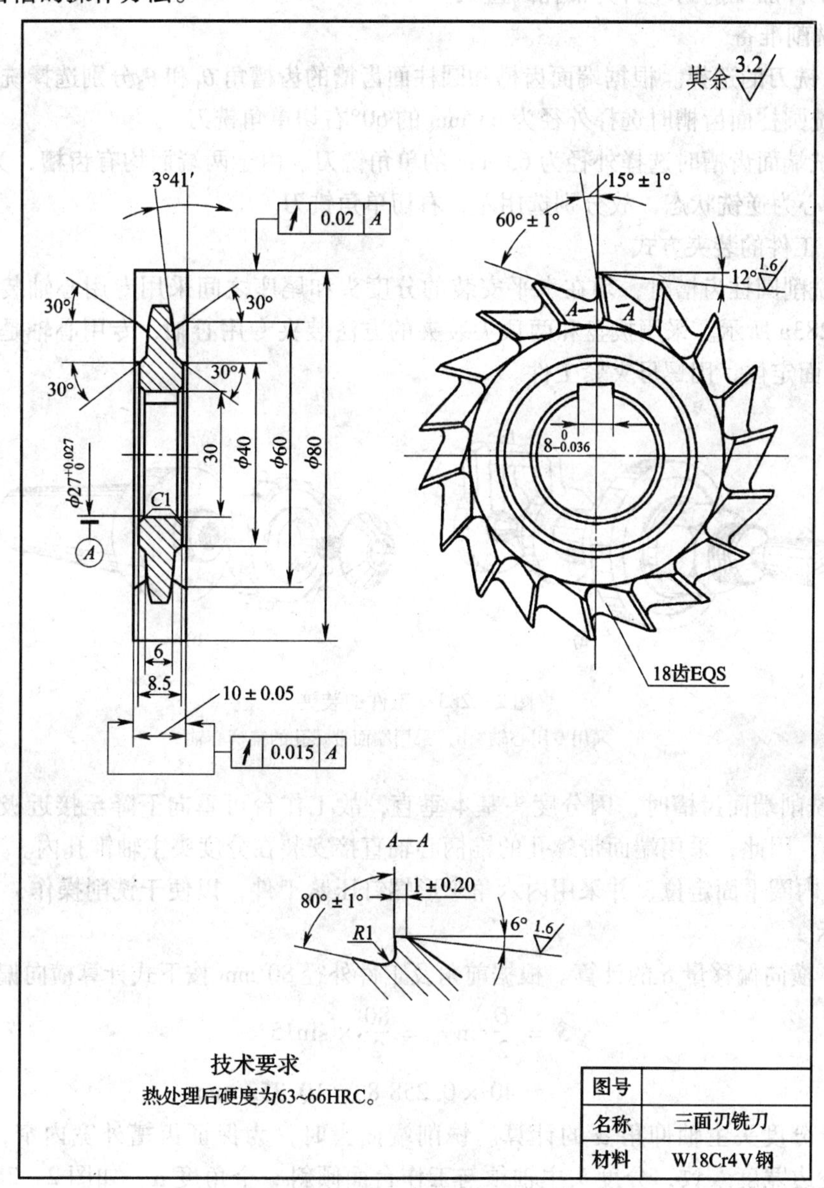

图 2—282　三面刃铣刀

1．图样分析

（1）齿槽分布。三面刃铣刀的齿槽分别在圆柱面和两端面上均匀分布，端面刃和圆周刃相互对齐，平滑连接。

（2）齿槽参数

1）圆柱面上齿槽角 $\theta_1=60°\pm1°$，前角 $\gamma_o=15°\pm1°$，后角 $\alpha_{o1}=12°$。

2）端面齿槽角 $\theta_2=80°\pm1°$，端面后角 $\alpha_{o2}=6°$，棱边宽度 f 为（1 ±0.20）mm，槽底与端面夹角为3°41′。

3）齿槽数 $z=18$，在圆周均布。

4）工件加工前的坯料为带孔圆盘状。

2．铣削准备

（1）铣刀的选择。根据端面齿槽和圆柱面齿槽的齿槽角 θ_1 和 θ_2 分别选择铣刀。

1）铣圆柱面齿槽时选择外径为63 mm的60°右切单角铣刀。

2）铣端面齿槽时选择外径为63 mm的单角铣刀。由于两端面均有齿槽，为保证由周边向中心为逆铣状态，故分别选用左、右切单角铣刀。

（2）工件的装夹方式

1）铣削圆柱齿槽时，须在水平安装的分度头和尾座之间采用专用心轴装夹工件，如图2—283a所示。采用拨盘和两顶尖装夹的方法装夹专用心轴，专用心轴是台阶轴，靠圆柱端面定位，用螺母夹紧工件。

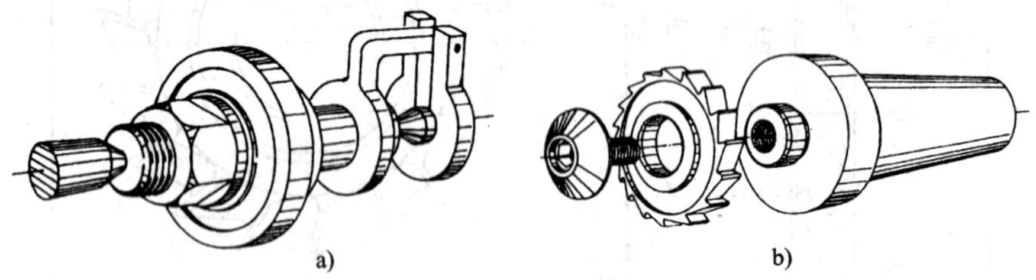

图2—283　工件的装夹

a）采用专用心轴　b）采用端面带螺孔的锥柄心轴

单元 2

2）铣削端面齿槽时，因分度头基本垂直，故工作台可垂向下降至接近极限位置，行程紧凑，因此，采用端面带螺孔的锥柄心轴直接安装在分度头主轴锥孔内。工件以内孔和端面内圈平面定位，并采用内六角伞形螺钉压紧工件，以便于铣削操作，如图2—283b所示。

（3）横向偏移量 S 的计算。根据前角及工件外径80 mm按下式计算横向偏移量 S：

$$S=\frac{D}{2}\sin\gamma_o=\frac{80}{2}\times\sin15°$$

$$\approx40\times0.2588=10.352\ \text{mm}$$

（4）分度头主轴仰角 α 的计算。铣削端面齿时，为保证齿槽外宽内窄，外深内浅以及棱边宽度一致，分度头主轴须与工作台面倾斜一个角度 α，如图2—284所示。分度头主轴仰角 α 可按下式计算：

$$\cos\alpha=\tan\frac{360°}{z}\cot\theta=\tan\frac{360°}{18}\cot80°$$

$$\alpha=\arccos(\tan20°\cot80°)=80°19'$$

式中　α——分度头主轴仰角，（°）；

z——被加工刀具的齿数；

θ——被加工刀具端面齿槽角，(°)。

（5）分度计算。代入计算公式可得：

$$n=\frac{40}{z}=\frac{40}{18}=2\frac{12}{54}\ \mathrm{r}$$

即每铣完一个齿槽后分度头主轴转过两转又 12 个孔距（54 孔的孔圈）。

3．铣削圆周齿槽的操作步骤

（1）安装及调整分度头

1）分度头前端安装三爪自定心卡盘，主轴处于水平位置，分度头与尾座之间的距离按两顶尖的尺寸确定。鸡心夹头夹持心轴的位置应考虑防止铣刀铣坏鸡心夹头。

2）按规范要求安装完毕，用百分表和标准圆棒找正分度头主轴轴线与工作台面和纵向进给方向的平行度。

3）调整分度手柄，使定位销插入 54 孔的孔圈。

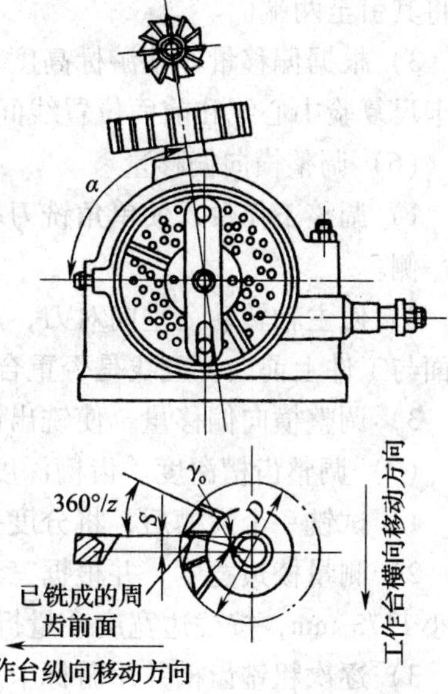

图 2—284　分度头主轴与工作台面倾斜一个角度 α

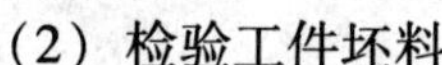

（2）检验工件坯料

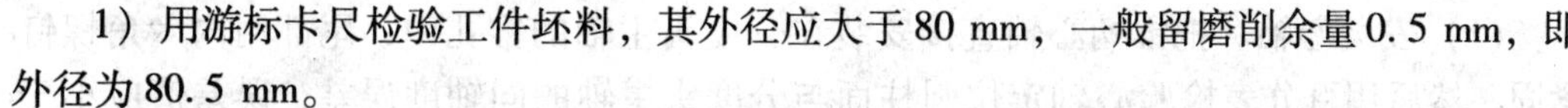

1）用游标卡尺检验工件坯料，其外径应大于 80 mm，一般留磨削余量 0.5 mm，即外径为 80.5 mm。

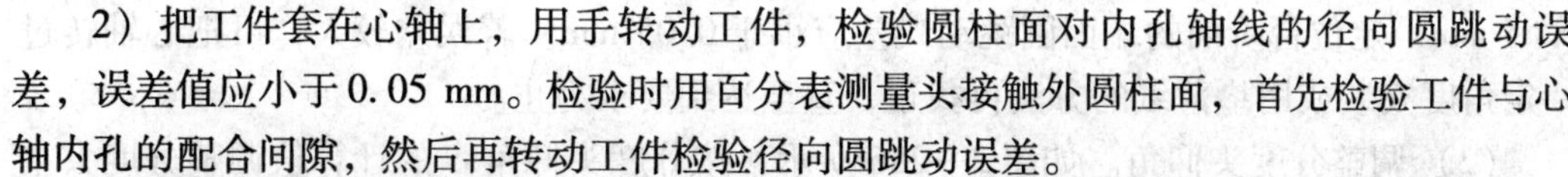

2）把工件套在心轴上，用手转动工件，检验圆柱面对内孔轴线的径向圆跳动误差，误差值应小于 0.05 mm。检验时用百分表测量头接触外圆柱面，首先检验工件与心轴内孔的配合间隙，然后再转动工件检验径向圆跳动误差。

3）用千分尺检验两端面的平行度误差，误差值应小于 0.05 mm。

（3）装夹及找正工件

1）装夹心轴并找正其与分度头主轴的同轴度后，把工件套入心轴，紧固螺母，夹紧工件。

2）用百分表检验工件的圆柱面与分度头主轴的同轴度误差，误差值应小于 0.05 mm。若超出要求，可松开工件转过一定角度后再进行检验。

3）用百分表检验工件定位端面，其端面圆跳动误差应小于 0.05 mm。若超出要求，可把工件转过一定角度或换一个端面定位及装夹后再进行检验。

（4）安装铣刀。根据图样端面视图的要求并拟定该视图为铣入端形状，则单角铣刀的端面刃应与前面相对装入铣刀杆，以保证逆铣时切削力指向分度头，如图 2—285 所示。

（5）在工件表面划线

1）在工件表面涂色。

2）用游标高度尺装夹划线头，用翻转 180°的方法在工件圆柱面上划出水平中心线

单元 2

并将其引至两端面。

3）根据偏移量 S 使游标高度尺的游标下降，划出前面位置线并引至两端面。用游标卡尺复验中心线和前面位置线间的距离与 S 值是否相等。

（6）调整横向偏移量

1）调整工作台，使单角铣刀端面刃铣削平面与前面位置线基本对齐，并略偏向齿槽一侧。

2）使主轴转动，垂向对刀，观察切痕，当铣刀切深略超过刀尖圆弧后，观察齿槽前面与工件上前面位置线是否重合。

3）调整横向偏移量，使铣出齿槽的前面恰好通过前面位置线。

（7）调整齿槽深度。齿槽深度根据棱边宽度 $f=(1\pm0.20)$ mm 控制。

1）试铣一个齿槽后，将分度头转过一个齿距再进行试切。

2）测量棱边宽度，并根据三角函数估算，当工件垂向上升 1 mm 时，棱边宽度约减小 1.73 mm，按棱边宽度余量折算后调整垂向升高量，使棱边宽度 $f=1.20$ mm。

3）逐次粗铣齿槽并用游标卡尺检验棱边宽度是否一致。

4）微量调整垂向升高量，使棱边宽度达到 0.8 mm（考虑磨削余量，棱边宽度可为最小极限尺寸）。

5）逐次精铣齿槽。

6）铣削完毕用百分表测量各齿槽前面，检验分齿是否均匀。

4. 铣削端面齿槽的操作步骤

（1）安装心轴。把锥柄心轴直接安装在分度头主轴的锥孔内，尾部用内六角螺钉紧固，然后用百分表检验心轴定位圆柱面与分度头主轴的同轴度误差，误差值应小于 0.05 mm，定位台阶面的端面圆跳动误差应小于 0.05 mm。若误差较大，可把心轴转过一定角度安装或用垫薄纸的方法再找正，直至达到要求为止。

（2）调整分度头仰角。如图 2—286 所示，按分度头仰角 α 的计算值调整分度头主轴扳转角度，同时应考虑到由周边向内孔方向逆铣。

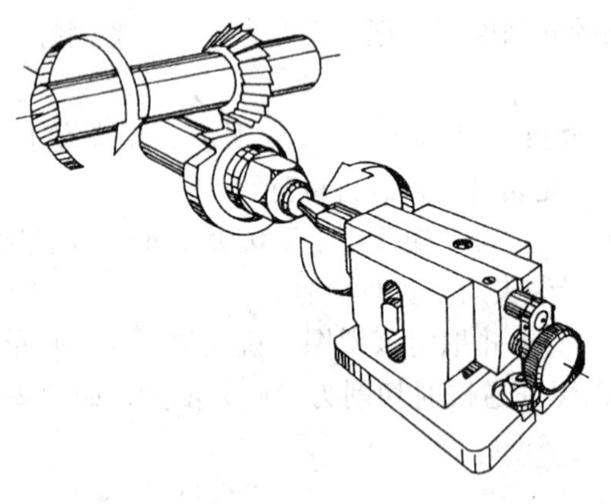

图 2—285　安装铣刀

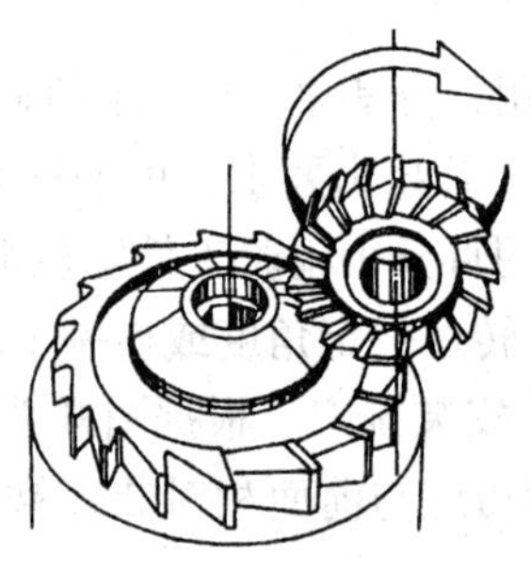

图 2—286　调整分度头仰角

（3）装夹及找正工件

1）清洁工件两端，修去毛刺，然后装夹工件，用百分表检验工件端面圆跳动误差，误差值应小于0.05 mm。若误差较大，可把工件转过一定角度或用垫薄纸的方法再找正。

2）用百分表测量齿槽前面，检查工件重新装夹后各齿的齿距是否均匀。

3）用粘在铣刀杆上的大头针的针尖找正工件端面及前面所划的线与工作台纵向进给方向平行。

（4）安装铣刀

1）按所铣端面选用左切角度铣刀或右切角度铣刀。

2）安装时保证铣刀的端面刃与工件齿槽前面相对，并由圆周向中心逆铣。

（5）调整横向偏移量。调整横向偏移量是为了保证工件圆周齿槽前面与端面齿槽前面连接平滑，一般可用以下两种方法：

1）用划线对刀的方法。利用工件端面的横向对刀位置线进行对刀。操作时用黄油在铣刀杆上粘一枚大头针，转动分度头，找正工件端面的横向对刀位置线与工作台进给方向平行。然后调整工作台，目测使单角铣刀端面刃切削平面接近圆周齿槽前面进行试铣，垂直升高量以略超过刀尖圆弧为宜。试铣后观察端面齿槽前面与圆周齿槽前面的连接情况，逐步调整工作台横向位置，直至达到连接要求为止。

2）利用紧固螺母试铣对边来确定横向位置的方法。如图2—287所示，操作时调整工作台，在紧固螺母上铣出对边，用游标卡尺测量对边尺寸 S_1，$S_1/2$ 就是单角铣刀端面刃与工件中心的距离，然后根据该距离与横向偏移量调整工作台，使铣刀端面刃向工件圆周刃前面方向偏移距离 S。摇动分度手柄，使工件圆周齿槽前面与单角铣刀端面刃恰好接触。随后垂向对刀、试铣，目测圆周齿槽与端面齿槽前面连接情况，逐步调整分度头转角，直至达到连接要求为止。

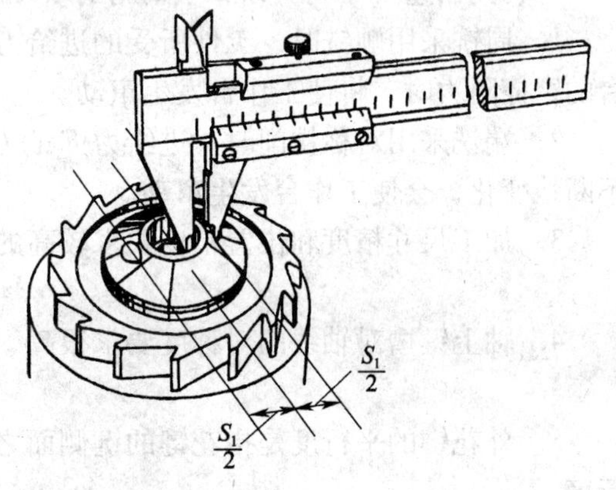

图2—287　确定横向位置

（6）控制棱边宽度。逐步调整垂向升高量，按三角函数估算垂向升高量与棱边宽度减小量的关系。本实例中工件每升高1 mm，棱边宽度减小5.67 mm左右。当棱边宽度铣至1.5 ~2 mm时，应使用游标卡尺检验棱边宽度是否一致。若偏差较大，可适当调整分度头仰角。调整时，若内窄外宽，应减小 α 值；若内宽外窄则应增大 α 值，如图2—288所示。

（7）逐次粗、精铣端面齿槽。操作时，应微量调整工作台的垂向升高量，保证端面齿槽与圆周齿槽前面连接平滑，圆周齿与端面齿棱边宽度相同。

（8）铣另一侧端面齿槽。重复操作步骤（1）~（7），逐次铣削另一侧端面齿槽。

5. 注意事项

（1）调整横向偏移量 S 时应注意偏移方向，否则会产生废品。

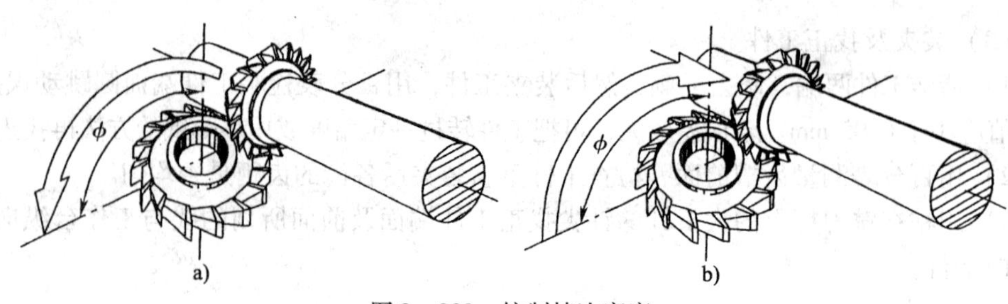

图 2—288　控制棱边宽度

（2）在铣削端面齿槽时，偏移量也应与铣削圆周齿槽时力求相同，否则前面的连接比较困难。

（3）周齿的12°后角与端齿的6°后角一般磨削而成，不需铣削。

（4）在铣削端面齿槽控制棱边宽度时，若采用试铣对边来确定横向位置的方法，应在前面基本接平后才能检测棱边宽度是否内外一致。

单元测试题

一、判断题（下列判断正确的请打“√”，错误的打“×”）

1. 周铣采用顺铣时，工件所受的进给力 F_f 的方向与进给方向相同。若 F_f 小于工作台的摩擦阻力时，将使工作台发生窜动。（　　）

2. 端铣采用对称铣削时，进给力 F_f 的方向一边是相同的，另一边则相反，由于 F_f 不断地变化，会使工作台发生窜动。（　　）

3. 加工尺寸精度和位置精度要求较高的键槽时，最好采用粗铣和精铣两道工序。（　　）

4. 轴上键槽对轴线的对称度要求很高，属于键槽铣削技术中的形状精度要求。（　　）

5. 外花键的平行度是指花键的键侧面之间的平行度，不包括键侧与工件轴线的平行度。（　　）

6. 采用主轴挂轮法直线移距分度时，从动轮应配置在机床工作台丝杆上。（　　）

7. 致使外花键小径两端尺寸不一致的原因是工件的轴线与纵向进给方向不平行。（　　）

8. 在计算差动分度交换齿轮时，假定等分数必须大于工件的等分数。（　　）

9. 采用主轴挂轮法直线移距分度时，计算交换齿轮时 n 的选取范围是 1～10。（　　）

10. 在分度头的交换齿轮中，中间轮不改变从动轮的转速，但改变从动轮的转向。（　　）

11. 钻位置精度较高的孔时，应当先用中心钻钻一个中心孔。（　　）

12. 刃磨钻头时，对前角应当修磨。（　　）

13. 铰刀不但可以保证铰削孔的尺寸精度，同时也可以保证孔距间的位置精度。（　　）

14. 主动轮与从动轮的转速之比与两齿轮的齿数成正比。 ( )

15. 进行差动分度时，主动轮应安装在分度头的侧轴上，从动轮应安装在分度头的主轴上。 ( )

16. 螺旋线的切线与圆柱体素线之间所夹的锐角叫做导程角。 ( )

17. 铣削右旋斜齿轮时，应当扳动万能铣床的回转工作台逆时针转动。 ( )

18. 在卧式铣床上加工齿轮的齿槽，在安装齿轮坯时采用孔用心轴装夹，此时工件的设计基准、定位基准、装配基准重合。 ( )

19. 锥齿轮的齿隙和圆柱齿轮的齿隙一样，都是模数的 0.25 倍。 ( )

20. 在铣床上铣削凸轮时，当工作台每匀速移动一个等于工件导程的距离时，工件也必须同时匀速旋转一周。 ( )

21. 用三面刃铣刀铣削矩形齿离合器，对刀时必须使铣刀侧刃的旋转平面通过工件的轴线。 ( )

22. 如果等速盘形凸轮的一段工作曲线在整个圆周中占 300°，升高量为 42 mm，那么这段工作曲线的导程为 42 mm。 ( )

23. 在立式铣床上铣削成形面时大多采用立铣刀。对于有凹圆弧的工件，应选择半径等于或小于最小凹圆弧半径的立铣刀。 ( )

24. 铣削直齿条时，短齿条一般采用横向移距法，较长的齿条则采用纵向移距法。 ( )

25. 铣削斜齿圆柱齿轮对中心时，应先扳转角度后对中心。 ( )

26. 为了保证铣削圆弧面时为逆铣方式，铣削凹圆弧时，铣刀与凹圆弧转向相反；铣削凸圆弧时，铣刀与凸圆弧转向相同。 ( )

27. 用双角铣刀铣削前角 $\gamma_o = 0°$ 的圆柱面直齿刀具的齿槽时，所选用的工作铣刀廓形角 θ_1 应等于图样上刀具的齿槽角 θ。 ( )

28. 采用双分度头交换齿轮法铣削小导程凸轮时，分度头 I 用来装夹工件及起减速作用。 ( )

29. 铣削刀具齿槽时，横向偏移量 S 是为了达到工件刀齿的几何角度要求，确保得到正确的后角。 ( )

30. 若齿轮宽度小于公法线长度的 $\sin\beta$ 倍，则无法使用测量公法线长度的方法检验斜齿圆柱齿轮。 ( )

二、单项选择题（下列每题的选项中，只有 1 个是正确的，请将其代号填在横线空白处）

1. 若工件的两个平面不平行，在机床用平口虎钳上装夹时可在钳口内加一对________，以使工件得以稳固装夹。

A. 平行垫铁　　B. V 形架　　C. 弧形垫铁　　D. 圆棒

2. 采用机床用平口虎钳装夹工件加工垂直面，当铣出的平面与基准面之间的夹角小于 90°时，应在固定钳口的________加垫铜皮或纸片。

A. 上部　　B. 下部　　C. 左端　　D. 右端

3. 当工件尺寸较大时，一般在卧式铣床上用________铣削垂直面，这样容易保证工件的垂直度。

A. 端铣刀　B. 圆柱铣刀　C. 三面刃铣刀　D. 盘形铣刀

4. 在卧式铣床上用机床用平口虎钳装夹工件铣削平行面，质量差的主要原因是基准面与________不平行。

A. 固定钳口面　B. 活动钳口面

C. 导轨面　D. 工作面

5. 在卧式铣床上用端铣刀加工平面时，若工作台零位不准，用纵向进给法进行非对称铣削时会铣出一个________。

A. 斜面　B. 不对称凸面

C 不对称凹面　D. 对称凸面

6. 加工键槽时，为了使键槽与轴线的对称度精度较高，要采用________。

A. 擦侧面对刀法　B. 划线对刀法

C. 切痕对刀法　D. 环表对刀法

7. 分度时，为了减少由孔距误差引起的角度误差，最好选择________的孔圈。

A. 孔距小　B. 孔距大　C. 孔数少　D. 孔数多

8. 进行差动分度时，交换齿轮中中间轮的作用之一是________。

A. 改变传动比　B. 改变主动轮转速

C. 改变从动轮转速　D. 改变从动轮转向

9. 加工细长工件时，当后顶尖顶好后，需对工件上素线和侧素线进行复验。在工件的中间位置可用________支撑。

A. 垫铁　B. V形架　C. 螺杆、螺母　D. 千斤顶

10. 标注花键代号时指引线应指到________。

A. 大径　B. 小径　C. 中径　D. 底径

11. 加工齿轮时铣削深度应按齿轮的________及齿厚的尺寸进行调整。

A. 齿顶高　B. 齿根高　C. 齿数　D. 全齿高

12. 对没有凹圆弧的直线形面工件，可选择________直径的铣刀进行加工。

A. 较小　B. 较大　C. 相同　D. 任意

13. 装夹圆柱面直齿刀具时，应对刀坯进行校正，使之与分度头或专用夹具同轴，并与________和纵向进给方向平行。

A. 工作台面　B. 夹具平面

C. 垂直导轨　D. 铣床主轴轴线

14. 扳转立铣头角度铣削棱台时，应以________与工件轴线的夹角作为立铣头的倾斜角。

A. 棱台顶面　B. 棱台侧棱　C. 棱台侧面　D. 棱台端面

15. 铣削外花键时，应选用直径较小的直齿三面刃铣刀，以减少铣刀的________。

A. 圆跳动量　B. 全跳动量　C. 磨损量　D. 轴向窜动量

16. 孔的形状精度主要有孔的圆度、________和轴线的直线度等。

A. 平行度　B. 同轴度　C. 表面粗糙度　D. 圆柱度

单元 2

17. 在铣床上对圆柱类工件的圆柱表面上加工孔时，一般用________或分度头和尾座来装夹工件。

A. 机床用平口虎钳　　B. 轴用平口虎钳

C. 回转工作台　　D. V形架

18. 修磨麻花钻横刃的目的是把横刃________，并使靠近钻心处的前角增大。

A. 磨长　　B. 磨短　　C. 磨成两段　　D. 磨掉

19. 在立式铣床上镗孔，采用垂向进给镗削，调整时应校正铣床主轴轴线与工作台面的垂直度，主要是为了保证孔的________精度。

A. 形状　　B. 位置　　C. 尺寸　　D. 加工

20. 齿轮铣刀的铣削速度一般是普通铣刀的________。

A. 50%　　B. 60%　　C. 75%　　D. 85%

21. 加工直齿轮时，装夹工件时应找正外圆，其径向圆跳动误差一般不超过________mm。

A. 0.01　　B. 0.02　　C. 0.03　　D. 0.04

22. 加工斜齿轮时，铣完第一条齿槽后，应使工作台下降一段距离，然后________退出工件，分度后再使工作台上升至原位铣第二条齿槽。

A. 垂向　　B. 横向　　C. 纵向　　D. 快速

23. 铣削直齿条时，若 $m=3$ mm，则垂直上升全齿高为________mm。

A. 3　　B. 6　　C. 6.75　　D. 8.5

24. 锥齿轮铣刀要依据________来选择。

A. 齿数　　B. 齿形　　C. 齿距　　D. 当量齿数

25. 若偏铣锥齿轮时采用计算工作台横向移动量 S 的方法，则 $S=\frac{T}{2}-mx$，其中 T 为________。

A. 齿轮铣刀中径处厚度　　B. 齿槽深度

C. 刀具号数　　D. 铣刀外径

26. 偏铣锥齿轮时，若大端尺寸已准确，而小端尺寸太小，则应________。

A. 减少回转量，增加偏移量　　B. 减少回转量，减少偏移量

C. 增加回转量，减少偏移量　　D. 增加回转量，将偏移量增大一些

27. 铣削奇数齿离合器时，为了不至于切到相邻齿，铣刀的宽度应________齿槽的最小宽度。

A. 大于　　B. 大于等于　　C. 等于　　D. 等于或小于

28. 加工等边尖齿离合器时，双角铣刀的角度 θ 与槽形角 ε 的关系是________。

A. $\theta>\varepsilon$　　B. $\theta=\varepsilon$　　C. $\theta<\varepsilon$　　D. $\theta+\varepsilon=90°$

29. 梯形收缩齿离合器的齿形实际上就是把尖齿离合器的齿顶和槽底分别用________于齿顶线和槽底线的平面截去一部分得到的。

A. 倾斜　　B. 相切　　C. 垂直　　D. 平行

30. 一个梯形等高齿离合器的齿槽角为26°，齿面角为14°。初次铣削后，应把工

件偏转________，然后将各齿槽的右侧或左侧再铣去一刀。

A. 6°　　B. 7°　　C. 8°　　D. 9°

31. 利用回转工作台加工短直线成形面，在铣削轮廓时，最好采用________加工，以提高生产效率。

A. 较小直径的立铣刀　　B. 较大直径的立铣刀

C. 较小直径的三面刃铣刀　　D. 较大直径的三面刃铣刀

32. 加工直线成形面时，为了使圆弧面相邻表面圆滑________，要校正回转工作台与铣床主轴的同轴度。

A. 相交　　B. 相切　　C. 相割　　D. 重合

33. 铣削螺旋槽时，选择交换齿轮后，主动轮装在________上。

A. 分度头主轴　　B. 分度头侧轴

C. 工作台丝杆　　D. 铣床主轴

34. 圆盘凸轮的________是指凸轮曲线的最高点半径与最低点半径之差。

A. 升高率　　B. 导程

C. 升高量　　D. 工作型面中心角

35. 凸轮旋转一个单位角度时，从动件上升或下降的距离称为________。

A. 升高率　　B. 导程

C. 升高量　　D. 工作型面中心角

36. 用立铣刀铣削圆柱螺旋槽凸轮时，当导程确定后，只有________处的螺旋线与铣刀的切削轨迹吻合。

A. 槽底角　　B. 外圆柱面　　C. 1/2 螺旋槽侧　　D. 1/3 螺旋槽侧

37. 铣削一圆柱矩形螺旋槽等速凸轮，当导程一定时，工件外圆柱面上的螺旋角为30°，则螺旋槽底所在圆柱表面的螺旋角________。

A. <30°　　B. >30°　　C. =30°　　D. ≥30°

38. 在铣削锥齿轮时，若试切后所得测量结果是：小端已达到尺寸要求，而大端尺寸太小，这是由于________。

A. 偏移量和回转量太少　　B. 回转量太少而偏移量太多

C. 回转量太多而偏移量太少　　D. 回转量和偏移量太多

39. 铣削刀具齿槽时按划线对刀调整铣刀位置，若试切深度未超过刀尖圆弧，前面的实际位置会发生偏斜，使前角________。

A. 减小　　B. 增大　　C. 增大或减小　　D. 保持不变

40. 当圆柱面直齿刀具的前角 $\gamma_o=10°$，$d_0=100$ mm 时，横向偏移量 S 应为________。

A. 100sin10°　　B. 50sin10°　　C. 100cos10°　　D. 50cos10°

三、计算题

1. 在立式铣床上镗削如图 2—289 所示平板上的三个坐标孔。求：（1）以 O_1 为原点，孔 O_2 和 O_3 的坐标尺寸；（2）以基准面（图示为底面和左端面）为坐标轴，三个孔的坐标尺寸。

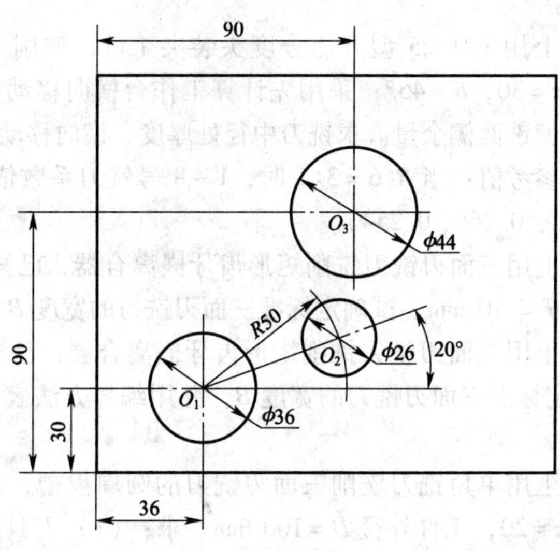

图 2—289　平板

2. 铣削一个标准直齿圆柱齿轮，测得齿顶圆直径为 79.90 mm，齿数为 38。求分度时分度手柄转数，并选择加工用的铣刀。

3. 铣削两个标准直齿圆柱齿轮，已知 $m=3$ mm，$\alpha=20°$，$z_1=50$，$z_2=50$。求两齿轮的固定弦齿厚和固定弦齿高，并说明测量时理论固定弦齿高和实际固定弦齿高是否一致。

4. 在 X6132 型卧式万能铣床上用横向移距法铣削一直齿条，已知 $m=3$ mm，$\alpha=20°$，$z=30$。求：（1）若用量块控制移距时，量块尺寸是多少？（2）若 $m=1.5$ mm，$z=20$，量块尺寸应如何改变？（3）若用分度盘控制移距时，分度手柄转数分别是多少？

5. 在 X6132 型卧式万能铣床上铣削一较长的直齿条，已知 $m=3$ mm，$\alpha=20°$。求：（1）铣削时若采用 F11125 型万能分度头主轴挂轮法移距，选定的分度手柄转数 n 及交换齿轮齿数；（2）若 $m=3.5$ mm，采用分度盘移距，分度手柄转数是多少？

6. 在 X6132 型卧式万能铣床上，用 F11125 型万能分度头装夹工件，配置交换齿轮铣削一右旋圆柱螺旋槽，已知工件直径 $D=80$ mm，螺旋角 $\beta=30°$。试计算交换齿轮，并确定工作台扳转方向和扳转角度。

7. 在 X6132 型卧式万能铣床上，用 F11125 型万能分度头装夹工件，铣削一矩形螺旋槽。已知工件直径 $D=60$ mm，槽深为 10 mm，螺旋槽导程 $P_h=326.48$ mm。试计算槽底直径以及工件槽底和外圆上螺旋线的螺旋角。

8. 在 X6132 型卧式万能铣床上，用 F11125 型万能分度头装夹工件，铣削一斜齿圆柱齿轮。已知 $m_n=3$ mm，$\alpha_n=20°$，$z=40$，$\beta=15°$（右旋）。求齿坯直径和铣刀号。

9. 在 X6132 型卧式万能铣床上，用 F11125 型万能分度头装夹工件，铣削一标准斜齿圆柱齿轮。已知 $m_n=2$ mm，$z=30$，$\beta=5°$（左旋）。求交换齿轮齿数和固定弦齿

单元 2

厚、固定弦齿高。

10. 在卧式铣床上用 F11125 型万能分度头装夹工件，铣削一标准锥齿轮。已知 $m=3$ mm，$\alpha=20°$，$z=30$，$\delta=45°$；采用先计算工作台横向移动量，后用试铣法确定分度头回转量的方法偏铣两侧余量。求铣刀中径处厚度、横向移动量 S 以及分度头主轴倾斜角 ϕ（偏移系数参考值：当 $R:6=3:1$ 时，1 ~ 8 号铣刀系数依次为 0.275，0.289，0.311，0.280，0.275，0.266，0.254）。

11. 在卧式铣床上用三面刃铣刀铣削矩形齿牙嵌离合器，已知齿数 $z=6$，齿部孔径 $d=40$ mm，齿深 $T=10$ mm。试确定标准三面刃铣刀的宽度 B 和外径 d_0。

12. 在卧式铣床上用三面刃铣刀铣削矩形齿牙嵌离合器，已知齿数 $z=5$，齿部孔径 $d=40$ mm。试确定标准三面刃铣刀的宽度 B，并用编号方法表示奇数矩形齿牙嵌离合器齿侧的铣削顺序。

13. 在卧式铣床上用单角铣刀铣削三面刃铣刀的圆周齿槽，已知齿槽角 $\theta_1=60°$，前角 $\gamma_o=15°$，齿数 $z=20$，工件外径 $D=100$ mm。求：（1）刀具对中后的横向偏移量 S；（2）用棱边宽度余量控制齿槽深度时，若棱边宽度余量为 0.15 mm，垂向升高量为多少？

四、简答题

1. 简述工件在分度头上的装夹及校正的方法。
2. 简述刃磨镗刀时的注意事项。
3. 铣削斜齿圆柱齿轮时，选择铣刀有哪两种方法？
4. 简述锥齿轮铣刀的特点和选择方法。
5. 对齿形离合器有哪些技术要求？
6. 简述在卧式铣床上铣削偶数矩形齿牙嵌离合器时选择铣刀的方法。
7. 铣削圆柱螺旋槽时，将工件装夹在分度头上，铣刀与工件的相对运动规律由交换齿轮将工作台丝杆与分度头连接起来得以实现，通常采用侧轴挂轮法。交换齿轮的齿数有哪几种确定方法？
8. 简述铣削圆柱螺旋槽的工艺要点。
9. 采用倾斜法加工凸轮的具体操作方法与垂直铣削法基本相同，与垂直铣削法相比，倾斜铣削法具有哪些优点？
10. 等速圆柱凸轮多采用分度头装夹，配置一组交换齿轮进行加工。通过各种不同的交换齿轮传动比来达到不同的导程要求。交换齿轮的配置有哪两种方法？

五、技能题

1. 内容及操作要求

（1）考件名称：传动轴，如图 2—290 所示。

（2）考核要求

1）选用卧式万能铣床或立式升降台铣床。

2）选用合适的铣刀、铣削方法、铣削用量及切削液。

3）选择合适的工件装夹方式。

4）允许用锉刀、油石修去毛刺。

5）不允许用锉刀、油石、砂布来改善铣削表面的各项技术要求。

2. 准备工作

（1）材料准备。材料为45钢；硬度为28～32HRC；除花键及键槽外，其余已成形，如图2—290所示。

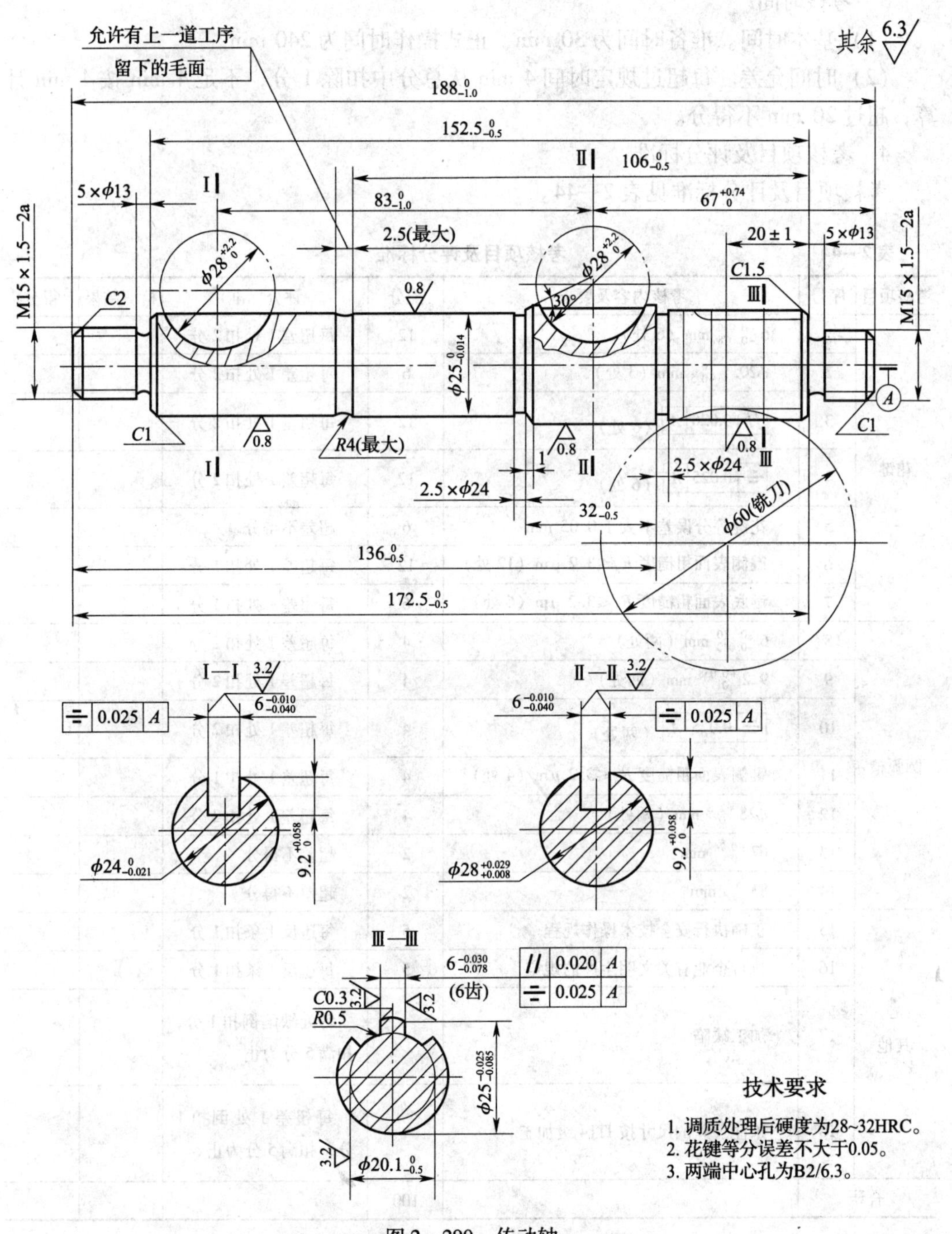

图2—290　传动轴

（2）设备、工具及量具的准备

1）机床。X6132 型卧式万能铣床或 X5032 型立式升降台铣床。

2）铣工常用的工具（包括刀具、夹具、量具等）。

3）润滑油、切削液等。

3. 考核时间

（1）基本时间。准备时间为 30 min，正式操作时间为 240 min。

（2）时间允差。每超过规定时间 4 min 从总分中扣除 1 分，不足 4 min 按 4 min 计算，超过 20 min 不得分。

4. 考核项目及评分标准

考核项目及评分标准见表 2—44。

表 2—44　　考核项目及评分标准

考核项目	序号	考核内容及要求	配分	评分标准	检测结果	得分
花键	1	$6_{-0.078}^{-0.030}$ mm（6 处）	12	每超差 1 处扣 2 分		
	2	$\phi20.1_{-0.5}^{0}$ mm（3 处）	6	每超差 1 处扣 2 分		
	3	∥ 0.020 A（6 处）	12	每超差 1 处扣 2 分		
	4	⌯ 0.025 A（6 处）	12	每超差 1 处扣 2 分		
	5	花键等分误差不大于 0.05 mm	6	超差不得分		
	6	键侧表面粗糙度 $R_a \leq 3.2$ μm（12 处）	12	每超差 1 处扣 1 分		
	7	键底表面粗糙度 $R_a \leq 3.2$ μm（6 处）	6	每超差 1 处扣 1 分		
圆弧槽	8	$6_{-0.040}^{-0.010}$ mm（两处）	4	每超差 1 处扣 2 分		
	9	$9.2_{0}^{+0.058}$ mm（两处）	4	每超差 1 处扣 2 分		
	10	⌯ 0.025 A（两处）	4	每超差 1 处扣 2 分		
	11	键侧表面粗糙度 $R_a \leq 3.2$ μm（4 处）	4	每超差 1 处扣 1 分		
	12	$\phi28_{0}^{+2.2}$ mm（两处）	4	每超差 1 处扣 2 分		
	13	$67_{0}^{+0.74}$ mm	2	超差不得分		
	14	$83_{-1.0}^{0}$ mm	2	超差不得分		
其他	15	正确执行安全技术操作规程	5	每违反 1 条扣 1 分		
	16	执行企业有关文明生产的规定	5	每违反 1 条扣 1 分		
	17	加工缺陷		每处缺陷倒扣 1 分，扣满 5 分为止		
	18	未注公差的尺寸按 IT14 级加工		每超差 1 处倒扣 1 分，扣满 5 分为止		
合计			100			

单元测试题答案

一、判断题

1. × 2. √ 3. √ 4. × 5. × 6. √ 7. × 8. ×
9. √ 10. √ 11. √ 12. × 13. × 14. × 15. × 16. ×
17. × 18. √ 19. × 20. √ 21. √ 22. × 23. √ 24. √
25. × 26. √ 27. √ 28. × 29. × 30. √

二、单项选择题

1. C 2. A 3. A 4. C 5. C 6. D 7. D 8. D
9. D 10. A 11. D 12. B 13. A 14. C 15. B 16. D
17. D 18. B 19. A 20. C 21. C 22. C 23. C 24. D
25. A 26. D 27. D 28. B 29. D 30. A 31. B 32. B
33. C 34. C 35. A 36. B 37. A 38. D 39. B 40. B

三、计算题

1. 解：(1) $O_{1x} = 0$，$O_{1y} = 0$

$O_{2x} = 50 \times \cos 20^\circ \approx 46.985\ \text{mm}$

$O_{2y} = 50 \times \sin 20^\circ \approx 17.10\ \text{mm}$

$O_{3x} = 90 - 36 = 54\ \text{mm}$

$O_{3y} = 90 - 30 = 60\ \text{mm}$

(2) $O_{1x} = 36\ \text{mm}$，$O_{1y} = 30\ \text{mm}$

$O_{2x} = 36 + 46.985 = 82.985\ \text{mm}$

$O_{2y} = 30 + 17.10 = 47.10\ \text{mm}$

$O_{3x} = 90\ \text{mm}$

$O_{3y} = 90\ \text{mm}$

2. 解：$n = \dfrac{40}{z} = \dfrac{40}{38} = 1\dfrac{2}{38}\ \text{r}$

$$m = \frac{d'_a}{(z+2)} = \frac{79.90}{38+2} = 1.9975 \approx 2\ \text{mm}$$

答：分度手柄转数 $n = 1\dfrac{2}{38}$ r，选用 $m = 2$ mm 的6号标准齿轮铣刀。

3. 解：$\bar{s}_c = 1.387m = 1.387 \times 3 = 4.161\ \text{mm}$

$\bar{h}_c = 0.7476m = 0.7476 \times 3 = 2.243\ \text{mm}$

答：理论固定弦齿厚 $\bar{s}_c = 4.161$ mm，理论固定弦齿高 $\bar{h}_c = 2.243$ mm 。

若经测量 $d'_{a1} \neq d_{a1}$，$d'_{a2} \neq d_{a2}$，则分别有 ΔE_{da1} 与 ΔE_{da2}，此时 $\bar{h}_{c1} = 0.7476m - \dfrac{1}{2}\Delta E_{da1}$，$\bar{h}_{c2} = 0.7476m - \dfrac{1}{2}\Delta E_{da2}$，故应根据 d'_a 与 d_a 的值分别判定。

4. 解：（1）移距尺寸为齿距 $p_1 = \pi m_1 = 3.1416 \times 3 \approx 9.425$ mm

（2）若 $m_2 = 1.5$ mm，则 $p_2 = \pi m_2 = 3.1416 \times 1.5 \approx 4.712$ mm

（3）$n_1 = \frac{\pi m_1}{P_{丝}} = \frac{9.425}{6} \approx 1.5708 \approx 1\frac{28}{49}$ r

$n_2 = \frac{\pi m_2}{P_{丝}} = \frac{4.712}{6} \approx 0.7853 \approx \frac{52}{66}$ r

答：（1）当 $m = 3$ mm 时，用量块控制移距时量块尺寸为 9.425 mm；（2）当 $m = 1.5$ mm 时，量块尺寸为 4.712 mm，是 $m = 3$ mm 时量块尺寸的一半；（3）用分度盘控制移距时，$m = 3$ mm 时 $n_1 = 1\frac{28}{49}$ r；$m = 1.5$ mm 时 $n_2 = \frac{52}{66}$ r 。

5. 解：（1）取 $n = 5\pi$，$n = 15\frac{21}{30}$ r

$$\frac{z_1 z_3}{z_2 z_4} = \frac{40s}{nP_{丝}} = \frac{40\pi m}{nP_{丝}} = \frac{40 \times 3.1416 \times 3}{5 \times 3.1416 \times 6} = \frac{80 \times 60}{30 \times 40}$$

（2）$n = \frac{\pi m}{P_{丝}} = \frac{3.1416 \times 3.5}{6} = 1.8326 \approx 1\frac{55}{66}$r

答：（1）取分度手柄转数 $n = 15\frac{21}{30}$ r，交换齿轮中主动轮 $z_1 = 80$，$z_3 = 60$，从动轮 $z_2 = 30$，$z_4 = 40$；（2）若 $m = 3.5$ mm，采用分度盘移距，分度手柄转数 $n = 1\frac{55}{66}$ r。

单元 2

6. 解：$P_z = \pi D\cot\beta = 3.1416 \times 80 \times \cot 30° \approx 435.31$ mm

$$\frac{z_1 z_3}{z_2 z_4} = \frac{40P_{丝}}{P_z} = \frac{40 \times 6}{435.31} \approx \frac{55}{100}$$

答：主动轮 $z_1 = 55$，从动轮 $z_2 = 100$；选择中间轮使工件和工作台丝杆旋转方向相同；工作台应逆时针扳转 30°。

7. 解：工件槽底直径 $D' = D - 2t = 60 - 2 \times 10 = 40$ mm

工件槽底螺旋线的螺旋角 $\beta' = \text{arccot}\left(\frac{P_z}{\pi D'}\right) = \text{arccot}\left(\frac{326.48}{\pi \times 40}\right) = 21°2'24''$

工件外圆上螺旋线的螺旋角 $\beta = \text{arccot}\left(\frac{P_z}{\pi D}\right) = \text{arccot}\left(\frac{326.48}{\pi \times 60}\right) = 30°$

答：工件槽底直径为 40 mm，槽底螺旋线的螺旋角 $\beta' = 21°2'24''$，外圆上螺旋线的螺旋角 $\beta = 30°$ 。

8. 解：

$$d_a = m_n\left(\frac{z}{\cos\beta} + 2\right) = 3\left(\frac{40}{\cos 15°} + 2\right) \approx 130.23 \text{ mm}$$

$$z_v = \frac{z}{\cos^3\beta} = \frac{40}{\cos^3 15°} \approx 44.38$$

取 $z_v = 44$

答：齿坯直径为 130.23 mm，选用 $m = 3$ mm，$\alpha = 20°$的 6 号标准齿轮铣刀。

9. 解：

$$P_z = \frac{\pi m_n z}{\sin\beta} = \frac{\pi \times 2 \times 30}{\sin 15°} \approx 728.29 \text{ mm}$$

$$\frac{z_1 z_3}{z_2 z_4} = \frac{40P_{丝}}{P_z} = \frac{40 \times 6}{728.29} \approx 0.33 = \frac{55 \times 30}{50 \times 100}$$

$$\bar{s}_{cn} = 1.387m_n = 1.387 \times 2 = 2.774\ \text{mm}$$

$$\bar{h}_{cn} = 0.7476m_n = 0.7476 \times 2 = 1.495\ \text{mm}$$

答：交换齿轮中主动轮 $z_1=55$，$z_3=30$，从动轮 $z_2=50$，$z_4=100$；固定弦齿厚$\bar{s}_{cn}=2.774$ mm，固定弦齿高$\bar{h}_{cn}=1.495$ mm。

10. 解：铣刀中径处厚度 $T=\frac{\pi m_i}{2}$

$$m_i = \frac{R-b}{R}m = \frac{2}{3} \times 3 = 2\ \text{mm}$$

$$T = \frac{\pi m_i}{2} = \frac{2\pi}{2} \approx 3.14\ \text{mm}$$

因为 $z=30$ ，故 $z_v=\frac{z}{\cos\delta}=\frac{30}{\cos 45°}=42.426$

故选用 6 号锥齿轮铣刀。

工作台横向移动量 $S=\frac{T}{2}-mx$

按铣刀号数选用 $x=0.266$

$$S = \frac{T}{2} - mx = \frac{3.14}{2} - 3 \times 0.266 = 0.772\ \text{mm}$$

因此
$$\delta_f = \delta + \theta_f$$

$$\tan\theta_f = \frac{2.4\sin\delta}{z} = \frac{2.4\sin 45°}{30} = 0.05656$$

$$\theta_f = 3°14'24''$$

所以
$$\delta_f = \delta + \theta_f = 45° + 3°14'24'' = 48°14'24''$$

答：铣刀中径处厚度 $T=3.14$ mm，工作台横向移动量 $S=0.772$ mm，分度头主轴倾斜角 $\phi=\delta_f=48°14'24''$。

11. 解：$B \leqslant \frac{d}{2}\sin\alpha = \frac{d}{2}\sin\frac{180°}{z} = \frac{40}{2} \times \sin\frac{180°}{6} = 20 \times \sin 30° = 10\ \text{mm}$

选用三面刃铣刀的宽度 $B=8$ mm

$$d_0 = \frac{d^2 + T^2 - 4B^2}{T} = \frac{40^2 + 10^2 - 4 \times 8^2}{10} = 144.4\ \text{mm}$$

答：选用外径 $d_0=80$ mm，宽度 $B=8$ mm 的标准三面刃铣刀。

12. 解：$B \leqslant \frac{d}{2}\sin\alpha = \frac{d}{2}\sin\frac{180°}{z} = \frac{40}{2} \times \sin\frac{180°}{5} = 20 \times \sin 36° = 11.76\ \text{mm}$

选用三面刃铣刀宽度 $B=10$ mm

设 5 齿离合器的齿侧序号为（1） ~ （10），按顺序 1 号齿侧为（1）和（2），2 号齿侧为（3）和（4），3 号齿侧为（5）和（6），4 号齿侧为（7）和（8），5 号齿侧为（9）和（10），铣削时，按（1）（6），（2）（7），（3）（8），（4）（9），（5）（10）的

单元 2

顺序分五次铣出 10 个侧面。

答：三面刃铣刀宽度 $B=10$ mm，铣削齿侧的顺序为（1）（6），（2）（7），（3）（8），（4）（9），（5）（10）。

13. 解：（1）$S=0.5D\sin\gamma_o=0.5\times100\times\sin15°=12.94$ mm

（2）因为 $\theta_1=60°$时，每垂向上升 1 mm，棱边宽度减小 1.732 mm，当棱边余量为 0.15 mm 时，垂向升高量 $=\dfrac{1.5}{1.732}\approx0.866$ mm

答：（1）$S=12.94$ mm；（2）垂向升高量为 0.866 mm。

四、简答题（略）

五、技能题（略）

第3单元

精度检验与误差分析

- 第一节　测量技术基础 /312
- 第二节　零件的检验与误差分析 /324

第一节　测量技术基础

→ 了解测量技术基础知识的有关概念
→ 掌握标准器具的结构原理及使用方法

一、测量技术的含义

“测量”是指为确定被测几何量的量值而进行的全部操作。实质上是将被测几何量与作为计量单位的标准量进行比较，从而确定被测几何量是计量单位的倍数或分数的过程。一个完整的测量过程应包括测量对象、计量单位、测量方法和测量精度四个方面。

“检验”是指为确定被测几何量是否在规定的极限范围之内，从而判断被测对象是否合格，而无须得出具体的量值。

测量技术包括“测量”和“检验”，具有更广泛的含义。对测量技术的基本要求是：合理地选用计量器具和测量方法，保证一定的测量精度，具有高的测量效率和低的测量成本，通过测量分析零件的加工工艺，积极采取预防措施，避免废品的产生。

二、计量器具

1. 量块

（1）量块的形状、用途及尺寸系列。量块是没有刻度的平行端面量具，也称块规，如图 3—1 所示，它是尺寸传递系统中一种十分重要的媒介。它除了用做长度基准进行尺寸传递外，还广泛用于检定和校准其他量具和仪器，在相对测量时用于调整量具和仪器的零位，用于精密机床和夹具的调整，以及直接用于精密零件的测量与划线等。

量块是用特殊合金钢制成的，具有线膨胀系数小、不易变形、耐磨性好等特点。量块具有经过精密加工后很平、很光的两个平行平面，叫做测量面。两测量面之间的距离称为工作尺寸 L（见图 3—1），又称标称尺寸，该尺寸具有很高的精度。量块的标称尺寸大于或等于 10 mm 时，其测量面的尺寸为 35 mm × 9 mm；标称尺寸在 10 mm 以下时，其测量面的尺寸为 30 mm × 9 mm。

量块的测量面非常平整和光洁，用少许压力推合两块量块，使它们的测量面紧密接触，两块量块就能研合在一起，量块的这种特性称为研合性。利用量块的研合性，就可以用不同尺寸的量块组合成所需的各种尺寸。

在实际生产中，量块是成套使用的，每套量块由一定数量的不同标称尺寸的量块组成，装在特制的木盒内，如图 3—2 所示，以便组合成各种尺寸，从而满足一定尺寸范围内的测量需求。

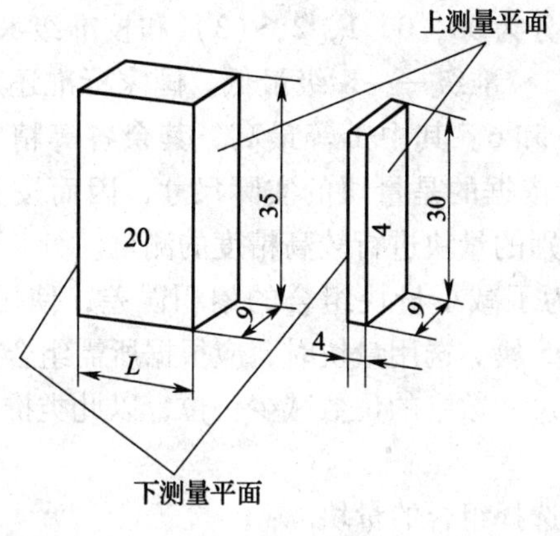

图 3—1　量块

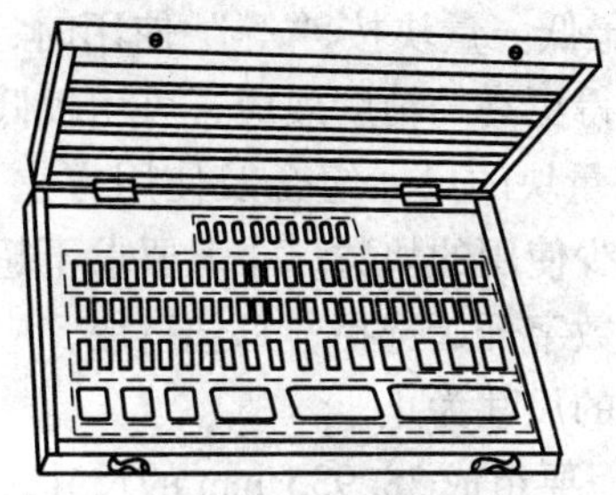

图 3—2　成套量块

国家标准《几何量技术规范（GPS）长度标准量块》（GB/T 6093—2001）共规定了 17 套量块，常用成套量块的级别、尺寸系列、间隔和块数见表 3—1。

表 3—1　常用成套量块的级别、尺寸系列、间隔和块数

套别	总块数	精度级别	尺寸系列（mm）	间隔（mm）	块数
1	91	00，0，1	0.5	—	1
			1	—	1
			1.001，1.002，…，1.009	0.001	9
			1.01，1.02，…，1.49	0.01	49
			1.5，1.6，…，1.9	0.1	5
			2.0，2.5，…，9.5	0.5	16
			10，20，…，100	10	10
2	83	00，0，12，(3)	0.5	—	1
			1	—	1
			1.005	—	1
			1.01，1.02，…，1.49	0.01	49
			1.5，1.6，…，1.9	0.1	5
			2.0，2.5，…，9.5	0.5	16
			10，20，…，100	10	10
3	46	0，1，2	1	—	1
			1.001，1.002，…，1.009	0.001	9
			1.01，1.02，…，1.09	0.01	9
			1.1，1.2，…，1.9	0.1	9
			2，3，…，9	1	8
			10，20，…，100	10	10
4	38	0，1，2，(3)	1	—	1
			1.005	—	1
			1.01，1.02，…，1.09	0.01	9
			1.1，1.2，…，1.9	0.1	9
			2，3，…，9	1	8
			10，20，…，100	10	10

根据国家标准规定，量块的制造精度分为00，0，1，2，（3）和校准级K共六级。其中00级最高，其余各级精度依次降低，校准级——K级最低。国家标准还对量块的检定精度规定了六等，即1，2，3，4，5和6。其中1等最高，其余各等精度依次降低，6等最低。量块按“等”使用时，所依据的是量块的实际尺寸，因而按“等”使用时可获得更高的精度效应，可用较低级别的量块进行较高精度的测量。

（2）量块的尺寸组合及使用方法。为了减小量块组合的累积误差，使用量块时，应尽量减少使用的块数，一般要求不超过5块。选用量块时，应根据所需组合的尺寸从最后一位数字开始选择，每选一块，应使尺寸数字的位数减少一位，以此类推，直至组合成完整的尺寸为止。

例1 要组成38.935 mm的尺寸，试选择组合的量块。

解：最后一位数字为0.005，因而可采用83块一套或38块一套的量块。

若采用83块一套的量块，则有：

```
  38.935
– 1.005   第一块量块尺寸
  37.93
– 1.43    第二块量块尺寸
  36.5
– 6.5     第三块量块尺寸
  30      第四块量块尺寸
```

共选取四块量块，尺寸分别为1.005，1.43，6.5和30 mm。

若采用38块一套的量块，则有：

```
  38.935
– 1.005   第一块量块尺寸
  37.93
– 1.03    第二块量块尺寸
  36.9
– 1.9     第三块量块尺寸
  35
– 5       第四块量块尺寸
  30      第五块量块尺寸
```

共选取五块量块，其尺寸分别为1.005，1.03，1.9，5和30 mm。

可以看出，采用83块一套的量块要好些。

为了扩大量块的应用范围，可采用量块附件。量块附件主要有夹持器和各种量爪，如图3—3a所示。量块及其附件装配后，可用于测量外径、内径或进行精密划线等，如图3—3b所示。

（3）使用量块时的注意事项

1）量块只允许用于检定计量器具、进行精密测量及调整精密机床。

2）使用前应对量块和工件做外观检查。

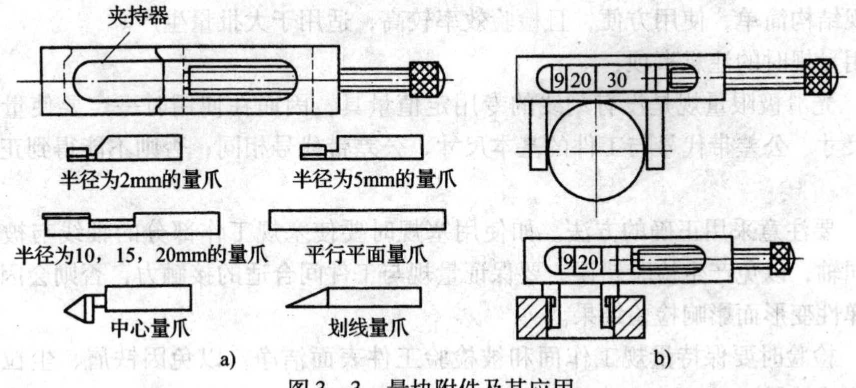

图3—3　量块附件及其应用

a）量块附件　b）量块及其附件的应用

3）量块在研合前，要用高标号汽油（航空汽油）进行清洗，研合方法有平行研合法和交叉研合法两种。组合尺寸时，最好在量块工作面使用保护块。

4）量块组使用后应及时拆开，用高标号汽油清洗每块量块，然后涂上防锈油，放入盒内固定的位置。

5）定期对量块进行检验及鉴定，并将结果附在盒内。

2. 量规

量规分为塞规和卡规（或环规）两种，塞规用来检验孔，卡规用来检验轴。

用量规检验工件的依据是极限尺寸判断原则，而此原则中必须控制工件的体外作用尺寸和局部实际尺寸，因而无论是孔用塞规还是轴用卡规，均由通端量规（简称通规）和止端量规（简称止规）成对组成，以分别检验孔或轴的体外作用尺寸和局部实际尺寸是否在极限尺寸的范围内。如图3—4a所示为用塞规检验孔的情况，通规按孔的最大实体尺寸（即最小极限尺寸，见图中标注的 D_{min}）制造，通规若能通过所测孔，则说明孔的体外作用尺寸大于孔的最大实体尺寸（即最小极限尺寸）；止规按孔的最小实体尺寸（即最大极限尺寸，见图中标注的 D_{max}）制造，止规若不能通过所测孔，则说明孔的局部实际尺寸小于孔的最小实体尺寸（即最大极限尺寸）。在检验时，只有当通规能通过所测孔同时止规不能通过所测孔时，所测孔才能判断为合格，否则是不合格的。如图3—4b所示为用卡规检验轴，其工作原理与用塞规检验孔相似。

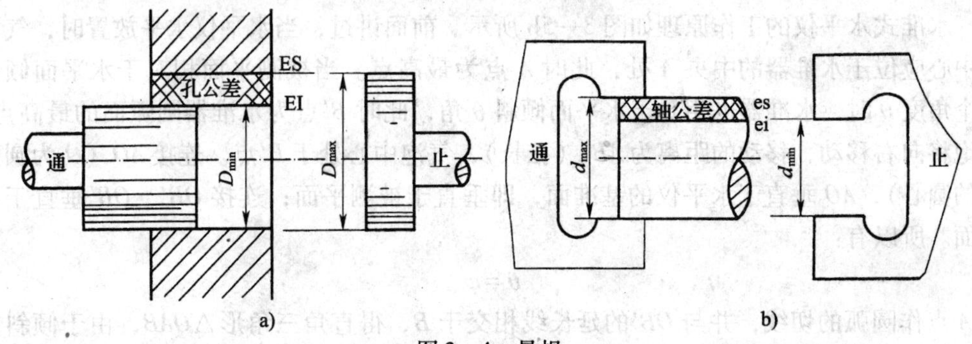

图3—4　量规

a）用塞规检验孔　b）用卡规检验轴

量规结构简单，使用方便，且检验效率较高，适用于大批量生产。

使用量规时的注意事项：

（1）光滑极限量规是没有刻线的专用定值量具，因而在使用时一定要使量规标记的基本尺寸、公差带代号与工件的基本尺寸、公差带代号相同；否则不能得到正确的检验结果。

（2）要注意采用正确的方法。如使用塞规时要使塞规工作部分的轴线与被检验孔的轴线同轴，以免产生检验错误；要保证量规与工件间合适的接触力，否则会因工件与量规的弹性变形而影响检验结果。

（3）检验时要保持量规工作面和被检验工件表面洁净，以免因铁屑、尘粒等杂质而影响检验结果。

（4）量规在使用时应轻拿轻放，以免碰伤工作面而影响精度。

（5）量规使用完毕应擦净，涂油放置，以免产生锈蚀而影响检验精度。

3. 水平仪

（1）水平仪的用途。水平仪是用于测量被测平面相对于水平面的微小倾角的一种计量器具，在机械制造中，常用来检测工件表面或设备安装的水平情况。例如，可用于检测机床和仪器的底座、工作台面及机床导轨等的水平情况；还可以用水平仪检测导轨、平尺、平板等的直线度和平面度误差；测量两工作面的平行度以及工作面相对于水平面的垂直度误差等。

（2）水平仪的分类。水平仪按其工作原理不同可分为水准式水平仪和电子水平仪两类。水准式水平仪又有条式水平仪、框式水平仪和合像水平仪三种结构形式。水准式水平仪目前使用最为广泛，以下仅介绍水准式水平仪。

（3）水准式水平仪的工作原理。水准式水平仪的主要工作部分是管状水准器，它是一个密封的玻璃管，其内表面的纵截面是一曲率半径很大的圆弧面。管内装有精馏乙醚或精馏乙醇，但未注满，形成一个气泡。玻璃管的外表面刻有刻度。不管水准器的位置处于何种状态，气泡总是趋向于玻璃管圆弧面的最高位置。当水准器处于水平位置时，气泡位于中央；当水准器相对于水平面倾斜时，气泡就偏向高的一侧，其倾斜程度可以从玻璃管外表面上的刻度读出（见图 3—5a），经过简单的换算，就可以得到被测表面相对于水平面的倾斜度和倾斜角。

水准式水平仪的工作原理如图 3—5b 所示。前面讲过，当水平仪水平放置时，气泡的中心应位于水准器的中央 A 处，此时 A 点为最高点。当被测平面相对于水平面倾斜一个角度 θ 时，水准器也相对于水平面倾斜 θ 角，此时 B' 点为水准器圆弧面的最高点，气泡将向右移动，移动的距离为 AB'（弦长），气泡中心处于 B' 点。连接 AO（O 为圆弧面的圆心），AO 垂直于水平仪的基准面，即垂直于被测平面；连接 OB'，OB' 垂直于水平面。所以有：

$$\theta = \varphi$$

过 A 点作圆弧的切线，并与 OB' 的延长线相交于 B，得直角三角形 $\triangle OAB$，由于倾斜角 θ 的度数很小，并且 AB' 和 AB 的差值也很小，因而有：

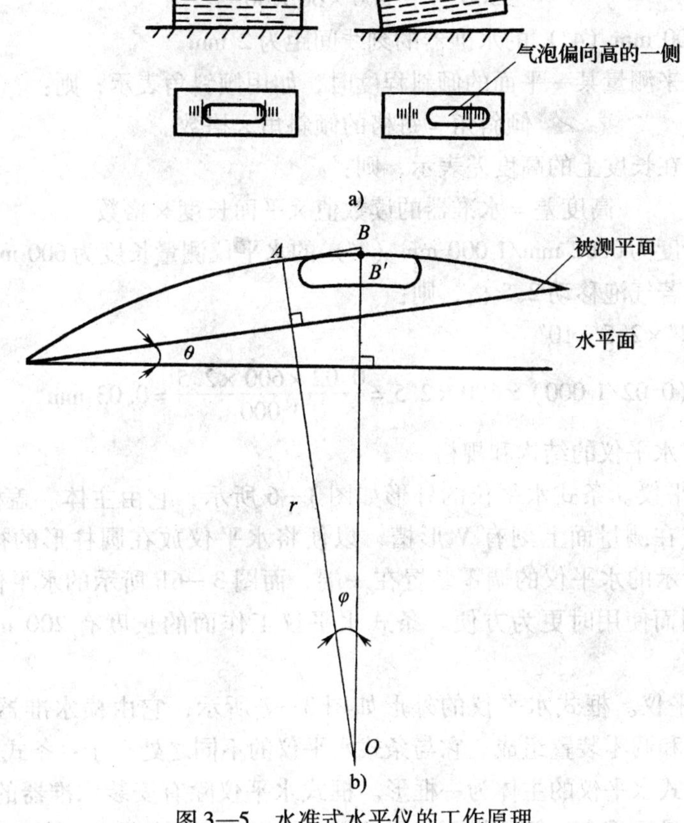

图 3—5　水准式水平仪的工作原理

$$\theta=\varphi\approx\tan\varphi=\frac{AB}{OA}\approx\frac{AB'}{OA}$$

上式中角的单位为弧度。

设 $AB'=a$，则可得到水平仪倾斜角 θ 与气泡移动的距离 a 和水准器圆弧曲率半径 r 的关系式为：

$$\theta=a/r$$

式中，θ 的单位为弧度。若以秒作为角的单位，则可得到：

$$\theta=(a/r)\times 206\ 265$$

水平仪的测量精度（即分度值）是以气泡移动 1 格，被测表面在 1 m 的距离上的高度差来表示的；或以气泡移动 1 格时被测表面倾斜的角度的数值来表示。如读数值为 0.02 mm/1 000 mm 的水平仪，表示气泡移动 1 格时，1 000 mm（即 1 m）距离上的高度差为 0.02 mm；如以倾斜角 θ 表示，则 $\theta=\frac{0.02}{1\ 000}\times 206\ 265\approx 4''$。

水准器上的刻线间距是按下述原理计算的：如 0.02 mm/1 000 mm（4″）的水平仪，其水准器的曲率半径 $r\approx 103\times 10^3$ mm，当水平仪倾斜 4″时，气泡移动 1 格的距离（弧长）为：

$$弧长=\frac{2\pi r\theta}{360°}=\frac{2\pi\times103\times10^{3}\times4}{360\times60\times60}\approx2\ \text{mm}$$

即0.02 mm/1 000 mm（4″）的水准器的刻线间距为2 mm。

利用水平仪来测量某一平面的倾斜程度时，如用倾斜角表示，则：

$$倾斜角=每格的倾斜角\times格数$$

如用该平面在长度上的高度差表示，则：

$$高度差=水准器的读数值\times平面长度\times格数$$

如用测量精度为0.02 mm/1 000 mm（4″）的水平仪测量长度为600 mm的导轨工作面的倾斜程度，若气泡移动2.5格，则：

倾斜角 $\theta=4''\times2.5=10''$

高度差 $h=(0.02/1\ 000)\times600\times2.5=\frac{0.02\times600\times2.5}{1\ 000}=0.03\ \text{mm}$

（4）水准式水平仪的结构和规格

1）条式水平仪。条式水平仪的外形如图3—6所示，它由主体、盖板、水准器和调零装置组成。在测量面上刻有V形槽，以便将水平仪放在圆柱形的被测表面上测量。图3—6a所示的水平仪的调零装置在一端，而图3—6b所示的水平仪的调零装置在其上表面，因而使用时更为方便。条式水平仪工作面的长度有200 mm和300 mm两种。

2）框式水平仪。框式水平仪的外形如图3—7所示，它由横水准器、主体把手、主水准器、盖板和调零装置组成。它与条式水平仪的不同之处在于：条式水平仪的主体为一条形，而框式水平仪的主体为一框形。框式水平仪除有安装水准器的下测量面外，还有一个与下测量面垂直的侧测量面，因此框式水平仪不仅能测量工件的水平表面，还可用它的侧测量面与工件的被测表面相靠，从而检测其对水平面的垂直度。框式水平仪的框架规格有150 mm×150 mm，200 mm×200 mm，250 mm×250 mm，300 mm×300 mm等几种，其中200 mm×200 mm最为常用。

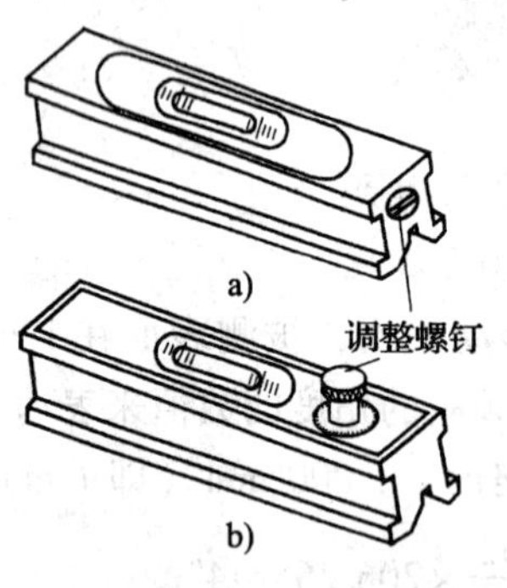

图3—6 条式水平仪的外形

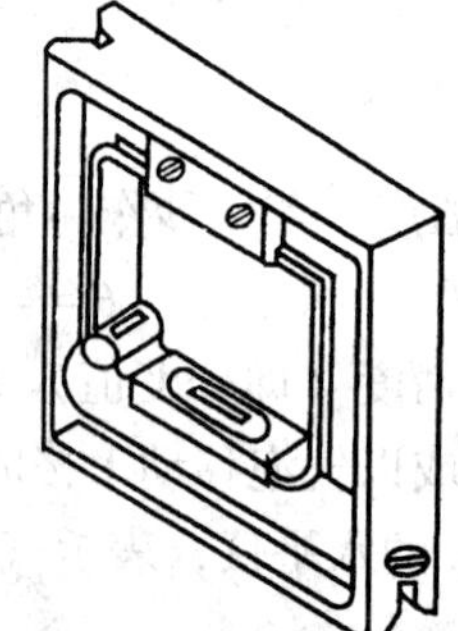

图3—7 框式水平仪的外形

4. 正弦规

正弦规是利用正弦函数的原理，用间接法测量角度的量具，其外观如图3—8所示。它可精密地测量内、外锥体的锥度，样板的角度，孔中心线与工件表面的夹角等。

（1）正弦规的结构。正弦规由一个矩形长方体和两个直径相等的精密圆柱 2 组成，两圆柱的中心距要求相当精确，根据两圆柱中心间的距离 L 和主体工作平面宽度 B 制成两种形式，即宽型正弦规和窄型正弦规。为便于被检工件在正弦规的主体平面上定位和定向，还装有侧挡板 3 和后挡板 4，如图 3—8 所示。

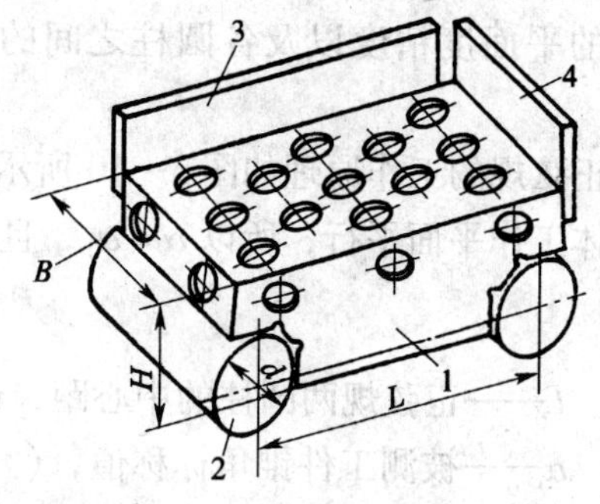

图 3—8　正弦规的外观

1—主体　2—圆柱　3—侧挡板　4—后挡板

（2）正弦规的基本尺寸。如图 3—9 所示，正弦规分为窄型和宽型两类，每一类又按其主体工作平面长度尺寸分为两类。正弦规常用的精度等级为 0 级和 1 级，其中 0 级精度最高。正弦规的基本尺寸见表 3—2。

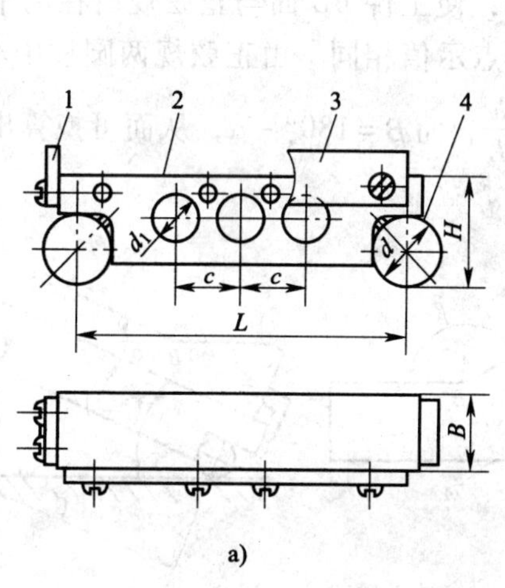

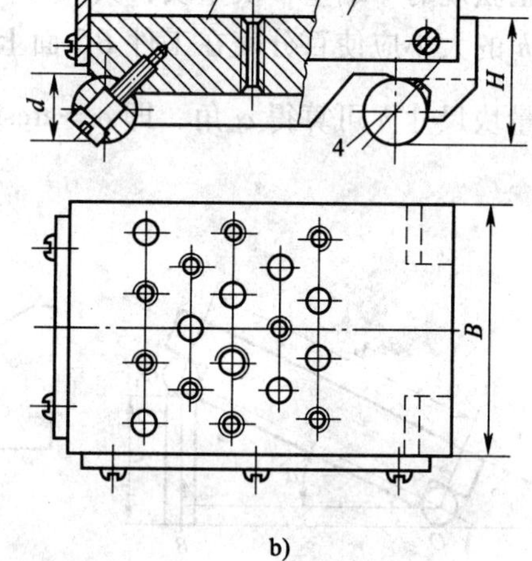

图 3—9　正弦规的基本尺寸

a）窄型　b）宽型

1—前挡板　2—平台　3—侧挡板　4—圆柱

表 3—2　　正弦规的基本尺寸　　mm

形式	精度等级	主要尺寸			
		L	B	d	H
窄型	0 级 1 级	100	25	20	30
		200	40	30	55
宽型	0 级 1 级	100	80	20	40
		200	80	30	55

注：表中 L 为正弦规两圆柱的中心距，B 为正弦规主体工作平面的宽度，d 为两圆柱的直径，H 为工作平面的高度。

单元 3

正弦规两个圆柱的中心距精度很高，如 $L=100$ mm 的宽型正弦规的极限偏差为 ±0.003 mm；$L=100$ mm 的窄型正弦规的极限偏差为 ±0.002 mm。同时，工作平面的平面度精度以及各圆柱之间的相互位置精度都很高，因此它可以用做精密测量。

正弦规的工作原理如图 3—10 所示。由于正弦规两圆柱直径相等，并且其中心连线与主体工作平面平行，所以 $\alpha=\alpha_1$，且：

$$\sin\alpha = h/L$$

式中 L——正弦规两圆柱的中心距，mm；

α——被测工件锥角标称值，(°)；

h——正弦规所垫量块的尺寸，mm。

这说明正弦规的中心距确定以后，α 角的大小取决于量块的尺寸 h。

欲测量如图 3—11a 所示工件的夹角 β，以底面 A 为基准面，将 A 面放在正弦规上，在正弦规的一端垫一块量块，其尺寸为 h，使工件 BC 面与正弦规所在的平面平行，即 h 的大小应使百分表在工件 BC 面上各点示值相同。由正弦规两圆柱中心距 L 和所垫量块尺寸 h 可算得 α 角，即 $\alpha=\arcsin\dfrac{h}{L}$，而 $\beta=180°-\alpha$，从而可换算出 β 的大小。

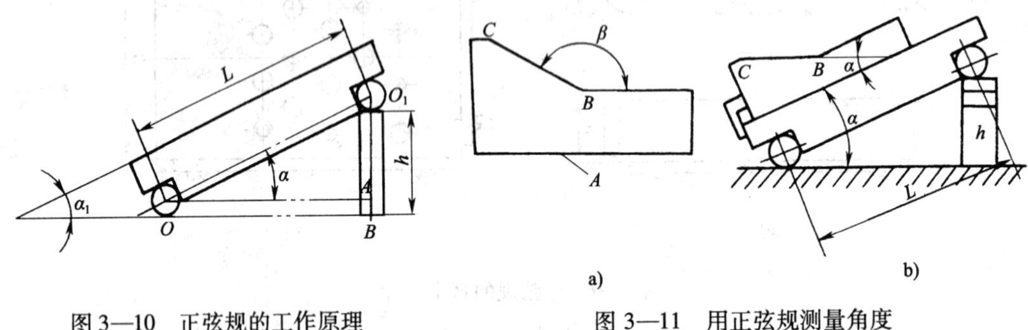

图 3—10 正弦规的工作原理

图 3—11 用正弦规测量角度
a）工件 b）测量

5. 齿轮游标卡尺

如图 3—12 所示的齿轮游标卡尺是由两把互相垂直的游标卡尺，即水平尺身和垂直尺身组成的，垂直尺身用于按齿顶高定位；水平尺身上的活动量爪和固定量爪用于测量齿厚。齿轮游标卡尺主要用于测量圆柱齿轮的固定弦齿厚和分度圆齿厚，其测量范围为 1 ~ 16，1 ~ 18，1 ~ 26，2 ~ 16，2 ~ 26 和 5 ~ 36 mm 等，测量精度为 0.02 mm。

6. 公法线千分尺

公法线千分尺如图 3—13 所示，它主要用于测量圆柱齿轮的公法线长度。公法线千分尺的测砧与测微螺杆测量面（活动测砧）为圆盘形，也可制成圆盘的一部分，除此以外与普通千分尺完全相同。两个测砧的测量面做成两个相互平行的圆平面。测量前先通过计算或查表的方法得到跨测齿数，再把公法线千分尺调到比被测尺寸略大处，然后把测砧插到齿轮齿槽中进行测量，即可得到公法线的实际长度。

公法线千分尺按测量范围分为 0～25，25～50，50～75，75～100，100～125 和 125～150 mm 等多种规格，其测量精度为 0.01 mm。

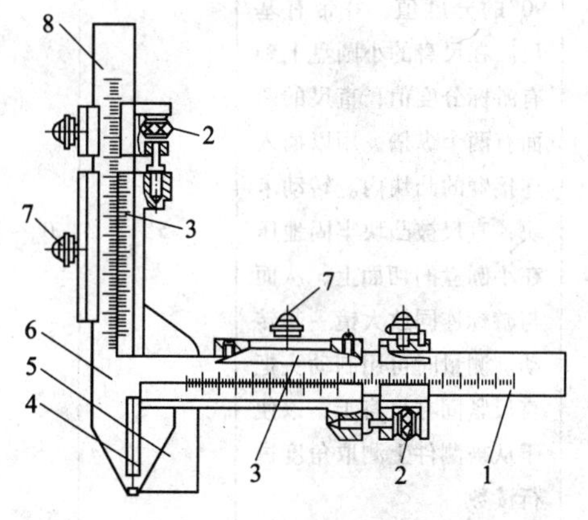

图 3—12　齿轮游标卡尺

1—水平尺身　2—微动螺母　3—游标　4—活动量爪　5—高度尺　6—固定量爪　7—紧固螺钉　8—垂直尺身

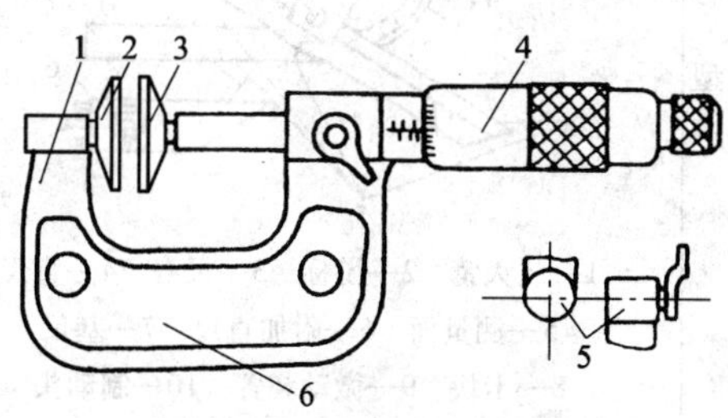

图 3—13　公法线千分尺

1—尺架　2—测砧　3—活动测砧　4—微分筒　5—半圆盘测砧　6—隔热装置

7. 万能角度尺

万能角度尺是用来测量工件的内、外角度的量具，它有两种结构，其形式、结构和基本参数见表 3—3。

表 3—3　　**万能角度尺的形式、结构和基本参数**

形式	结构图	简要说明	测量精度	测量范围
I 型	1—90°角尺　2—游标　3—尺身　4—制动头　5—基尺　6—扇形板　7—卡块　8—直尺	由尺身、扇形板和固定在扇形板上的游标组成，扇形板可带动游标沿尺身转动。90°角尺可用卡块固定在扇形板上，可移动的直尺用卡块又可固定在 90°角尺上，基尺与尺身连成一体	2′，5′	0°～320°

续表

形式	结构图	简要说明	测量精度	测量范围
Ⅱ型	1—放大镜　2—游标　3—尺身　4—直尺　5—测量面　6—附加直尺　7—基尺　8—卡块　9—微动装置　10—制动头	在尺身上对称刻有0°～90°的分度值，并带有基尺。在尺身的小圆盘上刻有游标分度值，直尺的两面有两个纵槽，用以插入连接臂的凸块内。转动卡块，直尺被凸块牢固地压在小圆盘的切面上，从而与游标连同放大镜一起转动。测量时可用制动头把直尺紧固在尺身上，以便于从被测件上测取角度进行读数	5′	0°～360°

万能角度尺的读数原理与普通游标卡尺基本相同。例如，测量精度为2′的万能角度尺，尺身刻线间隔1°，而游标的刻度则是将尺身上的29格分成30等份，每一格所对的角度为29°/30。因此，尺身与游标每格相差1°－29°/30＝1°/30＝2′，即该万能角度尺的测量精度为2′。

万能角度尺的读数原理如图3—14所示。图3—14a所示为尺身零线与游标零线对准的情况。这时除游标的最后一条刻线与尺身倒数第2条刻线对准外，游标上的其他刻线都不与尺身的刻线对准。当游标零线向右移动，离开尺身零线时，如游标的第15个间隔的刻线与尺身第15个间隔的刻线重合，在游标上的读数值为30′，如图3—14b所示。当游标第17个间隔的刻线与尺身第17个间隔的刻线重合时，则读数值为34′，以此类推。当游标第30个间隔的刻线（即最后一条刻线）与尺身第30个间隔的刻线重合时，游标则移动了1°。

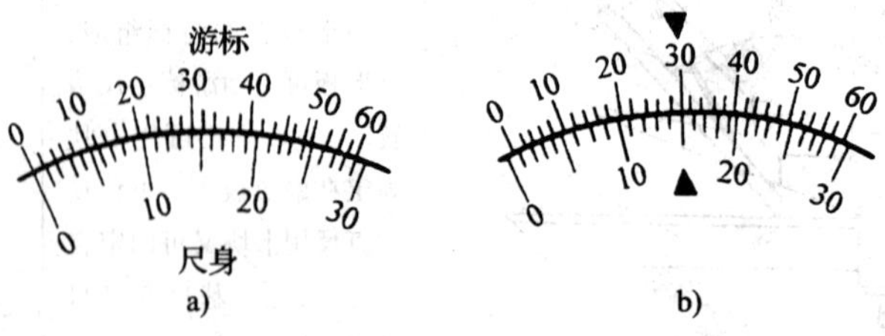

图3—14　万能角度尺的读数原理

常用的Ⅰ型万能角度尺通过对构件的不同组合，可用于测量0°～320°的任何角度，其使用情况如图3—15所示。Ⅱ型万能角度尺的使用方法如图3—16所示。

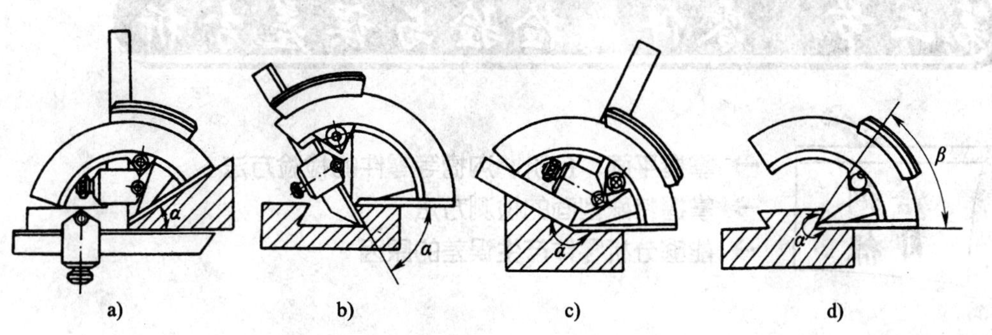

图 3—15　Ⅰ型万能角度尺的使用情况

a）测量 0°～50°　b）测量 50°～140°　c）测量 140°～230°　d）测量 230°～320°

图 3—16　Ⅱ型万能角度尺的使用方法

第二节 零件的检验与误差分析

- 掌握平面、台阶、沟槽等零件的检验方法
- 掌握特殊型面的检测方法
- 能够分析零件产生误差的原因

一、平面、台阶、沟槽等零件的检验

1. 检验平面

（1）用水平仪检验直线度。工件平面大范围内的直线度和平面度可用水平仪进行检验，如图 3—17a 所示为检验平面的直线度。检验时，先在工件被测表面上按被测方向画一条线，再把测量精度为 0.02 mm/1 000 mm（4″）的水平仪以首尾相接的方法，一段一段地从左端检验到右端，如图 3—17b 所示为放大了的直线度检验示意图。从图中可从看出：工件的左半部分是左面高，倾斜度都是 12″（三格）；工件的右半部分是右面高，倾斜度也都是 12″。因此，工件的被测表面中间向下凹，而且是对称的。若工件长度为 800 mm，则中间向下凹的量为：

$$\frac{800}{2}\times\frac{0.02}{1\ 000}\times3=0.024\ \text{mm}$$

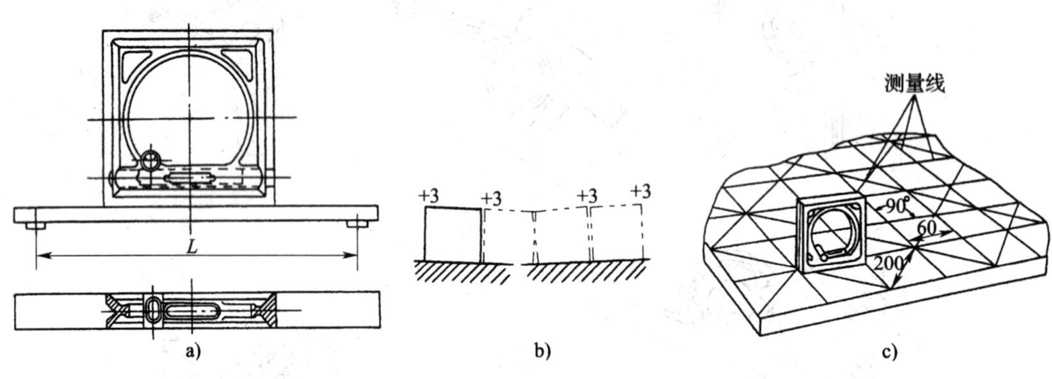

图 3—17 用水平仪检验平面

a）检验平面的直线度 b）放大了的直线度检验示意图 c）用水平仪检验平面度

（2）用水平仪检验平面度。平面的直线度是指平面在某个方向（一般是长度方向）上的平面度。对于较宽的平面，需在各个方向上检验其平面度，即用水平仪在纵向、横向和对角线方向上多次检验，如图 3—17c 所示。检验平面度的方法与检验直线度相同，只需把检验各直线度误差的数据填入代表各方位的表格中，以便确定平面在各个部位的平面度误差，即各处高低不平的程度。

（3）检测平行度。检测时，先把精度为 0.02 mm/1 000 mm（4″）的水平仪放在检验用平台上，并对水平仪的方向定好基准，读出水平仪的倾斜值，若显示右端高一格，即把工件放在平台和水平仪之间，如图 3—18 所示，并读出倾斜值，如显示右端高三格，则工件右端实际高两格，即斜度为 8″。若工件长 150 mm，则右端比左端厚 $150\times\frac{0.02}{1\ 000}\times2=0.006$ mm。

2. 检验斜面

(1) 角度的单位与换算

1) 60 分制。将一个圆周分成 360 等份，每 1 份为 1°，将 1°又分成 60 等份，每 1 份为 1′，将 1′再分成 60 等份，每 1 份为 1″。这样，一个圆周 =360° =21 600′ =1 296 000″。

2) 弧度制。在一个圆内，如圆心角 φ 所对应的弧长 $\overset{\frown}{AB}$ 恰好等于该圆的半径 R，则该圆心角 φ 称为 1 弧度，记做 rad，如图 3—19 所示。因为一个圆的周长为 $2\pi R$，故：

$$1\text{ 个圆周}=\frac{2\pi R}{R}=2\pi\ \text{rad}$$

当圆心角 φ 对应的圆周弧长为 S，则有：

$$\varphi=\frac{S}{R}\ \text{rad}$$

60 分制和弧度制的换算关系如下：

$$360^\circ=2\pi=6.283\ 2\ \text{rad}$$

$$1^\circ=\frac{2\pi}{360}=0.017\ 453\ 3\ \text{rad}$$

$$1'=\frac{2\pi}{360\times60}=0.000\ 291\ \text{rad}$$

$$1''=\frac{2\pi}{360\times60\times60}=0.000\ 004\ 848\ \text{rad}$$

而 $1\ \text{rad}=57.295\ 779\ 51^\circ=3\ 437.746\ 771'=206\ 264.806\ 2''\approx(2\times10^5)''$。

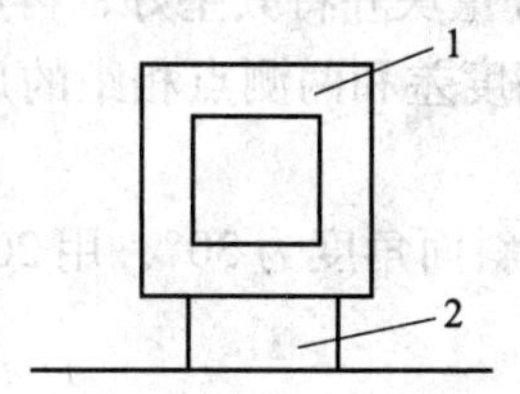

图 3—18 用水平仪检测平行度
1—水平仪 2—工件

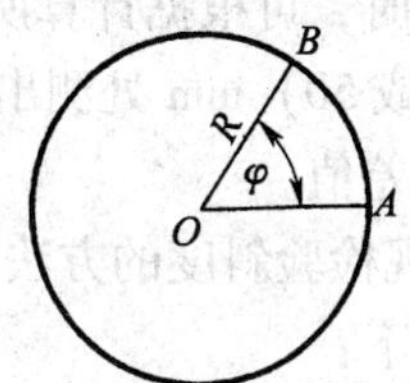

图 3—19 弧度制

(2) 用正弦规测量锥度与斜度

1) 测量时的计算。用正弦规测量零件的锥度时需在平板上进行，将正弦规一端的圆柱用量块垫高，如图 3—20a 所示。一直垫到零件表面与平板表面平行为止。这时根据所垫量块的高度尺寸和正弦规中心距计算锥角，其计算公式如下：

$$\sin\alpha=\frac{H}{L}$$

式中 α——被测零件的锥角，(°)；

H——所垫量块的高度，mm；

L——正弦规中心距，mm。

测量斜度的示意图如图 3—20b 所示，斜角的计算公式为：

$$\sin\beta=\frac{H}{L}$$

式中 β——被测零件的斜角，(°)；

H——所垫量块的高度，mm；

L——正弦规中心距，mm。

也可根据零件角度和正弦规中心距先计算出所垫量块的高度 H，然后检查零件表面与平板平行度的误差，若为锥体零件，则：

$$H=L\sin\alpha$$

对于斜面零件，则：

$$H=L\sin\beta$$

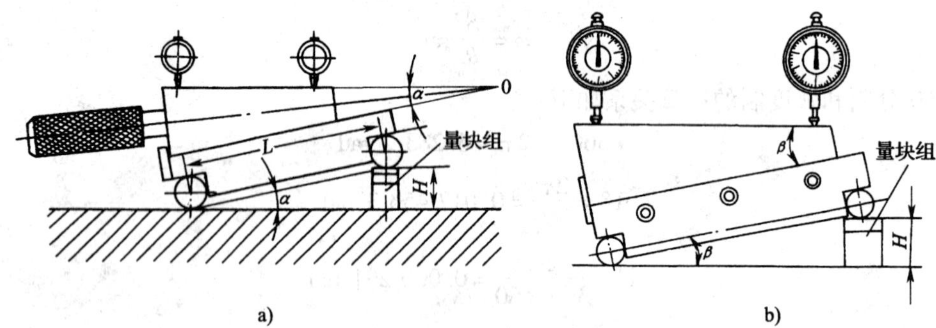

图 3—20 用正弦规测量锥度和斜度

a）测量锥度 b）测量斜度

在实际检测时，可根据计算所得的尺寸选择好量块并将其垫好，再用百分表在工件两端相距 100（或 50）mm 处测出高度差。根据高度差和两测点相距的尺寸，即可反算出锥度或斜度的差值。

2）用正弦规检验斜度的方法。已知一零件的斜面角度为 30°，用 200 mm 的正弦规检验时的方法如下：

①先计算应垫量块组的尺寸。已知 $\beta=30°$，$L=200$ mm，则：

$$H=L\sin\beta=200\times\sin 30°=100\ \text{mm}$$

量块组的尺寸应为 100 mm。

②用百分表检测斜面两端的高度，如图 3—20b 所示。设两端检测的距离为 100 mm，百分表在两端的读数差值为 0. 05 mm。即此斜面在 100 mm 长度上的平行度误差为 0. 05 mm，则：

$$\sin\beta=\frac{0.05}{100}=0.000\ 5$$

$$\beta=1'43''$$

即该斜面的角度误差为1′43″。

3. 键槽的检测方法

铣削键槽时，要使键槽铣刀的回转轴线与工件轴线重合，才能保证键槽的尺寸公差以及形位公差要求，否则会出现如图3—21所示的铣削误差。

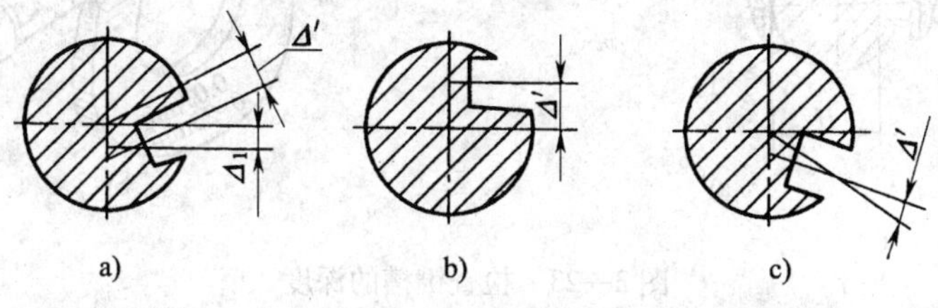

图3—21　键槽铣削误差

（1）检查键槽的宽度。精度较高的键槽常使用塞规来检验，并可检测出键槽槽壁对槽底的垂直度是否符合要求；批量加工时，常使用界限量规或塞规进行检验，通端能在被测处通过，而止端不能通过为合格，如图3—22所示。

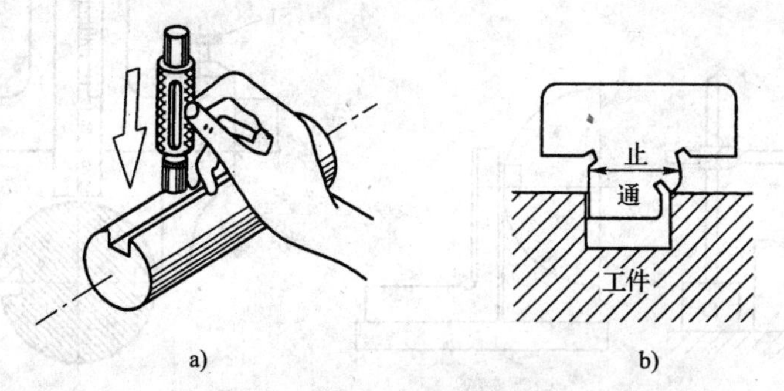

图3—22　检查键槽的宽度

a）用塞规检测　b）用界限量规检测

（2）检查键槽的深度。对于键槽的槽深尺寸，在图样上一般是标出槽底至对面圆柱面的距离。测量敞开式键槽的槽深时，用游标卡尺可直接测出槽底至对面圆柱面的距离。

对于封闭式键槽，测量槽深时可采用辅助量块与游标卡尺或千分尺配合的方法，选取的量块尺寸应大于键槽深度，游标卡尺用于一般精度的测量，千分尺用于较高精度的测量，如图3—23所示。

$$H = \text{测量读数} - \text{量块尺寸}$$

$$\text{键槽深度} = \text{工件外径}\ D - H$$

（3）检查槽宽与轴线的对称度误差。键槽加工完毕，还应用如图3—24所示的方法检查槽宽与轴线的对称度误差。

1）用百分表检查的方法。如图3—24a所示，键槽铣削完毕并用锉刀修平整后，在工作台面上放一个百分表座，使百分表测量头接触键槽槽口边缘，水平移动百分表座，检查槽口的两边缘是否等高，哪个边缘高，那一端的键槽槽壁就偏近于轴线。

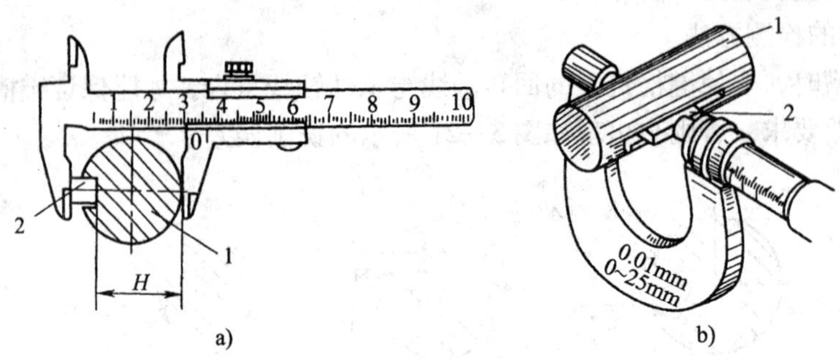

图3—23 检查键槽的深度

a）用游标卡尺及辅助量块测量 b）用千分尺及辅助量块测量

1—工件 2—辅助量块

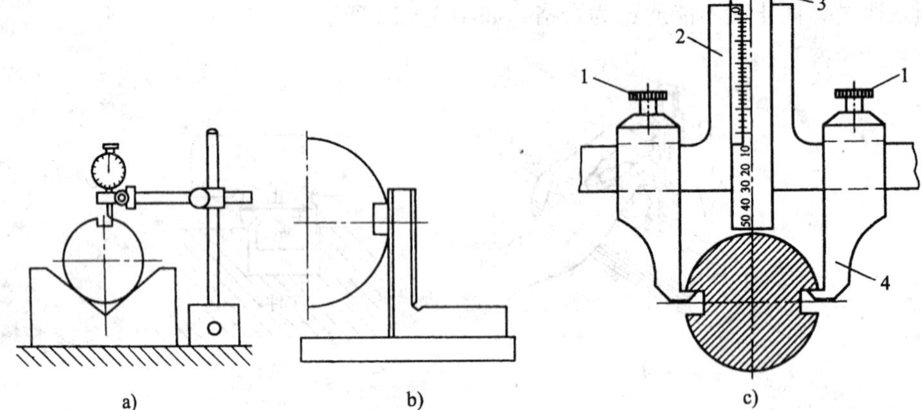

图3—24 检查槽宽与轴线的对称度误差

a）用百分表检查槽口的两边缘是否等高 b）用光隙法测量槽口高低差 c）专用检测工具

1—紧固螺钉 2—刻度尺 3—尺身 4—移动卡爪

2）用90°角尺检查的方法。如图3—24b所示，在侧面铣削键槽时，可用宽座90°角尺进行检验。将90°角尺放在工作台上，并使90°角尺的外测量面接触轴上键槽两边的槽口，用光隙法测量槽口高低差。

3）用专用检测工具检测。如图3—24c所示，两侧对称铣削键槽时，可用专用检测工具检测。测量时，移动两卡爪接触键槽槽壁，再用两个紧固螺钉将卡爪固定，从刻度尺上测出尺寸。然后将轴转动180°，用同样的方法测出两个键槽另一侧面的尺寸。两次测得的尺寸之差的一半就是键槽的对称度误差。

二、特殊型面的检验及误差分析

1．孔和平行孔系的检验

（1）单孔的检测。孔的深度的检验与检验沟槽一样，用普通量具测量即可。

1）孔的直径的检测。对于精度低的孔径，可用游标卡尺测量。对于精度高的孔径，可用内径千分尺测量，或用内卡钳和千分尺配合检测；也可用内径量表（俗称摇表）和标准套规配合检测；或用塞规来检验等。用内径量表和三爪内径千分尺测量孔径的情况如图3—25所示。

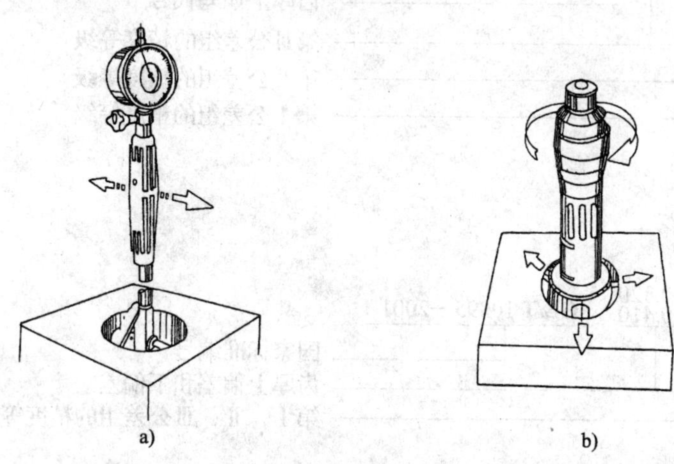

图3—25 测量孔径

a）用内径量表测量 b）用三爪内径千分尺测量

2）孔的圆度的检测。检测孔的圆度误差时，可用内径千分尺或内径量表在孔的圆周上测量各点的直径，各点间直径的差值就是孔的圆度误差。为了避免出现呈三角形的等直径孔，最好用三爪内径千分尺检测。精度高的孔可用圆度仪检测。

3）孔的位置精度的检测。精度较低时，可用游标卡尺检测孔的位置精度。孔的位置精度要求较高时，其检测方法如下：

①用壁厚千分尺测量，如图3—26a所示。

②用改装的千分尺测量。如图3—26b所示，测量时，先在千分尺测量面上用铜管或塑料管套上一粒钢球，此时千分尺上的读数应减去钢球的直径。

③用百分表和量块测量。测量时，将工件装夹在角铁上，再放在平板上，工件底面与平板相接触，将计算出的量块组放在工件附近，用百分表进行比较测量，如图3—26c所示。

（2）平行孔系的检测。检测平行孔系时，除要检测单孔的各项内容外，还需检测孔与孔之间的中心距，其检测方法如下：

1）用游标卡尺检测。对孔中心距精度要求不是很高的工件，可用游标卡尺进行检测，这是铣工用得很普遍的方法。

2）用塞规和千分尺结合检测。检测时，先把塞规塞入孔内，用千分尺测量出两孔外侧孔壁之间的尺寸，再减去两孔的半径，即得到两孔的中心距。

2. 齿轮的检测

（1）对齿轮的精度要求

1）零件图上技术要求标记的含义

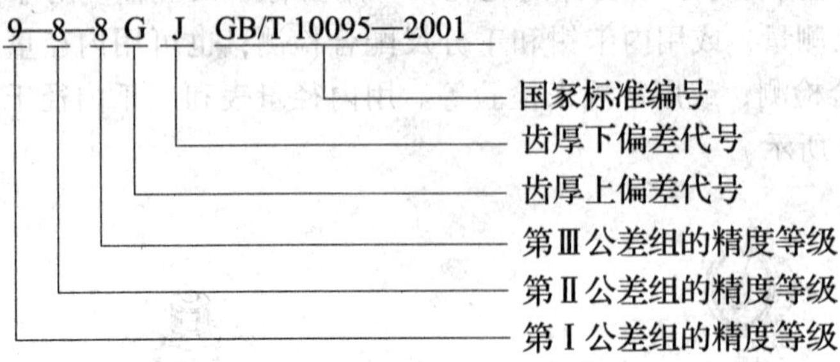

例如：

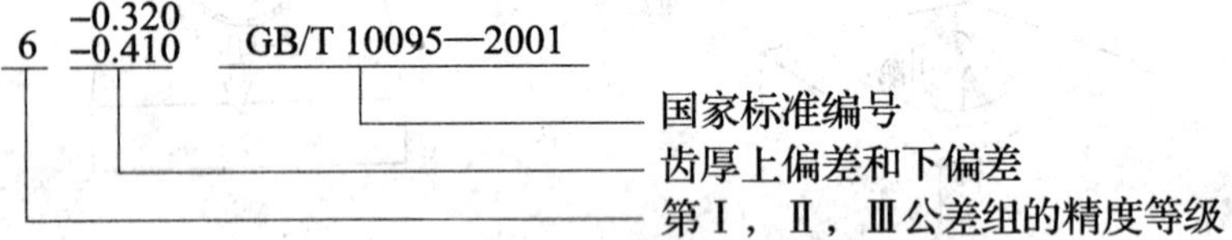

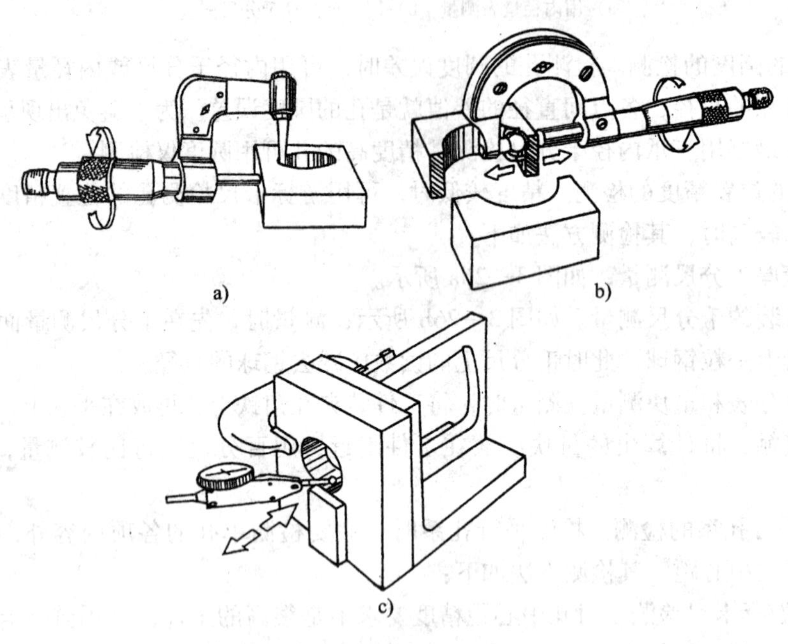

图 3—26　检测孔的位置精度

a）用壁厚千分尺测量　b）用改装的千分尺测量　c）用量块和百分表测量

齿轮的 3 个公差组均为 6 级，其齿厚上偏差为 −0.320 mm，下偏差为 −0.410 mm。

2）齿轮公差组。按齿轮各项误差对传动性能的主要影响不同，将齿轮的各项公差分为Ⅰ，Ⅱ，Ⅲ共 3 个公差组，见表 3—4。第Ⅰ，Ⅱ，Ⅲ公差组的具体内容可查阅相关资料。

表 3—4　　齿轮公差组

公差组	对传动性能的主要影响
Ⅰ	传递运动的准确性
Ⅱ	传动的平稳性
Ⅲ	载荷分布的均匀性

（2）齿轮齿厚的检测。在铣床上加工的齿轮，由于精度较低，故一般只检测齿厚，轮齿的分度则由分度头保证。为了控制铣齿过程中的齿厚尺寸，最常用的方法是及时测量公法线长度和固定弦齿厚等。

1）齿轮公法线长度的测量。公法线长度是齿轮某几个牙齿的非对应齿侧面在分度圆处的直线距离。常采用公法线千分尺或游标卡尺测量齿轮的公法线长度，如图 3—27 所示。这种测量方法不受齿顶圆尺寸公差和齿轮径向圆跳动误差的影响，并且不需要测量基准。

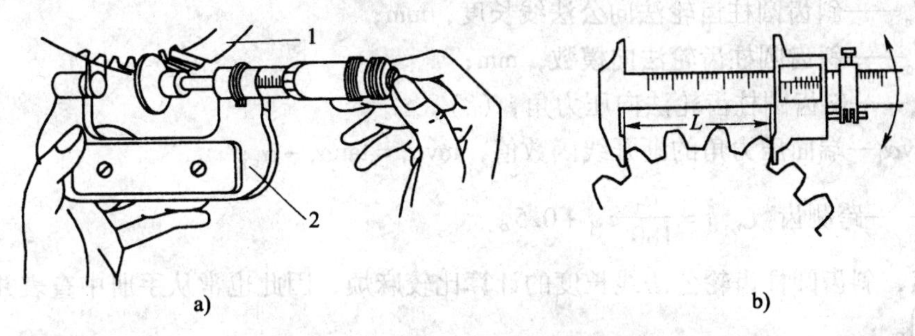

图 3—27　测量齿轮的公法线长度

a）用公法线千分尺测量　b）用游标卡尺测量

1—齿轮工件　2—公法线千分尺

如图 3—28 所示为齿轮公法线长度与基圆各部分尺寸的关系，测量公法线时需先计算跨测齿数。

2）直齿圆柱齿轮公法线长度和跨测齿数的计算。直齿圆柱齿轮的压力角 $\alpha=20°$ 时，公法线长度 W 和跨测齿数 k 的计算公式为：

$$W=m\cos\alpha\ [(k-0.5)\ \pi+z\mathrm{inv}\alpha_t]$$

$$k=\frac{\alpha}{180°}z+0.5$$

式中　W——公法线长度，mm；

z——被测齿轮齿数；

m——被测齿轮的模数，mm；

$\mathrm{inv}\alpha_t$——端面压力角的渐开线

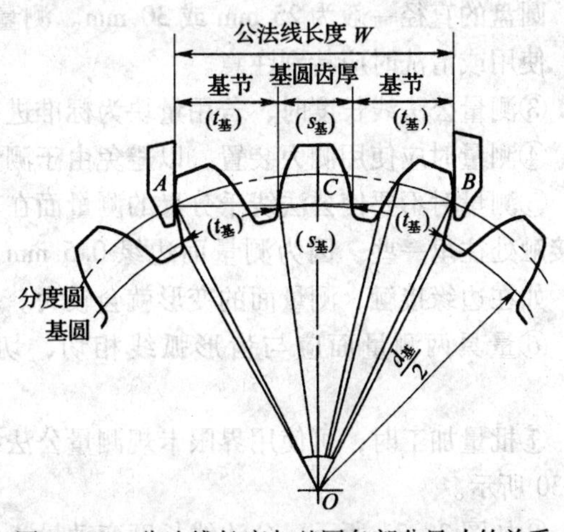

图 3—28　公法线长度与基圆各部分尺寸的关系

函数值；

α——压力角，(°)；

k——跨测齿数。

将 $\alpha=20°$带入上式后可得公法线长度和跨测齿数的简化计算公式，即：

$$W=m[2.9521(k-0.5)+0.014z]$$

$$k=0.111z+0.5$$

计算跨测齿数 k 时，其结果若有小数出现，需进行圆整。

在工作中，除用上式计算外，还可以根据被测齿轮的模数、齿数和压力角查表确定 W 及 k 值。

3）斜齿圆柱齿轮公法线长度和跨测齿数的计算。斜齿圆柱齿轮公法线长度的计算方法与直齿圆柱齿轮相似，斜齿圆柱齿轮公法线长度 W_n 是指法向截面内的公法线长度，在齿轮牙齿的法向测量，如图 3—29 所示。它与齿轮的法向模数 m_n、法向压力角 α_n、跨测齿数 k、齿轮齿数 z 以及端面压力角 α_t 有关。其计算公式为：

$$W_n=m_n\cos\alpha_n\ [\pi(k-0.5)+z\mathrm{inv}\alpha_t]$$

式中 W_n——斜齿圆柱齿轮法向公法线长度，mm；

m_n——斜齿圆柱齿轮法向模数，mm；

α_n——斜齿圆柱齿轮法向压力角，(°)；

$\mathrm{inv}\alpha_t$—端面压力角的渐开线函数值，$\mathrm{inv}\alpha_t=\tan\alpha_t-\alpha_t$；

k——跨测齿数，$k=\dfrac{\alpha_t}{180°}z_{当}+0.5$。

单元 3

显然，斜齿圆柱齿轮公法线长度的计算比较麻烦，因此也常从手册中查表并结合计算来得到。

4）测量公法线长度时的注意事项

①公法线千分尺使用前应校对零位，测量范围在 25 mm 以上的，应用校对用的量杆校对其零位。

②公法线千分尺的结构与千分尺基本相同，不同之处仅在于测量面为圆盘形的一部分。圆盘的直径一般为 25 mm 或 30 mm。测量面的平面度、平行度和表面质量要求较高，使用或清洗时应特别注意。

③测量公法线长度时，若用量块为标准进行比较测量，则可提高测量准确度。

④测量时应使用测力装置，以避免由于测量力过大或不均匀而使圆盘变形。

⑤测量时不要使公法线千分尺的测量面在其边缘 0.5 mm 处与齿面接触，应尽可能使接触处往里一些，因为测量面边缘 0.5 mm 处允许有塌边；同时也存在测量力的影响。如在边缘接触，测量面的变形就会较大。

⑥量具两测量面应与齿形弧线相切，切点在分度圆上，并要求有合理的测量力。

⑦批量加工时，可使用界限卡规测量公法线长度，通端过、止端不过为合格，如图 3—30 所示。

⑧如图 3—31 所示，公法线长度变动量 $\Delta y=W_{max}-W_{min}$，该值必须在图样要求的公

差范围内。测量时，至少应在圆周每隔 90°测一次公法线长度，四个值的算术平均值与标准值之差为平均长度偏差，也必须符合图样中公法线平均长度极限偏差的要求。

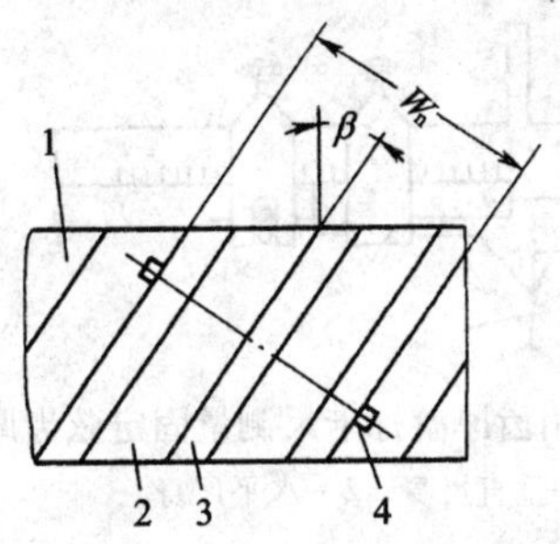

图 3—29　斜齿轮法向公法线长度
1—斜齿轮　2—齿槽　3—牙齿　4—卡尺量爪

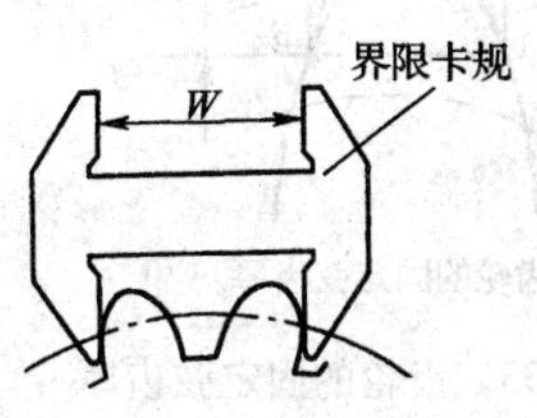

图 3—30　用界限卡规测量公法线长度

⑨当斜齿圆柱齿轮宽度 $b < W_n \sin\beta$ 时，如图 3—32 所示，不能采用公法线长度测量法测量齿厚。

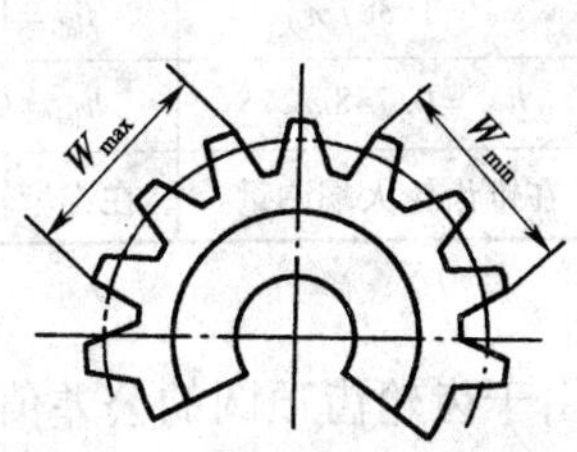

图 3—31　公法线长度变动量

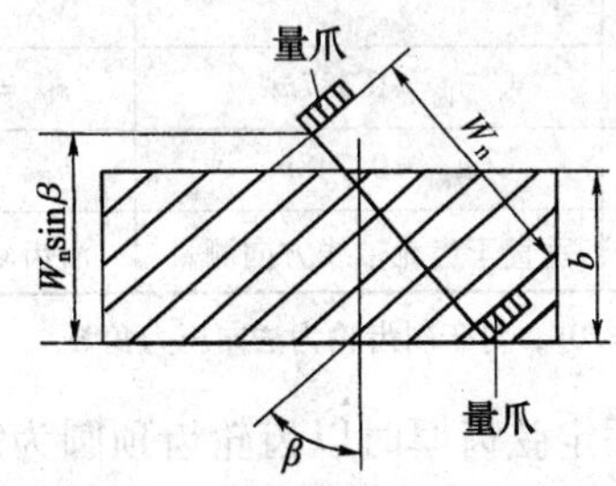

图 3—32　斜齿轮宽度 $b < W_n \sin\beta$

5）齿轮固定弦齿厚的测量及有关计算

①固定弦齿厚的计算。齿轮的齿数无论是多少，只要模数和压力角相同，弦的位置离开齿顶圆的距离都是相等的，即齿轮压力角不变时，固定弦齿厚仅与模数有关。所谓固定弦齿厚是指标准齿条的齿形与齿轮齿形相切时两切点 A 和 B 之间的距离，如图 3—33 所示。AB 的长度与齿轮的齿数无关，而与齿轮的模数和压力角有关。因此它的计算公式较简单。固定弦齿厚 $s_{固}$ 和固定弦齿高 $h_{固}$ 的计算公式如下：

$$s_{固} = \frac{\pi m}{2}\cos^2\alpha$$

$$h_{固} = m\left(1 - \frac{\pi}{8}\sin 2\alpha\right)$$

将 $\alpha = 20°$ 带入上式可得固定弦齿厚 $s_{固}$ 和固定弦齿高 $h_{固}$ 的简化计算公式，即：

$$s_{固} = 1.387m$$

$$h_{固} = 0.747\,6m$$

测量固定弦齿厚时常采用齿厚游标卡尺，如图 3—34 所示。先在垂直尺身上定出固定弦齿高 $h_{固}$，然后从水平尺身上测量出固定弦齿厚 $s_{固}$。

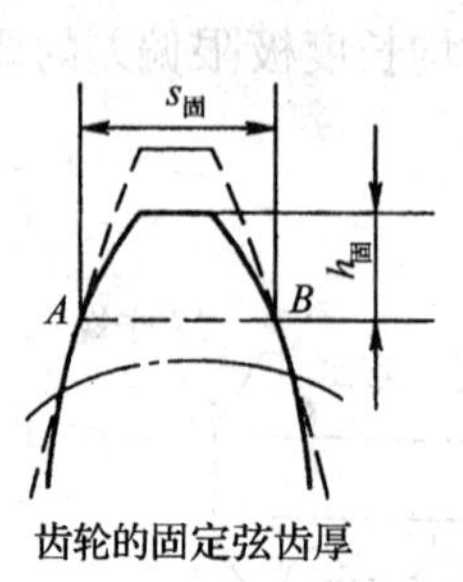

图 3—33　齿轮的固定弦齿厚

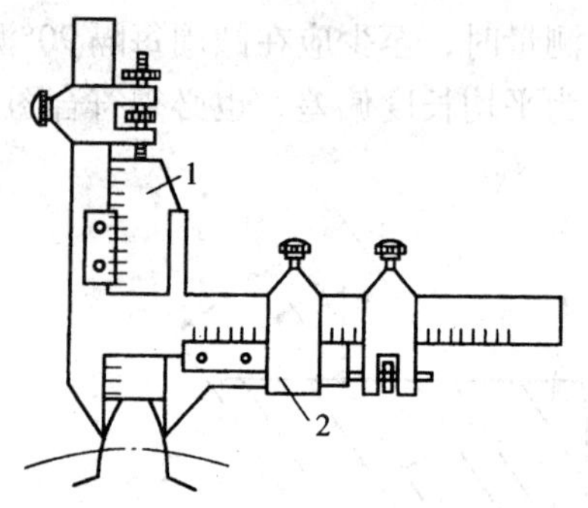

图 3—34　用齿厚游标卡尺测量固定弦齿厚
1—垂直尺身　2—水平尺身

②当齿轮压力角 $\alpha=20°$时，固定弦齿厚和固定弦齿高可采用表 3—5 中的简化公式进行计算，表中还列出了具体的测量部位。

表 3—5　　固定弦齿厚和固定弦齿高简化计算公式①

项目	直齿圆柱齿轮	斜齿圆柱齿轮	直齿锥齿轮	
			大端	小端
固定弦齿厚 $s_固$	$s_固=1.387m$	$s_固=1.387m_n$	$s_固=1.387m_大$	$s_固=1.387m_小$
固定弦齿高 $h_固$	$h_固=0.748m$	$h_固=0.748m_n$	$h_固=0.748m_大$	$h_固=0.748m_小$
测量部位	垂直于齿轮轴线方向测量	沿齿轮法向测量	在锥齿轮大端测量	在锥齿轮小端测量

①压力角 $\alpha=20°$，对于斜齿轮为法向压力角 α_n。

③测量固定弦齿厚时以齿轮齿顶圆为定位基准。由于齿轮齿顶圆的公差值较大，若齿顶圆的实际直径小于图样基本尺寸，在测量时应从固定弦齿高中将这个差值减去，即：

$$h_实=h_固-(\frac{d_a}{2}-\frac{d_实}{2})$$

式中　$h_实$——齿厚游标卡尺应定的固定弦齿高，mm；

d_a——齿顶圆标准直径，mm；

$d_实$——齿顶圆实际直径，mm。

④如图 3—35 所示，有些锥齿轮的大端有倒角，这样会影响所测得的固定弦齿厚尺寸，所以，前道工序在车削加工中应将倒角的宽度 δ 控制在 0.1 mm 以下。测量锥齿轮齿厚是在背锥面上进行的，背锥角的误差直接影响着齿厚的测量精确度，如图 3—36 所示。背锥角误差为负值时，齿根会变厚；背锥角误差为正值时，齿根会变薄。

测量锥齿轮时，当锥齿轮的模数、齿数、压力角与直齿圆柱齿轮相同时，可用与锥齿轮假想齿数相同的直齿圆柱齿轮齿廓样板检测大端齿廓。

6）齿厚游标卡尺使用时的注意事项

①测量位置要正确，不能歪斜，垂直尺身与齿轮齿顶圆之间、水平测量面与齿侧之间均不应有缝隙。

②对齿厚游标卡尺的精度要定期检查，包括对零位，检查卡爪磨损量，确定测量补

偿值 $\Delta' = W_y$（理论长度） $- W_m$（实际测得长度），如图 3—37 所示为齿厚游标卡尺磨损量的测定。

③要考虑工件齿顶圆误差的影响。

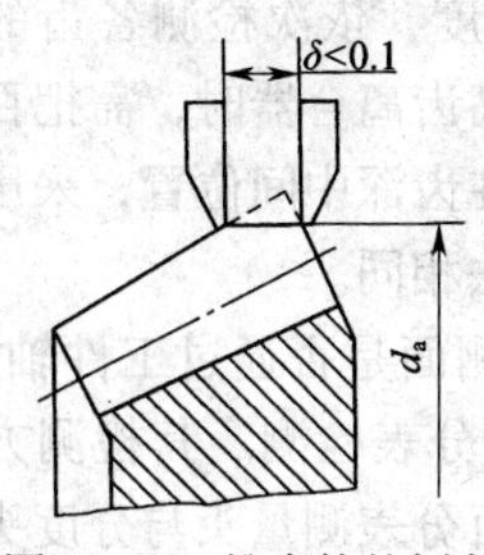

图 3—35　锥齿轮的倒角

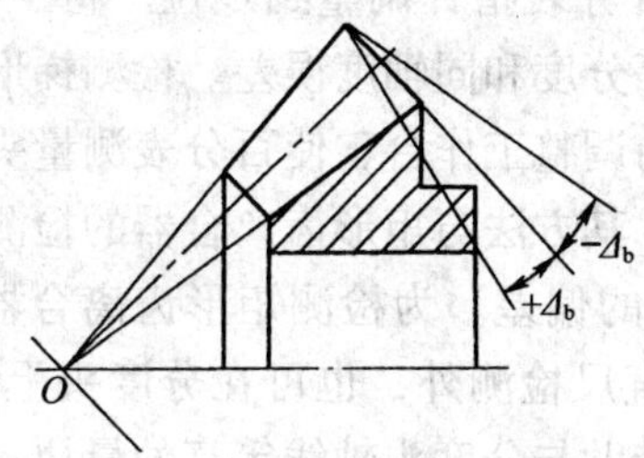

图 3—36　锥齿轮背锥角对齿厚的影响

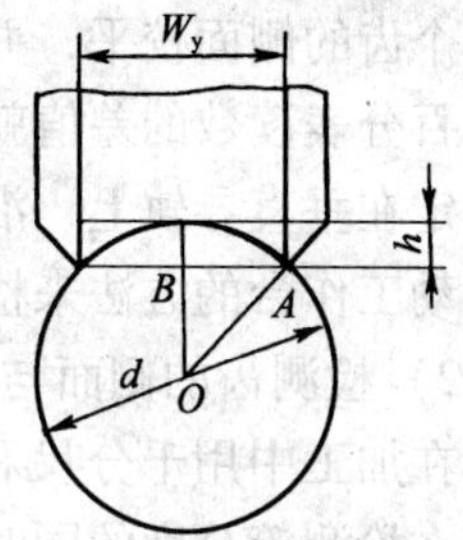

图 3—37　齿厚游标卡尺磨损量的测定

3．齿条的检测

（1）齿厚的测量。齿条的齿厚和齿顶高与弦齿厚和弦齿高相等，一般测量分度圆（线）弦齿厚和弦齿高的计算公式如下：

$$s = \bar{s} = 1.570\ 8m$$

$$h_a = \bar{h}_a = m$$

（2）齿距的测量

1）用齿厚游标卡尺测量齿距。如图 3—38a 所示，测量时将垂直尺身调整到 h_a 值，水平尺身两测量爪间的距离 T 为 p（齿距） $+s$（齿厚），即测得的尺寸减去齿厚就是齿距 p 的值。

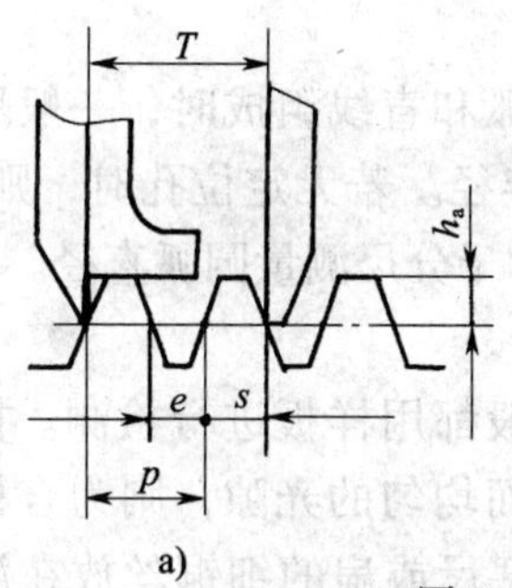

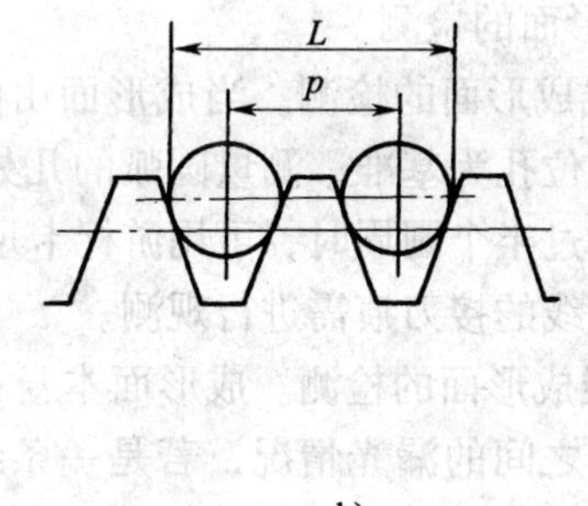

图 3—38　测量齿距

a）用齿厚游标卡尺测量齿距　b）用圆棒、千分尺测量齿距

2）用圆棒、千分尺测量齿距。如图 3—38b 所示，测量时选用两根直径相同的圆棒，其直径 $D \approx 2.4m$。将圆棒放入齿槽中，用千分尺测量两圆棒间的距离 L，L 应等于 p（齿距） $+D$，即齿距 p = 测得的尺寸 L − 圆棒直径 D。

测量齿距时应多测几个，目的是可以了解齿距是否有不同之处以及相差的程度。

4．牙嵌式离合器的检测

牙嵌式离合器的齿深一般用游标卡尺进行测量。齿形角在需要时可用角度样板检查；在条件允许时可用角度量具来检测。位置精度（包含等分度等）的检测方法如下：

（1）用精密分度头和百分表检测。其检测方法与外花键的检测方法基本相同。先把分度头主轴轴线校至水平，并与纵向进给方向平行。再把工件装夹在分度头上，并把工件孔中心线校至与分度头同轴，然后检测各项误差。

1）检测等分度和同轴度。检测矩形齿离合器时，将百分表放在工作台上，先把其中一个齿的侧面校平，并把百分表指针调整到零位。将工件分度，依次检测各齿的侧面，百分表读数的差值就是等分度和同轴度误差。检测梯形等高齿离合器时，需把百分表固定在垂直导轨上，沿纵向调整工作台，使百分表测量头处在齿深中间位置，采用横向移动工作台的方法来检测，其方法与矩形齿离合器的检测方法相同。

2）检测齿的侧面与轴线的偏差。为检测矩形齿离合器的侧面是否通过工件轴线，除了在加工中用千分尺和钢直尺检测外，也可在分度头上用百分表检测。其检测方法是：在检测等分度的同时，借助与分度头轴线等高的量块，使百分表测量头与分度头轴线等高。把齿的一个侧面校至水平，此时百分表的读数差就是齿侧面偏离轴线的值。在检测梯形等高齿离合器时，需使百分表测量头正确地处在齿深的中间位置。

（2）用一对离合器研合来检测。检测时，将一对离合器同时装在心轴上，接合后把离合器旋动到使齿侧朝一个方向贴合，用塞尺检测各齿间的间隙，再使齿反旋到另一个方向贴合，测各齿间的间隙。然后把离合器脱开，换一个位置接合后进行检测。测得的各齿间间隙的差值就是等分度和同轴度误差。

还可在齿的侧面涂上显示剂（如红丹粉等），把一对离合器装在心轴上，使之接合并摩擦研贴，也要换几个位置接合，观察其贴合面积。这种检测方法可适用于各种牙嵌式离合器，是一种应用广泛且实用的检测方法。

对于硬齿离合器，其接触齿数和贴合面积均应不少于 60%；对于软齿离合器，其接触齿数应不少于齿数的一半，贴合面积一般不少于 30%。

5. 直线成形面的检测

（1）短直线成形面的检测。当成形面由圆弧和直线组成时，一般用游标卡尺和千分尺以圆弧的定位孔为基准，测量圆弧的几处半径。若无定位孔时，则用样板来检测。当圆弧的弧长超过半个圆周时，可用游标卡尺和千分尺测量圆弧直径。另外，对圆弧与圆弧或圆弧与直线的接刀痕需进行观测。

（2）长直线成形面的检测。成形面本身一般都用样板进行检测。检测时，可对光看样板与成形面之间的漏光情况，若是一条细而均匀的光隙，则为合格；若光带不均匀，则型面不准确。必要时，可把剪得很窄的塞尺或扁的细铜丝放在漏光大的部位拉动，以检测缝隙的大小。缝隙的大小根据要求不同而有所区别，一般以不大于 0.05 mm 为合适。对于其他各部位的尺寸，可像沟槽一样用游标卡尺和千分尺来检测。

6. 凸轮工作型面的检测

为了保证凸轮与从动件接触良好，必须对铣削后凸轮工作型面的形状进行检测。等速圆盘凸轮工作型面的母线是直线，并且平行于工件轴线。因此，检测时可用 90°角尺，按图 3—39a 所示的方法进行测量。对于端面凸轮型面的母线，也可采用类似的方法进行检测，如图 3—39b 所示。等速圆柱凸轮螺旋槽的两侧面是法向直廓螺旋面，螺旋槽的法向截形应是直角槽，因此，可用塞规塞入槽内，用塞尺检查两侧的间隙，以判断其法向截形是否正确，如图 3—39c 所示。

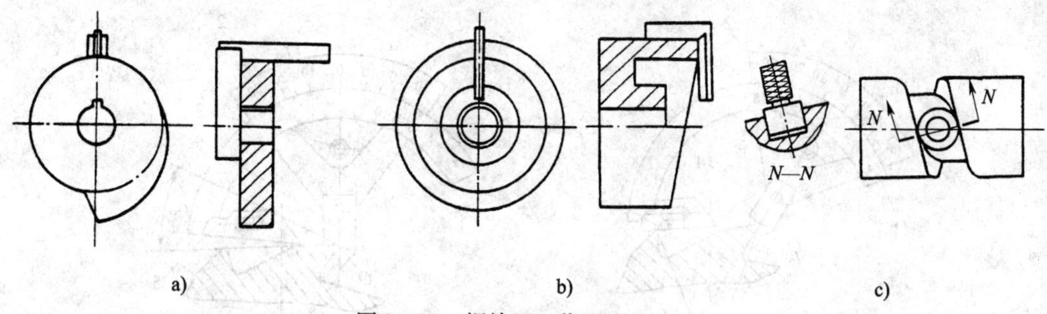

图 3—39　螺旋面工作型面的检测

a）检测圆盘凸轮型面的母线　b）检测端面凸轮型面的母线　c）检测等速圆柱凸轮两侧面

（1）等速圆盘凸轮升高量的检测。将工件装夹在分度头上，按从动件工作位置安装百分表（检测对心直动凸轮时，百分表测量头对准工件中心；检测偏置直动凸轮时，百分表应在偏离中心距为规定值的位置上进行测量）。摇动分度头，测量并记录工作曲线的圆心角和升高量，并通过计算求得导程。检测等速圆柱凸轮的升高量时可利用塞规，将塞规塞入凸轮螺旋槽的拐点处，用百分表分段测量。

（2）凸轮工作型面形状精度的检测。盘形凸轮工作型面的母线应为直线，且平行于凸轮轴线，测量时可使用90°角尺检查各点处母线对垂直于凸轮轴线的基准平面的垂直度。圆柱凸轮则使用塞规和塞尺检查螺旋槽法向截面的形状精度。

（3）凸轮工作型面起始位置的检测。对于盘形凸轮，采用测量基圆半径的方法，用游标卡尺直接量得型面曲线上最低点到凸轮中心的距离，即基圆半径。最低点位置就是工作型面的起始位置。对于圆柱凸轮则可用游标卡尺测量，或将凸轮基准端面放在平台上用百分表测量，型面到基准面距离最小的临界位置为工作型面的起始位置。

7．圆柱面直齿刀具的检测

（1）用刀具万能角度尺测量前角和后角。如图 3—40 所示，万能角度尺有一块弧形板 1，它是万能角度尺的尺身。尺身上面的刻线表示被检验刀具的齿数 z。扇形板 2 相当于万能角度尺的游标，游标可以沿弧形板滑动，它上面的刻线分别是前角 γ_o和后角 α_o的角度示值（直齿刀具的前角 γ_o和后角 α_o与法前角 γ_n和法后角 α_n相等）。测量块 4 上的垂直测量面和水平测量面的交线是弧形板 1 的轴线，弧形板 1 上装有靠板 5，靠在后一刀齿的刀尖上。

测量前角时，将靠板 5 与测量块 4 放在相邻两个刀齿的齿顶上，并使测量块 4 的垂直测量面与被测刀齿的前面贴合，这时被测量的铣刀齿数刻线所对应的度数示值就是该刀齿前角 γ_o的大小。如图 3—40a 所示测量的 8 齿铣刀前角 γ_o等于 10°。测量后角的方法与上述基本相同。不同的是测量后角时须将测量块 4 的水平测量面与刀齿的后面贴合，然后读出后角 α_o的大小。如图 3—40b 所示测量的 8 齿铣刀后角等于 26°。在测量过程中，刀具万能角度尺平面应与刀具轴线垂直，否则会产生测量误差。

（2）用游标高度尺测量前角和后角。测量前角时，可按图 3—41a 所示，先测出高度 A 和 B，再按下式求出前角 γ_o的数值：

$$\sin\gamma_o = \frac{2(A-B)}{D}$$

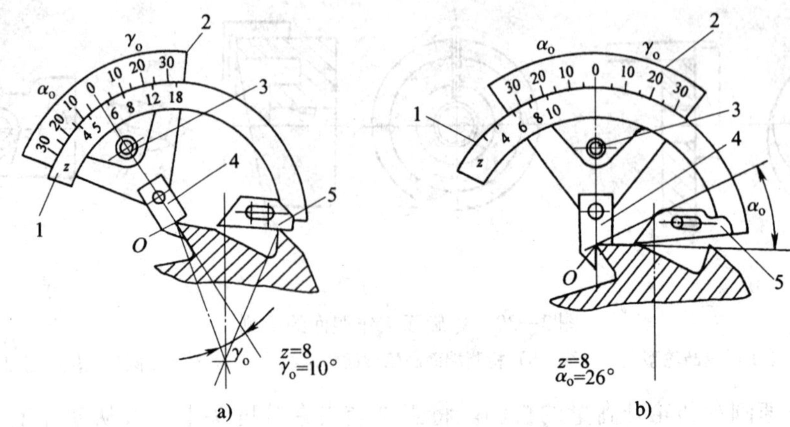

a)　　　　b)

图 3—40　用刀具万能角度尺测量前角和后角

a）测量前角 γ_o　b）测量后角 α_o

1—弧形板　2—扇形板　3—紧固螺钉　4—测量块　5—靠板

测量后角时，则可按图 3—41b 所示，先测出高度 A 和 C，再按下式求出后角 α_o 的数值：

$$\sin\alpha_o = \frac{2(C-A)}{D}$$

具体测量前，应注意检查游标高度尺测量块水平测量面和垂直测量面对底座基准面的平行度和垂直度。

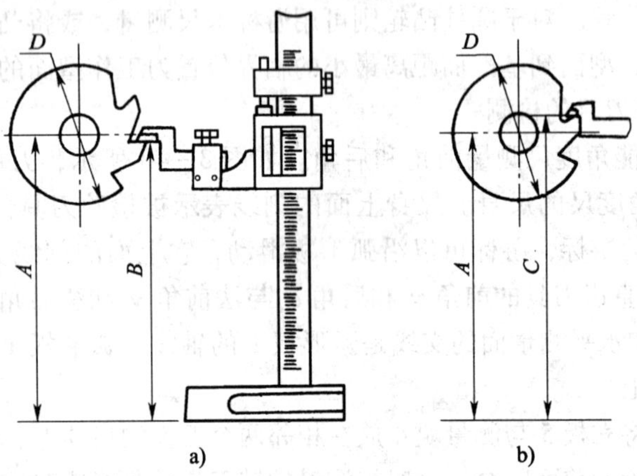

a)　　　　b)

图 3—41　用游标高度尺测量前角和后角

a）测量前角 γ_o　b）测量后角 α_o

三、误差分析

1. 铣床调整误差对铣削的影响

（1）万能铣床回转盘没对准零位。万能铣床床鞍上面的回转盘以及立式铣床上的立铣头在正常（即不需要转动某角度）情况下都必须准确地对准零位，在铣削内直线表面时也同样如此。

如图 3—42 所示是用三面刃铣刀铣削沟槽时，万能铣床的回转盘没对准零位，造成纵向进给方向与主轴回转轴线不垂直而引起的缺陷。当铣刀切入工件后，是由刀齿的刀尖进行刮削，沟槽的另一侧进行重复切削，使沟槽的形状呈凹圆弧形，且沟槽上宽下窄，槽宽尺寸大于铣刀的宽度。

（2）立式铣床立铣头或万能铣床上安装的万能铣头没对准零位。用立铣刀铣削沟槽时，如果立铣头没对准零位，会使铣出的沟槽不规则。加工如图 3—43 所示的工件时，要求铣出内封闭沟槽 *ABCD*，铣削完毕，除了需符合尺寸要求外，还要求沟槽的对称中心线垂直于工件底面，且“口”形槽底必须在同一平面上。在加工 *AB* 段和 *CD* 段沟槽时，工作台纵向进给；加工 *AC* 段和 *BD* 段沟槽时，工作台横向进给。如果铣床立铣头的回转中心线与工作台的进给方向不垂直，在这种条件下，铣出的沟槽就会形成纵向进给铣成的 *AB* 段和 *CD* 段沟槽槽形中心线虽垂直于工件底面，但槽底呈内凹形（见图 3—44a）；而横向进给铣成的 *AC* 段及 *BD* 段沟槽槽形中心线不垂直于工件底面（见图 3—44b），且槽底与工件底面也不平行，所有槽底都不在同一平面上，完全不符合技术要求。

在万能铣床上安装上万能铣头，用立铣刀铣槽，若仍然铣削图 3—43 所示的内封闭“口”形沟槽，铣削 *AB* 段和 *CD* 段沟槽时还用纵向进给，铣削 *AC* 段和 *BD* 段沟槽时还用横向进给。这时，万能铣头准确地对准了零位，而床鞍上的回转盘却偏离了零位，如图 3—45 所示。在铣削过程中，一般都是先用纵向进给铣出 *AB* 段和 *CD* 段沟槽，所形成的沟槽是两条平行的沟槽，工作台的偏斜对它们没有任何影响；但是，以横向进给铣削沟槽的 *AC* 段和 *BD* 段时，出现的沟槽却与已铣出的两条沟槽不垂直，整体沟槽成为平行四边形的样子而最终成为废品。

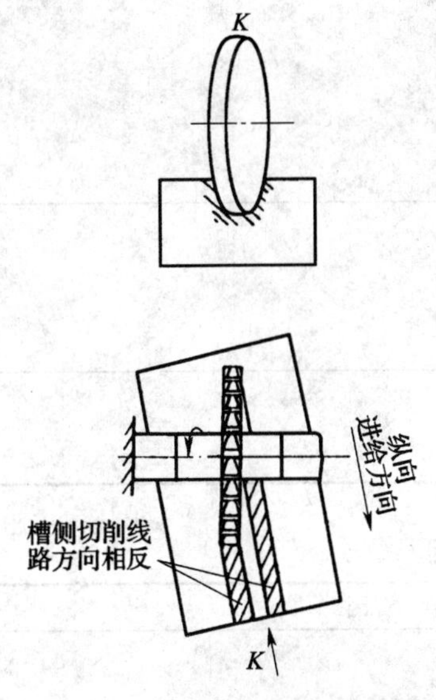

图 3—42　纵向进给方向与主轴轴线不垂直而引起的缺陷

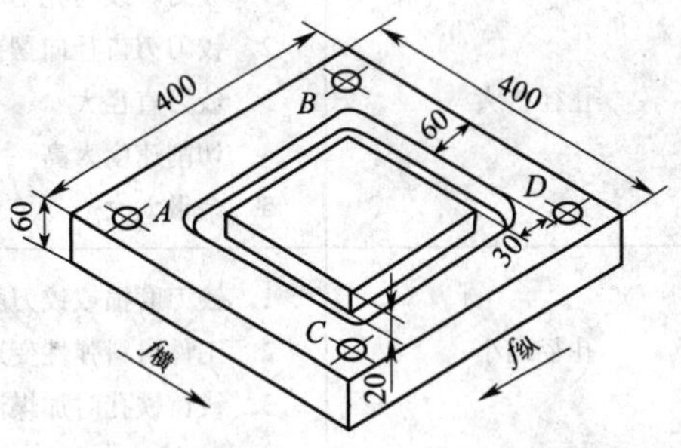

图 3—43　带内封闭沟槽的工件

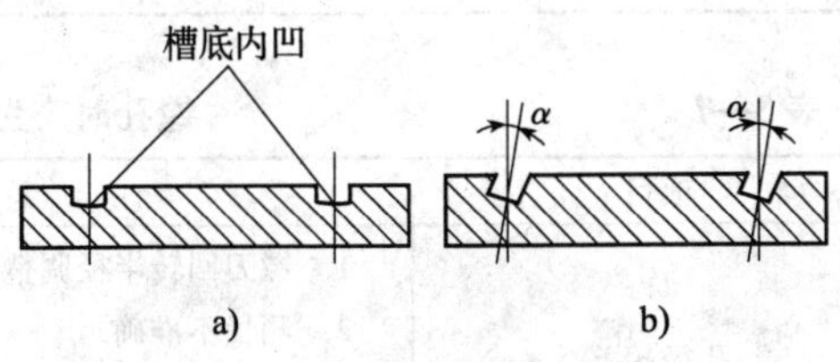

图 3—44　铣出的沟槽不规则
a）槽底内凹　b）槽形中心线不垂直

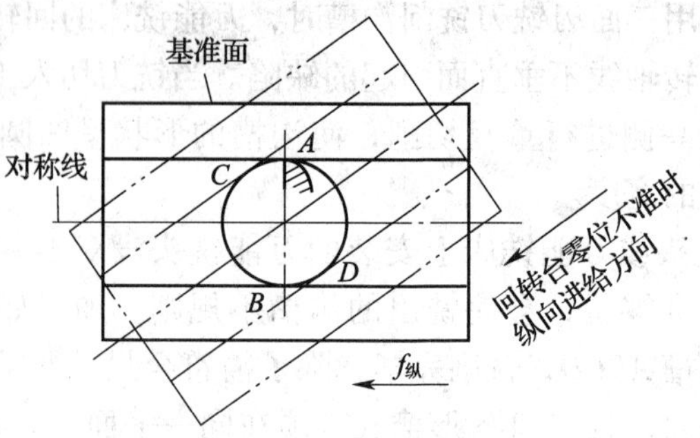

图 3—45　床鞍回转盘偏离零位

另外，铣床夹具（如机床用平口虎钳、万能分度头等）也会因为调整误差方面的原因给铣削工作带来不利影响，所以，铣床精度误差和铣床调整方面的误差都是铣削加工中不可忽视的内容。

2. 各种零件在加工过程中产生误差的综合因素分析

（1）孔和孔系在加工过程中产生误差的原因。铰孔时产生误差的原因见表 3—6，镗孔时产生误差的原因见表 3—7。

表 3—6　**铰孔时产生误差的原因**

项目	原　因
表面粗糙度值太大	1. 余量太大或太小 2. 铰刀刃口不锋利及切削刃上有崩口或毛刺 3. 切削速度太高 4. 未用切削液或用不合适的切削液
孔径扩大	1. 铰刀轴线与孔中心线不重合 2. 铰刀刃口径向摆差大 3. 铰刀直径大 4. 切削速度太高 5. 余量太大
孔径缩小	1. 铰刀磨损或铰刀磨钝 2. 工件材料弹性变形大 3. 铰铸铁孔时加煤油
孔呈多角形	1. 铰削余量太大，铰刀振动 2. 铰孔前孔不圆

表 3—7　**镗孔时产生误差的原因**

项目	原　因
孔径超差	1. 镗刀回转半径调整不当 2. 测量不准确 3. 镗杆伸得过长，产生弹性偏让 4. 镗刀刀尖磨损

单元 3

续表

项目	原　因
孔呈椭圆形	主轴与进给方向垂直度误差过大，并靠工作台升降进给
孔呈锥度	1. 切削过程中刀具磨损 2. 镗刀紧固螺钉松动，加工时走动
圆度误差大	1. 工件在装夹时变形 2. 主轴回转精度差 3. 镗杆和镗刀产生弹性变形 4. 在立式铣床上镗孔时，未紧固工作台纵向、横向进给机构 5. 工件装夹不牢固，镗削时走动
孔壁划痕	1. 横向退刀方向错误 2. 主轴未停稳便快速退刀
轴线歪斜	1. 工件定位基准选择不当 2. 装夹工件时清洁工作未做好 3. 采用主轴移动手轮进给时，立铣头零位不准
孔壁振纹	1. 镗杆刚度低 2. 工作台进给时有爬行现象 3. 工件装夹不当
孔距超差	1. 工作台移距不准确 2. 未紧固工作台纵向、横向进给机构，镗削时产生位移

（2）铣削圆柱齿轮和齿条时产生误差的原因见表3—8。

表3—8　　　　铣削圆柱齿轮和齿条时产生误差的原因

项目	原　因
齿数不对	1. 未仔细看图样 2. 分度计算错误或分度时操作不当，数错孔数
齿厚不等，齿距超差	1. 分度时操作不当，多转或少转孔数，工件未校正 2. 分度头蜗杆、蜗轮副间隙未消除 3. 铣削齿条时移距不准确
齿高和齿厚尺寸不正确	1. 铣削深度调整不正确 2. 测量弦齿厚时未考虑齿顶圆直径误差 3. 铣刀模数或刀号选择错误
齿形不准和倒牙	1. 铣刀号数选错 2. 铣刀未对准齿轮坯中心 3. 铣削斜齿轮时，工作台位置不准确或导程不准确
导程和螺旋角不准确	1. 铣削齿条时工作台偏转角度不准确 2. 导程计算错误或交换齿轮算错和挂错

（3）直齿锥齿轮的误差分析。铣削直齿锥齿轮时产生的误差与加工圆柱齿轮基本相同。其中还可能产生分锥角误差，这是由于分度头仰角不准确而造成的。另外，还可能由于调整偏移量和回转量不当而造成齿厚和齿距误差。

（4）牙嵌式离合器的误差分析。铣削牙嵌式离合器，实际上是对位置精度要求较高的特形沟槽进行铣削。在铣削过程中，若调整不当，会出现表3—9所列的误差，其原因见表3—9。

表3—9　　铣削牙嵌式离合器产生误差的原因

项目	齿形	原　因
槽底未接平，有较明显的凸台	矩形齿 梯形等高齿	1. 分度头主轴与工作台面不垂直 2. 盘形铣刀圆周刃有缺陷，立铣头轴线与工作台面不垂直 3. 工作台垂直进给机构松动，刀杆松动或刚度低
一对离合器接合后接触齿数太少或无法嵌入	矩形齿 尖齿 梯形齿 锯齿形齿	1. 分度误差较大 2. 齿槽角铣得太小 3. 工件装夹后与分度头主轴不同轴 4. 对刀不准
一对离合器接合后贴合面积不够	矩形齿 梯形等高齿	1. 工件装夹后与分度头主轴不同轴 2. 对刀不准
一对尖齿或锯齿形齿离合器接合后齿侧不贴合或贴合面积不够	尖齿 锯齿形齿	1. 铣得太深，造成齿顶过尖，使齿顶接触槽底，齿侧不能贴合 2. 分度头仰角计算或调整错误

单元 3

（5）加工直线成形面时产生误差的原因见表3—10。

表3—10　　加工直线成形面时产生误差的原因

项目	加工方法	原　因
成形轮廓面不准	用回转工作台加工时	1. 铣床主轴和铣刀与回转工作台中心校正时误差较大；工件圆弧中心与回转工作台不同轴；铣刀回转中心与回转工作台中心不重合；移距尺寸不准确 2. 由于外廓余量不均匀，铣刀铣削时偏让量不等 3. 连接处未接好
成形面的型面和位置不准	用成形铣刀加工时	1. 成形铣刀齿形不准确，包括刃磨时前角变大或变小 2. 铣刀刃口磨损不均匀 3. 铣刀安装时偏摆太大 4. 铣刀与工件的相对位置不准确
成形轮廓面和成形面不准	用仿形法加工时	1. 铣刀直径及铣刀、滚轮和模型之间相对位置不符合模型设计时的预定数据 2. 滚轮与模型之间的压力太小 3. 滚轮与模型之间有切屑嵌入 4. 模型或工件的位置不准确

(6) 铣削凸轮时产生误差的原因见表3—11。

表3—11　　铣削凸轮时产生误差的原因

项目	产生原因
凸轮导程或升高量不正确	1. 导程、交换齿轮齿数、分度头仰角计算错误 2. 交换齿轮配置错误，如齿数算错，主动轮和从动轮颠倒 3. 铣刀直径选择不正确 4. 分度头、立铣头主轴位置及立铣刀切削位置调整精度差
凸轮工作型面形状误差大	1. 未区别不同类型的螺旋面，铣刀切削位置不准确 2. 铣刀形状误差大，如有锥度、母线不直等 3. 分度头与立铣头相对位置不正确 4. 铣削非对心凸轮时，铣刀对凸轮中心的偏移量计算错误
表面粗糙度值大	1. 铣刀不锋利；立铣刀过长，刚度低 2. 进给量过大；铣削方向选择不当 3. 工件装夹刚度低，切削时振动大 4. 传动系统间隙过大；工作台纵向进给机构镶条调整过松，进给时工作台晃动 5. 手动操纵时，两手操作不协调，进给不均匀或中途停顿

(7) 铣削圆柱面直齿刀具产生误差的原因见表3—12。

表3—12　　铣削圆柱面直齿刀具产生误差的原因

项目	原　因
前角偏差过大	1. 偏移量 S 计算错误 2. 铣床偏移距离不准确 3. 工作台偏移方向错误 4. 用划线法对刀时，划线错误
棱带不符合要求	1. 升高量 H 计算错误或调整不当 2. 用试切法时试切量过深 3. 铣齿背时转角不准确或铣削过深 4. 工作铣刀廓形角偏差过大 5. 工件坯料或夹具校正精度差 6. 工件装夹不合理，铣削时走动或产生变形
齿槽形状误差大	1. 铣刀廓形不正确 2. 铣刀刀尖圆弧选择不当

单元测试题

一、判断题（下列判断正确的请打"√"，错误的打"×"）

1. 游标卡尺是一种精度比较高的量具，它可以直接量出工件的内、外直径，宽度和长度等。（ ）

2. 百分表是一种指示式量具，可用来测量工件的形状误差和位置误差，也可用相对法测量工件的尺寸。（ ）

3. 正弦规两个精密圆柱的中心距要求很精确，中心线连线与长方体平面平行。（ ）

4. 在测量精度为0.02 mm/1 000 mm的框式水平仪上，当主水准器上水准泡向右移动一格时，即表示两端的高度差为左端高于右端0.004 mm。（ ）

5. 量块的中心长度是指一个测量面的表面至另一个测量面研合的辅助体平面之间的距离。（ ）

6. 量块按"级"使用时，是用量块检定后所给出的实际中心长度尺寸作为工作尺寸。（ ）

7. 量块组合使用时，应尽量减少量块的数目（一般不超过5块），以减小量块组合的累积误差。（ ）

8. 框式水平仪不能用于检验零件的垂直度。（ ）

9. 螺旋副量具比游标卡尺精度低。（ ）

10. 当公差特征为线轮廓度和面轮廓度时，若有基准要求，则为形状公差；若无基准要求，则为位置公差。（ ）

11. 尺寸精度的含义是实际尺寸与基本尺寸的接近程度。（ ）

12. 一个完整的测量过程应包括测量对象、计量单位、测量方法、测量精度四个方面的要素。（ ）

13. 测量对象主要指几何量，包括长度、角度、表面粗糙度、几何形状和相互位置等。（ ）

14. 通过测量与被测尺寸有一定函数关系的其他尺寸，然后通过计算获得被测尺寸量值的方法称为直接测量。（ ）

15. 游标卡尺按其测量精度不同分为0.1，0.05和0.02 mm三种。（ ）

16. 测量精度为0.02 mm的游标卡尺的游标一般都是把50 mm分成49等份。（ ）

17. 当千分尺的微分筒转一周时，就带动测微螺杆轴向移动一个螺距0.5 mm。（ ）

18. 百分表测量杆上齿条与齿轮的齿距为0.625 mm。（ ）

19. 测量精度为2′的万能角度尺的测量范围是0°~320°。（ ）

20. 塞规的通端是按被测工件的最大极限尺寸来制造的，卡规的通端是按被测工件的最小极限尺寸来制造的。（ ）

21．塞规是测量轴的量具，卡规是测量孔的量具。（　　）

22．卡规的最大极限尺寸的一端通过，最小极限尺寸的一端不能通过，则说明此工件是合格的。（　　）

23．0 级精度的千分尺比 1 级精度的千分尺精度高。（　　）

24．测量误差是指量具本身的误差。（　　）

25．当游标卡尺尺身的零线与游标零线对准时，游标上的其他刻线都不与尺身刻线对准。（　　）

26．测量精度为 0.05 mm 的游标卡尺，其读数原理是尺身上 20 mm 等于游标 19 格刻线宽度。（　　）

27．等于半径长的弧叫做含有 1 弧度的弧，而 1 弧度的弧所对的圆心角叫做中心角。（　　）

28．测量精度为 2′的万能角度尺测量 0°～50°范围内的角度时，不用直尺和 90°角尺。（　　）

29．法定长度计量单位与英制单位是两种不同的长度单位，但它们之间可以互相换算，换算关系是：1 in ＝25.4 mm。（　　）

30．用万能角度尺测量斜面时，常会有基准转换的情况，此时测量的角度也应进行转换计算。（　　）

二、单项选择题（下列每题的选项中，只有 1 个是正确的，请将其代号填在横线空白处）

1．我国成套生产的量块共有________种套别。

A．16　　B．17　　C．18　　D．19

2．量块的制造精度共有________级。

A．4　　B．5　　C．6　　D．7

3．尖齿离合器齿侧工作面表面粗糙度达不到要求的原因是：铣刀钝或刀具跳动，进给量太大，装夹不稳固，传动系统间隙过大及________。

A．未加注切削液　　B．分度误差大

C．对刀不准　　D．工件装夹后与分度头主轴不同轴

4．铣削尖齿离合器时，由于齿槽角铣得太小，会引起一对离合器接合后接触齿数太少或________。

A．贴合面积不够　　B．无法嵌入

C．齿侧不贴合　　D．齿侧工作面表面粗糙度不符合要求

5．在铣削锥齿轮时，若试切后经测量的结果是：小端已达到尺寸要求，而大端尺寸太小，这是由于________。

A．偏移量和回转量太少　　B．回转量太少，偏移量太多

C．回转量太多，偏移量太少　　D．回转量和偏移量太多

6．游标高度尺是高度尺和划线盘的组合，它用于在________上划线。

A．已加工表面　　B．毛坯面　　C．任意面　　D．非加工面

7．百分表的示值范围通常有 0～3，0～5 和 ________ mm 三种。

A. 0 ~ 8　　B. 0 ~ 10　　C. 0 ~ 12　　D. 0 ~ 15

8. 检测圆柱凸轮螺旋面与基准面相对位置精度时，可将凸轮________，用百分表或游标卡尺进行检测。

A. 放在平台上　　B. 基准面放在平台上

C. 放在分度头主轴上　　D. 任意摆放

9. 铣削直齿锥齿轮时，由于________，会造成工件齿距误差超差。

A. 操作时对刀不准　　B. 分度不准

C. 刀杆弯曲　　D. 机床主轴的轴向窜动量大

10. 铣削等速凸轮时，由于________，会引起工件的升高量不正确。

A. 传动系统间隙过大

B. 进给量过大，铣削方向选择不当

C. 导程、交换齿轮齿数及分度头仰角计算错误

D. 铣刀几何形状误差

11. 对于偏置直动凸轮，应将百分表测量头放在________进行测量。检测时，可同时测出凸轮曲线所占中心角 θ 和升高量 H，通过计算得出凸轮的实际导程值。

A. 偏距为 e 处的位置上　　B. 中心

C. 某一基准部位　　D. 靠近工件外圆处

12. 测量圆柱端面凸轮的导程时，测量位置应________。

A. 尽量靠近工件中心　　B. 在工件中心

C. 尽量靠近工件外圆　　D. 尽量靠近工件内孔

13. 一对锯齿形齿离合器接合后齿侧不贴合的主要原因是________。

A. 对刀不准

B. 分度头仰角计算或调整错误

C. 工件装夹后与分度头主轴不同轴

D. 齿槽角铣得太小

14. 采用盘形齿轮铣刀铣削的锥齿轮，一般用________在锥齿轮背锥上测量大端齿形的厚度。

A. 游标卡尺　　B. 齿厚游标卡尺

C. 游标深度尺　　D. 千分尺

15. 铣削直齿锥齿轮时，由于分度不准确，会造成工件________误差。

A. 齿距　　B. 齿形和齿厚

C. 齿向　　D. 齿圈径向圆跳动

16. 用测量精度为 2′的万能角度尺测量，尺身读数为 15°，游标上第 7 条刻线与尺身刻线对齐，则被测角度为________。

A. 15°7′　　B. 15.7°　　C. 15°14′　　D. 22°

17. 检测圆盘凸轮工作型面的形状精度时，由于凸轮型面母线与工件轴线平行，所以只测量母线的________，以判断其型面的形状精度。

A. 直线度　　B. 圆跳动　　C. 全跳动　　D. 对轴线的平行度

18. 正弦规的Ⅰ级精度误差为小于等于________。

A. 2″　　B. 4″　　C. 6″　　D. 8″

19. 有一工件，其斜面角度为30°，用200 mm的正弦规检验时，应垫量块组的尺寸为________ mm。

A. 50　　B. 100　　C. 150　　D. 200

20. 在立式铣床上镗孔时，采用垂向进给镗削，调整时需校正铣床主轴轴线与工作台面的垂直度，主要是为了保证孔的________精度。

A. 形状　　B. 位置　　C. 尺寸　　D. 加工

21. 测量精度为0.1 mm的游标卡尺的读数原理是：当两测量爪合并时，尺身上的9 mm刚好等于游标上________格宽度。

A. 8　　B. 9　　C. 10　　D. 5

22. 有一个标准直齿轮模数为5 mm，齿数为50，压力角为20°，其公法线长度为________ mm。

A. 94.56　　B. 90.66　　C. 88.74　　D. 84.68

23. 在检测锥齿轮大端分度圆弦齿厚和弦齿高的计算公式中齿数要用________齿数代入。

A. 设计　　B. 实际　　C. 理论　　D. 当量

24. 用测量精度为2′的万能角度尺测量0°～15°范围内的角度时，正确的方法是________。

A. 用直尺　　B. 用直尺和角尺　　C. 用角尺　　D. 不用直尺和角尺

25. 在铣床上镗孔时，若孔壁出现振纹，主要原因是________。

A. 工作台移距不准确

B. 工作台进给时有爬行现象

C. 镗刀刀尖圆弧半径较小

D. 镗刀刀尖圆弧半径较大

26. 选择公法线长度内跨测齿数的目的是使卡脚与齿面接触处尽量接近________圆周。

A. 基圆　　B. 分度圆　　C. 齿顶圆　　D. 齿根圆

27. 若X6132型卧式万能铣床主轴轴线对工作台面的平行度超过允差，则在纵向进给铣削时会影响________。

A. 加工表面的平行度　　B. 加工表面的表面粗糙度

C. 铣刀的使用寿命　　D. 进给运动的均匀性

28. 若升降台移动方向对工作台面的垂直度超过允差，则会影响被加工表面的________。

A. 直线度和平面度　　B. 尺寸精度

C. 平面度和垂直度　　D. 表面粗糙度

29. 若工件轴线与工作台面不平行，使花键两端小径尺寸不一致，需________进行预防。

A．用千斤顶支撑 B．找正工件 C．更换铣刀 D．预紧工件

30．用正弦规测量零件锥角的方法属于________。

A．直接测量 B．间接测量 C．相对测量 D．绝对测量

三、简答题

1．用量规检验工件的依据是什么？

2．使用量块时应注意哪些事项？

3．使用量规时应注意哪些事项？

4．使用公法线千分尺测量公法线长度时应注意哪些事项？

单元测试题答案

一、判断题

1．√	2．√	3．√	4．×	5．×	6．×	7．√	8．×
9．×	10．×	11．×	12．√	13．√	14．×	15．√	16．×
17．√	18．√	19．√	20．×	21．×	22．√	23．√	24．×
25．×	26．×	27．×	28．×	29．√	30．√		

二、单项选择题

1．B	2．C	3．A	4．B	5．D	6．A	7．B	8．B
9．B	10．C	11．A	12．C	13．B	14．B	15．A	16．C
17．A	18．D	19．B	20．A	21．C	22．D	23．D	24．B
25．B	26．B	27．A	28．C	29．B	30．B		

三、简答题（略）

理论知识考核试卷

一、判断题（下列判断正确的请打“√”，错误的打“×”；每小题1分，共25分）

1. 自位支撑随工件定位面位置变化而自动调整，不限制自由度。（ ）

2. 在切削塑性金属材料时，在切削速度不高，又能形成带状切屑的情况下，常有一些从切屑和工件上带来的金属“冷焊”在刀具前面上，在靠近切削刃处形成一个楔块，其硬度较高，并在前面上形成新的前角，这个楔块就是积屑瘤。（ ）

3. 在切削用量中，对切削力影响最大的是背吃刀量，其次是进给量，影响最小的是切削速度。试验证明，当背吃刀量增加一倍时，主切削力也增加一倍；但是进给量增加一倍时，主切削力只增加0.5～0.8倍。（ ）

4. X6132型铣床的主轴传动系统表明，主轴的转向是通过改变电动机的转向实现的。（ ）

5. X6132型铣床的进给传动系统是由主电动机通过齿轮传递动力的，与主轴的传动有一定的联系。（ ）

6. X6132型铣床的主轴制动是通过电磁离合器实现的。（ ）

7. X6132型铣床快速、慢速进给是靠进给变速箱中两个电磁离合器分别吸合来实现的。（ ）

8. X6132型铣床工作台在进给时晃动，这时可略锁紧工作台，以减小导轨和镶条的间隙。（ ）

9. 进给变速操纵机构采用的是孔盘变速操纵机构。（ ）

10. 铣床工作台导轨调整后的间隙一般应不超过0.05 mm。（ ）

11. 锥齿轮的齿隙和圆柱齿轮的齿隙一样，都是模数的0.25倍。（ ）

12. 在铣床上铣削凸轮时，当工作台每匀速移动一个等于工件导程的距离的同时，工件也必须同时匀速旋转一周。（ ）

13. 如果等速盘形凸轮的一段工作曲线在整个圆周中占300°，升高量为42 mm，那么这段工作曲线的导程为42 mm。（ ）

14. 在立式铣床上铣削成形面大多采用立铣刀。对于有凹圆弧的工件，应选择半径等于或小于最小凹圆弧半径的立铣刀。（ ）

15. 铣削直齿条时，短齿条一般采用横向移距法，较长的齿条则采用纵向移距法。（ ）

16. 铣削斜齿圆柱齿轮对中心时，应先扳转角度后对中心。（ ）

17. 为了保证铣削圆弧面时的逆铣方式，铣削凹圆弧时，铣刀与圆弧转向相反；铣削凸圆弧时，铣刀与圆弧转向相同。（ ）

18．采用双分度头交换齿轮法铣削小导程凸轮时，分度头Ⅰ用来装夹工件及起减速作用。（　　）

19．铣削刀具齿槽时，横向偏移量 S 是为了达到工件刀齿的几何角度要求，确保得到正确的后角。（　　）

20．若齿轮宽度小于公法线长度的 $\sin\beta$ 倍，则无法使用测量公法线长度的方法检验斜齿圆柱齿轮。（　　）

21．正弦规两个精密圆柱的中心距要求很精确，中心线连线与长方体平面平行。（　　）

22．测量精度为0.02 mm/1 000 mm的框式水平仪，当主水准器上水准泡向右移动一格时，即表示两端的高度差为左端高于右端0.004 mm。（　　）

23．量块按“级”使用时，是用量块检定后所给出的实际中心长度尺寸作为工作尺寸。（　　）

24．量块组合使用时，应尽量减少量块的数目（一般不超过5块），以减小量块组合的累积误差。（　　）

25．塞规的通端是按被测工件的最大极限尺寸来制造的，卡规的通端是按被测工件的最小极限尺寸来制造的。（　　）

二、单项选择题（下列每题的选项中，只有1个是正确的，请将其代号填在横线空白处；每题1分，共30分）

1．直齿轮的齿顶圆和齿顶线用________表示。

A．粗实线　B．细实线　C．细点画线　D．细双点画线

2．表面粗糙度符号长边的方向与另一条短边相比________。

A．总处于顺时针方向　B．总处于逆时针方向
C．可处于任何方向　D．总处于右方

3．在装配图所标注的尺寸中，包括机器或部件的规格尺寸、安装尺寸、外形尺寸和表示零件之间________关系的尺寸。

A．装配　B．安装　C．调试　D．测量

4．可转位铣刀刀具寿命长的主要原因是________。

A．刀片几何尺寸合理　B．刀片制造材料好
C．避免了焊接内应力　D．刀片安装精度高

5．刀具切削部分材料的基本要求是高硬度，常温下应在________以上；高耐磨性；足够的强度和韧度；高的耐热性及良好的工艺性。

A．50HRC　B．55HRC　C．60HRC　D．65HRC

6．由主轴变速箱的传动系统可知，X6132型铣床主轴的________种转速是通过改变啮合齿轮对的方法得到的。

A．16　B．17　C．18　D．19

7．X6132型铣床主轴轴承间隙调整后，若机床在1 500 r/min的转速下运行1 h，轴承温度不超过________℃时，说明轴承间隙适中。

A．55　B．60　C．65　D．70

试卷

8. 按用途分类 45 钢属于________。

A. 结构钢　　B. 工具钢　　C. 刀具钢　　D. 模具钢

9. 使定位元件所相当的支撑点数目刚好等于六个，且按________的数目分布在三个相互垂直的坐标平面上的定位方法称为六点定位原理。

A. 2∶2∶2　　B. 3∶2∶1　　C. 4∶1∶1　　D. 5∶1∶0

10. 在一个平面内，单个支撑钉可消除一个自由度；两个支撑钉共同使用可以消除________个自由度；三个支撑钉不共线配置可以消除三个自由度。

A. 一　　B. 两　　C. 三　　D. 四

11. 修磨麻花钻横刃的目的是把横刃________，并使靠近钻心处的前角增大。

A. 磨长　　B. 磨短　　C. 磨成两段　　D. 磨掉

12. 在立式铣床上镗孔，采用垂向进给镗削，调整时应校正铣床主轴轴线与工作台面的垂直度，主要是为了保证孔的________精度。

A. 形状　　B. 位置　　C. 尺寸　　D. 加工

13. 齿轮铣刀的铣削速度一般是普通铣刀的________。

A. 50%　　B. 60%　　C. 75%　　D. 85%

14. 加工直齿轮时，装夹工件时应找正外圆，其径向圆跳动误差一般不超过________ mm。

A. 0.01　　B. 0.02　　C. 0.03　　D. 0.04

15. 偏铣锥齿轮时，若大端尺寸已准确，而小端尺寸太小，则应________。

A. 减少回转量，增加偏移量

B. 减少回转量，减少偏移量

C. 增加回转量，减少偏移量

D. 增加回转量，将偏移量增大一些

16. 铣削奇数齿离合器时，为了不至于切到相邻齿，铣刀的宽度应________齿槽的最小宽度。

A. 大于　　B. 大于等于

C. 等于　　D. 等于或小于

17. 一个梯形等高齿离合器的齿槽角为 26°，齿面角为 14°。初次铣削后，应把工件偏转________，然后将各齿槽的右侧或左侧再铣去一刀。

A. 6°　　B. 7°　　C. 8°　　D. 9°

18. 凸轮转过一个单位角度时，从动件上升或下降的距离称为________。

A. 升高率　　B. 导程

C. 升高量　　D. 工作型面中心角

19. 用立铣刀铣削圆柱螺旋槽凸轮时，当导程确定后，只有________处的螺旋线与铣刀的切削轨迹吻合。

A. 槽底角　　B. 外圆柱面

C. 1/2 螺旋槽侧　　D. 1/3 螺旋槽侧

20. 铣削一圆柱矩形螺旋槽等速凸轮，当导程一定时，工件外圆柱面上的螺旋角为

30°，则螺旋槽底所在圆柱表面的螺旋角________。

A. <30° B. >30° C. =30° D. ≥30°

21. 在铣削锥齿轮时，若试切后所得测量结果是：小端已达到尺寸要求，而大端尺寸太小，这是由于________。

A. 偏移量和回转量太少

B. 回转量太少而偏移量太多

C. 回转量太多而偏移量太少

D. 回转量和偏移量太多

22. 铣削刀具齿槽时按划线对刀调整铣刀位置，若试切深度未超过刀尖圆弧，前面的实际位置会发生偏斜，使前角________。

A. 减小 B. 增大 C. 增大或减小 D. 保持不变

23. 当圆柱面直齿刀具的前角 $\gamma_o = 10°$，$d_0 = 100$ mm 时，横向偏移量 S 应为________。

A. 100sin10° B. 50sin10° C. 100cos10° D. 50cos10°

24. 我国成套生产的量块共有________种套别。

A. 16 B. 17 C. 18 D. 19

25. 量块的制造精度共有________级。

A. 4 B. 5 C. 6 D. 7

26. 正弦规的Ⅰ级精度误差为小于等于________。

A. 2″ B. 4″ C. 6″ D. 8″

27. 有一工件，其斜面角度为30°，用200 mm的正弦规检验时，应垫量块组的尺寸为________ mm。

A. 50 B. 100 C. 150 D. 200

28. 选择公法线长度内跨测齿数的目的是使卡脚与齿面接触处尽量接近________圆周。

A. 基圆 B. 分度圆 C. 齿顶圆 D. 齿根圆

29. 有一游标卡尺的游标把19 mm分成20等份，则此游标卡尺的测量精度为________ mm。

A. 0.02 B. 0.05 C. 0.1 D. 0.01

30. 有一个标准直齿轮模数为5 mm，齿数为50，压力角为20°，其公法线长度为________ mm。

A. 94.56 B. 90.66 C. 88.74 D. 84.68

三、计算题（每题6分，共30分）

1. 铣削两个标准直齿圆柱齿轮，已知 $m = 3$ mm，$\alpha = 20°$，$z_1 = 50$，$z_2 = 80$。求两齿轮的固定弦齿厚和固定弦齿高，并说明测量时理论固定弦齿高和实际固定弦齿高是否一致。

2. 在X6132型卧式万能铣床上，用F11125型万能分度头装夹工件，配置交换齿轮铣削一右旋圆柱螺旋槽，已知工件直径 $D = 80$ mm，螺旋角 $\beta = 30°$。试计算交换齿轮，并确定工作台扳转方向和扳转角度。

3. 在 X6132 型卧式万能铣床上，用 F11125 型万能分度头装夹工件，铣削一斜齿圆柱齿轮。已知 $m_n=3$ mm，$\alpha_n=20°$，$z=40$，$\beta=15°$（右旋）。求齿坯直径和铣刀号。

4. 在卧式铣床上用三面刃铣刀铣削矩形齿牙嵌离合器，已知齿数 $z=6$，齿部孔径 $d=40$ mm，齿深 $T=10$ mm。试确定标准三面刃铣刀的宽度 B 和外径 d_0。

5. 在卧式铣床上用单角铣刀铣削三面刃铣刀的圆周齿槽，已知齿槽角 $\theta_1=60°$，前角 $\gamma_o=15°$，齿数 $z=20$，工件外径 $D=100$ mm。求：(1) 刀具对中后的横向偏移量 S；(2) 用棱边宽度余量控制齿槽深度时，若棱边宽度余量为 0.15 mm，垂向升高量为多少？

四、简答题（每题 5 分，共 15 分）

1. 刀具材料应具备哪些性能？

2. 简述在卧式铣床上铣削偶数矩形齿牙嵌离合器时选择铣刀的方法。

3. 光滑极限量规分成哪几大类？

试卷

理论知识考核试卷答案

一、判断题

1. × 2. √ 3. × 4. √ 5. × 6. √ 7. √ 8. ×
9. √ 10. × 11. × 12. √ 13. × 14. √ 15. √ 16. ×
17. √ 18. × 19. × 20. √ 21. √ 22. × 23. × 24. √
25. ×

二、单项选择题

1. A 2. A 3. A 4. C 5. C 6. C 7. B 8. A
9. B 10. B 11. B 12. A 13. C 14. C 15. D 16. D
17. A 18. A 19. B 20. A 21. D 22. B 23. B 24. B
25. C 26. D 27. B 28. B 29. B 30. D

三、计算题

1. **解**：$\bar{s}_c = 1.387m = 1.387 \times 3 = 4.161$ mm

$\bar{h}_c = 0.7476m = 0.7476 \times 3 \approx 2.243$ mm

答：理论固定弦齿厚 $\bar{s}_c = 4.161$ mm，理论固定弦齿高 $\bar{h}_c = 2.243$ mm。

若经测量 $d'_{a1} \neq d_{a1}$，$d'_{a2} \neq d_{a2}$，则分别有 $\Delta E_{d_{a1}}$ 与 $\Delta E_{d_{a2}}$，此时 $\bar{h}_{c1} = 0.7476m - \frac{1}{2}\Delta E_{d_{a1}}$，$\bar{h}_{c2} = 0.7476m - \frac{1}{2}\Delta E_{d_{a2}}$，故应根据 d'_a 与 d_a 的值分别判定。

2. **解**：$P_z = \pi D \cot\beta = 3.1416 \times 80 \times \cot 30° \approx 435.31$ mm

$$\frac{z_1 z_3}{z_2 z_4} = \frac{40P_{丝}}{P_z} = \frac{40 \times 6}{435.31} \approx \frac{55}{100}$$

答：主动轮 $z_1 = 55$，从动轮 $z_2 = 100$；选择中间轮使工件和工作台丝杆旋转方向相同；工作台应逆时针扳转 30°。

3. **解**：$d_a = m_n\left(\frac{z}{\cos\beta} + 2\right) = 3\left(\frac{40}{\cos 15°} + 2\right) \approx 130.23$ mm

$$z_v = \frac{z}{\cos^3\beta} = \frac{40}{\cos^3 15°} \approx 44.38$$

取 $z_v = 44$

答：齿坯直径为 130.23 mm，选用 $m = 3$ mm，$\alpha = 20°$ 的 6 号标准齿轮铣刀。

4. **解**：$B \leqslant \frac{d}{2}\sin\alpha = \frac{d}{2}\sin\frac{180°}{z} = \frac{40}{2} \times \sin\frac{180°}{6} = 20 \times \sin 30° = 10$ mm

选用三面刃铣刀的宽度 $B = 8$ mm

$$d_0 = \frac{d^2 + T^2 - 4B^2}{T} = \frac{40^2 + 10^2 - 4 \times 8^2}{10} = 144.4 \text{ mm}$$

答：选用外径 $d_0=80$ mm，宽度 $B=8$ mm 的标准三面刃铣刀。

5．**解**：（1）$S=0.5D\sin\gamma_o=0.5\times100\times\sin15°=12.94$ mm

（2）因为 $\theta_1=60°$时，每垂向上升 1 mm，棱边宽度减小 1.732 mm，当棱边余量为 0.15 mm 时，垂向升高量 $=\dfrac{1.5}{1.732}\approx0.866$ mm

答：（1）$S=12.94$ mm；（2）垂向升高量为 0.866 mm。

四、简答题（略）

操作技能考核试卷

一、按盘形凸轮零件图（见图卷—1）完成盘形凸轮槽的铣削工作

1．内容及操作要求

（1）考件图样

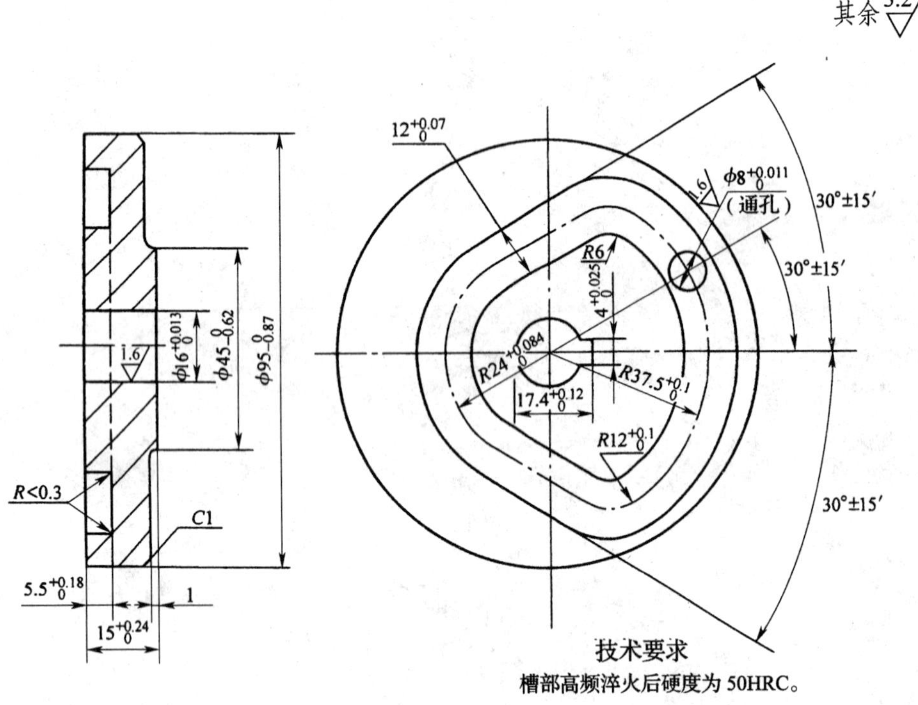

图卷—1　盘形凸轮零件图

（2）考核要求

1）选用立式升降台铣床。

2）选用合适的铣刀、铣削方法、铣削用量及切削液。

3）$\phi 8^{+0.011}_{0}$ mm 的通孔允许使用铰刀加工。

4）选择合适的工件装夹方式。

5）允许用锉刀、油石修去毛刺。

6）不允许用锉刀、油石、砂布来改善铣削表面的各项技术要求。

2．准备工作

（1）材料准备。材料为45钢；硬度为20～24HRC；除 $12^{+0.07}_{0}$ mm 的槽及 $\phi 8^{+0.011}_{0}$ mm 的孔外，其余已成形，如图卷—1所示。

（2）设备、工具及量具准备

1）X5032 型立式升降台铣床。

2）铣工常用的工具（包括刀具、夹具、量具等）。

3）润滑油、切削液等。

3．考核时间

（1）基本时间。准备时间为 30 min，正式操作时间为 210 min。

（2）时间允差。每超过规定时间 4 min 从总分中扣除 1 分，不足 4 min 按 4 min 计算，超过 20 min 不得分。

4．考核项目及评分标准

考核项目及评分标准见表卷—1。

表卷—1　　考核项目及评分标准

考核项目	序号	考核内容及要求	配分	评分标准	检测结果	得分
基本尺寸	1	$12^{+0.07}_{0}$ mm	20	超差不得分		
	2	$R24^{+0.084}_{0}$ mm	8	超差不得分		
	3	$R37.5^{+0.1}_{0}$ mm	8	超差不得分		
	4	$R12^{+0.1}_{0}$ mm（两处）	12	每超差 1 处扣 6 分		
	5	$5.5^{+0.18}_{0}$ mm	6	超差不得分		
	6	孔径 $\phi8^{+0.011}_{0}$ mm	8	超差不得分		
	7	30°±15′（3 处）	12	每超差 1 处扣 4 分		
表面质量	8	表面粗糙度 $R_a \leqslant 1.6$ μm	4	超差不得分		
	9	表面粗糙度 $R_a \leqslant 3.2$ μm（3 处）	12	每超差 1 处扣 4 分		
其他	10	正确执行安全技术操作规程	5	每违反 1 条扣 1 分		
	11	执行企业有关文明生产的规定	5	每违反 1 条扣 1 分		
	12	加工缺陷		每处缺陷扣 1 分，扣满 5 分为止		
	13	未注公差的尺寸按 IT14 级加工		每超差 1 处扣 1 分，扣满 5 分为止		
合计			100			

二、按三面刃铣刀零件图（见图卷—2）完成铣削工作

1．内容及操作要求

按图卷—2 所示的三面刃铣刀零件图完成铣削工作。刀齿前角累计两处以上超差时视为不合格。

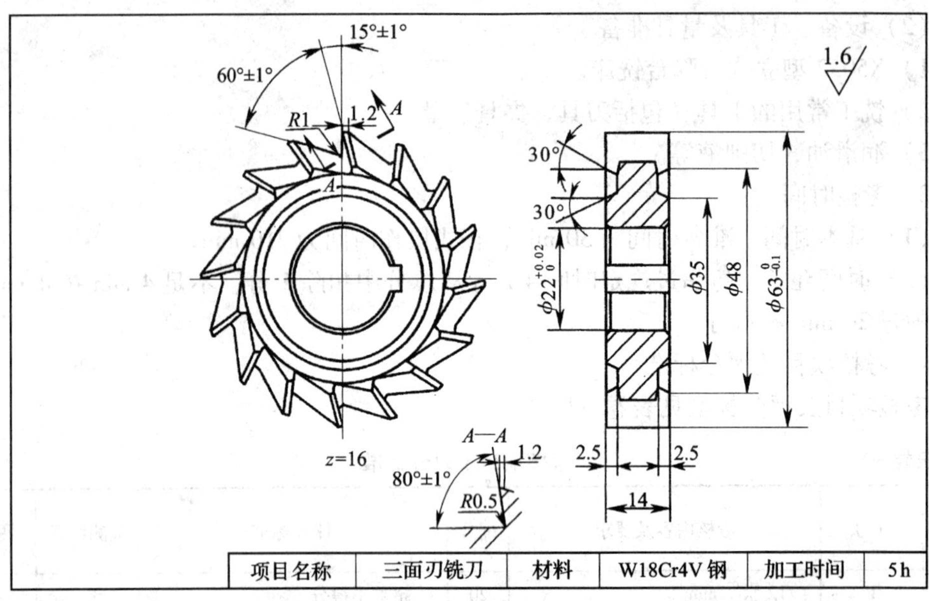

图卷—2　三面刃铣刀零件图

2. 准备工作

(1) 材料准备。材料明细见表卷—2。

表卷—2　　**材料明细**

名称	材料	数量
三面刃铣刀毛坯如图卷—3 所示	W18Cr4V 钢	每位考生 1 件
心轴	45 钢	

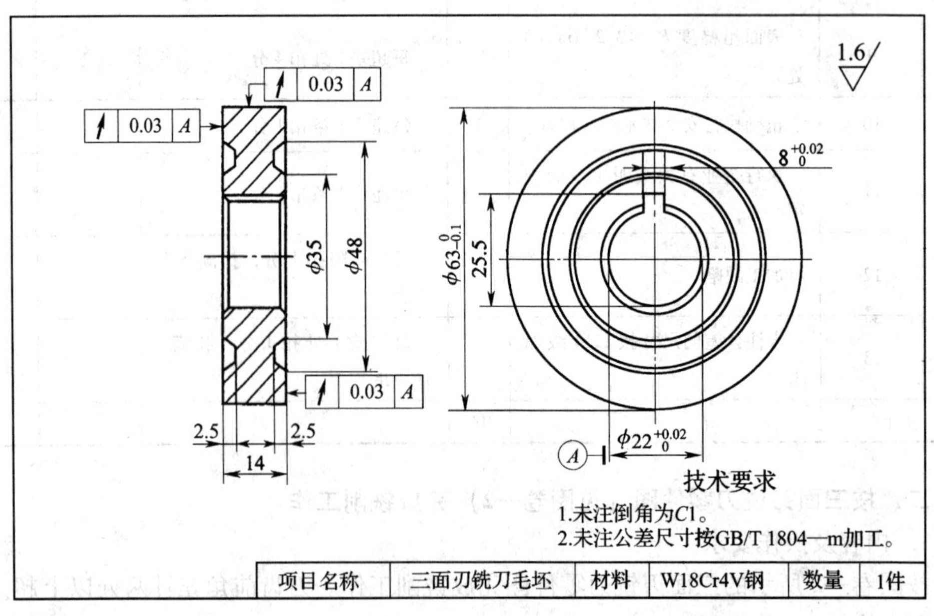

图卷—3　三面刃铣刀毛坯

（2）设备准备。设备明细见表卷—3。

表卷—3　　设备明细

名称	规格	数量（台）
铣床	X6132 型或 X5032 型	1
分度头及尾座	F11250 型	1

说明：可根据实际情况选择其他型号的铣床，设备及附件必须齐全、完好，满足工件加工精度要求。

（3）工具、刃具、量具准备。工具、刃具、量具明细见表卷—4。

表卷—4　　工具、刃具、量具明细

序号	名称	规格（mm）	数量
1	游标高度尺	0.02/0～300	1
2	游标卡尺	0.02/0～150	1
3	千分尺	0.01/0～25	1
4	游标深度尺	0.02/0～200	1
5	万能角度尺	2′/0°～320°	1
6	百分表及表座	0.01/0～3	1 套
7	铜棒	自定	1
8	三面刃铣刀	根据图样准备	自定
9	常用工具	自定	自定

3．考核时间

（1）基本时间。操作时间为 300 min。

（2）时间允差。每超过规定时间 4 min 从总分中扣除 1 分，不足 4 min 按 4 min 计算，超过 20 min 不得分。

4．考核项目及评分标准

考核项目及评分标准见表卷—5。

表卷—5　　考核项目及评分标准

考核项目	序号	考核内容及要求	配分	评分标准	检测结果	得分
刀具角度及表面粗糙度	1	15°±1°（16 处）	16	每超差一处扣 1 分		
		R_a≤1.6 μm（16 处）	8	每超差一处扣 0.5 分		
		60°±1°（16 处）	8	每超差一处扣 0.5 分		
		R_a≤1.6 μm（16 处）	8	每超差一处扣 0.5 分		
		80°±1°（16 处）	8	每超差一处扣 0.5 分		
		R_a≤1.6 μm（16 处）	8	每超差一处扣 0.5 分		

续表

考核项目	序号	考核内容及要求	配分	评分标准	检测结果	得分
刀棱	2	1.2 mm（16 处）	16	每超差 1 处扣 1 分		
		R_a≤1.6 μm（16 处）	8	每超差一处扣 0.5 分		
其他	3	22.5° ±10′（16 处）	10	每超差一处扣 1 分，扣满 10 分为止		
设备、工具、量具、刃具的正确使用和维护、保养	4	执行操作规程	1	违规不得分		
		正确使用工具、量具、刃具	1	出现错误不得分		
		正确选择切削用量	2	选错 1 处扣 1 分		
		巡回检查	2	每违反 1 条扣 1 分		
安全文明生产	5	安全生产	2	每违反 1 条扣 1 分		
		文明生产	2	每违反 1 条扣 1 分		
合计			100			

评分标准：尺寸精度、形状精度和位置精度超差该项不得分，表面粗糙度值增大该项不得分

否定项：刀齿前角累计两处以上超差时，视为不合格

评分人：　　　　　　　　年　月　日　　　　　　　　核分人：　　　　　　　　年　月　日

试卷

参 考 文 献

1. 机械工业职业教育研究中心组编．铣工技能实践训练．北京：机械工业出版社

2. 高级技工学校机械类教材编审委员会组织编写．高级铣工技能训练．北京：中国劳动社会保障出版社

3. 机械工业职业技能鉴定指导中心编．铣工技能鉴定考核试题库．北京：机械工业出版社

4. 邱言龙主编．铣工技师手册．北京：机械工业出版社

5. 石家庄华北工程技术专业学校组编．铣工技术手册．北京：金盾出版社

6. 韩秀琴主编．机械加工工艺基础．哈尔滨：哈尔滨工业大学出版社

7. 劳动和社会保障部教材办公室组织编写．公差配合与技术测量（第二版）．北京：中国劳动社会保障出版社

8. 胡家富主编．铣工（中级）．北京：机械工业出版社

9. 劳动和社会保障部教材办公室组织编写．机械制图．北京：中国劳动社会保障出版社